本书获 2013 年度国家文化产业发展专项资金支持
北京北图文化发展中心"'中华音乐之路'
传统民族音乐文化推广项目"成果

中华音乐之路

国家图书馆藏音乐典籍图录

国家图书馆　编

国家图书馆出版社

图书在版编目（CIP）数据

中华音乐之路——国家图书馆藏音乐典籍图录 / 国家图书馆编 . --
北京：国家图书馆出版社，2016.9
ISBN 978-7-5013-5778-9

Ⅰ. ①中… Ⅱ. ①国… Ⅲ. ①音乐—古籍—图书目录—中国 Ⅳ. ① Z838

中国版本图书馆 CIP 数据核字（2016）第 026920 号

书　　名　中华音乐之路——国家图书馆藏音乐典籍图录
著　　者　国家图书馆　编
责任编辑　苗文叶
封面设计　徐新状

出　　版　国家图书馆出版社（100034 北京市西城区文津街7号）
　　　　　（原书目文献出版社　北京图书馆出版社）
发　　行　(010)66114536 66126153 66151313 66175620
　　　　　66121706（传真） 66126156（门市部）
E-mail　nlcpress@nlc.cn（邮购）
Website　www.nlcpress.com→投稿中心
经　　销　新华书店
印　　装　北京金康利印刷有限公司
版　　次　2016年9月第1版　2016年9月第1次印刷

开　　本　889×1194 毫米　1/16
印　　张　27

书　　号　ISBN 978-7-5013-5778-9
定　　价　380.00元

编委会名单

目　录

明代

清代

民国时期

序

音乐是人类共同的语言，从早期人类生存中最原始的律动，到今天世界各国丰富的音乐形式，她记录着世界文明的脚步。

五千年文明史，中国作为世界上最早的文明古国之一，音乐也同样源远流长。早在文字发明之前，我们的祖先便在不断的繁衍和进化中孕育了音乐。

春秋时期，在华夏大地百家争鸣的浪潮中，中国音乐迎来了黎明的曙光。“宫商角徵羽”的名称最早见于距今两千六百余年的春秋时期，《管子·地员篇》载有通过数学运算获得“宫、商、角、徵、羽”五声音阶的科学方法，这就是中国音乐史上著名的“三分损益法”，从理论上奠定了我国古代乐律学的基础。周朝时，“大司乐”设立，政府部门有了管理音乐的机构。周秦音乐文化是中国音乐高度发展的重要坐标。

公元前221年，中央集权的秦王朝为适应政治上和文化上大一统的需要，曾设有专门管理音乐的官署——乐府。至西汉，政府重视民间俗乐，扩大了乐府的机构，强化了其职能，令乐府广搜“赵、代、秦、楚之讴”，兼收并蓄，使西域、北狄等边远民族的音乐与中原音乐融合在一起。

魏晋南北朝期间，战乱频繁，社会动荡，民族迁移使边疆及异域的音乐文化同中原音乐文化产生了广泛交流，在音乐史上成为一个承前启后的重要时期。

隋唐时南北重新统一，文化的开放，对外来音乐文化的兼容并蓄，更使音乐的发展达到了一个高峰。

宋代都市经济逐渐繁荣，市民阶层扩大。社会音乐活动的重心由宫廷走向世俗。瓦肆勾栏之中，词调音乐、说唱音乐、戏曲音乐等各种音乐形式得到迅速发展。

明清时期，随着商品经济的发展，市民音乐逐渐成为音乐的主流，说唱音乐、戏曲音乐、民间歌舞得到更广泛的传播。

作为一个善于用文献记载历史的民族，中华先贤在漫长的音乐发展之路上给我们留下了卷帙浩繁的音乐文献。从先秦乐官汇集《诗》三百篇，孔子“移风易俗，莫善于乐”的认知和删“六经”整理音乐文献，从两千年前《乐记》《吕氏春秋》对音乐的论述到《晋书·乐志》所载：“是以闻其宫声，使人温良而宽大；闻其商声，使人力廉而好义；闻其角声，使人恻隐而仁爱；闻其徵声，使人乐养而好施；闻其羽声，使人恭俭而好礼。”再到明代朱载堉《乐律全书》形成“十二平均律”理论，以及其后异彩纷呈的音乐形式，都是我国优秀文化遗产的珍品。

古代音乐文献类型，主要有正史中的乐志、律志；专史、汇编中的音乐专题；类书中的音乐文献以及音乐篇章和专著。林林总总，体例各异，丰富多彩，令人感叹。而音乐文献与音乐实践，也从黄钟大吕到洞箫牧笛，从乐府到教坊，雅俗共赏，渗透在世间的每一个角落。音乐对社会的教化和对人们的影响也越来越被了解和重视。

编者从国家图书馆古籍馆馆藏丰富的音乐典籍中撷取百余种，以图录形式，配以解题出版，希望让更多的人了解古籍中的音乐文献，更好地挖掘其中的内涵，让中国古代音乐及蕴含其中的音乐哲学智慧融入我们的生活。

陈红彦

2016 年 3 月

先秦时期

诗集传二十卷
诗经集传八卷

（宋）朱熹集传　宋刻本　存一卷（卷十六）

八行十七字，小字双行同，细黑口，左右双边。

（宋）朱熹集传　明嘉靖吉澄刻本　张钧衡跋

九行十七字，小字双行同，白口，左右双边。

朱熹（1130—1200），字元晦，号晦庵、遯翁，别称考亭、紫阳，婺源（今属江西）人。历仕南宋高、孝、光、宁四朝，曾任秘阁修撰等职，卒谥文。《宋史》卷四百二十九有传。《诗集传》是他整理注释的一部重要著作，通行于后世。

《诗经》是我国最早的一部诗歌总集，收集了从西周初年到春秋中叶约五百年间的诗歌，相传最初有三千多篇，孔子删定为三百零五篇（又有六篇有目无诗），通称“诗”或“诗三百”，汉以后成为儒家经典之一，因称《诗经》。

《诗经》最初都是配乐的歌词，按音乐特点分为“风”“雅”“颂”三部分。“风”是各诸侯国的土风歌谣，多为民歌，“雅”是京畿地区的正声雅乐，“颂”是宗庙祭祀的舞曲乐歌。基本上是四言诗，间有杂言句式。国风广泛而深刻地反映了当时的社会生活，如《豳风·七月》描绘的是周代早期的农业生产和农民日常生活的景况，按照季节先后，从年初春耕、种田养蚕写到岁终燕饮、打猎凿冰，描绘了一年四季多层次的丰富生活，是一首杰出的叙事兼抒情的名诗。《魏风·伐檀》是一首嘲骂剥削者不劳而食的诗，采用重章叠句、反复咏叹的手法表达对现实不公的控诉，极富音乐性。

《诗集传》宋刻本为二十卷，明代为适应科举考试的需要，将其删改合并为八卷，流通甚广，逐渐取代了二十卷本。八卷本以嘉靖年间吉澄所刻为最早，卷末有牌记“巡按福建监察御史开州吉澄校刊缙云樊献科重订”三行，镌刻精善。钤有“阳湖陶氏涉园所有书籍之记”等印，知其曾为陶湘收藏。

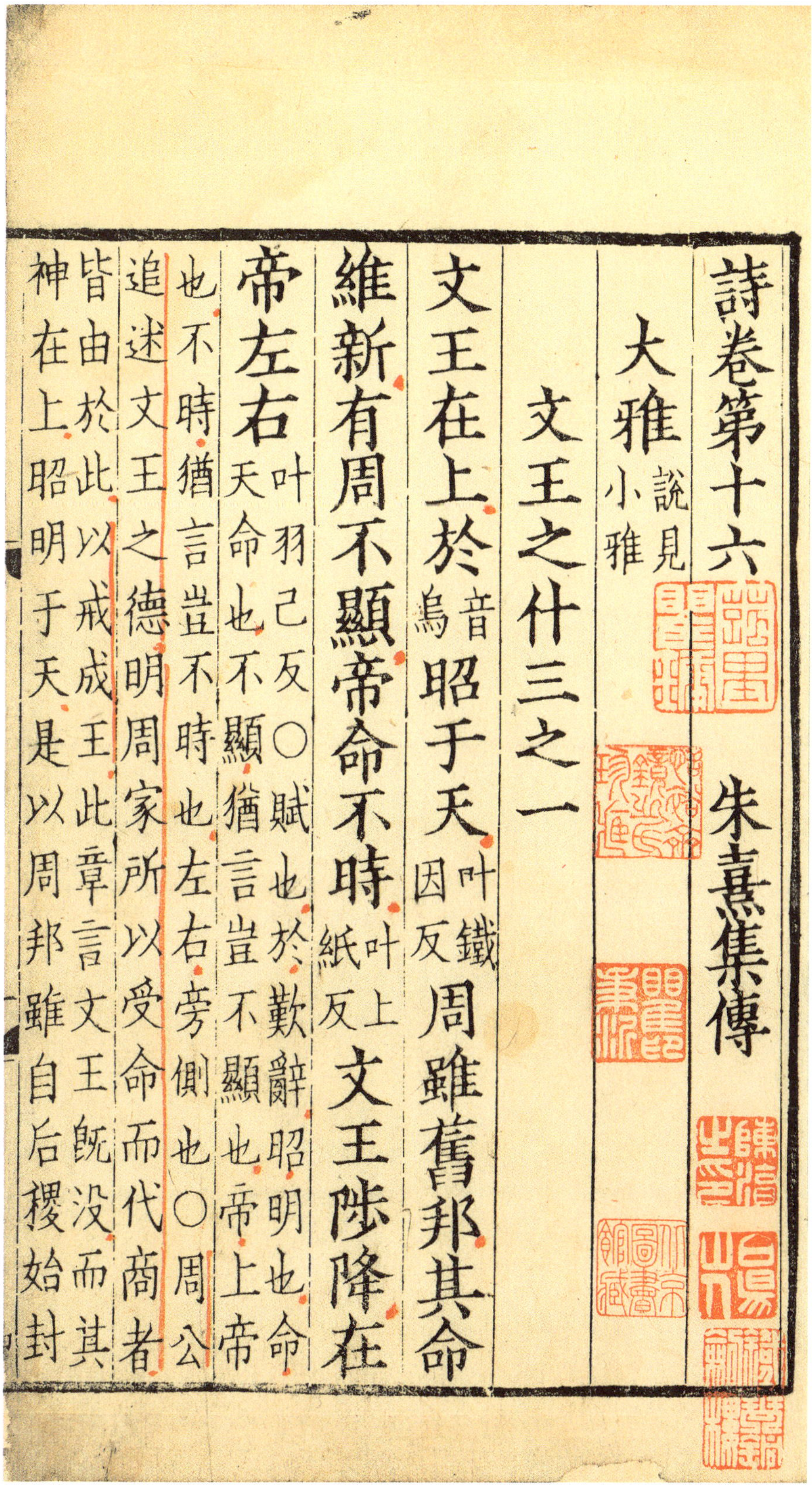

詩卷第十六　朱熹集傳

大雅說見小雅

文王之什三之一

文王在上於音烏昭于天叶鐵因反周雖舊邦其命維新有周不顯帝命不時叶上紙反文王陟降在帝左右叶羽己反○賦也於歎辭昭明也命天命也不顯猶言豈不顯也帝上帝也不時猶言豈不時也左右旁側也○周公追述文王之德明周家所以受命而代商者皆由於此以戒成王此章言文王既沒而其神在上昭明于天是以周邦雖自后稷始封

图 1　大雅——文王之什（宋刻本）

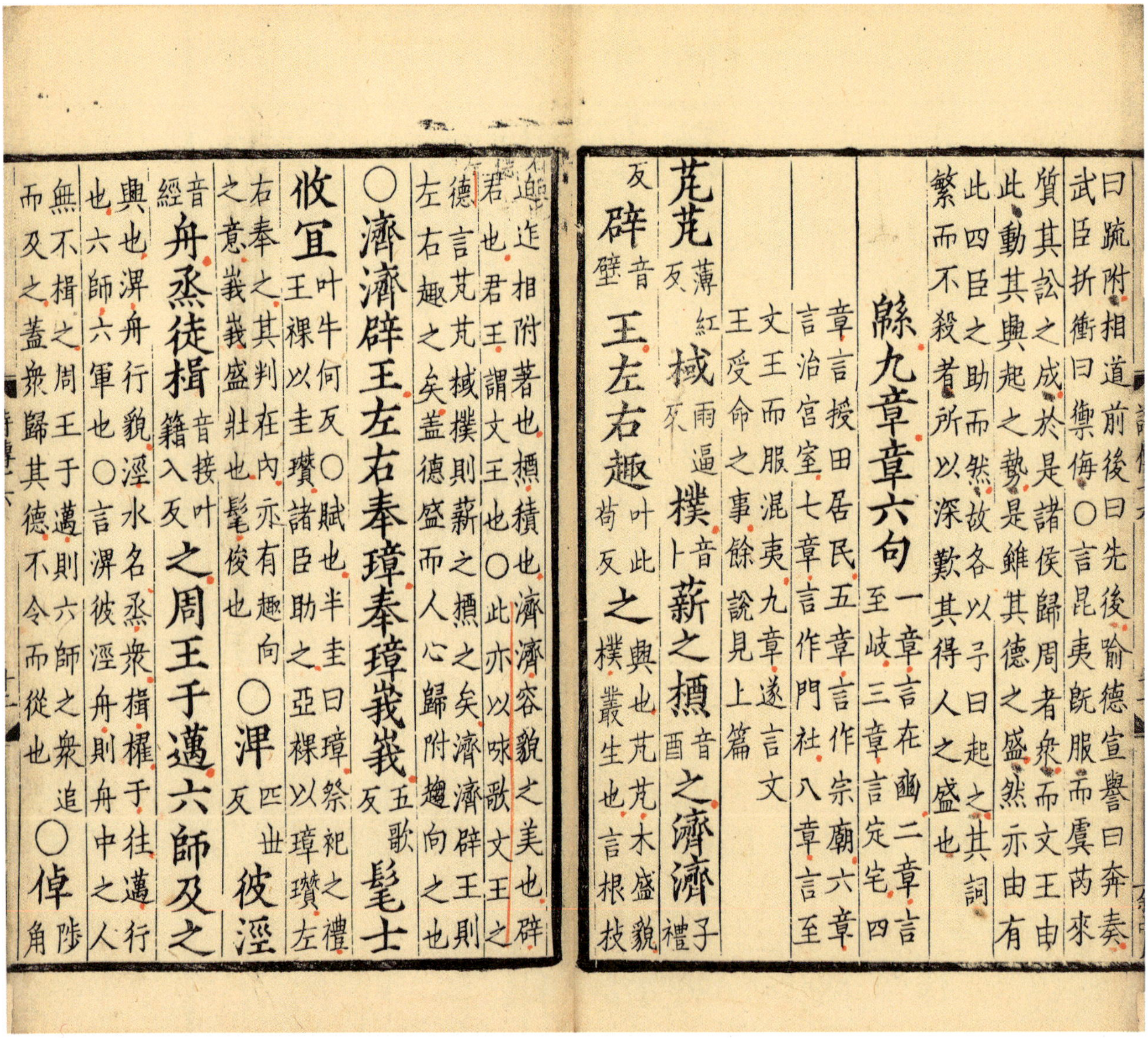

曰疏附相道前後曰先後喻德宣譽曰奔奏武臣折衝曰禦侮○言昆夷既服而虞芮來質其訟之成於是諸侯歸周者衆而文王由此動其興起之勢是雖其德之盛然亦由有此四臣之助而然故各以予曰起之其詞繁而不殺者所以深歎其得人之盛也

緜九章章六句

一章言在豳二章言至岐三章言定宅四章言授田居民五章言作宗廟六章言治宮室七章言作門社八章言至文王而服混夷九章遂言文王受命之事餘說見上篇

芃芃薄紅反棫雨逼反樸音卜薪之槱音酉之濟濟子禮反辟音壁王左右趣叶此苟反之興也芃芃木盛貌樸叢生也言根枝迫迮相附著也槱積也濟濟容貌之美也辟君也君王謂文王也○此亦以咏歌文王之德言芃芃棫樸則薪之槱之矣濟濟辟王則左右趣之矣蓋德盛而人心歸附趨向之也

○濟濟辟王左右奉璋奉璋峩峩五歌反髦士攸宜叶牛何反○賦也半圭曰璋祭祀之禮王祼以圭瓚諸臣助之亞祼以璋瓚左右奉之其判在內亦有趣向之意峩峩盛壯也髦俊也

○淠匹世反彼涇音經舟烝徒楫音接叶籍入反之周王于邁六師及之興也淠舟行貌涇水名烝衆楫櫂于往邁行也六師六軍也○言淠彼涇舟則舟中之人無不楫之周王于邁則六師之衆追而及之蓋衆歸其德不令而從也

○倬陟角反

图2 绵（宋刻本）

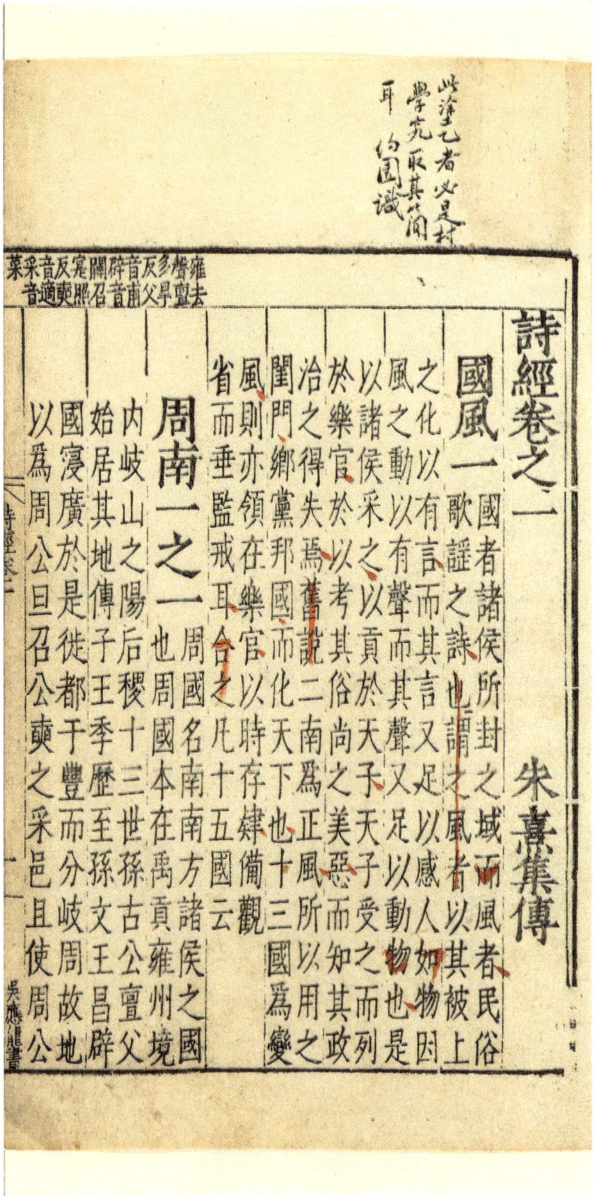

图 3　卷端（明刻本）

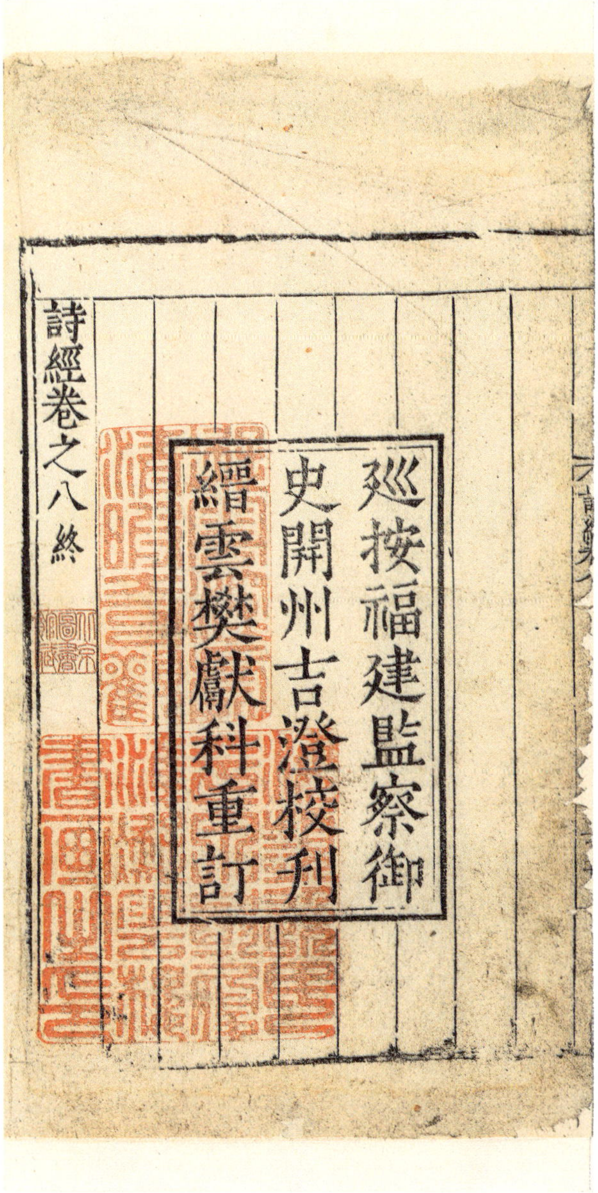

图 4　牌记（明刻本）

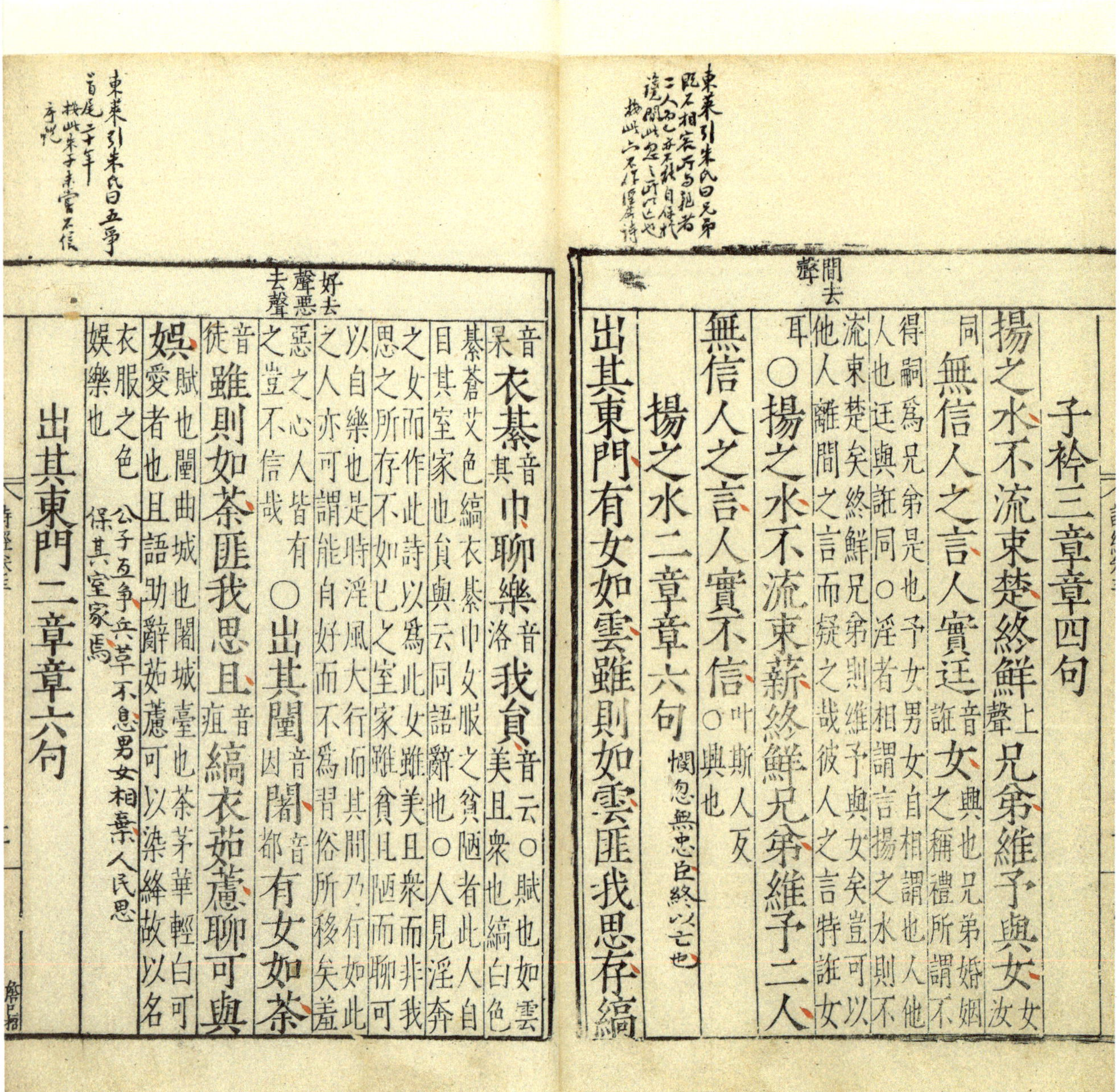

图 5　出其东门（明刻本）

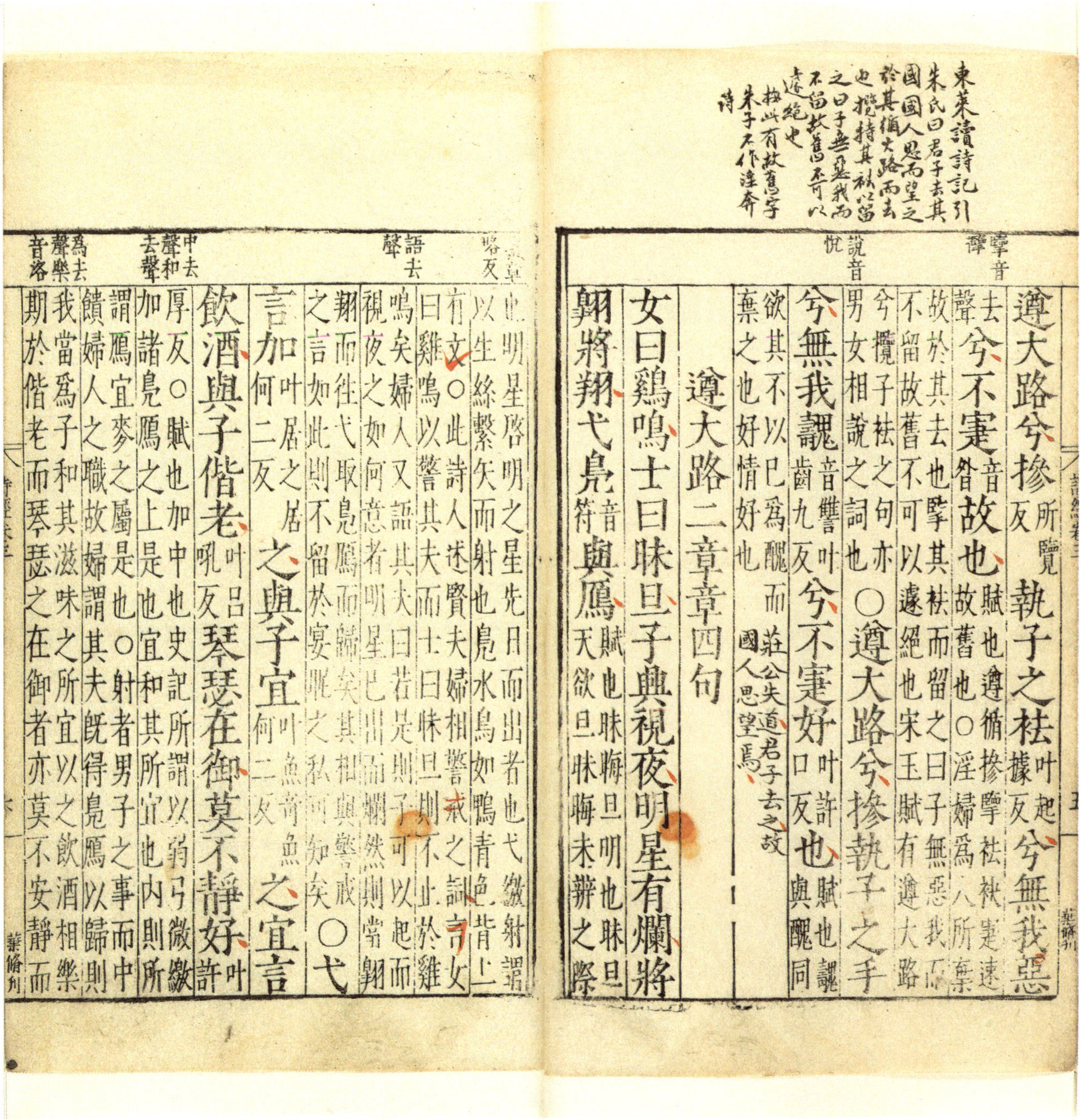
東萊讀詩記引朱氏曰君子去其國國人思而望之於其循大路而去也攬持其袂以留之曰子無惡我而不留故舊不可以遽絕也
按此有故舊字朱子不作淫奔詩
擥音覽上聲
說音悅
遵大路兮摻所覽反執子之袪叶起據反兮無我惡去聲兮不寁音昝故也賦也遵循摻擥袪袂寁速故舊也○淫婦爲人所棄故於其去也擥其袪而留之曰子無惡我而不留故舊不可以遽絕也宋玉賦有遵大路兮攬子袪之句亦男女相說之詞也
○遵大路兮摻執子之手兮無我䰯音讐叶齒九反兮不寁好叶許口反也賦也䰯與醜同欲其不以己爲醜而棄之也好情好也
遵大路二章章四句
莊公失道君子去之國人思望焉
女曰雞鳴士曰昧旦子興視夜明星有爛將翱將翔弋鳧音符與鴈賦也昧晦旦明也昧旦天欲旦昧晦未辨之際也明星啓明之星先日而出者也弋繳射謂以生絲繫矢而射也鳧水鳥如鴨青色背上有文○此詩人述賢夫婦相警戒之詞言女曰雞鳴以警其夫而士曰昧旦則不止於雞鳴矣婦人又語其夫曰若是則子可以起而視夜之如何意者明星已出而爛然則當翱翔而往弋取鳧鴈而歸矣其相與警戒之言如此則不留於宴暱之私可知矣
繳章略反
語去聲
中去聲和去聲
爲去聲樂音洛
○弋言加叶居之居何二反之與子宜叶魚奇魚何二反之宜言飲酒與子偕老叶魯吼反琴瑟在御莫不靜好叶許厚反○賦也加中也史記所謂以弱弓微繳加諸鳧鴈之上是也宜和其所宜也內則所謂鴈宜麥之屬是也○射者男子之事而中饋婦人之職故婦謂其夫既得鳧鴈以歸則我當爲子和其滋味之所宜以之飲酒相樂期於偕老而琴瑟之在御者亦莫不安靜而和好

图 6　女曰鸡鸣（明刻本）

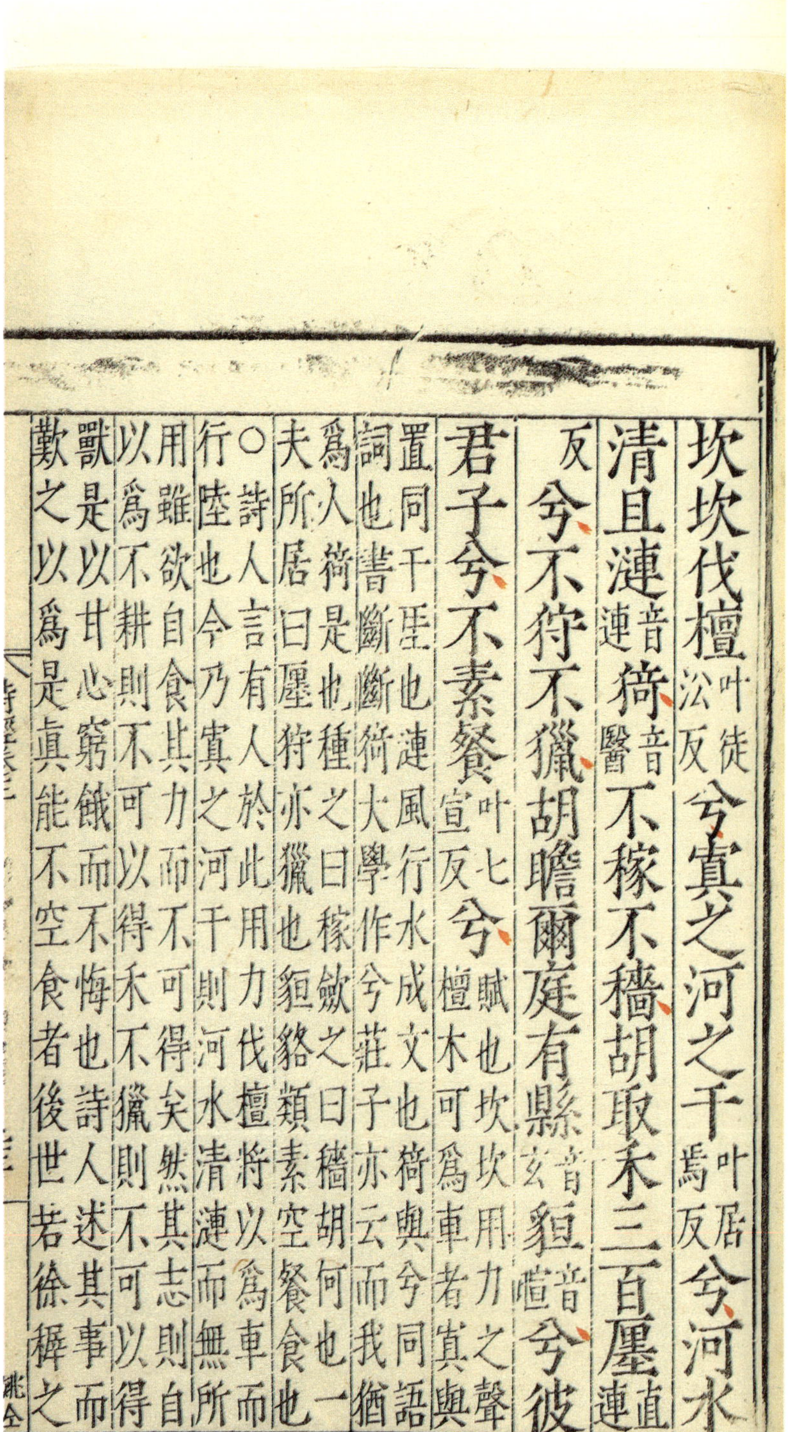
坎坎伐檀叶徒沿反兮寘之河之干叶居焉反兮河水
清且漣音連猗音醫不稼不穡胡取禾三百廛直連
反兮不狩不獵胡瞻爾庭有縣音玄貆音喧兮彼
君子兮不素餐叶七宣反兮賦也坎坎用力之聲檀木可爲車者寘與
置同干厓也漣風行水成文也猗與兮同語
詞也書斷斷猗大學作兮莊子亦云而我猶
爲人猗是也種之曰稼斂之曰穡胡何也一
夫所居曰廛狩亦獵也貆貉類素空餐食也
○詩人言有人於此用力伐檀將以爲車而
行陸也今乃寘之河干則河水清漣而無所
用雖欲自食其力而不可得矣然其志則自
以爲不耕則不可以得禾不獵則不可以得
獸是以甘心窮餓而不悔也詩人述其事而
歎之以爲是眞能不空食者後世若徐穉之

图 7　伐檀（明刻本）

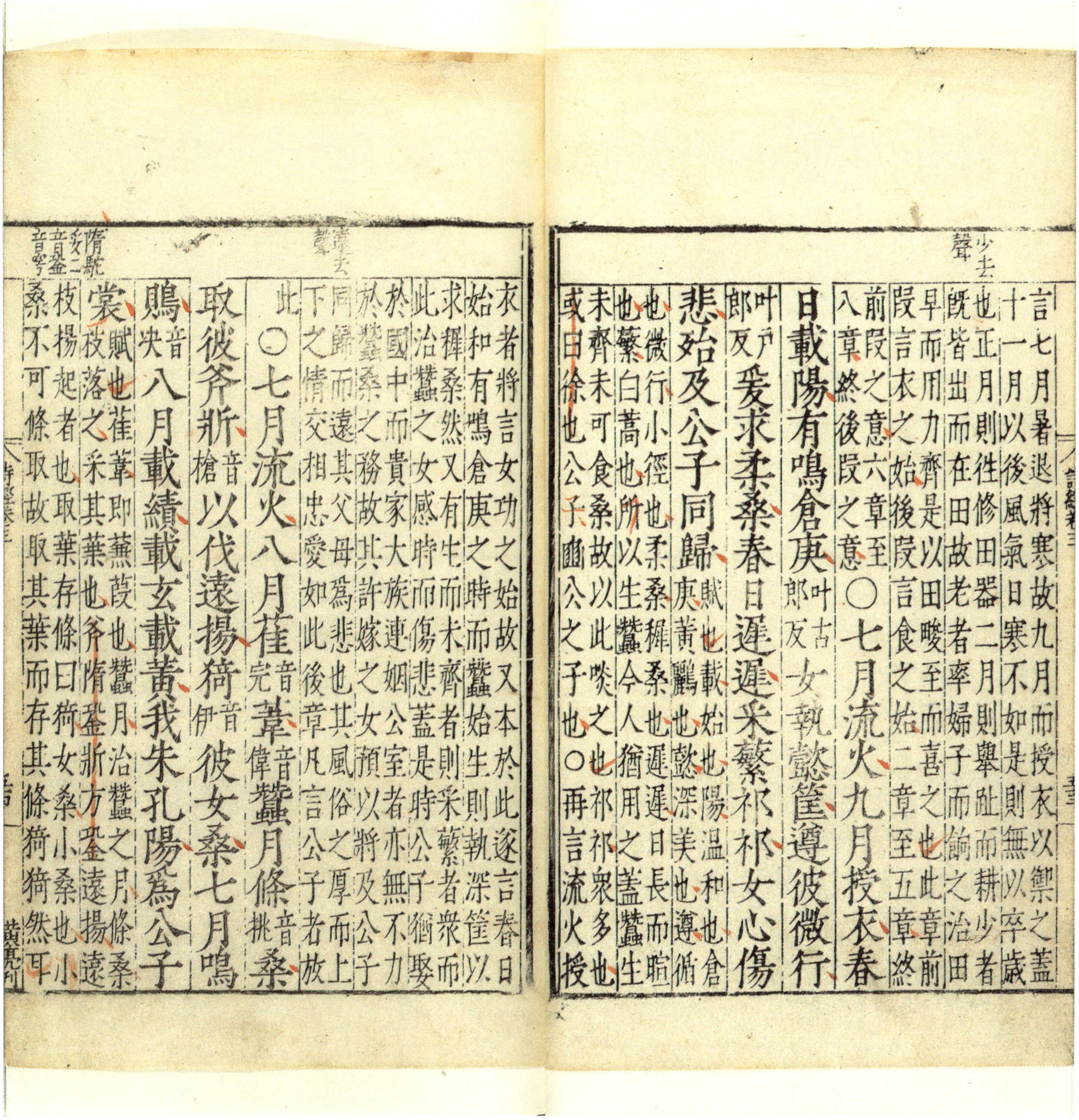
言七月暑退將寒故九月而授衣以禦之蓋
十一月以後風氣日寒不如是則無以卒歲
也正月則往修田器二月則舉趾而耕少者
少去聲既皆出而在田故老者率婦子而餉之治田
早而用力齊是以田畯至而喜之也此章前
段言衣之始後段言食之始二章至五章終
前段之意六章至八章終後段之意○七月流火九月授衣春
日載陽有鳴倉庚叶古郎反女執懿筐遵彼微行
叶戶郎反爰求柔桑春日遲遲采蘩祁祁女心傷
悲殆及公子同歸賦也載始也陽溫和也倉庚黃鸝也懿深美也遵循
也微行小徑也柔桑稺桑也遲遲日長而暄
也蘩白蒿也所以生蠶今人猶用之蓋蠶生
未齊未可食桑故以此啖之也祁祁衆多也
或曰徐也公子豳公之子也○再言流火授
衣者將言女功之始故又本於此遂言春日
始和有鳴倉庚之時而蠶始生則執深筐以
求稺桑然又有生而未齊者則采蘩者衆而
此治蠶之女感時而傷悲蓋是時公子猶娶
於國中而貴家大族連姻公室者亦無不力
於蠶桑之務故其許嫁之女預以將及公子
遠去聲 爲去聲
同歸而遠其父母爲悲也其風俗之厚而上
下之情交相忠愛如此後章凡言公子者放
此○七月流火八月萑音完葦音偉蠶月條音挑桑
取彼斧斨音槍以伐遠揚猗音伊彼女桑七月鳴
鵙音決八月載績載玄載黃我朱孔陽爲公子
裳賦也萑葦即蒹葭也蠶月治蠶之月條桑
枝落之采其葉也斧隋銎斨方銎遠揚遠
枝揚起者也取葉存條曰猗女桑小桑也小
桑不可條取故取其葉而存其條猗猗然耳

图 8　七月（明刻本）

论语集注十卷序说一卷

（宋）朱熹撰　宋刻本

七行十二字，粗黑口，左右双边。

《论语》是孔子弟子及其后学辑录孔子及其弟子言行的语录体著作，儒家经典之一，是集中体现孔子思想的最可靠文献。

先秦时期，君子要学习礼、乐、射、御、书、数等所谓“六艺”，孔子也十分重视音乐的教学，认为音乐可以培育并提升心灵的品质，有助于教化。《论语》中有多处孔子论乐的记载。

第十五篇《卫灵公》的“颜渊问为邦”一章，记录了孔子的音乐主张：

> 子曰：“行夏之时，乘殷之辂，服周之冕，乐则《韶》舞。放郑声，远佞人。郑声淫，佞人殆。”

雅乐是尧舜以来圣贤相传的德音，而郑声是当时在郑国流行的一种靡靡之音，此处孔子将“郑声”置于雅乐的对立面，表达了对礼坏乐崩的警惕及对周代礼乐制度的推崇。在先秦文献中，孔子最早提出了“郑声淫”的看法，尔后的诸家记载多继承孔子观点，如《荀子·乐论》“郑卫之音使人之心淫”，《吕氏春秋·本生》“郑卫之音，务以自乐，命之曰伐性之斧”等。朱熹在《论语集注》及其《诗集传》中均对孔子的观点做了引申和发挥。

是书钤“南阳居士”“归有光”“铁琴铜剑楼”印，曾经为归有光及常熟瞿氏等递藏。

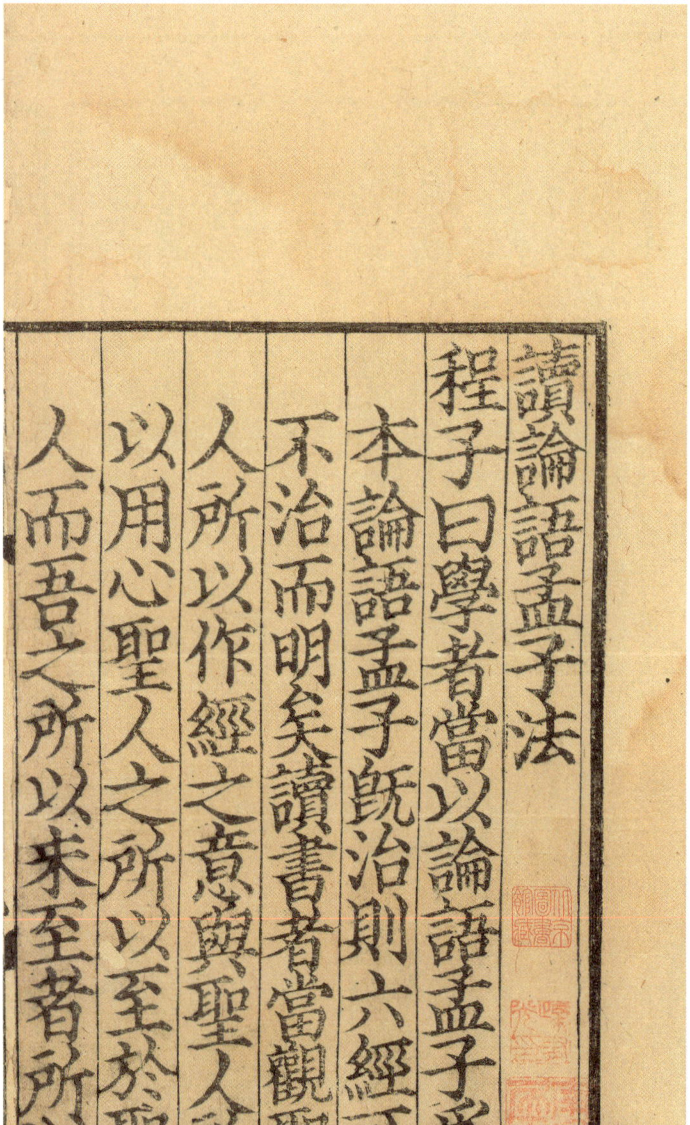
讀論語孟子法
程子曰學者當以論語孟子爲本論語孟子既治則六經可不治而明矣讀書者當觀聖人所以作經之意與聖人所以用心聖人之所以至於聖人而吾之所以未至者所以

图 1　读论语孟子法

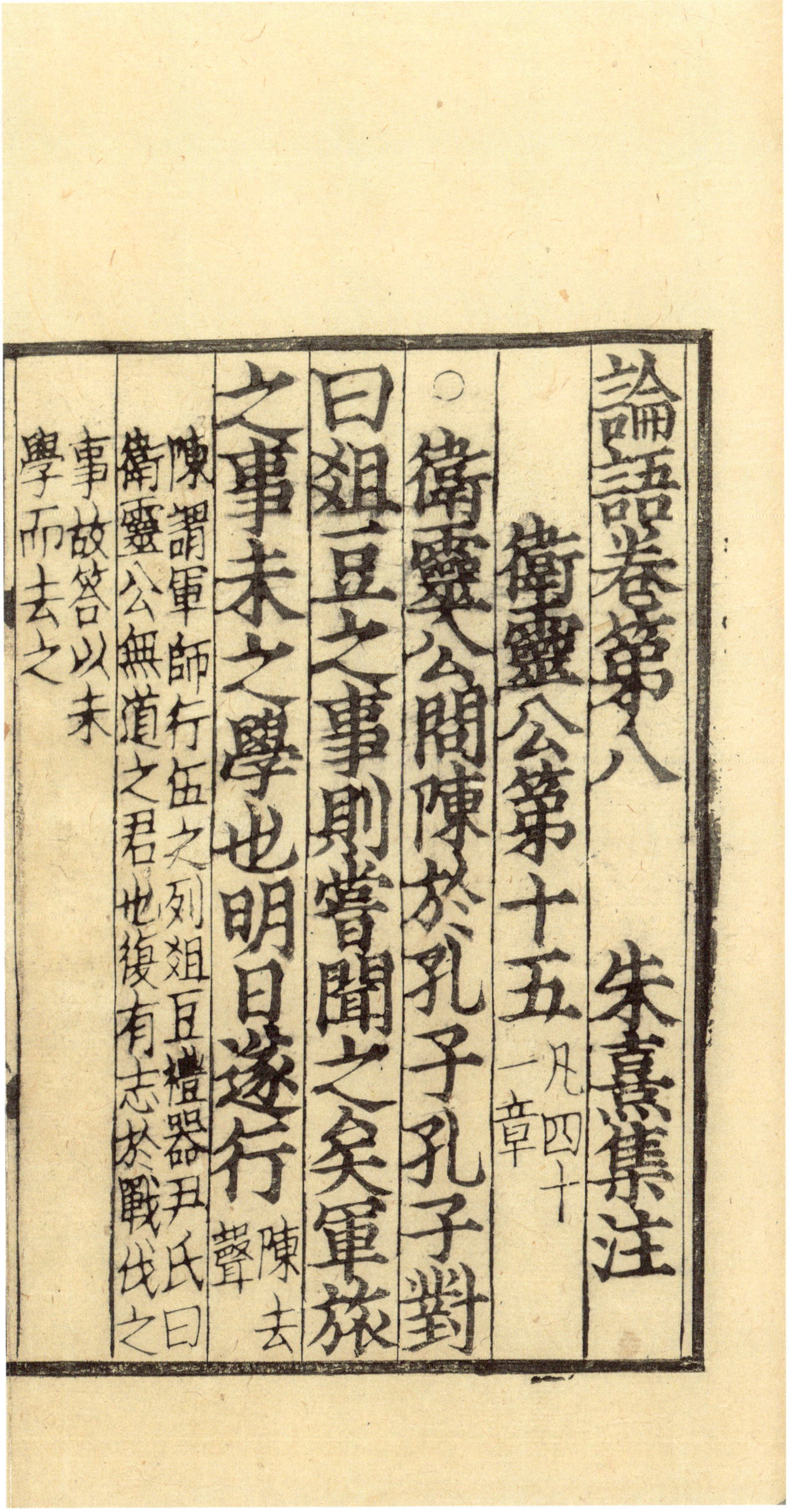
論語卷第八　朱熹集注
衛靈公第十五　凡四十一章
衛靈公問陳於孔子孔子對曰俎豆之事則嘗聞之矣軍旅之事未之學也明日遂行　陳去聲
陳謂軍師行伍之列俎豆禮器尹氏曰衛靈公無道之君也復有志於戰伐之事故答以未學而去之

图 2　卷八　卫灵公第十五

楚辞二卷

（战国）屈原（战国）宋玉（汉）贾谊等撰　明吴勉学刻本

九行十九字，白口，四周单边。

屈原（约前340—约前278），名平，字原，自称名正则，字灵均。曾任楚国左徒、三闾大夫。主张对内征举贤能，修明法度，对外联齐抗秦，遭贵族排挤，被长期流放沅、湘流域，因深感政治理想无法实现，悲愤投汨罗江而死。《史记》卷八十四有传。

楚辞是屈原在吸收和借鉴楚国民间文学的基础上创造出来的一种诗歌样式，多使用楚地方言、名物寄托感情，具有浓厚的地方色彩。一般篇幅较长，大量吸收神话传说，运用比喻、象征、托物起兴等手法，表达瑰丽浪漫的想象和细腻丰富的情感。屈原之后，宋玉、贾谊等均有模仿之作，西汉刘向编辑成集。

《离骚》是其中最出色的一篇，诗人从自叙身世、品德、理想写起，抒发了遭谗被害的苦闷与矛盾心情，揭露了楚王昏庸、群小猖獗与朝政日非的政治现实，表达了赤诚的爱国信念和报国无门的忧伤。《九歌》十一篇是屈原据民间祭祀乐歌加工改作的组曲，文辞清丽婉转。这些诗篇每句五至九字不等，句法灵活多变，以句尾“兮”字与句中的“之”“乎”等虚字协调音节，错落有致，读来节奏谐和，音调抑扬，有起伏回宕、一唱三叹的韵致。

东汉王逸最早为之作注，作《楚辞章句》十七卷，此本无王逸注而保留王逸为各篇所作的解题，是十分少见的《楚辞》白文刻本。刻书人吴勉学，字肖愚，号师古，安徽歙县人，是明隆庆、万历间著名的出版家。所刻书以校勘精审、刻工讲究为书林珍视，世称“吴勉学本”。此本钤有“陈印廷寿”“闽戴成少庵氏图籍”“侯官蓝氏藏书”等印，知曾经清福建陈廷寿、蓝涟等学者收藏。

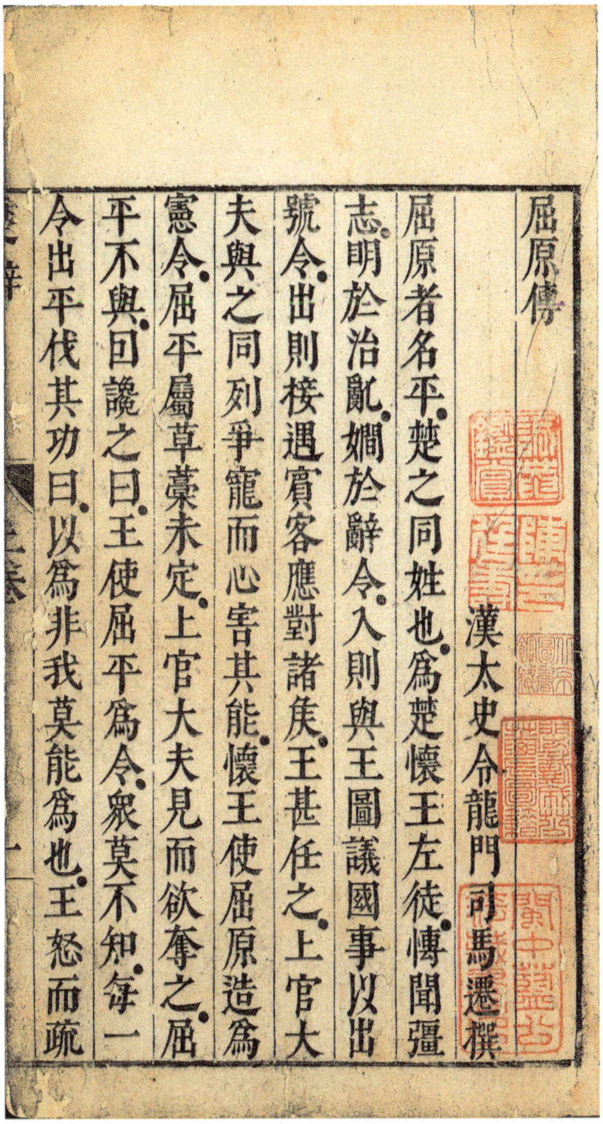

图 1　屈原传

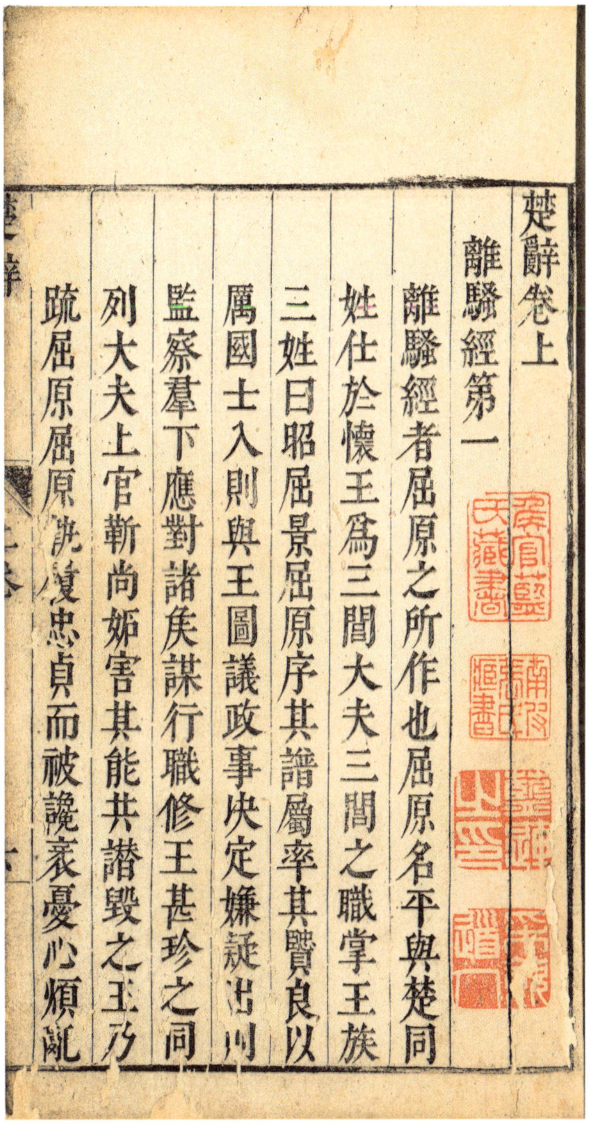

图 2　离骚经

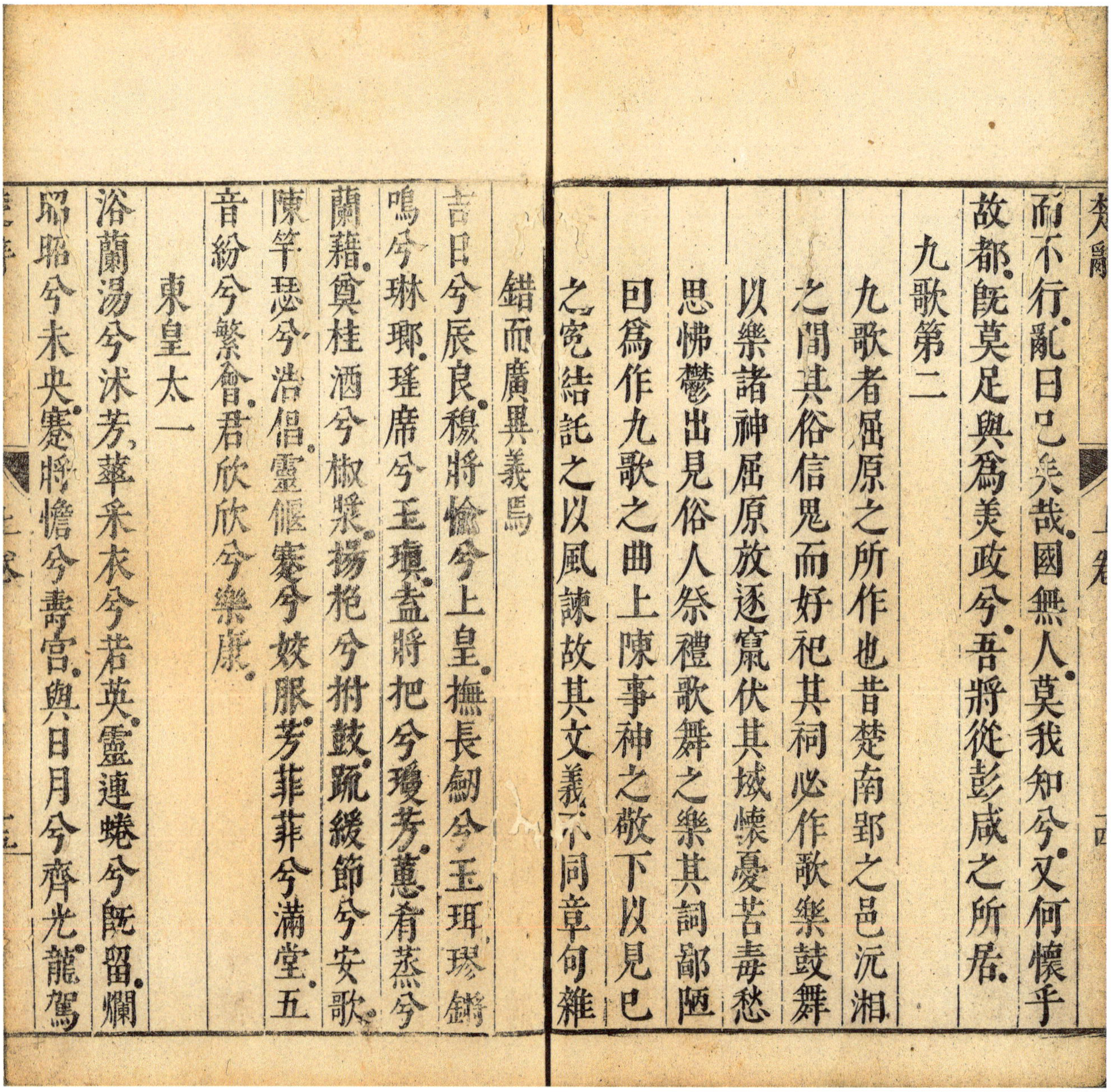

图3 九歌

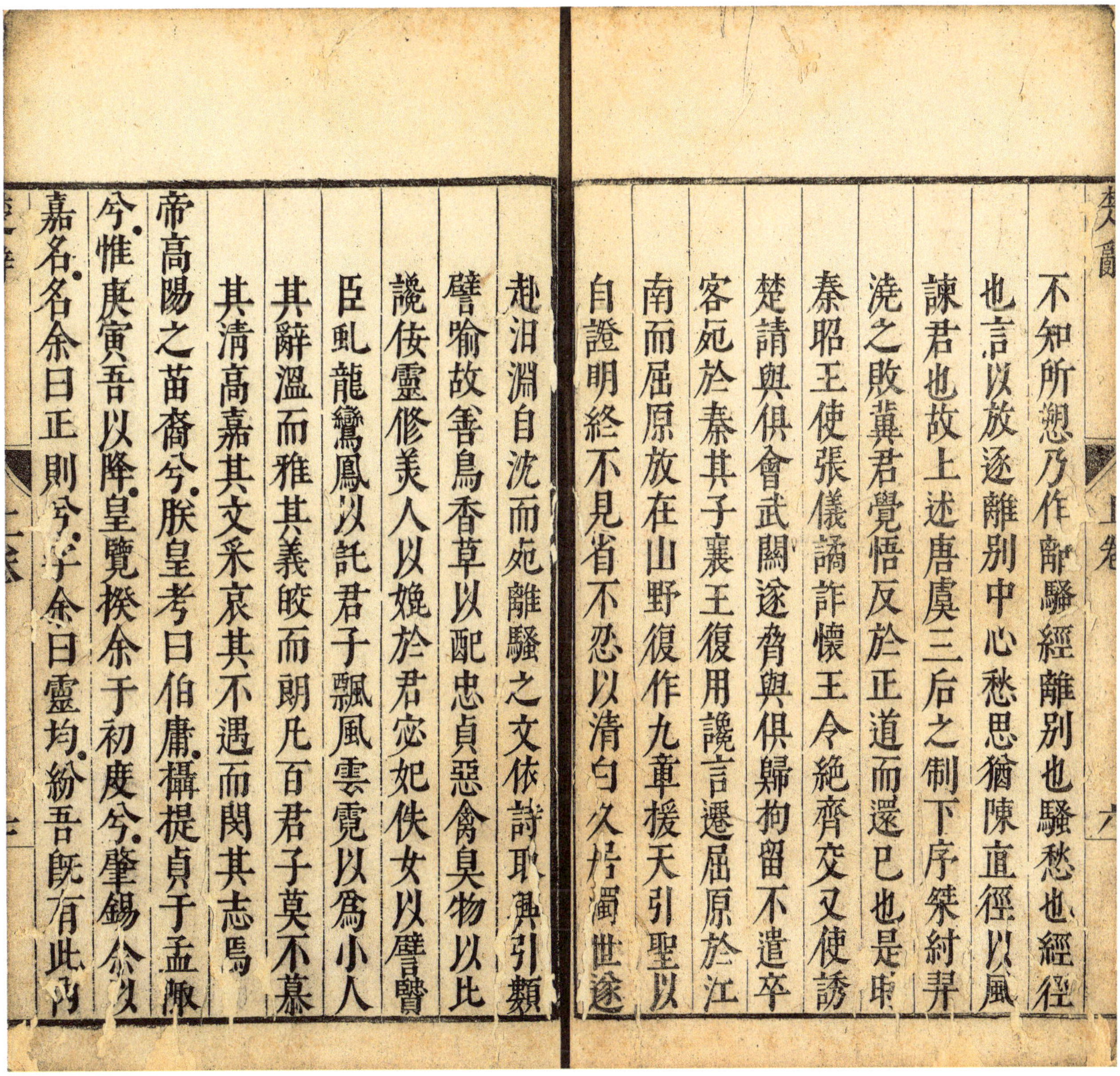
楚辭 上卷 六

不知所愬乃作離騷經離別也騷愁也經徑
也言以放逐離別中心愁思猶陳直徑以風
諫君也故上述唐虞三后之制下序桀紂羿
澆之敗冀君覺悟反於正道而還已也是時
秦昭王使張儀譎詐懷王令絕齊交又使誘
楚請與俱會武關遂脅與俱歸拘留不遣卒
客死於秦其子襄王復用讒言遷屈原於江
南而屈原放在山野復作九章援天引聖以
自證明終不見省不忍以清白久居濁世遂

赴汨淵自沈而死離騷之文依詩取興引類
譬喻故善鳥香草以配忠貞惡禽臭物以比
讒佞靈脩美人以媲於君宓妃佚女以譬賢
臣虬龍鸞鳳以託君子飄風雲霓以爲小人
其辭溫而雅其義皎而朗凡百君子莫不慕
其清高嘉其文采哀其不遇而閔其志焉
帝高陽之苗裔兮朕皇考曰伯庸攝提貞于孟陬
兮惟庚寅吾以降皇覽揆余于初度兮肇錫余以
嘉名名余曰正則兮字余曰靈均紛吾既有此內

楚辭 上卷 七

图 4　离骚正文

列子解八卷考证一卷

（唐）卢重元撰　（清）秦恩复撰　清嘉庆八年（1803）秦恩复石研斋刻本

十行二十一字，白口，左右双边。

卢重元，生卒年不详。每卷前题“唐通事舍人卢重元解”，通事舍人，唐时隶属中书省，掌诏命及承奏案章。

《列子》成书于战国，是列子及其弟子、后学著作的汇编，全书记载哲理、寓言、历史故事一百三十四则，西汉刘向整理校订成八篇。后被道教奉为经典，又称《冲虚至德真经》。

《列子·汤问》记载了春秋时期俞伯牙和钟子期互为知音的故事。传说伯牙一次在荒山野地弹琴，樵夫钟子期竟能从琴声中领会到“巍巍乎志在高山”“洋洋乎志在流水”。子期死后，伯牙痛失知音，摔琴绝弦，终身不再演奏。“高山流水”遂成为知音的代称，也喻琴音的绝妙。中国十大古曲之一《高山流水》就是取材于伯牙子期的故事而创作的。

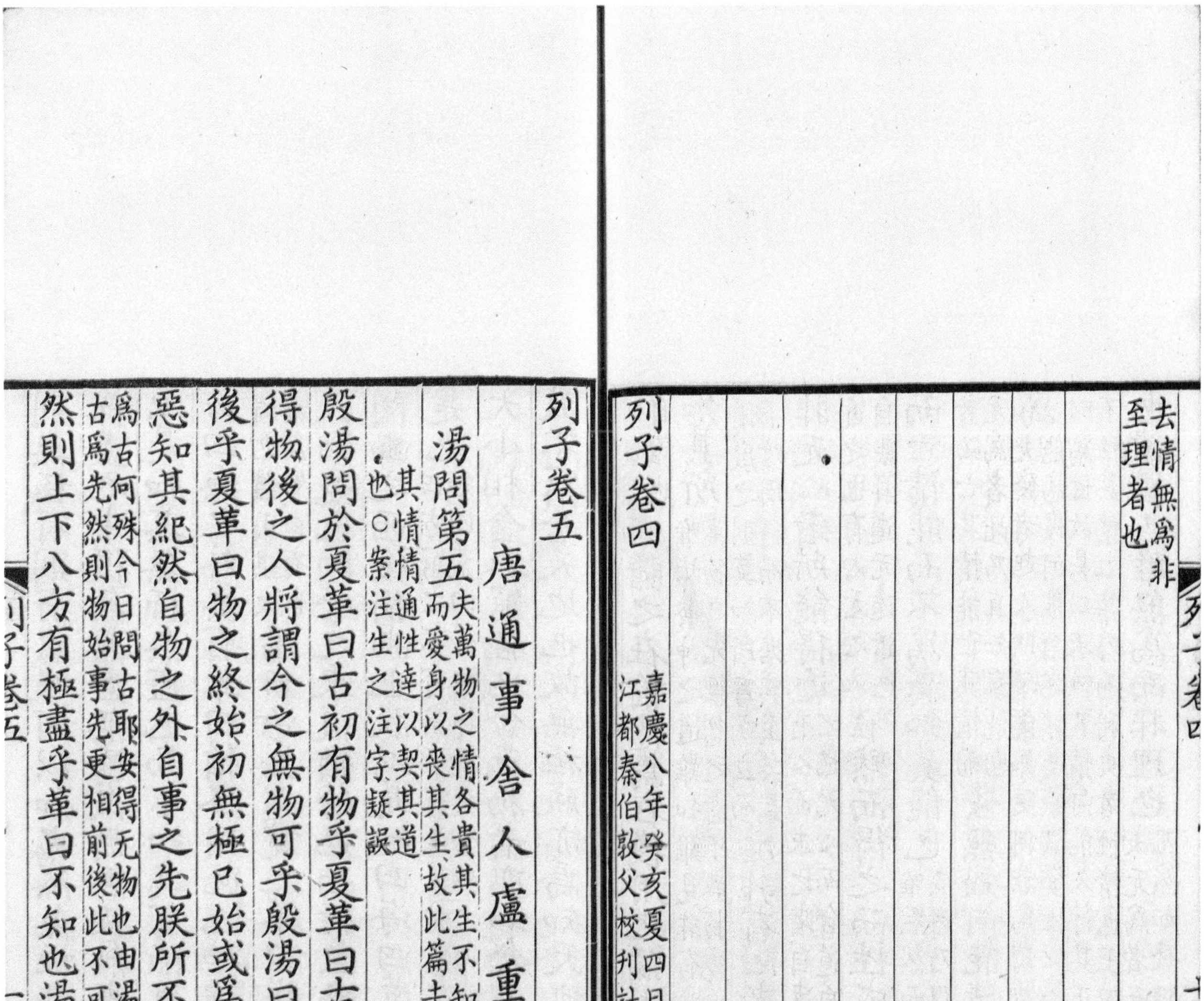

去情無爲非至理者也

列子卷四

嘉慶八年癸亥夏四月甘泉吳湰寫
江都秦伯敦父校刊計十二葉

列子卷五

唐通事舍人盧重元解

湯問第五 夫萬物之情各貴其生不知養其所注生而愛身以喪其生故此篇去形全生以通其情情通性達以契其道也○案注生之注字疑誤

殷湯問於夏革曰古初有物乎夏革曰古初無物今惡得物後之人將謂今之無物可乎殷湯曰然則物無先後乎夏革曰物之終始初無極已始或爲終終或爲始惡知其紀然自物之外自事之先朕所不知也後世必以今日爲古何殊今日問古耶安得无物也由湯以上古爲先然則物始事先更相前後此不可知也殷湯曰然則上下八方有極盡乎革曰不知也湯固問革曰無

列子卷五 一 石研齋

图1 卷五 汤问

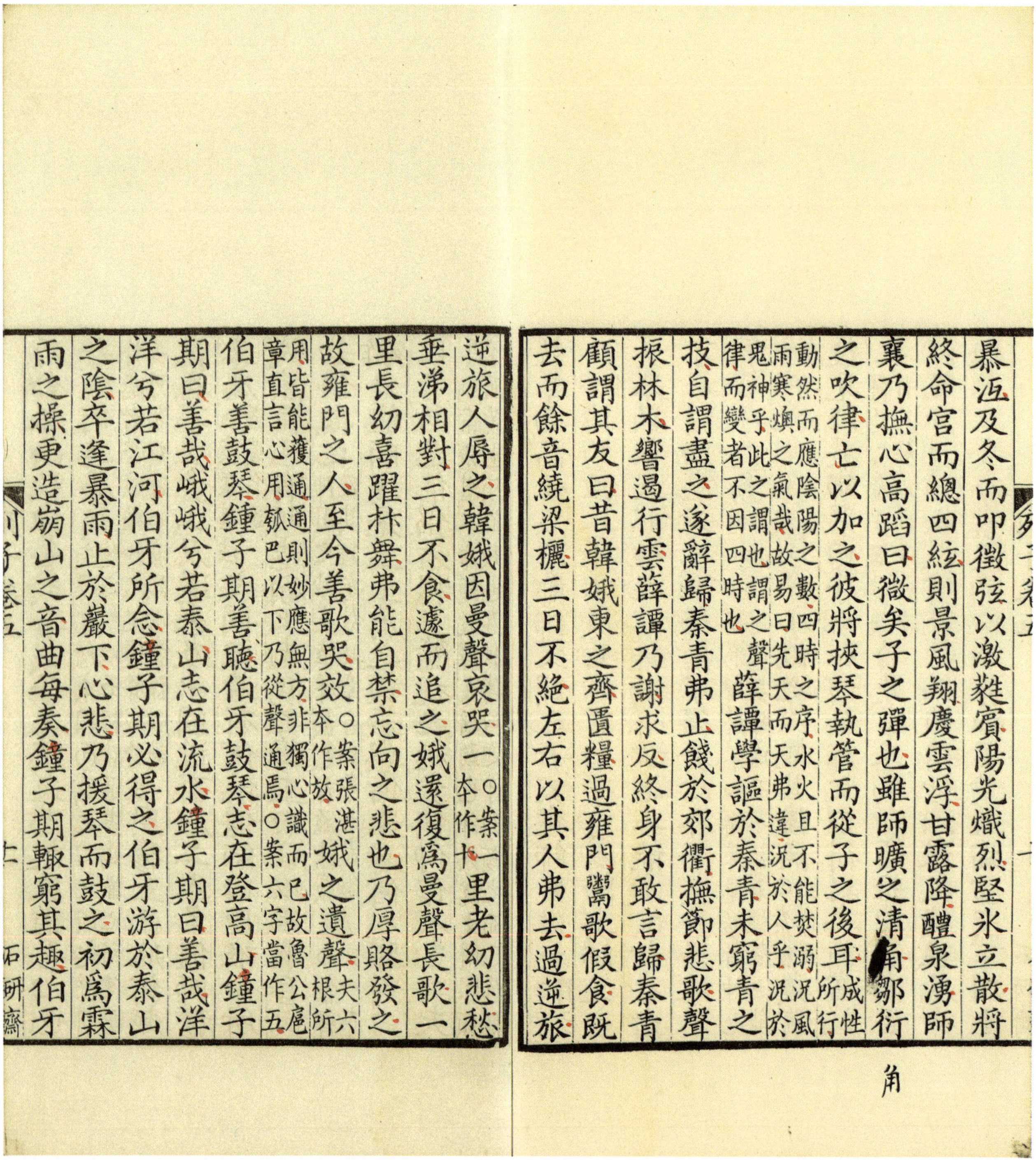

暴沍及冬而叩徵弦以激蕤賓陽光熾烈堅氷立散將終命宮而總四絃則景風翔慶雲浮甘露降醴泉湧師襄乃撫心高蹈曰微矣子之彈也雖師曠之清角鄒衍之吹律亡以加之彼將挾琴執管而從子之後耳（成性所行動然而應陰陽之數四時之序水火且不能焚溺況風雨寒燠之氣哉故易曰先天而天弗違況於人乎況於鬼神乎此之謂也謂之聲律而變者不因四時也）薛譚學謳於秦青未窮青之技自謂盡之遂辭歸秦青弗止餞於郊衢撫節悲歌聲振林木響遏行雲薛譚乃謝求反終身不敢言歸秦青顧謂其友曰昔韓娥東之齊匱糧過雍門鬻歌假食既去而餘音繞梁欐三日不絕左右以其人弗去過逆旅

逆旅人辱之韓娥因曼聲哀哭一（○案一本作十）里老幼悲愁垂涕相對三日不食遽而追之娥還復為曼聲長歌一里長幼喜躍抃舞弗能自禁忘向之悲也乃厚賂發之故雍門之人至今善歌哭效（○案張湛本作放）娥之遺聲（夫六根所用皆能獲通通則妙應無方非獨心識而已故魯公扈章直言心用瓠巴以下乃從聲通焉○案六字當作五）伯牙善鼓琴鍾子期善聽伯牙鼓琴志在登高山鍾子期曰善哉峨峨兮若泰山志在流水鍾子期曰善哉洋洋兮若江河伯牙所念鍾子期必得之伯牙游於泰山之陰卒逢暴雨止於巖下心悲乃援琴而鼓之初為霖雨之操更造崩山之音曲每奏鍾子期輒窮其趣伯牙

图 2　卷五 汤问 伯牙善鼓琴

礼记二十卷

（汉）郑玄注　（唐）陆德明音义　宋余仁仲万卷堂家塾刻本　周叔弢跋

十一行十九字，小字双行二十七、二十八字，细黑口，左右双边。

《礼记》分《大戴礼记》和《小戴礼记》，本书为《小戴礼记》，西汉时由戴圣编定。戴圣，字次君，生卒年不详，梁（今河南商丘，一说河北）人，宣帝时博士，曾任九江太守。世称其叔父（戴德）为大戴，圣为小戴。东汉末年，郑玄为之作注，成为后世通行本。

《礼记》是战国至秦汉年间儒者解释《仪礼》之作，共四十九篇，内容广博，保存了很多先秦时期关于音乐、舞蹈创作和表演的理论。卷三十一《明堂位》记载了夏歌颂大禹治水功德的乐舞《大夏》，相传是大禹命皋陶所作。共分九段，用“籥”这种乐器伴奏，又称“夏籥九成”。演出时，八人一列，称为一“佾”，共有八佾。舞者头戴皮帽，袒露上身，下身穿白色短裙，右手持羽毛，左手持“籥”，边唱边舞，舞风质朴粗犷。卷三十七《乐记》是对先秦诸子特别是儒家谈乐言论的辑录，约成书于汉武帝时期。成帝时戴圣将其辑入《礼记》，为第十九篇。《乐记》继承并发展了孔子以来儒家的音乐思想，强调音乐的社会作用，全面阐述音乐的本源和特征，音乐对人的性格、情感、意志的影响以及内容与形式、礼与乐等的相互关系，是一部全面表述儒家音乐美学思想的著作。

此本是南宋建阳余仁仲家塾所刻“九经”之一，卷末有“余氏刊于万卷堂”等刊记一行。余氏是福建建阳著名的刻书世家，传承达百余年之久。钤有“金氏元玉”“桂坡安国赏鉴”“张雋之印”“臣润庠奉敕审定内府经籍金石书画”等藏印，可知此版本曾经金元玉、安国、张文通等递藏，后归元和陆润庠。1936年夏，陆氏藏书散出，流入书肆，为王富晋所得。1942年，周叔弢以高价从王氏手中购得，建国后乃捐赠国家图书馆。

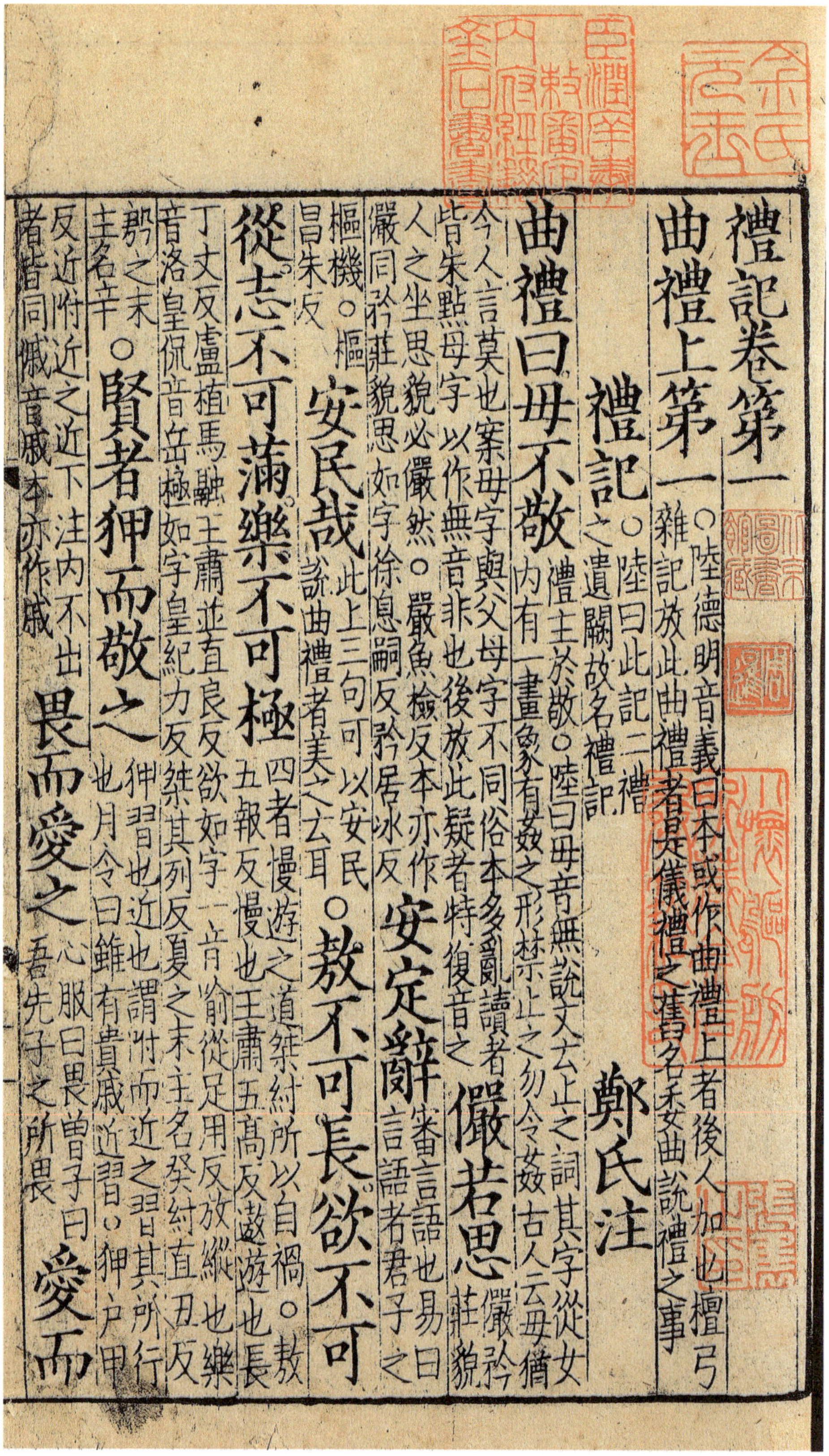
禮記卷第一
曲禮上第一 ○陸德明音義曰本或作曲禮上者後人加也檀弓雜記放此曲禮者是儀禮之舊名委曲說禮之事
禮記 ○陸曰此記二禮之遺闕故名禮記
鄭氏注
曲禮曰毋不敬 禮主於敬○陸曰毋音無說文云止之詞其字從女內有一畫象有姦之形禁止之勿令姦古人云毋猶今人言莫也案毋字與父母字不同俗本多亂讀者皆朱點毋字以作無音非也後放此疑者特復音之
儼若思 儼矜莊貌人之坐思貌必儼然○儼魚檢反本亦作嚴同矜居冰反莊如字徐息嗣反
安定辭 審言語也易曰言語者君子之樞機○樞昌朱反
安民哉 此上三句可以安民說曲禮者美之云耳
敖不可長欲不可從志不可滿樂不可極 四者慢遊之道桀紂所以自禍○敖五報反慢也王肅五高反遨遊也長丁丈反盧植馬融王肅並直良反欲如字一音喻從足用反放縱也樂音洛皇侃音岳極如字皇紀力反桀其列反夏之末主名癸紂直丑反殷之末主名辛
○賢者狎而敬之 狎習也近也謂附而近之習其所行也月令曰雖有貴戚近習○狎户甲反近附近之近下注內不出者皆同戚音戚本亦作戚
畏而愛之 心服曰畏曾子曰吾先子之所畏
愛而

图1　曲礼上第一

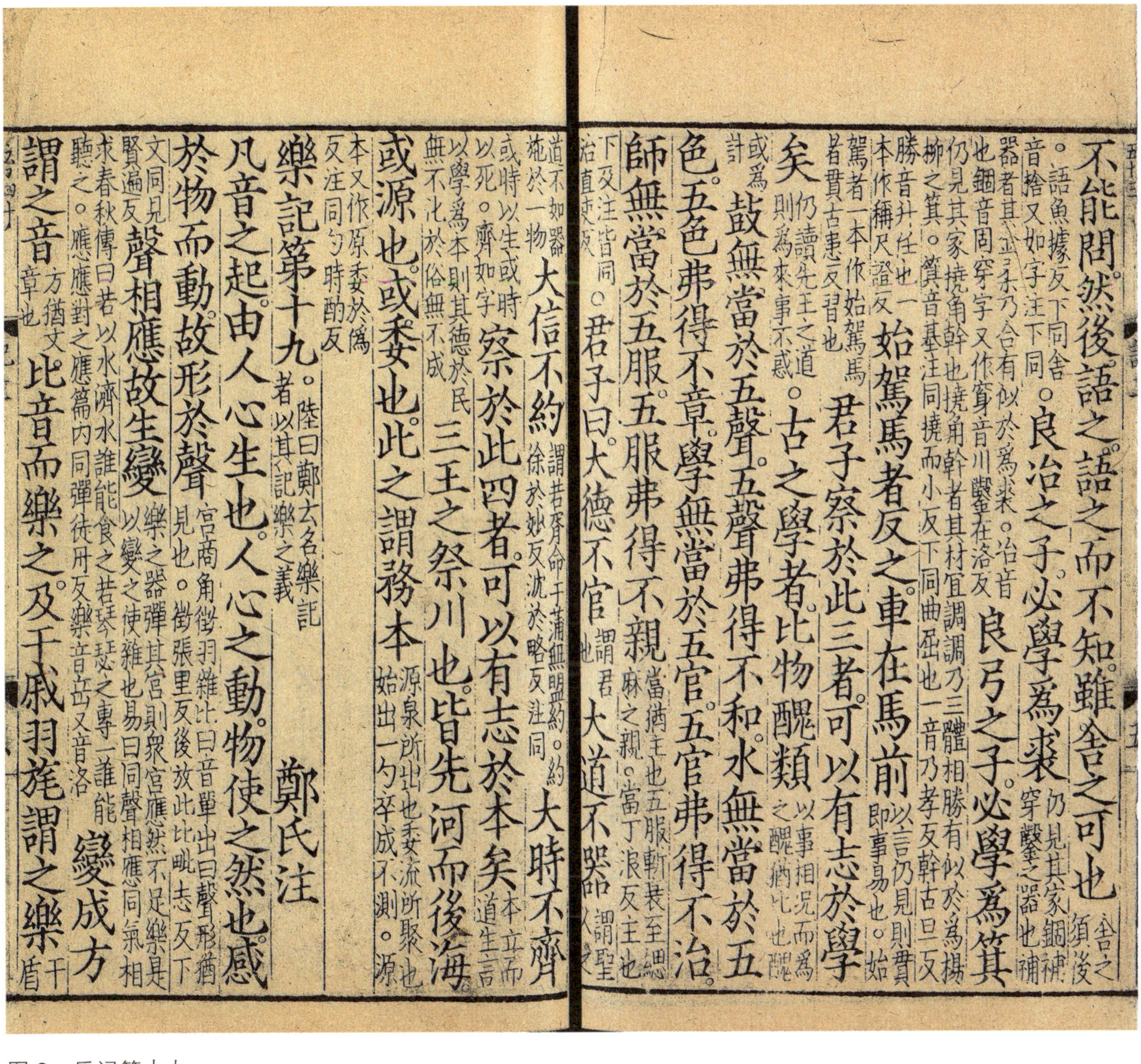
不能問。然後語之。語之而不知。雖舍之可也舍之須後
。語魚據反下同舍音捨又如字注下同。良冶之子。必學爲裘仍見其家錮補穿鑿之器也補
器者其武未乃合有似於爲裘。冶音也錮音固穿字又作穿音川鑿在洛反良弓之子。必學爲箕
仍見其家撓角幹也撓角幹者其材宜調調乃三體相勝有似於爲揚柳之箕。箕音基注同撓而小反下同曲屈也一音乃孝反幹古旦反
勝音升任也一本作稱尺證反始駕馬者反之。車在馬前以言仍見則貫即事易也。始
駕者一本作始駕馬者貫古患反習也君子察於此三者。可以有志於學
矣仍讀先王之道則爲來事不惑。古之學者。比物醜類以事相況而爲之醜猶比也醜
或爲計鼓無當於五聲。五聲弗得不和。水無當於五
色。五色弗得不章。學無當於五官。五官弗得不治。
師無當於五服。五服弗得不親當猶主也五服斬衰至緦麻之親。當丁浪反主也
下及注皆同治直吏反。君子曰。大德不官謂君也大道不器謂聖人之

道不如器施於一物大信不約謂若胥命于蒲無盟約。約徐於妙反沈於略反注同大時不齊
或時以生或時以死。齊如字察於此四者。可以有志於本矣本立而道生言
以學爲本則其德於民無不化於俗無不成三王之祭川也。皆先河而後海。
或源也。或委也。此之謂務本源泉所出也委流所聚也始出一勺卒成不測。源
本又作原委於僞反注同勺時酌反
樂記第十九。陸曰鄭玄名樂記者以其記樂之義鄭氏注
凡音之起。由人心生也。人心之動。物使之然也。感
於物而動。故形於聲宮商角徵羽雜比曰音單出曰聲形猶見也。徵張里反後放此比毗志反下
文同見賢遍反聲相應。故生變樂之器彈其宮則衆宮應然不足樂是以變之使雜也易曰同聲相應同氣相
求春秋傳曰若以水濟水誰能食之若琴瑟之專一誰能聽之。應應對之應篇內同彈徒丹反樂音岳又音洛變成方
謂之音方猶文章也比音而樂之。及干戚羽旄謂之樂干盾

图 2　乐记第十九

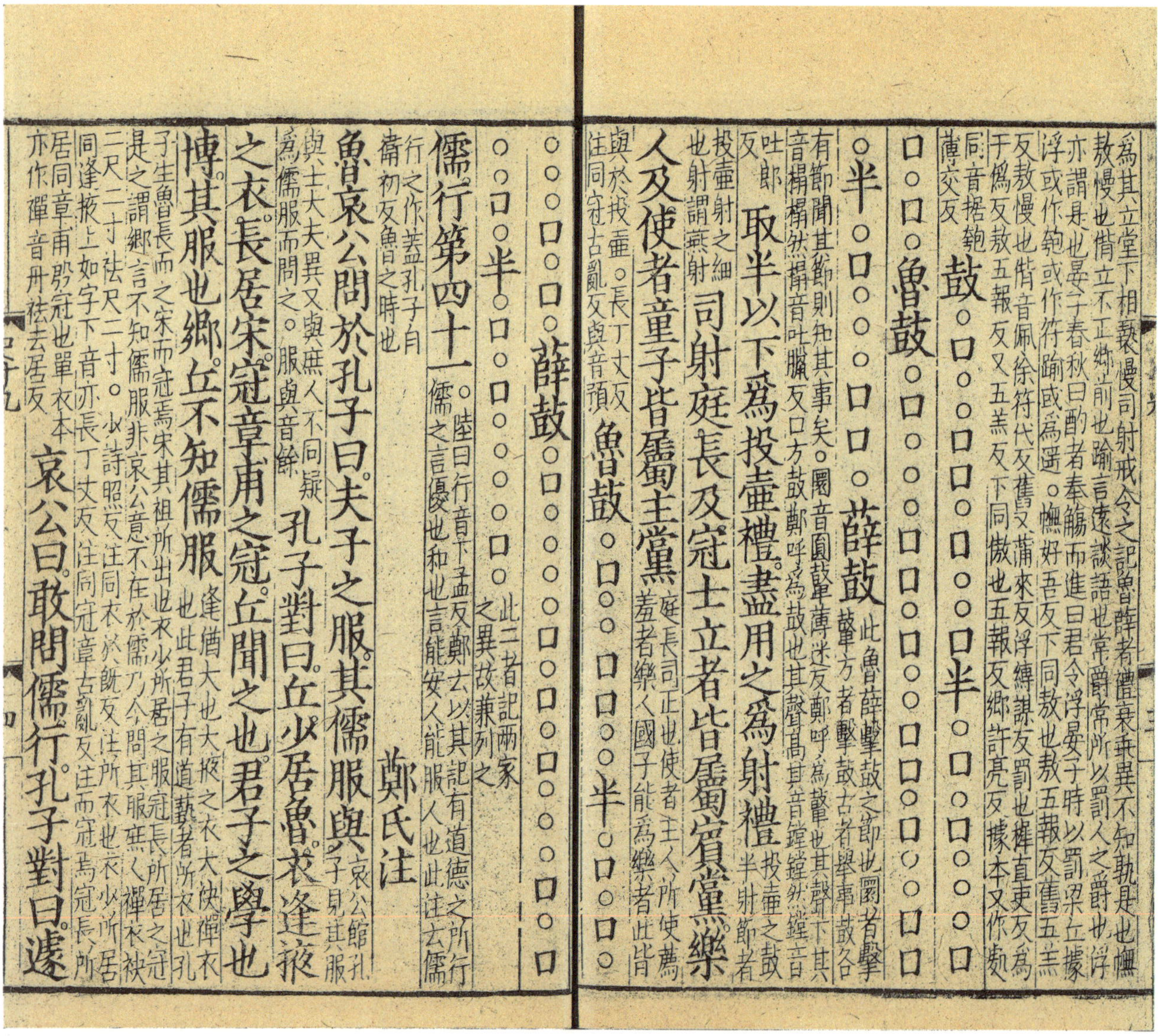

图 3　投壶第四十一

秦汉时期

史记一百三十卷

（汉）司马迁撰　（南朝宋）裴骃集解　宋刻元明递修本

十行十九字，细黑口，四周双边。

司马迁（前145—前90），字子长，夏阳（今陕西韩城南）人，一说龙门（今山西河津）人，元封三年（前108）任太史令，后任中书令，撰写了中国第一部纪传体通史《史记》，世称“太史公”。《汉书》卷六十二有传。

是书卷一百一十七《司马相如列传》全文收录相如所作《子虚赋》《上林赋》等文赋八篇。《上林赋》描绘天子率众臣于上林苑狩猎的恢弘场面，其中第九段描绘当时乐舞云：“建翠华之旗，树灵鼍之鼓……巴俞宋蔡，淮南干遮，文成颠歌……荆吴郑卫之声，韶护武象之乐，阴淫案衍之音，鄢郢缤纷，激楚结风。”此段对西汉流行的乐器、上古乐曲以及涉及地方的巴渝、楚、滇、西域的乐舞特色均有描绘，并提到今河北、河南、安徽等地从事歌舞艺及杂戏的俳优，对探讨中国地方音乐艺术的起源和特点有重要参考价值。钤有“海盐张元济经收”“涵芬楼”印。

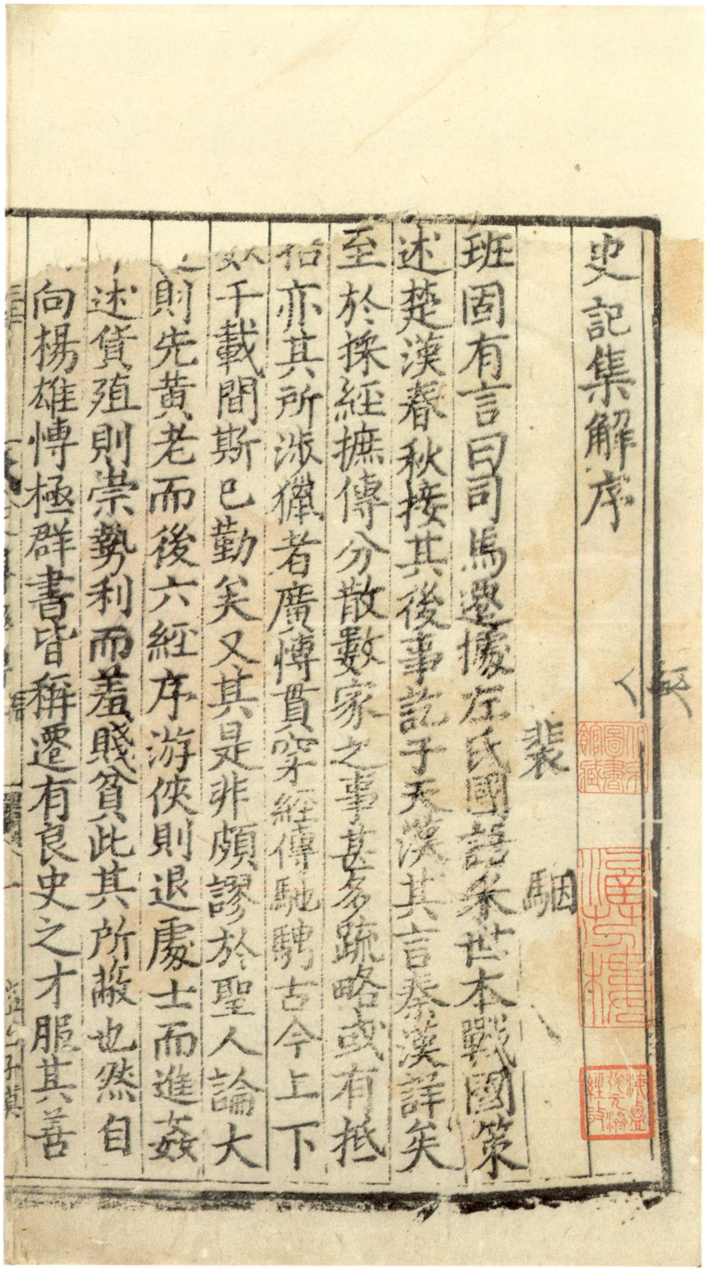

图1　裴骃序

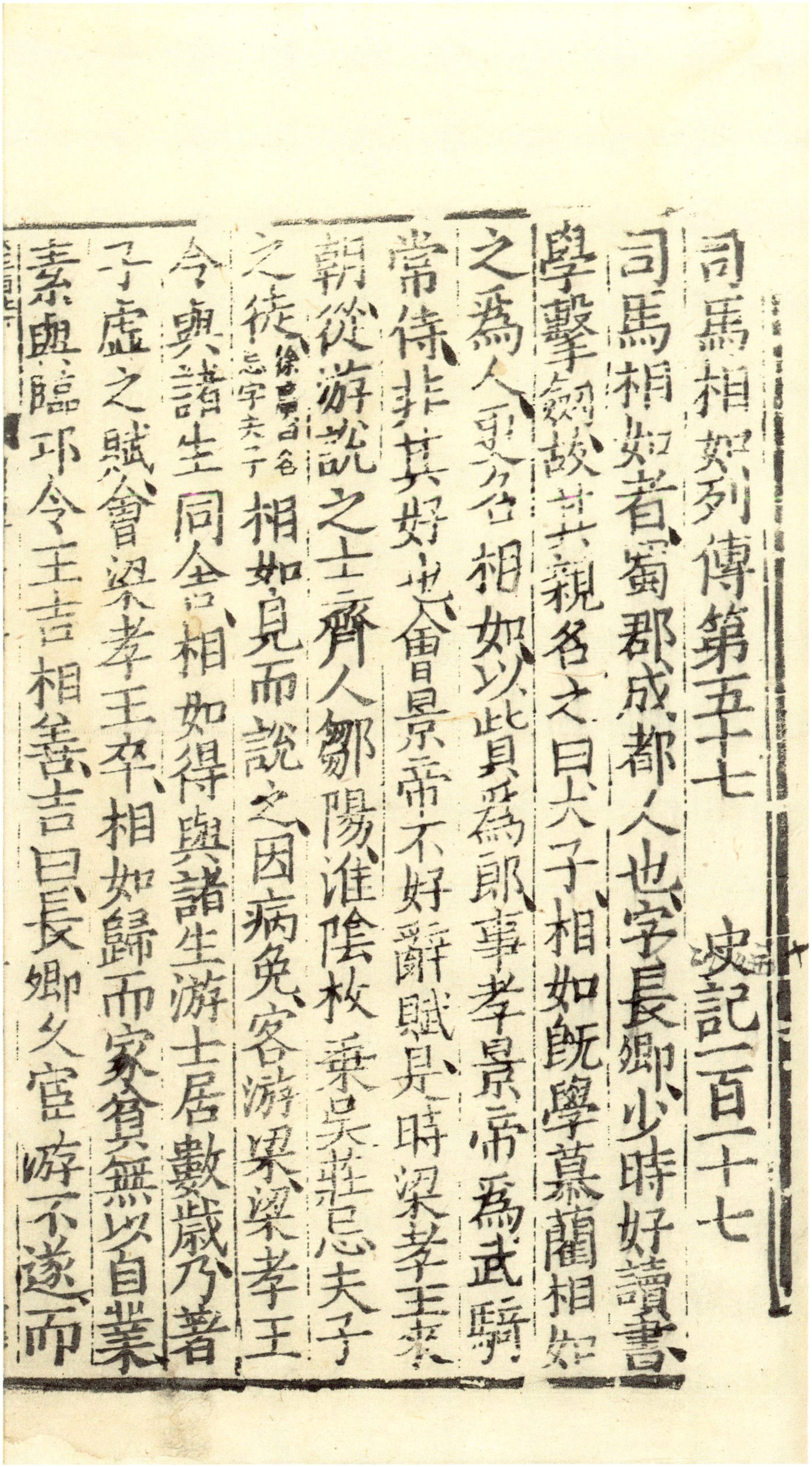
司馬相如列傳第五十七　史記一百一十七
司馬相如者蜀郡成都人也字長卿少時好讀書
學擊劍故其親名之曰犬子相如既學慕藺相如
之爲人更名相如以貲爲郎事孝景帝爲武騎
常侍非其好也會景帝不好辭賦是時梁孝王來
朝從游說之士齊人鄒陽淮陰枚乘吳莊忌夫子
之徒（徐廣曰名忌字夫子）相如見而說之因病免客游梁梁孝王
令與諸生同舍相如得與諸生游士居數歲乃著
子虛之賦會梁孝王卒相如歸而家貧無以自業
素與臨邛令王吉相善吉曰長卿久宦游不遂而

图 2　司马相如列传

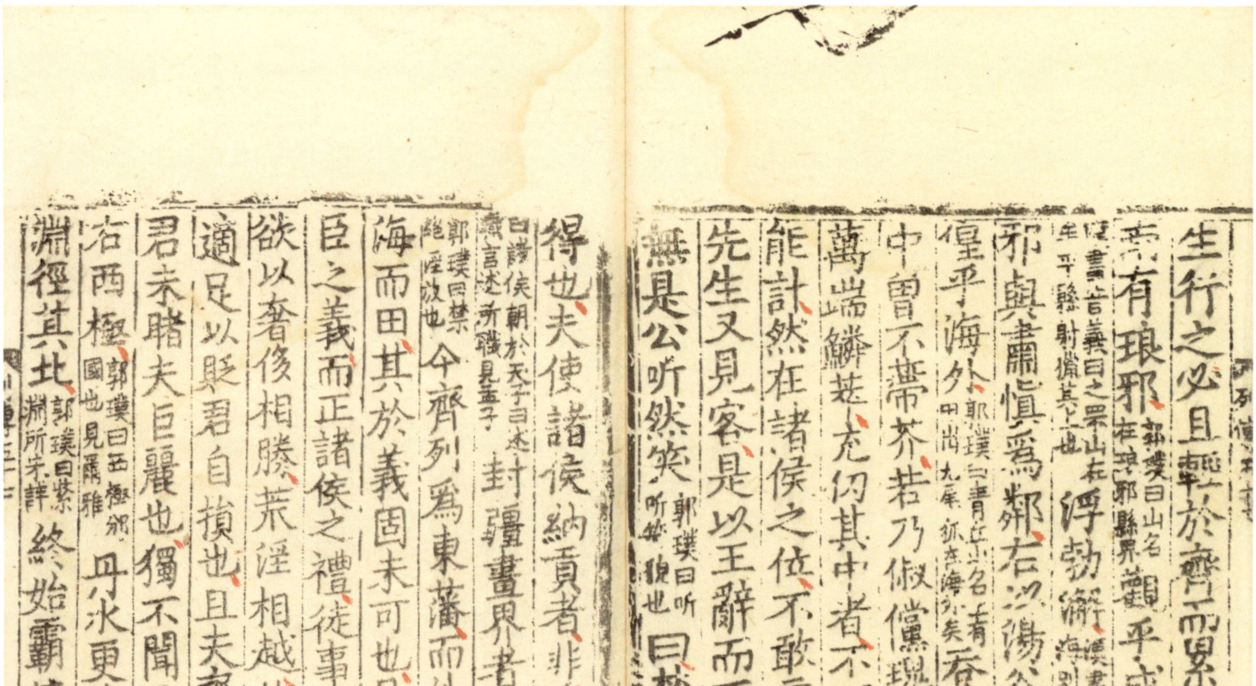

生行之必且輕於齊而累於楚矣且齊東陼巨海南有琅邪[郭璞曰山名在琅邪縣界]觀乎成山[徐廣曰在東萊不夜縣]射乎之罘[漢書音義曰之罘山在東牟平縣射獵其上也]浮勃澥[漢書音義海別枝名也]游孟諸[郭璞曰宋之藪澤名]邪與肅慎爲鄰右以湯谷爲界秋田乎青丘傍偟乎海外[郭璞曰青丘山名上有田出九尾狐在海外矣]吞若雲夢者八九其於胸中曾不蔕芥若乃俶儻瑰偉異方殊類珍怪鳥獸萬端鱗萃充仞其中者不可勝記禹不能名契不能計然在諸侯之位不敢言游戲之樂苑囿之大先生又見客是以王辭而不能復何爲無用應哉

無是公听然笑[郭璞曰听笑貌也]曰楚則失矣齊亦未爲得也夫使諸侯納貢者非爲財幣所以述職也[曰諸侯朝於天子曰述職言述所職見孟子]封疆畫界者非爲守禦所以禁淫也[郭璞曰禁絕淫放也]今齊列爲東藩而外私肅慎捐國踰限越海而田其於義固未可也且二君之論不務明君臣之義而正諸侯之禮徒事爭游獵之樂苑囿之大欲以奢侈相勝荒淫相越此不可以揚名發譽而適足以貶君自損也且夫齊楚之事又焉足道邪君未睹夫巨麗也獨不聞天子之上林乎左蒼梧右西極[郭璞曰西極國也見爾雅]丹水更其南[漢書音義曰丹水出上洛冢領山]紫淵徑其北[郭璞曰紫淵所未詳]終始霸滻出入涇渭酆鄗潦潏

图 3　上林赋

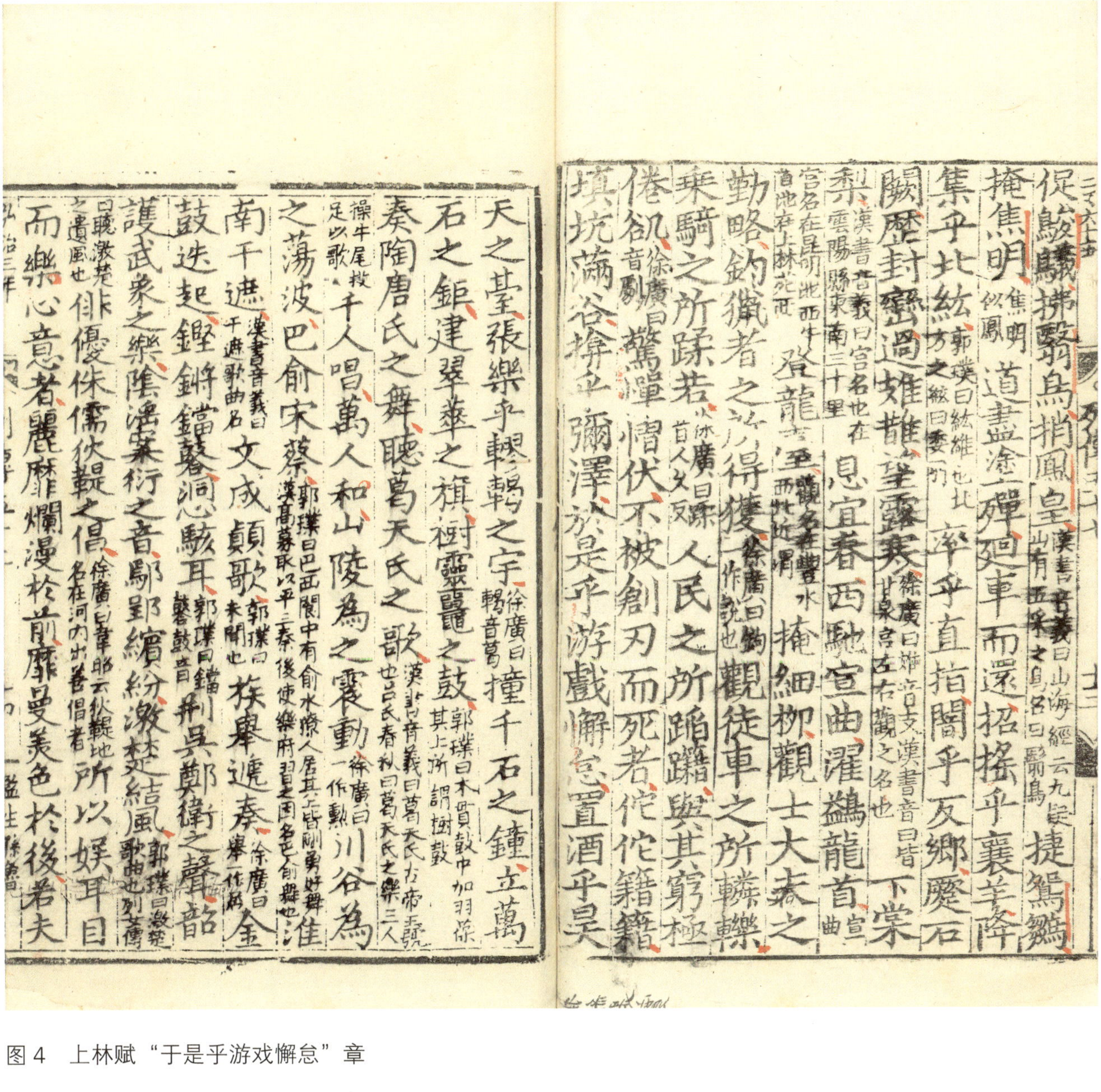

图 4　上林赋“于是乎游戏懈怠”章

琴操二卷

（汉）蔡邕撰　（清）孫星衍校　清嘉慶十年（1805）刻本

十一行二十字，白口，左右双边。

蔡邕（133—192），字伯喈，陈留郡圉（今属河南）人。官至左中郎将。通经史，善辞赋，精于书法，尤擅音律，其制作焦尾琴、柯亭笛的故事流传至今。《后汉书》卷六十有传。

《琴操》是现存介绍早期琴曲作品最为丰富详尽的专著，原书宋以后亡佚，经后人辑校成书。收录古琴曲四类，包括歌诗五曲、十二操、九引及河间杂歌二十一章，共五十多首作品。《初学记》卷十六引《风俗通》云：“凡琴曲，和乐而作，命之为畅；忧愁而作，命之曰操。”即表达哀伤的琴曲谓之“操”。

书中对每首作品逐一题解，介绍其作者、主题及故事背景，部分琴曲附有歌词。故事解说带有浓厚的民间传奇色彩。琴曲歌词主要为四言体和骚体，以抒情为主。是书奠定了后世琴曲歌词的基本模式，很多曲目成为后来琴曲歌词的经典。

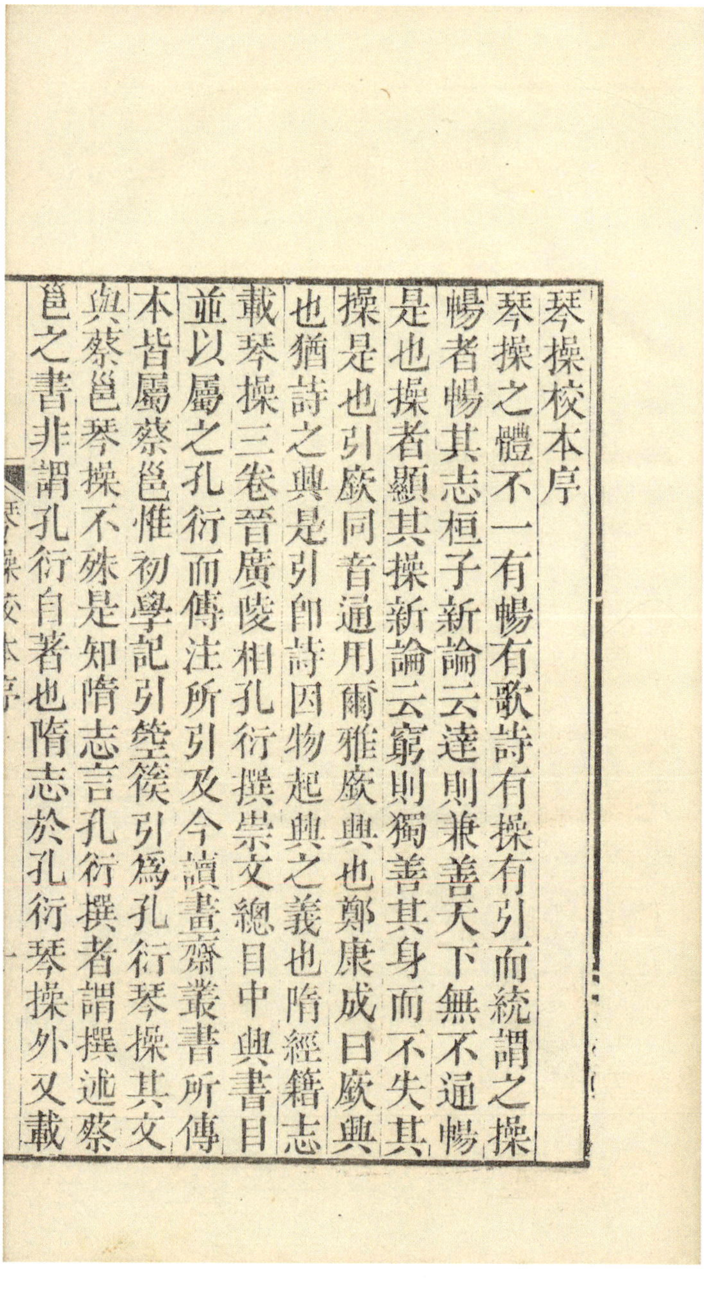
琴操校本序

琴操之體不一有暢有歌詩有操有引而統謂之操暢者暢其志桓子新論云達則兼善天下無不通暢是也操者顯其操新論云窮則獨善其身而不失其操是也引歛同音通用爾雅歛興也鄭康成曰歛興也猶詩之興是引即詩因物起興之義也隋經籍志載琴操三卷晉廣陵相孔衍撰崇文總目中興書目並以屬之孔衍而傳注所引及今讀畫齋叢書所傳本皆屬蔡邕惟初學記引箜篌引爲孔衍琴操其文與蔡邕琴操不殊是知隋志言孔衍撰者謂撰述蔡邕之書非謂孔衍自著也隋志於孔衍琴操外又載

琴操校本序　一

图 1　马瑞辰序

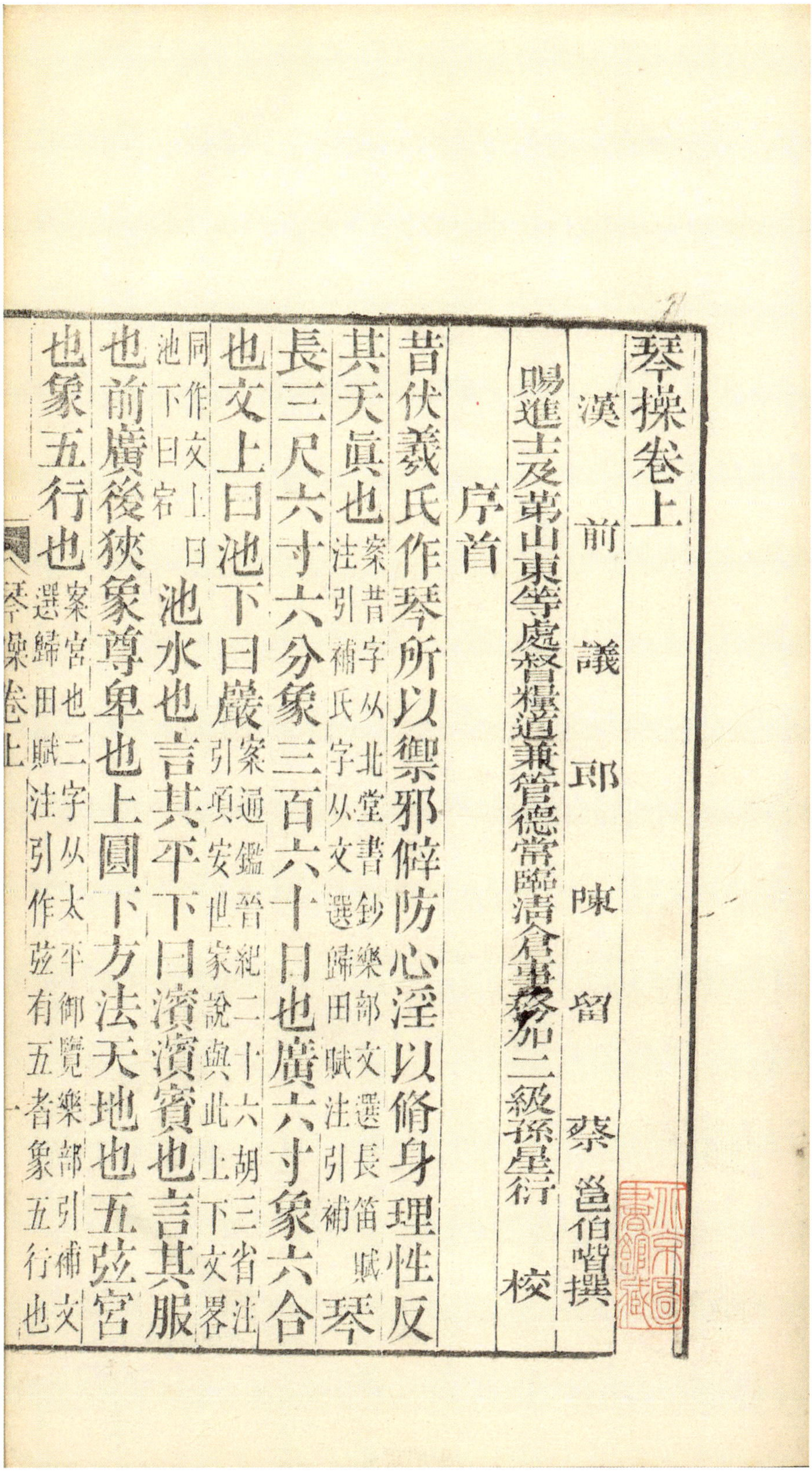

琴操卷上

漢　前　議　郎　陳　留　蔡　邕伯喈撰

賜進士及第山東等處督糧道兼管德常臨清倉事務加二級孫星衍　校

序首

昔伏羲氏作琴所以禦邪僻防心淫以脩身理性反其天眞也案昔字从北堂書鈔樂部文選長笛賦注引補氏字从文選歸田賦注引補琴長三尺六寸六分象三百六十日也廣六寸象六合也文上曰池下曰巖案通鑑晉紀二十六胡三省注引項安世家說與此上下文畧同作文上曰池下曰宕池水也言其平下曰濱濱賓也言其服也前廣後狹象尊卑也上圓下方法天地也五弦宮也象五行也案宮也二字从太平御覽樂部引補文選歸田賦注引作弦有五者象五行也

琴操卷上　一

图2　序首

胡笳十八拍

（汉）蔡文姬原制　張厚璜翻譜　民国石印本

蔡琰（生卒年不详），字文姬，蔡邕之女。擅文学，通音律，著有《悲愤诗》二首及《胡笳十八拍》。生平颇具传奇色彩，有“文姬归汉”的故事流传。张厚璜（生卒年不详），民国时期南皮人。文物专家，精通乐律，擅古琴、书法，著有《中西乐律汇通略论》《汉隶笔法》。

胡笳是汉代流行于塞北和西域的一种木管三孔管乐器，音色悲凉。《胡笳十八拍》是中国古代音乐史上较早的一部声乐套曲，一章为一拍，共十八章，由琴伴唱。全曲运用宫、徵、羽三种调式，音乐前后分两大层次，前十段主要诉说文姬在匈奴思乡情切，后八段则抒发回国时忍痛弃子的悲怨。除音乐主题的对比变化外，还运用调式交替与调性转换的手法，哀婉悲伤，凄楚动人。文姬亦有同名诗作，后世以此为歌词配曲。

《胡笳十八拍》琴曲及琴歌被各谱本广为收录，曲最早见于明朱权《神奇秘谱》，歌最早见于明孙丕显《琴适》。此为张厚璜根据流传的琴谱翻制的五线谱，因其曲情意味与军号相似，又依是谱拟号谱一篇附于后。原为《解谷乐谱》第五章，有“厚璜翻谱”印及签名。

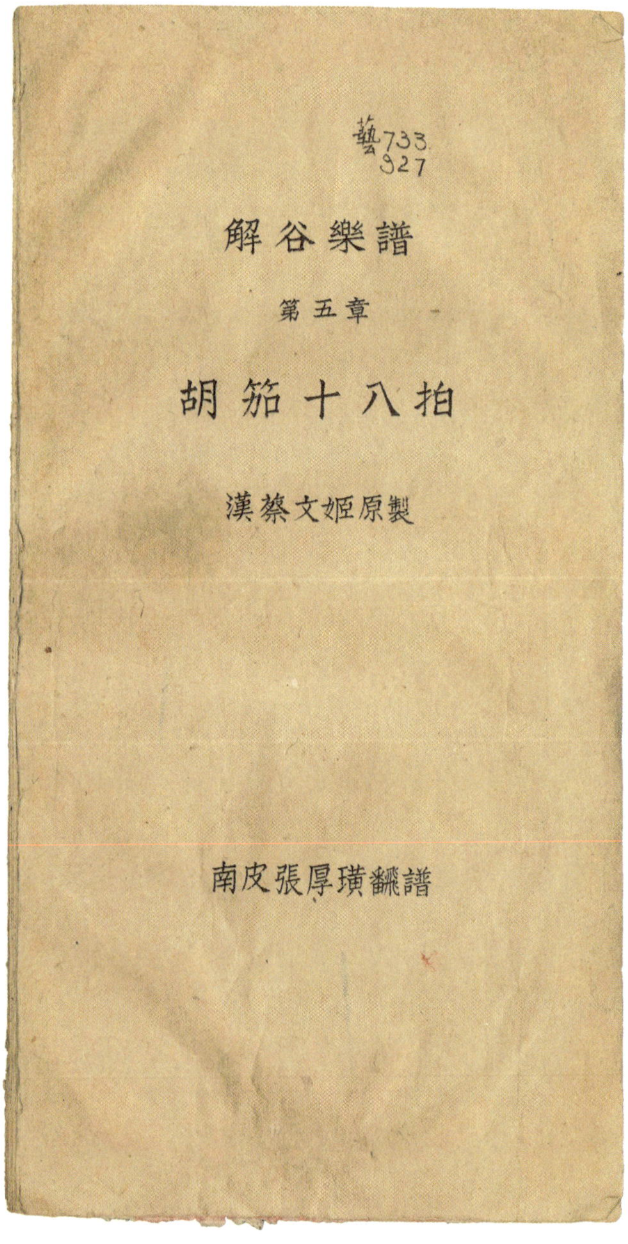

图 1　封面

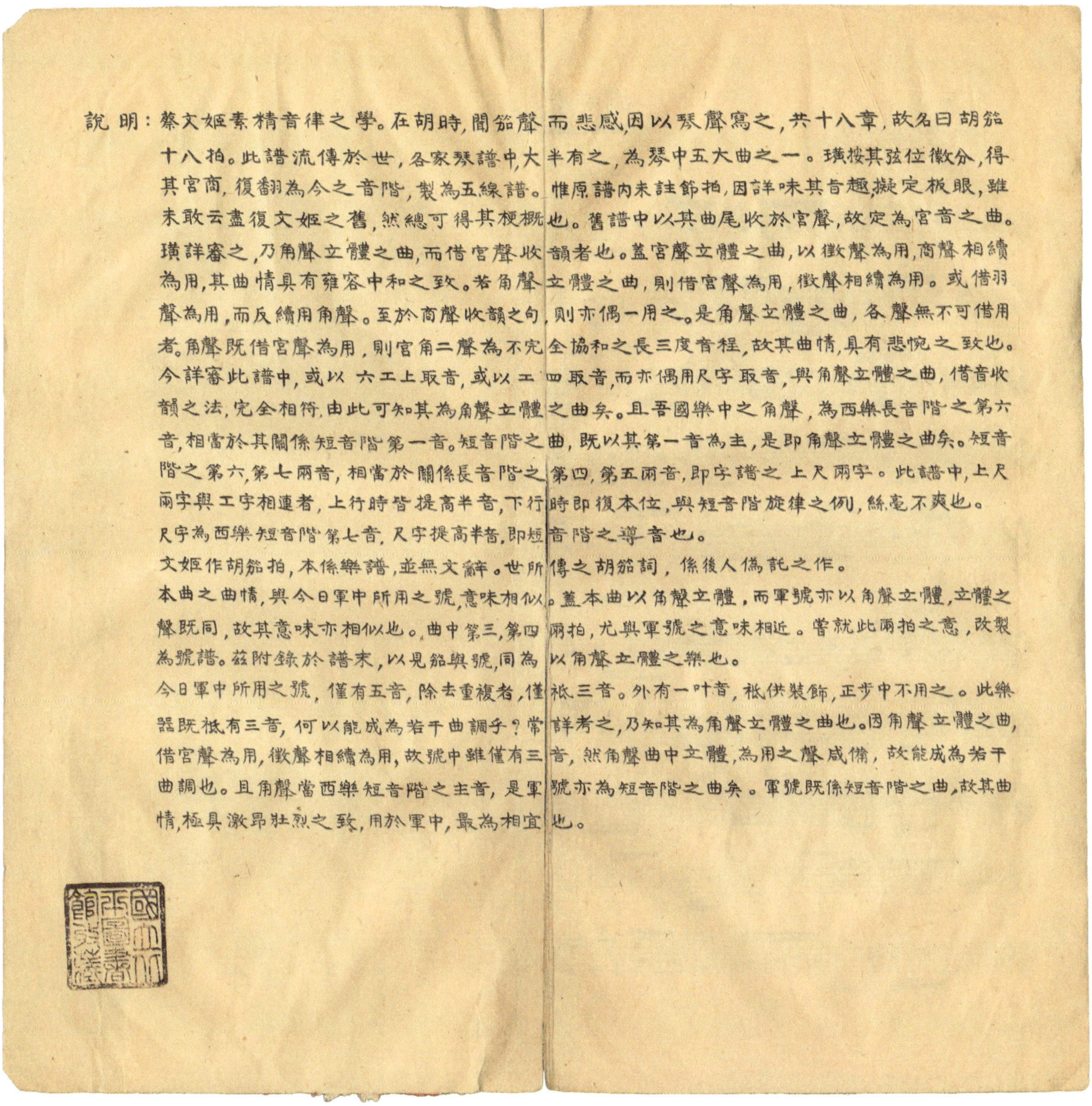
說明：蔡文姬素精音律之學。在胡時，聞笳聲而悲感，因以琴聲寫之，共十八章，故名曰胡笳十八拍。此譜流傳於世，各家琴譜中，大半有之，為琴中五大曲之一。璜按其弦位徽分，得其宮商，復翻為今之音階，製為五線譜。惟原譜內未註節拍，因詳味其旨趣，擬定板眼，雖未敢云盡復文姬之舊，然總可得其梗概也。舊譜中以其曲尾收於宮聲，故定為宮音之曲。璜詳審之，乃角聲立體之曲，而借宮聲收韻者也。蓋宮聲立體之曲，以徵聲為用，商聲相續為用，其曲情具有雍容中和之致。若角聲立體之曲，則借宮聲為用，徵聲相續為用。或借羽聲為用，而反續用角聲。至於商聲收韻之句，則亦偶一用之。是角聲立體之曲，各聲無不可借用者。角聲既借宮聲為用，則宮角二聲為不完全協和之長三度音程，故其曲情，具有悲惋之致也。今詳審此譜中，或以六工上取音，或以工四取音，而亦偶用尺字取音，與角聲立體之曲，借音收韻之法，完全相符。由此可知其為角聲立體之曲矣。且吾國樂中之角聲，為西樂長音階之第六音，相當於其關係短音階第一音。短音階之曲，既以其第一音為主，是即角聲立體之曲矣。短音階之第六，第七兩音，相當於關係長音階之第四，第五兩音，即字譜之上尺兩字。此譜中，上尺兩字與工字相連者，上行時皆提高半音，下行時即復本位，與短音階旋律之例，絲毫不爽也。
尺字為西樂短音階第七音，尺字提高半音，即短音階之導音也。
文姬作胡笳拍，本係樂譜，並無文辭。世所傳之胡笳詞，係後人偽託之作。
本曲之曲情，與今日軍中所用之號，意味相似。蓋本曲以角聲立體，而軍號亦以角聲立體，立體之聲既同，故其意味亦相似也。曲中第三，第四兩拍，尤與軍號之意味相近。嘗就此兩拍之意，改製為號譜。茲附錄於譜末，以見笳與號，同為以角聲立體之樂也。
今日軍中所用之號，僅有五音，除去重複者，僅祇三音。外有一叶音，祇供裝飾，正步中不用之。此樂器既祇有三音，何以能成為若干曲調乎？嘗詳考之，乃知其為角聲立體之曲也。因角聲立體之曲，借宮聲為用，徵聲相續為用，故號中雖僅有三音，然角聲曲中立體，為用之聲咸備，故能成為若干曲調也。且角聲當西樂短音階之主音，是軍號亦為短音階之曲矣。軍號既係短音階之曲，故其曲情，極具激昂壯烈之致，用於軍中，最為相宜也。

图 2　卷前说明

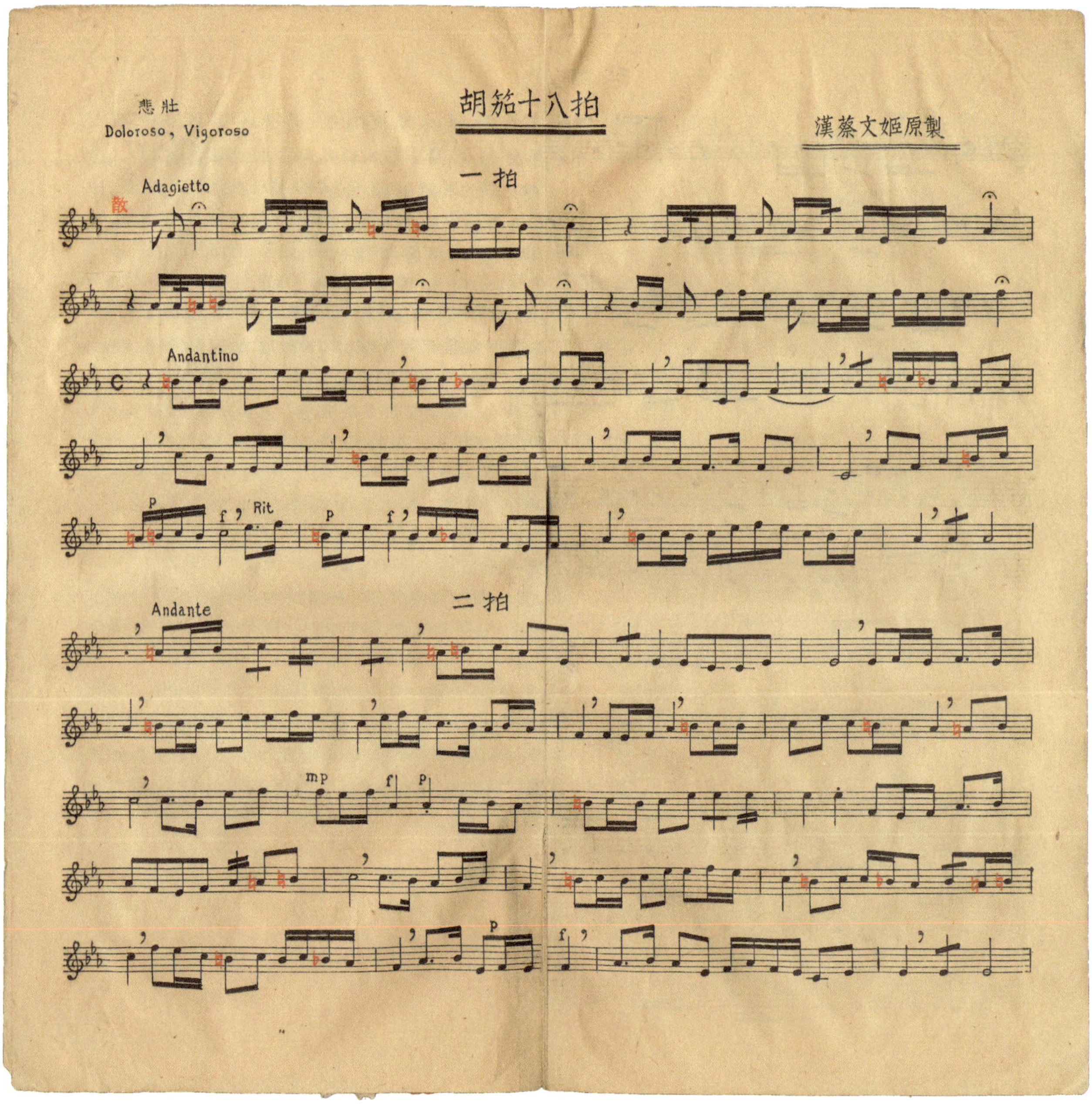
胡笳十八拍
悲壮
Doloroso, Vigoroso
漢蔡文姬原製
一拍
Adagietto
散
Andantino
Rit
二拍
Andante

图3 琴谱

乐府诗集一百卷目录二卷

（宋）郭茂倩辑　宋刻本

十一行二十字，白口，左右双边。

郭茂倩（1041—1099），字德粲，郓州须城（今山东东平）人。神宗元丰七年（1084）为河南府法曹参军。传见《苏魏公集》卷五十九《郭君墓志铭》。

“乐府”本是汉武帝设立的音乐管理机构，用来训练乐工、制定乐谱和采集歌词，后来成为一种带有音乐性的诗体名称。是书辑录汉魏到唐五代的乐府歌辞及歌谣计五千余首，是收录古代乐府歌辞最完备的诗歌总集。

书中将历代歌曲按曲调分为十二大类，每类又领若干小类，各类曲辞有序，每一曲作题解，对各类乐曲的起源、性质及演唱时所使用的乐器都作了详细的介绍，征引了很多现已散佚的著作，具有很高的文献价值。

卷二十六《江南》为汉代古辞，题解谓此为良辰美景嬉游时所得，后梁武帝作《采莲》《采菱》，均来源于此。卷二十八《陌上桑》亦汉代古辞，是富有喜剧色彩的叙事诗名篇。卷三十二《燕歌行》为魏文帝曹丕所作，以妇人对在他乡服役丈夫的思念为题，后世多用此曲调作闺怨诗。卷二十五“横吹曲辞”之“梁鼓角横吹曲”收录《木兰辞》一首，一般认为是北朝民歌，全诗五言三十一韵，分为六个段落，讲述木兰女扮男装替父从军、凯旋受封、辞官还家的故事。此故事保存了民歌通俗明快、朗朗上口的特点，在后世广为流传，家喻户晓。卷七十三《焦仲卿妻》传为汉末建安年间的作品，后世常以首句“孔雀东南飞”称此曲，也是一篇脍炙人口的长篇叙事诗，与《木兰辞》并称“乐府双璧”。

此本是此书现存的最早版本，宋刻存七十九卷目录二卷，缺卷用元刻本及清抄本配补而成。曾经徐乾学、季振宜、傅增湘递藏。

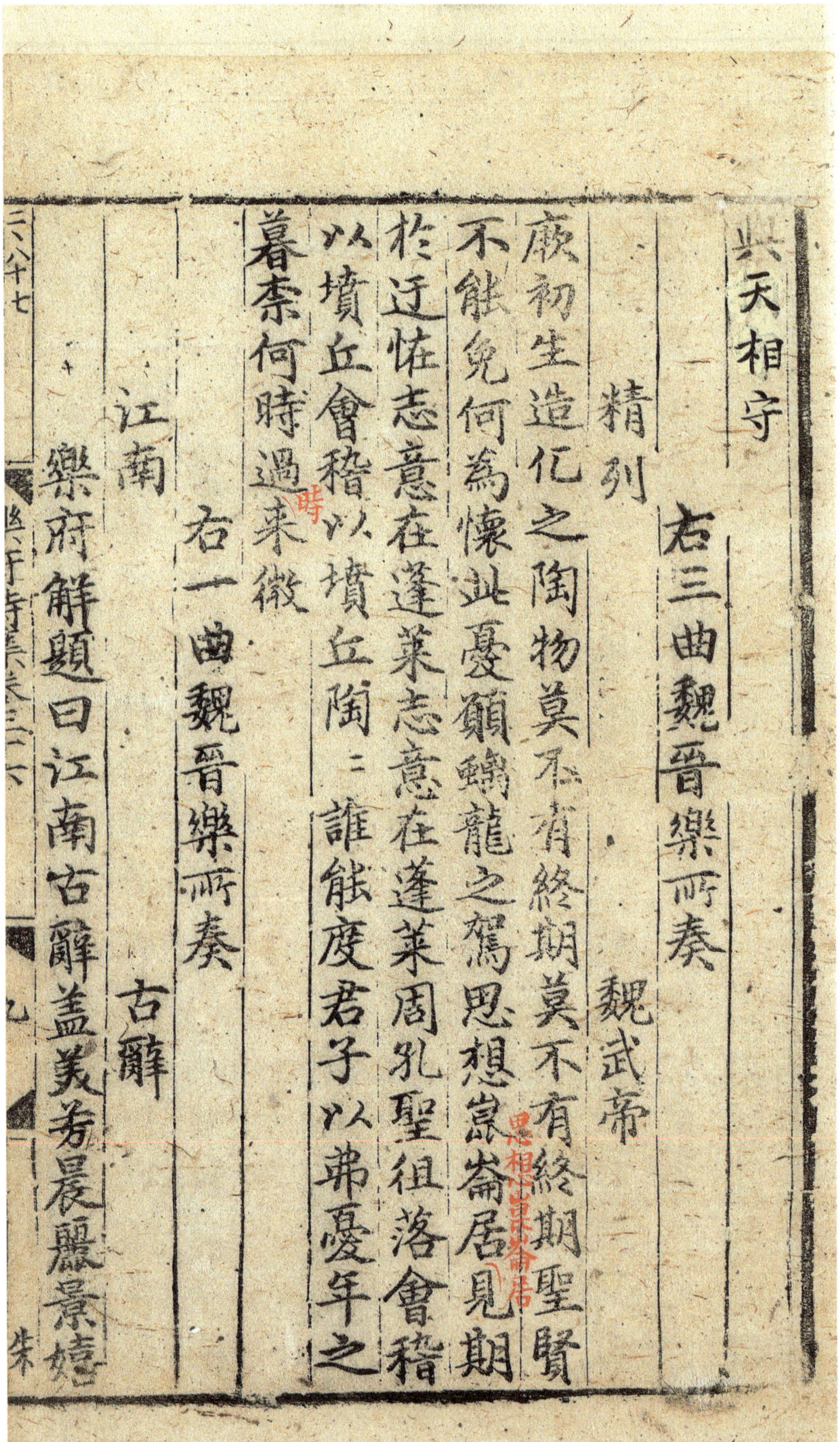
與天相守
右三曲魏晉樂所奏
精列　魏武帝
厥初生造化之陶物莫不有終期莫不有終期聖賢
不能免何爲懷此憂願螭龍之駕思想崑崙居見期
於迂怪志意在蓬萊志意在蓬萊周孔聖徂落會稽
以墳丘會稽以墳丘陶陶誰能度君子以弗憂年之
暮奈何時過來微
右一曲魏晉樂所奏
江南　古辭
樂府解題曰江南古辭蓋美芳晨麗景嬉

图 1　江南

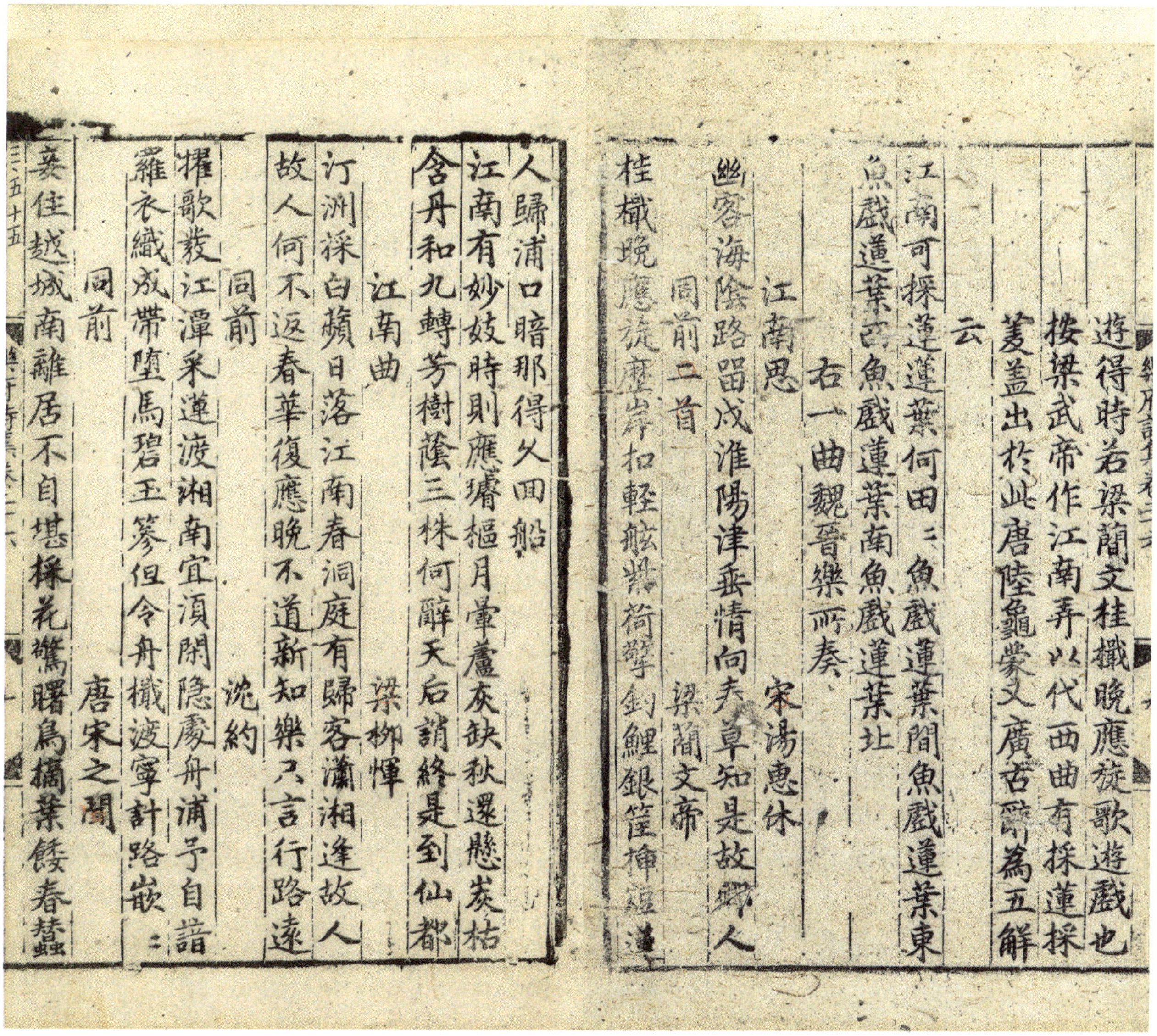
遊得時若梁簡文桂檝晚應旋歌遊戲也
按梁武帝作江南弄以代西曲有採蓮採
菱蓋出於此唐陸龜蒙又廣古辭為五解
云
江南可採蓮蓮葉何田田魚戲蓮葉間魚戲蓮葉東
魚戲蓮葉西魚戲蓮葉南魚戲蓮葉北
右一曲魏晉樂所奏
江南思　宋湯惠休
幽客海陰路留戍淮陽津垂情向春草知是故鄉人
同前二首　梁簡文帝
桂檝晚應旋歷岸扣輕舷紫荷擘釣鯉銀筐插短蓮
人歸浦口暗那得久回船
江南有妙妓時則應嬌櫂月暈蘆灰缺秋還懸炭枯
含丹和九轉芳樹蔭三株何辭天后詔終是到仙都
江南曲　梁柳惲
汀洲採白蘋日落江南春洞庭有歸客瀟湘逢故人
故人何不返春華復應晚不道新知樂只言行路遠
同前　沈約
擢歌發江潭采蓮渡湘南宜須閑隱處舟浦予自謫
羅衣織成帶墮馬碧玉篸但令舟檝渡寧計路嵌嵌
同前　唐宋之問
妾住越城南離居不自堪採花驚曙鳥摘葉餧春蠶

图 2　江南

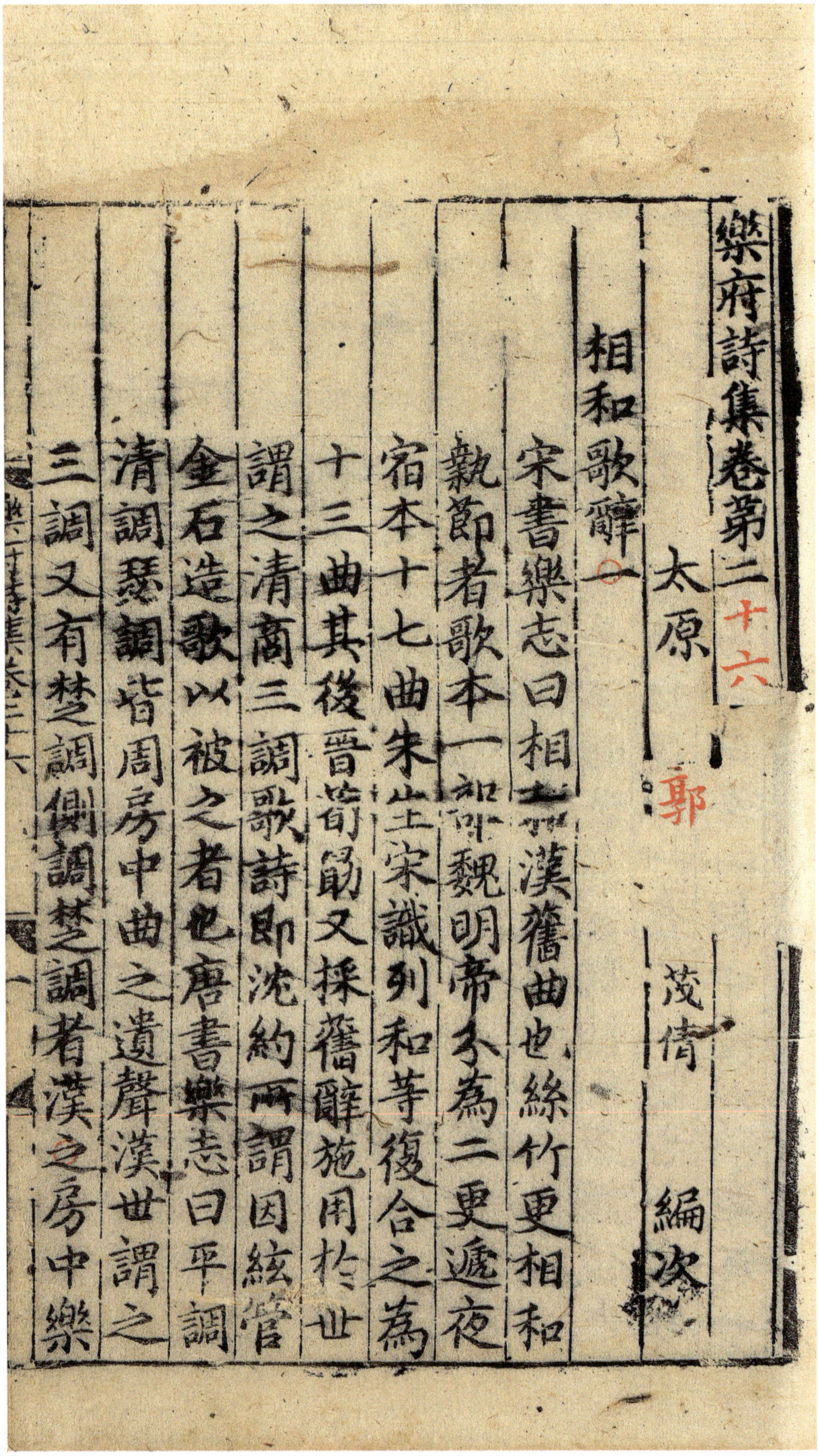
樂府詩集卷第二十六

太原　郭　茂倩　編次

相和歌辭一

宋書樂志曰相和漢舊曲也絲竹更相和執節者歌本一部魏明帝分為二更遞夜宿本十七曲朱生宋識列和等復合之為十三曲其後晉荀勗又採舊辭施用於世謂之清商三調歌詩即沈約所謂因絃管金石造歌以被之者也唐書樂志曰平調清調瑟調皆周房中曲之遺聲漢世謂之三調又有楚調側調楚調者漢之房中樂

图3　相和歌辞

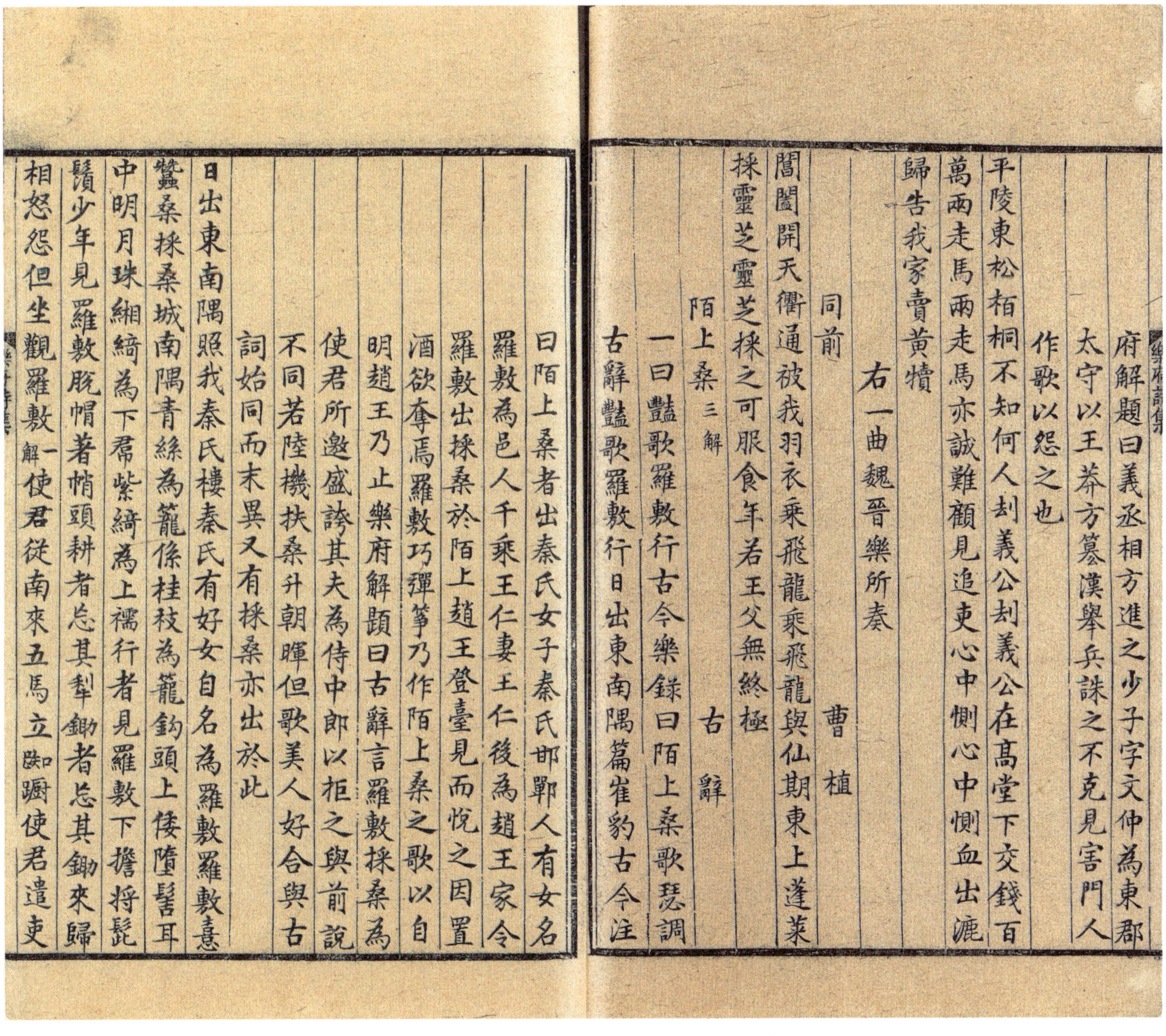

府解題曰義丞相方進之少子字文仲為東郡
太守以王莽方篡漢舉兵誅之不克見害門人
作歌以怨之也
平陵東松柏桐不知何人刦義公刦義公在高堂下交錢百
萬兩走馬兩走馬亦誠難顧見追吏心中惻心中惻血出漉
歸告我家賣黄犢
右一曲魏晉樂所奏
同前　曹植
閶闔開天衢通被我羽衣乘飛龍乘飛龍與仙期東上蓬萊
採靈芝靈芝採之可服食年若王父無終極
陌上桑三解　古辭
一曰豔歌羅敷行古今樂録曰陌上桑歌瑟調
古辭豔歌羅敷行日出東南隅篇崔豹古今注
曰陌上桑者出秦氏女子秦氏邯鄲人有女名
羅敷為邑人千乘王仁妻王仁後為趙王家令
羅敷出採桑於陌上趙王登臺見而悦之因置
酒欲奪焉羅敷巧彈箏乃作陌上桑之歌以自
明趙王乃止樂府解題曰古辭言羅敷採桑為
使君所邀盛誇其夫為侍中郎以拒之與前説
不同若陸機扶桑升朝暉但歌美人好合與古
詞始同而末異又有採桑亦出於此
日出東南隅照我秦氏樓秦氏有好女自名為羅敷羅敷憙
蠶桑採桑城南隅青絲為籠係桂枝為籠鉤頭上倭墮髻耳
中明月珠緗綺為下帬紫綺為上襦行者見羅敷下擔捋髭
鬚少年見羅敷脱帽著帩頭耕者忘其犂鋤者忘其鋤來歸
相怒怨但坐觀羅敷一解使君從南來五馬立踟躕使君遣吏

图4　陌上桑

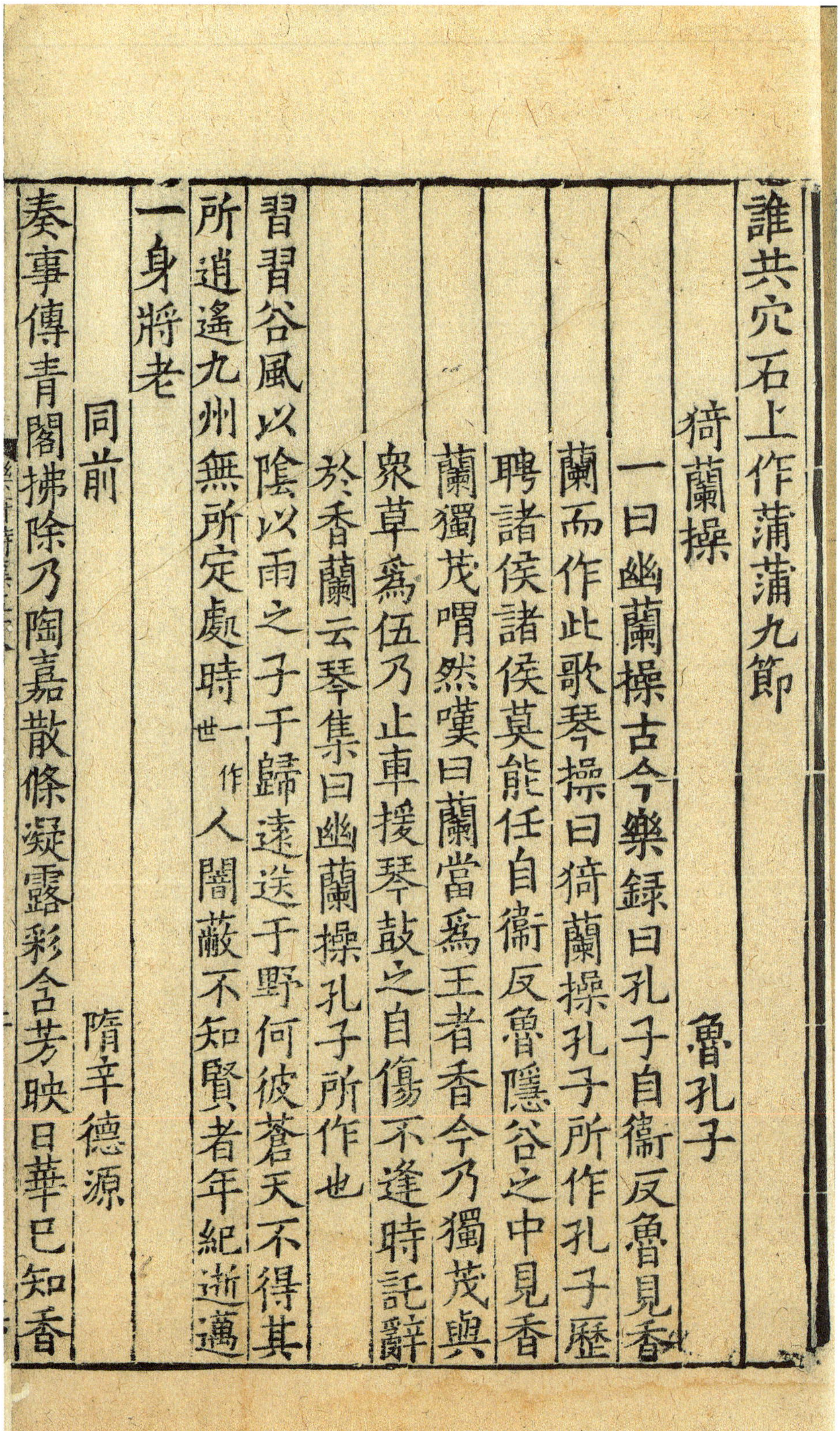
誰共穴石上作蒲蒲九節

猗蘭操　魯孔子

一曰幽蘭操古今樂録曰孔子自衛反魯見香蘭而作此歌琴操曰猗蘭操孔子所作孔子歷聘諸侯諸侯莫能任自衛反魯隱谷之中見香蘭獨茂喟然嘆曰蘭當為王者香今乃獨茂與衆草為伍乃止車援琴鼓之自傷不逢時託辭於香蘭云琴集曰幽蘭操孔子所作也

習習谷風以陰以雨之子于歸遠送于野何彼蒼天不得其所逍遙九州無所定處時世一作人闇蔽不知賢者年紀逝邁一身將老

同前　隋辛德源

奏事傳青閣拂除乃陶嘉散條凝露彩含芳映日華巳知香

图5　猗兰操

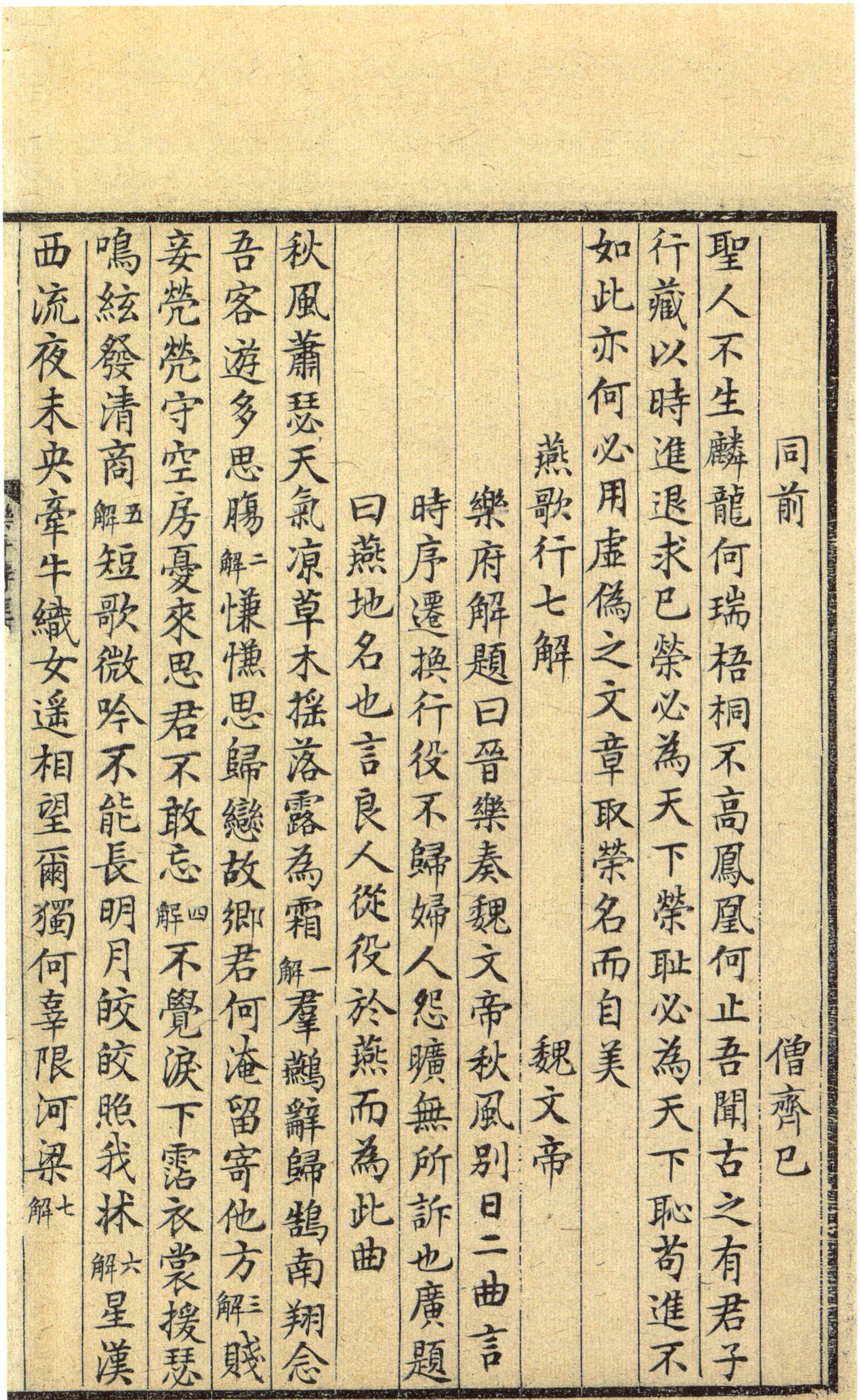

同前　僧齊巳

聖人不生麟龍何瑞梧桐不高鳳凰何止吾聞古之有君子行藏以時進退求已榮必為天下榮耻必為天下恥苟進不如此亦何必用虛僞之文章取榮名而自美

燕歌行七解　魏文帝

樂府解題曰晉樂奏魏文帝秋風別日二曲言時序遷換行役不歸婦人怨曠無所訴也廣題曰燕地名也言良人從役於燕而為此曲

秋風蕭瑟天氣凉草木揺落露為霜一解羣鷰辭歸鵠南翔念吾客遊多思腸二解慊慊思歸戀故鄉君何淹留寄他方三解賤妾煢煢守空房憂來思君不敢忘四解不覺淚下霑衣裳援瑟鳴絃發清商五解短歌微吟不能長明月皎皎照我牀六解星漢西流夜未央牽牛織女遥相望爾獨何辜限河梁七解

图6　燕歌行

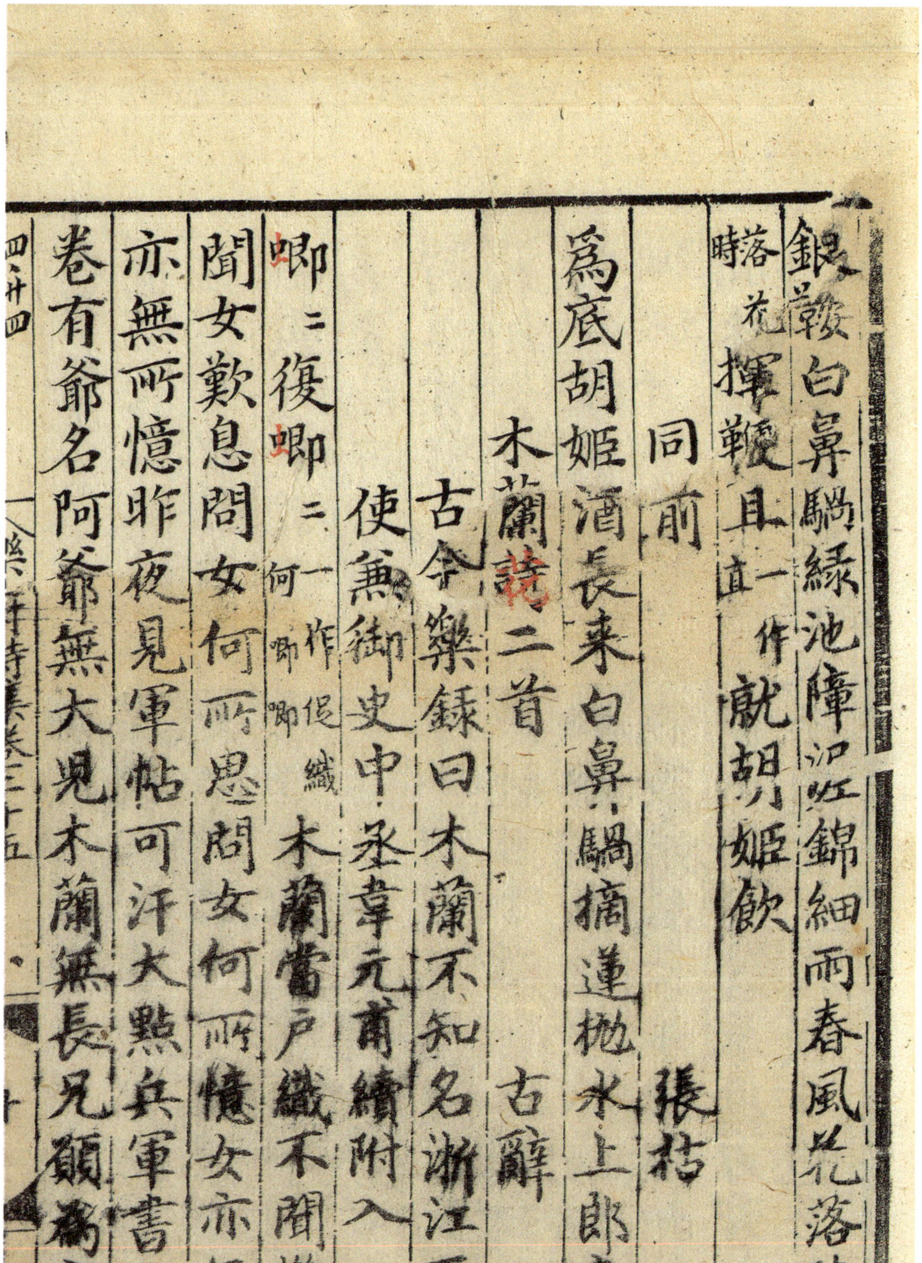

銀鞍白鼻騧綠池障泥錦細雨春風花落時一作春風細雨
落花時揮鞭且直一作就胡姬飲

同前　張祜

爲底胡姬酒長來白鼻騧摘蓮拋水上郎意在浮花

木蘭詩二首　古辭

古今樂錄曰木蘭不知名浙江西道觀察使兼御史中丞韋元甫續附入

唧唧復唧唧一作促織何唧唧　木蘭當戶織不聞機杼聲唯聞女歎息問女何所思問女何所憶女亦無所思女亦無所憶昨夜見軍帖可汗大點兵軍書十二卷卷卷有爺名阿爺無大兒木蘭無長兄願爲市鞍馬從

樂府詩集卷二十五　四廿四

图 7　木兰辞

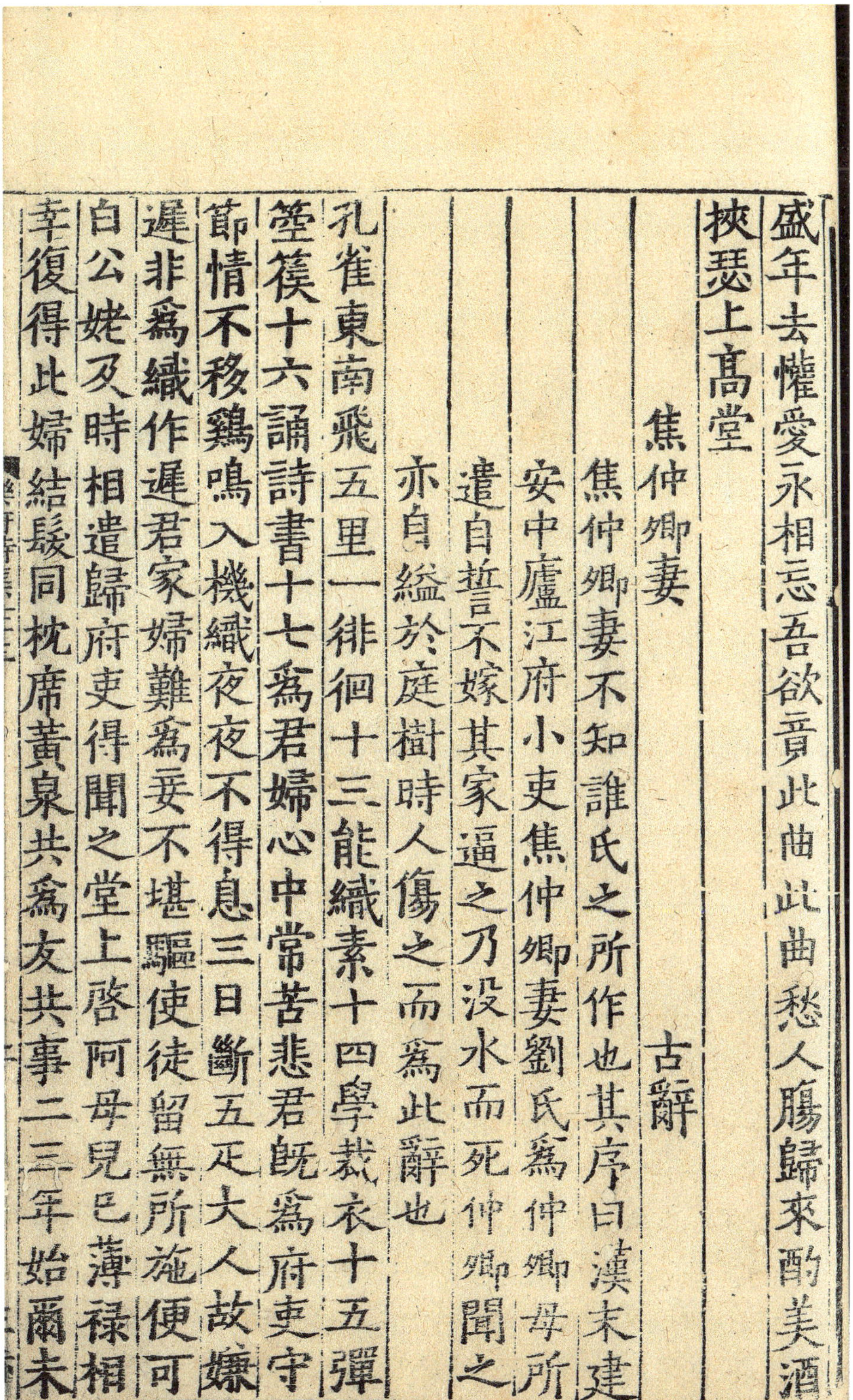

盛年去懽愛永相忘吾欲竟此曲此曲愁人腸歸來酌美酒

挾瑟上高堂

焦仲卿妻　古辭

焦仲卿妻不知誰氏之所作也其序曰漢末建安中廬江府小吏焦仲卿妻劉氏爲仲卿母所遣自誓不嫁其家逼之乃没水而死仲卿聞之亦自縊於庭樹時人傷之而爲此辭也

孔雀東南飛五里一徘徊十三能織素十四學裁衣十五彈箜篌十六誦詩書十七爲君婦心中常苦悲君既爲府吏守節情不移鷄鳴入機織夜夜不得息三日斷五疋大人故嫌遲非爲織作遲君家婦難爲妾不堪驅使徒留無所施便可白公姥及時相遣歸府吏得聞之堂上啓阿母兒已薄祿相幸復得此婦結髮同枕席黃泉共爲友共事二三年始爾未

图 8　焦仲卿妻

魏晋南北朝时期

乐论一篇

（三国魏）阮籍撰　清嘉庆三年（1798）刻本

九行二十字，小字双行同，黑口，四周双边。

阮籍（210—263），字嗣宗，陈留尉氏（今河南尉氏县）人。曾任步兵校尉，故世称“阮步兵”。“竹林七贤”领袖，与嵇康齐名，为魏晋名士的代表人物之一。撰有《咏怀诗》八十二首。亦善琴，有琴曲《酒狂》传世。《三国志·魏书》《晋书》有传。

《乐论》，阮籍的代表作之一，是音乐理论专著，也体现其哲学和政治思想。文中首先阐明“乐”为“自然之道”的体现，认为合于自然之乐可使“行赏不用而民自安”，由此将“乐”与“礼”并列为社会教化的两种手段，将儒家的礼乐教化与道家的自然之道结合起来，在调和儒道两家的音乐美学思想的同时，赋予音乐合自然、致治世的崇高地位。

是书原文已佚，今本是清王谟从《艺文类聚》《初学记》《白孔六帖》《太平御览》等书中辑佚所得，收入王氏所辑《汉魏遗书钞》。

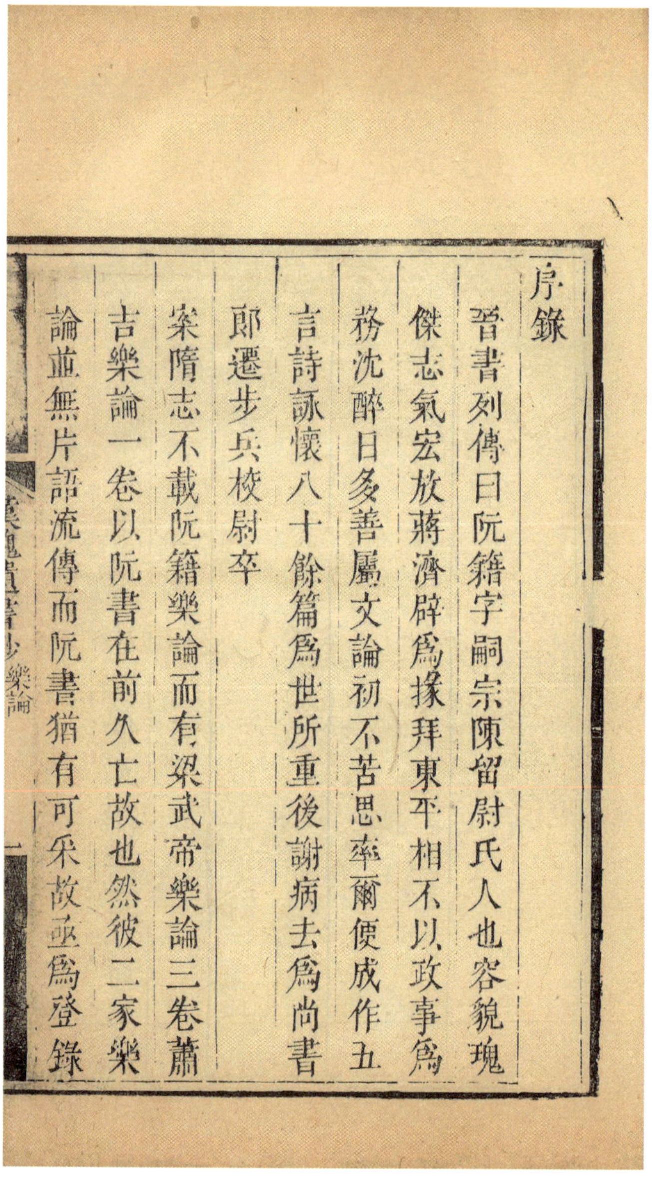
序錄

晉書列傳曰阮籍字嗣宗陳留尉氏人也容貌瓌傑志氣宏放蔣濟辟爲掾拜東平相不以政事爲務沈醉日多善屬文論初不苦思率爾便成作五言詩詠懷八十餘篇爲世所重後謝病去爲尚書郎遷步兵校尉卒

案隋志不載阮籍樂論而有梁武帝樂論三卷蕭吉樂論一卷以阮書在前久亡故也然彼二家樂論並無片語流傳而阮書猶有可采故亟爲登錄

图1　序录

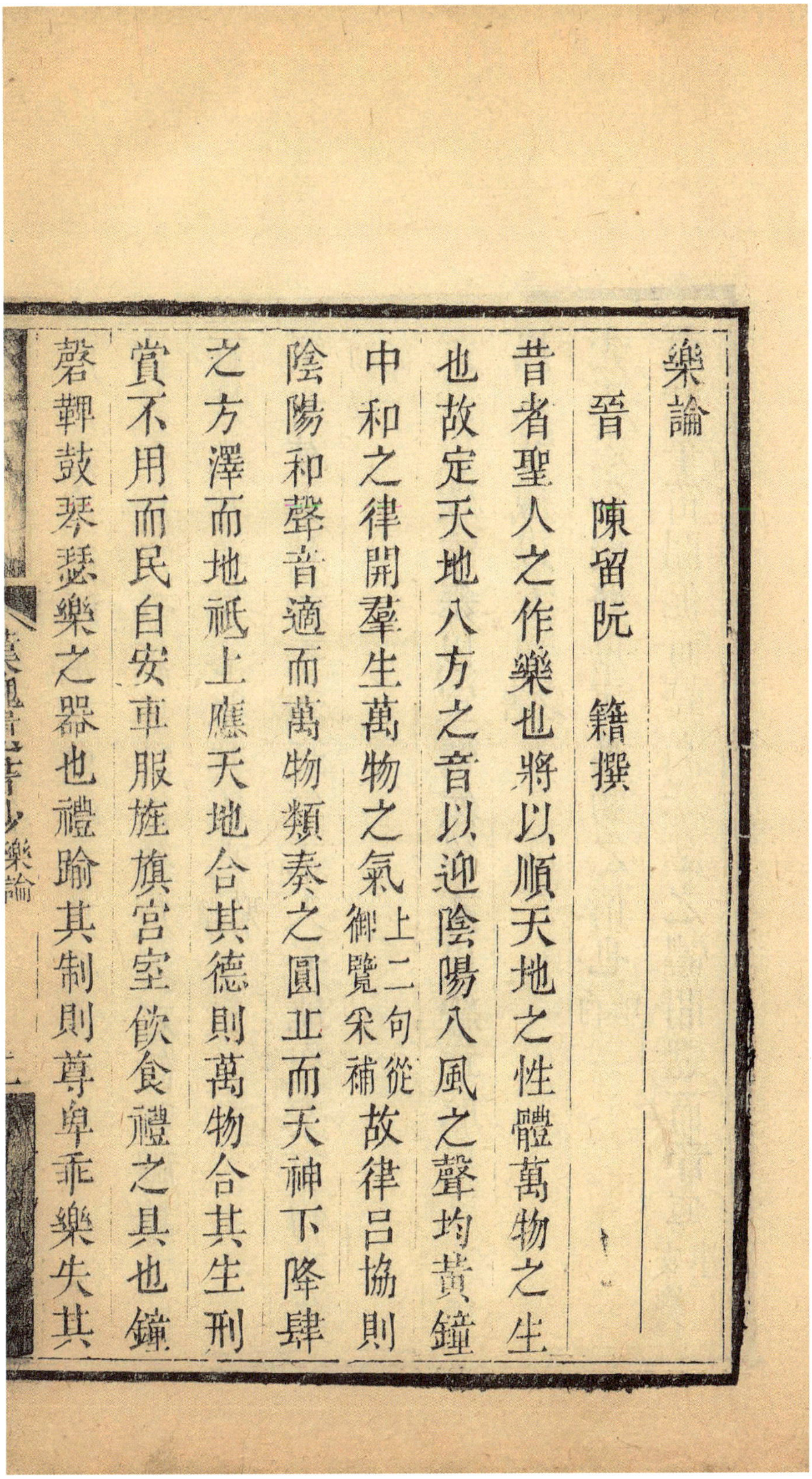

樂論

晉　陳留阮　籍撰

昔者聖人之作樂也將以順天地之性體萬物之生也故定天地八方之音以迎陰陽八風之聲均黃鍾中和之律開羣生萬物之氣（上二句從御覽采補）故律呂協則陰陽和聲音適而萬物類奏之圓丘而天神下降肆之方澤而地祇上應天地合其德則萬物合其生刑賞不用而民自安車服旌旗宮室飲食禮之具也鐘磬鞞鼓琴瑟樂之器也禮踰其制則尊卑乖樂失其

图 2　正文

乐书一卷

（北魏）元延明 信都芳撰　清光绪十年（1884）楚南湘远堂刻《玉函山房辑佚书》本

九行二十字，小字双行同，黑口，四周双边。

元延明（484—530），北魏宗室，文成帝拓跋濬之孙，封安丰王，历官至大司马。博览群书，兼有文藻，藏图籍万余卷，有诗赋文章三百余篇。信都芳（生卒年不详），字王琳，河间（今属河北沧州）人。曾任北齐中外府田曹参军。善天文历算，著有《诸器物准图》《史宗》《遁甲经》等。二人生平见《魏书》卷二十、卷九十一本传。

《乐书》一名《乐说》，最初为元延明撰述（见《魏书》卷一百零九《乐志》），后信都芳为之作注。原书宋以后亡佚，清马国翰从《太平御览》中辑佚十余条，编入《玉函山房辑佚书·经编·乐类》，即此本。

据《隋书》卷十四《音乐志》载，北齐文宣帝时祖珽“采魏安丰王延明及信都芳等所著《乐说》而定正声，始具宫悬之器，仍杂西凉之曲，乐名《广成》，而舞不立号，所谓‘洛阳旧乐’者也”。从现存佚文来看，此书主要内容为记述候气之法和北魏“洛阳旧乐”。

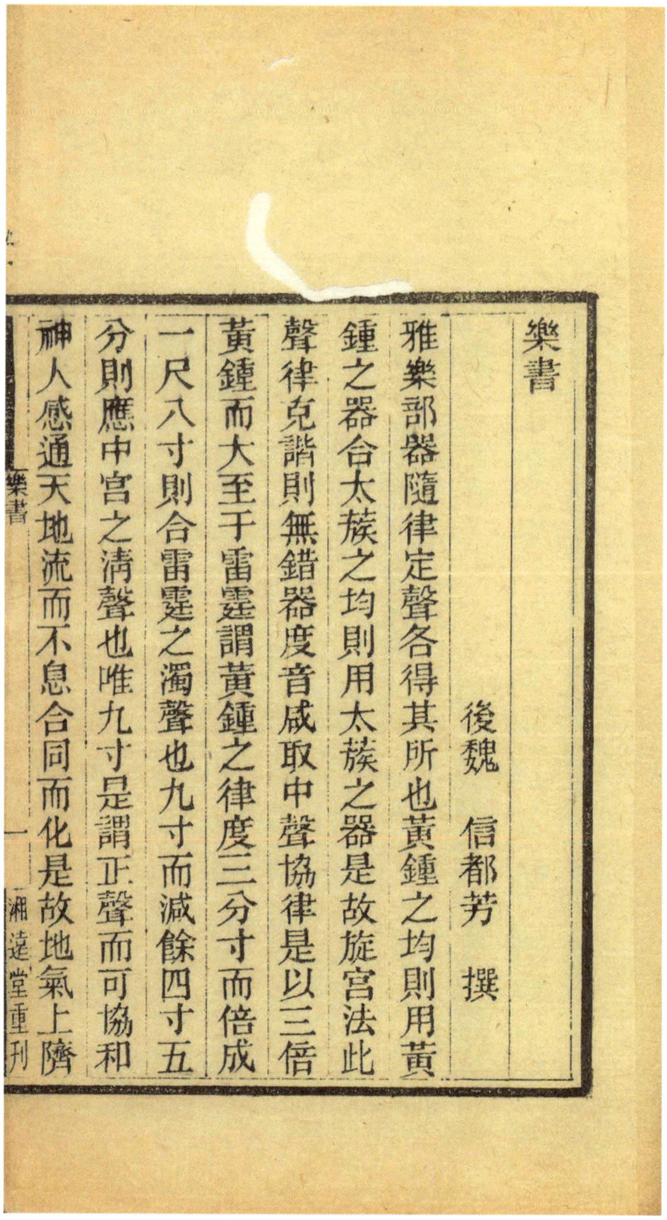
樂書
後魏 信都芳 撰
雅樂部器隨律定聲各得其所也黃鍾之均則用黃
鍾之器合太蔟之均則用太蔟之器是故旋宮法此
聲律克諧則無錯器度音咸取中聲協律是以三倍
黃鍾而大至于雷霆謂黃鍾之律度三分寸而倍成
一尺八寸則合雷霆之濁聲也九寸而減餘四寸五
分則應中宮之清聲也唯九寸是謂正聲而可協和
神人感通天地流而不息合同而化是故地氣上隮
樂書 一 湘遠堂重刊

图1　卷端

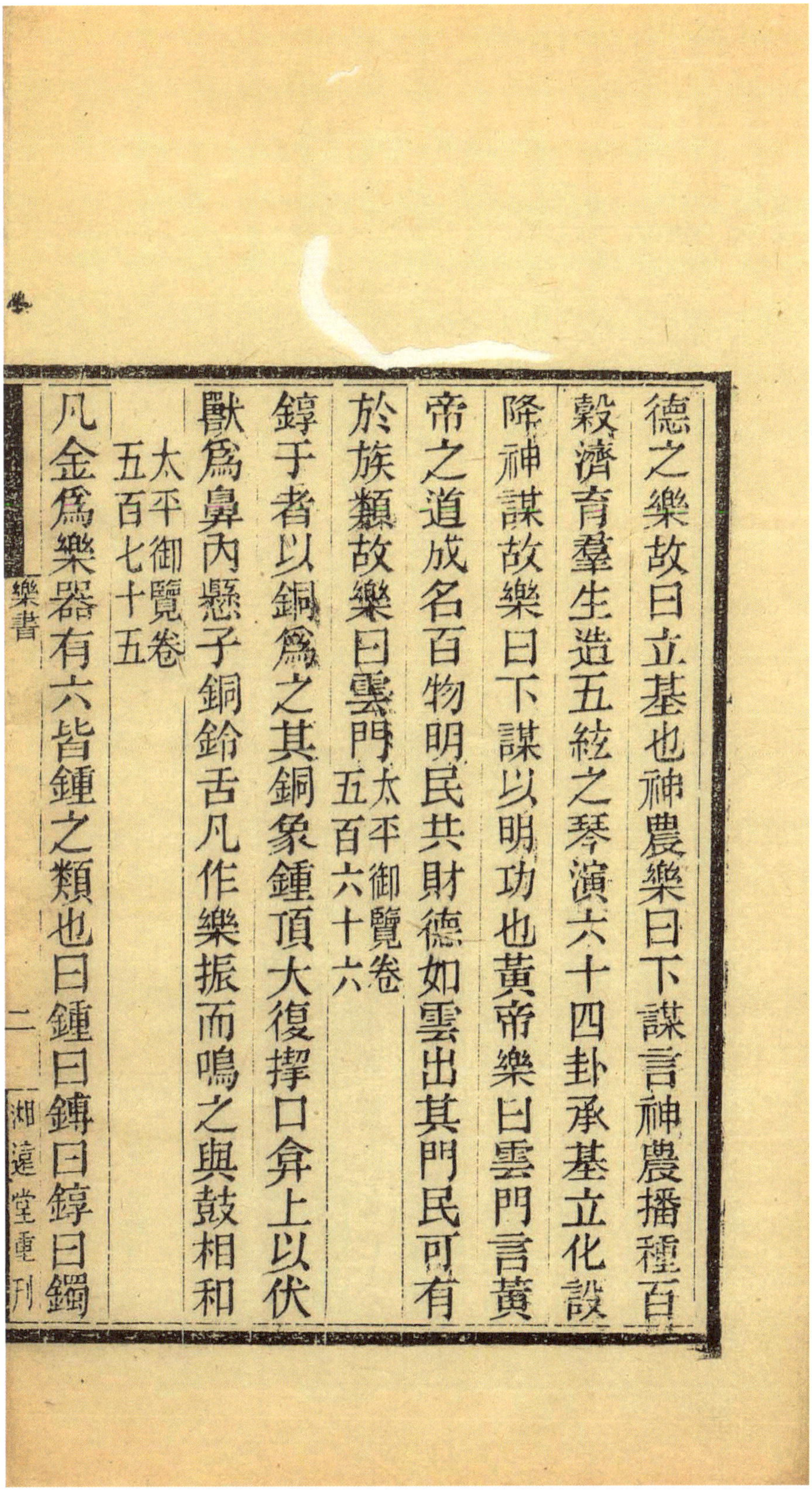
德之樂故曰立基也神農樂曰下謀言神農播種百穀濟育羣生造五絃之琴演六十四卦承基立化設降神謀故樂曰下謀以明功也黃帝樂曰雲門言黃帝之道成名百物明民共財德如雲出其門民可有於族類故樂曰雲門（太平御覽卷五百六十六）

錞于者以銅爲之其銅象鐘頂大復撑口弇上以伏獸爲鼻內懸子銅鈴舌凡作樂振而鳴之與鼓相和（太平御覽卷五百七十五）

凡金爲樂器有六皆鐘之類也曰鐘曰鎛曰錞曰鐲

樂書　二　湘遠堂重刊

图 2　正文

碣石调·幽兰一卷

（南朝梁）丘明传谱　（清）黎庶昌编　清光绪十年（1884）黎庶昌日本东京使署刻《古逸丛书》美浓纸印本

丘明（493—590），南朝梁末隐士，会稽人。隐于九嶷山，隋开皇十年（590）卒于丹阳县。从谱前小序可知，是谱经丘明传于王叔明。

“碣石调”为古曲调名，因用其填唱曹操的乐府“东临碣石，以观沧海”而得名。“幽兰”最早是“楚调”中的著名歌曲。后世琴家在打谱中对此曲内容基本理解为：此曲描绘的是幽谷中杂草、野荆间的兰花，喻指君子怀才不遇，生不逢时。结构短小紧凑，曲调清丽婉约。全曲共四段，第一段是乐曲的引起部分，其余三段是乐曲的主体，每段结束，都有一句大致相仿，具悲愤、感伤情绪的曲调，带有总结全段的意味，使该曲结构形式丰富多变且具逻辑性，成功地表达了哀婉的情怀。谱前小序谓是谱“声微而志远”，表达伤不逢时、寄情兰芳的君子操守，深得后世文人之共鸣。

此谱记写用文字谱，实为鲜见，为现存最早之古琴乐谱，共二百二十四行，四千九百五十四字。日本京都神光院所藏相传为唐抄本，后转至东京国立博物馆。清光绪十年黎庶昌驻使日本，访得此谱的宝素堂写本，影刊入《古逸丛书》，国内始有传本。钤有“独山莫祥芝图书记”印。

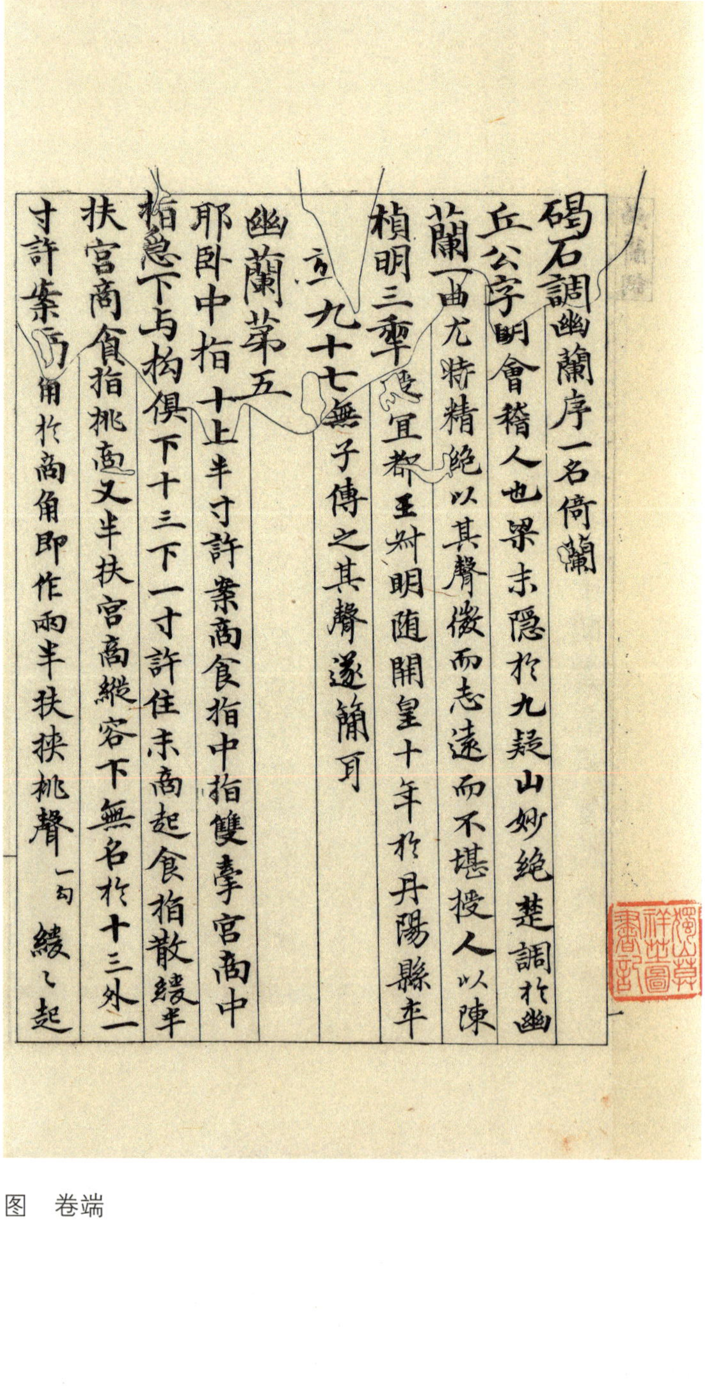
碣石調幽蘭序一名倚蘭
丘公字明會稽人也梁末隱於九疑山妙絕楚調於幽
蘭一曲尤特精絕以其聲微而志遠而不堪授人以陳
禎明三年授宜都王叔明隨開皇十年於丹陽縣卒
年九十七無子傳之其聲遂簡耳
幽蘭第五
耶臥中指十上半寸許案商食指中指雙牽宮商中
指急下與構俱下十三下一寸許住末商起食指散緩半
扶宮商食指挑商又半扶宮商縱容下無名於十三外一
寸許案商角於商角即作兩半扶挾挑聲一句緩緩起

图　卷端

古今乐录一卷

（南朝陈）释智匠撰　（清）王谟辑　清嘉庆三年（1798）刻《汉魏遗书钞》本

九行二十字，小字双行同，黑口，四周双边。

释智匠，南朝陈僧人，生平不详。据宋《中兴馆阁书目》可知，此书成于陈废帝光大二年（568），内容大致包括歌、舞、八音等，可据此推测原书样貌。歌类先概述先秦至陈歌曲流变，后分述汉至陈时各类乐府歌曲的题解、歌辞及渊源嬗变，兼有对当时乐曲演出实况的描述，如所用乐器、舞者、和送声。舞类主要讲述与仪式有关的乐舞。八音类描述“金、石、丝、竹、匏、土、革、木”八类乐器的形貌与文献记载情况。保留了汉魏六朝乐府和演出实况的详尽资料。唐、宋类书如《北堂书钞》《初学记》《白氏六帖》《太平御览》等，于此书皆有引录。至后周世宗显德六年（959），宫廷制定雅乐，尚引此书为参照。北宋郭茂倩编纂《乐府诗集》，亦大量征引此书的内容。此书至宋以后已多残缺，明代尚存残帙，至清则全佚。清代学者竞辑古书，是书以王谟所辑佚文最多，即此本。

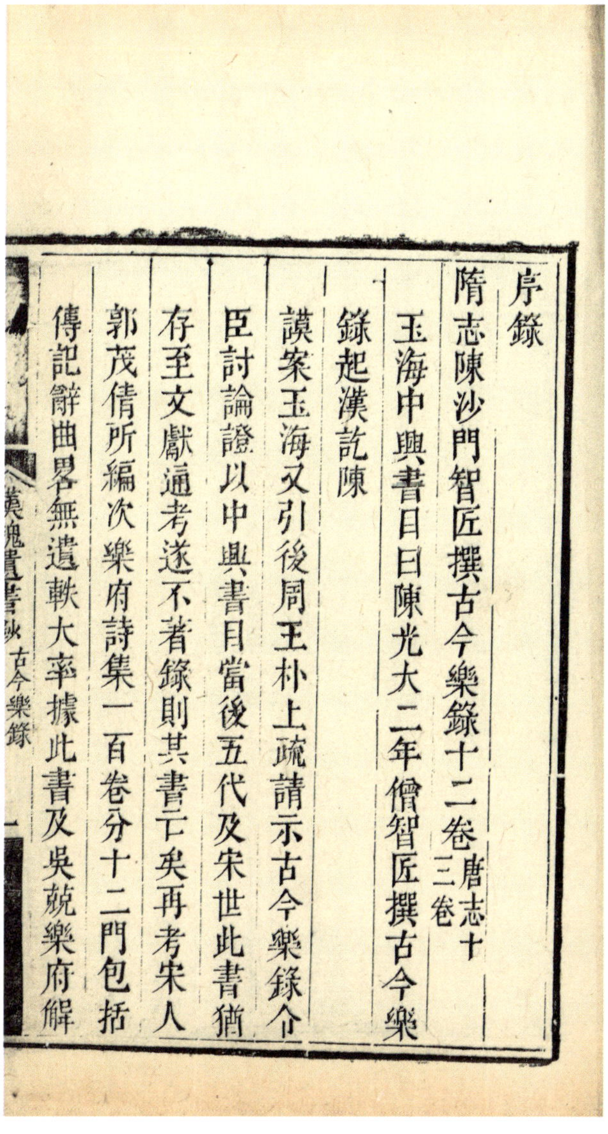
序錄
隋志陳沙門智匠撰古今樂錄十二卷唐志十三卷
玉海中興書目曰陳光大二年僧智匠撰古今樂
錄起漢訖陳
謨案玉海又引後周王朴上疏請示古今樂錄令
臣討論證以中興書目當後五代及宋世此書猶
存至文獻通考遂不著錄則其書亡矣再考宋人
郭茂倩所編次樂府詩集一百卷分十二門包括
傳記辭曲畧無遺軼大率據此書及吳兢樂府解
漢魏遺書鈔　古今樂錄　一

图 1　序录

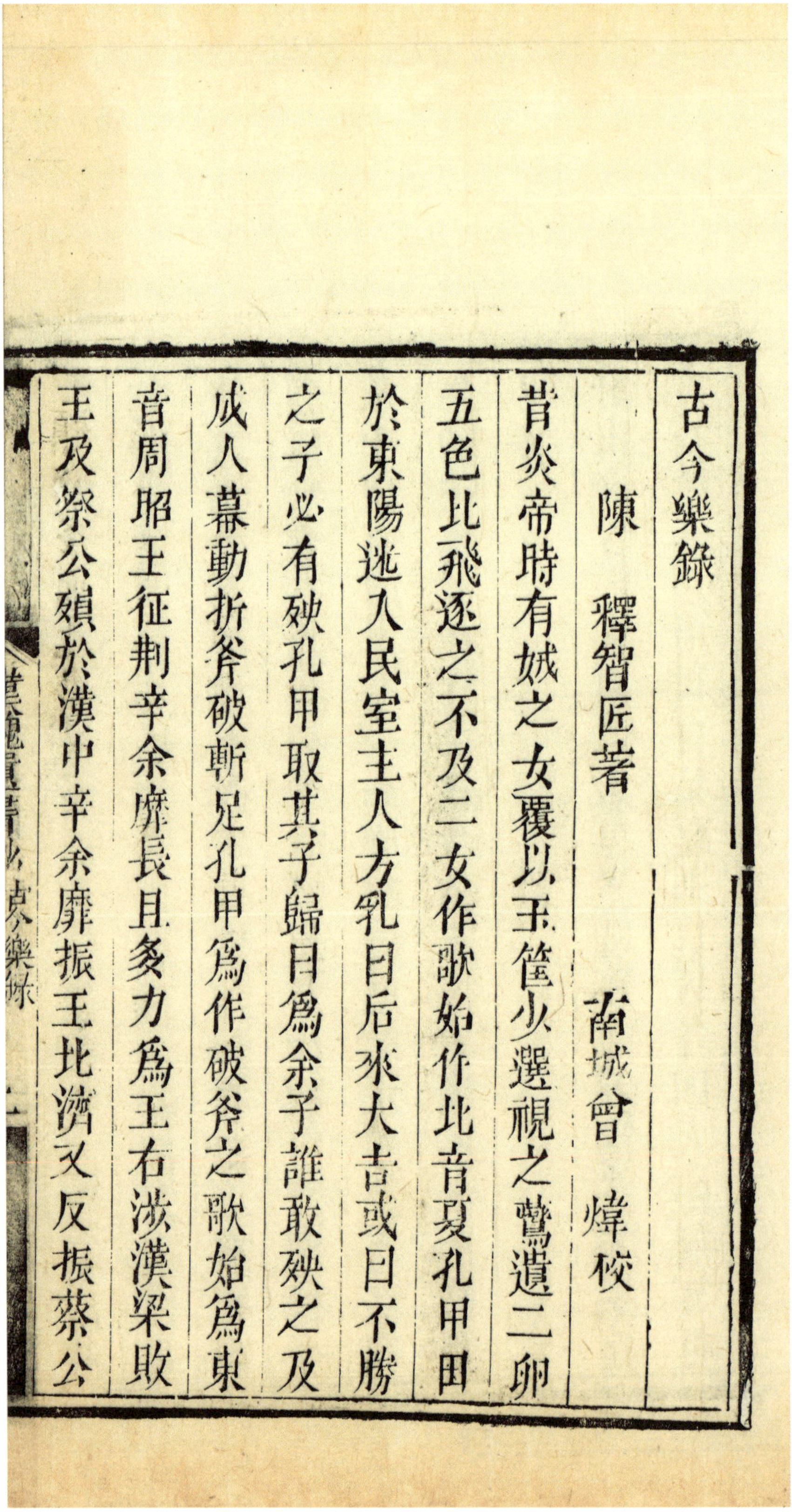
古今樂錄

陳 釋智匠著　南城曾 煒校

昔炎帝時有娀之女覆以玉筐少選視之鷰遺二卵五色比飛逐之不及二女作歌始作北音夏孔甲田於東陽逃入民室主人方乳曰后來大吉或曰不勝之子必有殃孔甲取其子歸曰爲余子誰敢殃之及成人幕動折斧破斬足孔甲爲作破斧之歌始爲東音周昭王征荆辛余靡長且多力爲王右涉漢梁敗王及祭公殞於漢中辛余靡振王北濟又反振蔡公

图 2　卷端

隋唐时期

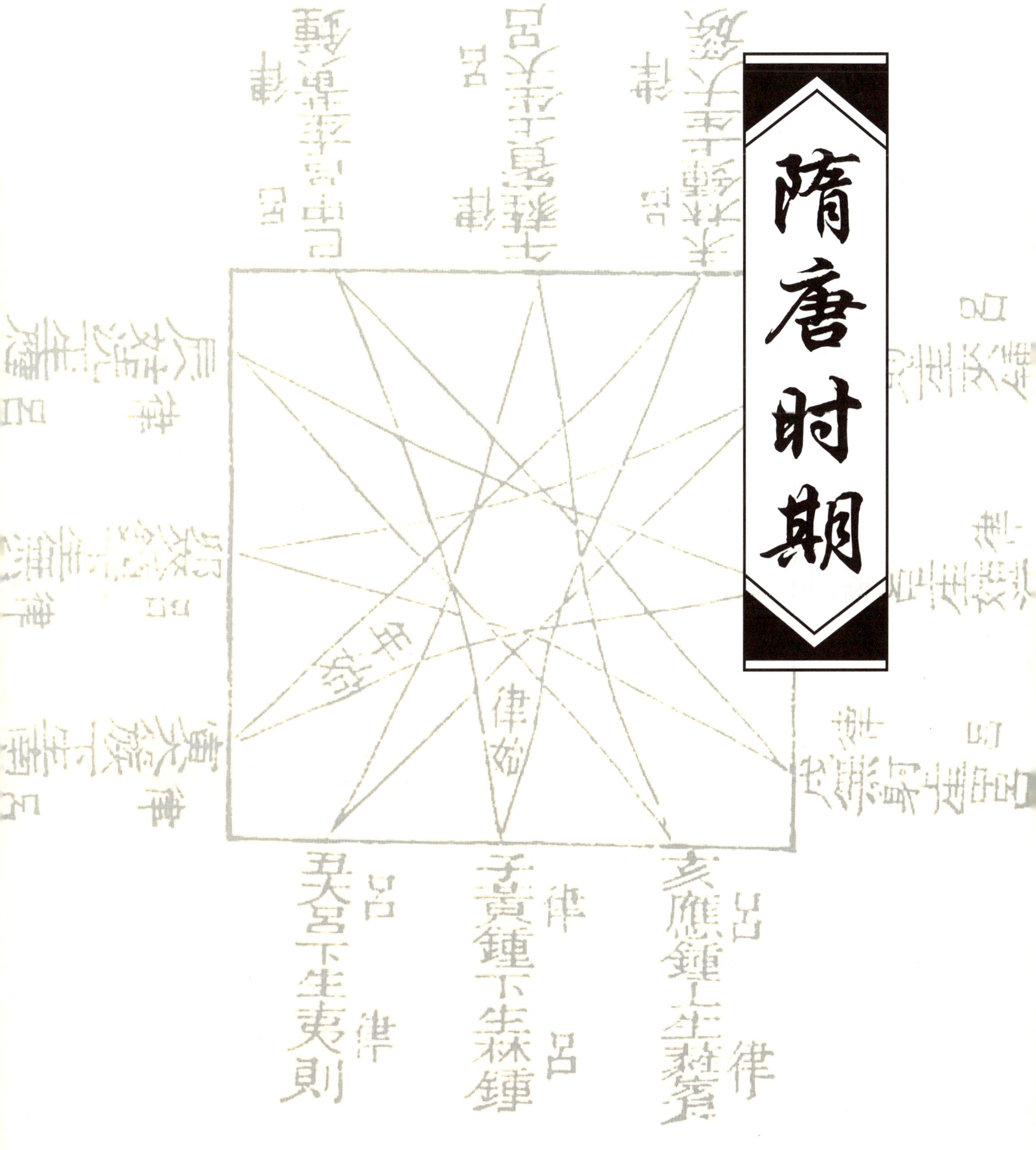

乐府古题要解二卷

（唐）吴兢撰　明抄本　傅增湘跋　吴昌绶题诗

十行二十字，白口，四周双边。

吴兢（670—749），汴州浚仪（今河南开封）人。励志勤学，贯知经史，撰《贞观政要》十卷。两《唐书》均有传。

是书为存世最早之乐府解题文献。采录传记与诸家文集中有关乐府古题本义及命名缘起以释古题，记载一百五十五则乐府古题，共计十类，其中：“乐府相和歌”二十六则、“乐府鞞舞歌”一则、“乐府拂舞歌”三则、“乐府白纻歌”一则、“乐府铙歌”十则、“乐府横吹曲”十八则、“乐府清商曲”七则、“乐府杂题”四十五则、“乐府琴曲”六则、“杂出诸家文集亦有非乐府所作者”三十八则。内容丰富，考证翔实，编排亦得法，所载各类曲调之起源流传以及表演形式，为后世研究汉魏六朝音乐提供了珍贵的资料。

是书通行本皆以毛氏汲古阁刻《津逮秘书》本为祖，此明抄本为存世最早之本，较为稀见，曾为季振宜所藏，有傅增湘跋，吴昌绶题诗，钤有“季振宜藏书”“双鉴楼”“佩德斋”等印。

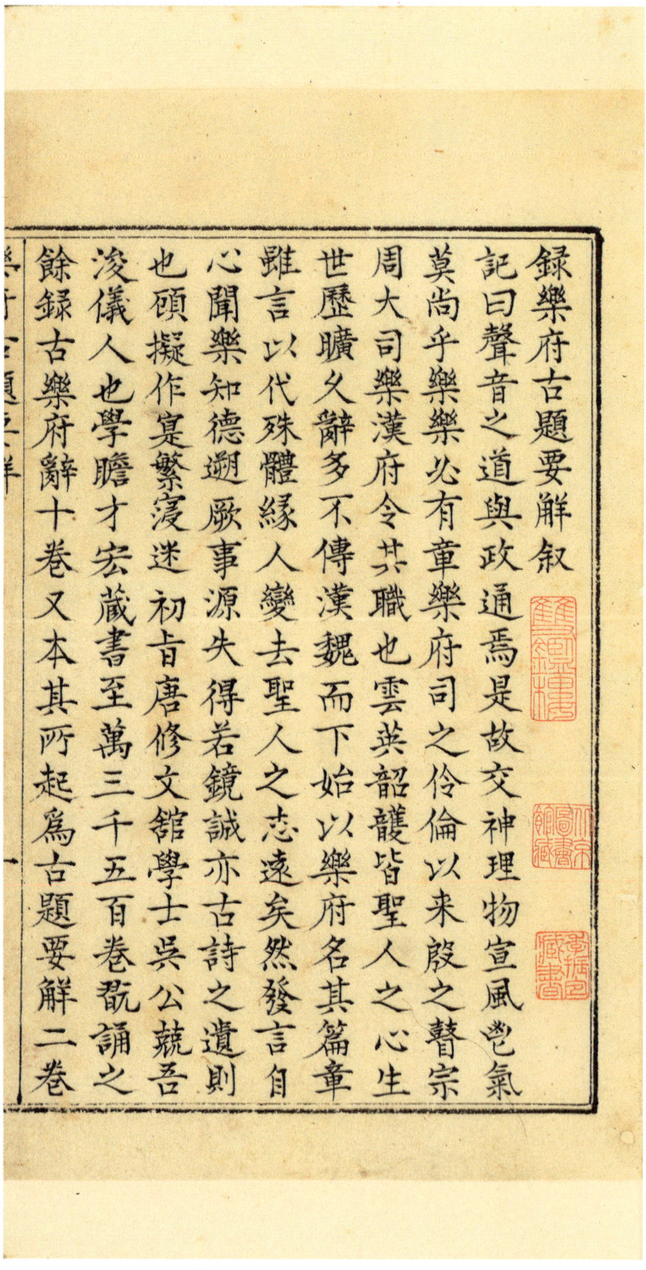
録樂府古題要解叙
記曰聲音之道與政通焉是故文神理物宣風豈氣莫尚乎樂樂必有章樂府司之伶倫以来殷之瞽宗周大司樂漢府令其職也雲英韶頀皆聖人之心生世歷曠久辭多不傳漢魏而下始以樂府名其篇章雖言以代殊體緣人變去聖人之志遠矣然發言自心聞樂知德遡厥事源失得若鏡誠亦古詩之遺則也頃擬作寔繁寖迷初旨唐修文館學士吴公兢吾浚儀人也學贍才宏藏書至萬三千五百卷翫誦之餘録古樂府辭十卷又本其所起爲古題要解二卷

图 1　叙

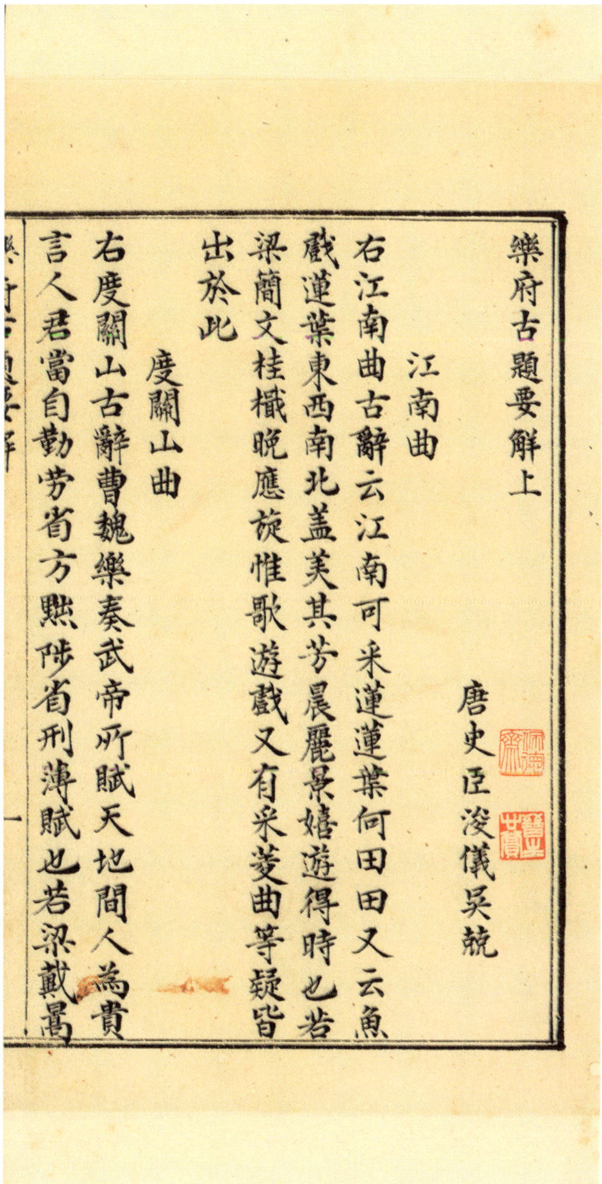
樂府古題要解上
唐史臣浚儀吴兢
江南曲
右江南曲古辭云江南可采蓮蓮葉何田田又云魚戲蓮葉東西南北蓋美其芳晨麗景嬉遊得時也若梁簡文桂檝晚應旋惟歌遊戲又有采菱曲等疑皆出於此
度關山曲
右度關山古辭曹魏樂奏武帝所賦天地間人為貴言人君當自勤勞省方黜陟省刑薄賦也若梁戴暠

图 2　卷端

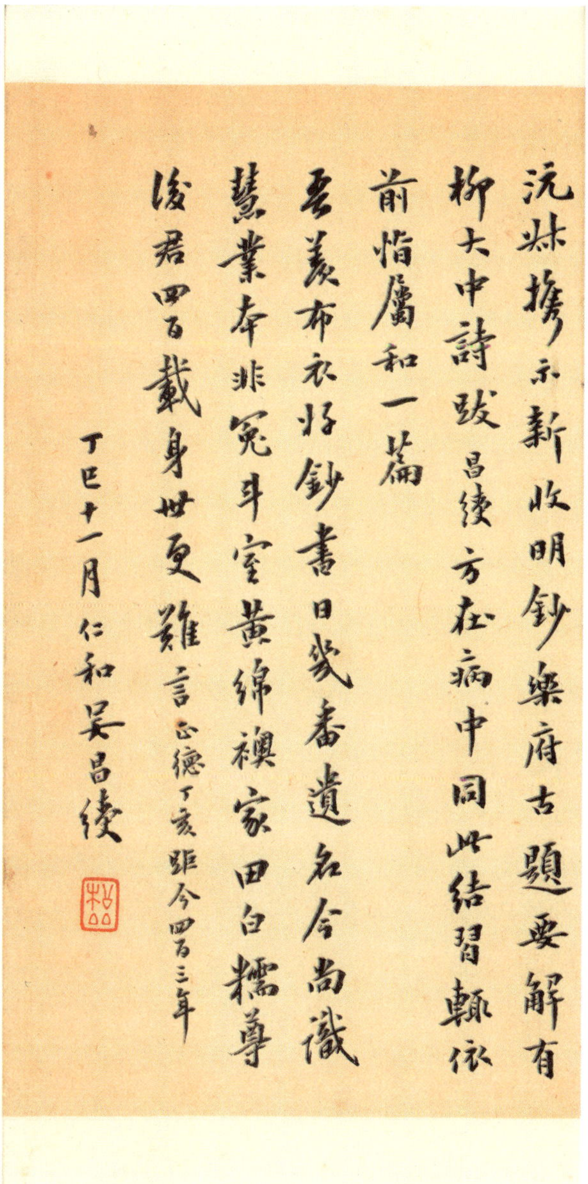
沅妹携示新收明鈔樂府古題要解有柳大中詩跋　昌綬方在病中同此結習輒依前指屬和一篇
吾蓑布衣好鈔書日竄番遺名今尚識慧業本非冤斗室黃綿襖家田白糯尊後君四百載身世更難言　正德丁亥距今四百三年
丁巳十一月仁和吴昌綬

图 3　吴昌绶题诗

白氏文集七十一卷

（唐）白居易撰　宋刻本　卷三十二、三十三配明影宋抄本

十三行二十二至二十六字不等，白口，左右双边。

（清）曹寅 彭定求等辑　清康熙四十四至四十六年（1705—1707）扬州诗局刻《全唐诗》本

十一行二十一字，小字双行三十余字不等，细黑口，左右双边。

白居易（772—846），字乐天，号香山居士，下邽（今属陕西）人。官至太子少傅、刑部尚书，人称“白傅”，杰出的现实主义诗人，倡导新乐府运动，提出了“文章合为时而著，歌诗合为事而作”的主张，影响极大。

西凉乐源自凉州（今甘肃武威）。东晋太元八年（383）前秦大将吕光受苻坚之命西征，以攻龟兹所得之乐与当地华夏之乐融合，称“秦汉伎”。北魏太武帝平河西得之，谓“西凉乐”，传入中原后广为流行。

西凉乐的演出情形，白居易《新乐府》有所描述：“西凉伎，假面胡人假师（狮）子。刻木为头丝作尾，金镀眼睛银帖齿。奋迅毛衣摆双耳，如从流沙来万里。紫髯深目两胡儿，鼓舞跳梁前致辞。”反映出西凉乐将胡舞、百戏、杂技相结合的特点。“应似凉州未陷日，安西都护进来时。须臾云得新消息，安西路绝归不得。泣向师（狮）子涕双垂，凉州陷没知不知？师（狮）子回头向西望，哀吼一声观者悲。”表明狮子舞是从安西都护府传入河西和长安京畿地区。西凉乐至宋尚有巨大影响。

此集最早编于穆宗长庆年间，其后白氏续有编纂，定本为七十五卷。此宋刻本七十一卷，业经改编，为白集现存最早刻本。清康熙间扬州诗局编刻《全唐诗》，白居易诗被收入卷四百二十五至四百六十二，校印精美，是清写刻本的代表作。

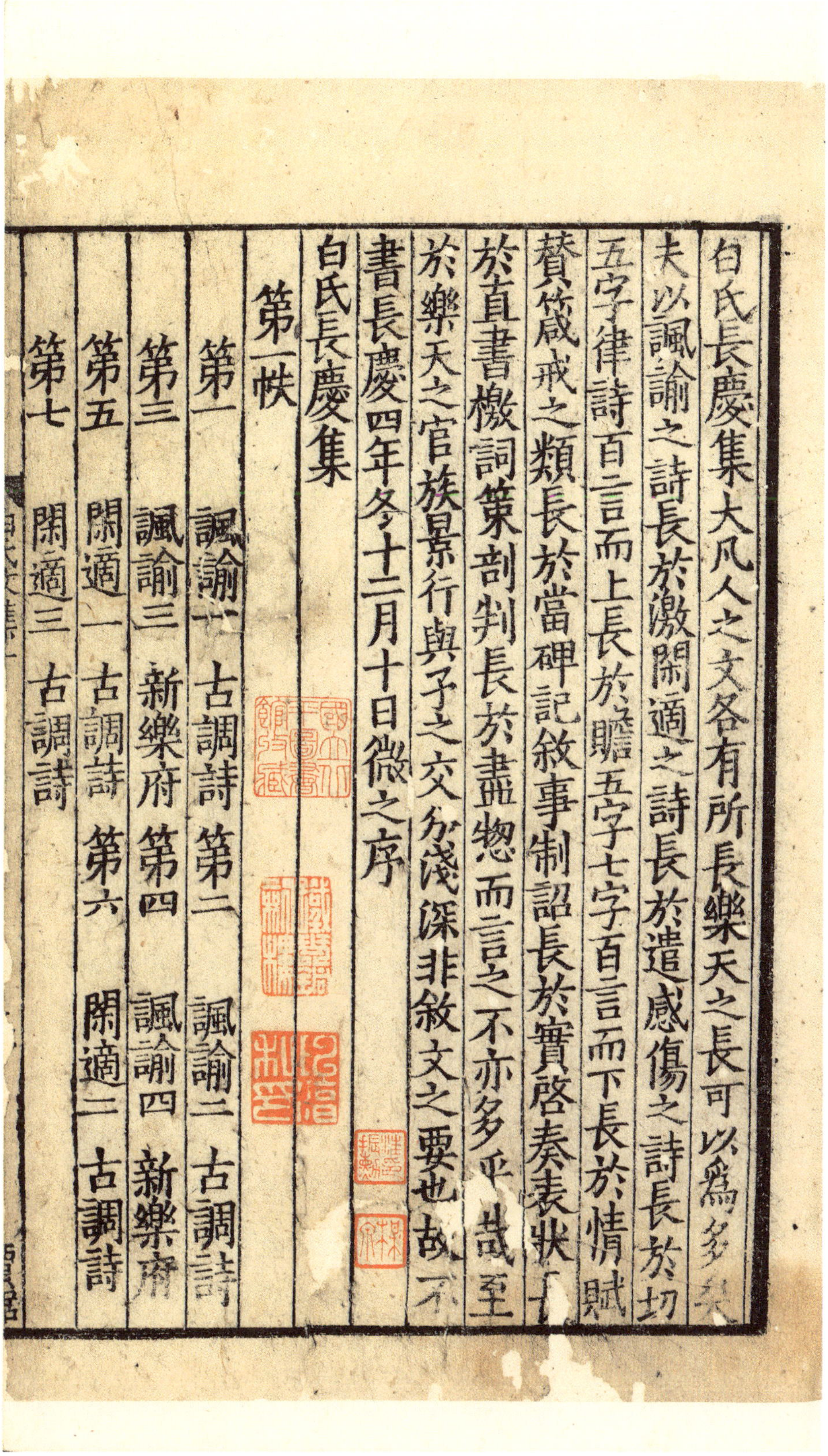

白氏長慶集大凡人之文各有所長樂天之長可以爲多矣
夫以諷諭之詩長於激閑適之詩長於遣感傷之詩長於切
五字律詩百言而上長於贍五字七字百言而下長於情賦
贊箴戒之類長於當碑記敘事制詔長於實啓奏表狀長
於直書檄詞策剖判長於盡揔而言之不亦多乎哉至
於樂天之官族景行與予之交分淺深非敘文之要也故不
書長慶四年冬十二月十日微之序

白氏長慶集

第一帙

第一　諷諭一　古調詩　第二　諷諭二　古調詩
第三　諷諭三　新樂府　第四　諷諭四　新樂府
第五　閑適一　古調詩　第六　閑適二　古調詩
第七　閑適三　古調詩

图1　白氏文集　序（宋刻本）

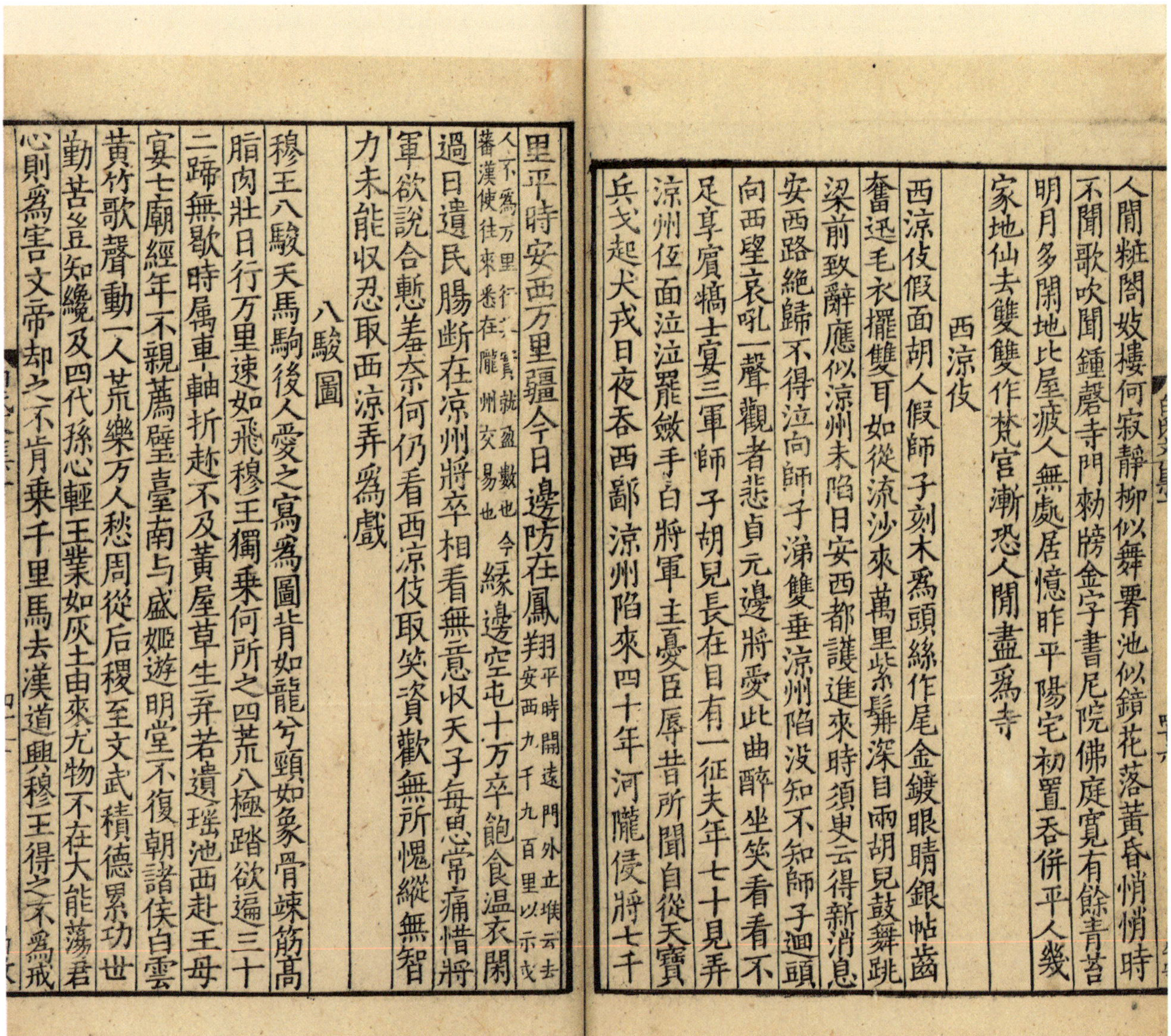

图2　白氏文集 西凉伎（宋刻本）

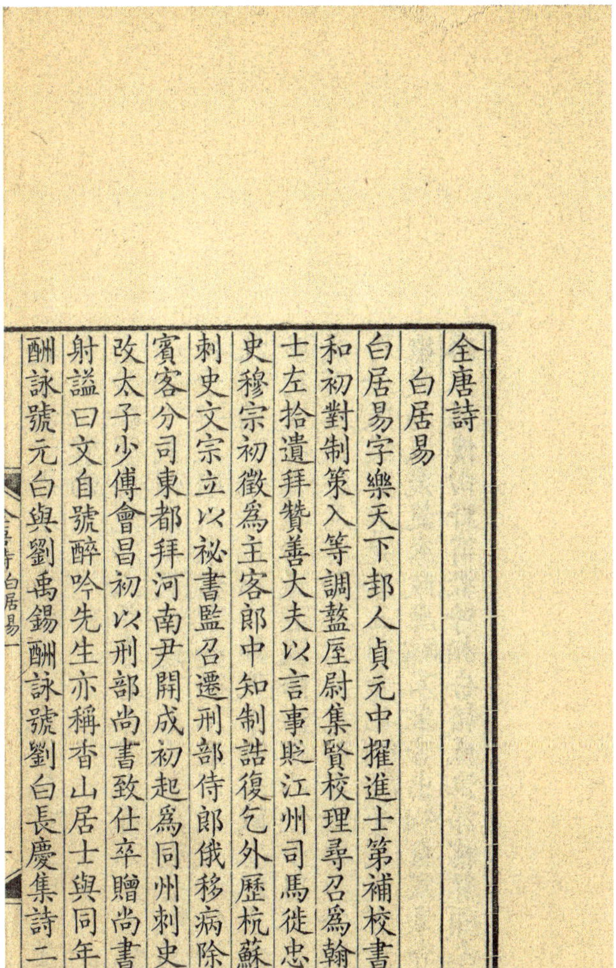
全唐詩
白居易
白居易字樂天下邽人貞元中擢進士第補校書郎元和初對制策入等調盩厔尉集賢校理尋召爲翰林學士左拾遺拜贊善大夫以言事貶江州司馬徙忠州刺史穆宗初徵爲主客郎中知制誥復乞外歷杭蘇二州刺史文宗立以祕書監召遷刑部侍郎俄移病除太子賓客分司東都拜河南尹開成初起爲同州刺史不拜改太子少傅會昌初以刑部尚書致仕卒贈尚書右僕射謚曰文自號醉吟先生亦稱香山居士與同年元稹酬詠號元白與劉禹錫酬詠號劉白長慶集詩二十卷
全唐詩 白居易一

图 3　全唐诗・白居易

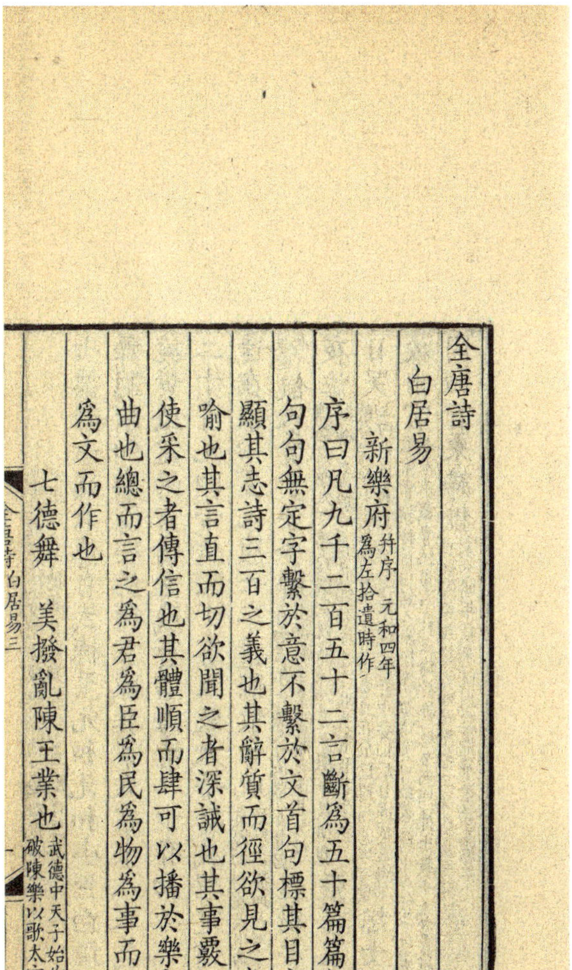
全唐詩
白居易
新樂府 并序 元和四年爲左拾遺時作
序曰凡九千二百五十二言斷爲五十篇篇無定句句無定字繫於意不繫於文首句標其目卒章顯其志詩三百之義也其辭質而徑欲見之者易喻也其言直而切欲聞之者深誡也其事覈而實使采之者傳信也其體順而肆可以播於樂章歌曲也總而言之爲君爲臣爲民爲物爲事而作不爲文而作也
七德舞 美撥亂陳王業也 武德中天子始作秦王破陳樂以歌太宗之功
全唐詩 白居易三

图 4　全唐诗・白居易 新乐府

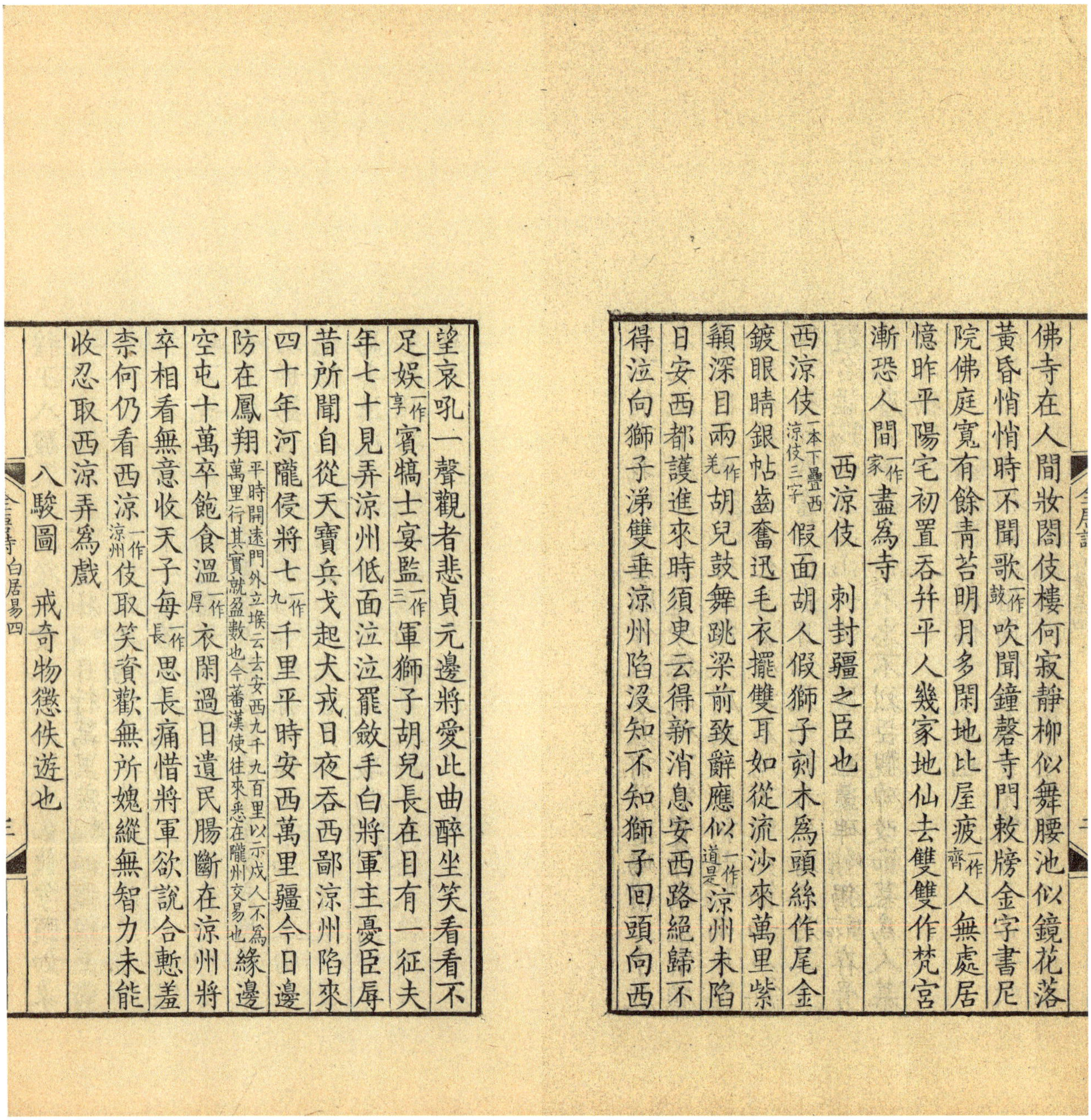

佛寺在人間妝閣伎樓何寂靜柳似舞腰池似鏡花落
黃昏悄悄時不聞歌一作鼓吹聞鐘磬寺門敕牓金字書尼
院佛庭寬有餘青苔明月多閑地比屋疲一作齊人無處居
憶昨平陽宅初置吞并平人幾家地仙去雙雙作梵宮
漸恐人間一作家盡爲寺

西涼伎　刺封疆之臣也

西涼伎一本下疊西涼伎三字假面胡人假獅子刻木爲頭絲作尾金
鍍眼睛銀帖齒奮迅毛衣擺雙耳如從流沙來萬里紫
髯深目兩一作羌胡兒鼓舞跳梁前致辭應似一作道是涼州未陷
日安西都護進來時須臾云得新消息安西路絕歸不
得泣向獅子涕雙垂涼州陷沒知不知獅子回頭向西
望哀吼一聲觀者悲貞元邊將愛此曲醉坐笑看看不
足娛一作享賓犒士宴監一作三軍獅子胡兒長在目有一征夫
年七十見弄涼州低面泣泣罷斂手白將軍主憂臣辱
昔所聞自從天寶兵戈起犬戎日夜吞西鄙涼州陷來
四十年河隴侵將七一作九千里平時安西萬里疆今日邊
防在鳳翔平時開遠門外立堠云去安西九千九百里以示戍人不爲萬里行其實就盈數也今蕃漢使往來悉在隴州交易也緣邊
空屯十萬卒飽食溫一作厚衣閑過日遺民腸斷在涼州將
卒相看無意收天子每一作長思長痛惜將軍欲說合慙羞
柰何仍看西涼一作涼州伎取笑資歡無所媿縱無智力未能
收忍取西涼弄爲戲

八駿圖　戒奇物懲佚遊也

全唐詩　白居易四

图 5　全唐诗 · 白居易　西凉伎

乐书要录十卷

题（唐）武则天撰　清光绪六至七年（1880—1881）武昌书局刻《正觉楼丛书》本　存三卷（卷五至七）

九行十八字，小字双行同，白口，左右双边。

《乐书要录》为唐代乐律学著作，虽署武则天之名，实为元万顷等人所作，约成书于永昌元年（689）之前。宋王应麟《玉海》载其内容包括“辨音声，审声源”“一七声相生法”“论一变义”“论相生类例”等，汇集了武则天之前的乐律学论著，有很高的资料价值。

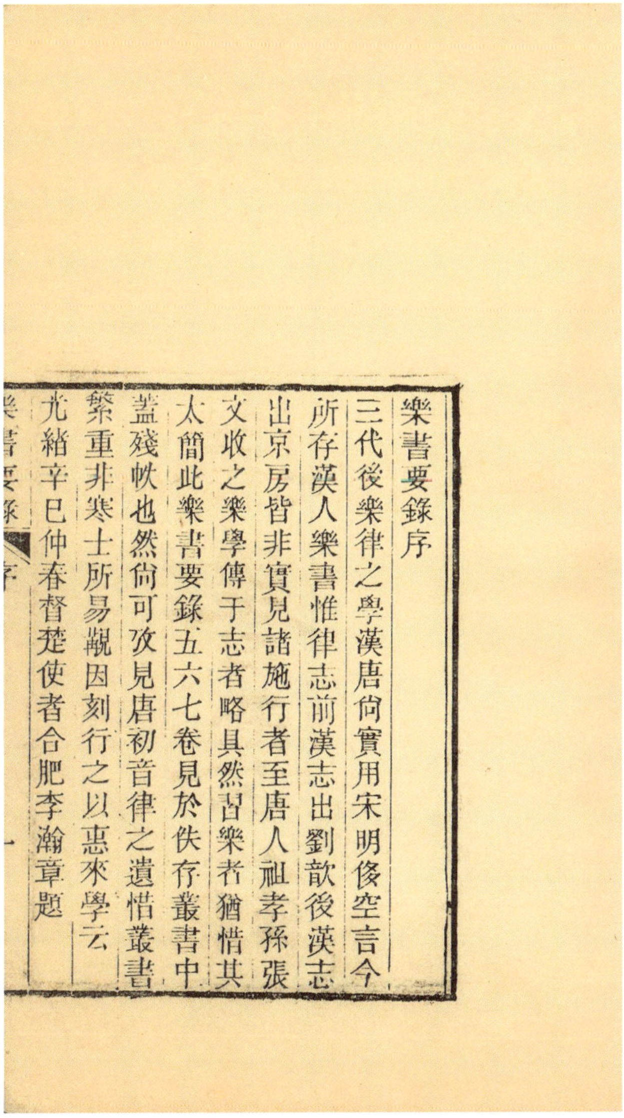
樂書要錄序
三代後樂律之學漢唐尙實用宋明後空言今所存漢人樂書惟律志前漢志出劉歆後漢志出京房皆非實見諸施行者至唐人祖孝孫張文收之樂學傳于志者略具然習樂者猶惜其太簡此樂書要錄五六七卷見於佚存叢書中蓋殘帙也然尙可攷見唐初音律之遺惜叢書槧重非寒士所易覯因刻行之以惠來學云
光緒辛巳仲春督楚使者合肥李瀚章題

图 1　序

是书中土久佚，现存较完整的三卷及其他佚文，都源于日本遣唐使团吉备真备(695—775)带回日本的传本。日本宽政文化年间（1796—1820）活字本《佚存丛书》“题《乐书要录》后”条记载：“史称吉备真备灵龟二年（716）为遣唐留学生入唐……天平七年（735），归献……《乐书要录》十卷。案《乐书要录》之传于皇国，此时为始，年代邈远，佚亡过半。”此本为李瀚章在武昌正觉寺所设湖北官书局（即武昌书局）刊印，有“光绪七年仲冬重刊”牌记。

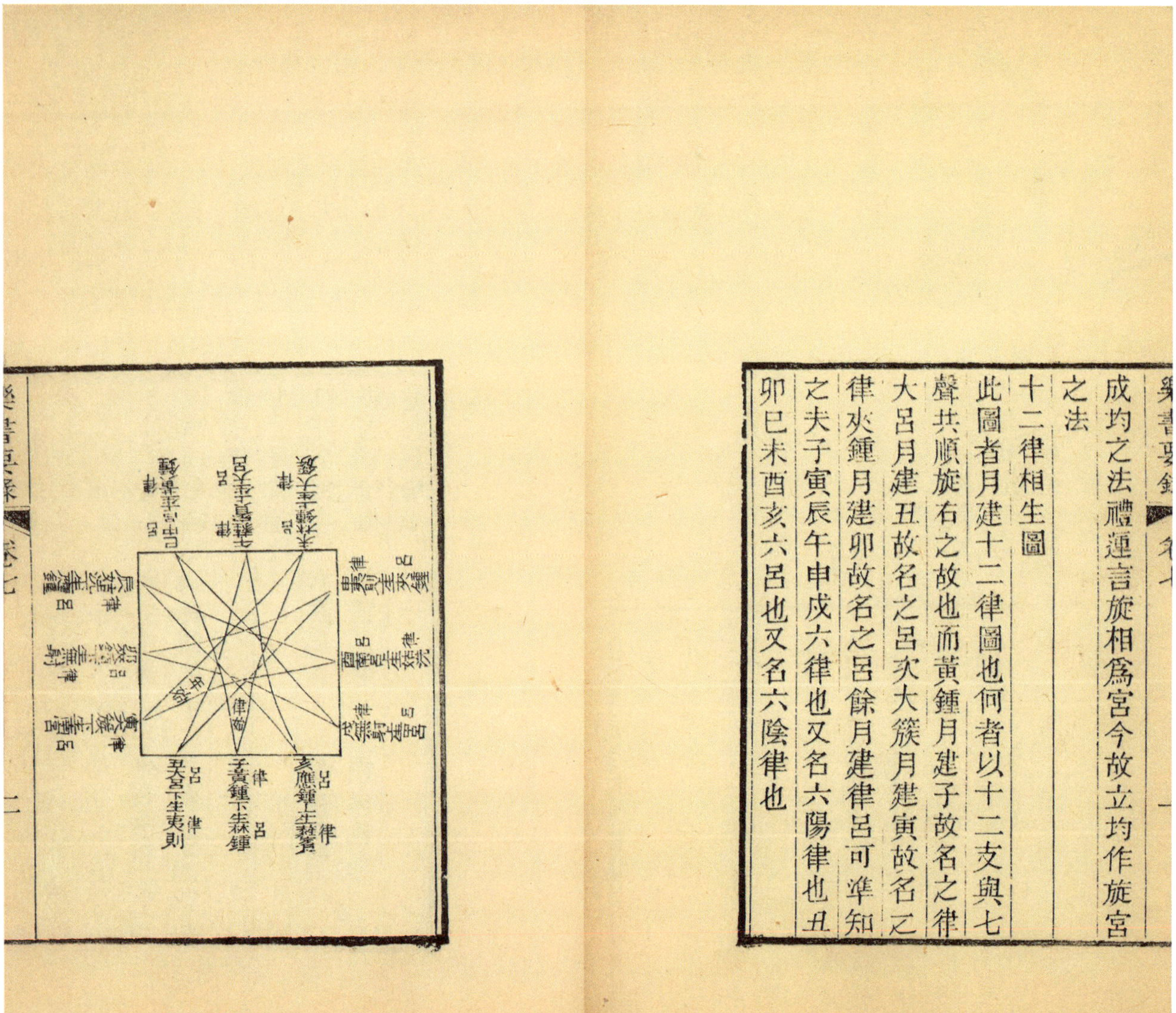

成均之法禮運言旋相爲宮今故立均作旋宮
之法
十二律相生圖
此圖者月建十二律圖也何者以十二支與七
聲共順旋右之故也而黃鍾月建子故名之律
大呂月建丑故名之呂次大簇月建寅故名之
律夾鍾月建卯故名之呂餘月建律呂可準知
之夫子寅辰午申戌六律也又名六陽律也丑
卯巳未酉亥六呂也又名六陰律也

图 2　十二律相生图

教坊记一卷

（唐）崔令钦撰　清初钱曾述古堂抄本

十行十八字，白口，左右双边。

崔令钦（生卒年不详），博陵（今河北定县）人。开元年间曾任左金吾卫仓曹，肃宗朝迁仓部郎中，官终国子司业。

教坊创置于唐开元二年（714），专典俳优杂技等俗乐。此书是崔氏安史之乱后漂寓江表时所作，主要记述了开元年间的教坊制度、轶闻趣事及曲调来源等。书中记载的艺人表演，技能高超，如“筋斗，裴承恩妹大娘，善歌，兄以配竿木”。描写艺人生活，如“坊中诸女，以气类相似，约为香火兄弟，每多至十四五人，少不下八九辈。有儿郎聘之者，辄被以妇人称呼，即所聘者，兄见呼为新妇，弟见呼为嫂也”。共记有大曲四十六个，一般曲目二百七十八个，是研究盛唐音乐、诗歌及教坊社会生活的重要资料。

此本是清初著名藏书家钱曾抄本，与元夏伯和撰《青楼集》一卷及《孙内翰北里志》一卷合抄为一册。迭经席后恍、黄如珽、陈揆、常熟瞿氏铁琴铜剑楼递藏，钤印累累。

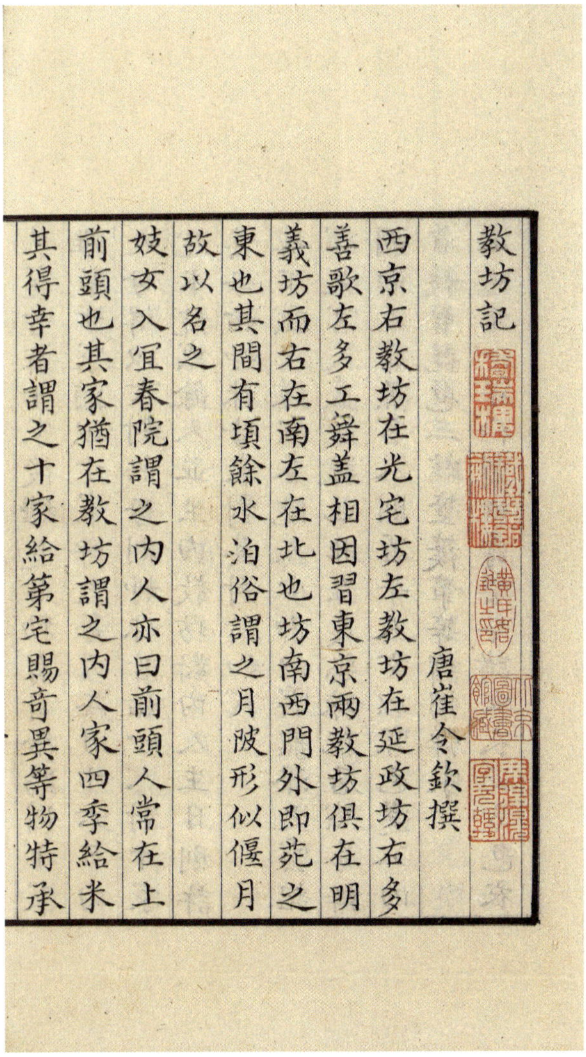
教坊記
唐崔令欽撰
西京右教坊在光宅坊左教坊在延政坊右多善歌左多工舞蓋相因習東京兩教坊俱在明義坊而右在南左在北也坊南西門外即苑之東也其間有頃餘水泊俗謂之月陂形似偃月故以名之
妓女入宜春院謂之內人亦曰前頭人常在上前頭也其家猶在教坊謂之內人家四季給米其得幸者謂之十家給第宅賜奇異等物特承

图 1　卷端

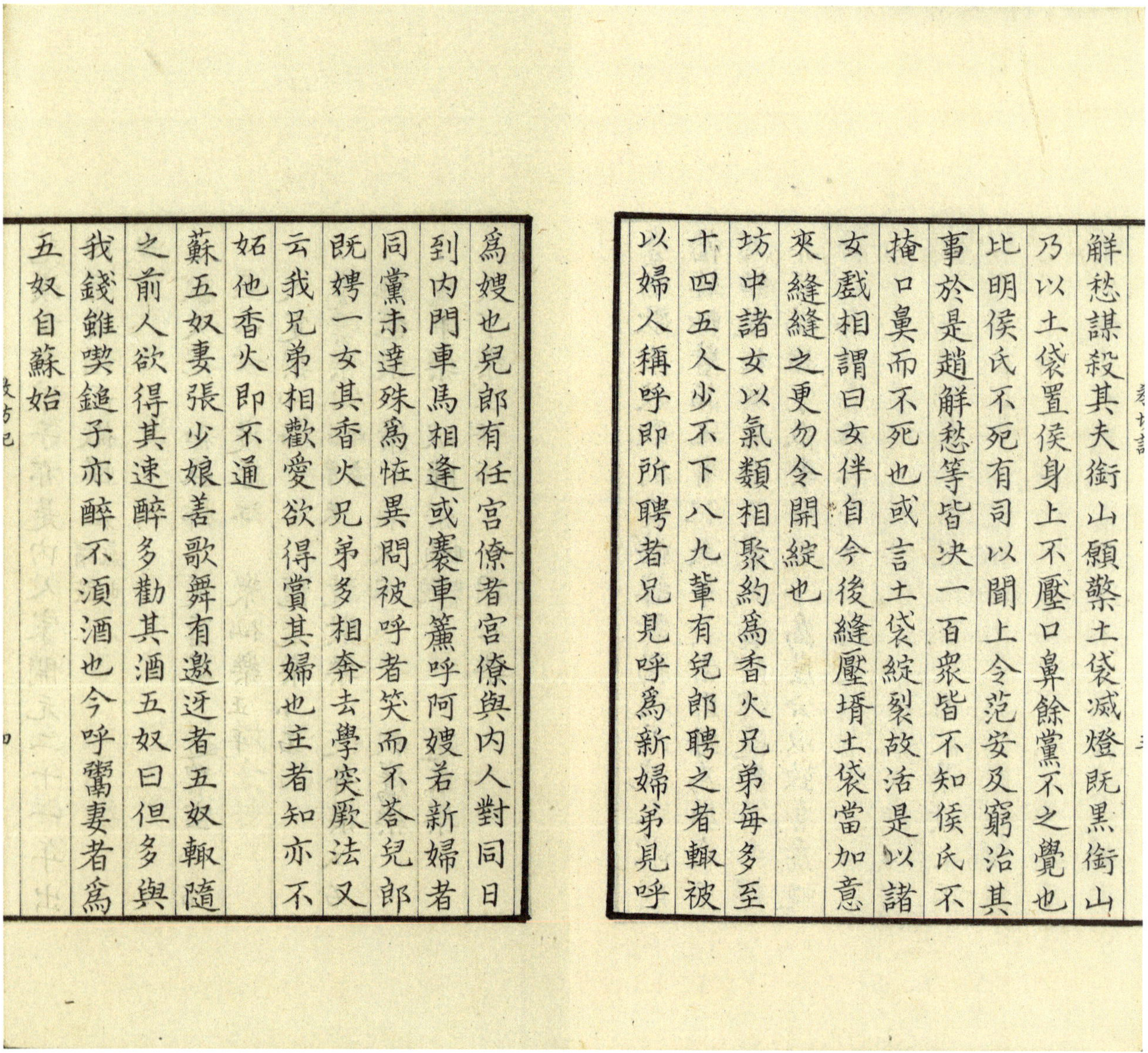
鮮愁謀殺其夫衒山顧槃土袋滅燈既黑衒山
乃以土袋置侯身上不壓口鼻餘黨不之覺也
比明侯氏不死有司以聞上令范安及窮治其
事於是趙鮮愁等皆決一百衆皆不知侯氏不
掩口鼻而不死也或言土袋綻裂故活是以諸
女戲相謂曰女伴自今後縫壓壻土袋當加意
夾縫縫之更勿令開綻也
坊中諸女以氣類相聚約爲香火兄弟每多至
十四五人少不下八九輩有兒郎聘之者輒被
以婦人稱呼即所聘者兒見呼爲新婦弟見呼
爲嫂也兒郎有任宮僚者宮僚與內人對同日
到內門車馬相逢或褰車簾呼阿嫂若新婦者
同黨未達殊爲恠異問被呼者笑而不荅兒郎
既娉一女其香火兄弟多相奔去學突厥法又
云我兄弟相歡愛欲得嘗其婦也主者知亦不
妬他香火即不通
蘇五奴妻張少娘善歌舞有邀迓者五奴輒隨
之前人欲得其速醉多勸其酒五奴曰但多與
我錢雖喫䭔子亦醉不須酒也今呼鬻妻者爲
五奴自蘇始

图 2　坊中诸女

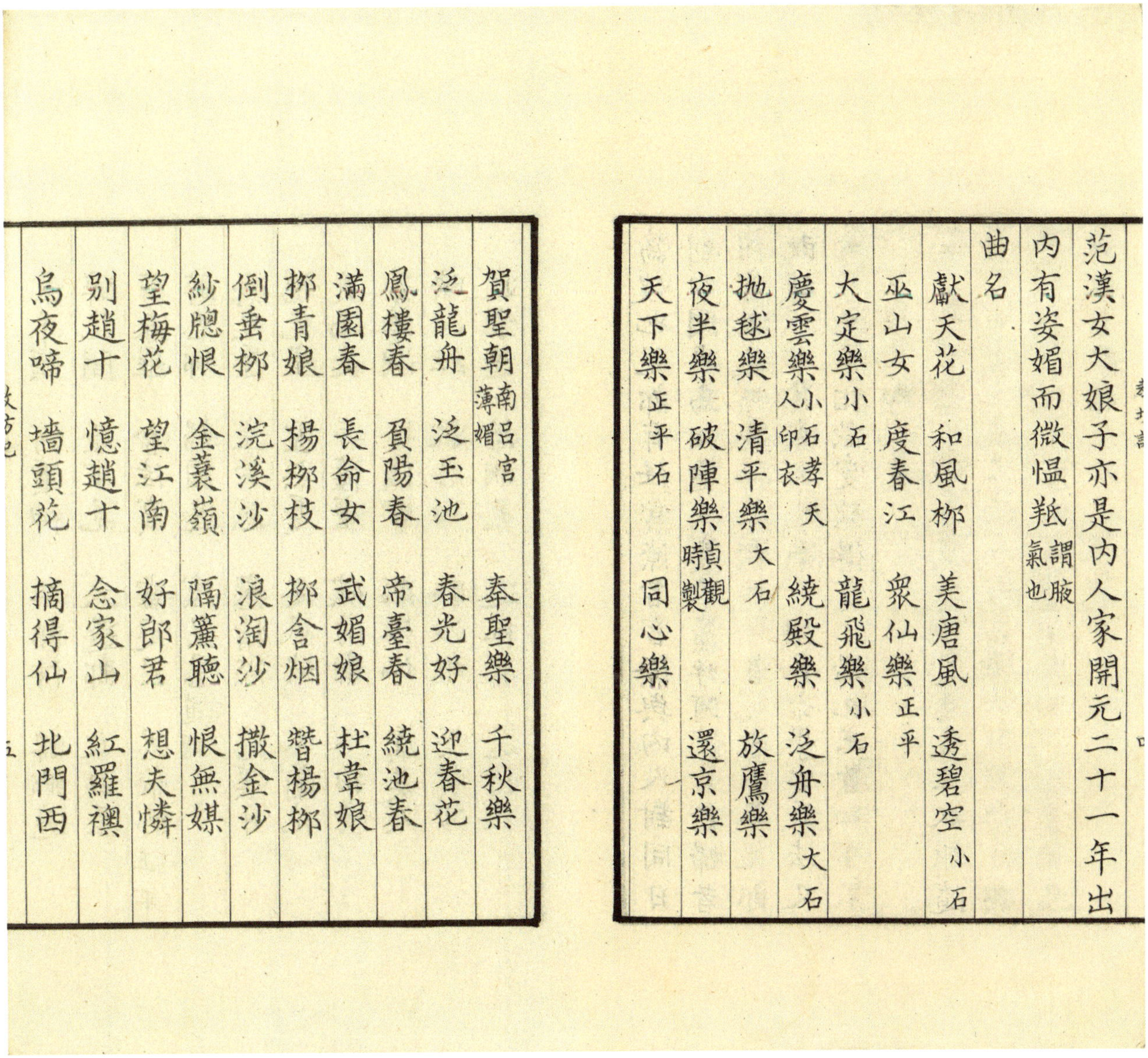

范漢女大娘子亦是內人家開元二十一年出

內有姿媚而微愠羝謂腋氣也

曲名

獻天花 和風柳 美唐風 透碧空小石

巫山女 度春江 衆仙樂正平

大定樂小石 龍飛樂小石

慶雲樂小石孝天人印衣 繞殿樂 泛舟樂大石

抛毬樂 清平樂大石 放鷹樂

夜半樂 破陣樂貞觀時製 還京樂

天下樂正平石 同心樂

賀聖朝南呂宮薄媚 奉聖樂 千秋樂

泛龍舟 泛玉池 春光好 迎春花

鳳樓春 負陽春 帝臺春 繞池春

滿園春 長命女 武媚娘 杜韋娘

柳青娘 楊柳枝 柳含烟 瞽楊柳

倒垂柳 浣溪沙 浪淘沙 撒金沙

紗牕恨 金蓑嶺 隔簾聽 恨無媒

望梅花 望江南 好郎君 想夫憐

別趙十 憶趙十 念家山 紅羅襖

烏夜啼 墻頭花 摘得仙 北門西

教坊記 五

图3 曲名

羯鼓录一卷

（唐）南卓撰　（清）钱熙祚辑　清道光二十四年（1844）金山钱氏刻《守山阁丛书》本

十一行二十三字，小字双行同，黑口，左右双边。

南卓（生卒年不详），字昭嗣，唐宣宗时曾官拾遗、洛阳令、黔南观察使。

是书分前后二录，前录成于大中二年（848），后录成于四年，保存了关于唐代乐器羯鼓的珍贵资料。羯鼓是一种古代打击乐器，南北朝时经西域传入中原，盛行于唐开元、天宝年间。此书介绍羯鼓源流云："羯鼓出外夷，以戎羯之鼓，故曰羯鼓。"形状"如漆桶，下以小牙床承之"，其音乐特点是"其音主太簇一均……其声焦杀鸣烈，尤宜促曲急破，战杖连碎之声；又宜高楼晚景，明月清风，破空透远，特异众乐"。书中叙述唐代羯鼓乐事十四件，后附太簇均乐曲名和佛曲共一百三十二首，仅十个曲名与崔令钦《教坊记》重复。

此本钤有"寅昉""臣光焴印"等印，为海盐蒋氏衍芬草堂旧藏。1951年，由蒋氏后人捐献国家，现藏国家图书馆。

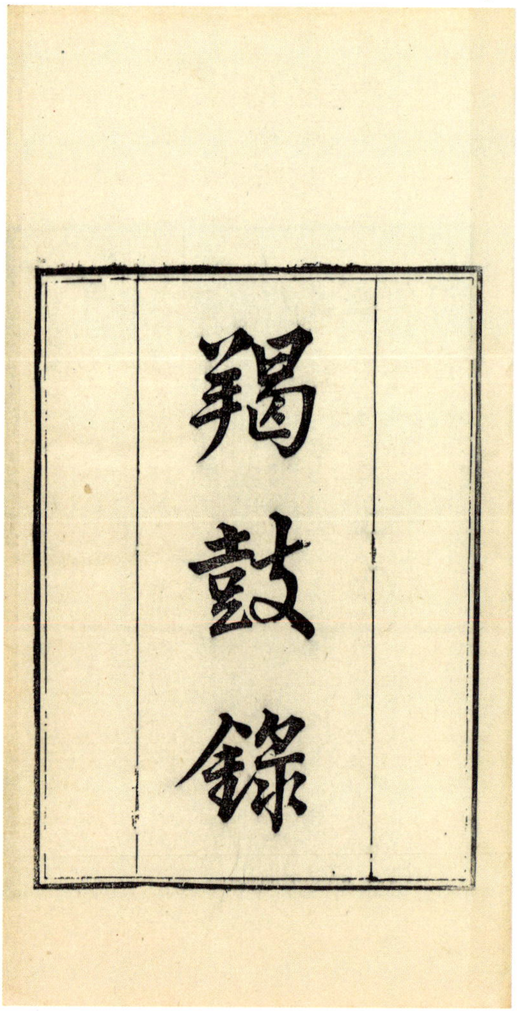

图1　书名页

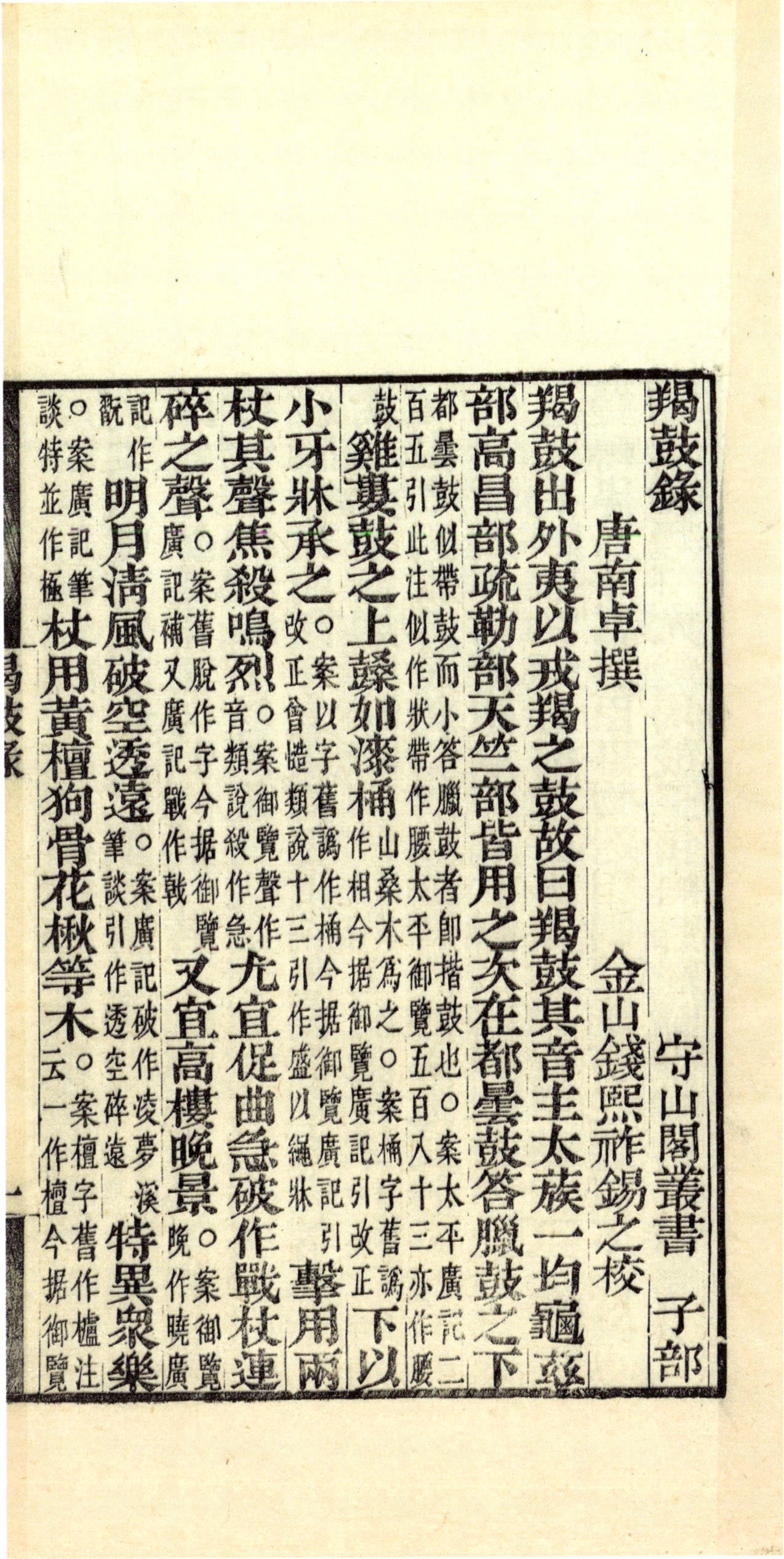

羯鼓錄　　　　守山閣叢書　子部

唐南卓撰　　　金山錢熙祚錫之校

羯鼓出外夷以戎羯之鼓故曰羯鼓其音主太蔟一均龜茲部高昌部疏勒部天竺部皆用之次在都曇鼓答臘鼓之下都曇鼓似帶鼓而小答臘鼓者即揩鼓也○案太平廣記二百五引此注似作狀帶作腰太平御覽五百八十三亦作腰鼓雞婁鼓之上⿰鼓桼如漆桶山桑木爲之○案桶字舊譌作相今据御覽廣記引改正下以小牙牀承之○案以字舊譌作桶今据御覽廣記引改正曾慥類說十三引作盛以繩牀擊用兩杖其聲焦殺鳴烈○案御覽聲作音類說殺作急尤宜促曲急破作戰杖連碎之聲○案舊脫作字今据御覽廣記補又廣記戰作戢又宜高樓晚景○案御覽晚作曉廣記作說明月清風破空透遠○案廣記破作淩夢溪筆談引作透空碎遠特異衆樂○案廣記筆談特並作極杖用黃檀狗骨花楸等木○案檀字舊作櫨注云一作檀今据御覽

羯鼓錄　一

图 2　卷端

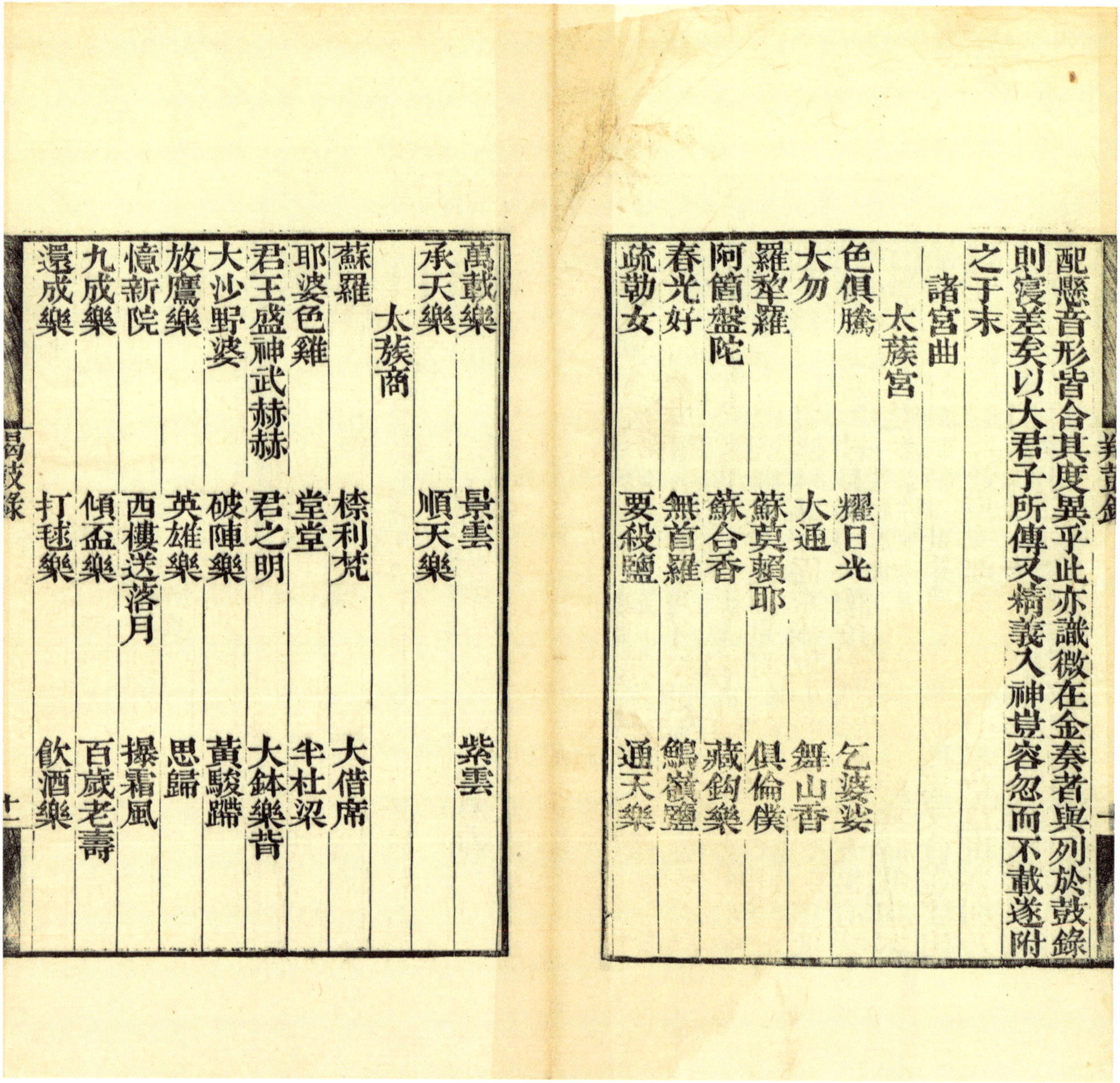

配懸音形皆合其度異乎此亦識微在金奏者與列於鼓錄
則寝差矣以大君子所傳又精義入神豈容忽而不載遂附
之于末

諸宮曲

太簇宮

色俱騰　耀日光　乞婆娑
大勿　大通　舞山香
羅犁羅　蘇莫賴耶　俱倫僕
阿箇盤陀　蘇合香　藏鉤樂
春光好　無首羅　鶻䳛鹽
疏勒女　要殺鹽　通天樂

萬歲樂　景雲　紫雲
承天樂　順天樂

太簇商

蘇羅　㮈利梵　大借席
耶婆色雞　堂堂　半杜梁
君王盛神武赫赫　君之明　大鉢樂背
大沙野婆　破陣樂　黃駿蹄
放鷹樂　英雄樂　思歸
憶新院　西樓送落月　操霜風
九成樂　傾盃樂　百歲老壽
還成樂　打毬樂　飲酒樂

图3　诸宫曲

乐府杂录一卷

（唐）段安节撰　（清）钱熙祚辑　清道光二十四年（1844）金山钱氏刻《守山阁丛书》本

十一行二十三字，小字双行同，黑口，左右双边。

段安节（生卒年不详），临淄邹平（今属山东）人。唐昭宗乾宁中为国子司业、朝议大夫，官至吏部郎中、沂王傅。善音律，能自度曲。《新唐书》卷五十七有传。

是书主要记述开元以后宫廷雅乐和俗乐形式，词调起源，乐器演奏和歌舞等内容，可补《教坊记》记载之不足。首列乐部九条，次列歌舞俳优三条、次列乐器十四条、次列乐曲十二条，终以《别乐识五音轮二十八调图》，但有说无图，当是旧本已佚。

此为钱熙祚校刊本，钤有“寅昉”“臣光焴印”“盐官蒋氏衍芬草堂三世藏书印”等印。

图 1　书名页

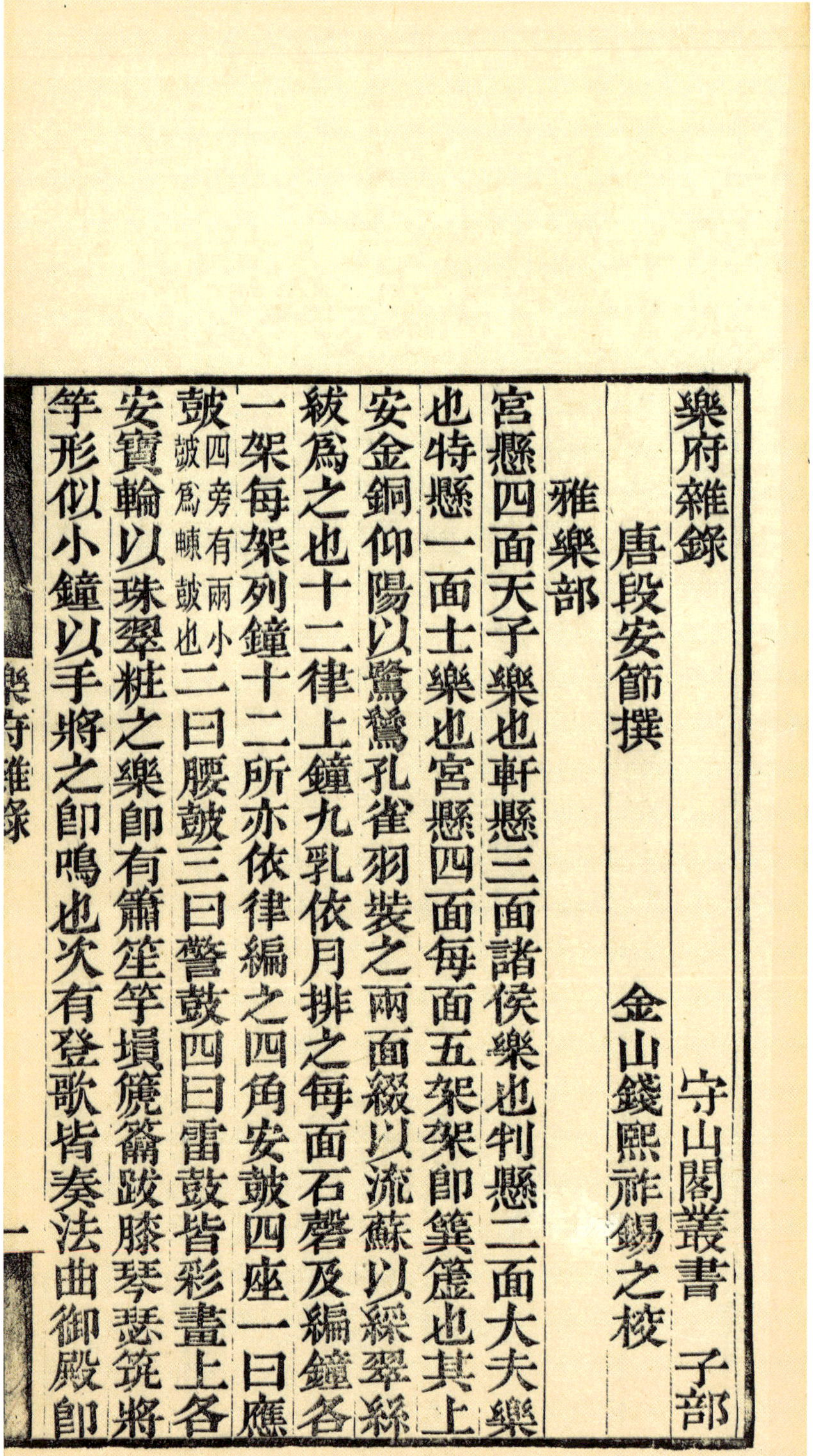

樂府雜錄　　守山閣叢書　子部

唐段安節撰　　金山錢熙祚錫之校

雅樂部

宮懸四面天子樂也軒懸三面諸侯樂也判懸二面大夫樂也特懸一面士樂也宮懸四面每面五架架即簨簴也其上安金銅仰陽以鷺鷥孔雀羽裝之兩面綴以流蘇以綵翠絲紱為之也十二律上鐘九乳依月排之每面石磬及編鐘各一架每架列鐘十二所亦依律編之四角安鼓四座一曰應鼓（四旁有兩小鼓為鞞鼓也）二曰腰鼓三曰警鼓四曰雷鼓皆彩畫上各安寶輪以珠翠粧之樂即有簫笙竽塤篪籥跋膝琴瑟筑將竽形似小鐘以手將之即鳴也次有登歌皆奏法曲御殿即

樂府雜錄　一

图 2　雅乐部

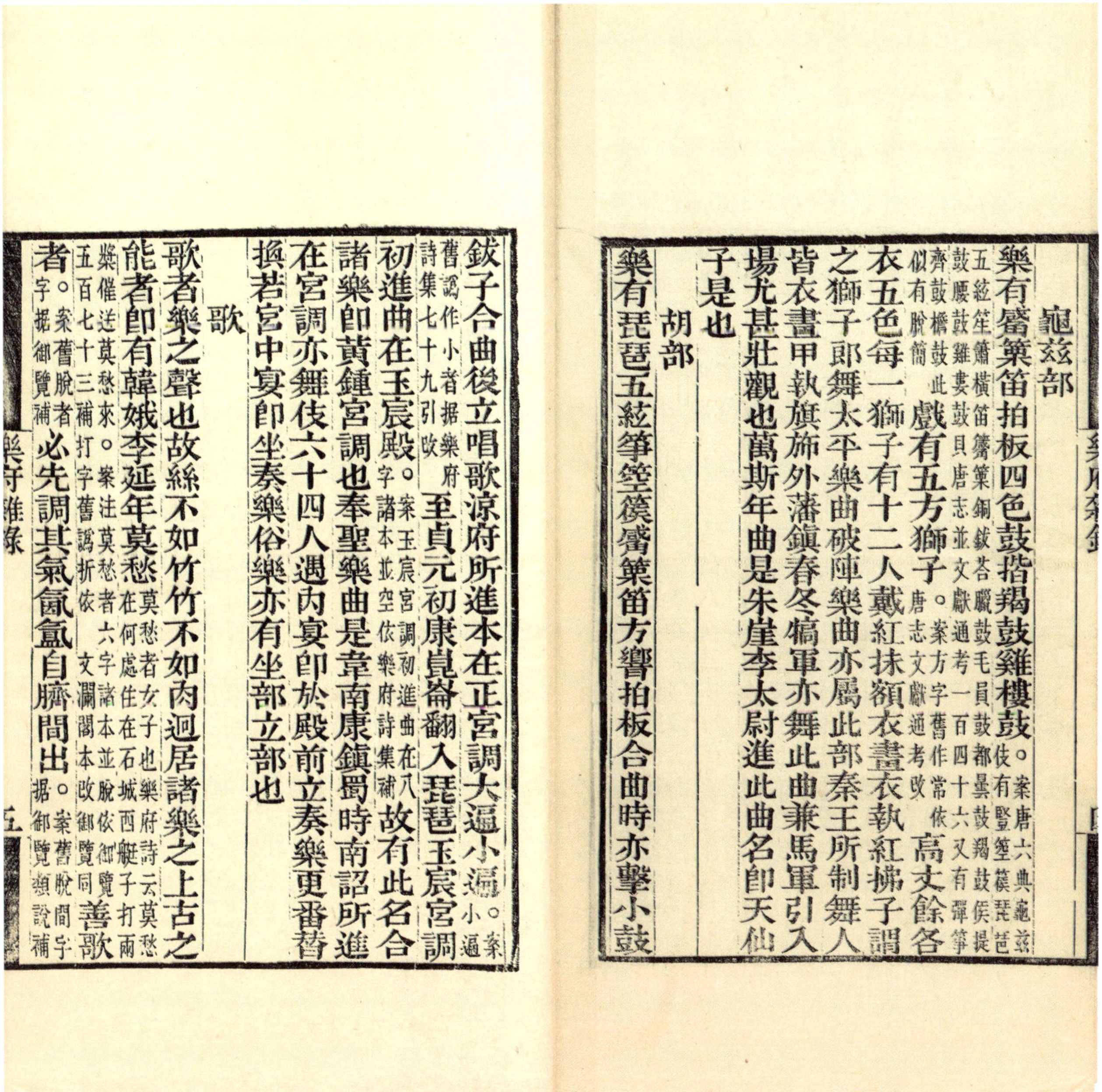

龜茲部

樂有觱篥笛拍板四色鼓揩羯鼓雞樓鼓。案唐六典龜茲伎有豎箜篌琵琶五絃笙簫橫笛觱篥銅鈸荅臘鼓毛員鼓都曇鼓羯鼓侯提鼓腰鼓雞婁鼓貝唐志並文獻通考一百四十六又有彈箏齊鼓檐鼓此似有脫簡戲有五方獅子。案方字舊作常依唐志文獻通考改高丈餘各衣五色每一獅子有十二人戴紅抹額衣畫衣執紅拂子謂之獅子郎舞太平樂曲破陣樂曲亦屬此部秦王所制舞人皆衣畫甲執旗旆外藩鎮春冬犒軍亦舞此曲兼馬軍引入場尤甚壯觀也萬斯年曲是朱崖李太尉進此曲名即天仙子是也

胡部

樂有琵琶五絃箏箜篌觱篥笛方響拍板合曲時亦擊小鼓鈸子合曲後立唱歌涼府所進本在正宮調大遍小遍。案小遍舊譌作小者据樂府詩集七十九引改至貞元初康崑崙翻入琵琶玉宸宮調初進曲在玉宸殿。案玉宸宮調初進曲在八字諸本並空依樂府詩集補故有此名合諸樂即黃鍾宮調也奉聖樂曲是韋南康鎮蜀時南詔所進在宮調亦舞伎六十四人遇內宴即於殿前立奏樂更番替換若宮中宴即坐奏樂俗樂亦有坐部立部也

歌

歌者樂之聲也故絲不如竹竹不如肉迴居諸樂之上古之能者即有韓娥李延年莫愁莫愁者女子也樂府詩云莫愁在何處住在石城西艇子打兩槳催送莫愁來。案注莫愁者六字諸本並脫依御覽五百七十三補打字舊譌折依文瀾閣本改御覽同善歌者。案舊脫者字据御覽補必先調其氣氤氳自臍間出。案舊脫間字据御覽類說補

樂府雜錄　五

图3　龟兹部

酒令舞谱

归义军时期（9—10世纪）写本　20.5×17.7厘米　残片

敦煌“酒令舞谱残片”选自国家图书馆所藏敦煌遗书。此残片共十一行十三个字，其中“送”字为送酒之意。其内容是用汉字记录唐五代舞蹈曲名、动作、节奏的字谱。酒令是饮酒时的助兴劝饮游戏，通常是推一人为令官，余者听令，按一定猜拳、掷骰、抽签或巧编文句等规则，决定罚饮者。唐代酒令盛行，名目繁多，现今可知者有瞻相令、抛打令、卷白波等二十余种。敦煌舞谱的发现和破译，反映出唐代酒令的艺术化内容，展现了鲜活的宴饮场景。敦煌舞蹈资料丰富，几乎每个石窟都有舞蹈形象。敦煌舞蹈虽为娱佛、礼佛，然其高超的技巧、完美的艺术形象，有着深厚的生活基础和艺术积累，代表着各时代舞蹈发展的历程，是丝绸之路中西舞蹈交流的反映。

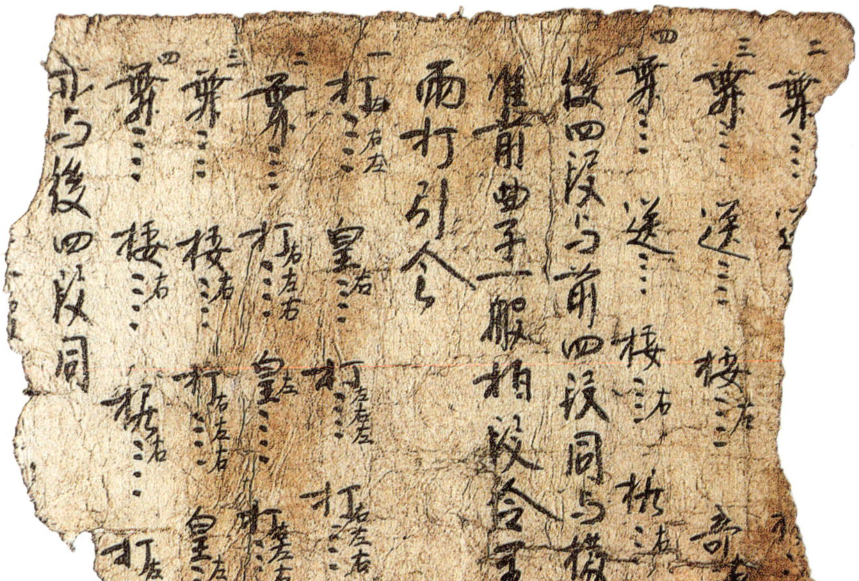

图　酒令舞谱残片

宋金元时期

圣宋皇祐新乐图记三卷

（宋）阮逸 胡瑗撰 明万历三十九年（1611）赵琦美抄本 （明）赵琦美跋

八行十五、十六字不等，小字双行二十字。

阮逸（生卒年不详），又称阮逸女，字天隐，建阳（今属福建）人。宋天圣五年（1027）进士，景祐二年（1035）典乐事。皇祐中特迁户部员外郎。著有《乐论》《王制井田图》《钟律仪并图》等。胡瑗（993—1059），字翼之，居陕西路安定堡，世称安定先生。历官太子中舍、光禄寺丞、天章阁侍讲等。

景祐三年朝廷更定雅乐，阮逸与胡瑗共同受命校订钟管十三律。阮逸依照《周礼》与历代志书的记载确定校乐方案，铸造太常钟磬，其音律比原音律降一调，乐名《大安》，作为祭祀、朝会的礼乐。皇祐五年（1053），乐成奏上，此书即其图记，颁行天下。是书上卷具载律吕、黍尺、四量、权衡之法，均以横黍起度，故律乐声较实际偏高半调。中、下二卷，为厘定律吕尺寸标准，考定古钟磬、晋鼓及三牲鼎、鸾刀之尺寸制度，甚为精核。

卷首钤“稽瑞楼”“浦玉田藏书记”“虞山蒋氏家藏图书记”“铁琴铜剑楼”“困学斋”等印，迭经名家递藏。

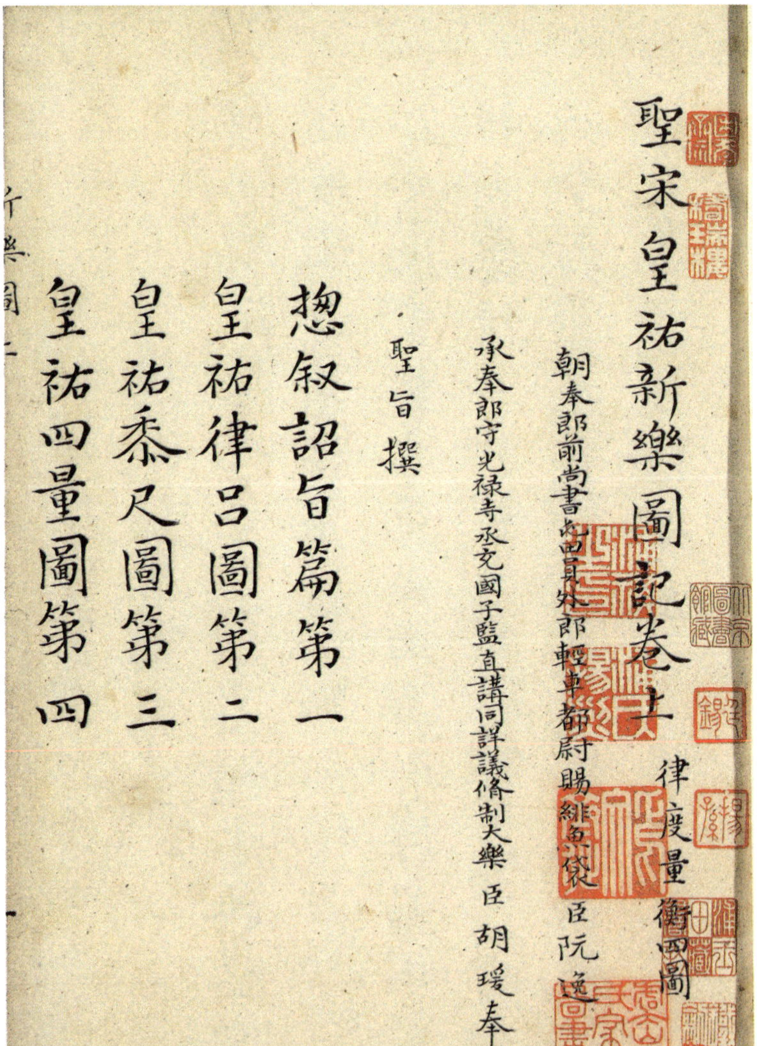
聖宋皇祐新樂圖記卷上 律度量衡四圖
朝奉郎前尚書屯田員外郎輕車都尉賜緋魚袋臣阮逸
承奉郎守光祿寺丞充國子監直講同詳議脩制大樂臣胡瑗奉
聖旨撰
總叙詔旨篇第一
皇祐律呂圖第二
皇祐黍尺圖第三
皇祐四量圖第四

图1 卷端

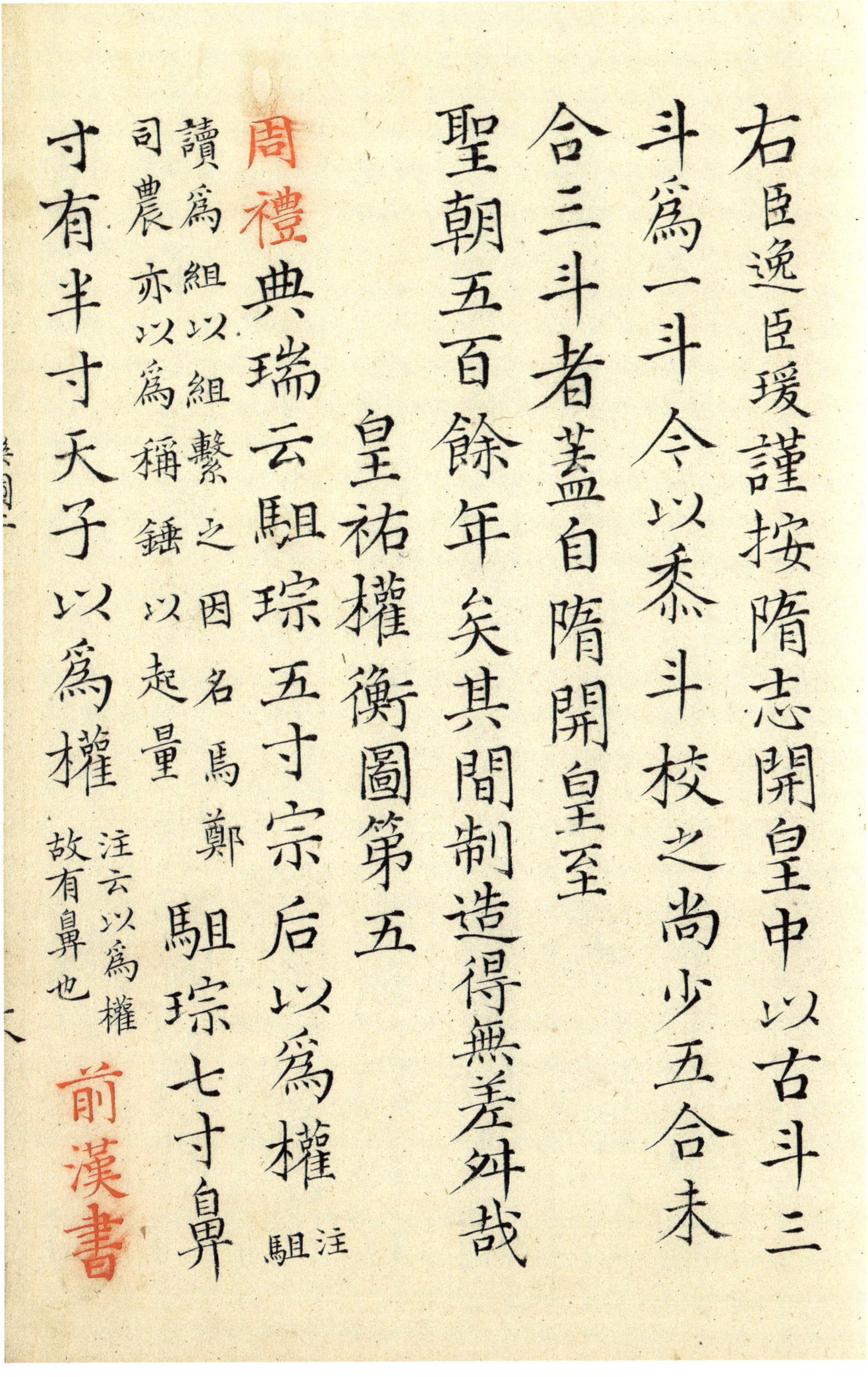

右臣逸臣瑗謹按隋志開皇中以古斗三斗爲一斗今以黍斗校之尚少五合未合三斗者蓋自隋開皇至聖朝五百餘年矣其間制造得無差舛哉

皇祐權衡圖第五

周禮典瑞云駔琮五寸宗后以爲權注駔讀爲組以組繫之因名馬鄭司農亦以爲稱錘以起量駔琮七寸鼻寸有半寸天子以爲權注云以爲權故有鼻也

前漢書

图 2　皇祐权衡图

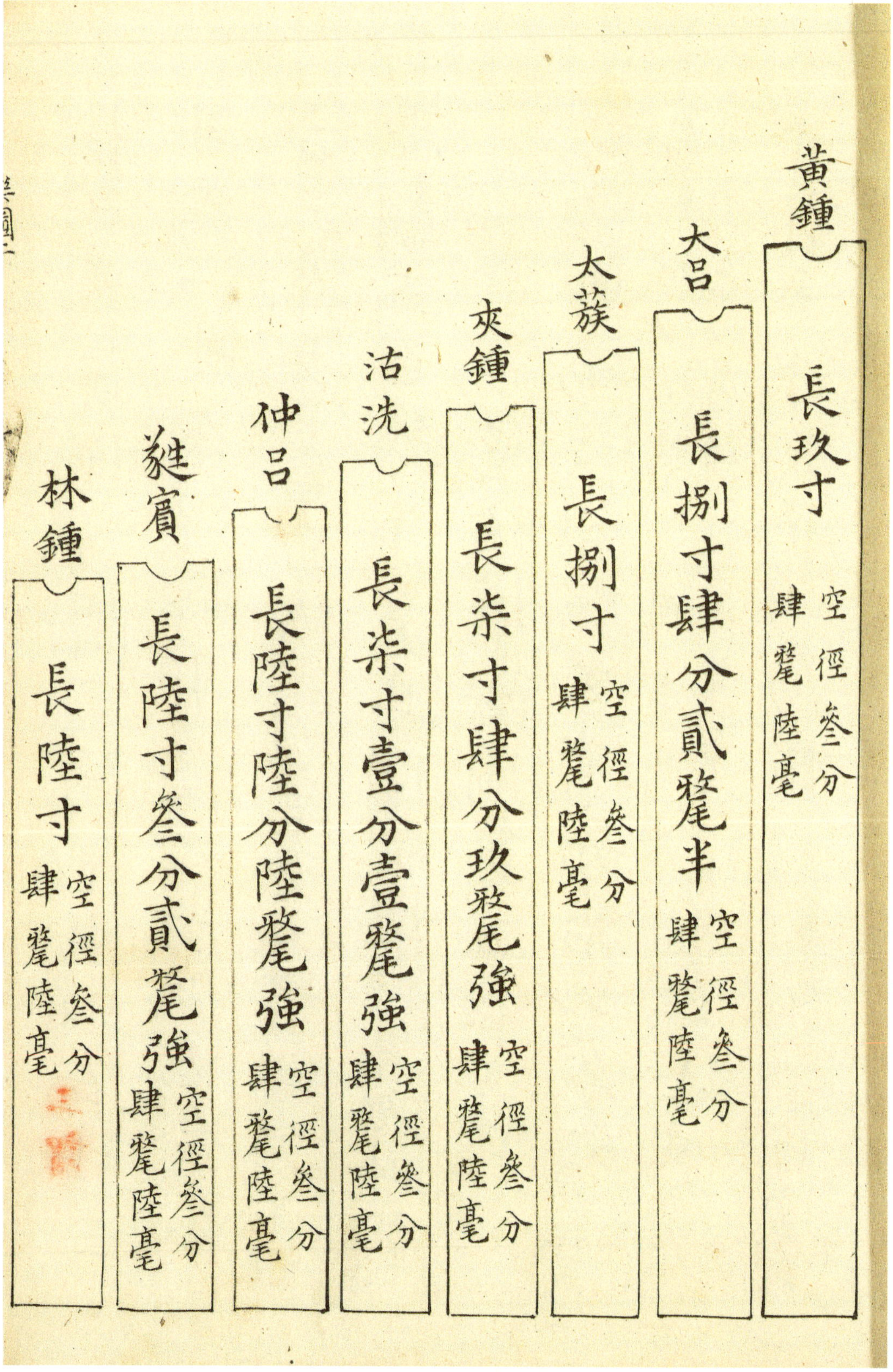
黃鐘
長玖寸
空徑叁分
肆氂陸毫
大呂
長捌寸肆分貳氂半
空徑叁分
肆氂陸毫
太蔟
長捌寸
空徑叁分
肆氂陸毫
夾鐘
長柒寸肆分玖氂強
空徑叁分
肆氂陸毫
沽洗
長柒寸壹分壹氂強
空徑叁分
肆氂陸毫
仲呂
長陸寸陸分陸氂強
空徑叁分
肆氂陸毫
蕤賓
長陸寸叁分貳氂強
空徑叁分
肆氂陸毫
林鐘
長陸寸
空徑叁分
肆氂陸毫

图 3　清声律四管图

琴史六卷

（宋）朱长文撰　明抄本

十一行十七字。

清康熙四十五年（1706）曹寅扬州使院刻《楝亭十二种》本　傅增湘跋

十一行二十一字，白口，左右双边。

图1　琴史（明抄本）

朱长文（1038—1098），字伯原，号乐圃、潜溪隐夫，苏州人。历官至秘书省正字、秘阁校理。著有《墨池编》《吴郡图经续集》《琴台记》《乐圃集》等书。

《琴史》是我国现存最早的七弦琴史专著。全书分六卷，前五卷为历代琴家述评，收录从先秦到北宋共一百五十五人，第六卷为专题评论十一篇。作者将有关七弦琴的史料从历代典籍中采撷而出，加以汇集和整理，并按一定体例编辑成书，是音乐专题史研究的创举。《四库全书总目》中评价是书“凡操弄沿起，制度损益，无不咸具。采摭详博，文词雅赡”。

是书宋刻已佚，以抄本传世。此明抄本与曹寅刻本均以浙江天一阁所藏明抄本为祖本。

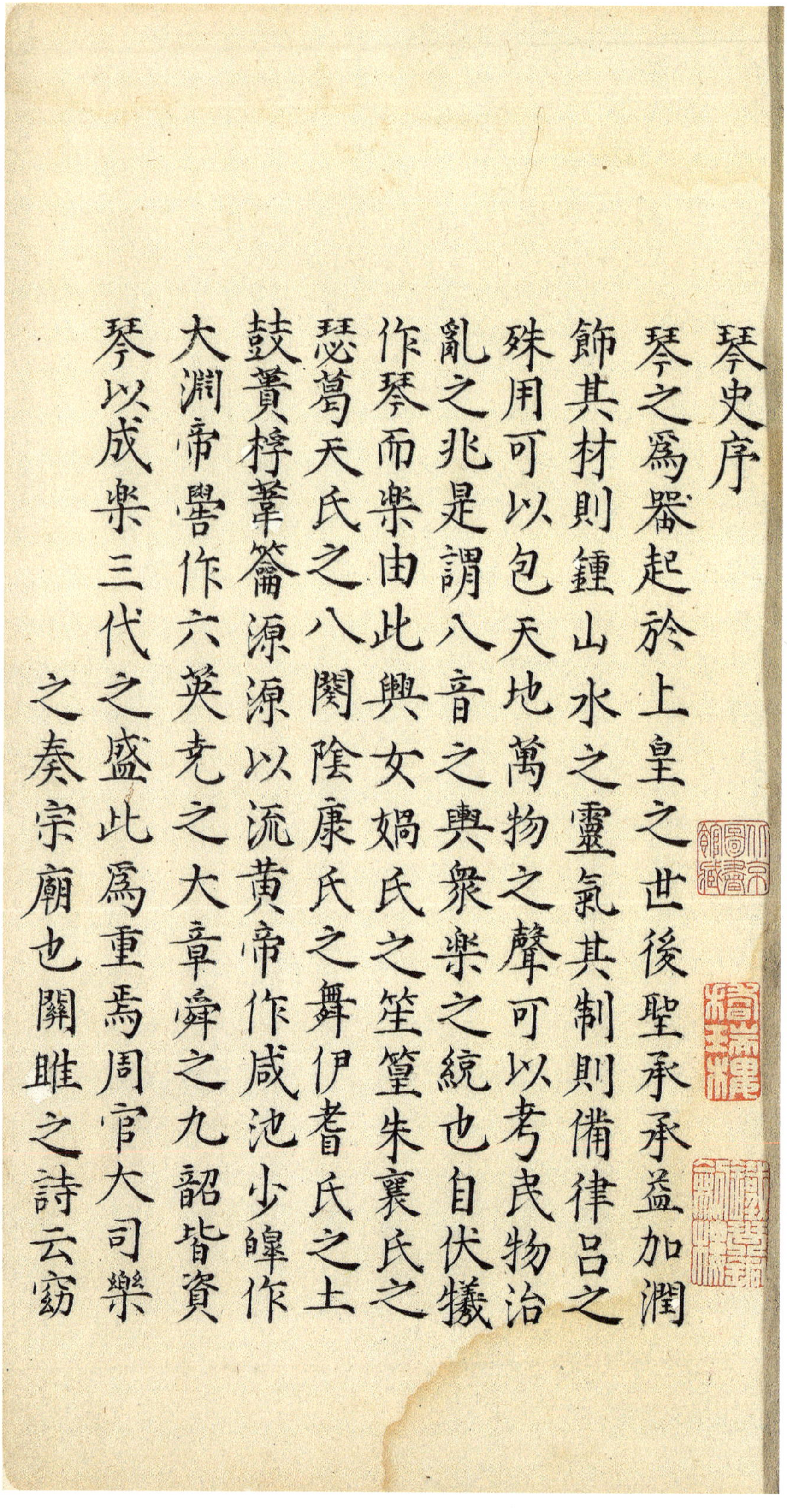
琴史序
琴之爲器起於上皇之世後聖承承益加潤
飾其材則鍾山水之靈氣其制則備律呂之
殊用可以包天地萬物之聲可以考民物治
亂之兆是謂八音之輿衆樂之統也自伏犧
作琴而樂由此興女媧氏之笙簧朱襄氏之
瑟葛天氏之八闋陰康氏之舞伊耆氏之土
鼓蕢桴葦籥源源以流黄帝作咸池少皞作
大淵帝嚳作六英堯之大章舜之九韶皆資
琴以成樂三代之盛此爲重焉周官大司樂
之奏宗廟也關雎之詩云窈

图 2　序（明抄本）

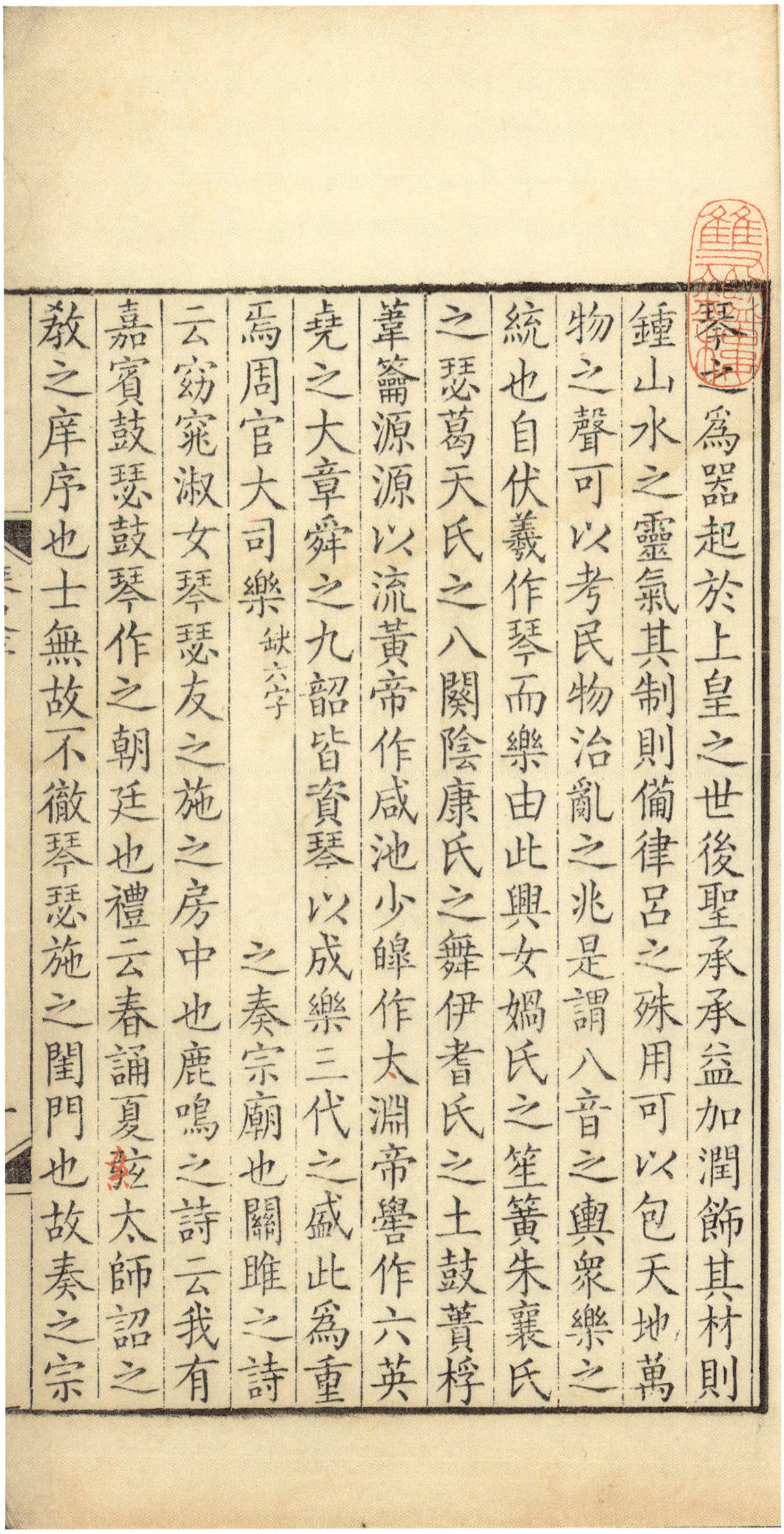
琴之爲器起於上皇之世後聖承承益加潤飾其材則鍾山水之靈氣其制則備律呂之殊用可以包天地萬物之聲可以考民物治亂之兆是謂八音之輿衆樂之統也自伏羲作琴而樂由此興女媧氏之笙簧朱襄氏之瑟葛天氏之八闋陰康氏之舞伊耆氏之土鼓蕢桴葦籥源源以流黃帝作咸池少皞作大淵帝嚳作六英堯之大章舜之九韶皆資琴以成樂三代之盛此爲重焉周官大司樂缺六字之奏宗廟也關雎之詩云窈窕淑女琴瑟友之施之房中也鹿鳴之詩云我有嘉賓鼓瑟鼓琴作之朝廷也禮云春誦夏絃太師詔之敎之庠序也士無故不徹琴瑟施之閨門也故奏之宗

图3　序（清刻本）

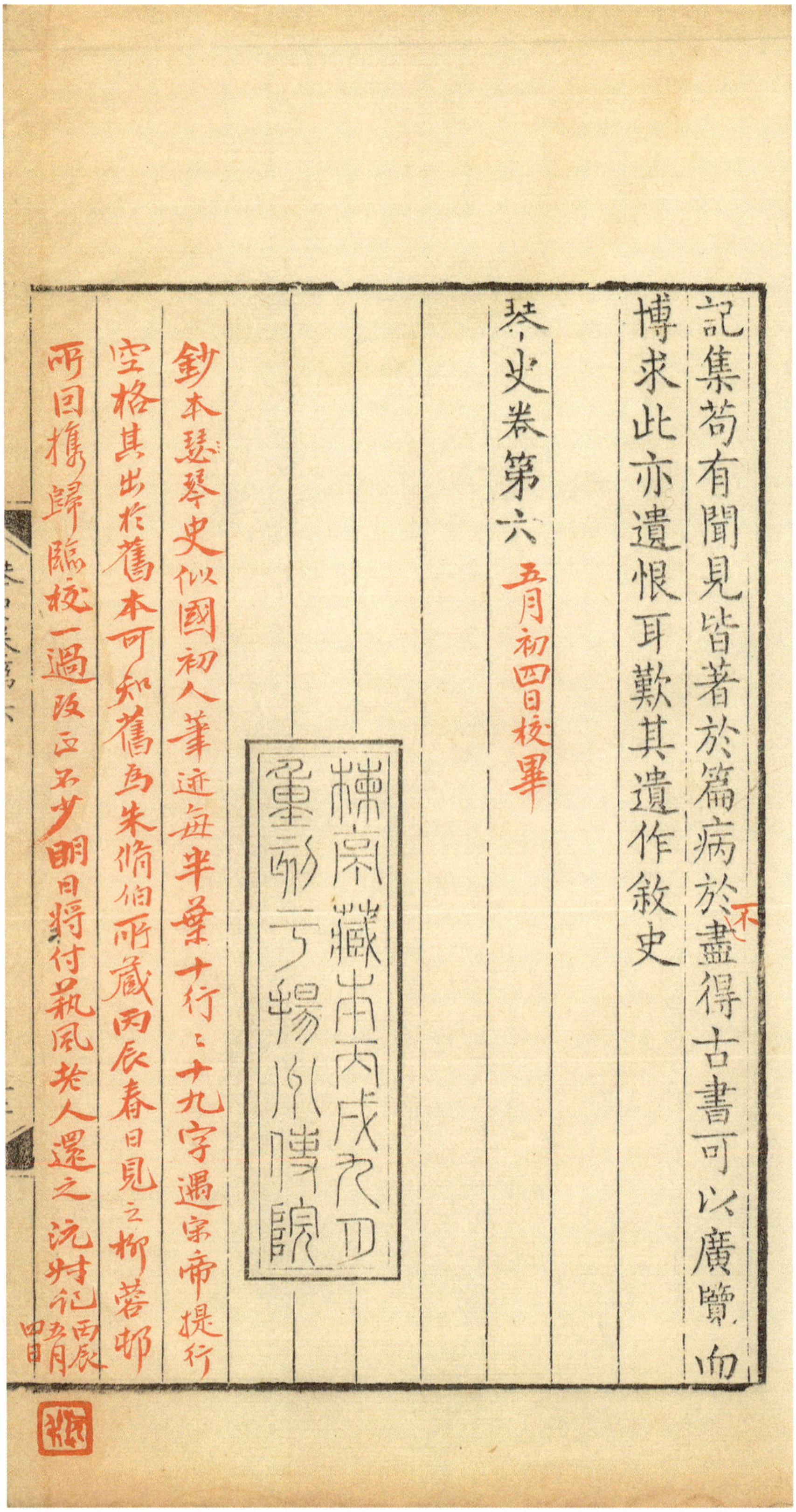

图 4　牌记并傅增湘跋（清刻本）

乐书二百卷目录二十卷

（宋）陈旸撰　元至正七年（1347）福州路儒学刻明修本　（清）柯逢时跋

十三行二十一字，白口，左右双边。

陈旸（1064—1128），字晋之，福州人。历官至礼部侍郎。《宋史》卷四百三十二有传。

是书编纂历时逾三十年，于建中靖国元年（1101）编成，进献宋徽宗，深获赏识。分上下两篇：上篇训义九十五卷，摘录儒家经典中有关音乐的章节，逐条加以诠释；下篇乐图论一百零五卷，内容包括乐律理论、典礼音乐制度、乐器、声乐、乐舞、百戏、五礼之乐等，并记叙了民间、少数民族和域外的音乐及其乐器。每一类目皆条贯古今，溯源明流，详加论证，成为中国第一部音乐通史，是一部大型音乐工具书，保存了丰富的音乐资料。

书中把八音、歌、舞、杂乐分别归为雅、胡、俗三部，“胡乐”作为独立的门类收录了大量来自其他民族的音乐，有助于研究华夏早期音乐与外来民族音乐融合的轨迹。全书共有五百一十七幅插图，涉及乐器、乐律、舞姿、舞器、舞位、五礼等关于古代音乐创作、演奏的各个领域，为古代音乐研究提供了直观的图像资料。此本为是书较早的刻本，卷首钤“柯逢时印”。

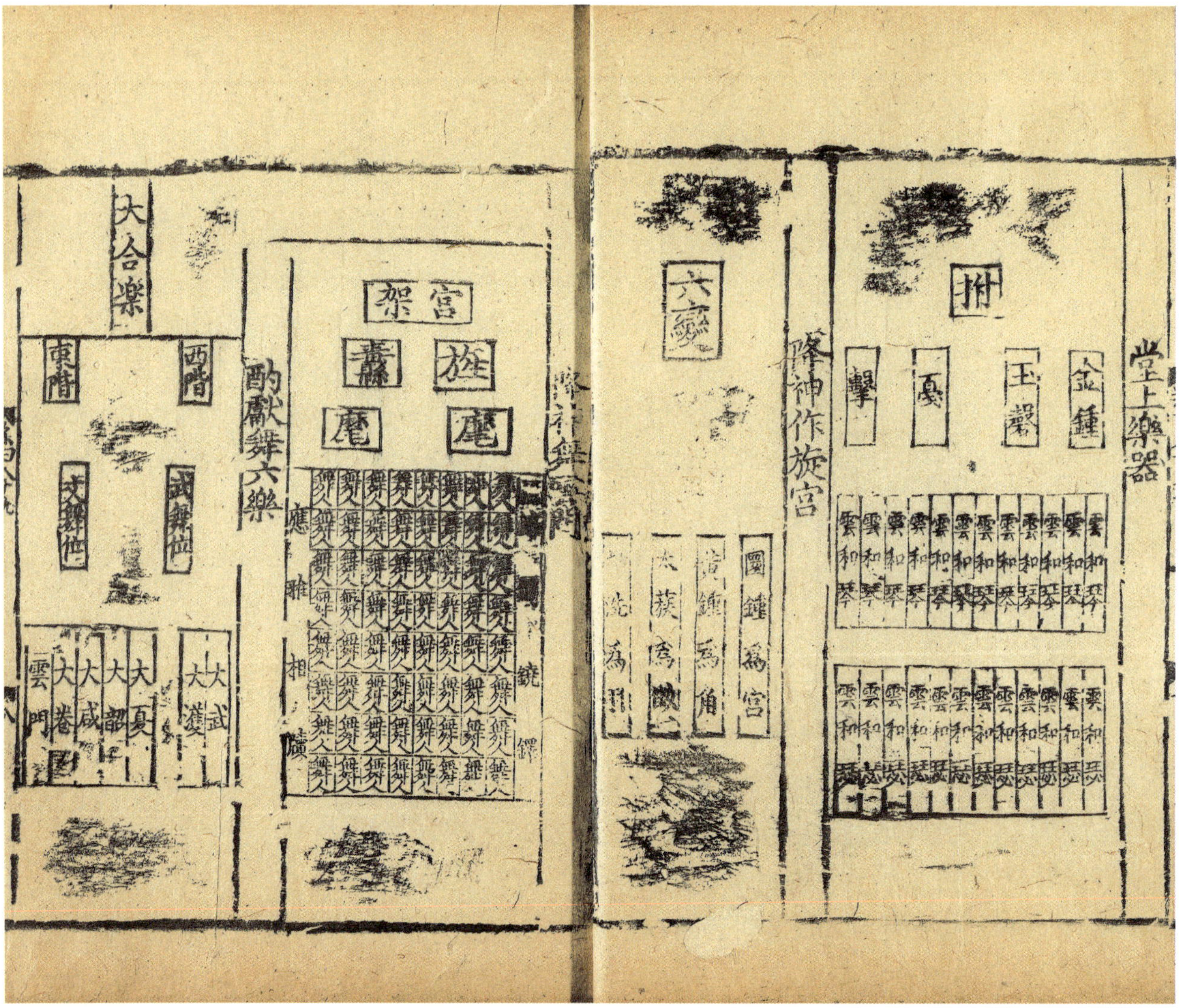
大合樂
東階
西階
文舞位
武舞位
雲門
大卷
大咸
大部
大夏
大濩
大武
酌獻舞六樂
宮架
麾
麾
六變
降神作旋宮
圜鍾爲宮
黄鍾爲角
堂上樂器
金鍾
玉磬

图 1　乐队排列

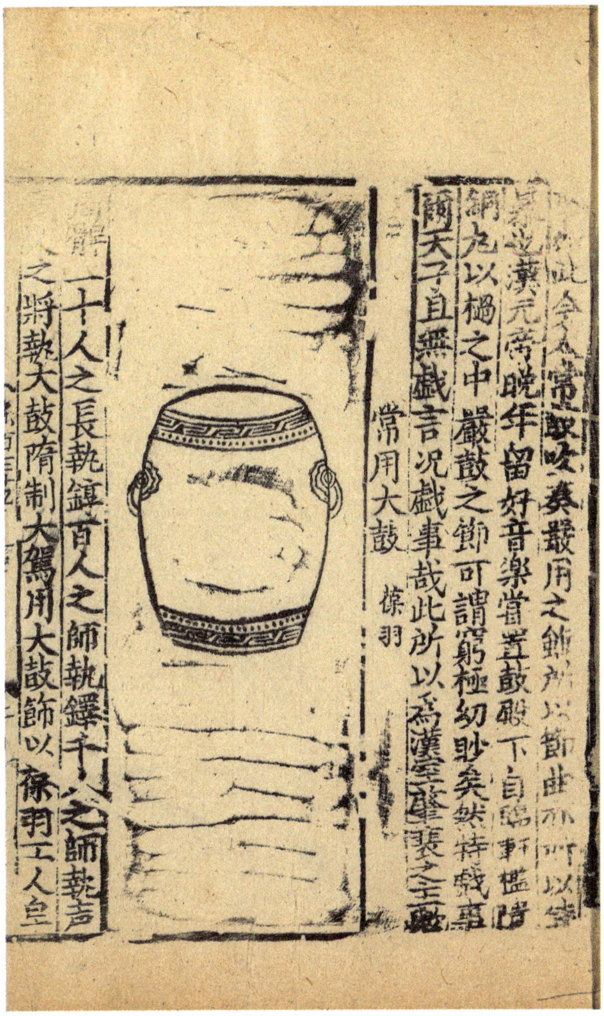

今太常鼓吹奏鼓用之節所以節曲亦所以宗
漢元帝晚年留好音樂嘗置鼙鼓殿下自臨軒檻
銅丸以擿之中嚴鼓之節可謂窮極幼眇矣然猶戲事
爾天子且無戲言況戲事哉此所以為漢室衰之主歟
常用大鼓　徐羽
一十人之長執鐃百人之師執鐸千人之師執声
之將執大鼓隋制大駕用大鼓飾以徐羽工人皂

图 2　常用大鼓

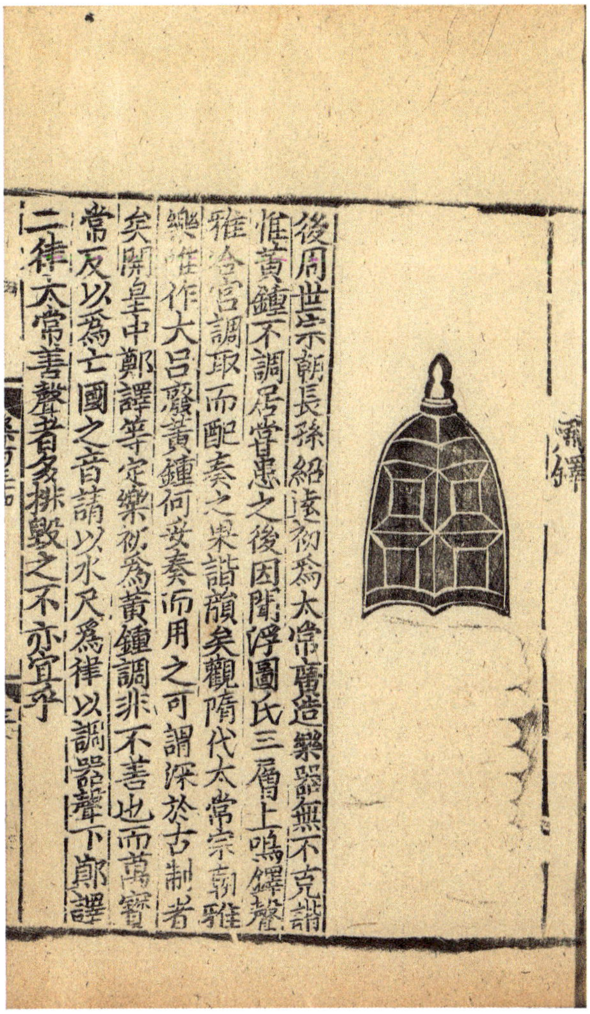

後周世宗朝長孫紹遠初為太常議造樂器無不克諧
惟黃鍾不調居嘗患之後因聞浮圖氏三層上鳴鐸聲
雅合宮調取而配奏之果諧韻矣觀隋代太常宗廟雅
樂惟作大呂廢黃鍾何嘗奏而用之可謂深於古制者
矣開皇中鄭譯等定樂初為黃鍾調非不善也而萬寶
常反以為亡國之音請以水尺為律以調器聲下鄭譯
二律太常善聲者多排毀之不亦宜乎

图 3　风铎

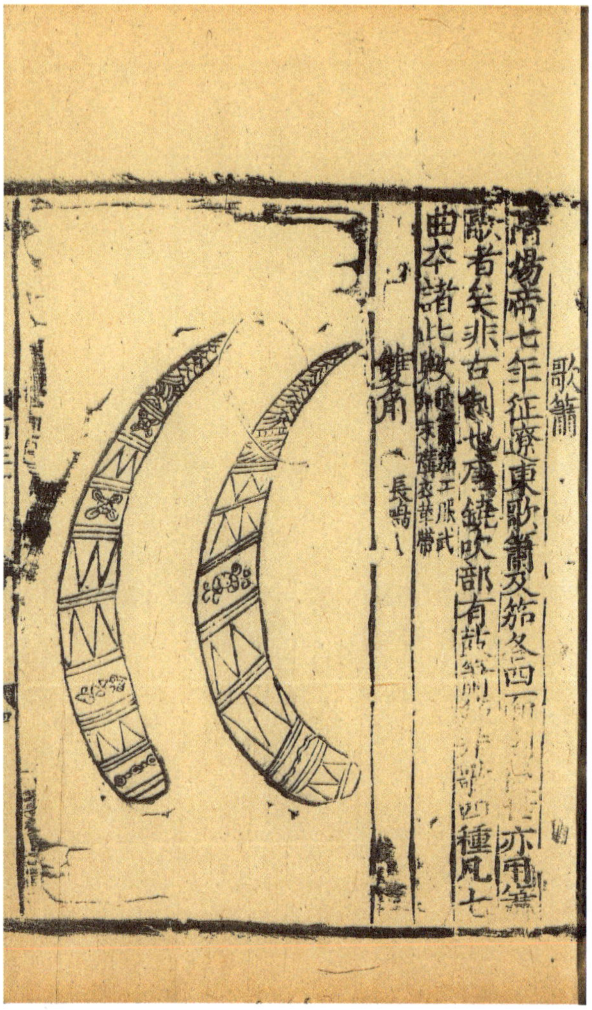

图 4　歌箫　双角

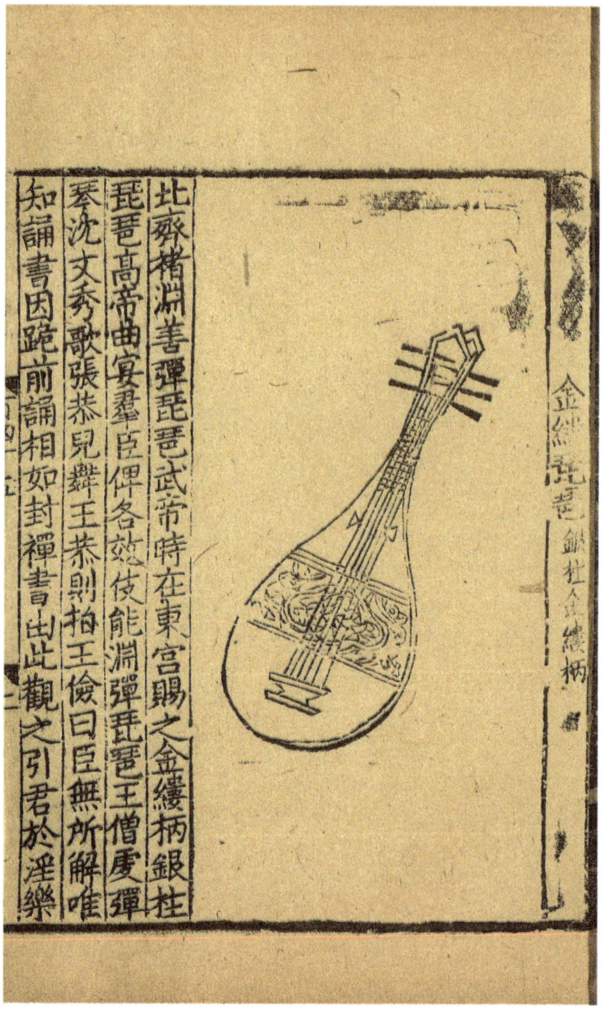

图 5　金缕琵琶

碧鸡漫志五卷

（宋）王灼撰　明抄本　（清）钱曾跋

十一行二十字，蓝格，白口，四周双边。

王灼（1081—1160），字晦叔，号颐堂，又号小溪，遂宁（今属四川）人。娴于音律，谙于词学，著《颐堂词》一卷。此书作于绍兴十五年（1145）至十九年，因作者其时寓居成都碧鸡坊，故名。

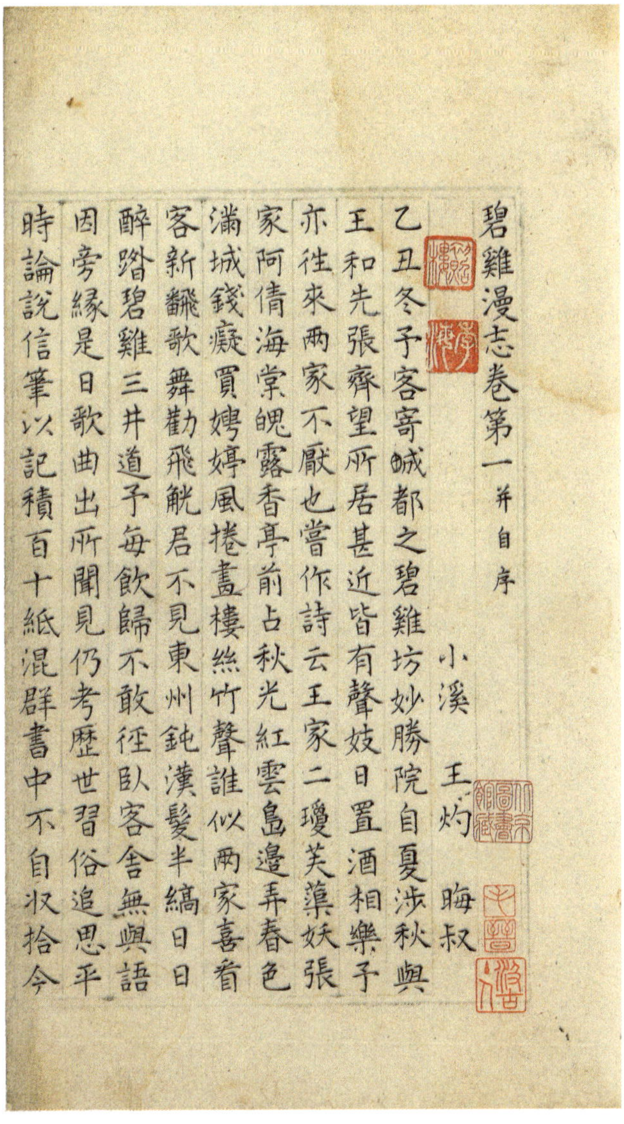
碧雞漫志卷第一 并自序　小溪　王灼　晦叔
乙丑冬予客寄城都之碧雞坊妙勝院自夏涉秋與
王和先張齊望所居甚近皆有聲妓日置酒相樂予
亦往來兩家不厭也嘗作詩云王家二瓊芙蕖妖張
家阿倩海棠魄露香亭前占秋光紅雲島邊弄春色
滿城錢癡買娉婷風捲畫樓絲竹聲誰似兩家喜看
客新翻歌舞勸飛觥君不見東州鈍漢髮半縞日日
醉踏碧雞三井道予每飲歸不敢徑臥客舍無與語
因旁緣是日歌曲出所聞見仍考歷世習俗追思平
時論說信筆以記積百十紙混群書中不自收拾今

图 1　卷端

此书卷一论述上古至唐宋歌曲之递变，阐说声律与歌词的关系；卷二评论唐末五代至宋南渡初六十余家词人词作；卷三至卷五详考《霓裳羽衣曲》《凉州》等二十余种曲调的得名缘由、历史沿革乃至与宋词的关系。论见精辟，《四库提要》评云："辨《霓裳羽衣曲》为河西节度使杨敬述所献，唐明皇为之润色，援白居易、郑嵎诗注为证，一扫月宫妖妄之说；又据谱谓是曲第一至第六叠皆无拍，证《唐史》载王维论按乐图霓裳第三叠初拍之讹，持论极为精核。"此书介绍了民间艺人张山人、孔三传等人，颇具史料价值。

此本为现存最早版本。卷末有康熙八年（1669）三月十五日钱曾借校跋语一行。钤有"毛晋""汲古主人""四明卢氏抱经楼藏书印""初照楼""季海"等印，曾藏于明藏书家毛晋、清藏书家卢址、近人朱季海等处。

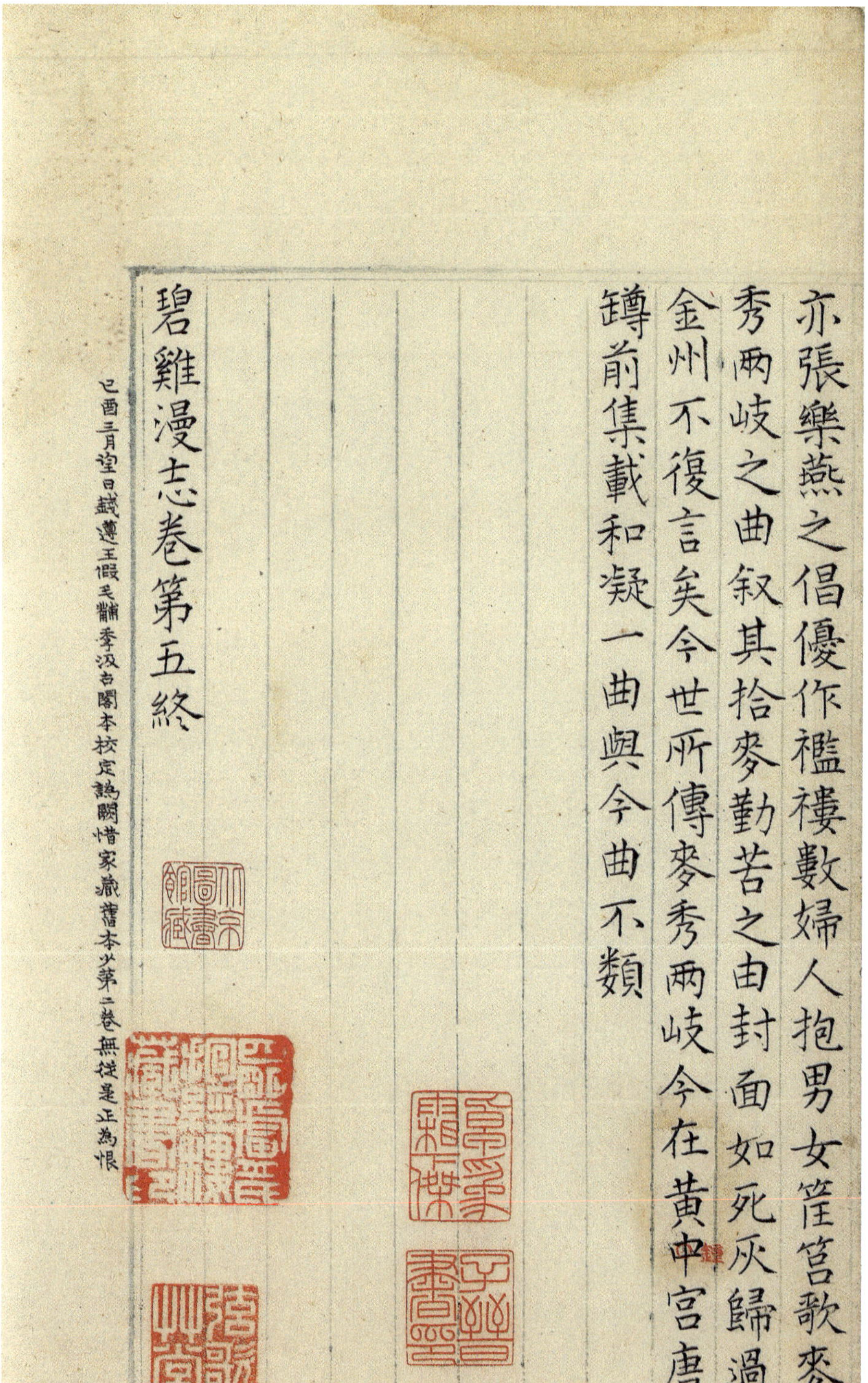

亦張樂燕之倡優作襤褸數婦人抱男女筐筥歌麥秀兩岐之曲叙其拾麥勤苦之由封面如死灰歸過金州不復言矣今世所傳麥秀兩岐今在黃中宮唐罇前集載和凝一曲與今曲不類

碧雞漫志卷第五終

己酉三月望日錢遵王假毛黼季汲古閣本校定譌闕惜家藏舊本少第二卷無從是正為恨

图 2　钱曾跋

律吕新书二卷八音考略一卷

（宋）蔡元定撰　（清）罗登选笺义　清乾隆刻本

九行二十字，小字双行同，黑口，四周单边。

蔡元定（1135—1198），字季通，建阳（今属福建）人。朱熹弟子，世称西山先生。庆元二年（1196），沈继祖等上疏攻击朱熹，并及元定，被贬道州而死，后谥“文节”。精通数学、天文、历算，对儒家礼乐之学亦颇有所得，朱熹赞云：“其律书法度甚精，近世诸儒皆莫能及。”《宋史》卷四百三十四有传。

《礼记·礼运》篇云：“五声六律十二管旋相为宫者也。”而中国古代音乐用律是由三分损益法产生的十二不平均律，在只有十二正律和十二半律的情况下，无法自然转调，达成“旋相为宫”。蔡氏经过反复钻研，在沿袭传统三分损益法律制的基础上，提出十八律理论，用以解决十二律旋宫后的音程关系与黄钟宫调不尽相同的问题，被称作蔡氏律，对南宋以后乐学的发展，有很大的影响。

罗登选（生卒年不详），字升之，号谦斋，湖南衡山人。清乾隆诸生，为蔡氏书做训释。后附《八音考略》为罗氏所撰，阐述不同乐器材质之音色问题。

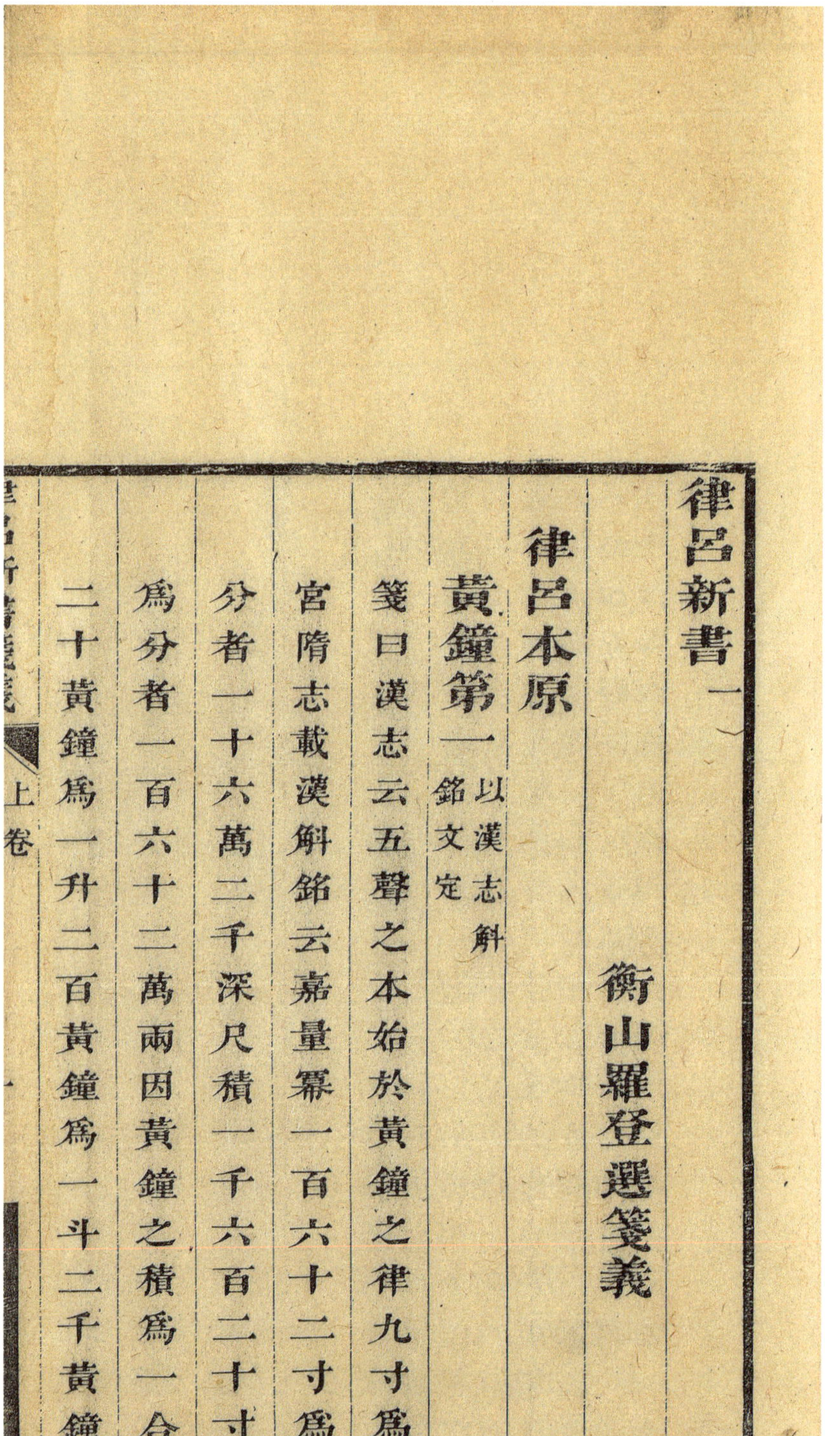

律呂新書 一

衡山羅登選箋義

律呂本原

黃鐘第一 以漢志斛銘文定

箋曰漢志云五聲之本始於黃鐘之律九寸爲宮隋志載漢斛銘云嘉量冪一百六十二寸爲分者一十六萬二千深尺積一千六百二十寸爲分者一百六十二萬兩因黃鐘之積爲一合二十黃鐘爲一升二百黃鐘爲一斗二千黃鐘

图 1　律吕新书卷端

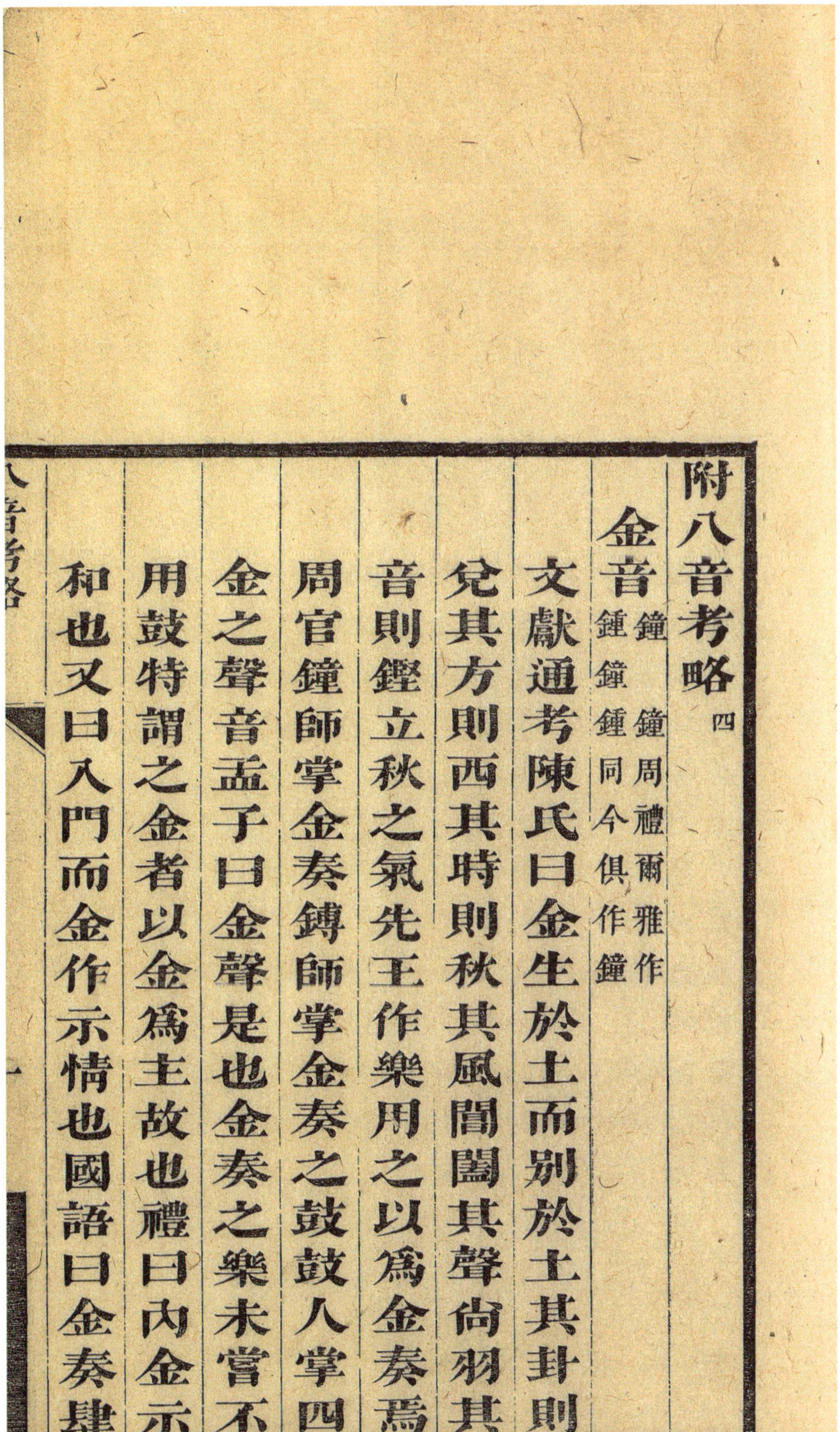

附八音考略 四

金音 鐘 鐘周禮爾雅作鍾鐘鍾同今俱作鐘

文獻通考陳氏曰金生於土而别於土其卦則兌其方則西其時則秋其風閶闔其聲尙羽其音則鏗立秋之氣先王作樂用之以爲金奏焉周官鐘師掌金奏鎛師掌金奏之鼓鼓人掌四金之聲音孟子曰金聲是也金奏之樂未嘗不用鼓特謂之金者以金爲主故也禮曰內金示和也又曰入門而金作示情也國語曰金奏肆

八音考略 一

图 2 八音考略卷端

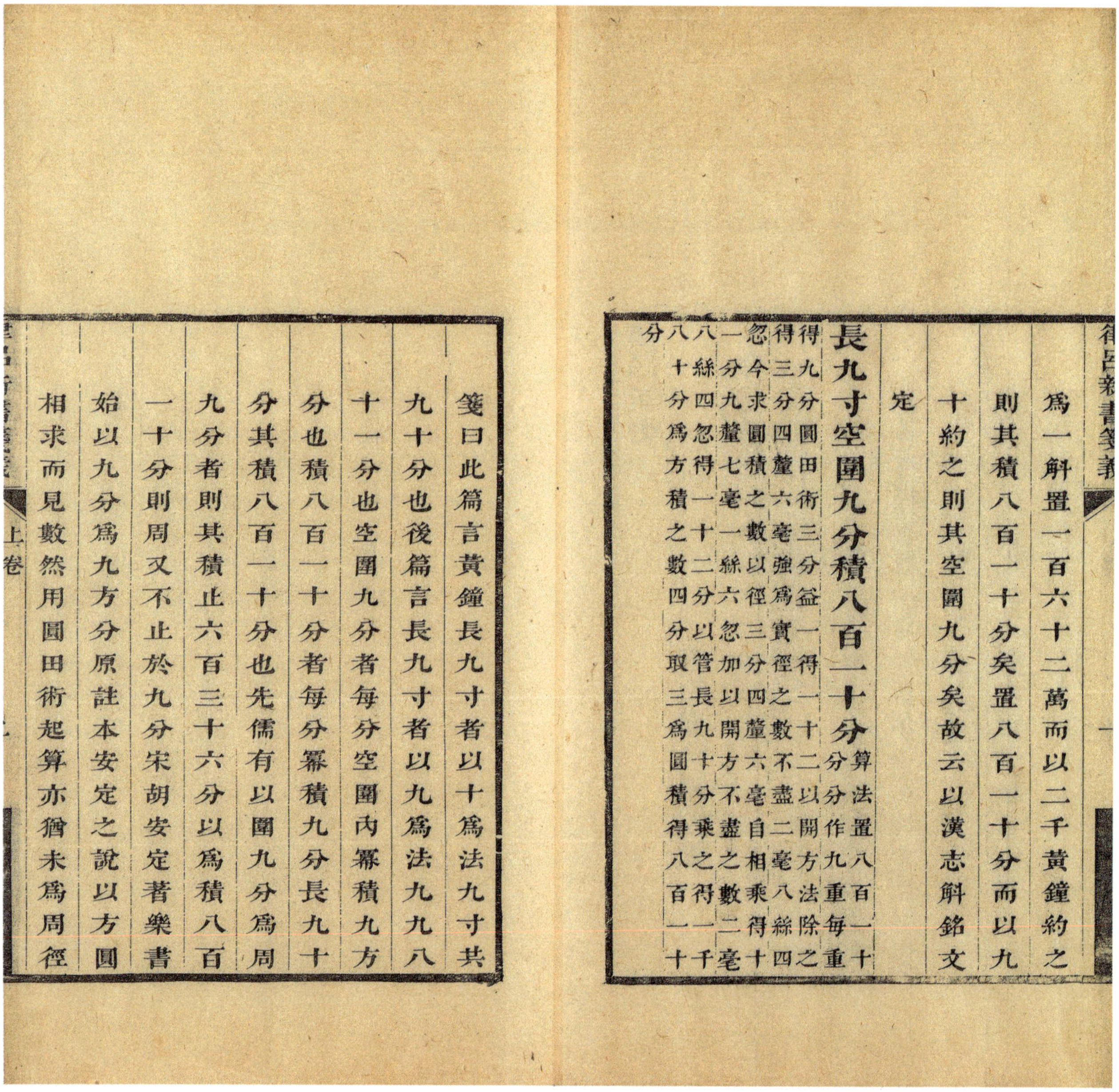

律呂新書箋義

爲一斛置一百六十二萬而以二千黃鐘約之
則其積八百一十分矣置八百一十分而以九
十約之則其空圍九分矣故云以漢志斛銘文
定

長九寸空圍九分積八百一十分算法置八百一十分分作九重每重一十得九分圓田術三分益一得一十二以開方法除之得三分四釐六毫強爲實徑之數不盡二毫八絲四忽今求圓積之數以徑三分四釐六毫自相乘得十一分九釐七毫一絲六忽加以開方不盡之數二毫八絲四忽得一十二分以管長九十分乘之得一千八十分爲方積之數四分取三爲圓積得八百一十分

箋曰此篇言黃鐘長九寸者以十爲法九寸共
九十分也後篇言長九寸者以九爲法九九八
十一分也空圍九分者每分空圍內冪積九方
分也積八百一十分者每分冪積九分長九十
分其積八百一十分也先儒有以圍九分爲周
九分者則其積止六百三十六分以爲積八百
一十分則周又不止於九分宋胡安定著樂書
始以九分爲九方分原註本安定之說以方圓
相求而見數然用圓田術起算亦猶未爲周徑

律呂新書箋義 上卷

图3 黄钟

幽兰居士东京梦华录十卷

（宋）孟元老撰　元刻本　袁克文跋

十四行二十二至二十四字不等，细黑口，左右双边。

孟元老（生卒年不详），原名孟钺，号幽兰居士，曾任开封府仪曹。

建炎元年（1127）孟氏南渡之后，撰此书追忆汴梁旧都胜貌。书中用大量笔墨记录了当时东京民间和宫廷的“百艺”，辟“京瓦伎艺”一目详述了勾栏诸棚的盛况以及各艺人的专长。当时的戏曲已有“般杂剧”，“傀儡戏”也十分发达，分为“杖头傀儡”“悬丝傀儡”“药发傀儡”。杂伎则有“筋骨上索杂手伎”“球杖踢弄”“小说”“散乐”“舞旋”“小儿相扑”等多种形式。皮影戏也已出现，有“影戏”“弄乔影戏”之分。“耍秀才诸宫调”成为一种成熟的表演形式。说书类的伎艺分类较细，有“合生”“说诨话”之别，就题材而言则专有“说三分”（三国故事）、“五代史”（唐末五代故事）之专题表演。

此本为是书传世最早刻本，钤有“毛晋”“汲古主人”“毛扆之印”“袁克文”等印。

图 1　封面

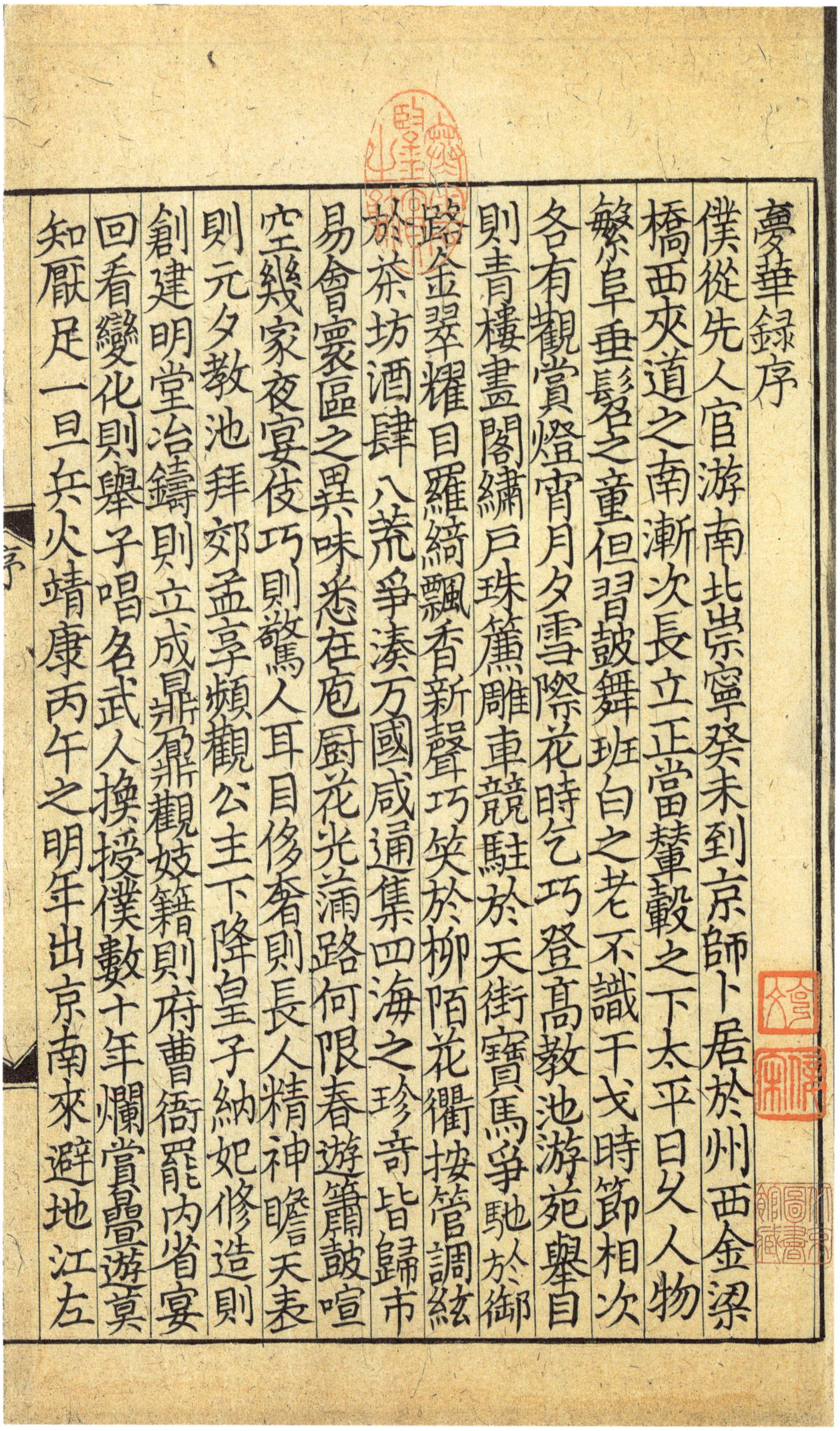

夢華録序

僕從先人宦游南北崇寧癸未到京師卜居於州西金梁橋西夾道之南漸次長立正當輦轂之下太平日久人物繁阜垂髫之童但習鼓舞班白之老不識干戈時節相次各有觀賞燈宵月夕雪際花時乞巧登高教池游苑舉目則青樓畫閣繡戶珠簾雕車競駐於天街寶馬爭馳於御路金翠耀目羅綺飄香新聲巧笑於柳陌花衢按管調絃於茶坊酒肆八荒爭湊万國咸通集四海之珍奇皆歸市易會寰區之異味悉在庖厨花光滿路何限春遊簫鼓喧空幾家夜宴伎巧則驚人耳目侈奢則長人精神瞻天表則元夕教池拜郊孟享頻觀公主下降皇子納妃修造則創建明堂冶鑄則立成鼎鼐觀妓籍則府曹衙罷內省宴回看變化則舉子唱名武人換授僕數十年爛賞疊遊莫知厭足一旦兵火靖康丙午之明年出京南來避地江左

图2　序

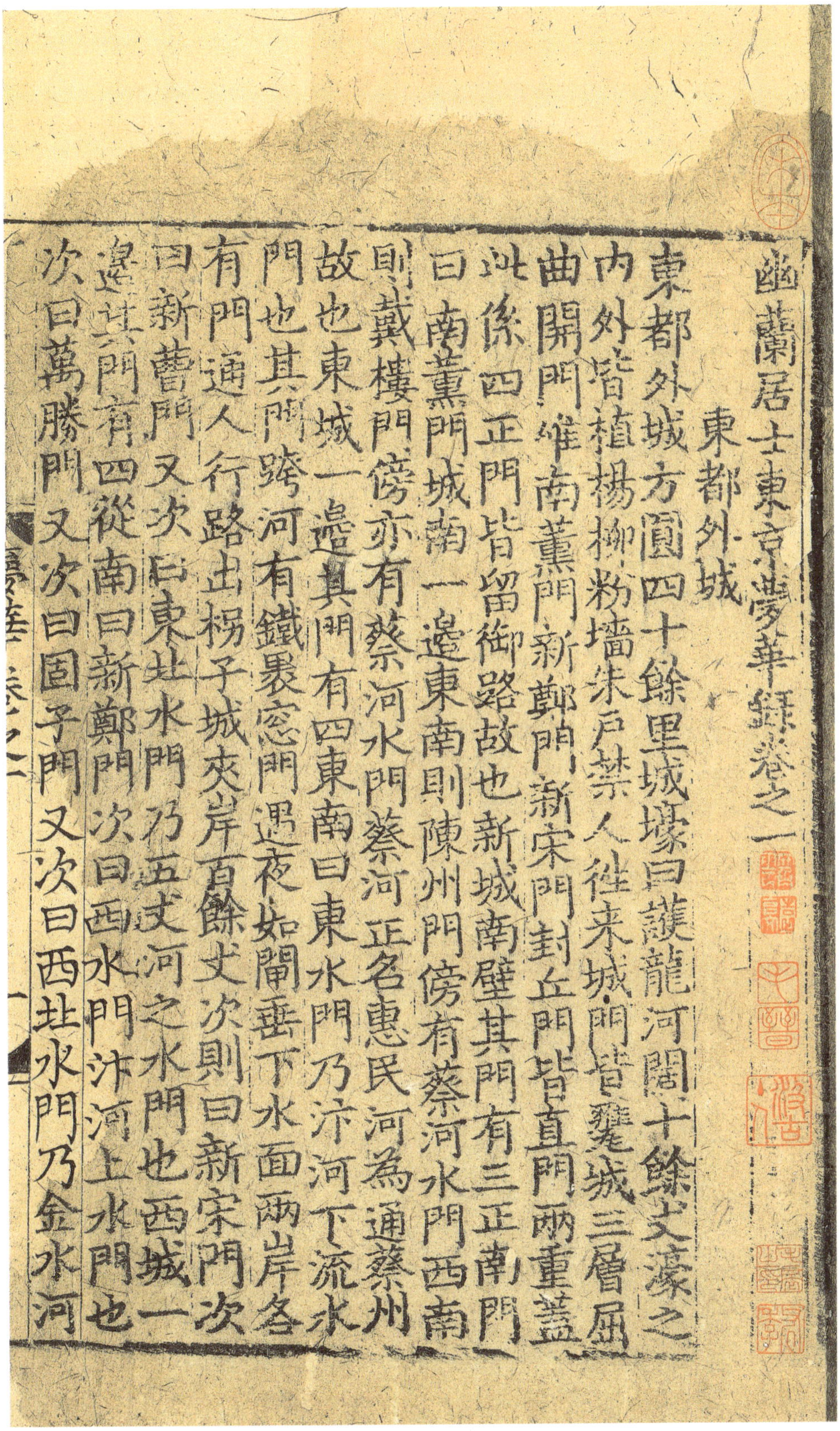

幽蘭居士東京夢華錄卷之一

東都外城

東都外城方圓四十餘里城壕曰護龍河闊十餘丈濠之內外皆植楊柳粉墻朱戶禁人往來城門皆甕城三層屈曲開門唯南薰門新鄭門新宋門封丘門皆直門兩重蓋此係四正門皆留御路故也新城南壁其門有三正南門曰南薰門城南一邊東南則陳州門傍有蔡河水門西南則戴樓門傍亦有蔡河水門蔡河正名惠民河為通蔡州故也東城一邊其門有四東南曰東水門乃汴河下流水門也其門跨河有鐵裹窗門遇夜如閘垂下水面兩岸各有門通人行路出拐子城夾岸百餘丈次則曰新宋門次曰新曹門又次曰東北水門乃五丈河之水門也西城一邊其門有四從南曰新鄭門次曰西水門汴河上水門也次曰萬勝門又次曰固子門又次曰西北水門乃金水河

图3　卷端

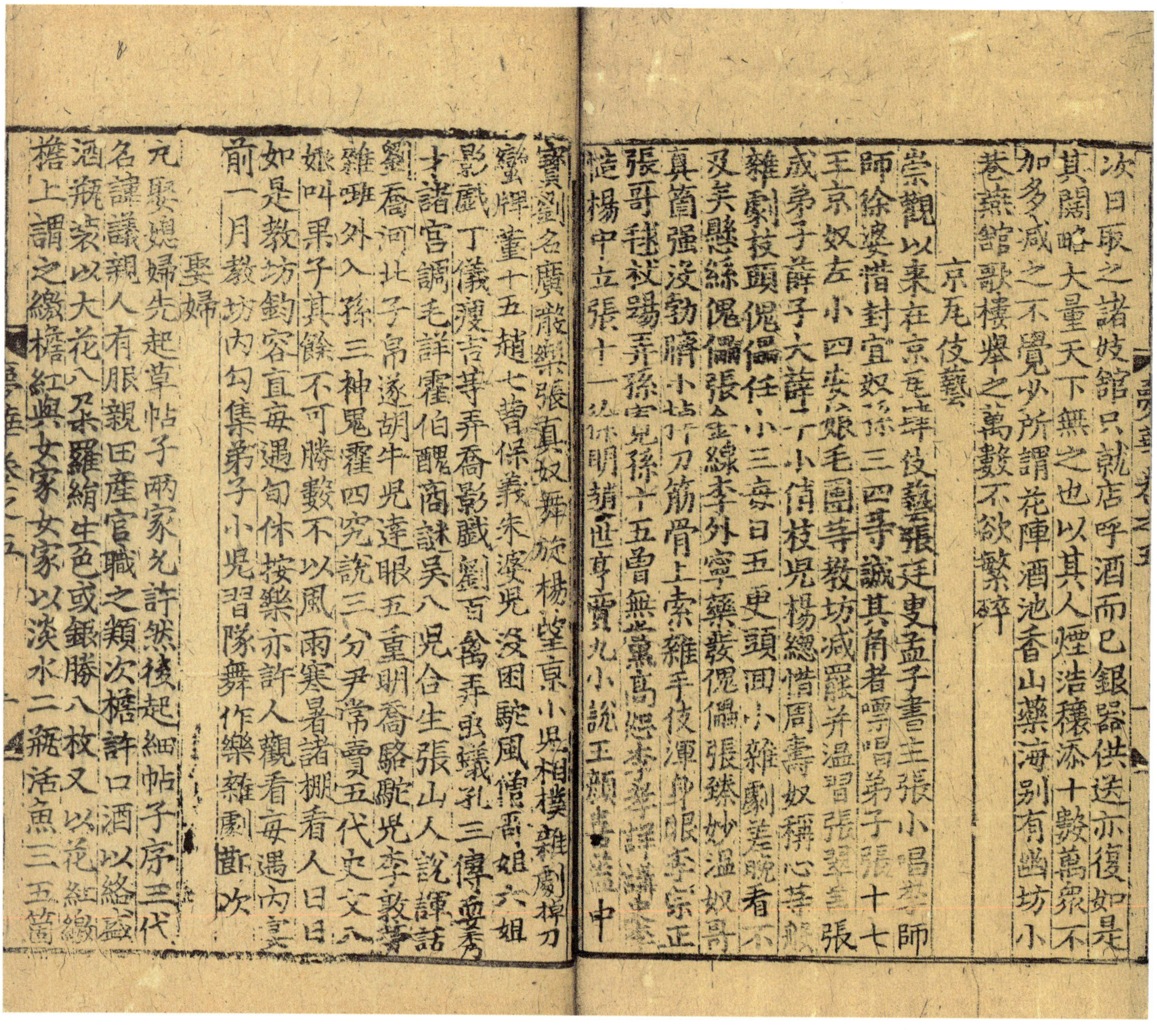

次日取之諸妓館只就店呼酒而已銀器供送亦復如是其闊略大量天下無之也以其人煙浩穰添十數萬衆不加多減之不覺少所謂花陣酒池香山藥海別有幽坊小巷燕館歌樓舉之萬數不欲繁碎

京瓦伎藝

崇觀以來在京瓦肆伎藝張廷叟孟子書主張小唱李師師徐婆惜封宜奴孫三四等誠其角者嘌唱弟子張七七王京奴左小四安娘毛團等教坊減罷并温習張翠蓋張成弟子薛子大薛子小俏枝兒楊總惜周壽奴稱心等般雜劇枝頭傀儡任小三每日五更頭回小雜劇差晚看不及矣懸絲傀儡張金線李外寧藥發傀儡張臻妙温奴哥真箇强没勃臍小掉刀筋骨上索雜手伎渾身眼李宗正張哥毬杖踢弄孫寬孫十五曾無黨高恕李孝詳講史李慥楊中立張十一徐明趙世亨賈九小說王顏喜蓋中寶劉名廣散樂張真奴舞旋楊望京小兒相撲雜劇掉刀蠻牌董十五趙七曹保義朱婆兒沒困駝風僧哥俎六姐影戲丁儀瘦吉等弄喬影戲劉百禽弄蟲蟻孔三傳耍秀才諸宮調毛詳霍伯醜商謎吴八兒合生張山人說諢話劉喬河北子帛遂胡牛兒達眼五重明喬駱駝兒李敦等雜班外入孫三神鬼霍四究說三分尹常賣五代史文八娘叫果子其餘不可勝數不以風雨寒暑諸棚看人日日如是教坊鈞容直每遇旬休按樂亦許人觀看每遇内宴前一月教坊内勾集弟子小兒習隊舞作樂雜劇節次

娶婦

凡娶媳婦先起草帖子兩家允許然後起細帖子序三代名諱議親人有服親田產官職之類次檐許口酒以絡盛酒瓶裝以大花八朵羅絹生色或銀勝八枚又以花紅繳檐上謂之繳檐紅與女家女家以淡水二瓶活魚三五箇

图 4　京瓦伎艺

白石道人歌曲三卷别集一卷

（宋）姜夔撰　明项圣谟抄本　（清）翁斌孙跋

十一行二十字，白口，四周双边。

清乾隆八年（1743）水云渔屋刻本　（清）李慈铭跋

十一行十九字，白口，左右双边。

姜夔（约1155—1221），字尧章，号白石道人，饶州鄱阳（今属江西）人。屡试不第，一生转徙江湖。著名词人，精通音律，能自度曲。《宋史翼》卷二十八有传。

此书是注明作者并流传至今的唯一一部带有曲谱的宋代歌集，保留了文字谱、减字谱和俗字谱三种记谱法，在音乐史和文学史上占有重要地位。

姜夔善用七声音阶和半音，所作曲调清越秀丽，与其简洁淳雅的词风相配。突破词牌前后两段完全一致的套路，使乐曲的发展更为自由。他创作的宫调式自度曲中，《暗香·旧时月色》和《疏影·苔枝缀玉》工于咏物，被张炎《词源》称为前无古人、后无来者的咏梅绝唱。《扬州慢·淮左名都》咏叹时事清雅空灵，传唱最广。羽调式自度曲中的“杏花天影”运用雅乐七声音阶的变徵、变宫，表达孤独愁思之情，协调流畅。

是书最早由钱希武刻于宋嘉泰二年（1202），为六卷别集一卷，刻书之年，姜夔犹健在，惜此本已失传。此书辗转翻刻、传抄，版本源流复杂。此明抄本内容为卷三、四、五，篇章顺序与目录不同，与传世刻本文字有差异，具有重要的校勘价值。钤有“项易庵”“刘墉之印”“翁斌孙印”等印，迭经名家收藏。清乾隆时，水云书屋据传抄元陶宗仪抄本付刻，为最通行之本。此本曾经薛雪、邵立沄、李慈铭递藏，有李氏题识。

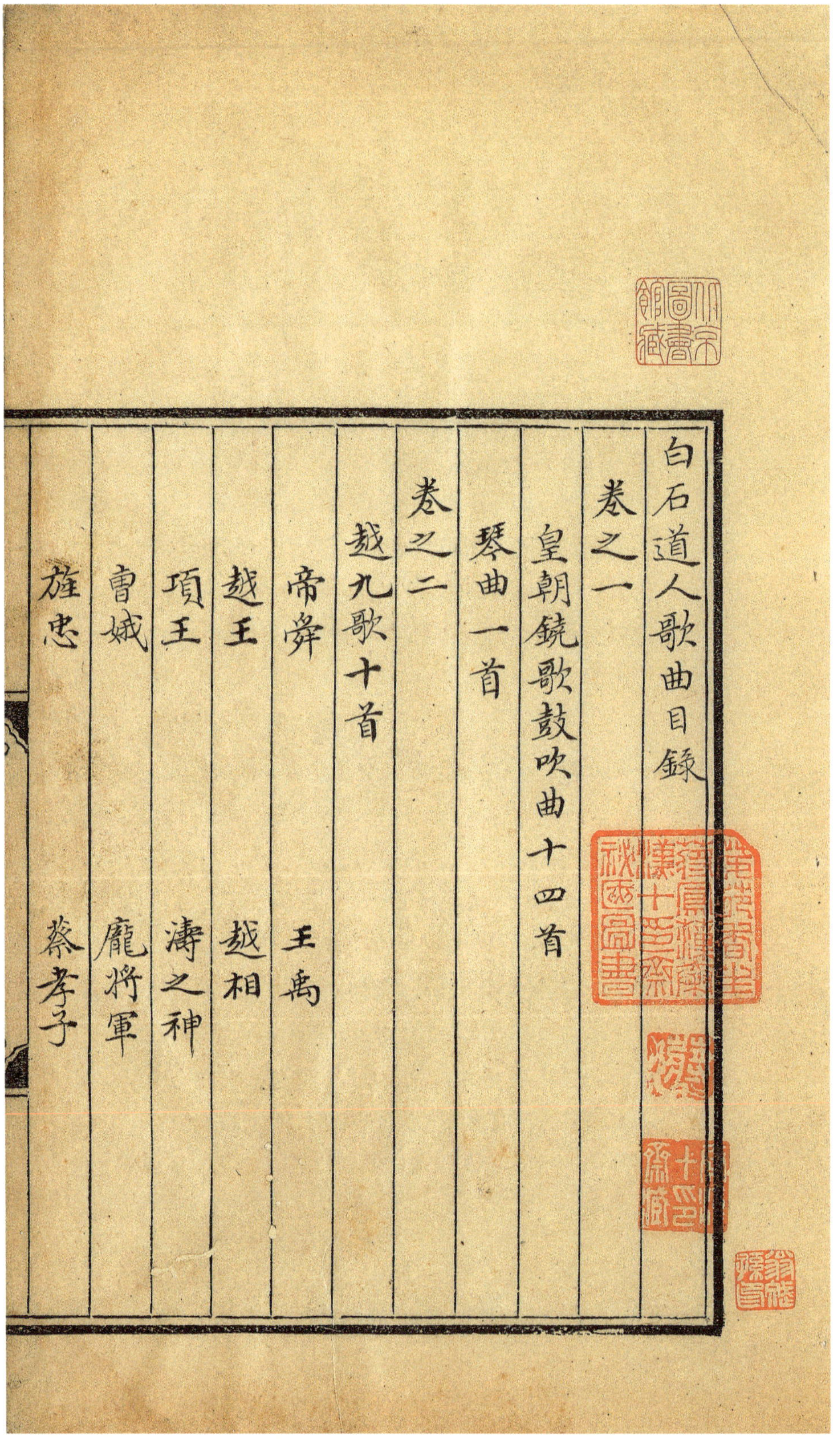

白石道人歌曲目録
卷之一
皇朝鐃歌鼓吹曲十四首
琴曲一首
卷之二
越九歌十首
帝舜　王禹
越王　越相
項王　濤之神
曹娥　龐將軍
旌忠　蔡孝子

图 1　目录（明抄本）

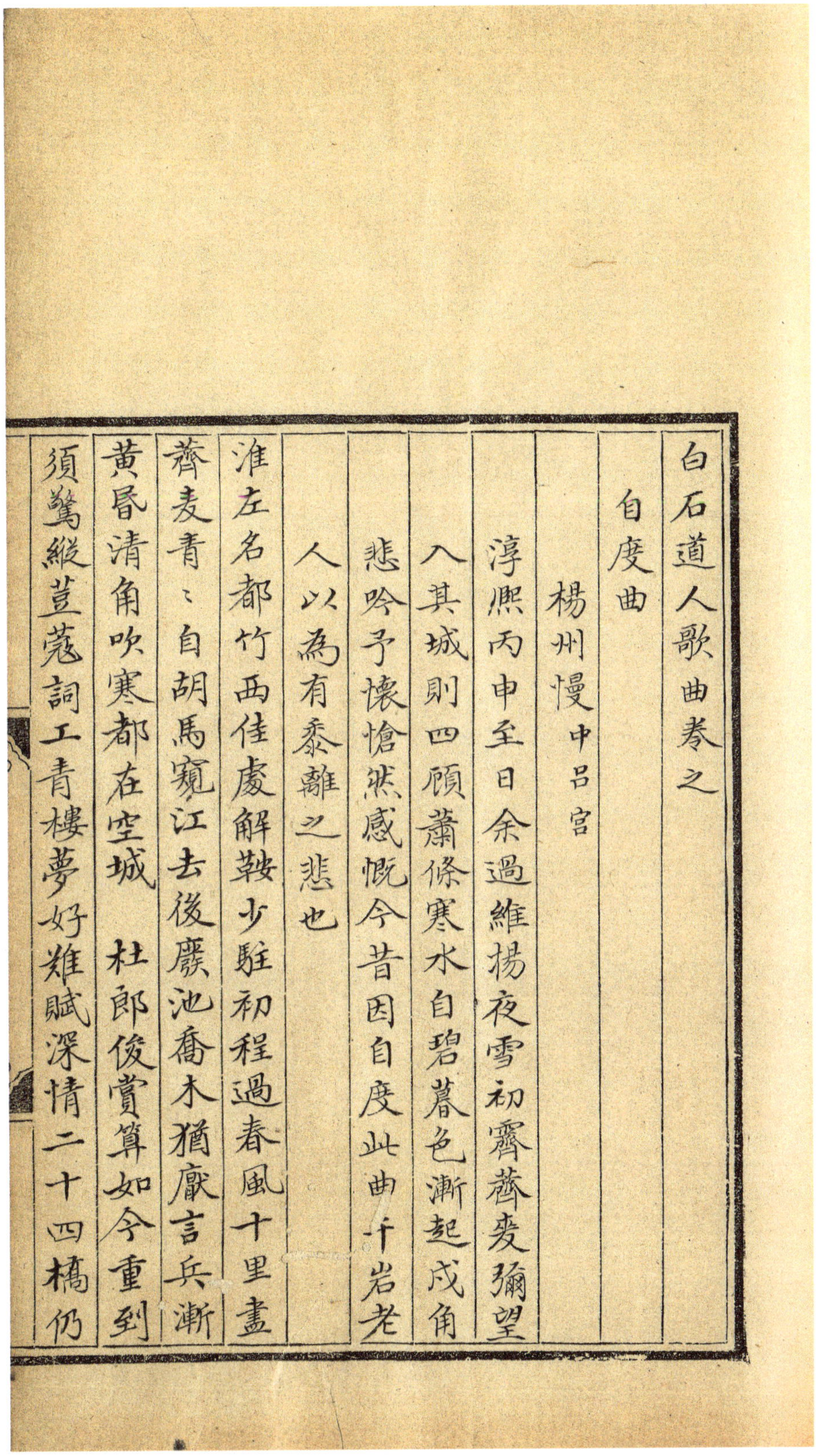
白石道人歌曲卷之
自度曲
楊州慢 中吕宫
淳熈丙申至日余過維楊夜雪初霽薺麥彌望
入其城則四顧蕭條寒水自碧暮色漸起戍角
悲吟予懷愴然感慨今昔因自度此曲千岩老
人以為有黍離之悲也
淮左名都竹西佳處解鞍少駐初程過春風十里盡
薺麦青〻自胡馬窺江去後廢池喬木猶厭言兵漸
黄昏清角吹寒都在空城　杜郎俊賞算如今重到
須驚縱荳蔻詞工青樓夢好難賦深情二十四橋仍

图 2　扬州慢·淮左名都（明抄本）

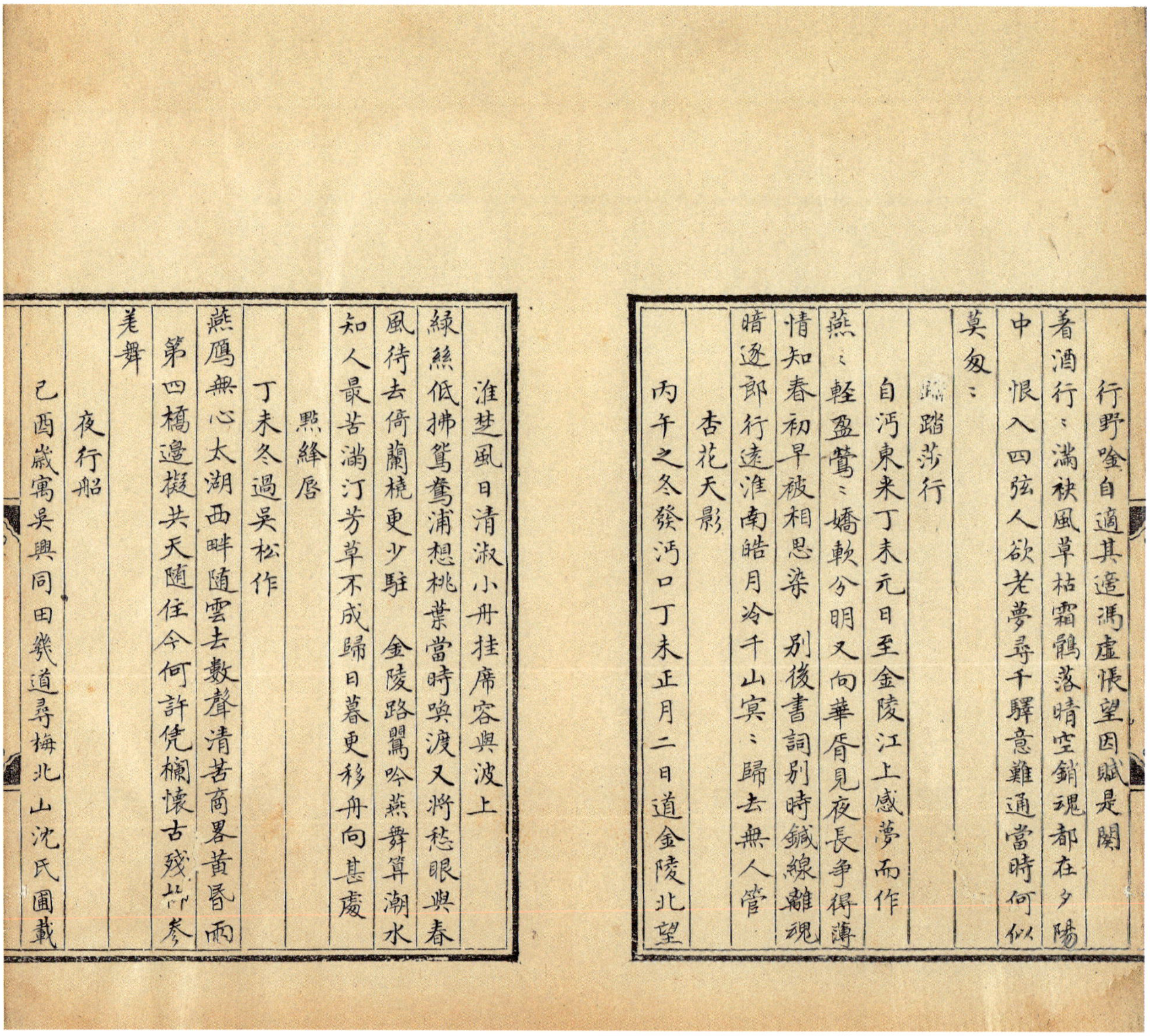
行野唫自適其遣馮虛悵望因賦是闋
着酒行〻滿袂風草枯霜鶴落晴空銷魂都在夕陽
中　恨入四弦人欲老夢尋千驛意難通當時何似
莫匆〻
踏莎行
自沔東來丁未元日至金陵江上感夢而作
燕〻輕盈鶯〻嬌軟分明又向華胥見夜長爭得薄
情知春初早被相思染　別後書詞別時鍼線離魂
暗逐郎行遠淮南皓月冷千山冥〻歸去無人管
杏花天影
丙午之冬發沔口丁未正月二日道金陵北望
淮楚風日清淑小舟挂席容與波上
綠絲低拂鴛鴦浦想桃葉當時喚渡又將愁眼與春
風待去倚蘭橈更少駐　金陵路鶯吟燕舞算潮水
知人最苦滿汀芳草不成歸日暮更移舟向甚處
點絳唇
丁未冬過吳松作
燕鴈無心太湖西畔隨雲去數峯清苦商略黃昏雨
第四橋邊擬共天隨住今何許凭欄懷古殘柳參
差舞
夜行船
己酉歲寓吳興同田幾道尋梅北山沈氏圃載

图 3　杏花天影（明抄本）

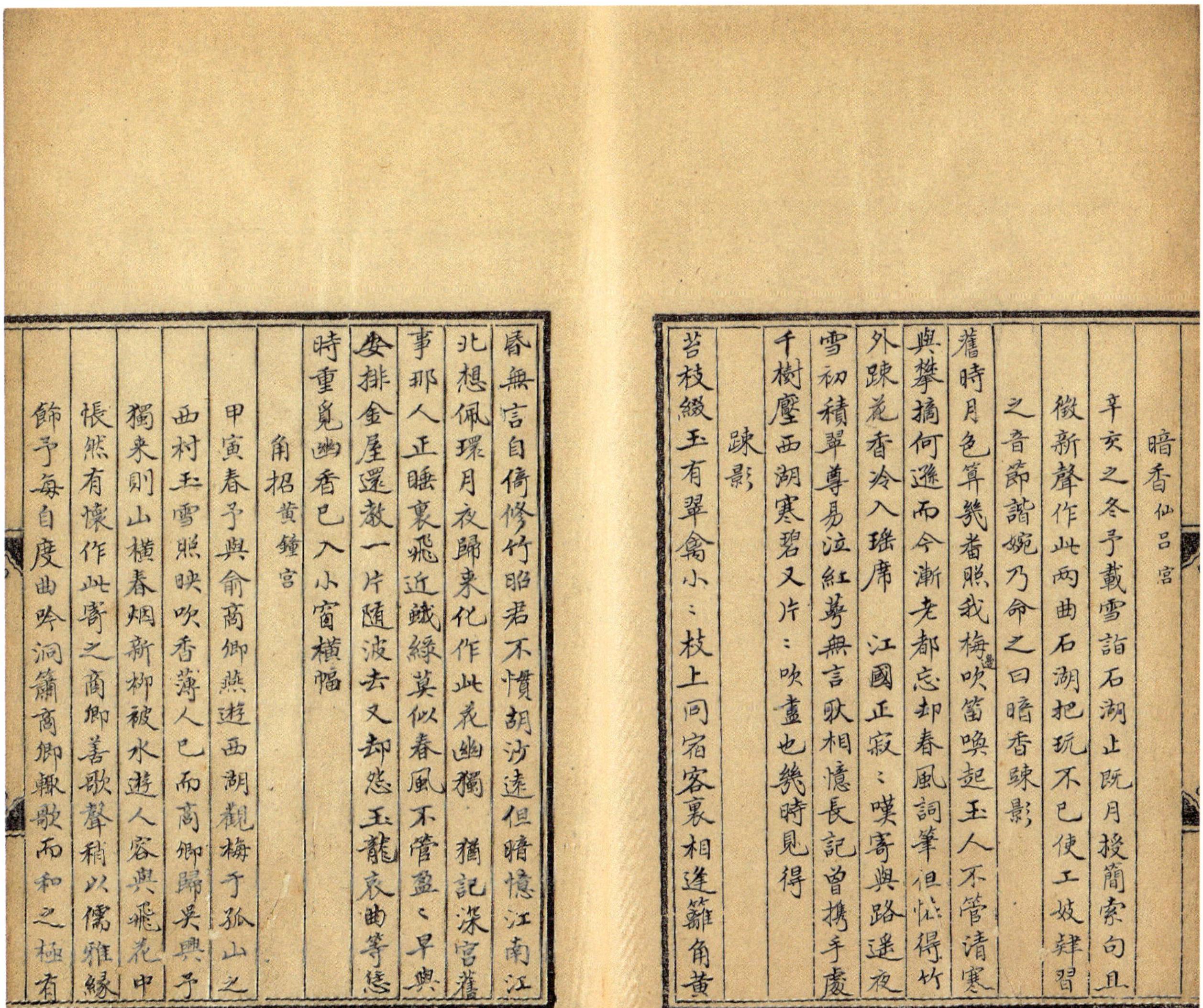

暗香 仙吕宫

辛亥之冬予載雪詣石湖止既月授簡索句且徵新聲作此兩曲石湖把玩不已使工妓隸習之音節諧婉乃命之曰暗香疎影

舊時月色算幾番照我梅邊吹笛喚起玉人不管清寒與攀摘何遜而今漸老都忘却春風詞筆但怪得竹外踈花香冷入瑤席　江國正寂寂歎寄與路遥夜雪初積翠尊易泣紅萼無言耿相憶長記曾携手處千樹壓西湖寒碧又片片吹盡也幾時見得

踈影

苔枝綴玉有翠禽小小枝上同宿客裏相逢籬角黄昏無言自倚修竹昭君不慣胡沙遠但暗憶江南江北想佩環月夜歸來化作此花幽獨　猶記深宫舊事那人正睡裏飛近蛾緑莫似春風不管盈盈早與安排金屋還教一片隨波去又却怨玉龍哀曲等恁時重覓幽香已入小窗横幅

角招 黄鍾宫

甲寅春予與俞商卿燕遊西湖觀梅于孤山之西村玉雪照映吹香薄人已而商卿歸吴興予獨來則山横春烟新柳被水遊人容與飛花中悵然有懷作此寄之商卿善歌聲稍以儒雅緣飾予每自度曲吟洞簫商卿輒歌而和之極有

图 4　暗香 疏影（明抄本）

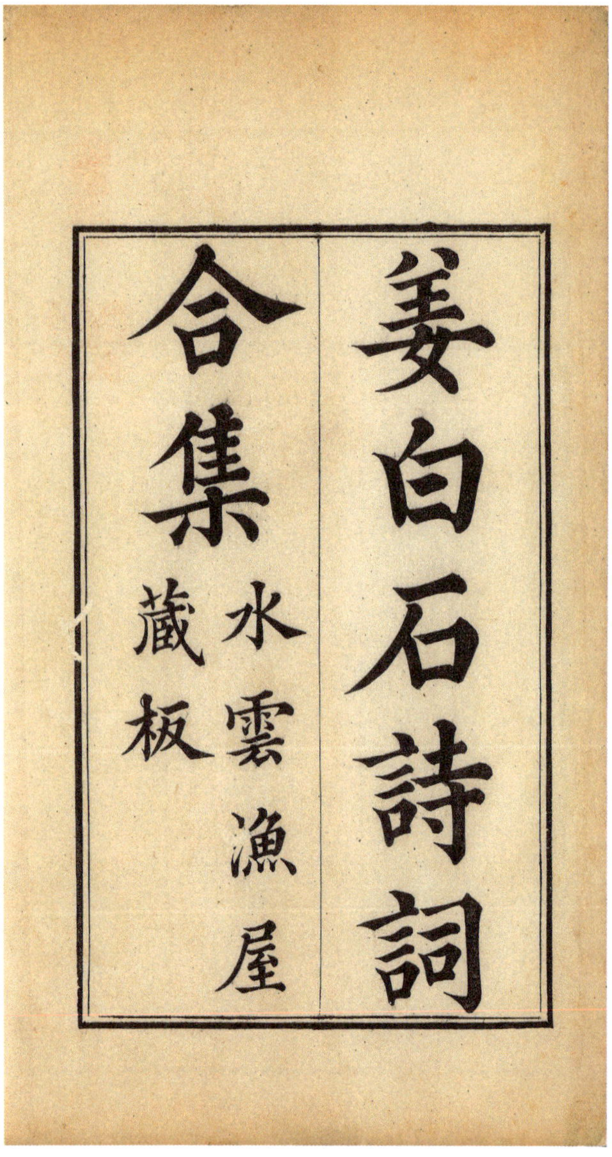

姜白石詩詞合集

水雲漁屋藏板

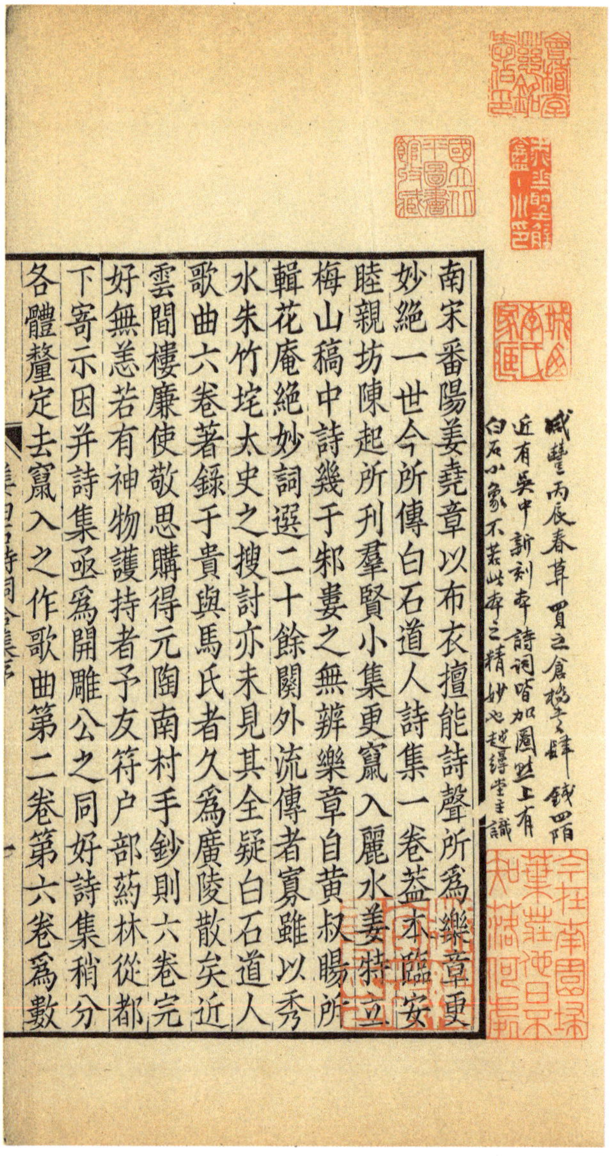

南宋番陽姜堯章以布衣擅能詩聲所爲樂章更妙絕一世今所傳白石道人詩集一卷蓋本臨安睦親坊陳起所刊羣賢小集更竄入麗水姜特立梅山稿中詩幾于郲婁之無辨樂章自黃叔暘所輯花庵絕妙詞選二十餘闋外流傳者寡雖以秀水朱竹垞太史之搜討亦未見其全疑白石道人歌曲六卷著錄于貴與馬氏者久爲廣陵散矣近雲間樓廉使敬思購得元陶南村手鈔則六卷完好無恙若有神物護持者予友符户部葯林從都下寄示因并詩集亟爲開雕公之同好詩集稍分各體釐定去竄入之作歌曲第二卷第六卷爲數

图 5　书名页 序（清刻本）

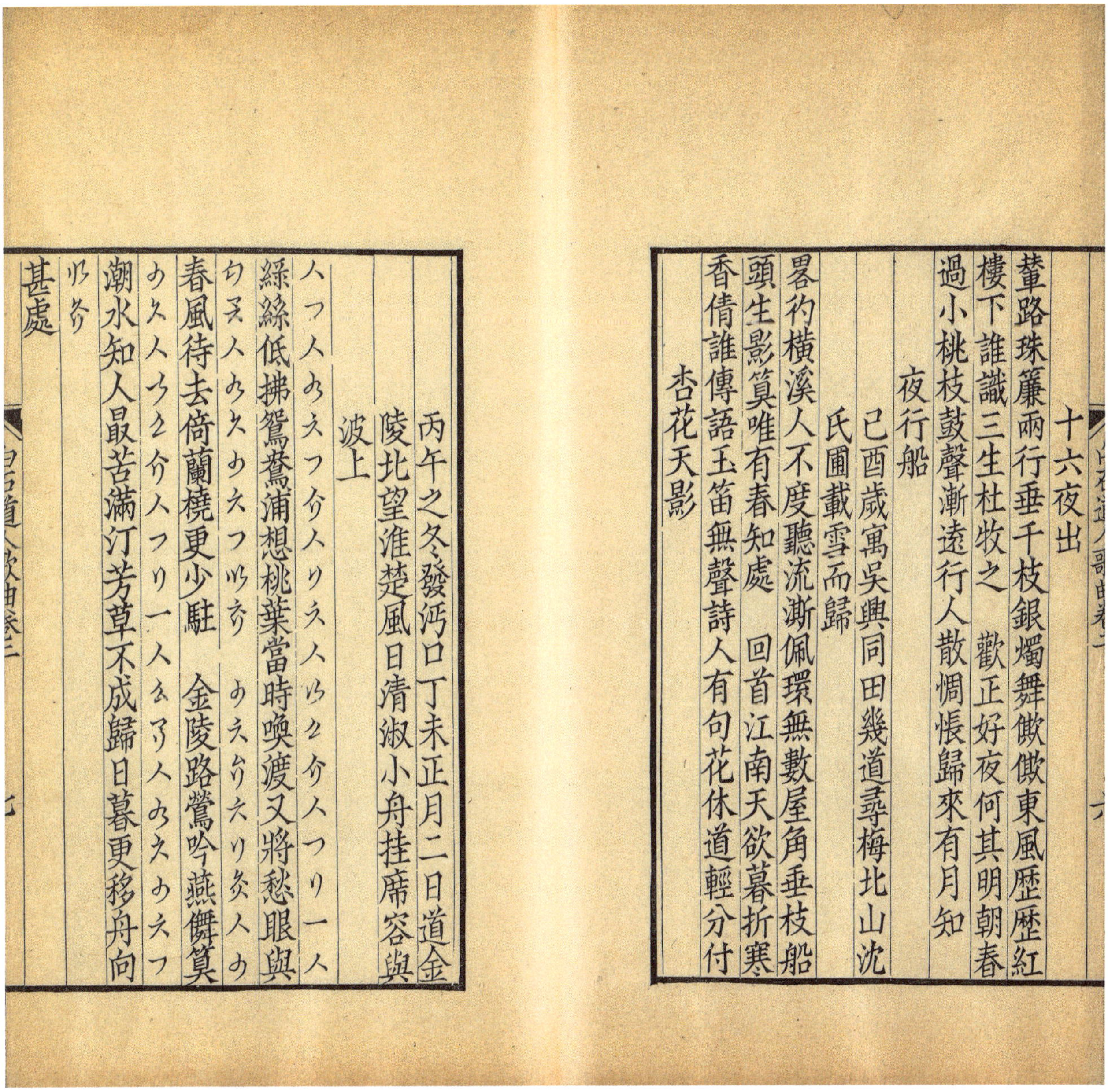
十六夜出

輦路珠簾兩行垂千枝銀燭舞僛僛東風歷歷紅樓下誰識三生杜牧之　歡正好夜何其明朝春過小桃枝鼓聲漸遠行人散惆悵歸來有月知

夜行船

己酉歲寓吳興同田幾道尋梅北山沈氏圃載雪而歸

略彴橫溪人不度聽流澌佩環無數屋角垂枝船頭生影算唯有春知處　回首江南天欲暮折寒香倩誰傳語玉笛無聲詩人有句花休道輕分付

杏花天影

丙午之冬發沔口丁未正月二日道金陵北望淮楚風日清淑小舟挂席容與波上

綠絲低拂鴛鴦浦想桃葉當時喚渡又將愁眼與春風待去倚蘭橈更少駐　金陵路鶯吟燕舞算潮水知人最苦滿汀芳草不成歸日暮更移舟向甚處

图 6　杏花天影（清刻本）

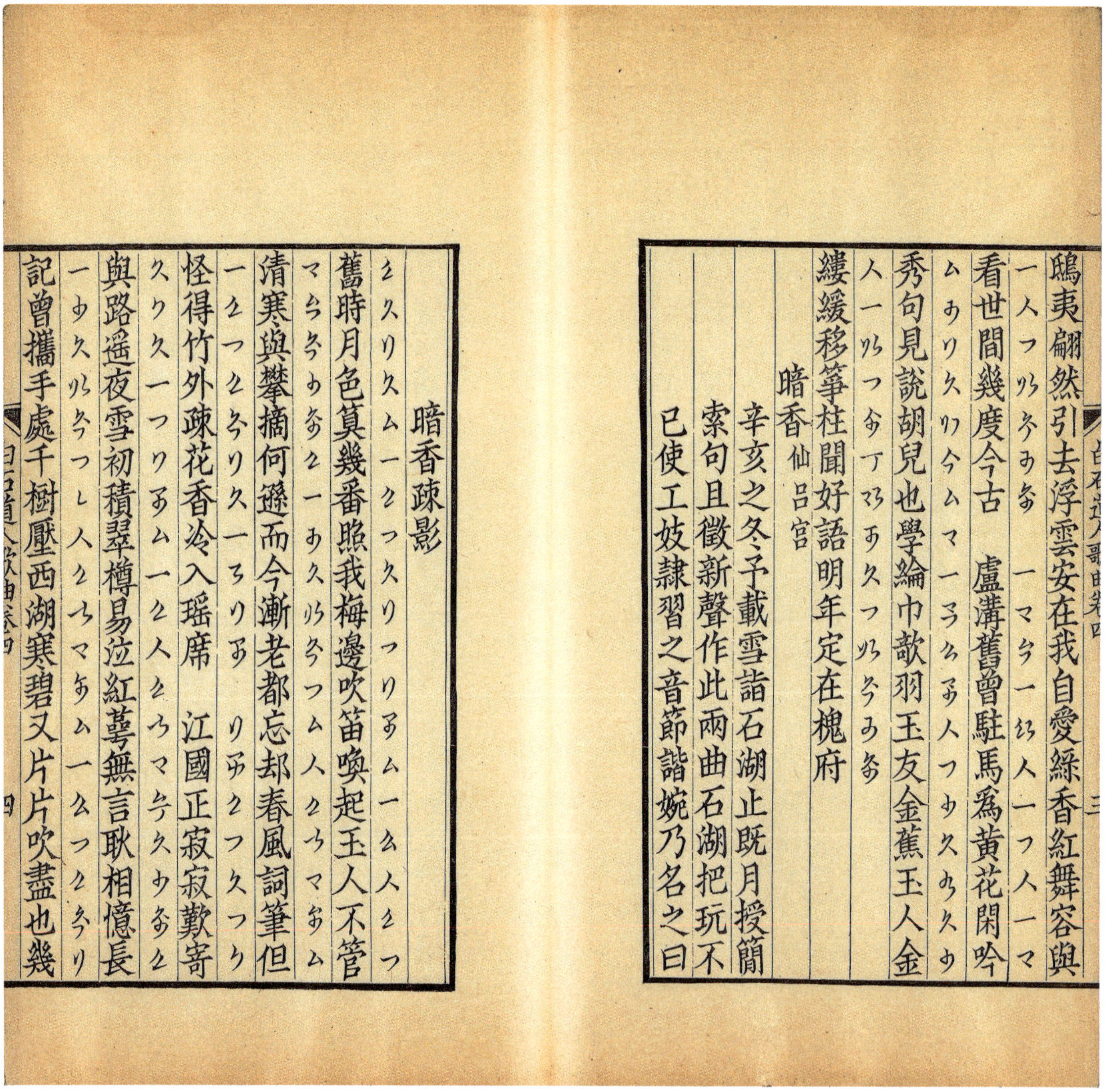
鵾夷翩然引去浮雲安在我自愛綠香紅舞容與
看世間幾度今古　盧溝舊曾駐馬爲黃花閑吟
秀句見說胡兒也學綸巾欹羽玉友金蕉玉人金
縷緩移箏柱聞好語明年定在槐府
暗香　仙呂宮
辛亥之冬予載雪詣石湖止既月授簡
索句且徵新聲作此兩曲石湖把玩不
已使工妓隸習之音節諧婉乃名之曰
暗香疏影
舊時月色算幾番照我梅邊吹笛喚起玉人不管
清寒與攀摘何遜而今漸老都忘却春風詞筆但
怪得竹外疏花香冷入瑤席　江國正寂寂歎寄
與路遙夜雪初積翠樽易泣紅萼無言耿相憶長
記曾攜手處千樹壓西湖寒碧又片片吹盡也幾

图 7　暗香疏影（清刻本）

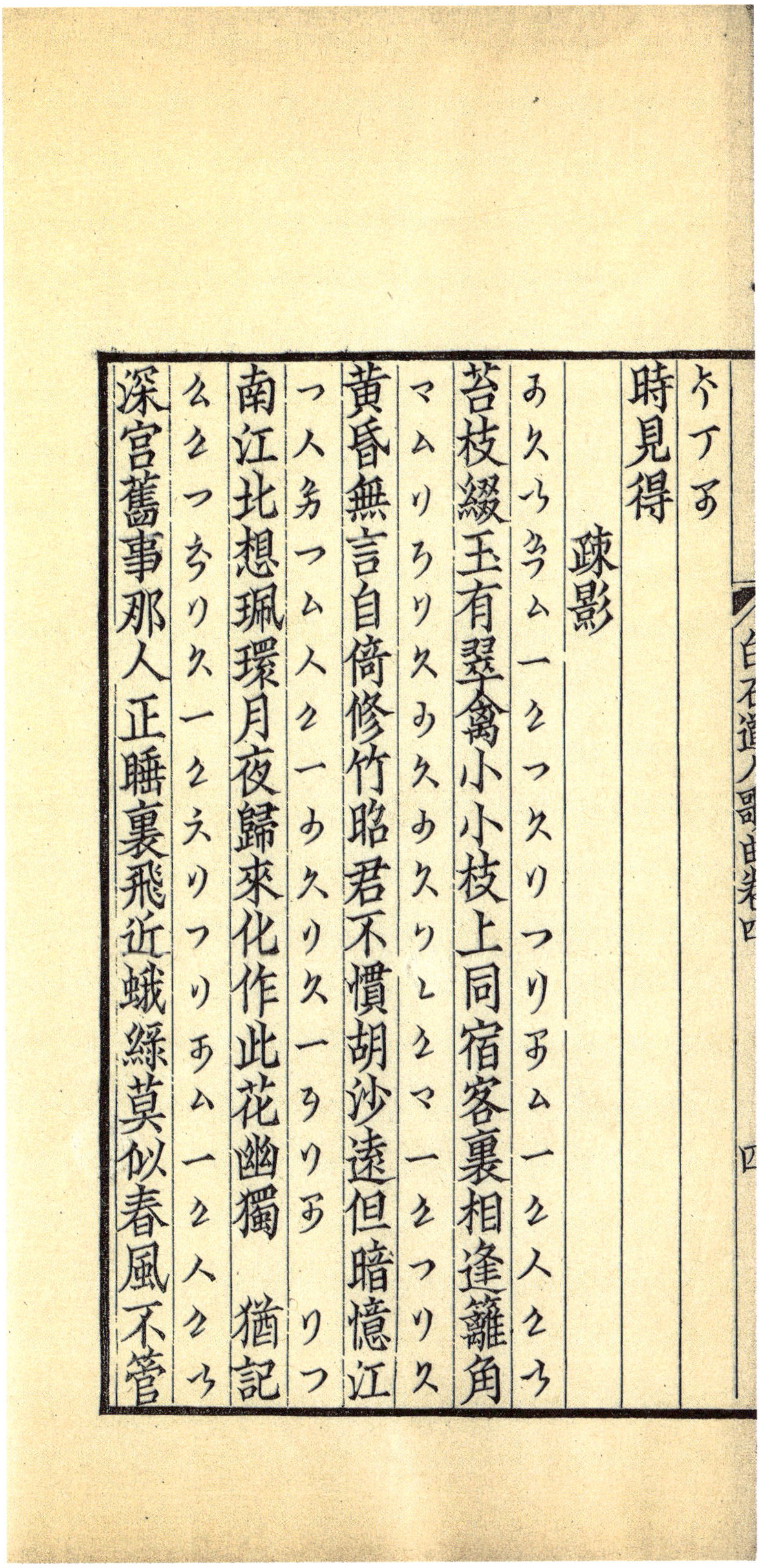
白石道人歌曲卷四　四

時見得

疏影

苔枝綴玉有翠禽小小枝上同宿客裏相逢籬角

黄昏無言自倚修竹昭君不慣胡沙遠但暗憶江

南江北想珮環月夜歸來化作此花幽獨　猶記

深宮舊事那人正睡裏飛近蛾綠莫似春風不管

图 8　疏影（清刻本）

高寄斋订正武林旧事六卷宝颜堂后集武林旧事五卷

（宋）周密撰　明刻《宝颜堂秘笈》本　（清）翁同书跋

八行十八字，白口，四周单边。

周密（1232—1298），字公谨，号草窗，又号苹洲、弁阳老人、四水潜夫。宝祐间曾任义乌令，入元不仕。著有《齐东野语》《癸辛杂识》等书。

是书收五十二篇短文，描绘南宋都城临安城市景观和市情风物。书中《庆寿册宝》《大礼》《圣节》等篇记载了南宋尤其理宗朝宫中在典礼及节日中大型宫廷乐舞的情况，不但详细记载音乐的宫调及曲目，还胪列了教坊众人的名字和特长。《乾淳教坊乐部》则详记宫廷曲艺分类及伶人。《元夕》《舞队》等篇则记录了民间节会的盛大歌舞场面。是书自元代起有六卷本与十卷抄本两个流传系统，入明以后才有刻本。此以正德间宋廷佐刻本所本的元刻六卷本为底本，又将宋廷佐本未收之篇辑为后帙五卷，合十一卷。钤有“祖庚左军中所读书”“兰圃”“吟香斋”等印。

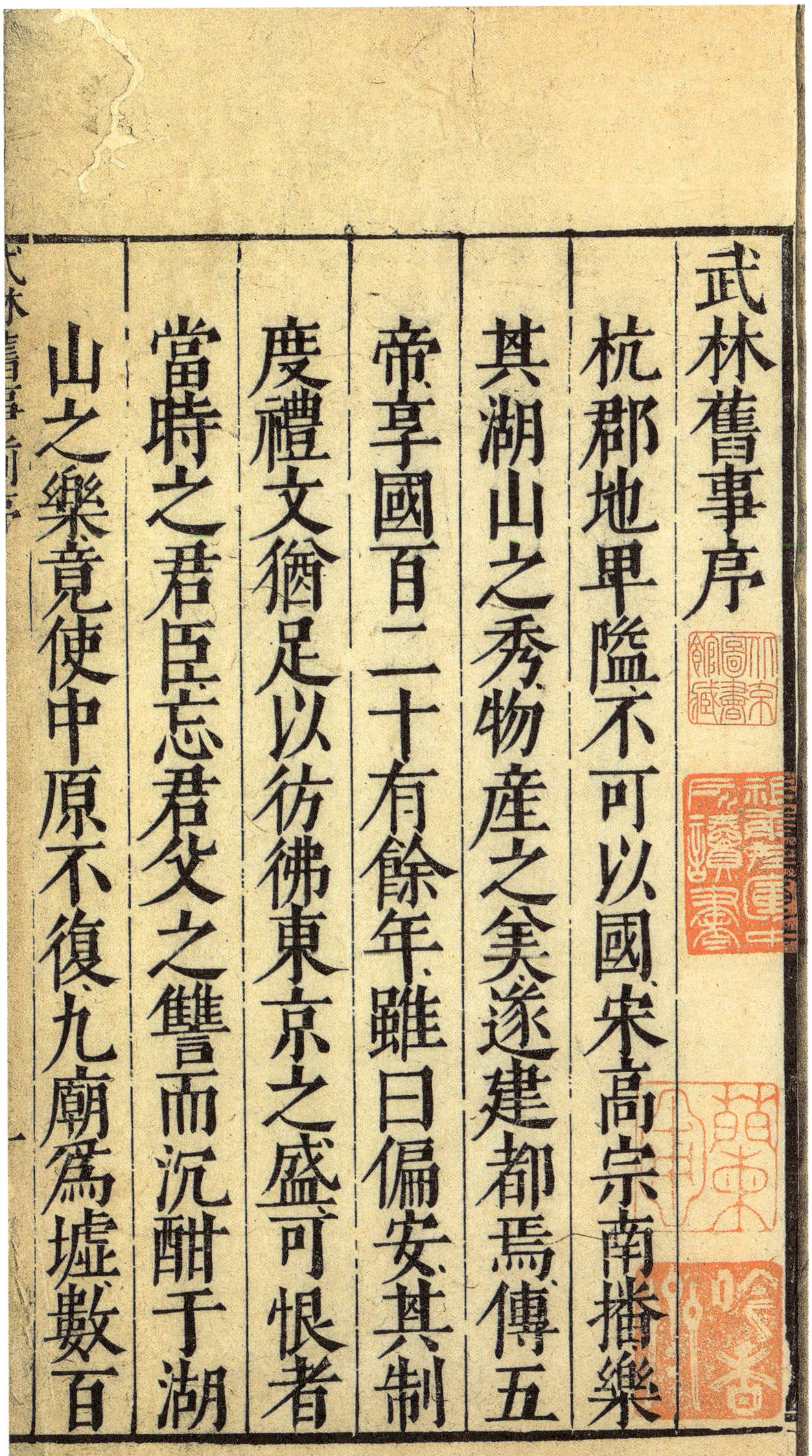

武林舊事序

杭郡地卑隘不可以國宋高宗南播樂其湖山之秀物産之美遂建都焉傳五帝享國百二十有餘年雖曰偏安其制度禮文猶足以彷彿東京之盛可恨者當時之君臣忘君父之讐而沉酣于湖山之樂竟使中原不復九廟爲墟數百

武林舊事前序　一

图1　序

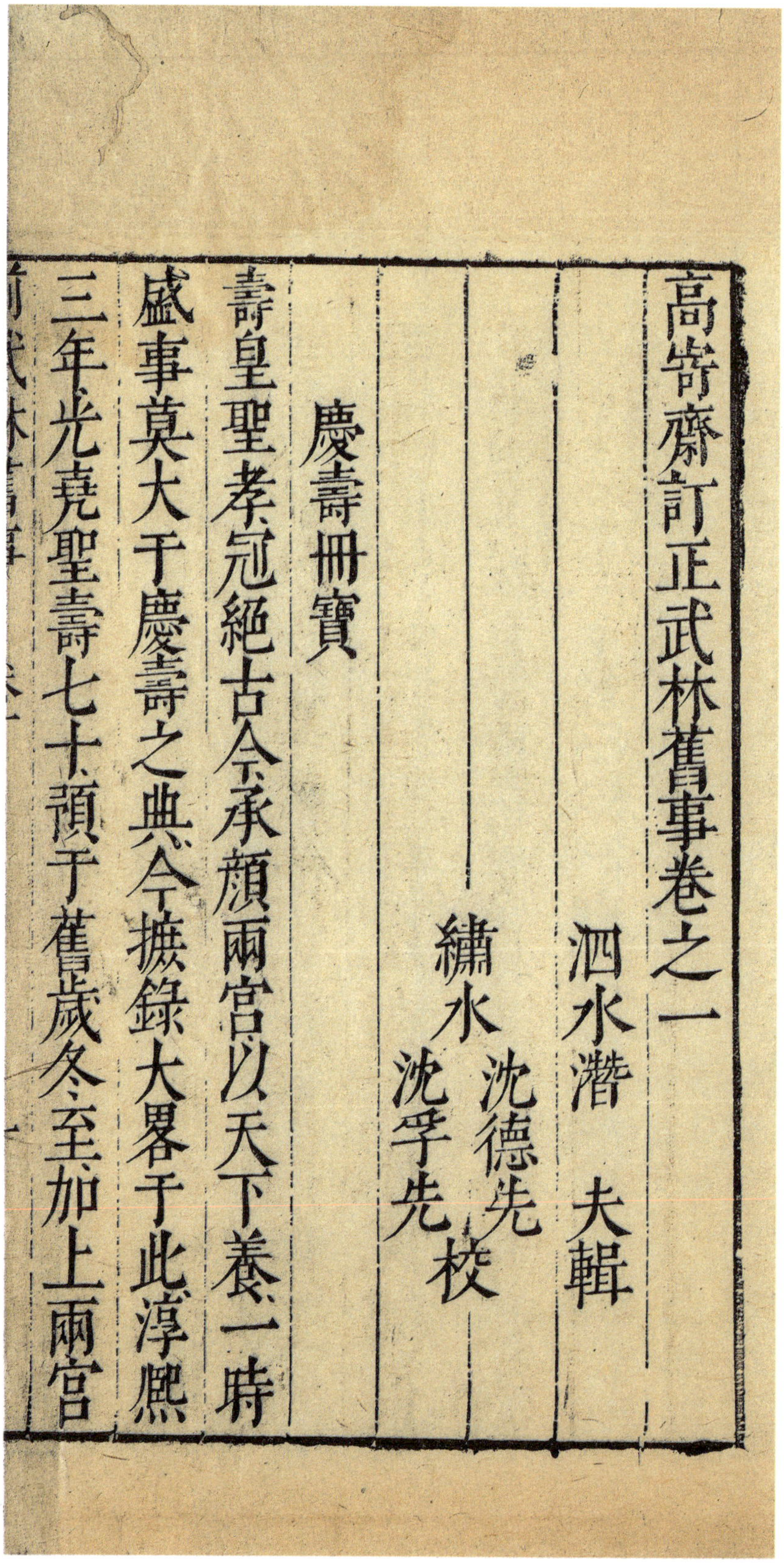

高寄齋訂正武林舊事卷之一

泗水潛　夫輯

繡水　沈德先　校

沈孚先

慶壽冊寶

壽皇聖孝冠絕古今承顏兩宮以天下養一時

盛事莫大于慶壽之典今摭錄大畧于此淳熙

三年光堯聖壽七十預于舊歲冬至加上兩宮

图2　卷端

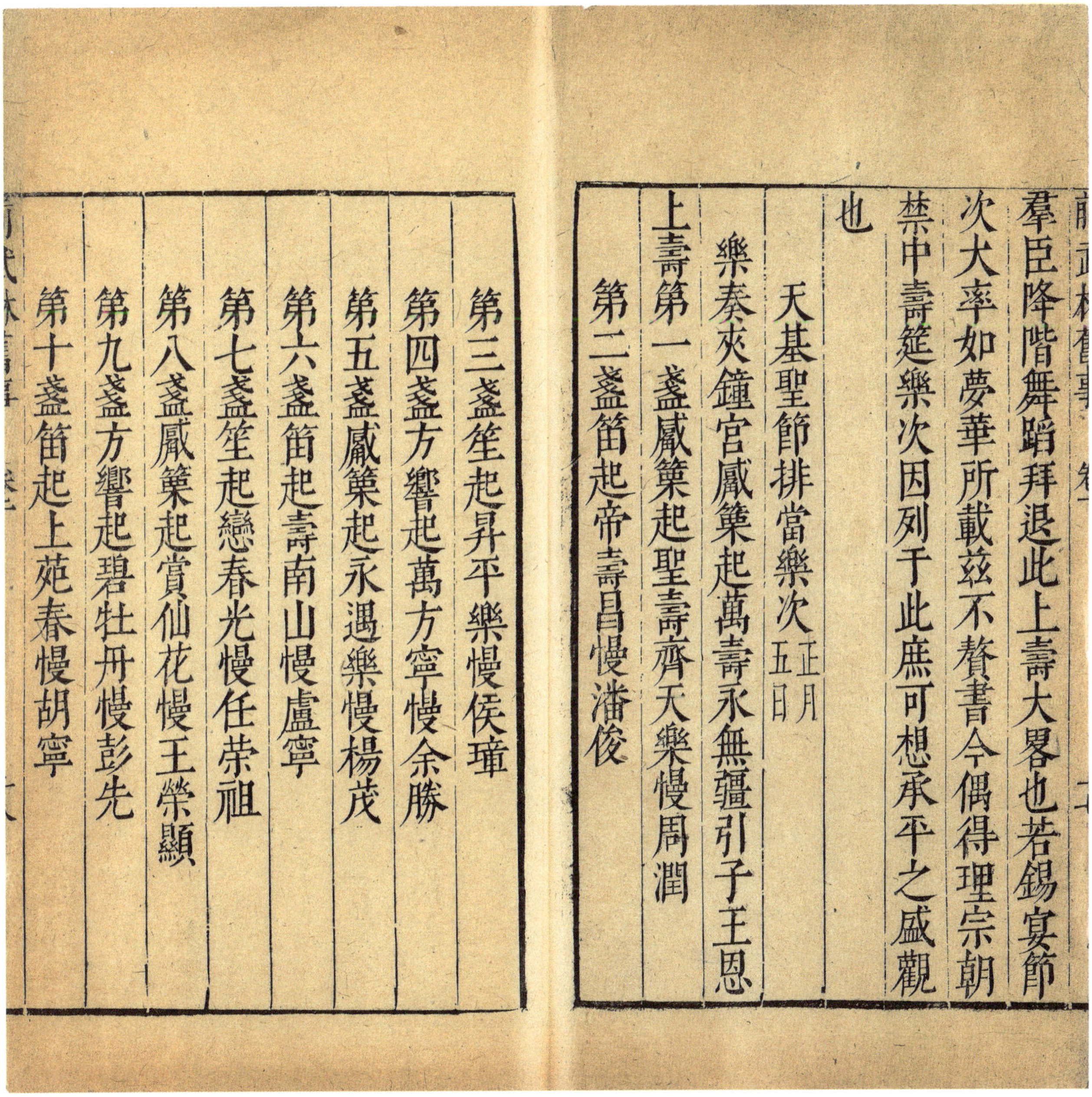

羣臣降階舞蹈拜退此上壽大畧也若錫宴節次大率如夢華所載茲不贅書今偶得理宗朝禁中壽筵樂次因列于此庶可想承平之盛觀也

天基聖節排當樂次 正月五日

樂奏夾鐘宮觱篥起萬壽永無疆引子王恩

上壽第一盞觱篥起聖壽齊天樂慢周潤

第二盞笛起帝壽昌慢潘俊

第三盞笙起昇平樂慢侯璋

第四盞方響起萬方寧慢余勝

第五盞觱篥起永遇樂慢楊茂

第六盞笛起壽南山慢盧寧

第七盞笙起戀春光慢任榮祖

第八盞觱篥起賞仙花慢王榮顯

第九盞方響起碧牡丹慢彭先

第十盞笛起上苑春慢胡寧

图 3　排当乐次

词源二卷

（宋）张炎撰　明抄本

十行二十字。

张炎（1248—约 1320），字叔夏，号玉田，晚号乐笑翁，祖籍西秦（今陕西凤翔），南宋以后居临安（今浙江杭州）。秉承家学，工词精律，致力于词曲研究与创作，晚年所作《词源》二卷为我国历史上重要的词论专著。

是书分上下两卷。上卷为音乐论，论词律尤为详赡，包括：《五音相生》《阳律阴吕合声图》《律吕隔八相生图》《律吕隔八相生》《律生八十四调》《古今谱字》《四宫清声》《五音宫调配属图》《十二律吕》《管色应指字谱》《宫调应指谱》《律吕四犯》《结声正讹》《讴曲旨要》等十四则。下卷为创作论，所论多为词的形式，有《音谱》《拍眼》《制曲》《句法》《字面》《虚字》《清空》《意趣》《用事》《咏物》《节序》《赋情》《离情》《令曲》《杂论》《五要》等十五篇，另附杨守斋《作词五要》一篇。是书对乐律研究、词曲的创作及欣赏，都有重要的指导意义，所倡导“雅正”“清空”等作词主旨，对后世词派的形成和发展带来重大影响。

《词源》传世版本众多，元起善斋完本已佚，此明抄本为现存之最早版本。

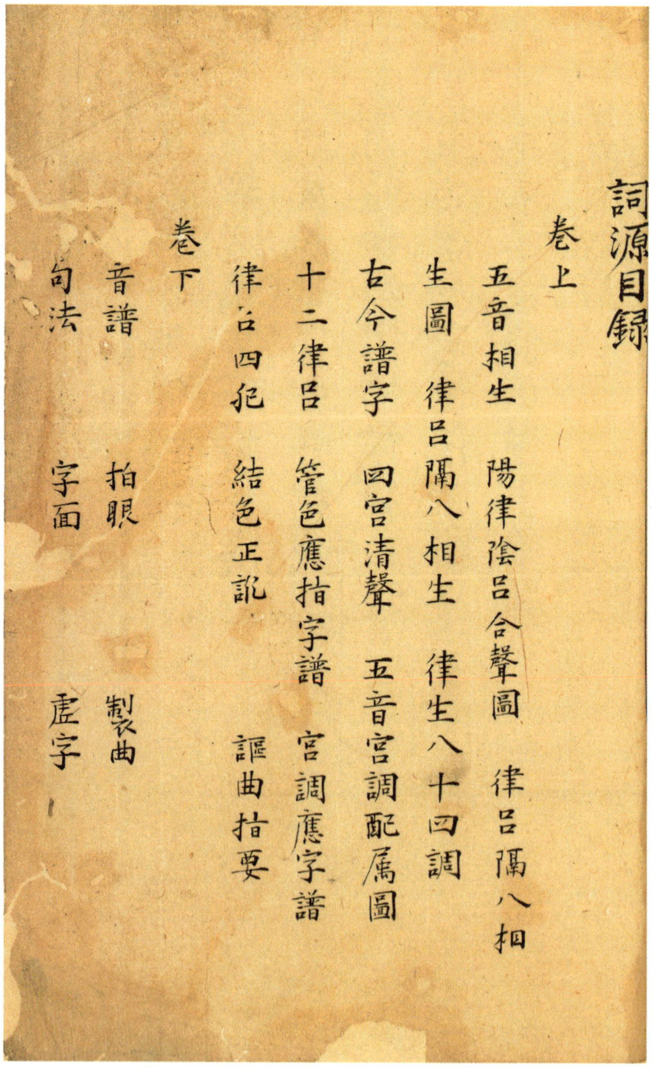
詞源目録

卷上

五音相生　陽律隂呂合聲圖　律呂隔八相

生圖　律呂隔八相生　律生八十四調

古今譜字　四宮清聲　五音宮調配屬圖

十二律呂　管色應指字譜　宮調應字譜

律呂四犯　結色正訛　謳曲指要

卷下

音譜　拍眼　製曲

句法　字面　虛字

图 1　目录

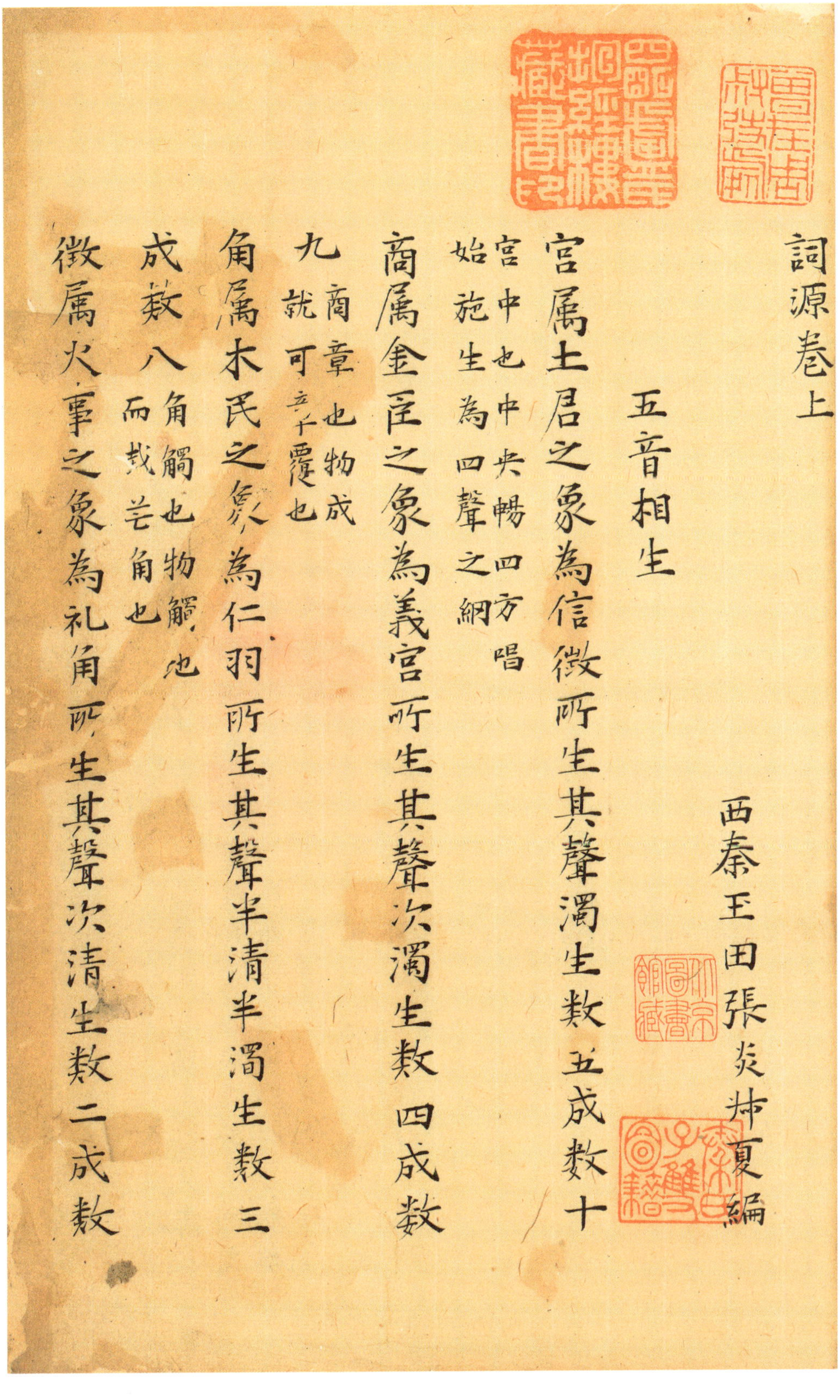
詞源卷上

西秦王田張炎叔夏編

五音相生

宮屬土居之象為信徵所生其聲濁生數五成數十宮中也中央暢四方唱始施生為四聲之綱

商屬金臣之象為義宮所生其聲次濁生數四成數九商章也物成就可章度也

角屬木民之象為仁羽所生其聲半清半濁生數三成數八角觸也物觸地而出戴芒角也

徵屬火事之象為禮角所生其聲次清生數二成數

图 2　卷端

梦粱录不分卷

（宋）吴自牧撰　（明）杨循吉删节　明抄本

十二行十八字，红格，白口，四周单边。

吴自牧（生卒年不详），钱塘（今浙江杭州）人。《梦粱录》成书于元统二年（1334），书名借用唐人“黄粱梦”的故事，感慨往事如梦。

此书仿照宋孟元老《东京梦华录》的体例，追忆南宋都城临安的繁华景象，于四时节令风俗、宫殿寺庙、山水名胜、学校祠祭，商铺物产、园圃瓦舍、诗社集会、妓乐百戏等情况，皆详加记载。所述多出自耳闻目见，亦兼取淳祐、咸淳《临安志》，措词质实，与《武林旧事》详略互见，颇可稽考遗闻。特别是其中所记瓦舍、杂剧、乐舞、诸宫调、杂技、傀儡、角抵、说话等诸色伎艺，更为南宋戏曲说唱艺术的重要文献资料。

此本为明杨循吉删节本，为现存最早版本。杨循吉（1458—1546），字君谦，号南峰，吴县（今属江苏）人。成化二十年（1484）进士。喜收藏图籍，善作乐府小令。此本钤“涵芬楼”“海盐张元济经收”等印，曾藏涵芬楼。

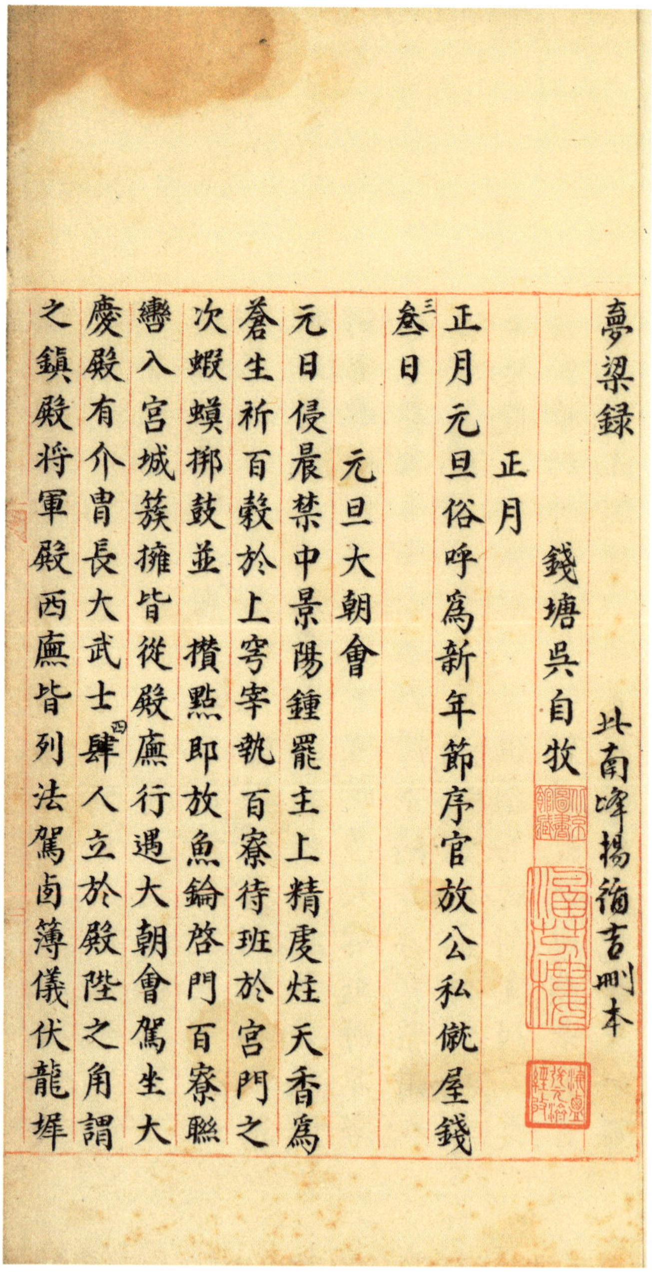
夢粱録
北南峰楊循吉刪本
錢塘吳自牧
正月
正月元旦俗呼爲新年節序官放公私僦屋錢
叁日
元旦大朝會
元日侵晨禁中景陽鍾罷主上精虔炷天香爲
蒼生祈百穀於上穹宰執百寮待班於宮門之
次蝦蟆擲鼓並　攢點即放魚鑰啓門百寮聯
轡入宮城簇擁皆從殿廡行遇大朝會駕坐大
慶殿有介冑長大武士四人立於殿陛之角謂
之鎮殿將軍殿西廡皆列法駕鹵簿儀仗龍墀

图 1　卷端

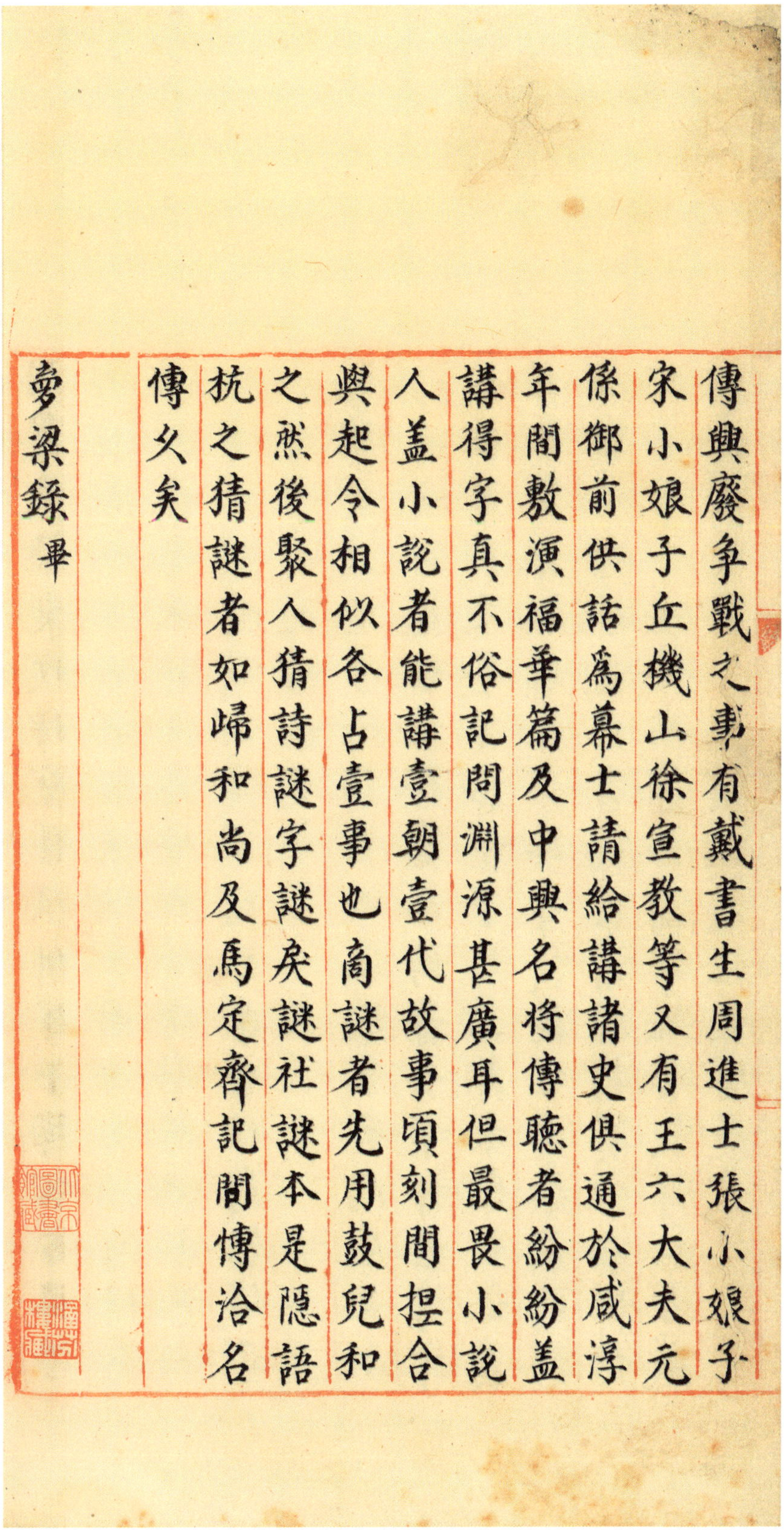
傳興廢爭戰之事有戴書生周進士張小娘子
宋小娘子丘機山徐宣教等又有王六大夫元
係御前供話爲幕士請給講諸史俱通於咸淳
年間敷演福華篇及中興名将傳聽者紛紛蓋
講得字真不俗記問淵源甚廣耳但最畏小説
人蓋小説者能講壹朝壹代故事頃刻間捏合
與起令相似各占壹事也商謎者先用鼓兒和
之然後聚人猜詩謎字謎戾謎社謎本是隱語
杭之猜謎者如歸和尚及馬定齊記問博洽名
傳久矣

夢梁錄畢

图 2　卷末

刘知远诸宫调十二卷

金刻本

诸宫调是流行于北宋至金、元时期的一种说唱文学。从唐朝变文、教坊大曲、杂曲的基础上发展而来，因集若干套不同宫调的曲子轮递歌唱而得名。诸宫调由韵文和散文两部分组成，表演时歌唱和说白相间，并用琵琶等乐器伴奏，与后世的“弹词”“鼓书”联系紧密。宋代已开始用诸宫调的曲调来演唱宋杂剧。至元代，其艺术手段对北方杂剧的形成产生了重要影响。

刘知远是五代十国时期后汉开国皇帝，皇后为山西榆次李三娘。北宋有很多关于刘知远夫妇的传说，此书就是在这些传说的基础上编著而成，作者已不可考，一般认为是北宋时期表演的剧本。故事共分十二段，今仅存残本五段：

知远走慕家庄沙陀村入舍第一

知远别三娘太原投事第二

知远充罩三娘剪妻生少主第三

知远投三娘与洪义厮打第十一

君臣弟兄子母夫妇团圆第十二

虽然大部分内容缺失，但是刘知远与李三娘的故事已具梗概，元代四大南戏之一的《白兔记》即以此为本。

此本乃金代平阳地区的书坊刻本，印成之后，流入西夏，是研究金代刻书的重要实物。俄罗斯探险队在黑水城发现，原存苏联列宁格勒图书馆，1958 年归还中国。

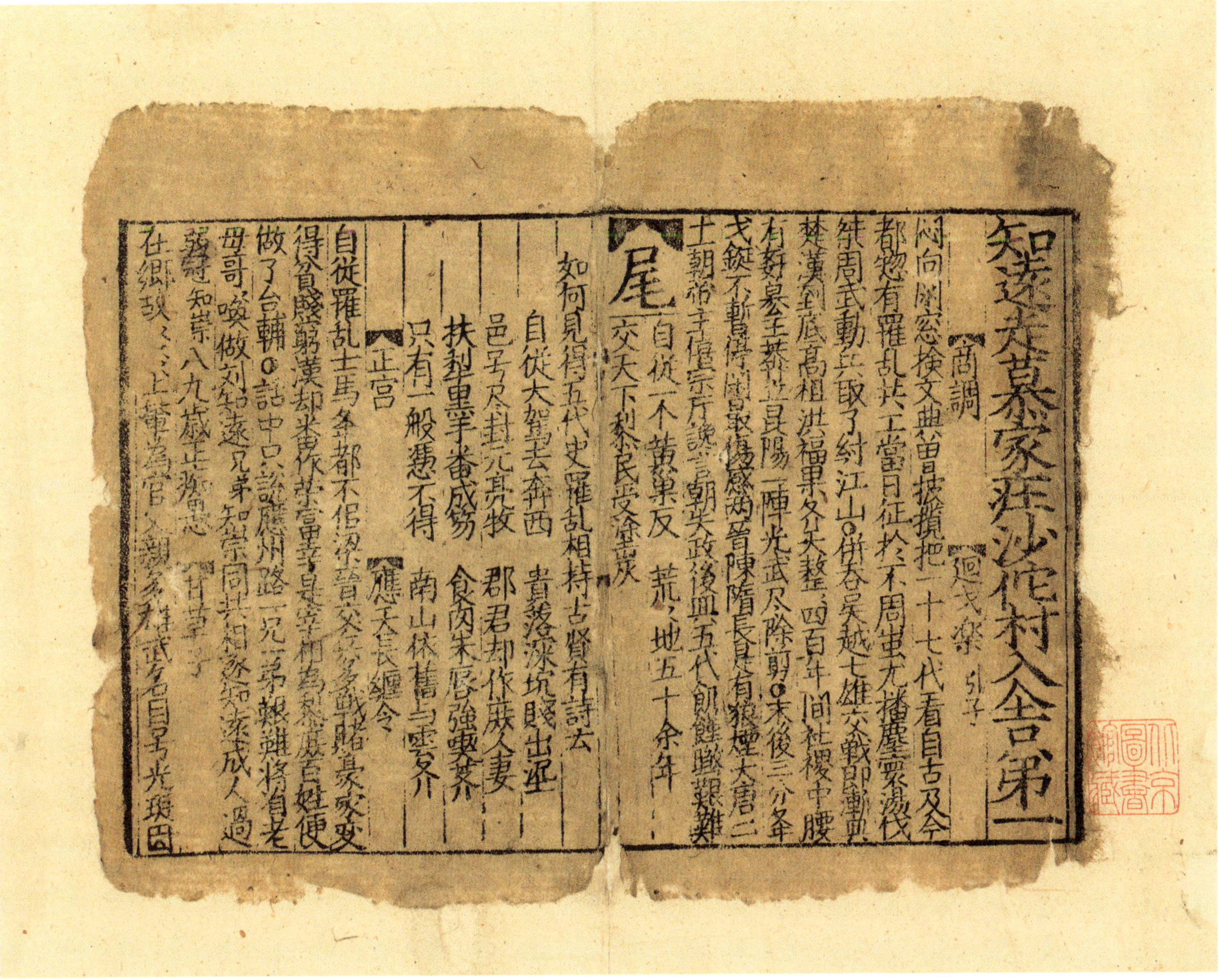

知遠走慕家莊沙陀村入舍第一

【商調】【迴戈樂】引子

閑向閑窗檢文典，曾披攬把一十七代看。自古及今，都總有罹乱，共工當日征於不周，蚩尤播塵霧漲天，殊周武動兵，取了紂江山。○併吞吳越，七雄交戰，即漸興楚漢，到底高祖洪福果然天整，四百年間社稷。中腰有奸臣王莽篡立，昆陽一陣，光武又除剪。○末後三分爭戈鋌不斷，晉得閑暇，最傷感兩晉陳隋，長是有狼煙。大唐二十朝帝，于僖宗斤說，三朝失政，後五代飢饉，騷擾難

【尾】自從一个黄巢反，荒荒地五十余年，交天下黎民受塗炭。

如何見得五代史罹乱相持，古賢有詩云：

自從大駕去奔西，貴落深坑賤出泥。

邑號盡封元亮牧，郡君卻作庶人妻。

扶犁黑手番成笏，食肉朱唇強喫齏。

只有一般憑不得，南山依舊與雲齊。

【正宮】【應天長纏令】

自從罹乱士馬舉，都不似梁晉交兵多戰賭。豪家變得貧賤，窮漢卻番作榮貴。是宰相爲黎庶，百姓便做了台輔。○話中只說應州路，一兄一弟難將自老母哥嫂。做劉知遠兄弟，知崇同共相逐。知遠成人過弱冠，知崇八九歲先撇忠。

【甘草子】

在鄉故，ミミ上輦為官，ミ朝多雄武，名目号光斑因

图　知远走慕家庄沙陀村入舍第一

古本董解元西厢记八卷

（金）董解元撰　明适适子刻本

十行二十字，白口，四周单边。

董解元，生平不详，主要活动在金章宗时期（约1190年前后）。作《西厢记诸宫调》，名失传，以读书人统称为“解元”，故名为董解元。

此书简称《董西厢》，事本唐元稹《莺莺传》，写张生与崔莺莺的爱情悲剧，董解元将其改成喜剧结局，剧中“愿普天下有情人终成眷属”成为传诵极广的名句。此书共用了十六个宫调，写成一百八十八套，三百一十八曲，以联套形式演唱。联套是金代勾栏里用琵琶弦乐或筝伴奏的一种主要方式，其伴奏特点，使《董西厢》又称《弦索西厢》或《西厢弹词》。

此书是现存宋、金时期唯一完整的诸宫调，被称为“戏文之鼻祖”“院本模范”，以后的《王西厢》《南西厢》皆以此为本。嘉靖时张羽据元刻本和旧抄本互参校订，自称古本。此本乃适适子据张羽刻本重梓，同时参考了屠隆刻本，补齐缺失，正其舛谬，对研究《董西厢》版本源流，有重要参考价值。适适子，其人不详。

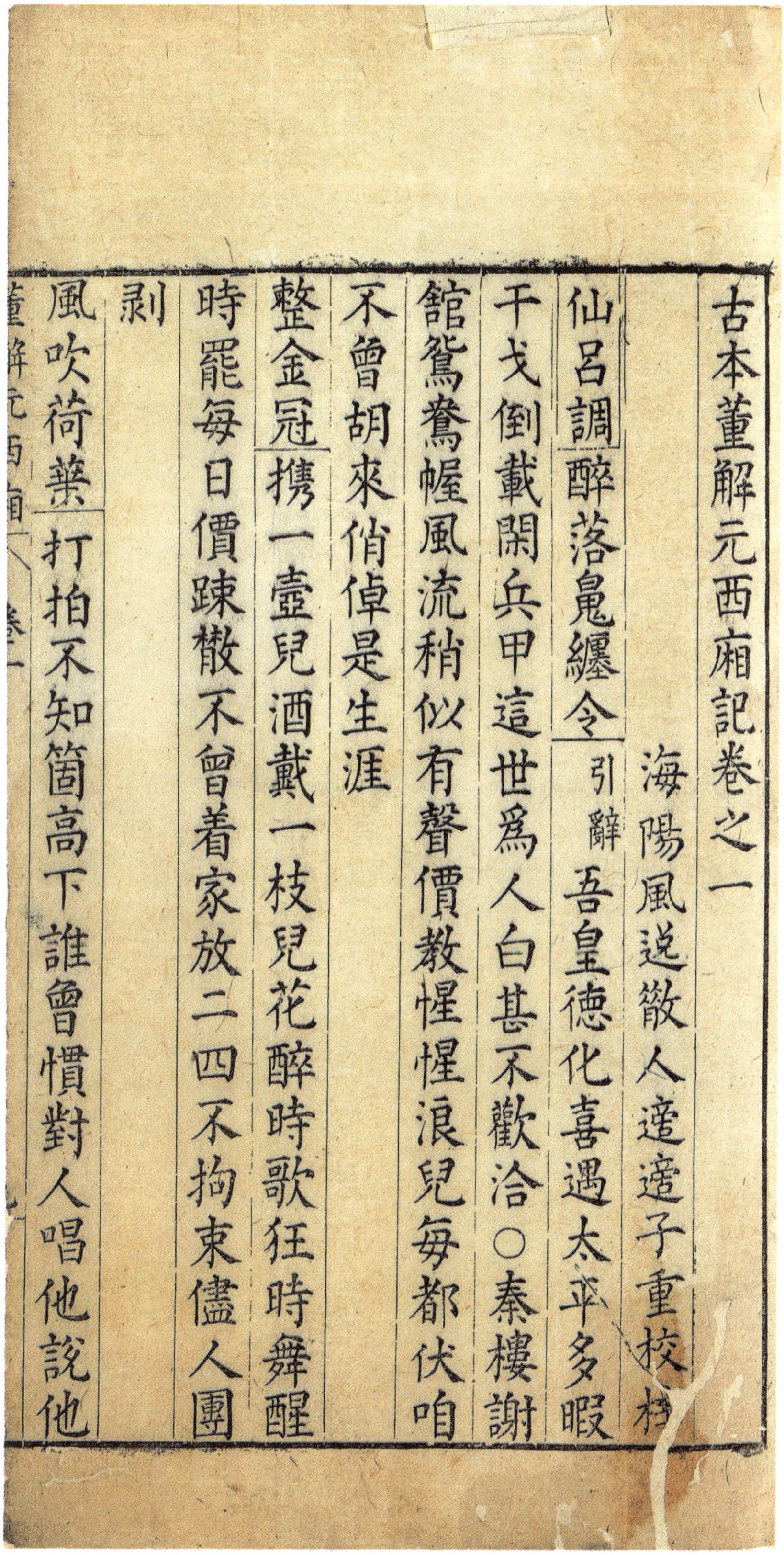
古本董解元西廂記卷之一

海陽風逸散人適適子重校梓

仙呂調 醉落魄纏令 引辭 吾皇德化喜遇太平多暇干戈倒載閑兵甲這世爲人白甚不歡洽○秦樓謝館鴛鴦幄風流稍似有聲價教惺惺浪兒每都伏咱不曾胡來俏倬是生涯

整金冠 携一壺兒酒戴一枝兒花醉時歌狂時舞醒時罷每日價疎散不曾着家放二四不拘束儘人團剥

風吹荷葉 打拍不知箇高下誰曾慣對人唱他說他

董解元西廂 卷一

图　卷端

张深之先生正北西厢秘本五卷

（元）王实甫撰　（元）关汉卿续撰　（明）张深之校正　明崇祯刻本

九行二十字，白口，四周单边。

王实甫（生卒年不详），名德信，定兴（今属河北）人。著有《崔莺莺待月西厢记》《吕蒙正风雪破窑记》《四大王歌舞丽春堂》等十四种杂剧。张深之（？—1642），名道浚，山西沁水人。

此剧是在金代董解元《西厢记诸宫调》基础上改编而成，全称《崔莺莺待月西厢记》，讲述崔莺莺和张生之间的爱情故事。经过王实甫、关汉卿等人的进一步加工、提高，戏剧冲突更加激烈，人物性格更为鲜明。王实甫所作称《北西厢》，是相对于李日华所著传奇《南西厢》而言的，有"北曲压卷之作"的美誉。

此本分五卷，每卷四折，每折均有标目，是此版本之特色。书中版画构图精妙，别出心裁，由杭州名匠项南洲镌刻，插图为明末著名画家陈洪绶（字章侯，号老莲）所作。是书内容、镌刻、版画俱佳，系《西厢记》版本中的珍品。

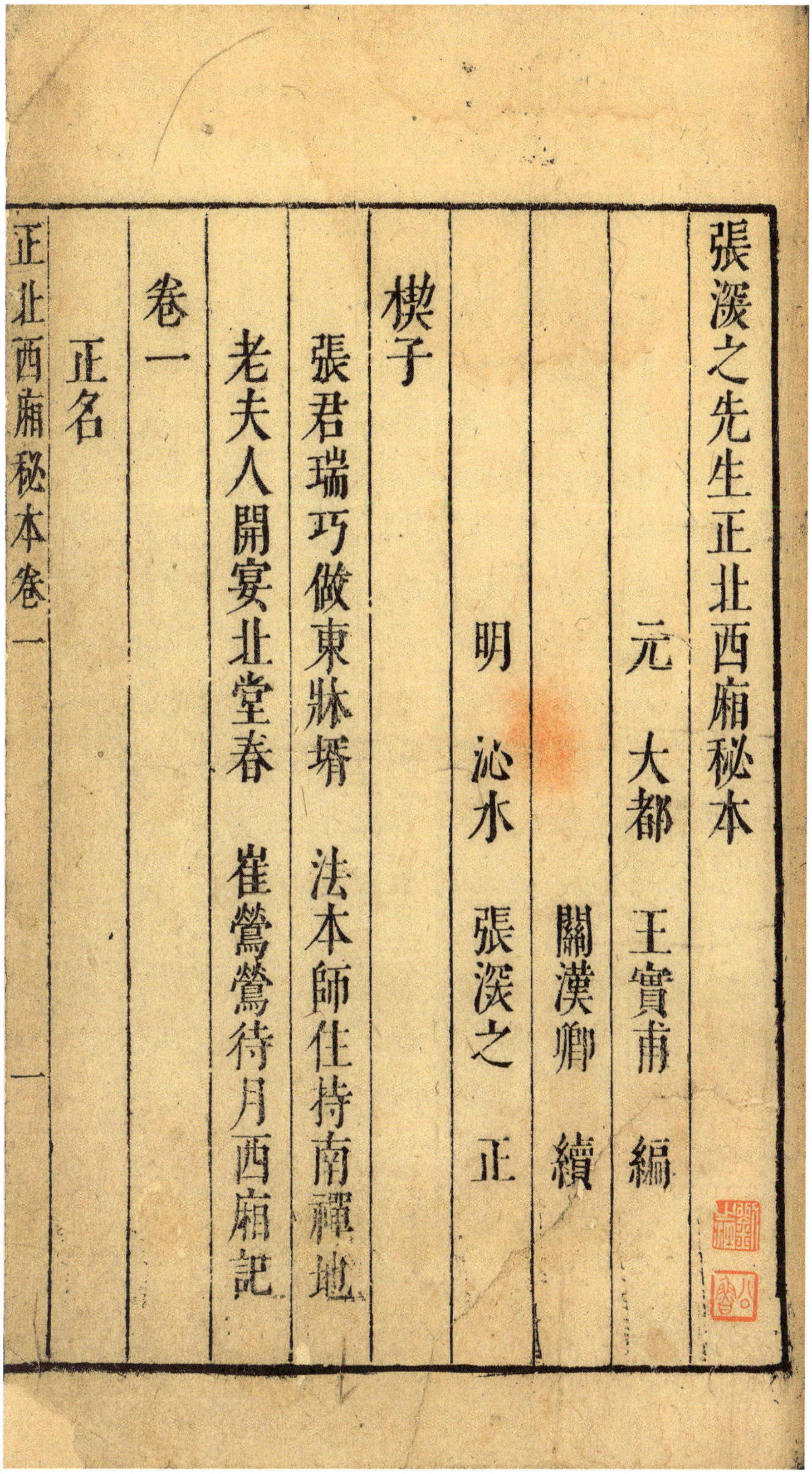

張涭之先生正北西廂秘本

元 大都 王實甫 編

關漢卿 續

明 沁水 張涭之 正

楔子

張君瑞巧做東牀壻 法本師住持南禪地

老夫人開宴北堂春 崔鶯鶯待月西廂記

卷一

正名

正北西廂秘本卷一 一

图1 卷端

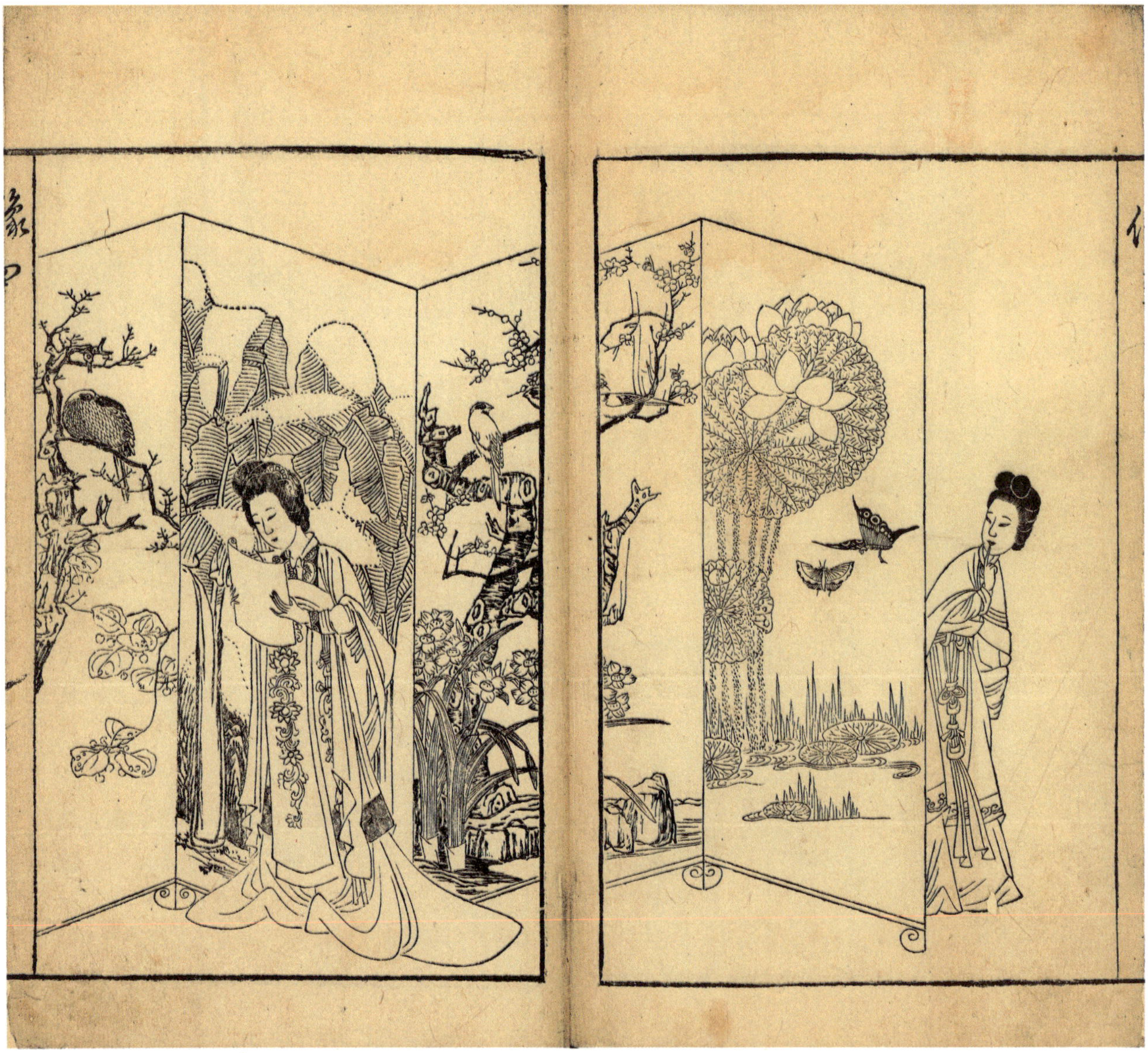

图 2　窥简

韶舞九成乐补一卷

（元）余载撰　清嘉庆十三年（1808）海虞张氏刻本

行字不一，黑口，左右双边。

余载（生卒年不详），字大车，自称“三山布衣”，元文宗天历年间人。

是书主要阐释语言声韵与音乐律调的一般关系，第一部分为“九德之歌音图”，第二部分为“九德之歌义图”，第三部分为“九韶之舞缀兆图”，第四部分为“九韶之舞采章图”，以图为主，配以少量的文字解释。作者对于易大衍之数与《河图》的关系、九宫太乙之法与《洛书》的关系等数术问题非常熟悉，将其运用到传统音乐中，别具特色。

所谓“九韶”或“韶舞”，是歌颂舜帝功德的上古六代庙乐之一。这套乐舞有九种变化，歌词有九段，故书名“韶舞九成”。余载试图通过音乐表演和歌舞的象数安排表达独特的中国式宇宙哲学和逻辑运演。其宫调结构是太簇宫、蕤宾宫、太簇宫、太簇宫、夷则宫、太簇宫、黄钟宫、夹钟宫、姑洗宫，调式不变而调高变，体现了“还相为宫，迭奏不同”的音乐思维，是一种由律到声的系统的宫调结构。

是书久无传本，四库馆臣从《永乐大典》中辑出，海虞张氏乃据以刻版行世。

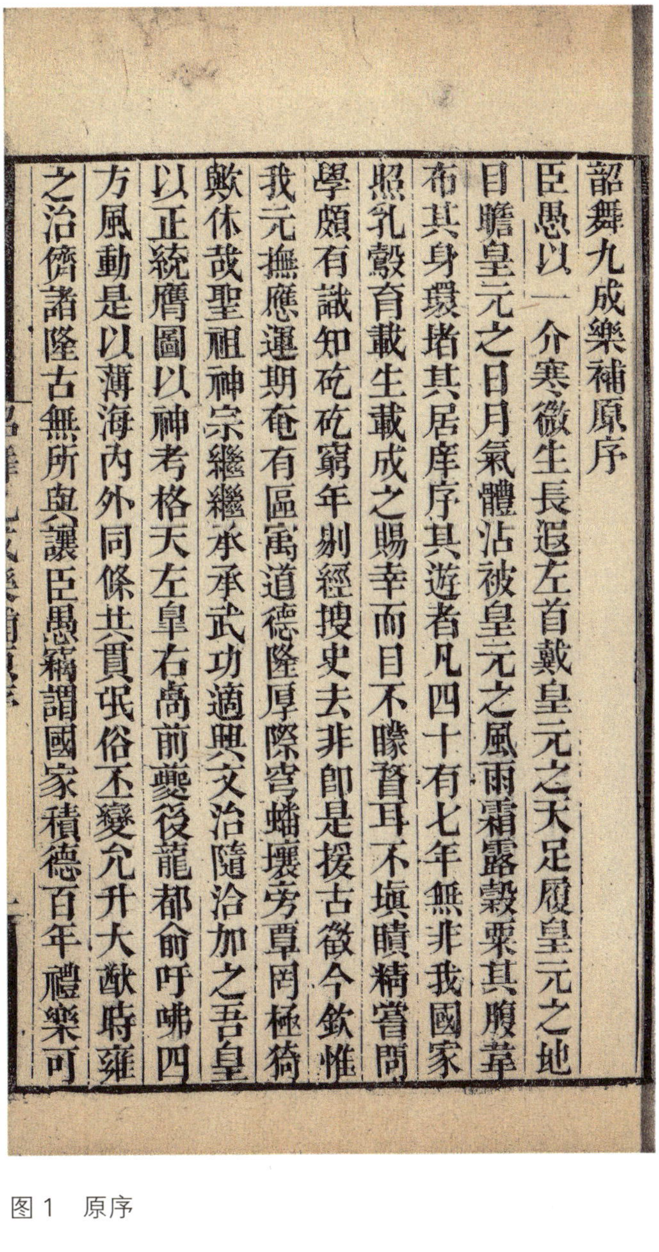
韶舞九成樂補原序
臣愚以一介寒微生長遐左首戴皇元之天足履皇元之地目瞻皇元之日月氣體沾被皇元之風雨霜露穀粟其腹草布其身環堵其居庠序其遊者凡四十有七年無非我國家照孔穀育載生載成之賜幸而目不矇瞽耳不塡聵精嘗問學頗有識知矻矻窮年剔經搜史去非即是援古徵今欽惟我元撫應運期奄有區寓道德隆厚際穹蟠壤旁覃罔極猗歟休哉聖祖神宗繼繼承承武功適興文治隨洽加之吾皇以正統膺圖以神考格天左皐右禹前夔後龍都俞吁咈四方風動是以薄海內外同條共貫氓俗丕變允升大猷時雍之治儕諸隆古無所與讓臣愚竊謂國家積德百年禮樂可

图 1　原序

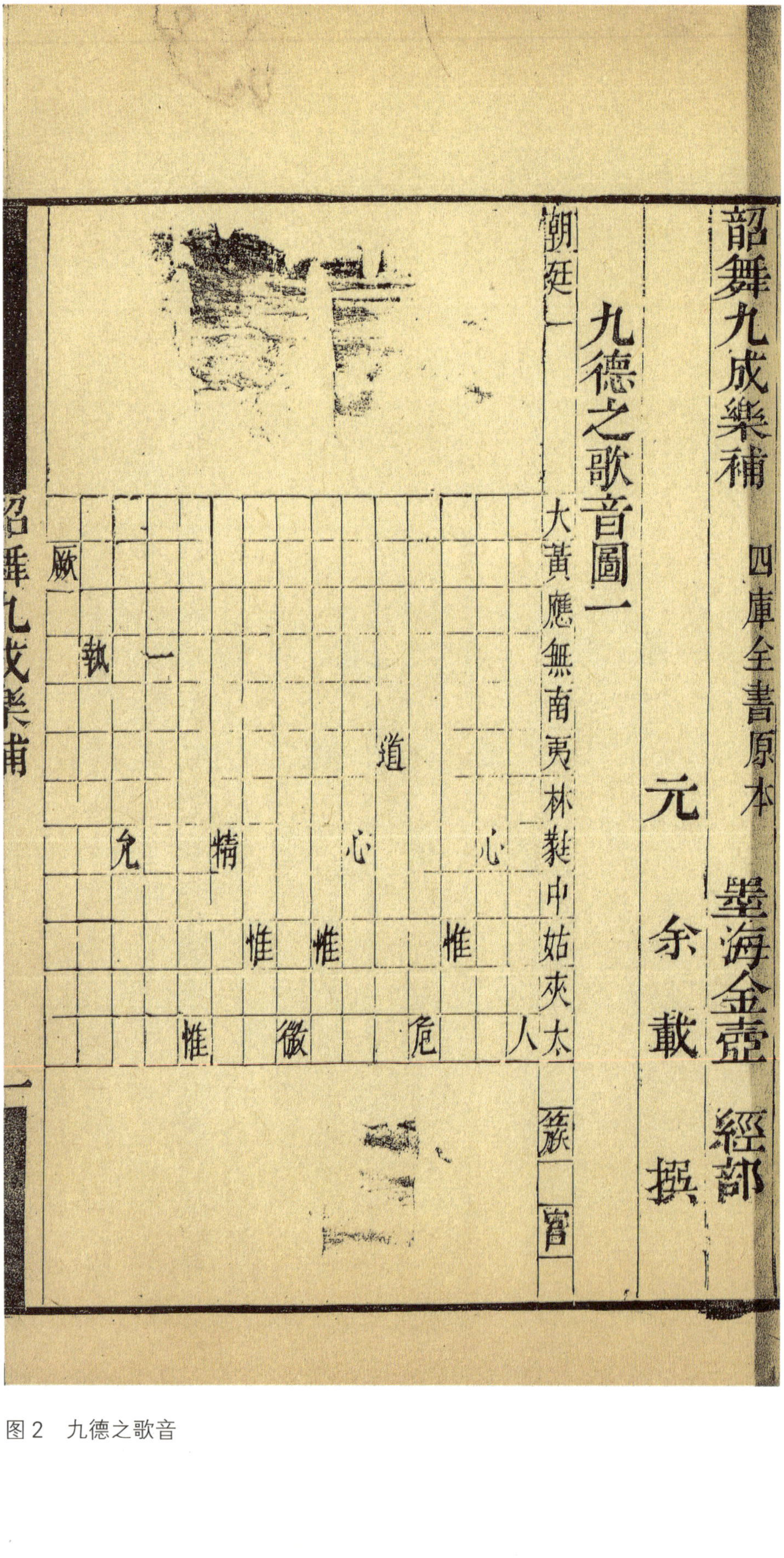
韶舞九成樂補 四庫全書原本 墨海金壺 經部
元 余載 撰
九德之歌音圖一
朝廷
大黃應無南夷林蕤中姑夾太
簇
宮
人
惟
心
危
道
惟
心
惟
微
精
惟
允
一
執
厥
韶舞九成樂補
一

图 2　九德之歌音

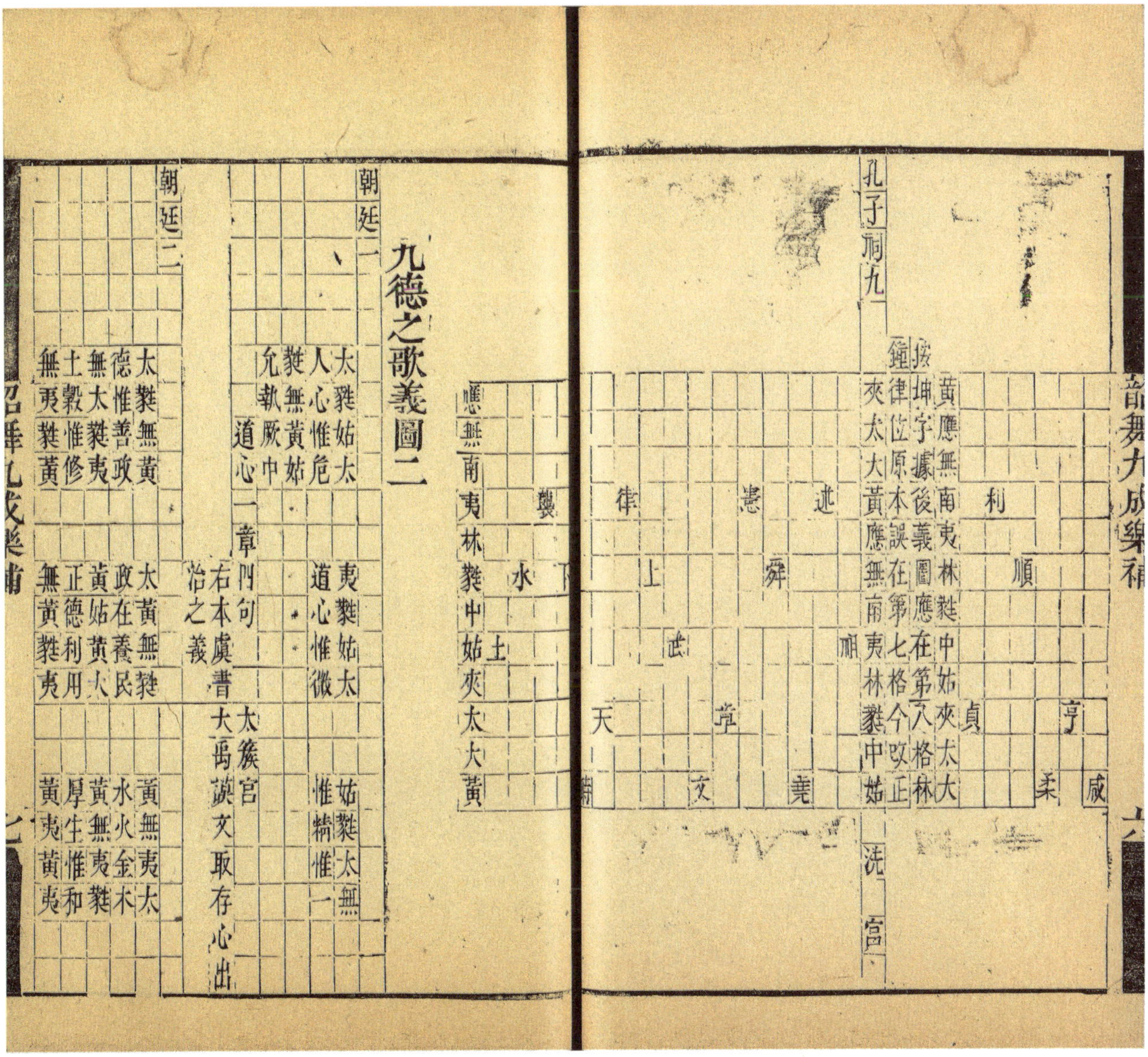

九德之歌義圖二

朝廷一

太夥姑太
人心惟危
夥無黃姑
允執厥中
道心一章四句
夷夥姑太
道心惟微
姑夥太無
惟精惟一
太簇宮
右本虞書大禹謨文取存心出治之義

朝廷二

太夥無黃
德惟善政
無太夥夷
土穀惟修
無夷夥黃
太黃無夥
政在養民
黃姑黃大
正德利用
無黃夥夷
黃無夷太
水火金木
黃無夷夥
厚生惟和
黃夷黃夷

韶舞九成樂補

孔子祠九

按坤字據後義圖應在第八格
鍾律位原本誤在第七格今改正
黃應無南夷林夥中姑夾太大
夾太大黃應無南夷林夥中姑洗宮
應無南夷林夥中姑夾太大黃

韶舞九成樂補

图3 九德之歌义

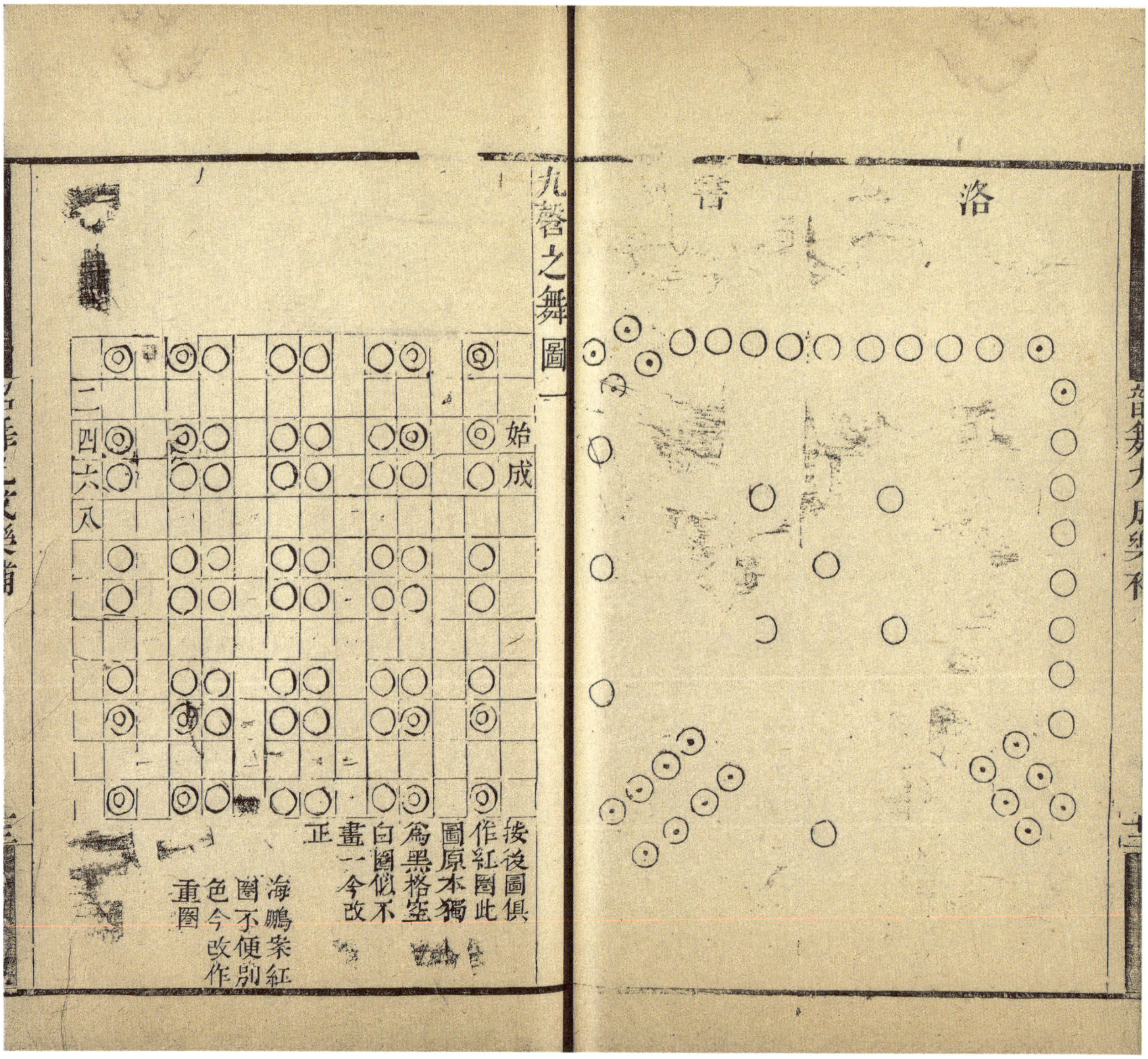
九磬之舞圖一
二
四
六
八
始成
接後圖俱作紅圈此圖原本獨爲黑格空白圈似不正畫一今改
海鵬案紅圈不便刷色今改作重圈
洛

图 4　洛书

唱论一卷

（元）燕南芝庵撰　民国二十九年（1940）上海中华书局铅印本

燕南芝庵，真实姓名及生平不可考。本书全文最早见于元至正元年（1341）杨朝英选编《乐府新编阳春白雪》，卷首即署“燕南芝庵先生”。

此书是我国现存较早的声乐论著，全文仅千余字，简要论述了歌唱艺术的相关理论与唱曲要领，对歌唱格调、节奏、变件、门户、场所等方面有精细的分类，并指出了十七宫调的情感基调与乐曲的地方特色。对于歌唱弊病亦有精辟见解，如歌曲须与歌者身份相合，“男不唱艳词，女不唱雄曲”；声音须拿捏得当，避免“唱得本分的，失之老实；唱得用意的，失之穿凿”；另有对歌节病、唱声病、添字节病的概括，皆是对前人歌唱艺术实践经验的总结。其文字多用当时流行词语及术语，亦为研究宋元声乐艺术提供了重要的历史资料。此本收入民国时期著名戏曲史家任半塘辑校的戏曲理论从书《新曲苑》。

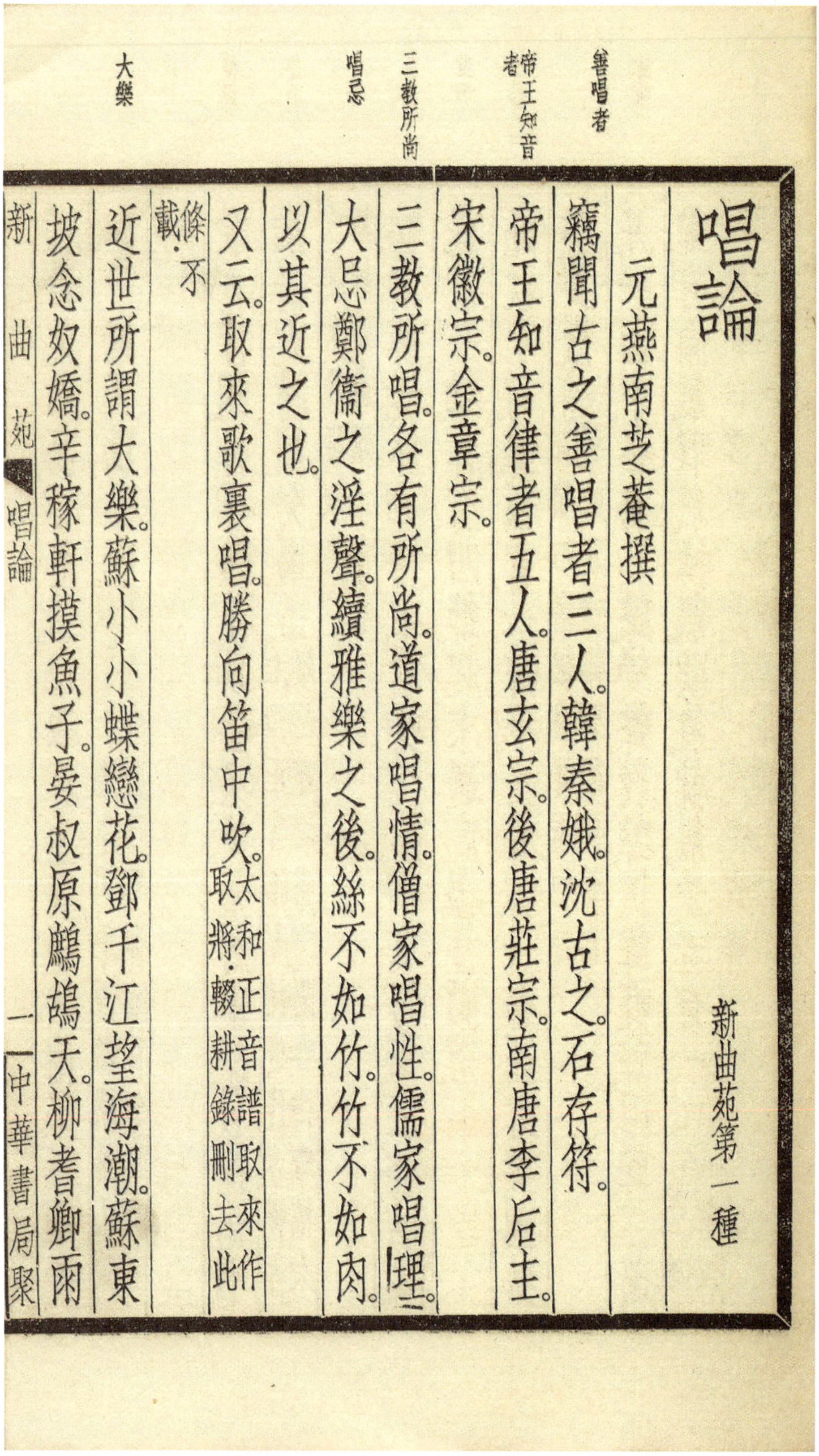
善唱者　帝王知音者　三教所尚　唱忌　大樂

新曲苑第一種

唱論

元燕南芝菴撰

竊聞古之善唱者三人。韓秦娥。沈古之。石存符。

帝王知音律者五人。唐玄宗。後唐莊宗。南唐李后主。

宋徽宗。金章宗。

三教所唱。各有所尚。道家唱情。僧家唱性。儒家唱理。

大忌鄭衛之淫聲。續雅樂之後。絲不如竹。竹不如肉。

以其近之也。

又云。取來歌裏唱。勝向笛中吹。太和正音譜取來作取將。輟耕錄刪去此條不載。

近世所謂大樂。蘇小小蝶戀花。鄧千江望海潮。蘇東坡念奴嬌。辛稼軒摸魚子。晏叔原鷓鴣天。柳耆卿雨

新曲苑　唱論　一　中華書局聚

图1　卷端

中原音韵二卷

（元）周德清撰　明万历刻本

十二行二十字，黑口，四周双边。

周德清（1277—1365），字日湛，号挺斋，高安（今属江西）人。工乐府，善音律。

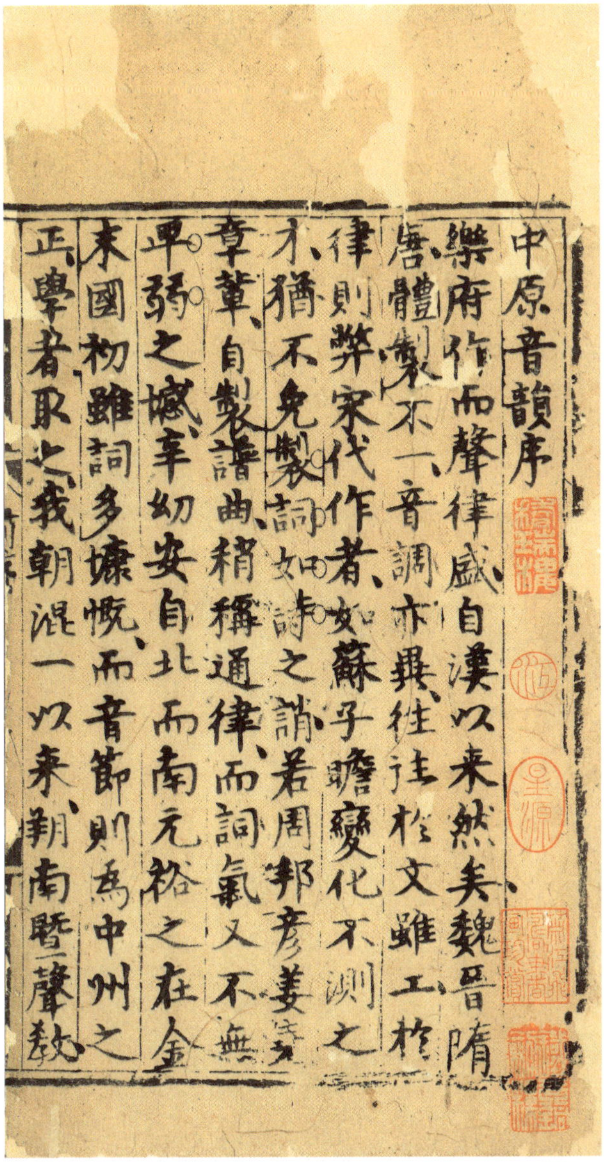

中原音韻序

樂府作而聲律盛自漢以来然矣魏晉隋唐體製不一音調亦異往往於文雖工於律則弊宋代作者如蘇子瞻變化不測之才猶不免製詞如詩之誚若周邦彥姜堯章輩自製譜曲稍稱通律而詞氣又不無卑弱之憾辛幼安自北而南元裕之在金末國初雖詞多慷慨而音節則為中州之正學者取之我朝混一以来朔南暨聲教

图1　序

此书撰于元泰定元年（1324），是最早的北曲韵书，也是重要的曲学论著。其内容一为《韵谱》，以元曲作品为依据，将北方语音系统分为东钟、江阳、支思、齐微等十九个韵部，共收字五千八百余个，首创“平分阴阳，入派三声”的用韵规则，简化了《切韵》以来的韵书体例，成为北曲创作用韵的准绳；其二为《正语作词起例》，举例说明韵谱的使用方法和北曲的体制、音律、语言、创作方法，其中论作曲之奥妙，多发前人所未发，历来深受曲学家重视。

北曲，指金元时期流行于北方的杂剧与散曲所用的音乐，源于唐宋以来的大曲、诸宫调、唱赚等传统音乐及金元时期北方流行的民间音乐。北曲音乐为七声阶，主要以弦乐伴奏，字多腔少，慷慨高昂。结构属曲牌连套形式，每本戏通常由“四折一楔子”组成，每一折是一个完整的套曲，四折分属四个宫调，用以表现情节及情绪的变化。明清传奇也部分使用北曲。

此为明万历刻本，曾藏瞿氏铁琴铜剑楼。

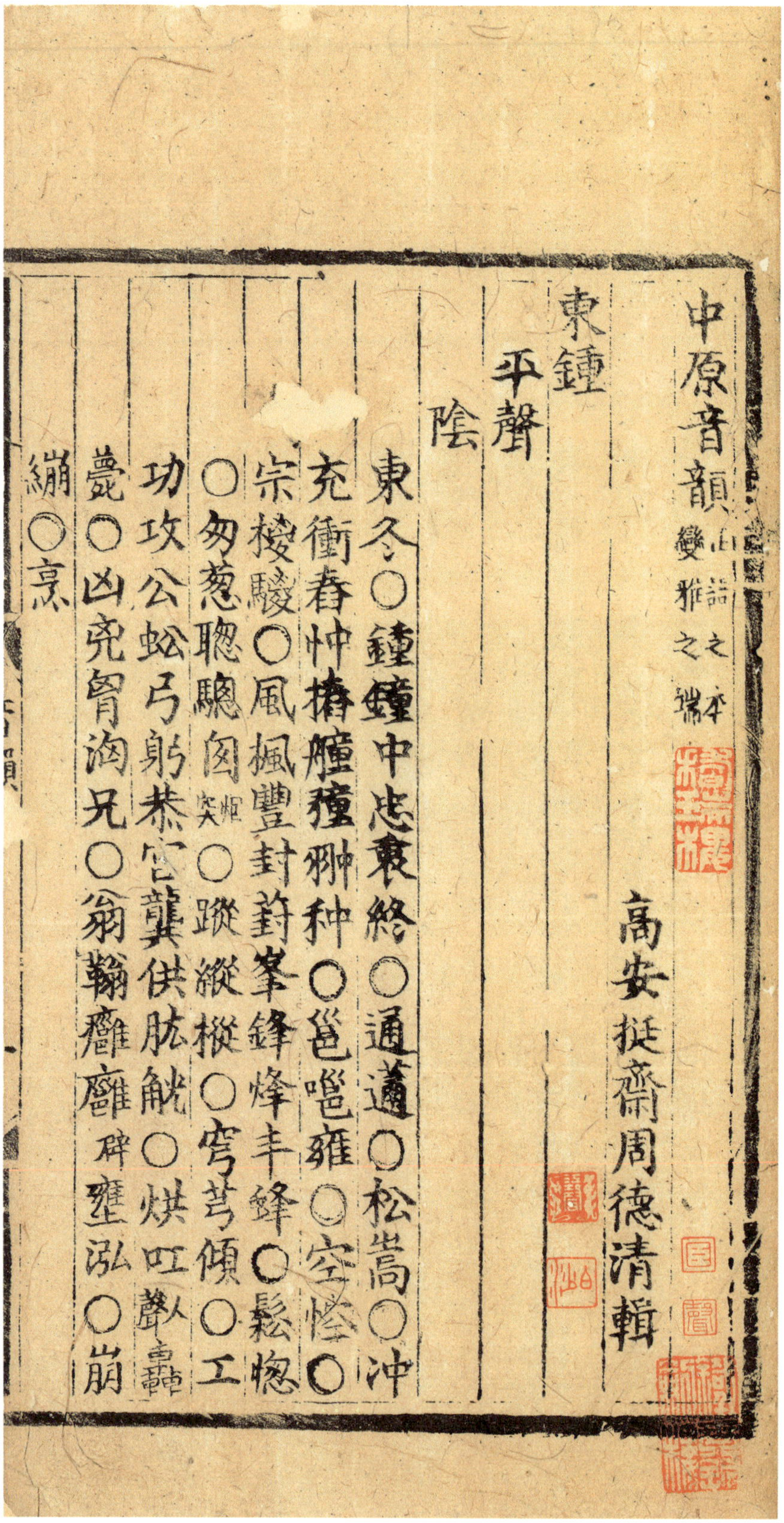
中原音韻 正語之本 變雅之端

高安挺齋周德清輯

東鍾

平聲

陰

東冬○鍾鐘中忠衷終○通蓪○松嵩○沖充衝舂忡𢶒艟種㧻种○邕噰雍○空悾○宗椶鬷○風楓豐封葑峯鋒烽丰峰○鬆忪○匆蔥聰驄囪突炬○蹤縱樅○穹芎傾○工功攻公蚣弓躬恭宮龔供肱觥○烘叿轟甍○凶兇胷洶兄○翁鞥齆齈硿𡑡泓○崩繃○烹

图 2　卷端

录鬼簿二卷续编一卷

（元）钟嗣成撰　（明）贾仲明续撰　明抄本

九行二十字，蓝格，白口，四周单边。

钟嗣成（约1279—约1360），字继先，号丑斋，原籍大梁（今河南开封），后寓居杭州。撰有杂剧《寄情韩翊章台柳》等七种，俱失传。今仅有《录鬼簿》及若干小令、套曲传世。贾仲明（1343—约1422），自号云水散人，淄川（今山东淄博）人。精于词曲、隐语，著有十五种杂剧及《云水遗音》等。

是书以分类形式记载曲家及其创作情况，以北曲作家为主，分为七类：一、前辈已死，无名公，有乐府行于世者；二、方今名公；三、前辈已死名公才人有所编传奇于世者；四、方今已亡名公才人余相知者；五、已死才人不相知者；六、方今才人相知者；七、方今才人闻名而不相知者。是书开创了“文以纪传、曲以吊古”的纪传和戏曲批评方式，对后世戏曲创作和戏曲理论有深刻影响。钟嗣成将元曲分列为剧曲与散曲两大类，一类是表演艺术，一类是诗体文学，体现出科学的文体观。贾仲明所撰《续编》约明初成书，体例沿袭旧作，记录了元末明初戏剧、散曲、乐府等七十一位作家生平事迹及近百种杂剧剧目，又附无名氏杂剧七八十种。

《录鬼簿》及续编是研究金元至明初杂剧作家的重要戏曲史料。此系天一阁旧藏蓝格精抄本，收作家与剧作数量较其他版本为全，也更接近原著面貌。《续编》一卷附后，未见其他版本流传，极为珍贵。钤有“授经楼藏书印”“五万卷藏书楼”“亚东沈氏抱经楼鉴赏图书印”“鄞蜗寄庐孙氏藏书”等印。卷末有郑振铎跋文记述其得书经过。

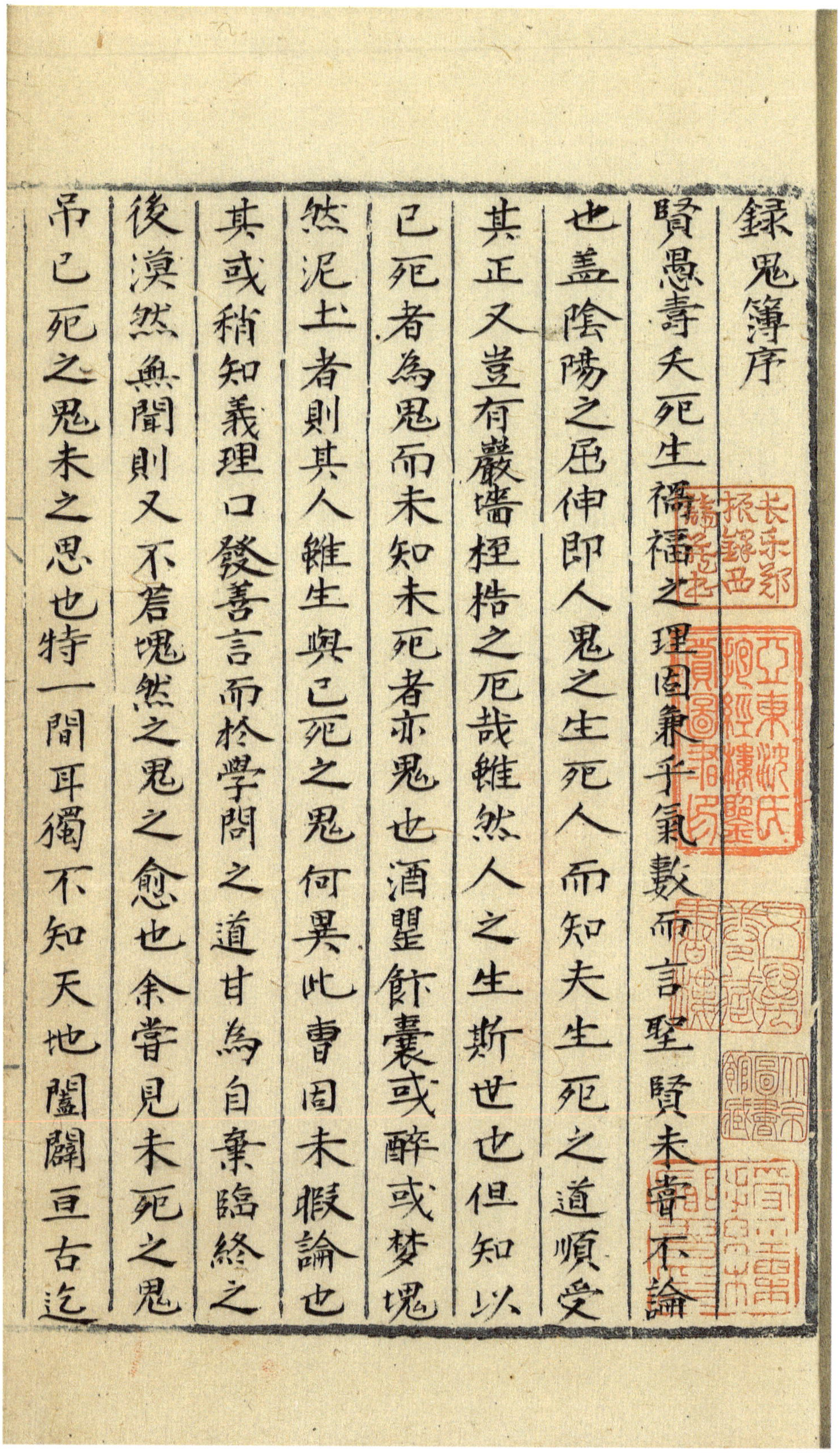

録鬼簿序

賢愚壽夭死生禍福之理固兼乎氣數而言聖賢未嘗不論也蓋陰陽之屈伸即人鬼之生死人而知夫生死之道順受其正又豈有巖墻桎梏之厄哉雖然人之生斯世也但知以已死者為鬼而未知未死者亦鬼也酒罌飯囊或醉或夢塊然泥土者則其人雖生與已死之鬼何異此曹固未暇論也其或稍知義理口發善言而於學問之道甘為自棄臨終之後漠然無聞則又不若塊然之鬼之愈也余嘗見未死之鬼吊已死之鬼未之思也特一間耳獨不知天地闔闢亘古迄

图1 序

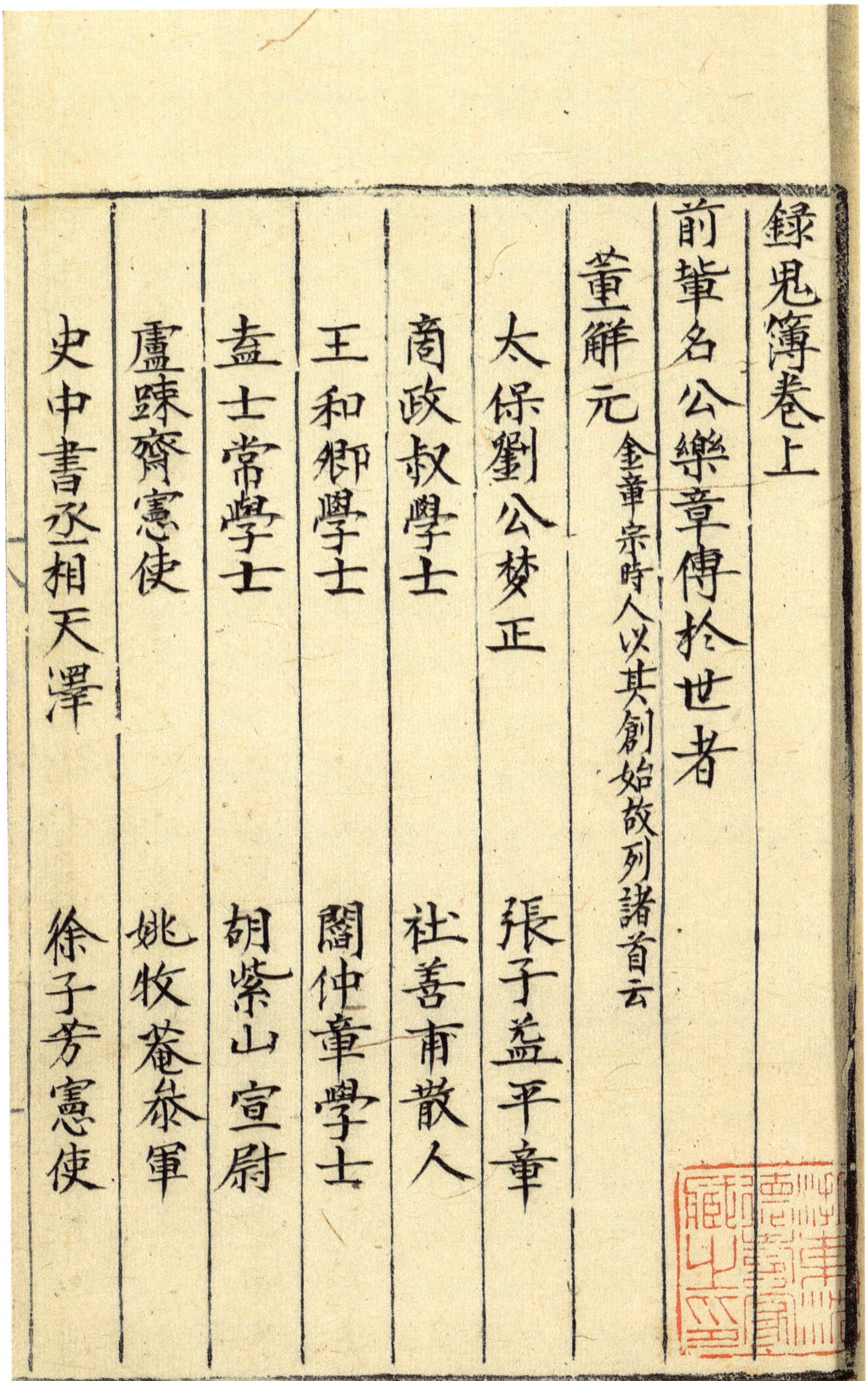

錄鬼簿卷上

前輩名公樂章傳於世者

董解元 金章宗時人以其創始故列諸首云

太保劉公梦正　張子益平章

商政叔學士　杜善甫散人

王和卿學士　閻仲章學士

盍士常學士　胡紫山宣尉

盧疎齋憲使　姚牧菴叅軍

史中書丞相天澤　徐子芳憲使

图2　卷上

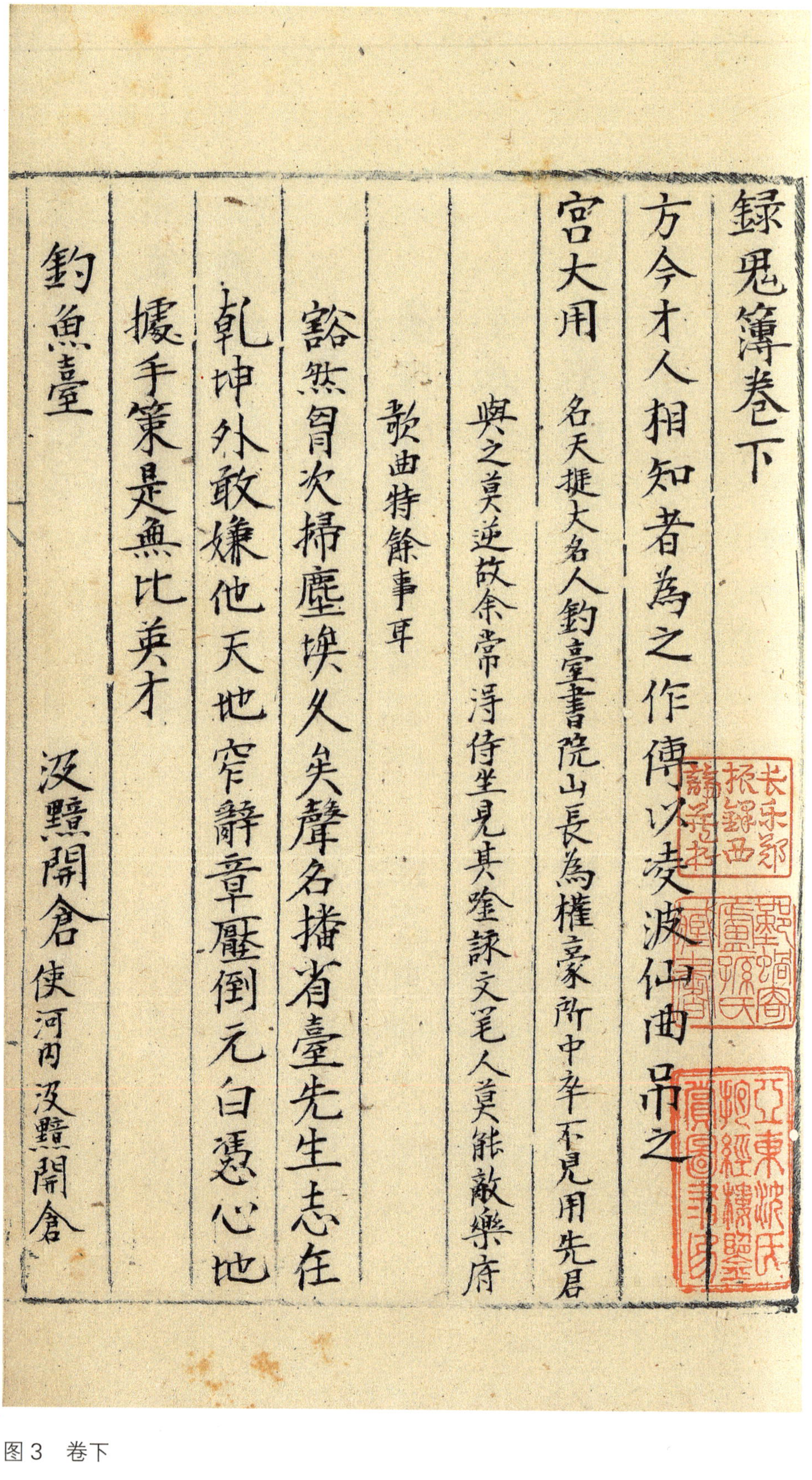

録鬼簿卷下

方今才人相知者為之作傳以凌波仙曲吊之

宮大用　名天挺大名人釣臺書院山長為權豪所中卒不見用先君與之莫逆故余常得侍坐見其吟詠文筆人莫能敵樂府歌曲特餘事耳

豁然胸次掃塵埃久矣聲名播省臺先生志在乾坤外敢嫌他天地窄辭章壓倒元白憑心地據手策是無比英才

釣魚臺　汲黯開倉　使河內　汲黯開倉

图3　卷下

古今杂剧三十种三十卷

元刻本

十四行二十四字至二十七字不等，黑口，左右双边。

是书汇集元代各地所刊杂剧为一帙，是现存元人杂剧最重要的总集之一。汇编者不详。所收录的剧本中，《西蜀梦》《拜月亭》《调风月》等十五种均为海内孤本。其余十五种虽然也见于《元曲选》《孤本元明杂剧》，但体制文字多有不同，可供比勘之用。

其中重要的作品有《赵氏孤儿》《单刀会》《薛仁贵衣锦还乡》《萧何追韩信》等。《赵氏孤儿》，纪君祥撰。纪君祥（生卒年不详），大都（今北京）人。内容为春秋时晋国上卿赵盾遭到屠岸贾诬陷，惨遭灭门，只有一个不到半岁的婴儿存活，即为赵氏孤儿名赵武。程婴与公孙杵臼定计救孤，公孙杵臼被斩，程婴抚养孤儿长大。二十年后，程婴向其说明身世，赵武最终报仇。《单刀会》，关汉卿撰。全剧四折，写三国时东吴鲁肃为索还荆州而请关羽赴宴，关羽尽管明知是计，仍单刀赴会，英勇果断，挫败鲁肃阴谋，胜利而归。《薛仁贵衣锦还乡》，张国宾撰。写唐代大将薛仁贵三箭定天山，险被争功，最终获得封赏并与家人大团圆的故事。《萧何追韩信》，金人杰撰。以楚汉相争为背景，写韩信投楚不被重用，转而投刘邦，亦不受重用，愤而出走。萧何连夜将他追回，再三举荐，刘邦始拜其为大将。最终韩信打败楚兵，项羽乌江自刎。

此本是现存最早的刻本，经明代李开先、清代黄丕烈、民国罗振玉递藏。

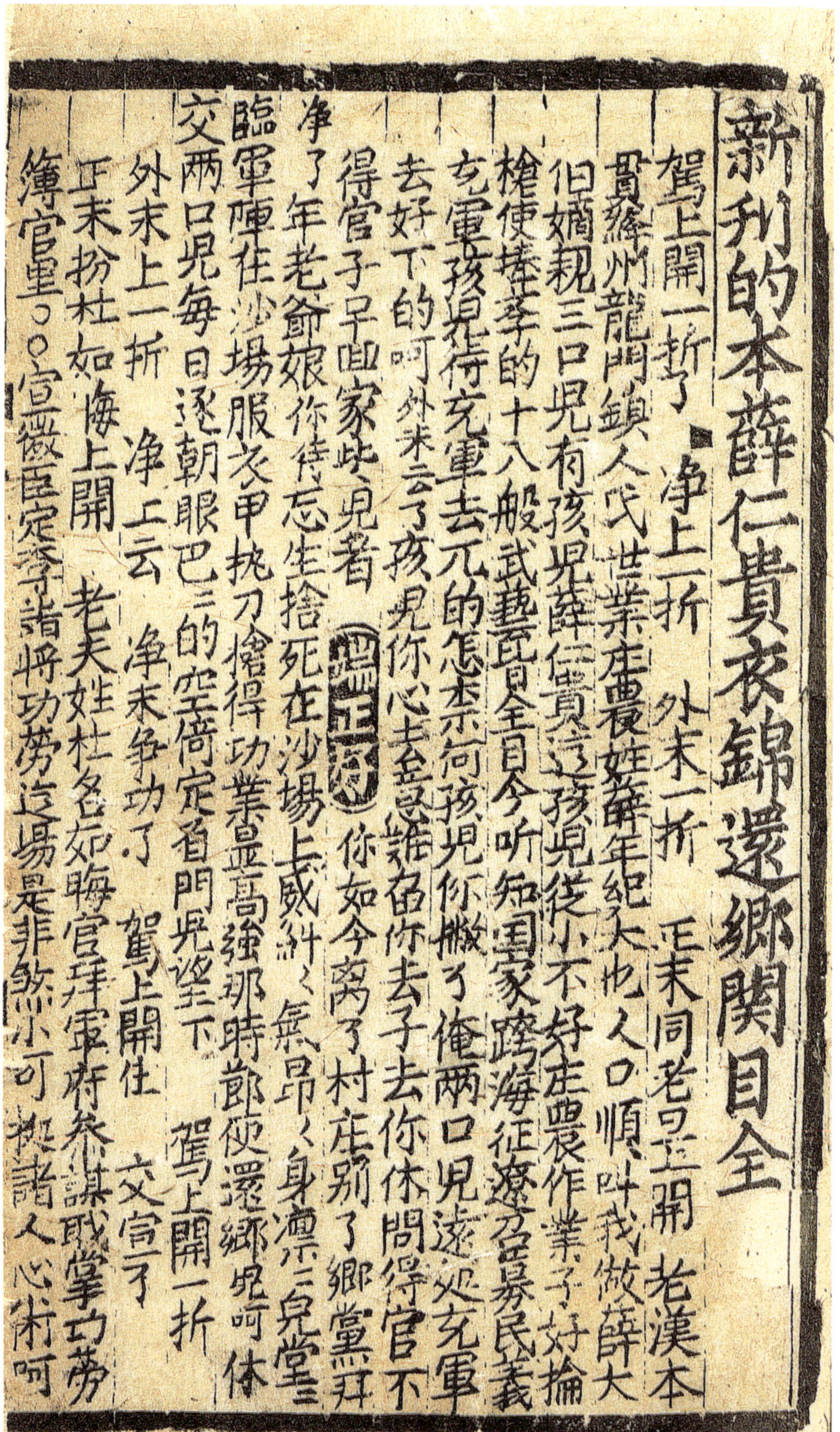

新刊的本薛仁貴衣錦還鄉關目全

駕上開一折了 净上一折 外末一折 正末同老旦上開 若漢本貫絳州龍門鎮人氏世業莊農姓薛年紀大也人口順叫我做薛大伯嫡親三口兒有孩兒薛仁貴這孩兒從小不好莊農作業子好掄槍使棒拳的十八般武藝皆全目今听知國家跨海征遼召募民義充軍孩兒待充軍去兀的怎奈何孩兒你撇了俺兩口兒遠處充軍去好下的呵 外末云了孩兒你心去意疑留你去子去你休問得官不得官子早些家來兒着

端正好 你如今离了村莊別了鄉黨拜辭了年老爺娘你待忘生捨死在沙場上威糾糾氣昂昂身凛凛兒堂堂臨軍陣在沙場服衣甲挽刀槍得功業显高強那時節便還鄉兒呵休交兩口兒每日逐朝眼巴巴的空倚定着門兒望下 駕上開一折

外末上一折 净上云 净末爭功了 駕上開住 文官了

正末扮杜如悔上開 老夫姓杜名如晦官拜軍府參謀戰掌功勞簿官里○宣徵臣定奪諸將功勞這場是非煞小可 挺諸人心術呵

图 1 新刊的本薛仁贵衣锦还乡

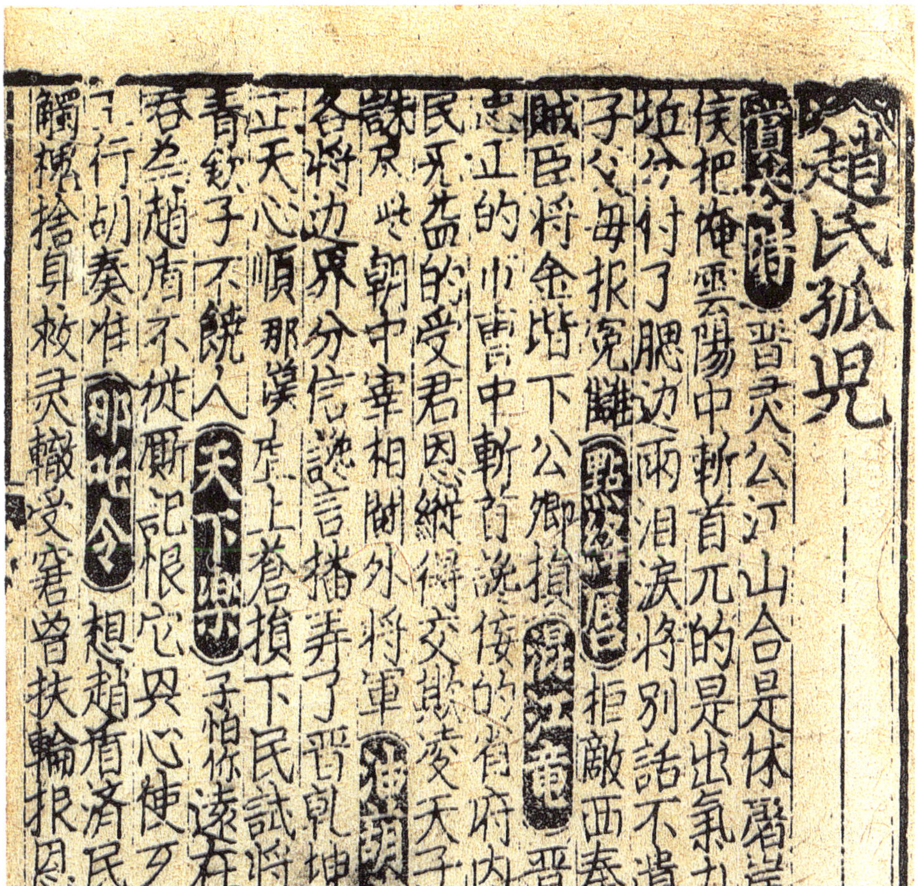

图 2　赵氏孤儿

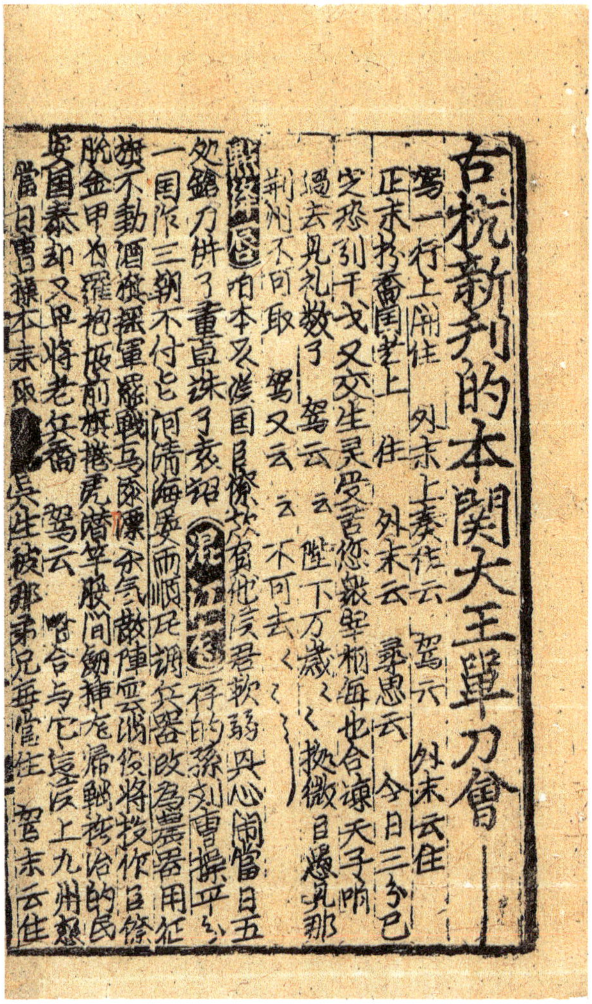

古杭新刊的本関大王單刀會

图3　古杭新刊的本关大王单刀会

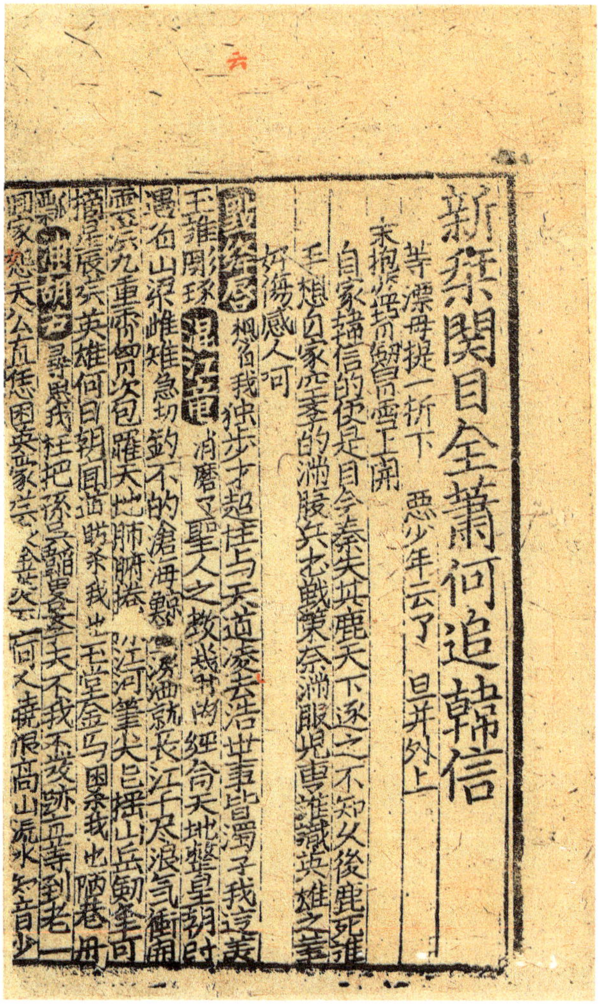

新刊関目全蕭何追韓信

图4　新刊关目全萧何追韩信

古杂剧二十种二十卷

（明）王骥德编　明顾曲斋刻本

九行二十字，白口，左右双边。

王骥德（？—1623），字伯良，号方诸生，会稽（今浙江绍兴）人。早年师从徐渭，与沈璟、吕天成等来往。精研词曲，著述甚富，有曲学评论著作《曲律》、诗文集《方诸馆集》、散曲集《方诸馆乐府》、传奇《题红记》、杂剧《男王后》等，并曾校注《西厢记》《琵琶记》。

是书包括二十种元杂剧，多是名家名篇。马致远（约 1250—1324）的《汉宫秋》，写汉元帝时王昭君出塞和亲的悲剧故事。郑光祖（生卒年不详）的《倩女离魂》，取材于唐传奇《离魂记》，写书生王文举与张倩女的爱情故事，曲词动人，情节离奇。乔吉（1280—1345）撰《金钱记》，讲述唐朝诗人韩翊与柳眉儿的恋爱婚姻故事。罗贯中（约 1330—约 1400）撰《风云会》，系其创作的唯一一部杂剧，写宋代开国皇帝赵匡胤与石守信、赵普等大臣风云聚会、齐心协力，削平群雄，统一天下的过程。

王骥德擅词曲，故其所编选的作品不仅词曲优美、情节曲折丰富，更适于演出，是元杂剧选本中质量较高的本子。由以刊刻戏曲版画著称的顾曲斋刻梓，允称精品。钤有“鸣晦庐珍藏金石书画记”“曼殊藏书之印”“海盐张元济经收”“长乐郑振铎藏书之印”等印。

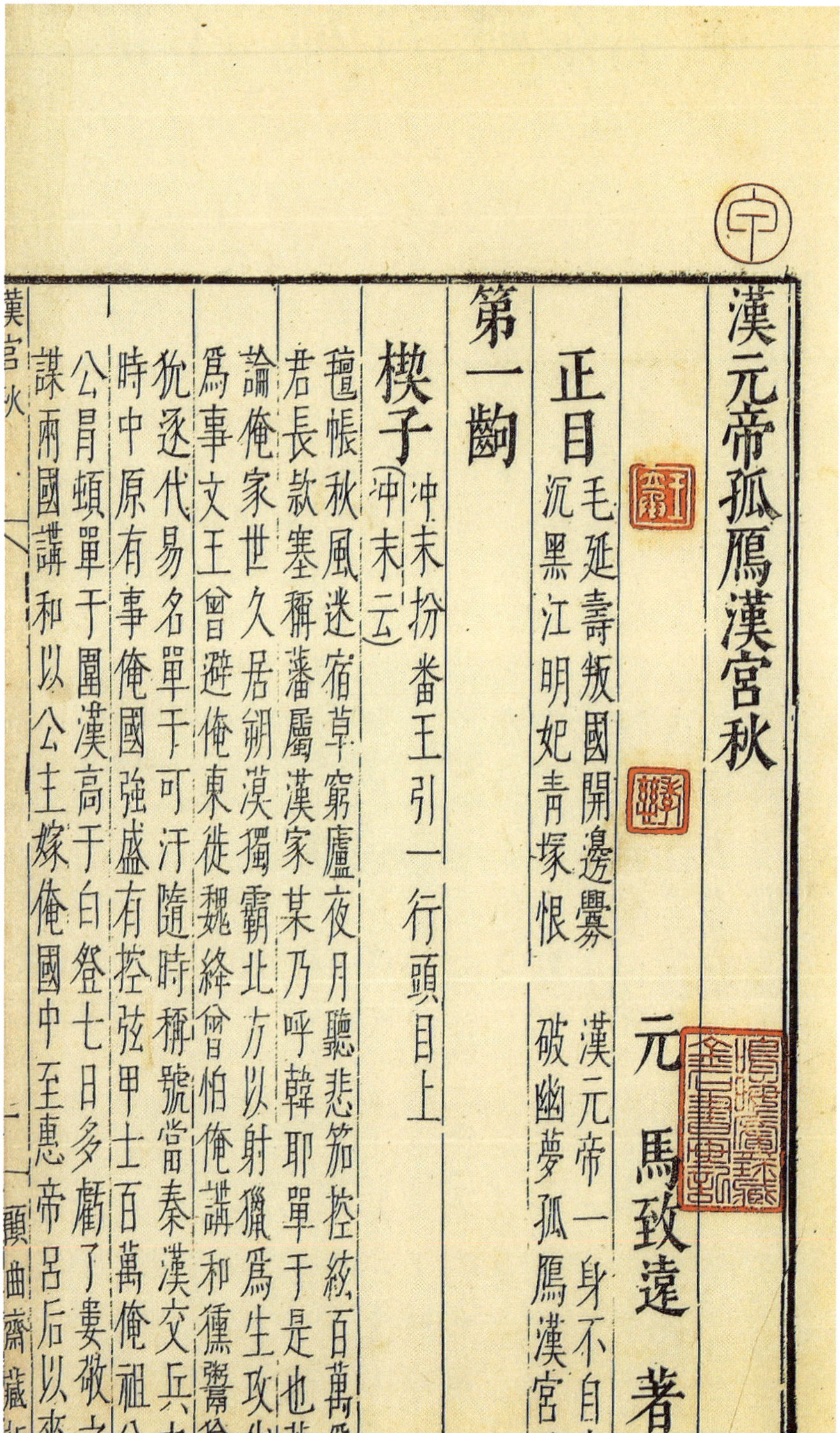
漢元帝孤鴈漢宮秋
元 馬致遠 著
正目 毛延壽叛國開邊釁 漢元帝一身不自由
沉黑江明妃青塚恨 破幽夢孤鴈漢宮秋
第一齣
楔子（冲末扮番王引一行頭目上）（冲末云）氊帳秋風迷宿草穹廬夜月聽悲笳控絃百萬為君長款塞稱藩屬漢家某乃呼韓耶單于是也若論俺家世久居朔漠獨霸北方以射獵為生攻伐為事文王曾避俺東徙魏絳曾怕俺講和獯鬻獫狁逐代易名單于可汗隨時稱號當秦漢交兵之時中原有事俺國強盛有控弦甲士百萬俺祖公公冐頓單于圍漢高于白登七日多虧了婁敬之謀兩國講和以公主嫁俺國中至惠帝呂后以來
漢宮秋　一　顧曲齋藏板

图1　汉元帝孤雁汉宫秋

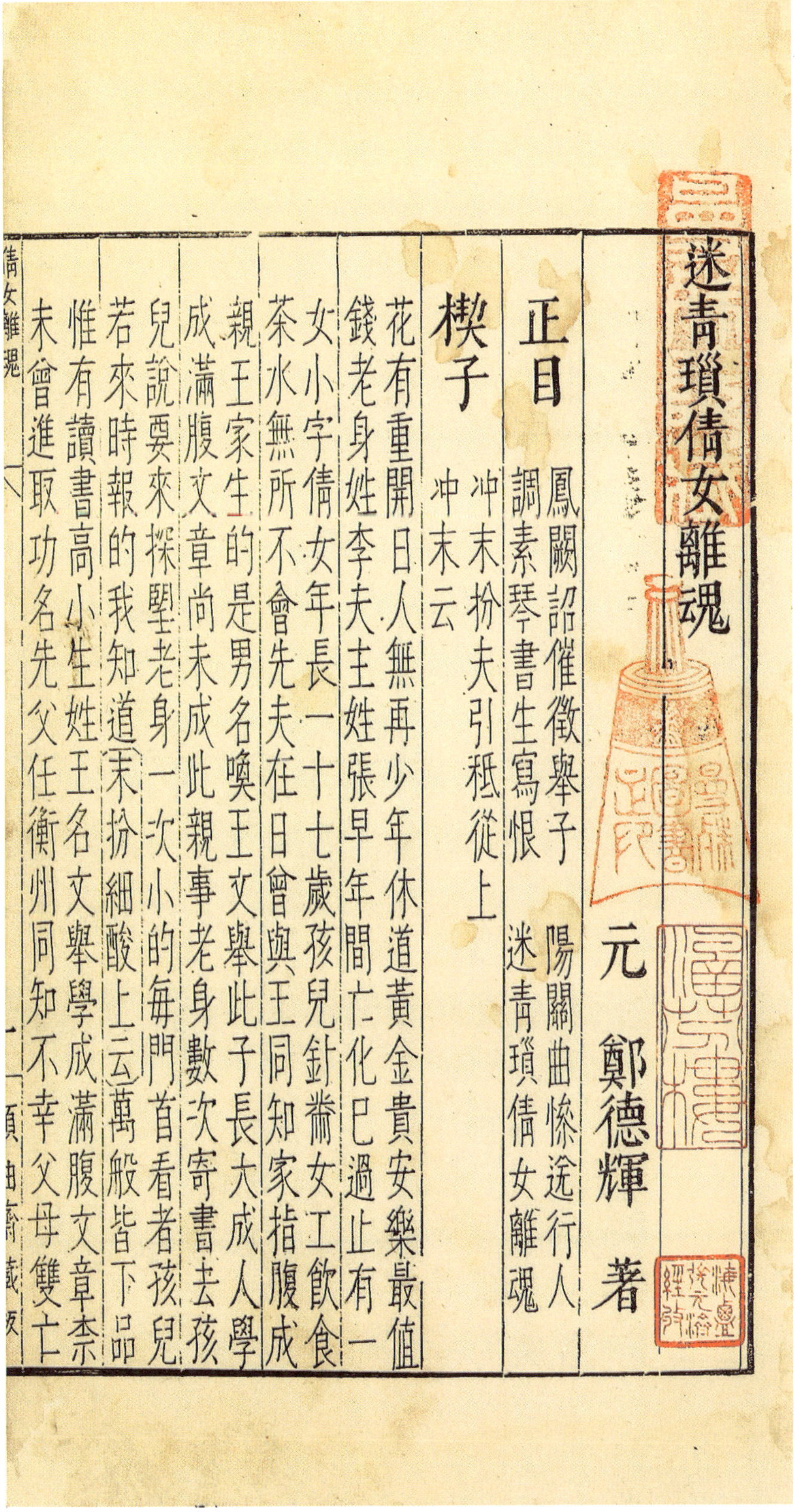

迷青瑣倩女離魂

元 鄭德輝 著

正目 鳳闕詔催徵舉子 陽關曲慘送行人
調素琴書生寫恨 迷青瑣倩女離魂

楔子 冲末扮夫引祗從上

冲末云

花有重開日人無再少年休道黃金貴安樂最值錢老身姓李夫主姓張早年間亡化已過止有一女小字倩女年長一十七歲孩兒針黹女工飲食茶水無所不會先夫在日曾與王同知家指腹成親王家生的是男名喚王文舉此子長大成人學成滿腹文章尚未成此親事老身數次寄書去孩兒說要來探望老身一次小的每門首看者孩兒若來時報的我知道末扮細酸上云萬般皆下品惟有讀書高小生姓王名文舉學成滿腹文章柰未曾進取功名先父任衡州同知不幸父母雙亡

倩女離魂 一 一 顧曲齋藏版

图 2 迷青琐倩女离魂

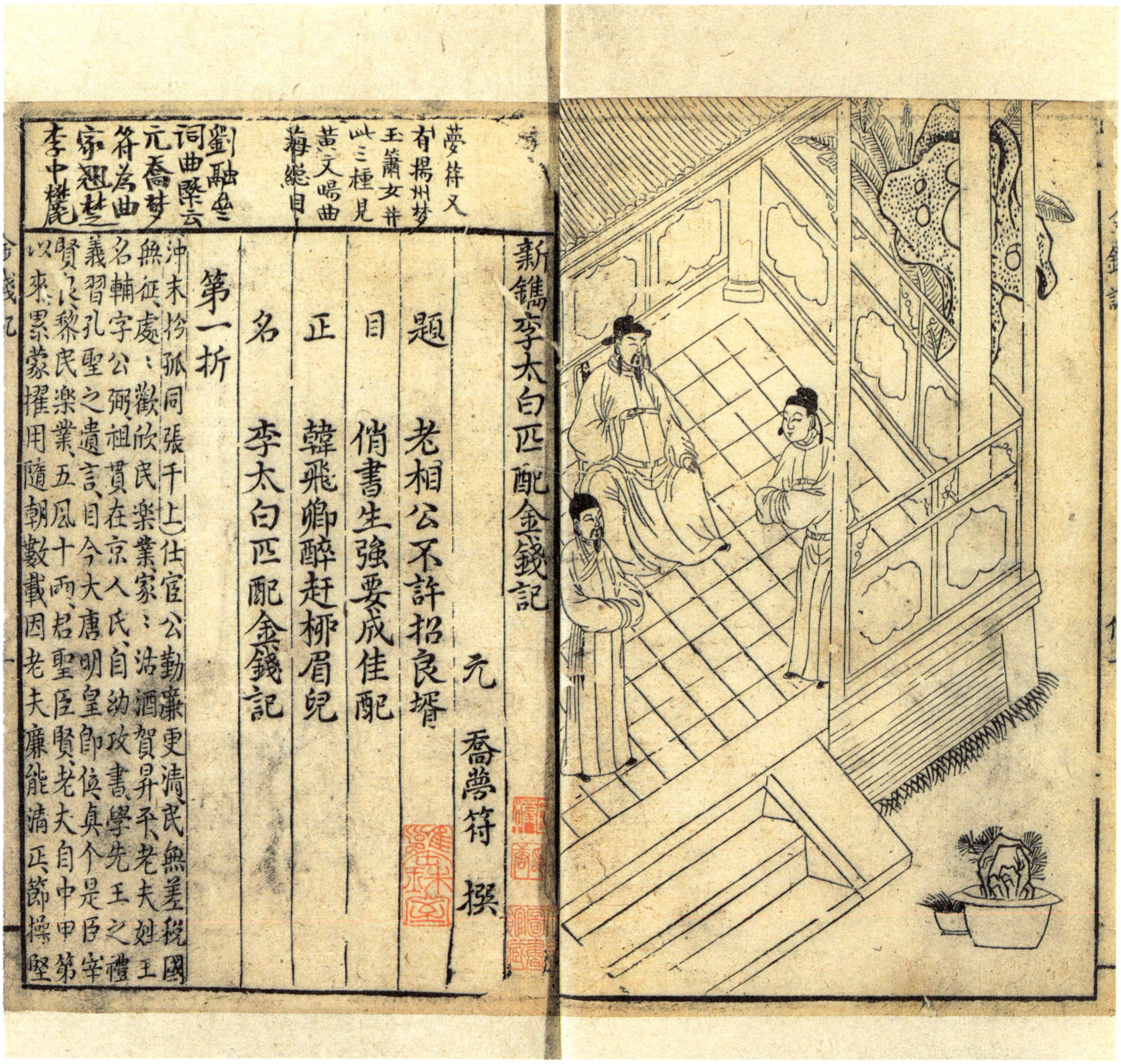
夢符又有揚州梦玉簫女并此三種見黃文暘曲海總目

劉融齋詞曲槩云元喬夢符為曲家翹楚之李中麓

新鐫李太白匹配金錢記　元　喬夢符　撰

題　老相公不許招良壻
目　俏書生強要成佳配
正　韓飛卿醉趕柳眉兒
名　李太白匹配金錢記

第一折

沖末扮孤同張千上）仕宦公勤廉吏清民無差稅國無徵處〻歡欣民樂業家〻沽酒賀昇平〻老夫姓王名輔字公弼祖貫在京人氏自幼攻書學先王之禮義習孔聖之遺言目今大唐明皇即位真个是臣宰賢良黎民樂業五風十雨君聖臣賢老夫自中甲第以來累蒙擢用隨朝數載因老夫廉能清正節操堅

图3　李太白匹配金钱记

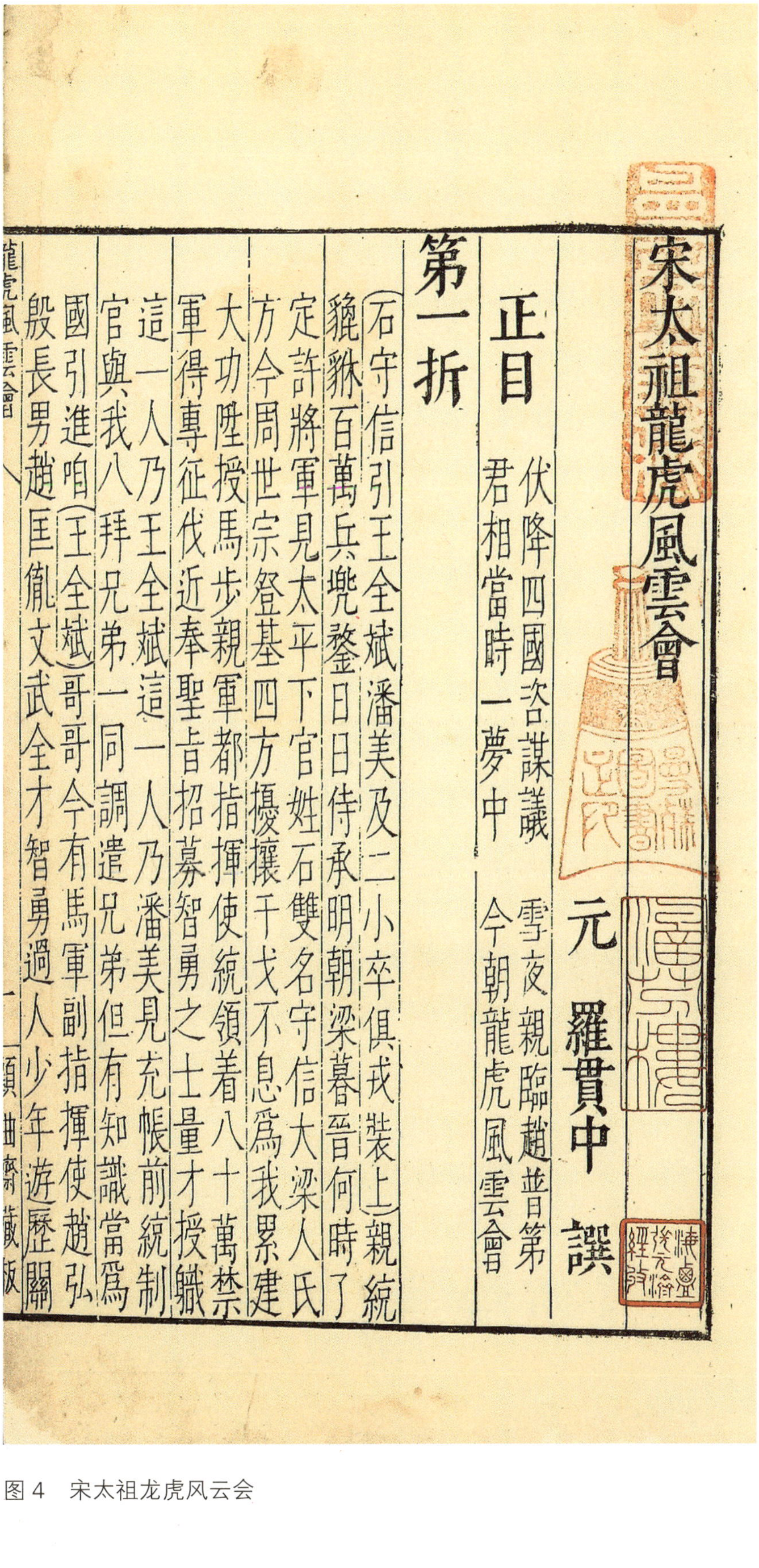
宋太祖龍虎風雲會

元　羅貫中　撰

正目　伏降四國咨謀議　雪夜親臨趙普第
君相當時一夢中　今朝龍虎風雲會

第一折

(石守信引王全斌潘美及二小卒俱戎裝上)親統貔貅百萬兵兜鍪日日侍承明朝梁暮晉何時了定許將軍見太平下官姓石雙名守信太梁人氏方今周世宗登基四方擾攘干戈不息爲我累建大功陞授馬步親軍都指揮使統領着八十萬禁軍得專征伐近奉聖旨招募智勇之士量才授職這一人乃王全斌這一人乃潘美見充帳前統制官與我八拜兄弟一同調遣兄弟但有知識當爲國引進咱(王全斌)哥哥今有馬軍副指揮使趙弘殷長男趙匡胤文武全才智勇過人少年遊歷關

龍虎風雲會　一　顧曲齋藏版

图 4　宋太祖龙虎风云会

元曲选一百卷论曲一卷

（明）臧懋循编

论曲一卷

（明）陶宗仪等撰　明万历刻本

九行二十字，白口，左右双边。

臧懋循（1550—1620），字晋叔，号顾渚，浙江长兴人。万历八年（1850）进士，官至南京国子监博士。精研戏曲，擅长诗文，辑有《古诗所》《唐诗所》等。陶宗仪（1321—约 1412），字九成，号南村，祖籍福建长溪，徙居台州黄岩（今属浙江）。著述颇丰，有《南村辍耕录》《说郛》等。

《元曲选》又称为“百种”，系臧氏据坊间刻本元人杂剧和其亲戚刘承禧所藏本编选而成，分前后两集出版。体例为四折一楔子，使原来较粗糙古拙和情节不甚顺畅的剧本，有了关目，成为较清楚、合理，字句通顺，富于文采的元杂剧新版本。每折杂剧后，都有“音释”一节，标出读音和声调，有利于戏曲创作的推广。《论曲》是关于元曲的体制、宾白、内容、形象等内容的理论探讨。

《窦娥冤》全称《感天动地窦娥冤》，为元杂剧之代表作。作者关汉卿（生卒年不详），晚号已斋。大都（今北京）人。创作杂剧近七十种，散曲、小令、套数若干，为“元曲四大家”之一。剧写窦娥因贫穷被聘给蔡婆婆做童养媳，丈夫死后，被诬陷毒死张驴儿之父，屈打成招，终被冤杀，临死发出三桩誓愿，最终其父拜官后得以昭雪。此书所收《窦娥冤》版本为该剧通行本，一些曲子曾经臧懋循加工改动，有较高的艺术水准。此本曾经吴梅收藏。

图 1　窦娥冤 秉鉴持衡廉访法

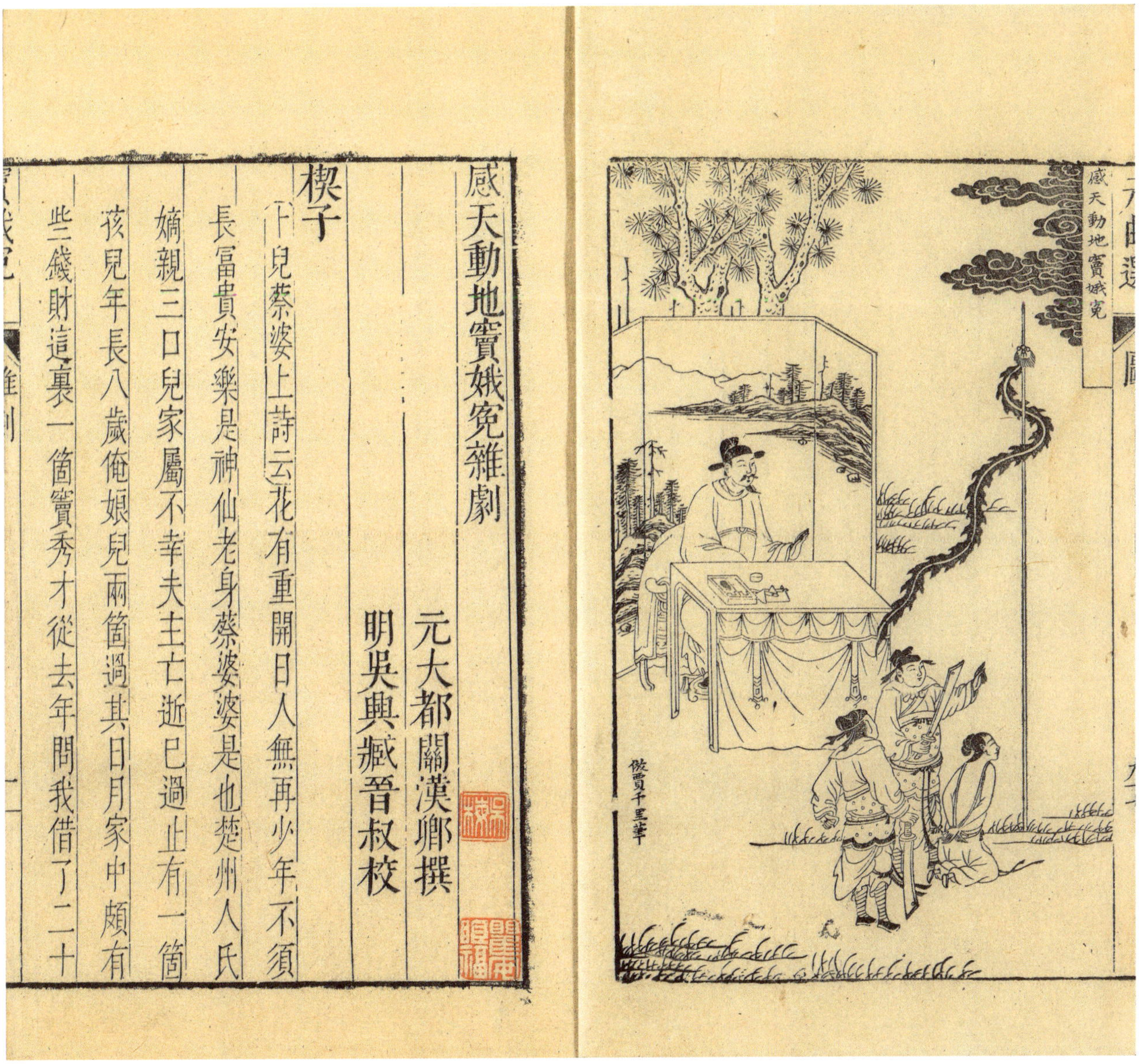

图 2　窦娥冤 感天动地窦娥冤

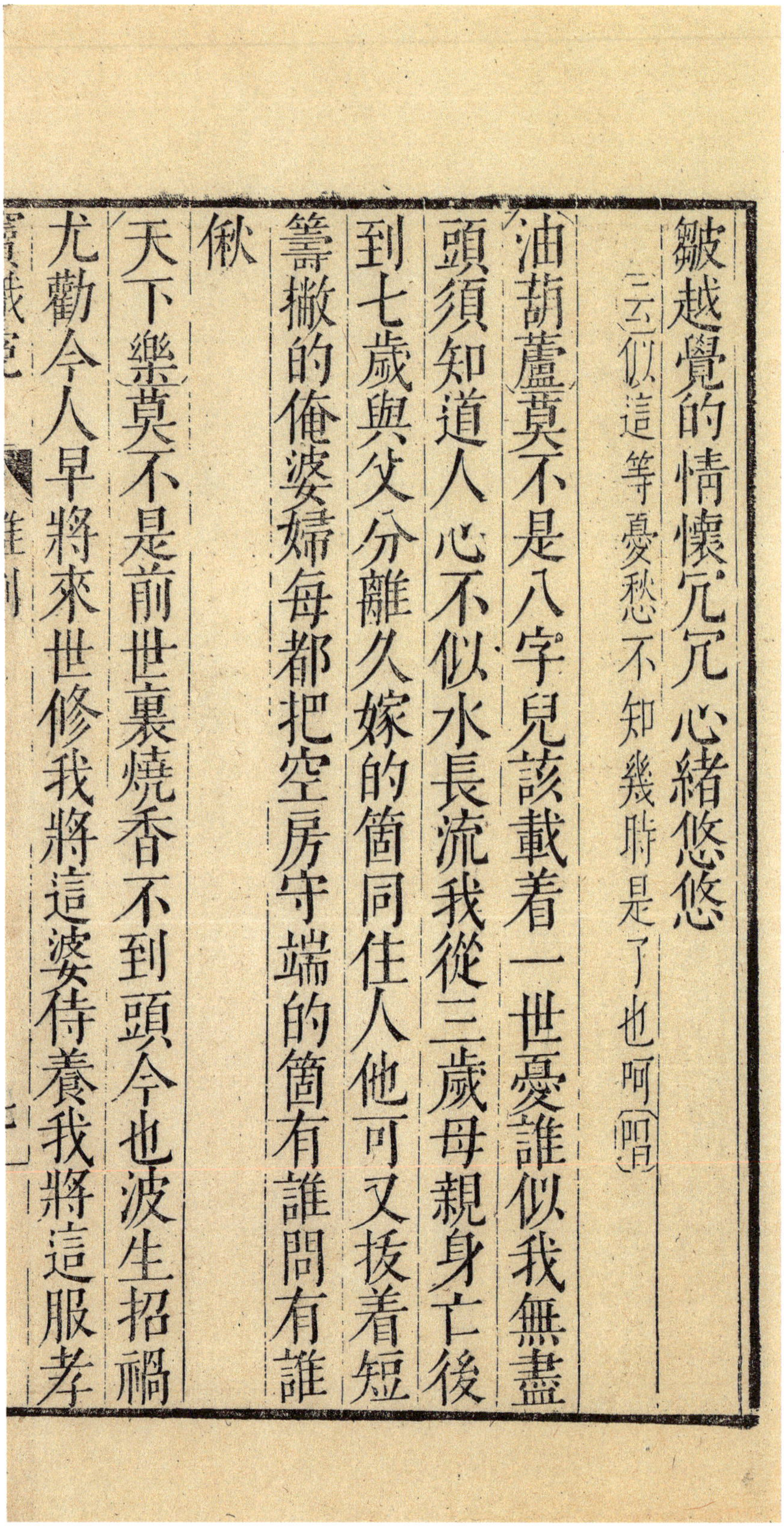

皺越覺的情懷冗冗心緒悠悠
(三)似這等憂愁不知幾時是了也呵(唱)
(油葫蘆)莫不是八字兒該載着一世憂誰似我無盡
頭須知道人心不似水長流我從三歲母親身亡後
到七歲與父分離久嫁的箇同住人他可又拔着短
籌撇的俺婆婦每都把空房守端的箇有誰問有誰
偢
(天下樂)莫不是前世裏燒香不到頭今也波生招禍
尤勸今人早將來世修我將這婆侍養我將這服孝
竇娥冤　雜劇

图3　窦娥冤　曲文

新镌半夜雷轰荐福碑杂剧一卷

（元）马致远撰　明陈氏继志斋刻本

十行二十字，小字双行同，白口，四周单边。

马致远（约 1250—约 1324），字千里，号东篱，大都（今北京）人。有杂剧《汉宫秋》《荐福碑》等及散曲《东篱乐府》传世，为“元曲四大家”之一。

“荐福碑”典出宋人惠洪《冷斋夜话》“雷轰荐福碑”条，讲述书生张镐命运多舛，人生失意。杂剧《荐福碑》与之基调相同，述书生张镐才华横溢，身处穷乡僻壤，好友范仲淹作为朝中重臣，举荐其入朝，但其中诸多波折，张镐几乎自杀，虽然最终得中状元，但所受挫折让人心灰意冷。该剧曲辞优美、人物形象突出，揭示了士人跌宕起伏的命运。

继志斋书坊主人名陈邦泰，字大来，秣陵（今南京）人。继志斋书坊以刊刻戏曲等通俗书刊著称。此本钤有“桐城守铨子珍藏印”“臣模”“瓮珠室”等印，曾藏于桐城张开模处。

图 1　插图

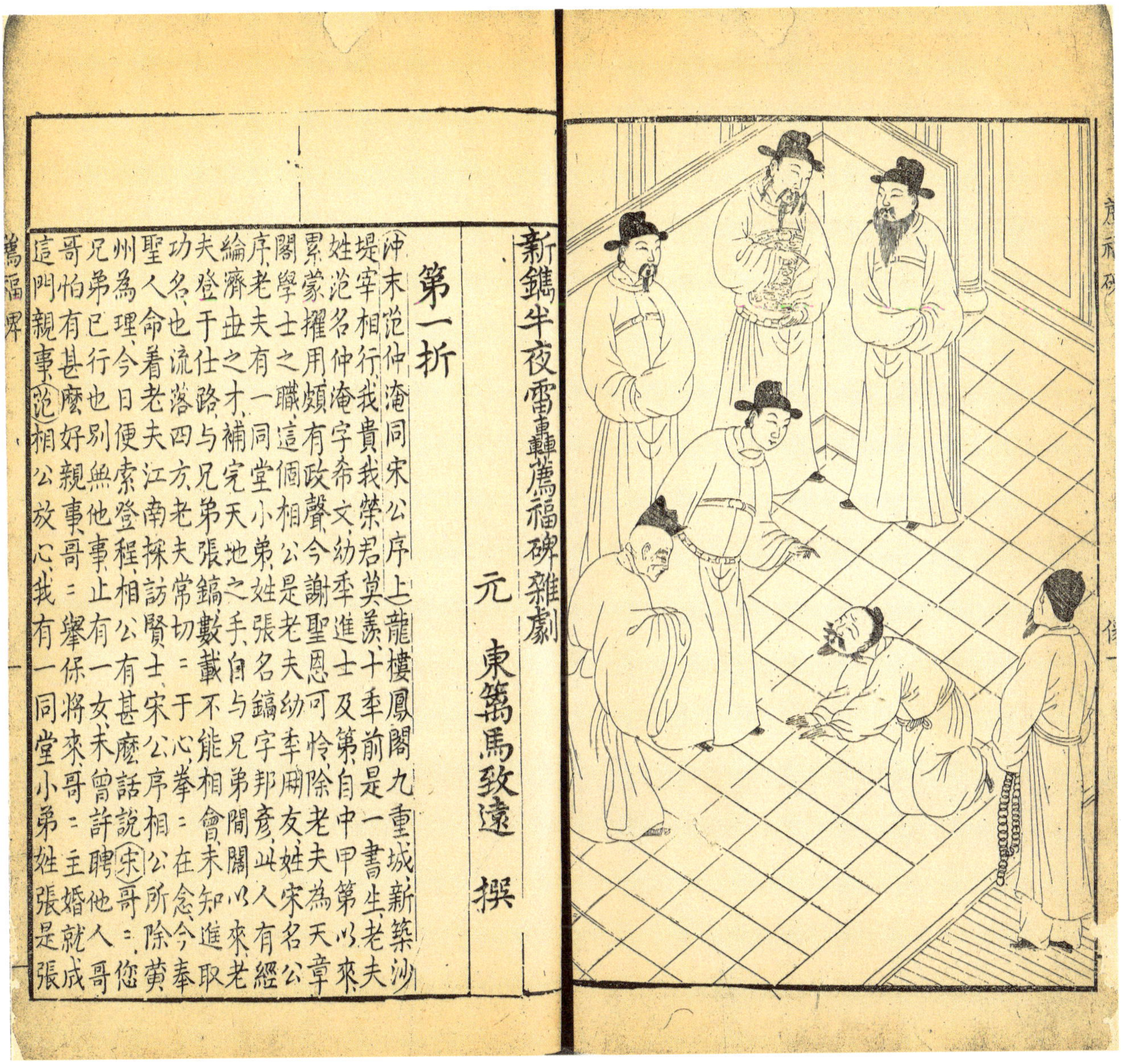

薦福碑 一
新鐫半夜雷轟薦福碑雜劇
元 東籬馬致遠 撰
第一折
沖末范仲淹同宋公序上 龍樓鳳閣九重城新築沙堤宰相行我貴我榮君莫羨十秊前是一書生老夫姓范名仲淹字希文幼秊進士及第自中甲第以來累蒙擢用頗有政聲今謝聖恩可憐除老夫為天章閣學士之職這個相公是老夫幼秊朋友姓宋名公序老夫有一同堂小弟姓張名鎬字邦彥此人有經綸濟丗之才補完天地之手自与兄弟間闊以來老夫登于仕路与兄弟張鎬數載不能相會未知進取功名也流落四方老夫常切〻于心拳〻在念今奉聖人命着老夫江南採訪賢士宋公序相公所除黄州為理今日便索登程相公有甚麼話說 宋 哥〻您兄弟已行也別無他事止有一女未曾許聘他人哥〻怕有甚麼好親事哥〻舉保將來哥〻主婚就成這門親事 范 相公放心我有一同堂小弟姓張是張

图 2 第一折

乐府阳春白雪前集四卷后集五卷

（元）杨朝英辑　清黄氏士礼居抄本　（清）黄丕烈校跋

十行二十字。

杨朝英（生卒年不详），号澹斋，四川青城人。喜散曲，作品风格豪放。首开元人选元曲之风，编刊《阳春白雪》《太平乐府》二书，被称为“杨氏二选”，现存的全元散曲，半数藉此流传。

是书所选，除卷首列当时所谓“大乐”十首（即宋金元名家词十首）外，余皆为元人散曲。编辑体例独特，非以作家为目，而以曲牌为目，下缀有关各家作品，突出元人散曲所用之曲调。计收录作者八十余家，小令四百六十三首，套数五十五套。书中选曲去取谨严，大抵以典雅为宗，绝少猥滥曲之作，故以“阳春白雪”名书，以示高雅，基本上囊括了元人散曲的优秀作品，能够体现出元曲创作的最高水平。

此书元本沉湮已久，清乾隆间编纂《四库全书》亦未采录。此本为清代著名藏书家黄丕烈所抄，内有黄氏朱笔批校、跋语，后有孙潜夫跋语，有重要的版本价值。

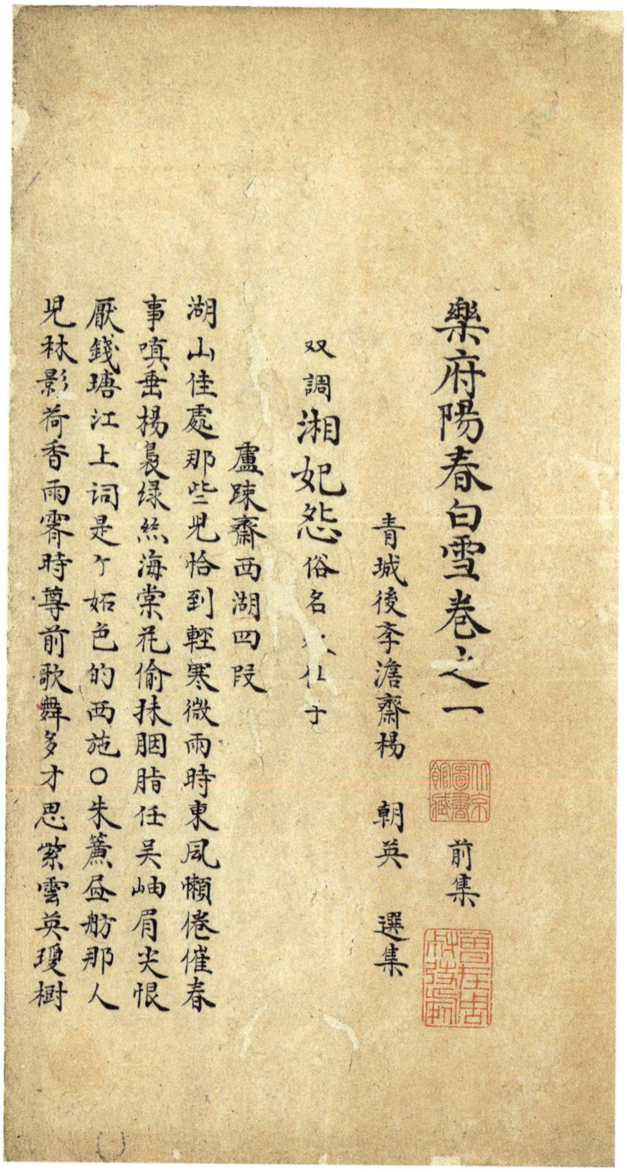
樂府陽春白雪卷之一　前集
青城後李澹齋楊　朝英　選集
双調　湘妃怨　俗名水仙子
盧疎齋西湖四段
湖山佳處那些兒恰到輕寒微雨時東風懶倦催春
事嗔垂楊裊綠絲海棠花偷抹胭脂任吴岫眉尖恨
厭錢塘江上詞是个妬色的西施〇朱簾畫舫那人
兒林影荷香雨霽時尊前歌舞多才思縈雲英瓊樹

图　卷端

明代

琵琶记三卷

（元）高明撰　明万历二十五年（1597）汪光华玩虎轩刻本

十行二十二字，白口，四周单边。

高明（约1305—约1359），一说（约1305—1371），字则诚，号菜根道人，温州瑞安（今属浙江）人。弱冠以学识渊博著称，诗文之外尤擅词曲。元至正五年（1345）进士，累官至福建行省都事。著有南戏《闵子骞单衣记》（今佚）及诗文《柔克斋集》二十卷。

《琵琶记》系改编自早期南戏《赵贞女》，写蔡伯喈新婚二月，迫于父命，赴京应试。状元及第后，被迫与牛丞相之女成婚。时值家乡遭受饥荒，其妻赵五娘历尽艰辛，奉养公婆。公婆盼子不归，气饿而亡。五娘弹唱琵琶，至京寻夫。最后夫妻团圆，庐墓旌表。

全剧在结构上，将蔡家与牛府交叉演出，形成强烈对比。其语言运用也有独到之处，蔡伯喈及其京城生活氛围中的人物，台词雕琢，文采灿然；赵五娘及其相关人物的语言则自然朴实，生活气息浓郁，两种语言风格交相辉映。

此剧典雅、生动，代表了南戏艺术最高成就，一直以“南戏之祖”著称于世，是古典戏曲中版本最多、流传最广、影响最大的作品。明清以来刊行的《琵琶记》多达数十种，因版本不同而卷数各异。此本共四十二出，由徽州著名的汪光华玩虎轩刊刻，书中插图精工秀丽，极具观赏价值。

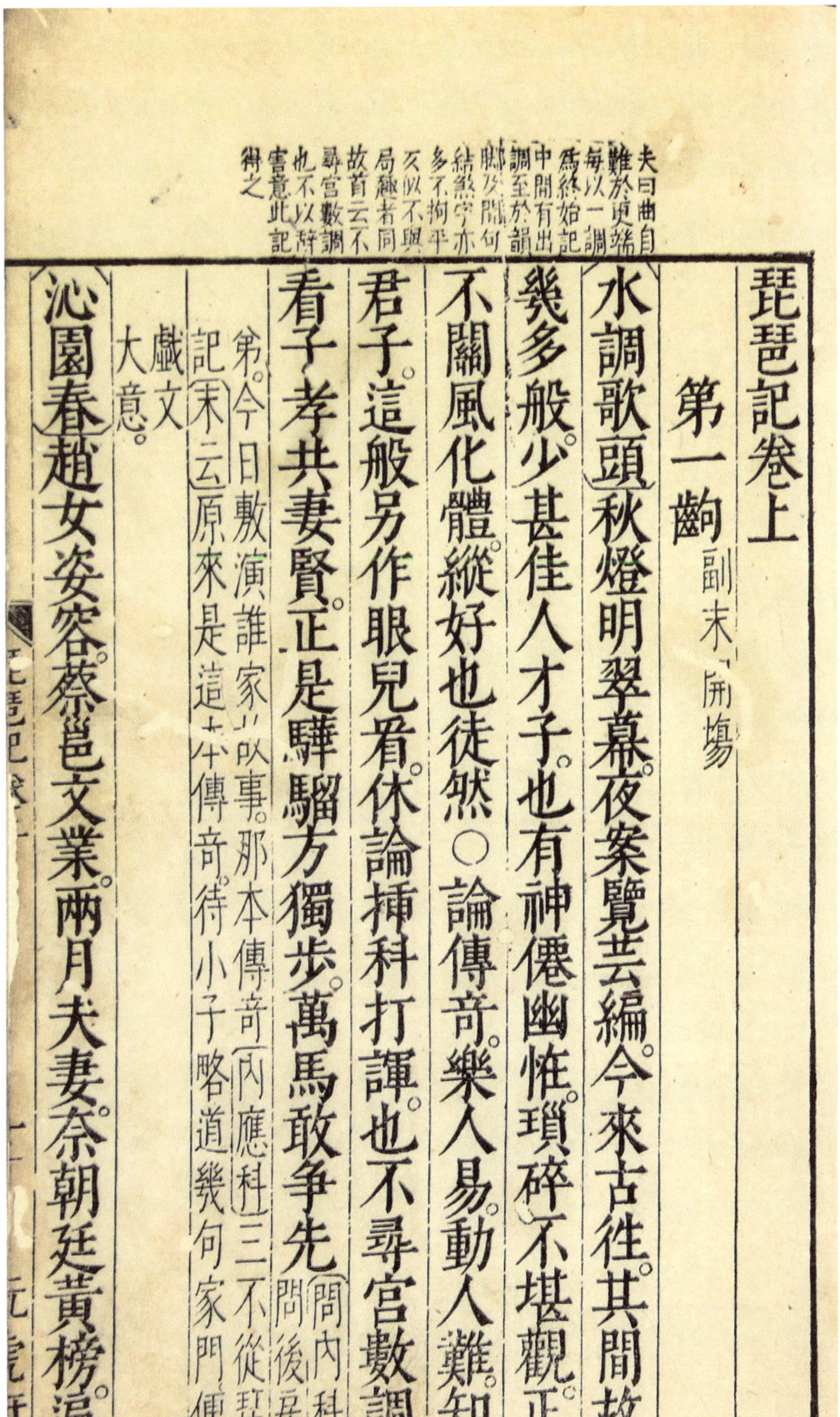
夫曰曲自難於更端每以一調為終始記中開有出調至於韻腳及賦何結煞字亦多不拘平灰似不與局趣者同故首云不尋宮數調也不以辭害意此記得之

琵琶記卷上

第一齣 副末開場

【水調歌頭】秋燈明翠幕。夜案覽芸編。今來古往。其間故事幾多般。少甚佳人才子。也有神僊幽怪。瑣碎不堪觀。正是不關風化體。縱好也徒然。○論傳奇。樂人易。動人難。知音君子。這般另作眼兒看。休論插科打諢。也不尋宮數調。只看子孝共妻賢。正是驊騮方獨步。萬馬敢爭先。（問內科）且問後房子弟。今日敷演誰家故事。那本傳奇。（內應科）三不從琵琶記。（末云）原來是這本傳奇。待小子略道幾句家門便見戲文大意。

【沁園春】趙女姿容。蔡邕文業。兩月夫妻。奈朝廷黃榜。遍招

图1 卷端

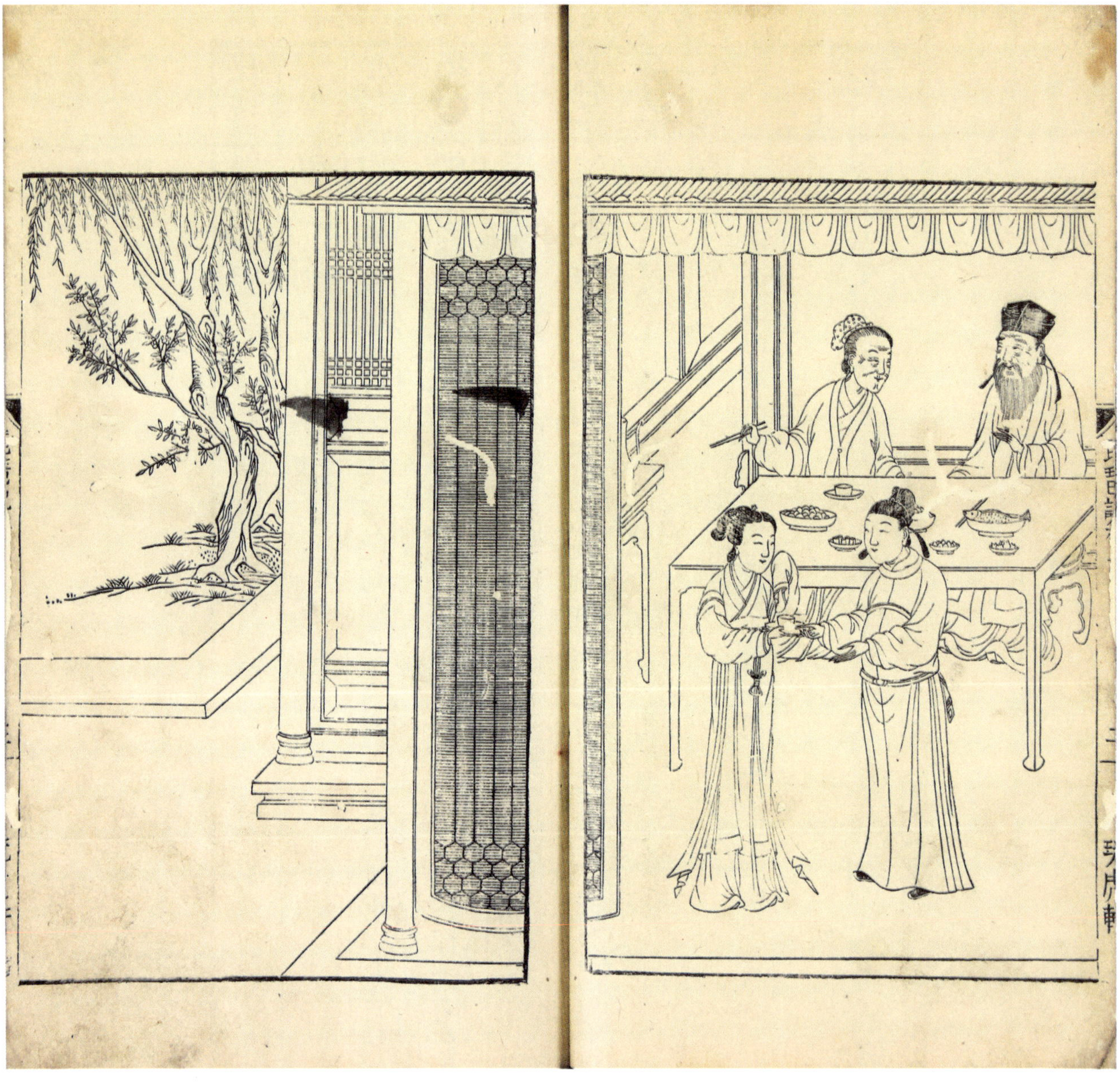

图 2　插图

古本荆钗记二卷

（明）朱权撰　明刻本　吴梅　金兆蕃跋

十行二十字，小字双行同，白口，左右双边。

朱权（1378—1448），字臞仙，号涵虚子、丹丘先生，明太祖朱元璋第十七子，封宁王，成祖时徙封江西南昌。多才多艺，今存杂剧《大罗天》《私奔相如》，散曲小令十四首、套曲一套，撰有曲学专著《太和正音谱》。《明史》卷一百一十六有传。

此剧讲述王十朋、钱玉莲的曲折婚姻故事。温州王十朋家贫，以荆钗为聘，娶钱玉莲为妻。婚后十朋进京得中状元，授江西饶州佥判，因拒绝万俟丞相的招赘而被贬为广东潮阳佥判。同乡劣绅孙汝全偷换十朋的家信，逼迫玉莲改嫁自己。玉莲投江殉节，被福建安抚钱载和救起，收为义女，并差人去饶州寻访王十朋。差人误报饶州新任王姓太守死讯，玉莲得信誓不再嫁。而十朋得知玉莲投江，也誓不再娶。后王十朋调任吉安太守，钱载和移官途经吉安，夫妻二人得以巧遇团圆。

《荆钗记》为四大南戏之首。明徐复祚《三家村老委谈》评云："《琵琶》《拜月》而下，《荆钗》以情节关目胜。"南戏本为浙江温州一带地方剧种，在南宋盛行一时，特点是戏文可长可短，没有折数限制，用韵灵活，对唱独唱并用，后与北方杂剧融合，吸收了连套的方式，形成了明传奇。

此本钤"平湖葛氏传朴堂三世所聚书""皖歙程守中藏书"等印，曾藏于嘉兴葛氏、歙县程守中处。

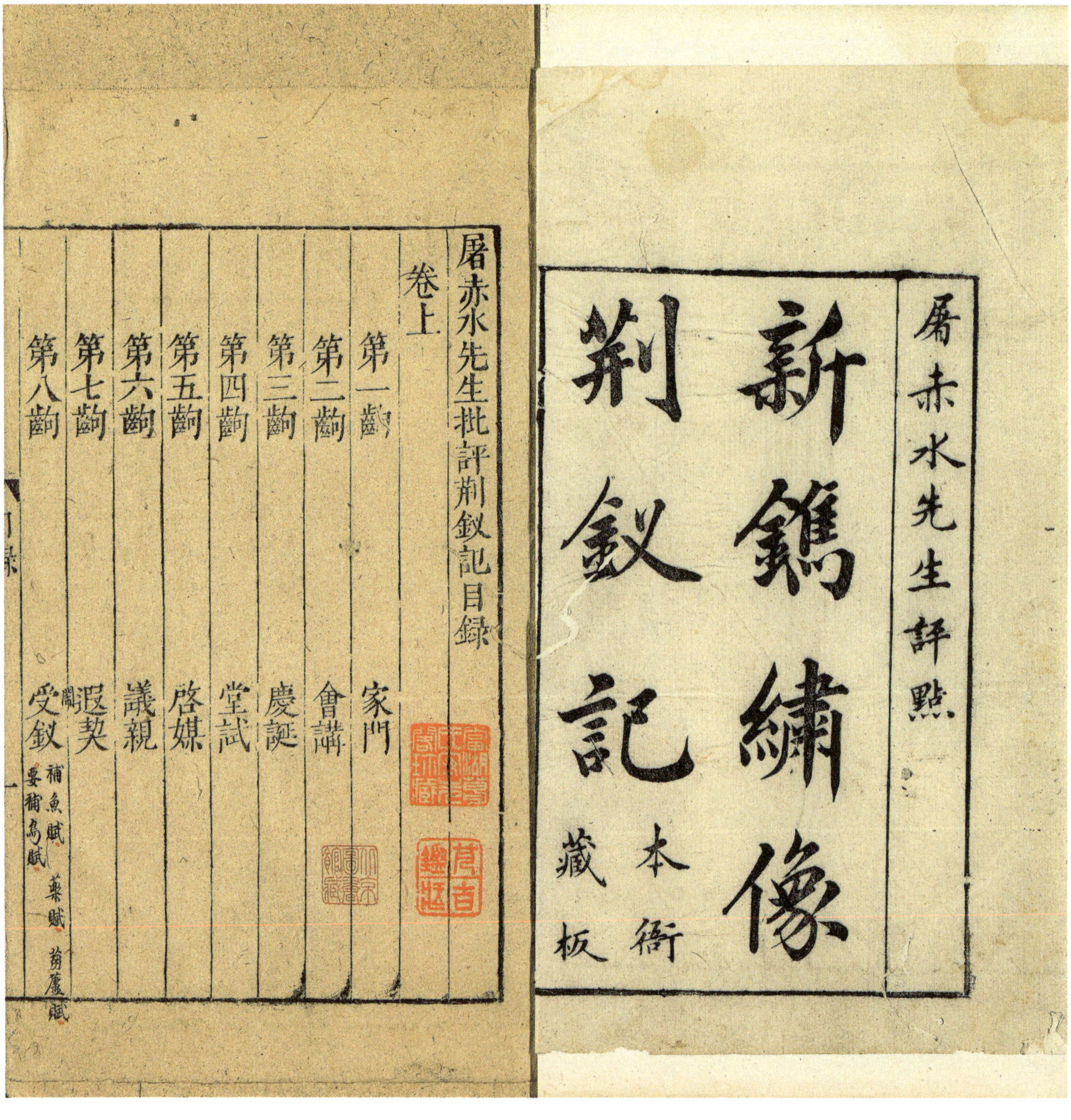
屠赤水先生評點
新鐫繡像荆釵記
本衙藏板
屠赤水先生批評荆釵記目録
卷上
第一齣 家門
第二齣 會講
第三齣 慶誕
第四齣 堂試
第五齣 啓媒
第六齣 議親
第七齣 遐契
第八齣 受釵

图 1　目录

图 2　绣像

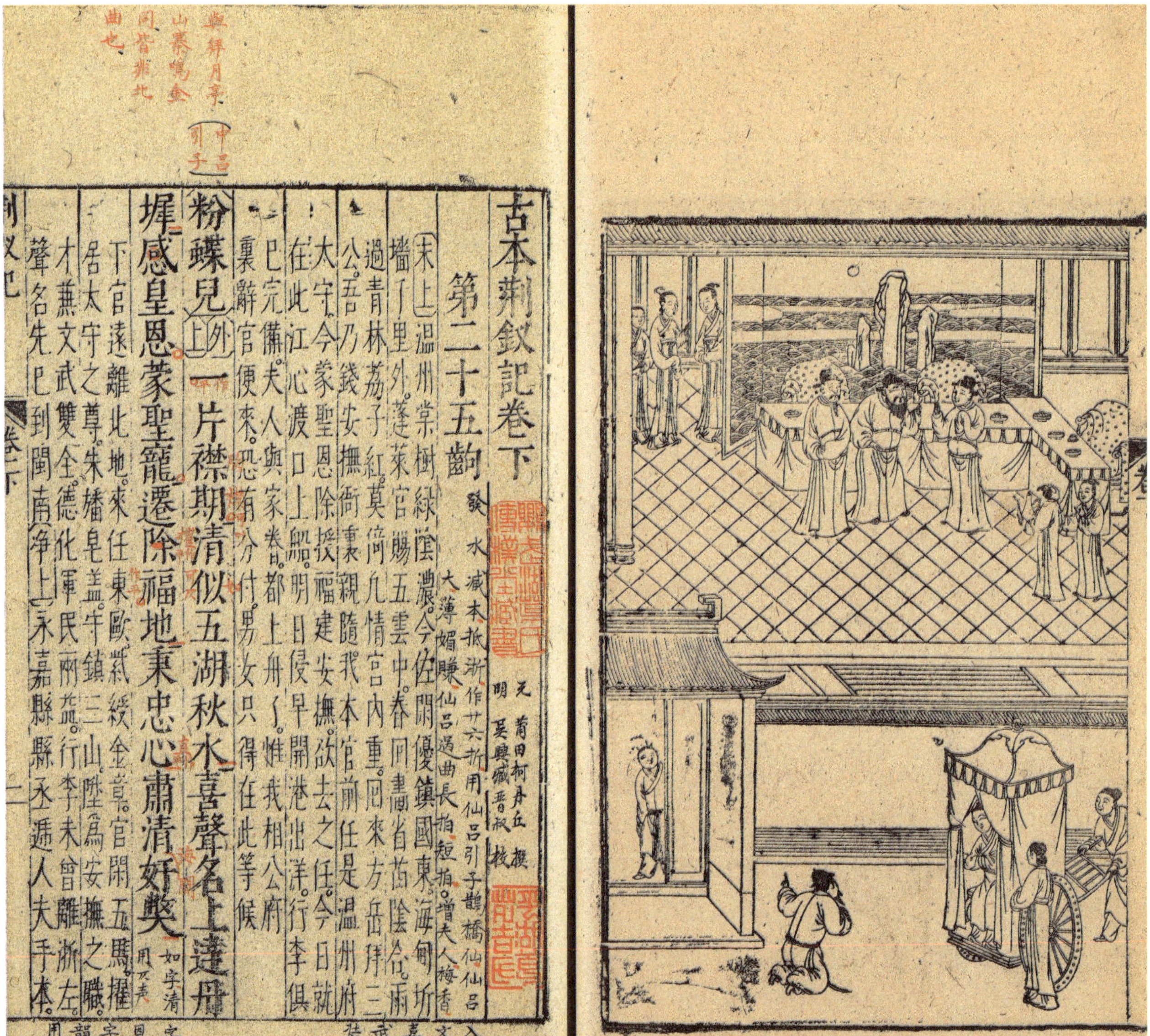
古本荆釵記卷下

第二十五齣 發水

元 莆田柯丹丘 撰
明 吴興臧晋叔 校

（末上）温州棠樹綠陰濃。今佐閒優鎮國東海甸圻墻了里外。蓬萊宮賜五雲中。春向畫省苗陰合。雨過青林荔子紅。莫倚凡情宮內重。回來方岳拜三公。吾乃錢安撫衙裏親隨。我本官前任是温州府太守。今蒙聖恩除授福建安撫。欲去之任。今日就在此江心渡口上船。明日侵早開港出洋。行李俱已完備。夫人與家眷。都上舟了。唯我相公府裏辭官便來。恐有分付。男女只得在此等候

粉蝶兒（外上）一片襟期清似五湖秋水。喜聲名上達丹墀。感皇恩蒙聖寵遷除福地。秉忠心肅清奸弊。

下官遠離北地。來任東歐。紱綬金章。官閑五馬。擢居太守之尊。朱幡皂蓋。牛鎮三山。陞爲安撫之職。才兼文武。雙全德化。軍民兩旐。行李未曾離浙左。聲名先已到閩南（净上）永嘉縣縣丞遞人夫手本。

图 3　批点

杀狗记二卷

（明）徐畛编　明毛氏汲古阁刻《六十种曲》清初重印本

九行十九字，白口，左右双边。

徐畛（生卒年不详），字仲由，浙江淳安人，洪武初秀才。

此剧与《荆钗记》《刘知远白兔记》《拜月亭》并称为“荆刘拜杀”四大南戏。剧演富家子弟孙华听信无赖朋友胡子传、柳龙卿蛊惑，驱赶手足兄弟孙荣，致孙荣落破，衣食堪忧。孙荣兄嫂杨月真明白事理，生计劝其夫悔悟，杀狗套上人衣，置于院中。孙华发现后以为出了命案，求救于胡、柳，二人非但不予帮助，反而告发孙华。孙荣不计前嫌，承担“杀人”之罪欲为其兄开脱，孙华醒悟，终信手足情深。后杨月真揭示真相。最后孙荣封官，终以团圆结局。此剧语言通俗质朴，情节曲折有趣，在我国戏曲史上具有重要影响。

明末毛晋选编刊刻汲古阁《六十种曲》收录此剧，为今仅存之完整刊本。《六十种曲》是中国戏曲史上最早的传奇总集，也是《古本戏曲丛刊》之前规模最大的戏曲总集。

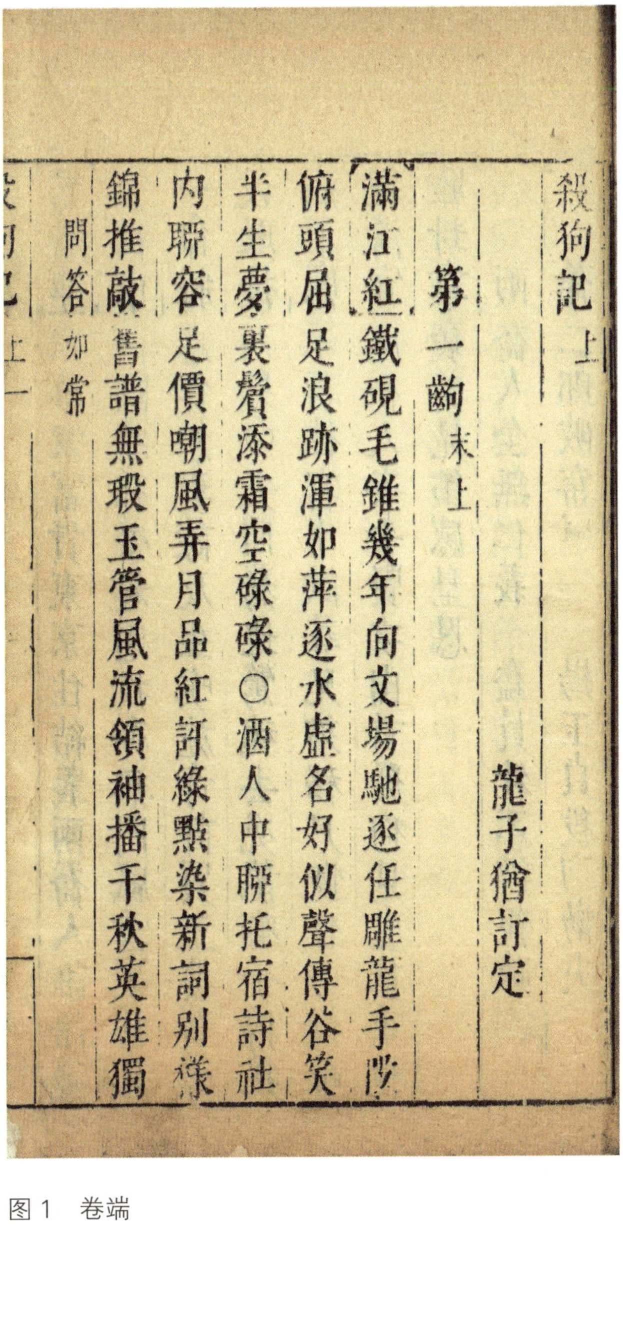
殺狗記　上

龍子猶訂定

第一齣　末上

滿江紅　鐵硯毛錐幾年向文場馳逐任雕龍手段
俯頭屈足浪跡渾如萍逐水虛名好似聲傳谷笑
半生夢裏鬢添霜空碌碌○酒人中聊托宿詩社
內聯容足慣嘲風弄月品紅評綠點染新詞別樣
錦推敲舊譜無瑕玉管風流領袖播千秋英雄獨
問答如常

殺狗記　上　一

图1　卷端

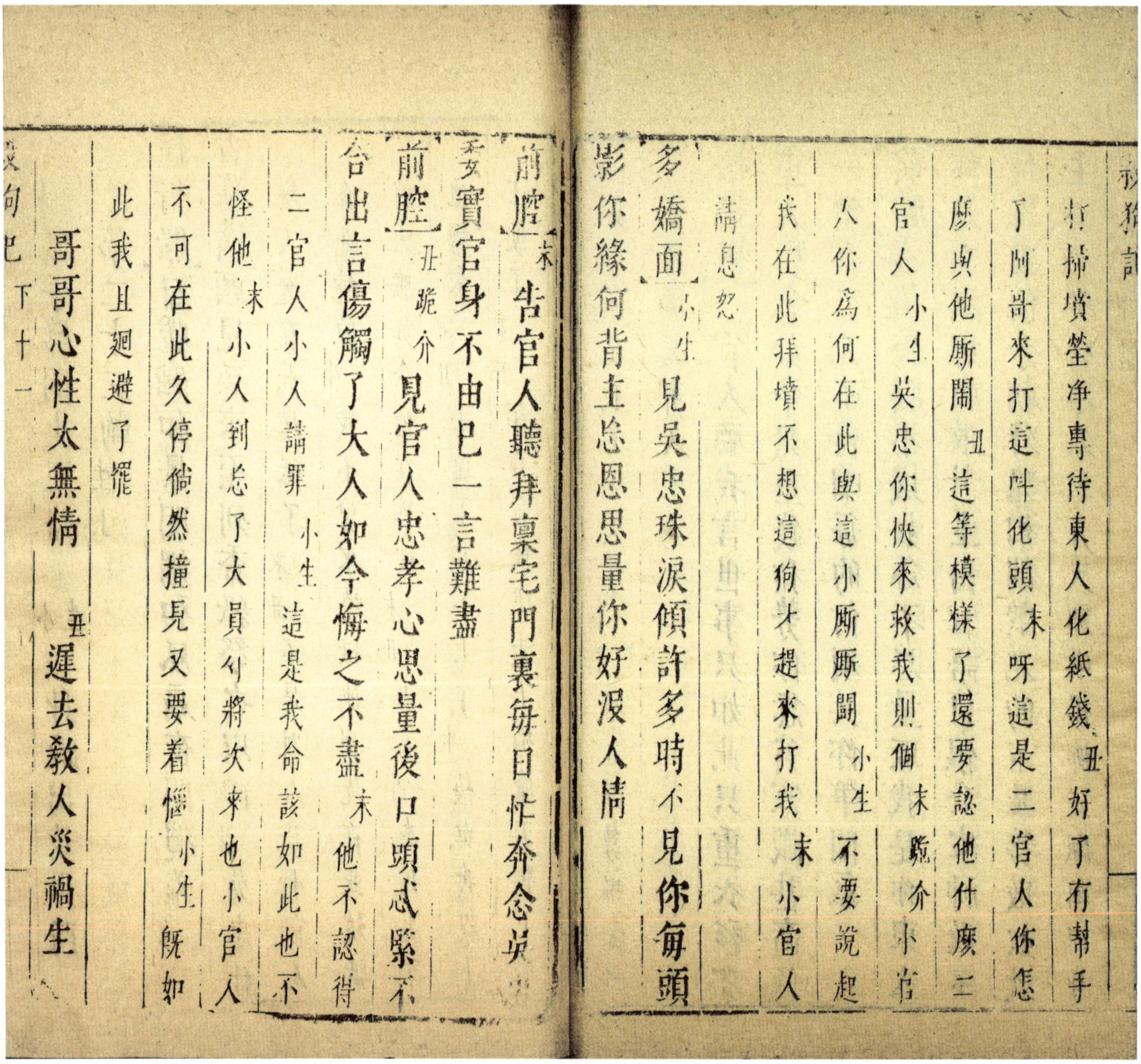
殺狗記

打掃墳塋淨專待東人化紙錢 丑 好了有幫手
了叫哥來打這叫化頭 末 呀這是二官人你怎
麼與他廝鬧 丑 這等模樣了還要認他什麼二
官人 小生 吳忠你快來救我則個 末 跪介 小官
人你為何在此與這小廝廝鬬 小生 不要說起
我在此拜墳不想這狗才趕來打我 末 小官人
請息怒
【多嬌面】 小生 見吳忠珠淚傾許多時不見你每頭
影你緣何背主忘恩思量你好沒人情
【前腔】 末 告官人聽拜稟宅門裏每日忙奔念吳
委實官身不由已一言難盡
【前腔】 丑 跪介 見官人忠孝心思量後口頭忒緊不
合出言傷觸了大人如今悔之不盡 末 他不認得
二官人小人請罪 小生 這是我命該如此也不
怪他 末 小人到忘了大員外將次來也小官人
不可在此久停倘然撞見又要着惱 小生 既如
此我且迴避了罷
哥哥心性太無情 丑 遲去教人災禍生

殺狗記 下 十一

图 2 正文

新刻出像音注增补刘智远白兔记二卷

佚名撰　明金陵唐氏富春堂刻本

十行二十一字，小字双行同，白口，四周花边。

此剧一名《刘智远》（“智”一作“知”），作者不详，署谢天佑校。《传奇汇考标目》乙本、《南词叙录·宋元旧篇》等书著录。此剧今所流传者系明人在宋元时期《新编五代史平话》和《刘知远诸宫调》的基础上改编而成。

此为宋元四大南戏之一，剧演五代后汉开国皇帝刘知远少年家贫，为李文奎家牧马。入赘文奎家，与其女李三娘结为夫妇。文奎亡故后，刘不堪妻舅欺压，外出投军，入岳节使府，积军功迁为九州安抚使。刘走后，三娘在家遭受兄嫂虐待折磨，在磨房产下一子“咬脐郎”，暗中托人送至军中抚养。十六年后，孩子长大成人，出外打猎，追逐受伤白兔，在井边遇见母亲，合家才得以团圆。

剧中流露出宿命论和迷信思想，但也着力表现了封建社会妇女的痛苦，凄惋动人。曲词本色朴素，情节亦富于民间文学色彩。吕天成《曲品》云：“《白兔记》词极古质，味亦恬然，古色可挹。”今传各本中以明成化本《新编刘知远还乡白兔记》为最早。此本与成化本相比，一些折、出的情节以至人、物名称及曲白有不少差异，可能是弋阳腔演出本。

此本卷末有“金陵三山街唐氏富春堂梓行”牌记二行，版框四周镌花栏，打破了宋元以来传统的单边与双边，美观悦目。富春堂主人名唐富春，字子和，号对溪，所刻戏曲小说有百种之多，均极为精审。书中钤有“长洲吴氏霜厓居士藏书之章”，原为吴梅旧藏。

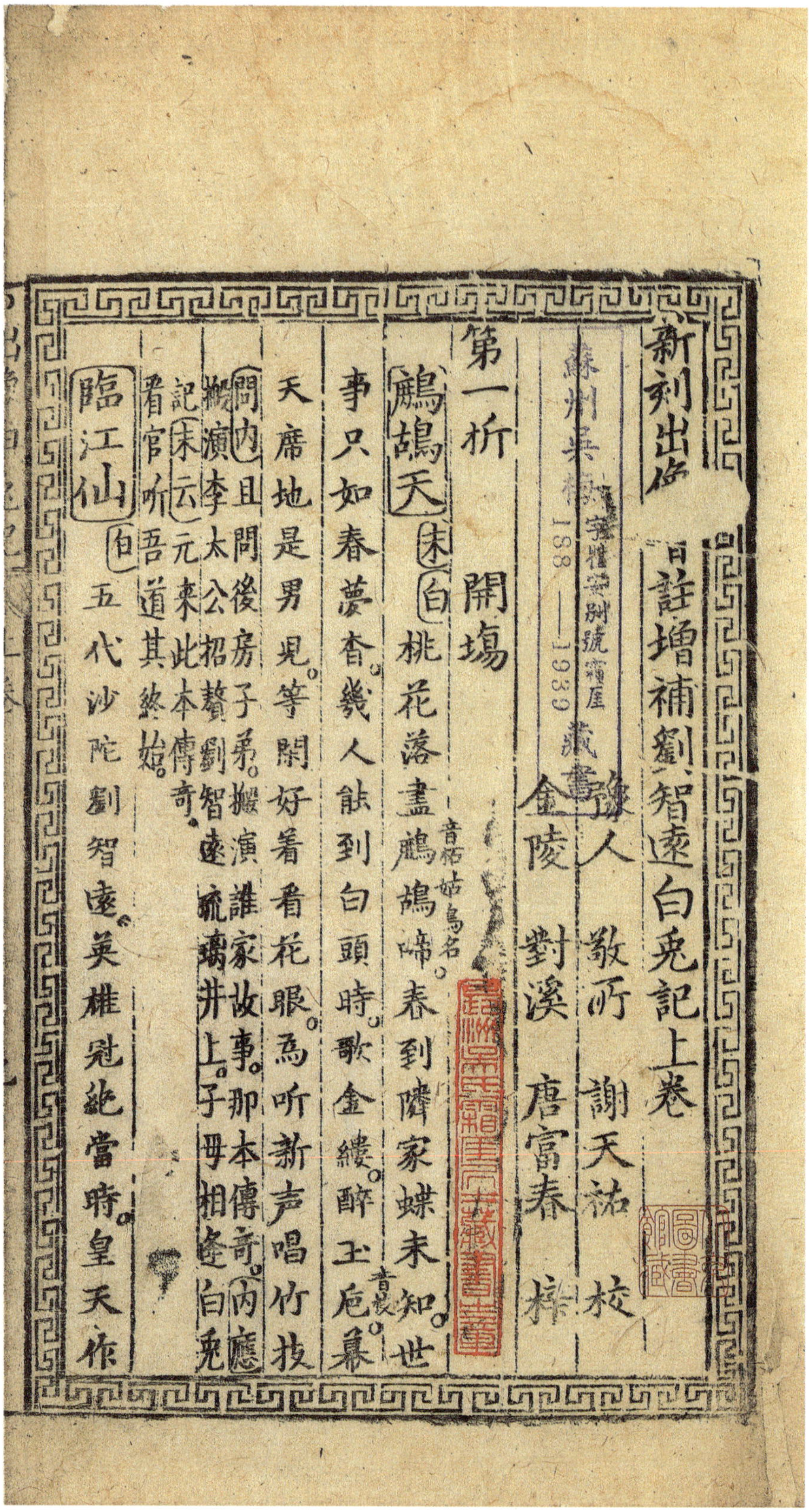

图 1 卷端

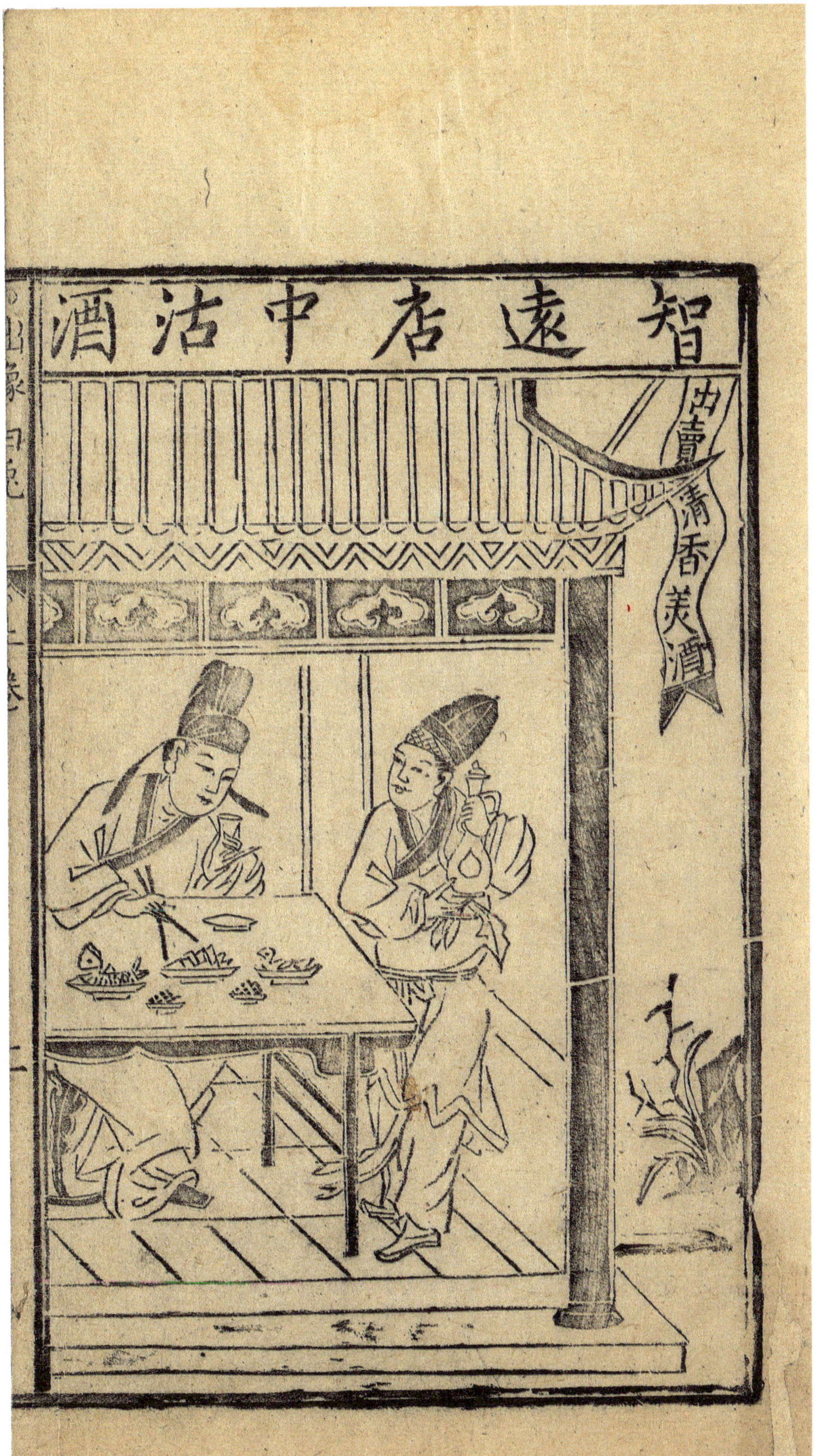

图 2　插图

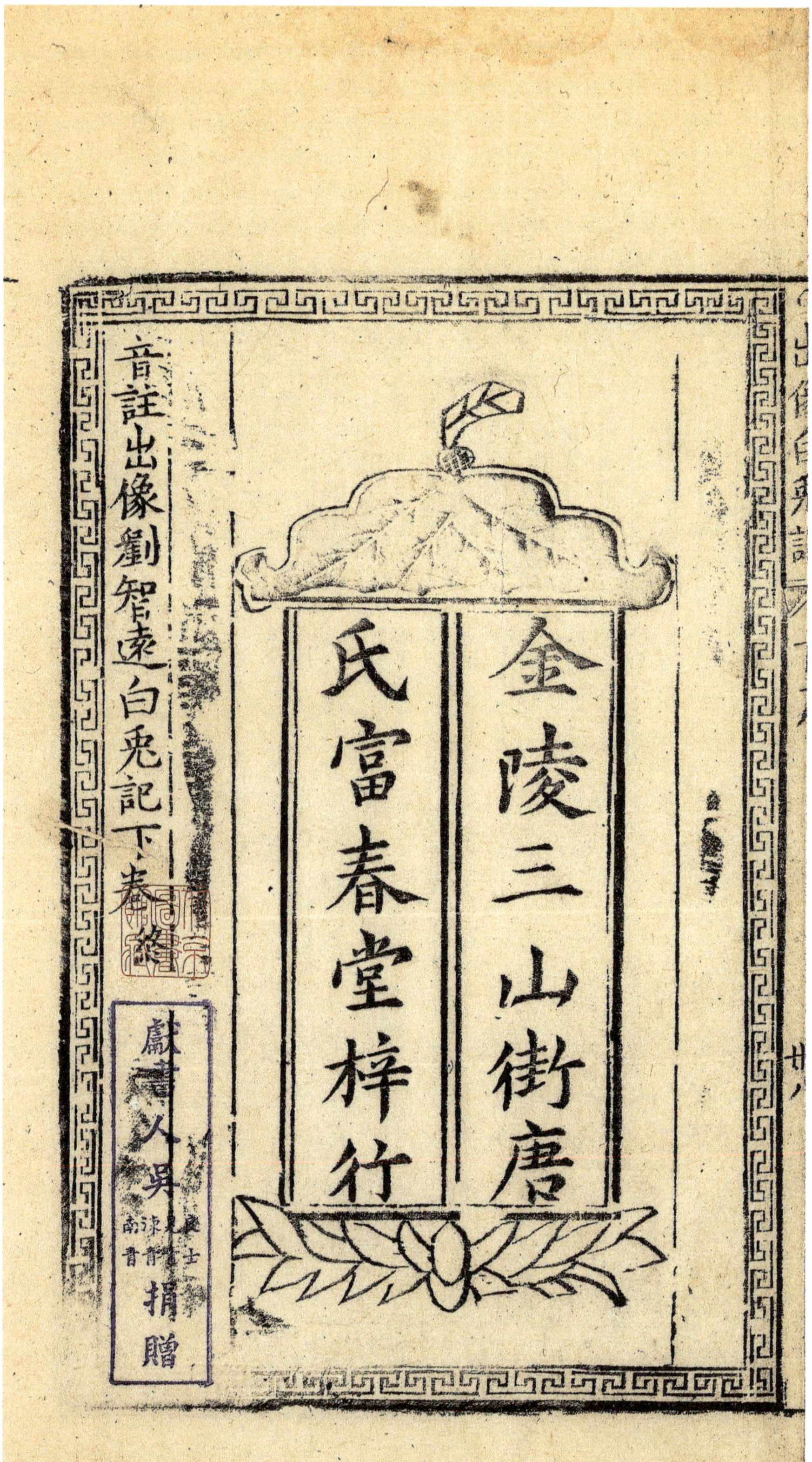

图3　牌记

李卓吾先生批评幽闺记二卷

（元）施惠撰　（明）李贽评　明万历容与堂刻本

十行二十二字，白口，四周单边。

施惠（生卒年不详），字君美，杭州人。元钟嗣成《录鬼簿》列之于“方今已死名公才人，余相知者”项内。李贽（1527—1602），字宏甫，号卓吾，别号温陵居士，著名思想家、文学家，明代评点本戏曲、小说多假托其名。

此剧是据《拜月亭记》改编加工而成。演金朝末年蒙军南下，书生蒋世隆与兵部尚书王镇之女瑞兰在兵荒马乱中相逢，于患难中结为夫妇。王镇议和归来，因嫌蒋出身微寒，将二人强行拆散。瑞兰回家后于亭中拜月祷告，祈望与丈夫重聚。后蒋世隆考中状元，夫妻终团圆。

全剧突破才子佳人一见钟情之俗套，起伏跌宕，在悲剧性的事件中巧妙插入巧合、误会的生动关目和机智有趣的对话，悲喜交织，加以细致的描写、委婉的抒情，极富感染力。李贽评云：“此记关目极好，说得好，曲亦好，真元人手笔也。首似散漫，终致奇绝，以配《西厢》，不妨相追逐也，自当与天地相始终。”此剧讲究本色当行而不拘于音律，注重文采修饰而反对骈俪，一时曲家争相仿效，对汤显祖等人的创作也有很大影响。吕天成《曲品》将其列为“神品”。

此剧明代出现过十余种版本，此本由万历间武林容与堂刊行。此剧共四十出，有双幅整版连页式插图二十幅，各有题句。其构图巧妙，镌刻婉丽，能与正文达到情景交融的艺术效果。原书曾经郑振铎收藏。

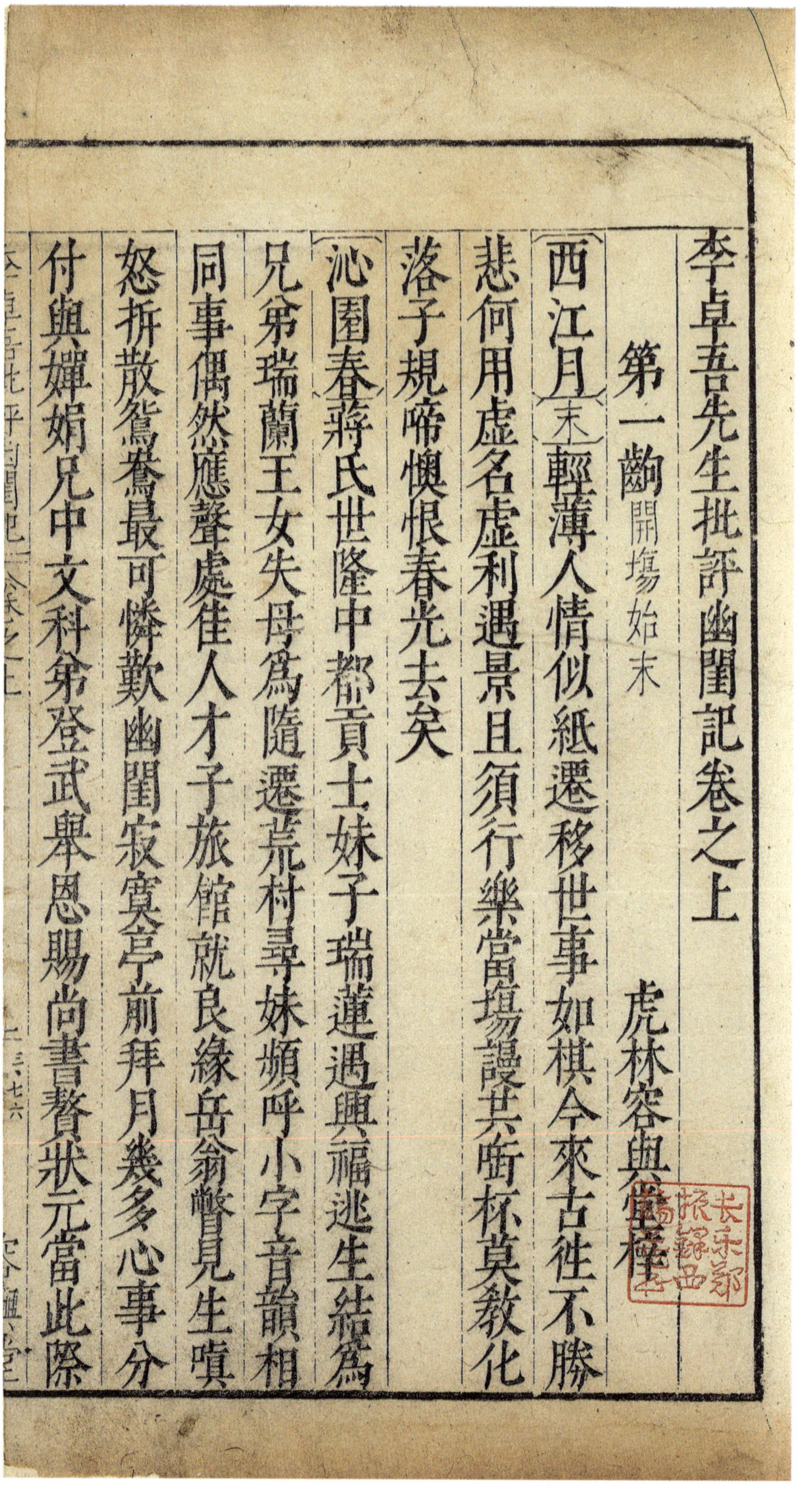
李卓吾先生批評幽閨記卷之上

第一齣 開場始末　　虎林容與堂梓

〔西江月〕（末）輕薄人情似紙遷移世事如棋今來古往不勝悲何用虛名虛利遇景且須行樂當場謾共啣杯莫教花落子規啼懊恨春光去矣

〔沁園春〕蔣氏世隆中都貢士妹子瑞蓮遇興福逃生結爲兄弟瑞蘭王女失母爲隨遷荒村尋妹頻呼小字音韻相同事偶然應聲處佳人才子旅館就良緣岳翁瞥見生嗔怒拆散鴛鴦最可憐歎幽閨寂寞亭前拜月幾多心事分付與嬋娟兄中文科弟登武舉恩賜尚書贅狀元當此際

图 1　卷端

图 2　插图

征歌集

明汪光华玩虎轩刻本

十行二十二字，白口，四周单边。

此书是明万历年间编纂的戏曲散出选本，编者不详。收录明代戏曲六种十八出，分别是：《荆钗记》的荆钗成聘、误报讣音、拷问梅香；《白兔记》的新婚游赏及猎回询父；《幽闺记》的远离兵火、旷野奇逢、虎头遇旧、幽闺拜月；《草庐记》的怒奔范阳；《香囊记》的黄昏古驿、破窑分袂；《金印记》的强卖钗梳、当钗遭诮、刺股求名、从说魏邦、对月祈夫和金多位高。

所选六种曲本皆为元末明初流行的南戏作品。南戏是宋元时期在南方地区最早兴起的剧种，主要以南曲为调，是中国戏剧的最早成熟形式之一。后世许多声腔剧种（如海盐腔、余姚腔、昆山腔、弋阳腔）的兴起和发展，均曾受到南戏的影响。此书所选《荆钗记》《白兔记》《幽闺记》都是南戏的代表作品，显示出此类剧种的巨大影响。此本为明代著名刻书坊玩虎轩所刊，每个剧目都配有精美的版画插图，颇具观赏性。

图 1　荆钗记 荆钗成聘

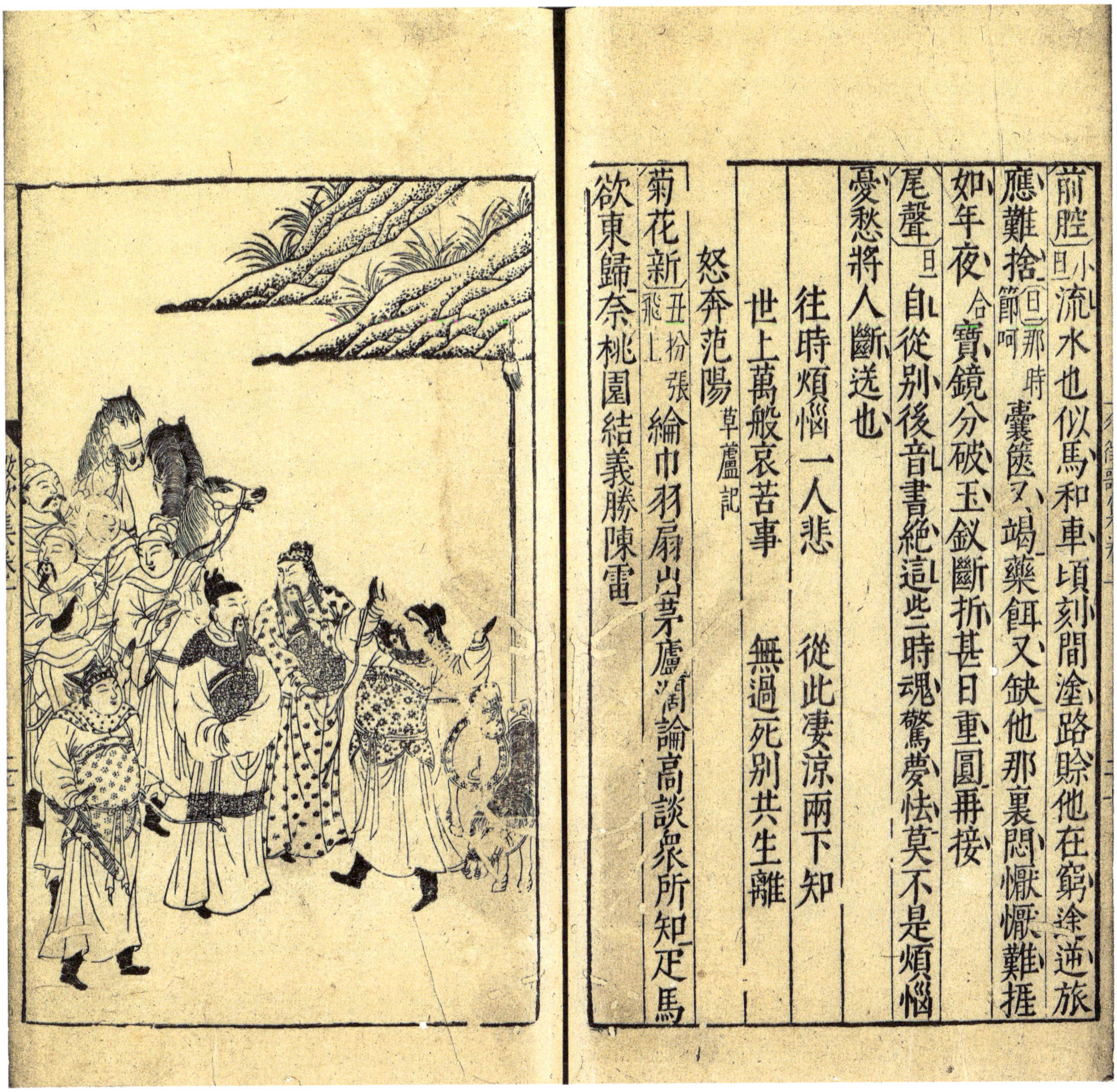
前腔 旦 小流水也似馬和車頃刻間塗路睽他在窮途逆旅應難捨 旦 節呵 那時囊篋又竭藥餌又缺他那裏悶懨懨難捱如年夜 合 寶鏡分破玉釵斷折甚日重圓再接

尾聲 旦 自從別後音書絶這些時魂驚夢怯莫不是煩惱憂愁將人斷送也

往時煩惱一人悲　從此凄涼兩下知
世上萬般哀苦事　無過死別共生離

怒奔范陽 草廬記

菊花新 丑扮張飛上 綸巾羽扇出茅廬濶論高談衆所知疋馬欲東歸奈桃園結義勝陳雷

图 2　草庐记　怒奔范阳

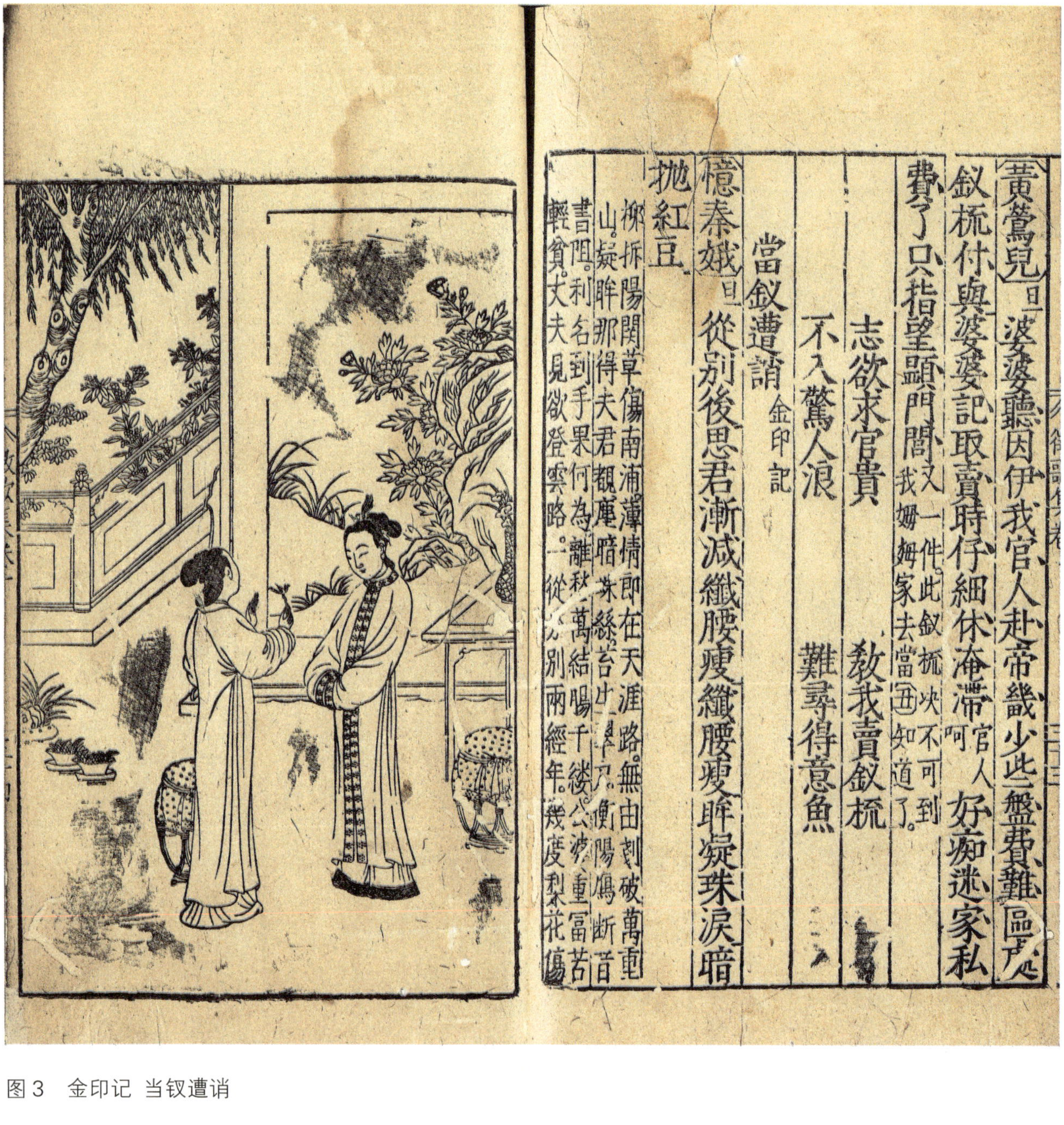

【黃鶯兒】旦 婆婆聽，因伊我官人赴帝畿，少些盤費難區處。

釵梳付與婆婆，記取賣時仔細休淹滯。官人呵，好痴迷，家私

費了，只指望題門閭。又一件，此釵梳决不可到我姆姆家去當。（丑）知道了。

志欲求官貴　教我賣釵梳

不入驚人浪　難尋得意魚

當釵遭誚　金印記

【憶秦娥】旦 從別後，思君漸減纖腰瘦，纖腰瘦，睜凝珠淚暗

【拋紅豆】

柳拆陽關草傷南浦，淒情即在天涯路。無由割破萬重

山。凝眸那得夫君覷。庵暗珠絲。[illegible]衡陽鴈断音

書阻。利名到手果何為。離愁萬結腸千縷。公婆重富若

輕貧。丈夫見欲登雲路。一從分別兩經年。幾度梨花傷

图3　金印记 当钗遭诮

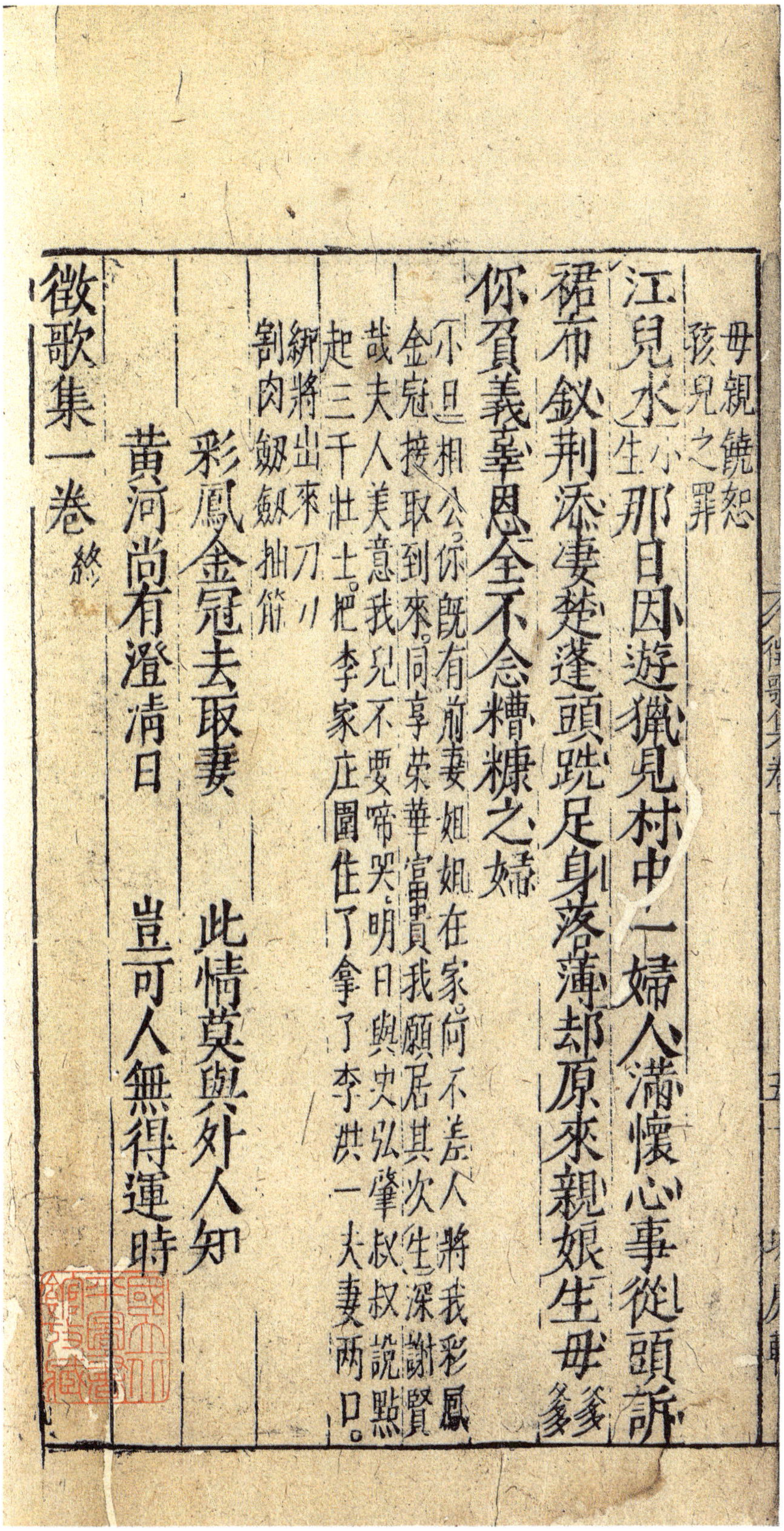

母親饒恕孩兒之罪
江兒水〔生〕那日因遊獵見村中一婦人滿懷心事從頭訴
裙布釵荊添凄楚蓬頭跣足身落薄却原來親娘生母爹爹
你負義辜恩全不念糟糠之婦
〔小旦〕相公你既有前妻姐姐在家何不差人將我彩鳳
金冠接取到來同享榮華富貴我願居其次〔生〕深謝賢
哉夫人美意我兒不要啼哭明日與史弘肇叔叔說點
起三千壯士把李家庄圍住了拿了李洪一夫妻兩口。
綁將出來刀刀割肉剮剮抽筋
彩鳳金冠去取妻　此情莫與外人知
黃河尚有澄清日　豈可人無得運時
徵歌集一卷終

图 4　卷末

太和正音谱三卷

（明）朱权撰　明抄本　存二卷（卷上、中）

九行十七字，蓝格，白口，四周单边。

此书由两部分组成，第一部分为北曲理论及史料，包括北曲的体制、流派、题材、制曲方法、脚色源流等内容；第二部分为北曲曲谱，依北曲十二宫调，以元明散曲、杂剧为例，列举北曲各个曲牌的谱式，标明平仄正衬，是创制北曲的规范。所谓北曲，是金元时期流行于北方地区的杂剧、散曲的统称，源于唐宋大曲、诸宫调、宋词、唱赚等北方音乐，属曲牌体。以鼓、笛、琵琶等乐器伴奏，声调慷慨悲凉，激越豪放。是书为现存最早的北曲曲谱，保留了元及明初戏曲作家、作品的诸多史料，是研究北曲极为重要的文献。此抄本是今所见最早的版本，曾经多位名家递藏。

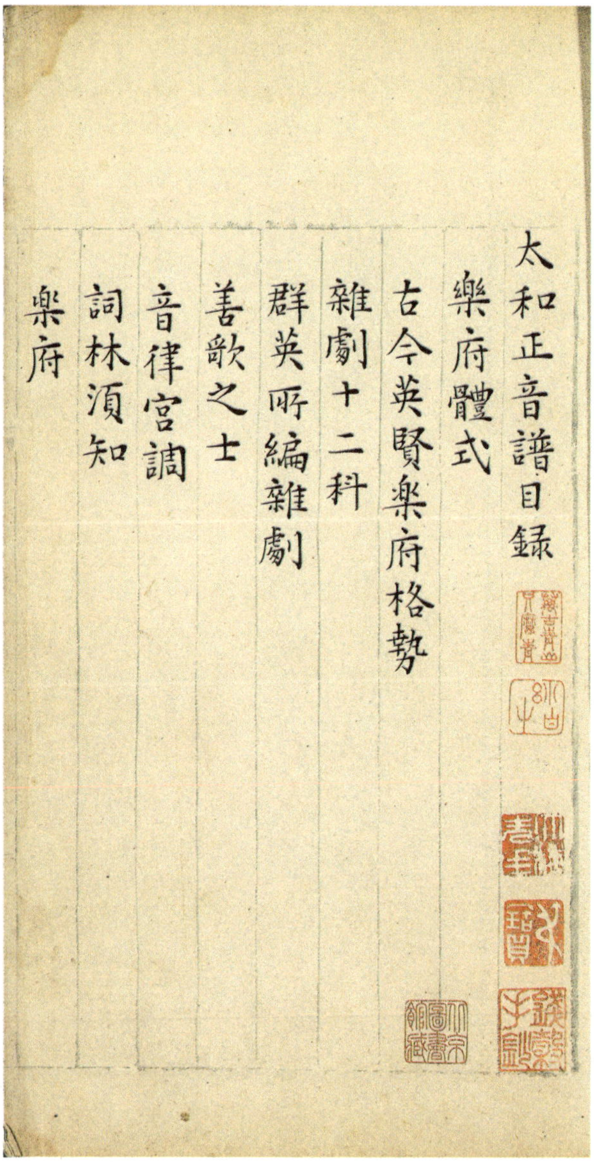
太和正音譜目錄
樂府體式
古今英賢樂府格勢
雜劇十二科
群英所編雜劇
善歌之士
音律宮調
詞林須知
樂府

图1　目录

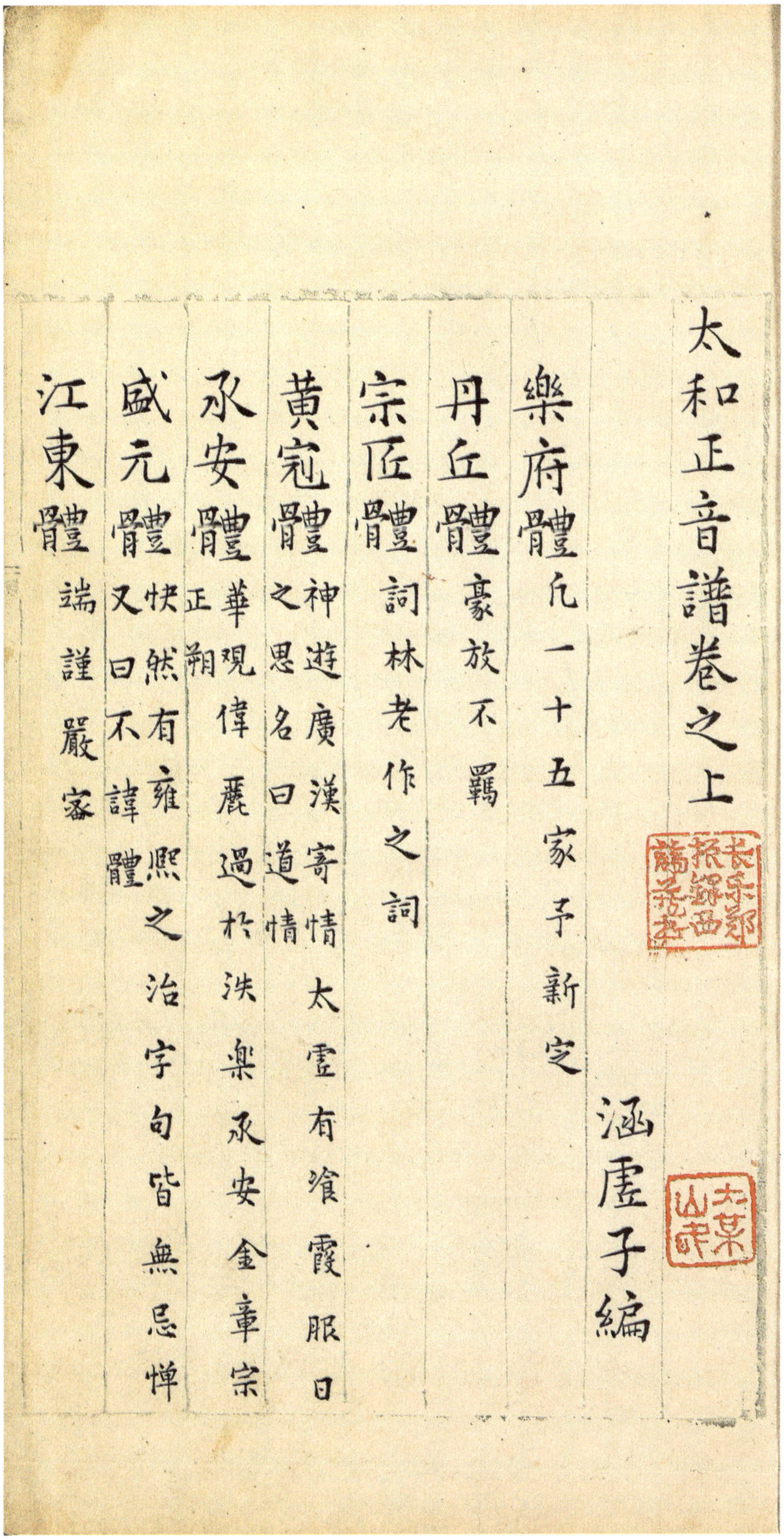

太和正音譜卷之上　涵虛子編

樂府體凡一十五家予新定

丹丘體豪放不羈

宗匠體詞林老作之詞

黃冠體神遊廣漢寄情太虛有飡霞服日之思名曰道情

承安體華觀偉麗過於佚樂承安金章宗正朔

盛元體快然有雍熙之治字句皆無忌憚又曰不諱體

江東體端謹嚴密

图 2　卷端

诚斋杂剧二十二卷

（明）朱有燉撰　明永乐宣德间自刻本

十行二十字，黑口，四周双边。

朱有燉（1379—1439），号诚斋，别号锦窠老人、全阳道人，凤阳（今属安徽）人。朱元璋第五子定王橚长子，洪熙元年（1425）袭封，在位十五年，卒谥宪，世称周宪王。

朱有燉所撰的杂剧今存世有三十一种，内容大致可分为“度脱剧”“庆贺剧”“节义剧”和“历史剧”四类。前两类虽然工巧，但多说教和歌功颂德之言，内容贫乏。后两类价值较高，为人称道。如《黑旋风仗义疏财》，叙述李撇古因女儿将被赵都巡强娶，遂去梁山求救。宋江派李逵等下山解救，李逵假扮新娘，惩治了赵都巡的故事。《庆朔堂》写饶州城歌妓甄月娥与新任太守范仲淹的爱情故事。又如《牡丹仙》《香囊怨》等剧，都在描摹“英雄剧的悲壮和恋爱剧的细腻”（郑振铎语）两方面取得了巨大的成功。

杂剧是在唐代参军戏的基础上，综合其他歌舞杂戏而发展起来的一种戏曲形式。朱有燉所撰各剧打破了四折一本及生旦独唱的惯用体制，创造了合唱、轮唱、对唱以及南北曲合套的新唱法，注意调剂排场冷热和歌舞穿插，其对白活泼、生动，体现了明初戏曲的本色。

《诚斋杂剧》是仅晚于《元刊杂剧三十种》的早期杂剧剧本，元明之际宫廷应用的剧本都已泯灭无存，赖有燉所作诸剧能见其若干面目，它在戏曲史上占有重要地位。此本钤“谦牧堂藏书记”“霜厓居士”等印，原是清揆叙谦牧堂旧藏，后为吴梅（瞿安）所得。

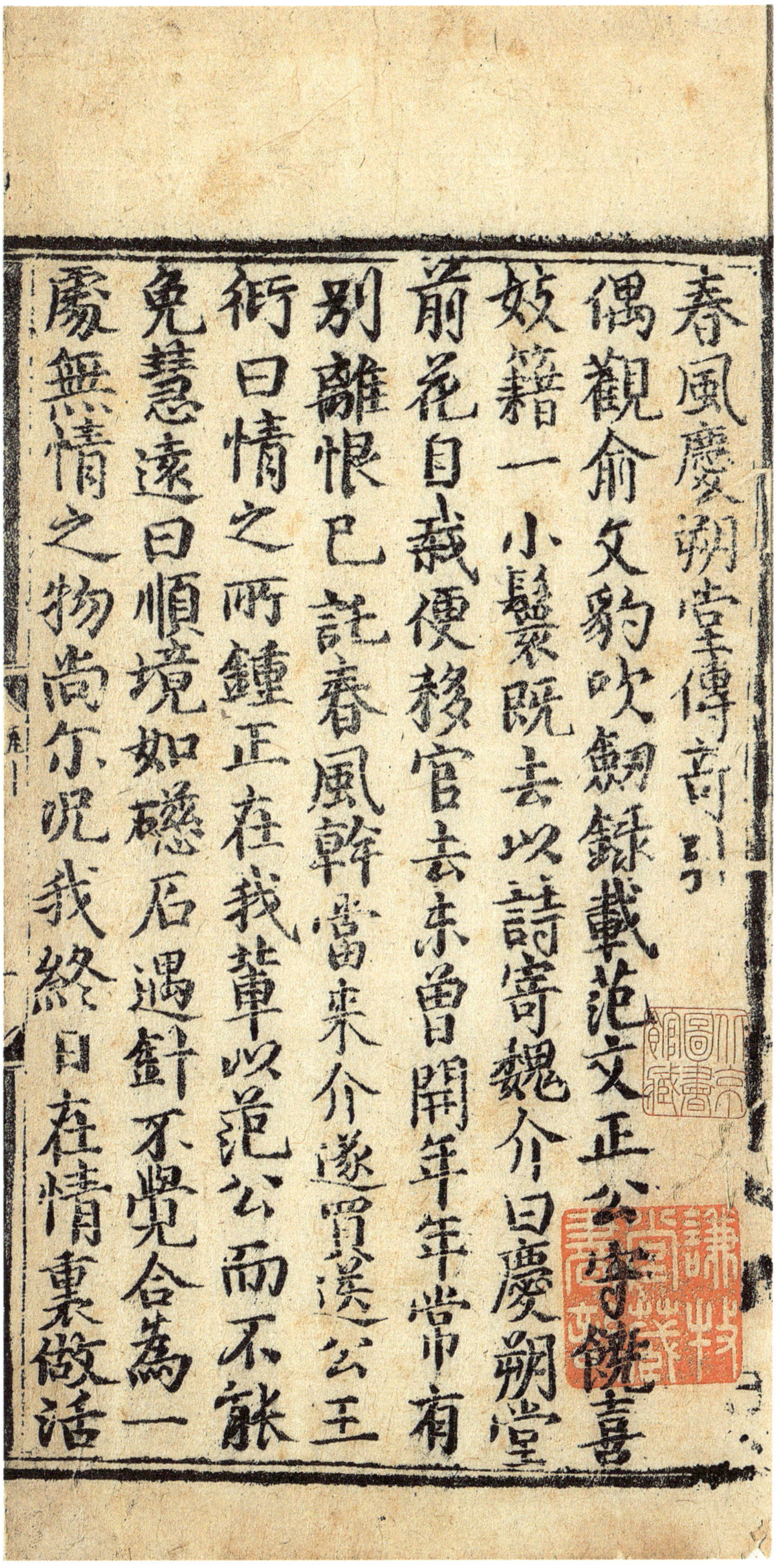

春風慶朔堂傳奇引
偶觀俞文豹吹劍錄載范文正公守饒喜
妓籍一小鬟既去以詩寄魏介曰慶朔堂
前花自栽便移官去未曾開年年常有
别離恨已託春風幹當來介遂買送公王
衍曰情之所鍾正在我輩以范公而不能
免慧遠曰順境如磁石遇針不覺合為一
處無情之物尚尔況我終日在情裏做活

图 1　庆朔堂引

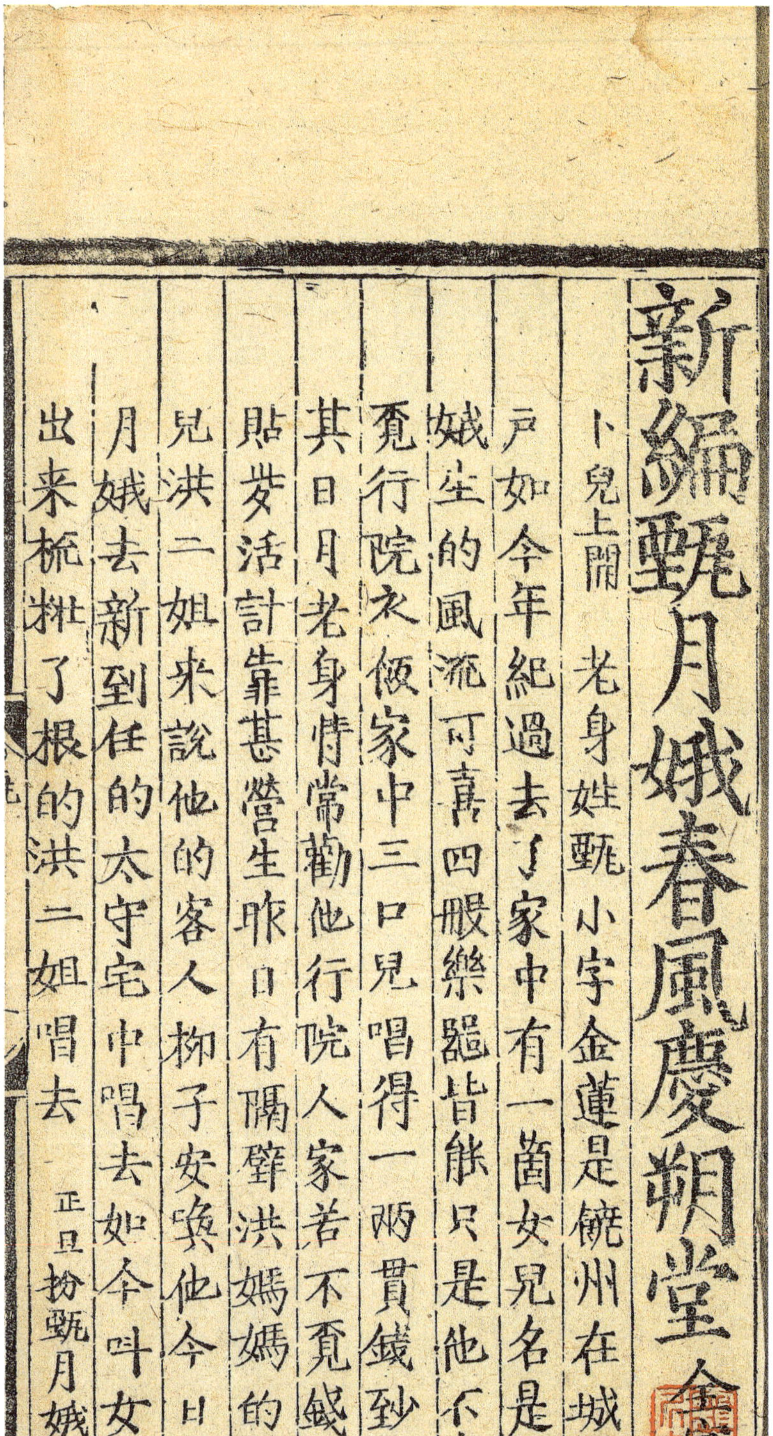

新編甄月娥春風慶朔堂

卜兒上開　老身姓甄小字金蓮是饒州在城樂戶如今年紀過去了家中有一箇女兒名是月娥生的風流可喜四般樂器皆能只是他不肯覔行院衣飯家中三口兒唱得一兩貫鈔過其日月老身時常勸他行院人家若不覔錢津貼芳活計靠甚營生昨日有隅壁洪嫣嫣的女兒洪二姐來說他的客人栁子安與他今日同月娥去新到任的太守宅中唱去如今叫女兒出来梳粧了根的洪二姐唱去　正旦扮甄月娥引

图 2　庆朔堂卷端

重校班仲升投笔记二卷

（明）邱浚撰　明陈氏继志斋刻本

十行二十字，小字双行同，白口，四周单边。

邱浚（约1420—1495），字仲深，号琼台，琼山（今海南海口）人。景泰五年（1454）进士，官至礼部尚书、文渊阁大学士。著有《五伦全备记》。《明史》卷一百八十一有传。

本剧取材于《后汉书·班超传》，演绎东汉班超投笔从戎的故事。班超因家贫，投靠屯田校尉任尚作佣书，因遭小人欺凌，毅然从军，后经征西大元帅窦固推荐出使西域，说服鄯善王对汉朝友善。中郎将李邑嫉贤妒能，弹劾其私通外邦。朝廷下旨将班超全家投入狱中。后班超大败匈奴，威震四方，亲友为其上书辨冤，班超被封为定远侯。

剧中使用了“滚调”，它是明代弋阳腔等剧种把曲词通俗化的手法，因其语言浅显易懂，使剧情充实明快，对后世戏剧的发展产生了很大的影响，现在京剧和一些地方剧种都有班超投笔从戎的剧目。

明吕天成《曲品》列本剧为“具品”，谓其“词平常，音不叶，具以事佳而传耳”。明祁彪佳《远山堂曲品》将其列入“能品”，评其“词虽平实，局亦正大。投笔出关处，想见古人慷慨之概。‘无语依南楼’一曲，歌者盛习之”。

现存《投笔记》有明存诚堂刻本、明刻清重修本等，此本为明金陵陈氏继志斋刻本，颇为稀见。书中钤“归曾禧藏”印，知此本曾经晚清常熟藏书家归曾禧收藏。

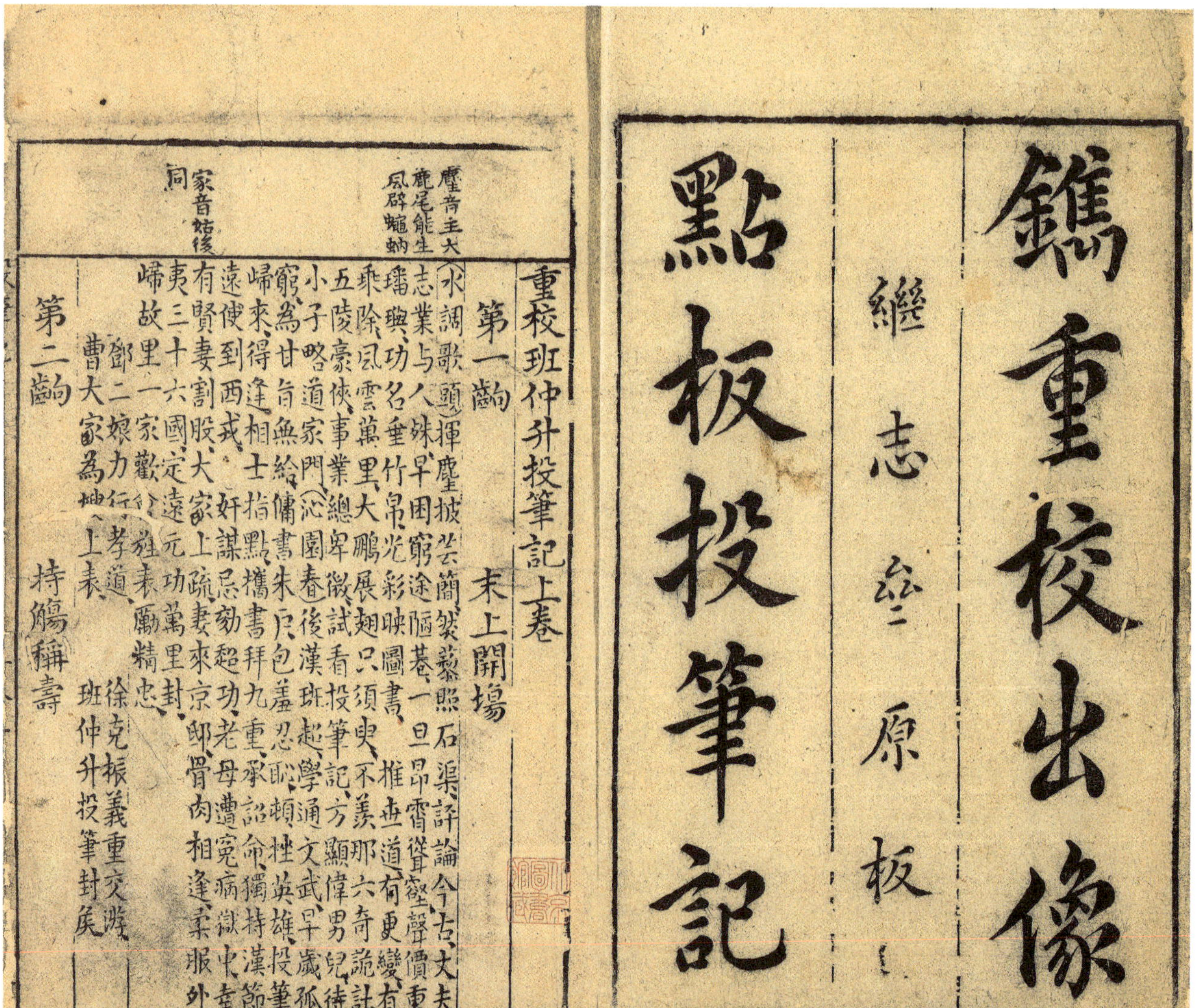

图 1　第一出

图 2　绣像

太音大全集五卷

（明）袁均哲编　明刻本　袁克文跋

十一行二十六字，黑口，四周双边。

此书原为宋田芝翁所辑《太古遗音》，计有三卷。南宋嘉定年间杨祖云改为《琴苑须知》。明永乐年间朱权又据不同版本，编有两卷本《太古遗音》。明正统间袁均哲又据朱权本及诸家琴谱编成《太音大全集》五卷。

是书分前、后两集，一至四卷为前集，第五卷为后集。卷一记述古琴的基本常识；卷二论述了历代的琴式；卷三讲授左右手的指法，绘制了各种手势图，用鹤、龙等姿态来比喻各种手形；卷四记述古琴的禁忌与准则；卷五主要论述琴谱。书末附有《琴操辨义》一文及供练习之用的琴曲五首。保存了不少早已散佚的唐宋琴书、琴谱，如唐代赵耶利、陈居士、陈拙及宋代田芝翁、杨祖云等人的指法材料，以及“手势图”等，是琴学研究中非常重要的史料。

此书屡经增订翻刻，有多种版本传世。此本钤“乌程周庆云”“长乐郑振铎西谛藏书”等印，曾经南浔巨富周庆云、著名藏书家郑振铎收藏。

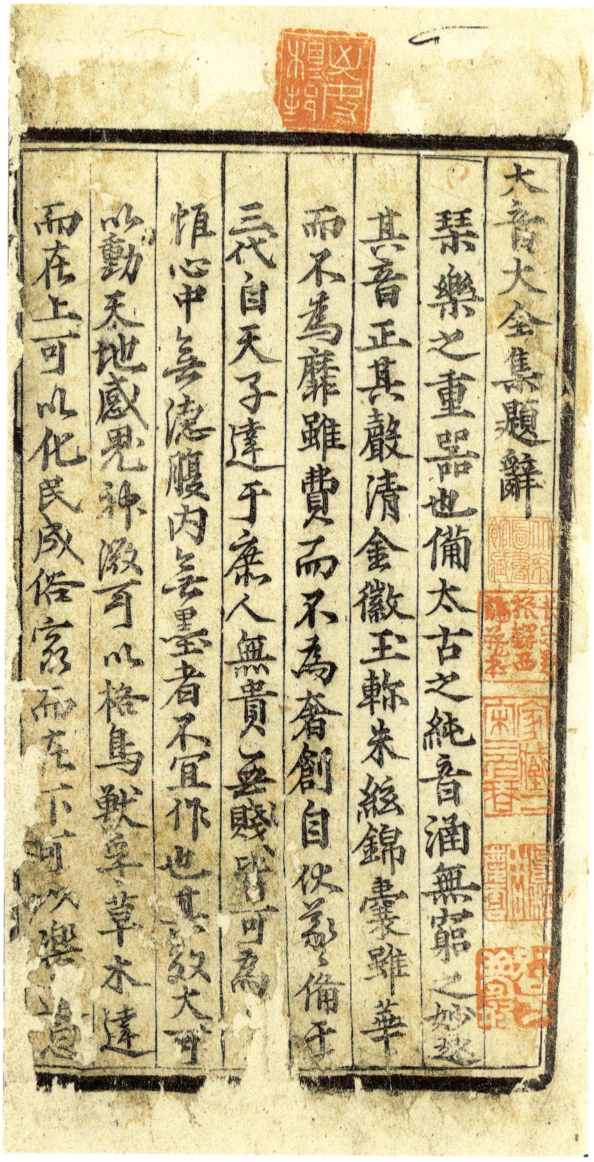
太音大全集題辭
琹樂之重器也備太古之純音涵無窮之妙趣
其音正其聲清金徽玉軫朱絲錦囊雖華
而不為靡雖費而不為奢創自伏羲備于
三代自天子達于庶人無貴無賤皆可為
恒心中無慮腹內無墨者不宜作也其致大可
以動天地感鬼神微可以格鳥獸草木遠
而在上可以化民成俗家而在下可以樂息

图1　卷首

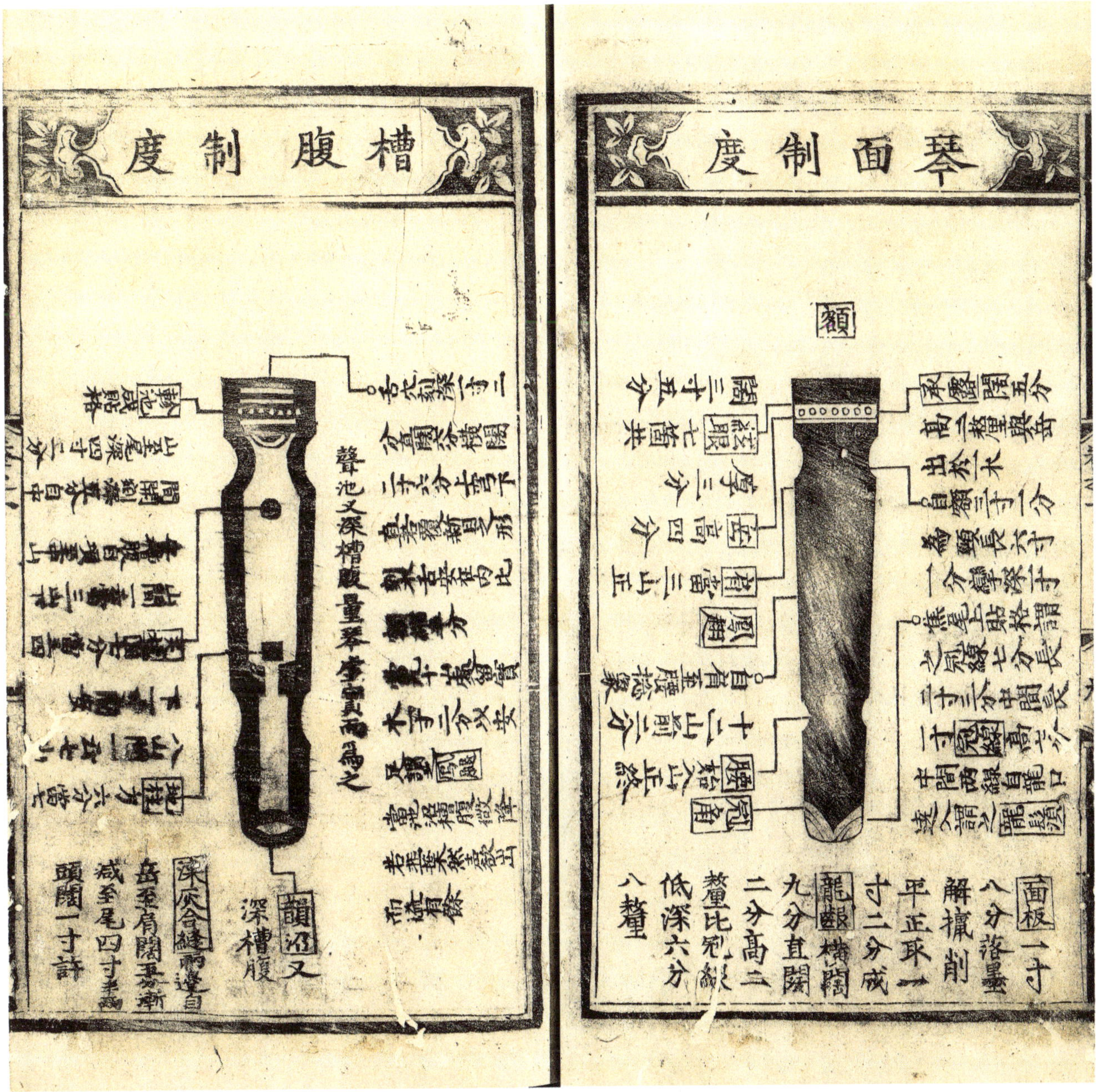

图2　琴制

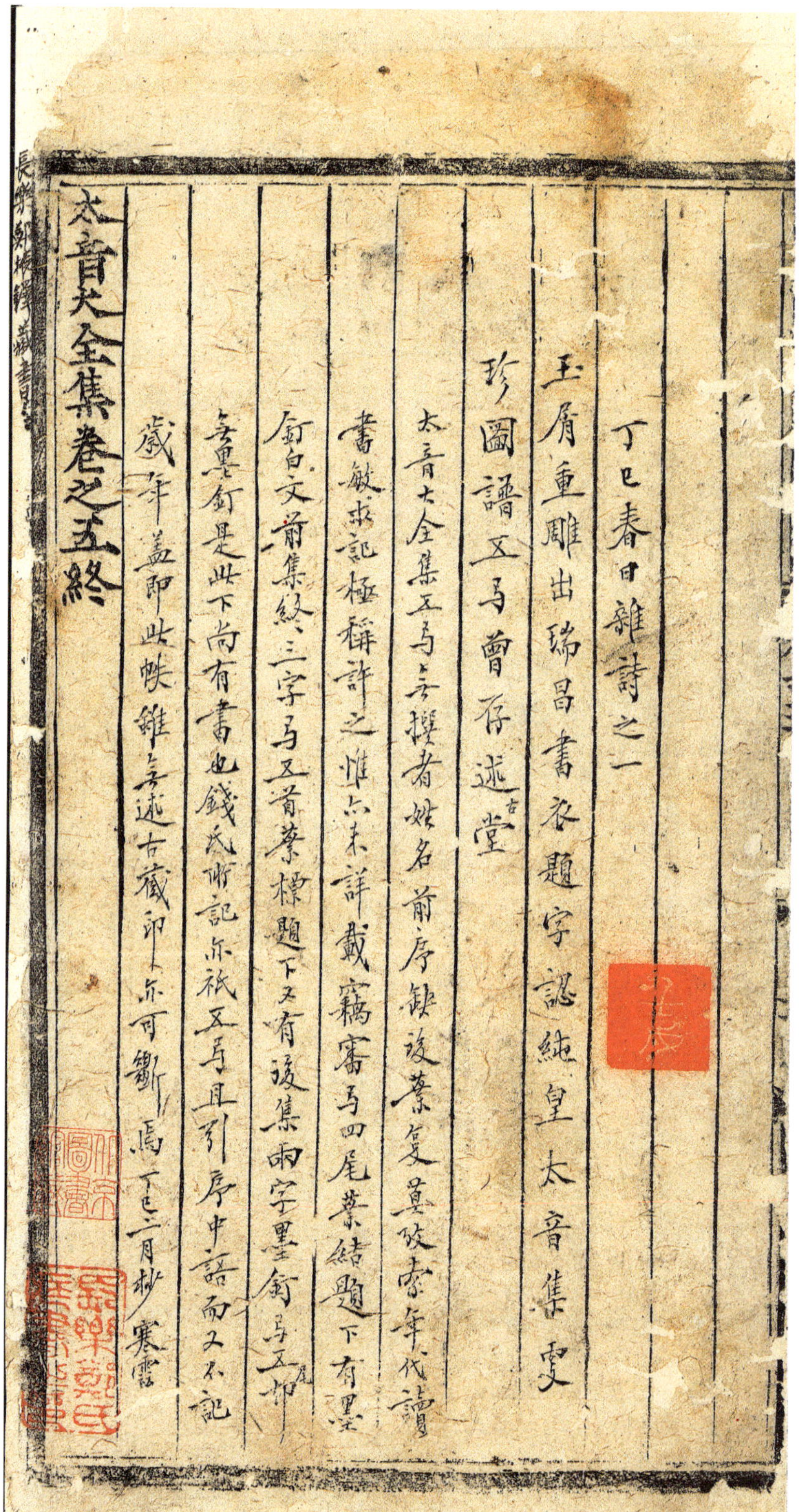

图 3　袁克文跋

杜子美沽酒游春记一卷

（明）王九思撰　明崇祯刻本（与《中山狼院本》合刻）

九行二十二字，白口，四周单边。

王九思（1468—1551），字敬夫，号渼陂，又号紫阁山人，鄠县（今陕西户县）人。弘治九年（1496）进士，由庶吉士授检讨，调吏部至郎中，以刘瑾党被降为寿州同知。长于词曲，作品秀丽雄爽，名重一时。著有诗文集《渼陂集》、散曲集《碧山乐府》等。《明史》有传。

此书故事源于杜甫诗作《渼陂行》及《渼陂西南台》，演成杜甫沽酒游春故事。金院本有《杜甫游春》剧目，元代曲家范康亦有《曲江池杜甫游春》杂剧。此为四折杂剧，描写唐代诗人杜甫春游曲江，因见安史之乱后宫殿萧条的景象而追怀往昔，感慨时事，酒店中被鄙穷酸，又与富家子发生争执，遂典朝衫沽酒。适好友岑参邀其游渼陂，乐而忘忧，生发归隐之志。后力辞入朝之诏，愿“沽酒再游春，乘桴去过海”。本剧基于史实进行创作，借杜甫之口，抨击时政。剧中杜甫的说白多直引或化用杜诗，典雅蕴藉，体制上遵循元杂剧惯例，音律和谐平稳，连套精当得体，读来有一气呵成之感，被认为是王九思杂剧的代表作。此本钤有“吴楳”印，末有吴梅跋，原为吴梅旧藏。

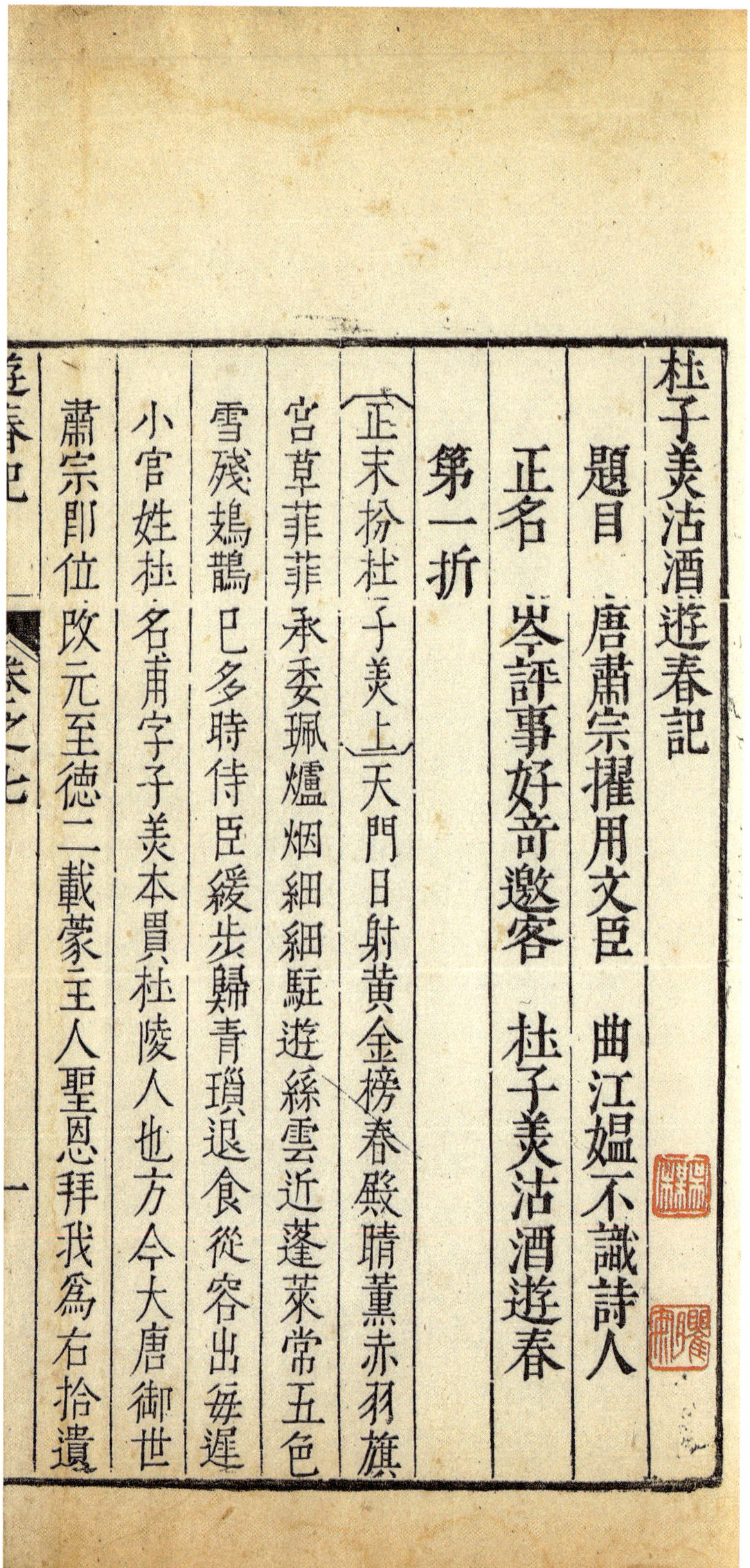

杜子美沽酒遊春記

題目　唐肅宗擢用文臣　曲江媪不識詩人

正名　岑評事好奇邀客　杜子美沽酒遊春

第一折

（正末扮杜子美上）天門日射黃金榜春殿晴薰赤羽旗

宮草菲菲承委珮爐烟細細駐遊絲雲近蓬萊常五色

雪殘鳷鵲已多時侍臣緩步歸青瑣退食從容出每遲

小官姓杜名甫字子美本貫杜陵人也方今大唐御世

肅宗即位改元至德二載蒙主人聖恩拜我爲右拾遺

遊春記　卷之七　一

图　卷端

中山狼院本一卷

（明）王九思撰　明崇祯刻本（与《杜子美沽酒游春记》合刻）

九行二十二字，白口，四周单边。

宋人谢良撰有小说《中山狼传》，本书据以演述东郭先生与狼的故事。史上以中山狼为题材的戏曲作品颇多，明人康海、陈与郊、王廷讷等皆创作有同题材杂剧。本剧语言简炼、生动、本色而有韵味，情节设置巧妙并具有深刻内涵，仅用一折即清楚完整地演述了整个故事，打破了元杂剧一本四折的旧例，被称为“明清短杂剧之祖”。郑振铎《插图本中国文学史》言及本剧时称：“杂剧转变之机于此时已可窥见”，足见其在戏曲史上的重要影响。此本原为吴梅旧藏。

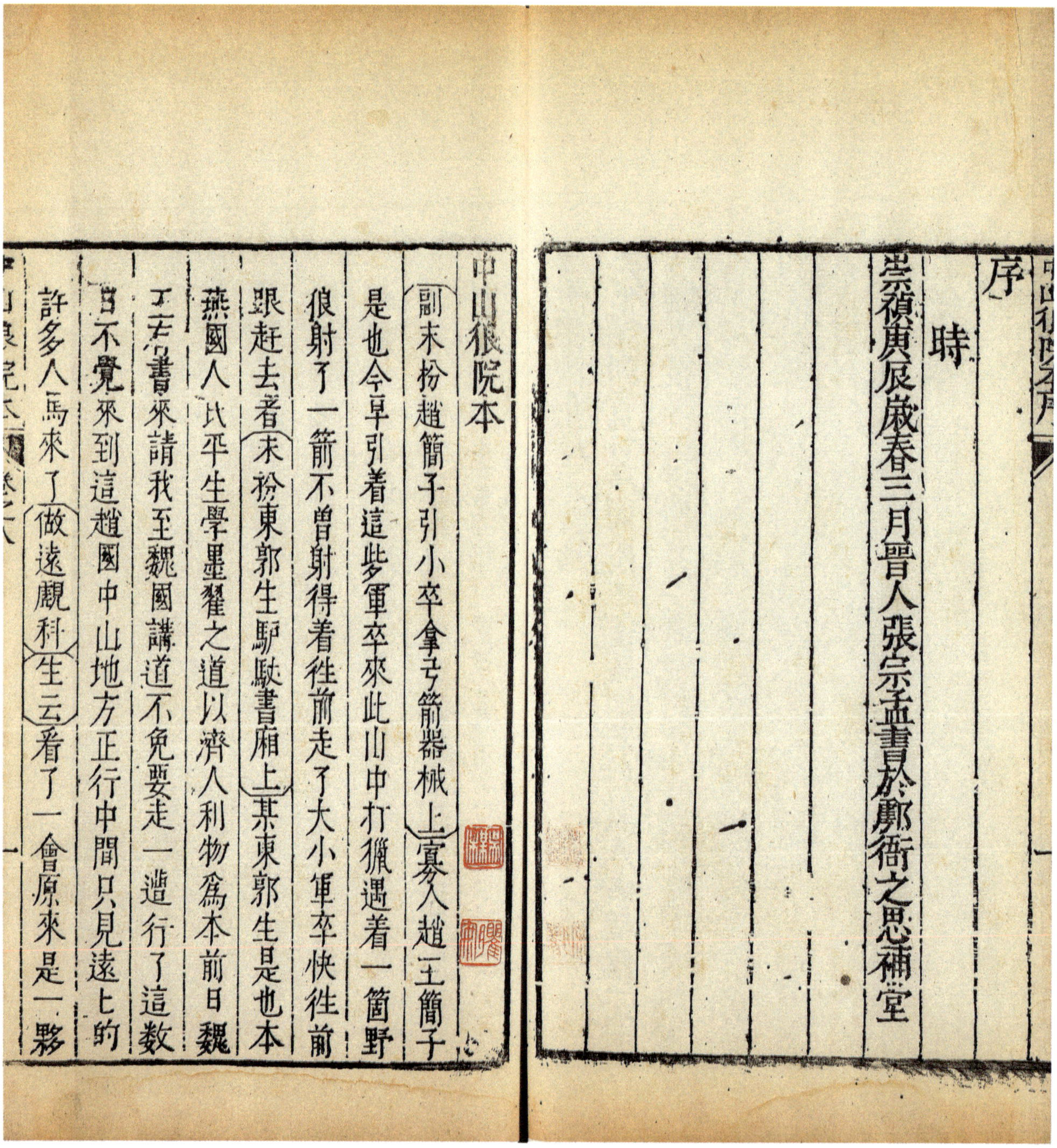
序
時
崇禎庚辰歲春三月晋人張宗孟書於鄭衙之思補堂
中山狼院本
副末扮趙簡子引小卒拿弓箭器械上寡人趙王簡子
是也今早引着這些軍卒來此山中打獵遇着一箇野
狼射了一箭不曾射得着往前走了大小軍卒快往前
跟赶去者末扮東郭生䮫䭾書𥱼上某東郭生是也本
燕國人氏平生學墨翟之道以濟人利物爲本前日魏
王差人書來請我至魏國講道不免要走一遭行了這數
日不覺來到這趙國中山地方正行中間只見遠遠的
許多人馬來了做遠覷科生云看了一會原來是一夥

图　卷端

曲律一卷

（明）魏良辅撰　明崇祯十年（1627）张师龄刻本

九行二十字，白口，四周单边。

魏良辅（生卒年不详），字尚泉（一作上泉），主要活动于明正德、嘉靖年间。原籍豫章（今江西南昌），后居江苏太仓。毕生致力于昆腔音乐之革新，并促成昆曲艺术流行于大江南北，被誉为“昆曲之祖”“曲圣”。

是书全文略分为十八则，言简意赅，条理清晰地梳理了声乐选材、声乐演员训练、唱曲中的声韵、行腔规律和演唱节奏、演唱作品风格把握等问题，阐述了昆曲演唱表演中的要点，涉及呼吸、发声、吐字、四声、行腔、板眼、曲趣等声乐理论，总结出唱曲“五难”“五不可”，倡导“择曲”说，提出“与知音者辩”“善听曲”等研习观点，成为后世昆曲研究的经典，是对昆曲学习者的宝贵指导，也是我国民族声乐理论的优秀文化遗产。

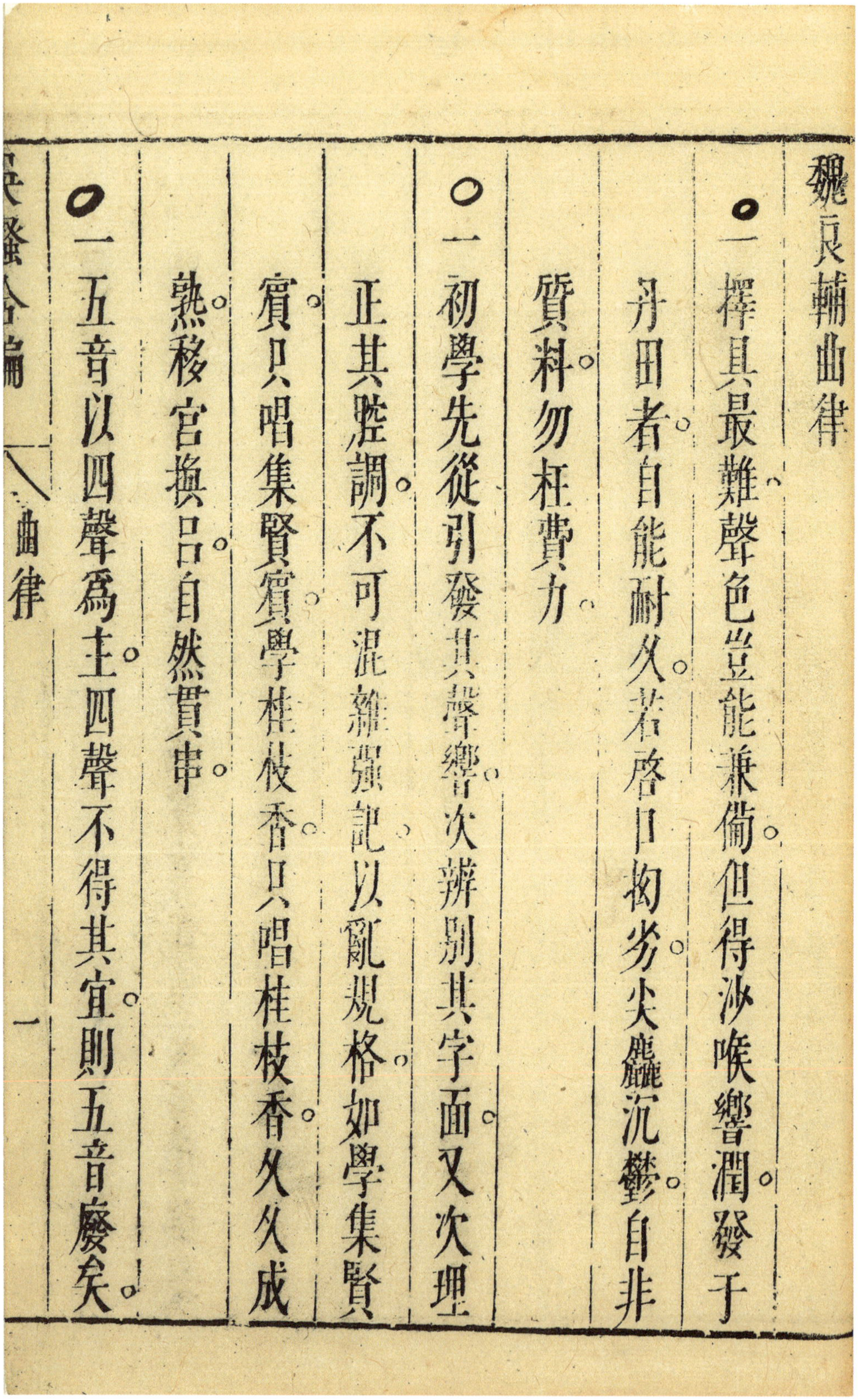
魏良輔曲律

○一擇具最難聲色豈能兼備但得沙喉響潤發于丹田者自能耐久若啓口肉劣尖麤沉鬱自非質料勿枉費力

○一初學先從引發其聲響次辨別其字面又次理正其腔調不可混雜强記以亂規格如學集賢賓只唱集賢賓學桂枝香只唱桂枝香久久成熟移宮換呂自然貫串

○一五音以四聲爲主四聲不得其宜則五音廢矣

吳騷合編　曲律　一

图1　卷端

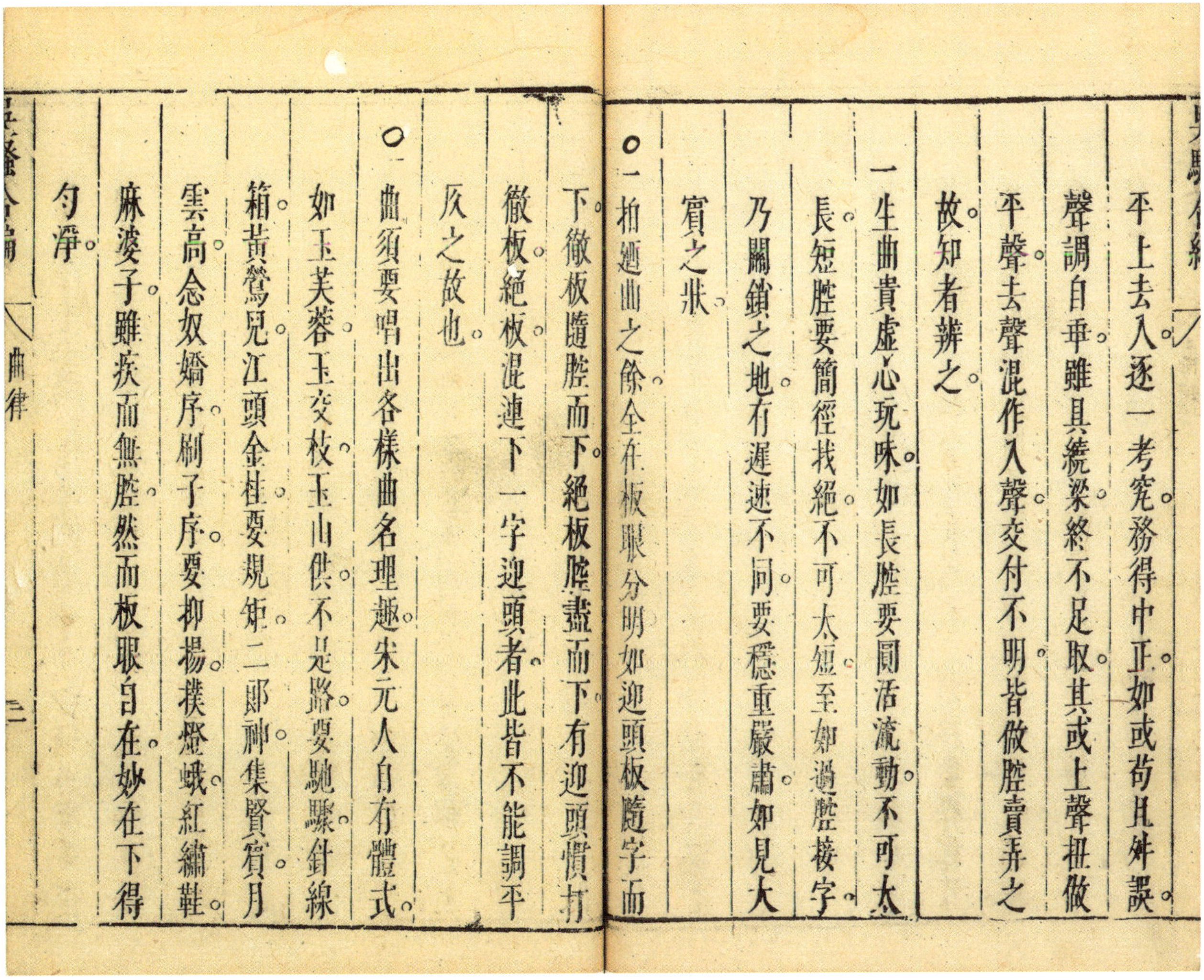
吳騷合編　曲律

平上去入逐一考究務得中正如或苟且舛誤聲調自乖雖具繞梁終不足取其或上聲扭做平聲去聲混作入聲交付不明皆做腔賣弄之故知者辨之

一生曲貴虛心玩味如長腔要圓活流動不可太長短腔要簡徑找絕不可太短至如過腔接字乃關鎖之地有遲速不同要穩重嚴肅如見大賓之狀

一拍遡曲之餘全在板眼分明如迎頭板隨字而下徹板隨腔而下絕板腔盡而下有迎頭慣打徹板絕板混連下一字迎頭者此皆不能調平仄之故也

一曲須要唱出各樣曲名理趣宋元人自有體式如玉芙蓉玉交枝玉山供不是路要馳驟針線箱黃鶯兒江頭金桂要規矩二郎神集賢賓月雲高念奴嬌序刷子序要抑揚撲燈蛾紅繡鞋麻婆子雖疾而無腔然而板眼自在妙在下得勻淨

吳騷合編　曲律　三

图2　正文

古乐义十二卷

（明）邵储撰　清抄本

九行二十二字，红格，白口，四周双边。

邵储（生卒年不详），是书卷首明何予方《古乐义引》称：“吾师达斋邵先生，独有志复古，乃废举业，而潜心于乐者十余岁，遂获神授，旁通其理，于是截竹考律，推数著图，辑为《古乐义》一十二卷。”据［道光］《广东通志》记载，何予方为嘉靖三十一年（1552）举人，故邵储当为嘉靖时人。

本书在《明史·艺文志》中没有著录，收于《四库全书》存目。卷一为总论，卷二为律管图，卷三为分均图，卷四为十二调图，卷五为十二宫衍唱，卷六论乐之实用，卷七为乐器图及考释，卷八、卷九为韶乐图及考释，卷十至卷十二为舞器舞位图及考释。书中对韶乐考辨最详，但经传中所讲的韶乐，都是廖廖数语，不能推究具体声律器数，所以是书绘图考释不免牵强附会。对声律之说、十二律衍唱之法也有因不明乐理而致误处。此书对乐理、乐器等皆以图示，明了可观，对原声及二变四清等的考辨可聊备一说。《中国古籍善本书目》著录是书仅此一种版本。

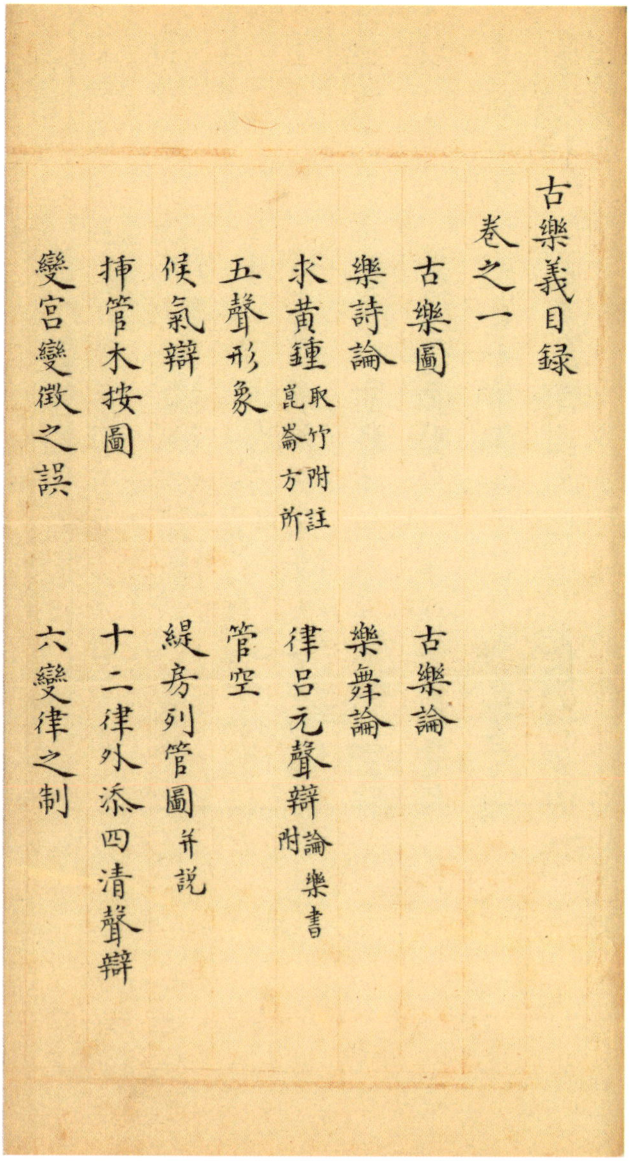
古樂義目録
卷之一
古樂圖　古樂論
樂詩論　樂舞論
求黄鍾取竹附註崑崙方所　律吕元聲辯附論樂書
五聲形象　管空
候氣辯　緹旁列管圖并說
揷管木按圖　十二律外添四清聲辯
變宫變徵之誤　六變律之制

图1　目录

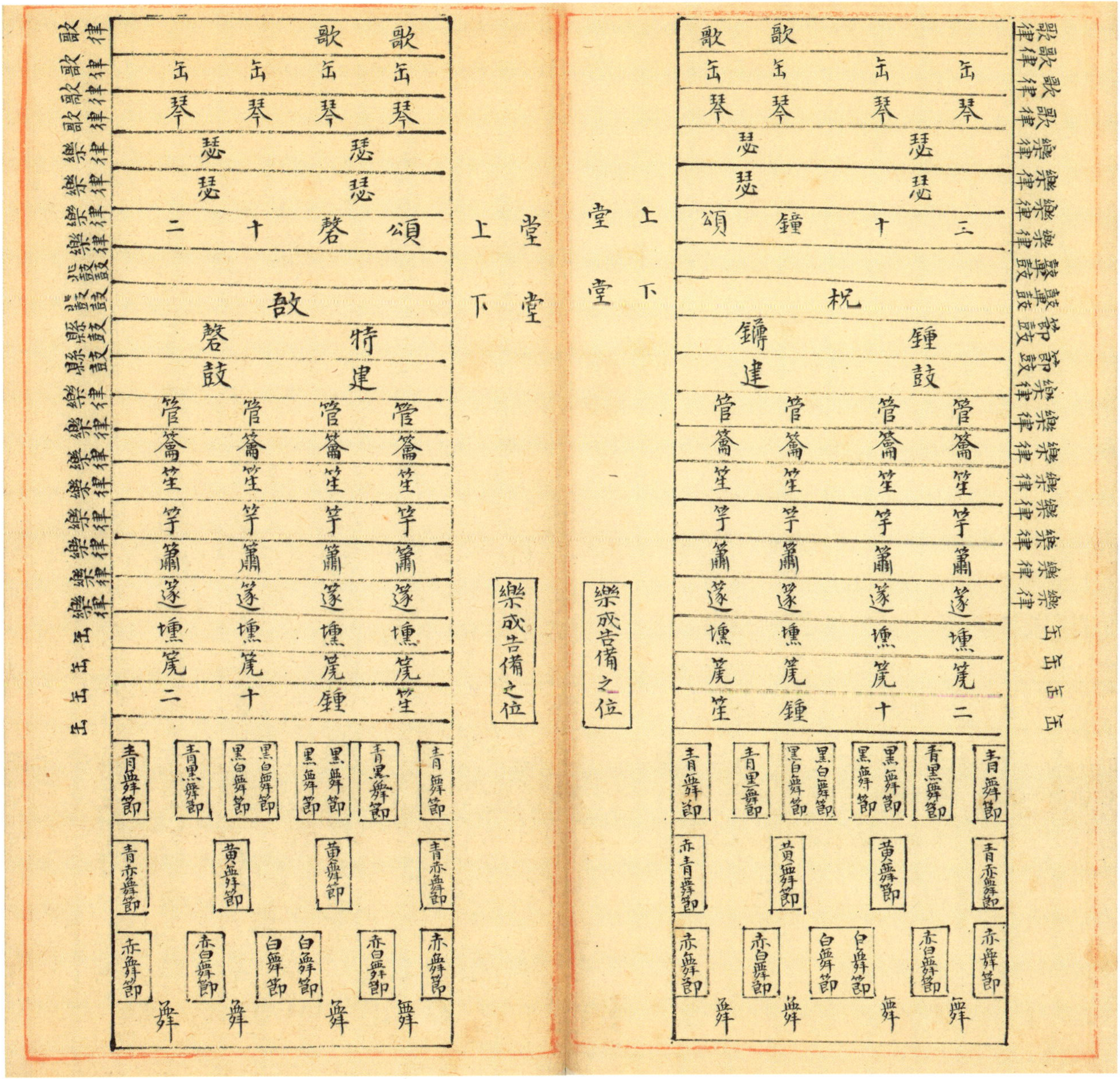

图 2　韶乐图

新编林冲宝剑记二卷

（明）李开先撰　明嘉靖二十六年（1547）李开先自刻本

十行二十字，黑口，四周单边。

李开先（1502—1568），字伯华，号中麓，山东章丘人。嘉靖八年进士，官至太常寺少卿，因不善逢迎，罢官归家。居家近三十年，致力于戏曲和民歌的搜集与创作，为明代中叶北方曲坛名家，又是著名藏书家，所藏尤以戏曲为多，有“词山曲海”之称。

《宝剑记》演绎《水浒传》中林冲被逼上梁山一事。故事讲述林冲弹劾高俅等人不成，反被高俅以观看林家祖传宝剑为由赚入白虎节堂，定为死罪。林妻击鼓鸣冤，林冲得免死罪，被发配沧州。高俅党羽一再加害，后焚烧草料场，欲置林冲于死地。林冲忍无可忍，投奔梁山。此时高俅之子企图强占林妻，林母自尽，林妻出家。后林冲率梁山好汉攻打京城，皇帝下旨招安，处决高俅父子。

此剧是李开先戏曲的代表作。剧中大量采集民间小调，所开创的一些曲牌，被后世曲谱选为定格。此剧也是明传奇中第一部以水浒故事为题材的作品，《夜奔》一出，是至今常演的著名折子戏。此本为传世孤本，文献价值极高。钤“仰周所宝”“周越然”等印。

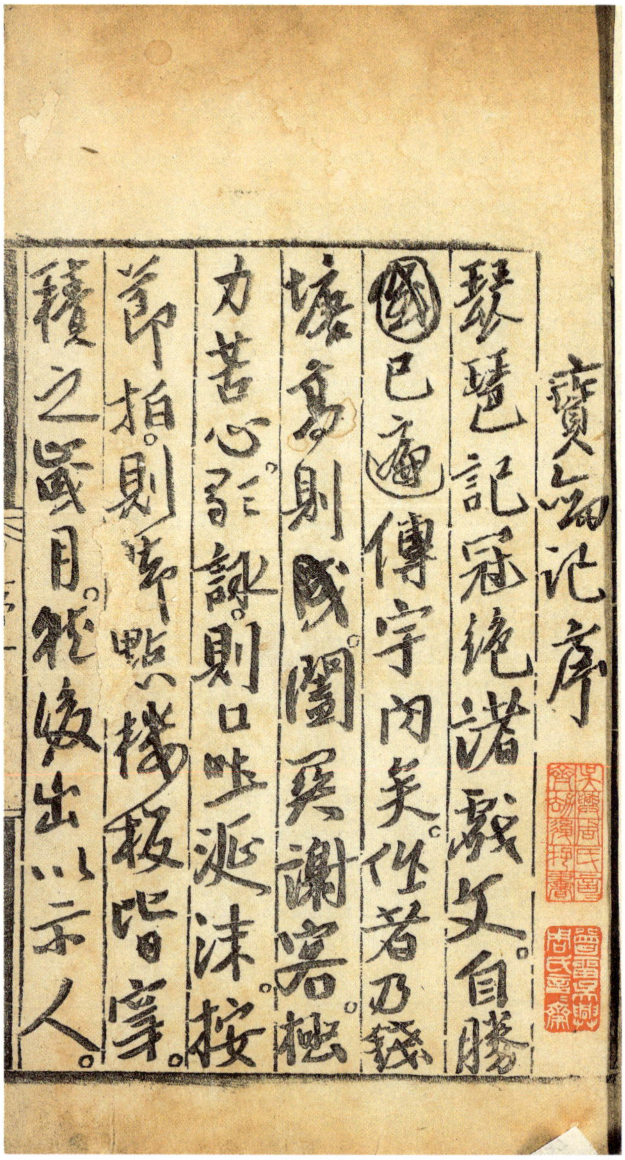
寶劍記序

琵琶記冠絕諸戲文自勝國已遍傳宇內矣作者乃錢塘高則成閉戶謝客極力苦心歌詠則口吐涎沫按節拍則腳點樓板皆穿積之歲月然後出以示人

图1　序

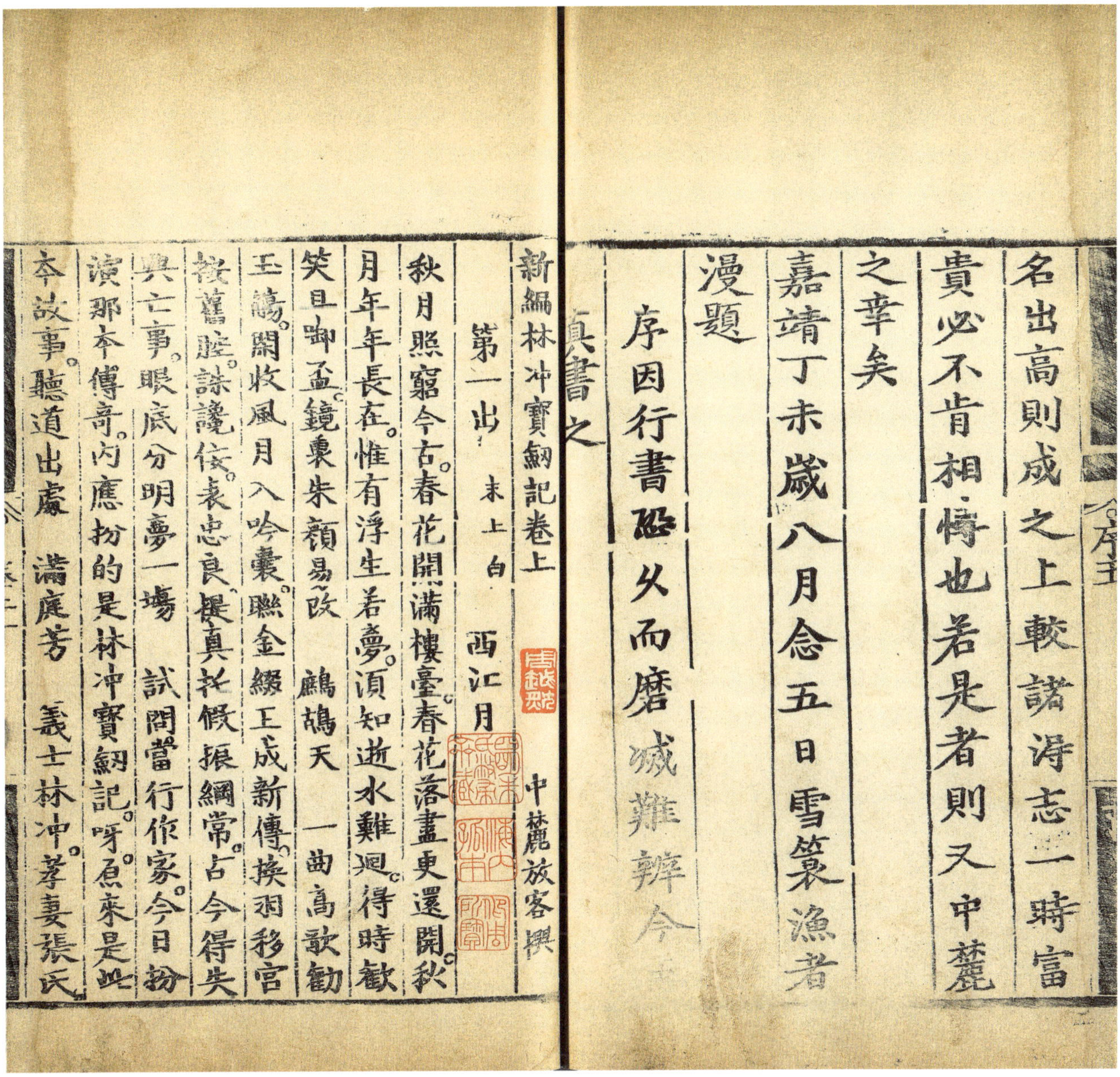

图 2　第一出

风宣玄品十卷

（明）朱厚爝编　明抄本　存六卷（卷二至三、五、七、九至十）

五行十字，白口，四周双边。

朱厚爝（1506—1550），简王朱祐枱庶第一子，嘉靖五年（1526）由安邑王改封徽世子，同年袭封徽王。在位二十四年，卒谥恭。

是书卷一为琴论，包括指法、仪式制度、造琴法、指诀等文字六十二则，手势图一百五十四幅。文字大部分是转录宋代田芝翁《太古琴遗音》中的琴论材料。卷二至卷十为琴曲和琴歌，收曲一百零二首，包括三十二首琴歌。

明代是中国古琴发展的重要时期，琴派众多，名家云集，所刻琴谱也很多，此书是目前所知年代较早琴论与琴谱合集的文献，也是研究明代及明之前关于七弦琴的琴制、仪式、美学理论、演奏理论以及琴曲等内容的重要资料。

是书自明嘉靖十八年徽藩编刻以后，流传极为稀少，今存世有原刻本藏中国艺术研究院，系海内孤本。此本系从明刻本手抄，抄写精细。

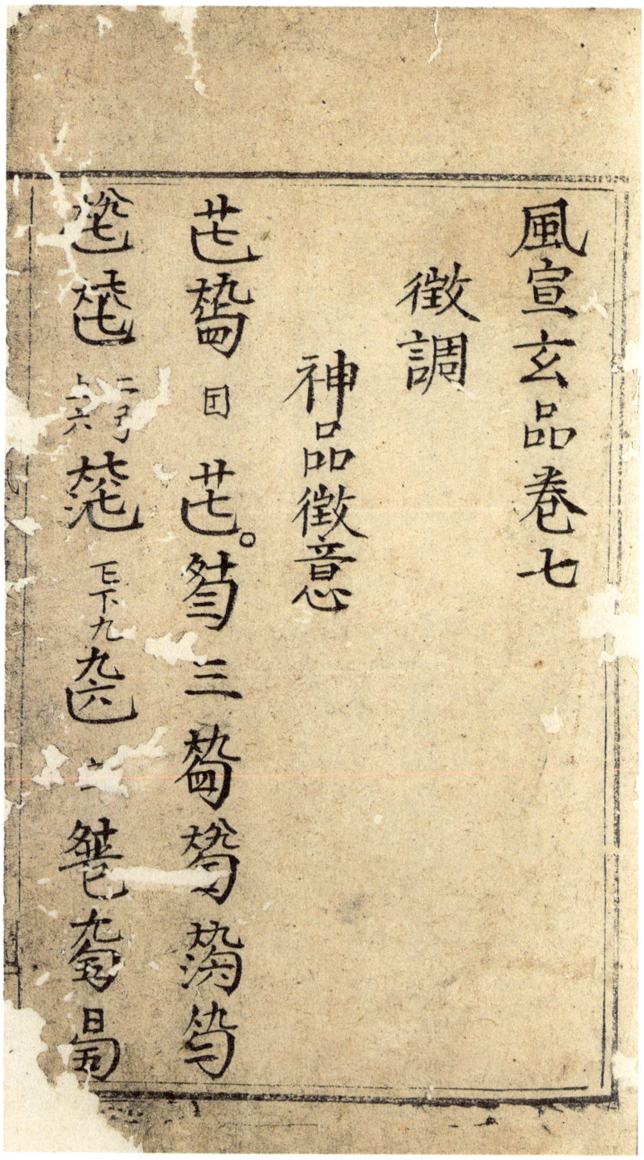
風宣玄品卷七
徵調
神品徵意

图 1　徵调

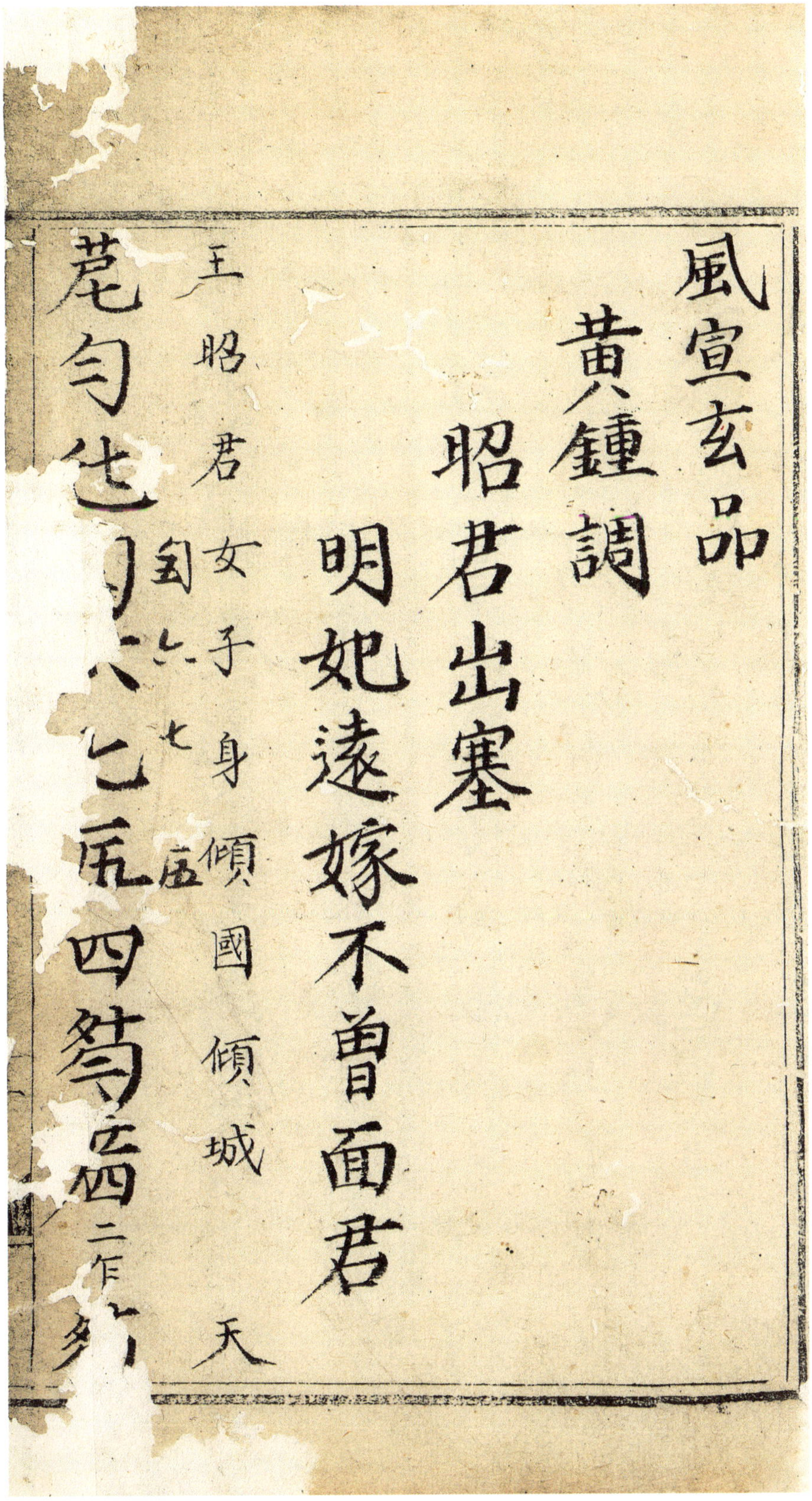
風宣玄品
黄鍾調
昭君出塞
明妃遠嫁不曾面君
王昭君女子身傾國傾城 天

图 2　昭君出塞

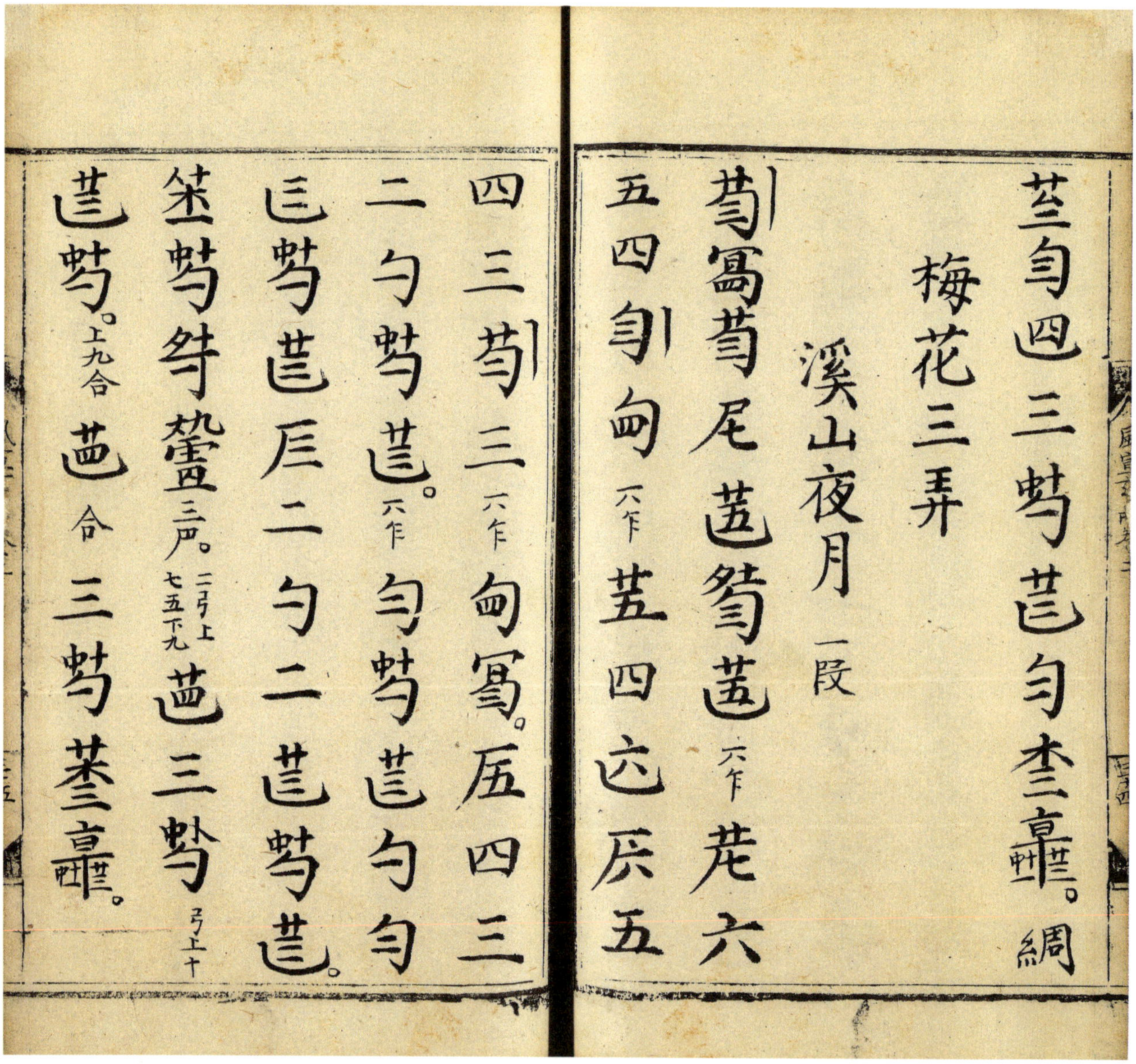

图3　梅花三弄

瑟谱一卷

（明）朱厚煐撰　明嘉靖四十年（1561）朱载玺刻本

八行十六字，白口，四周单边。

朱厚煐（1514—1583），字明甫，号清慎子，晚号岱翁，谥端裕。明宪宗孙，衡恭王第四子，嘉靖九年封高唐王。以博学笃行闻，工于隶篆，精通乐理，善著述，有《事亲述见》等。

卷首为嘉靖三十九年岱翁自述，末有嘉靖四十年朱载玺后序。内容包括瑟弦律、胡安定累黍取寸图、汉币泉周尺径寸图、二十五弦图、旋宫之图、律吕总例、雅律通俗谱例、指法、诗谱、阳关谱、瑟制沿革，凡十一部分。

瑟是古代宴飨礼仪和祭祀活动中用来伴奏的重要弹拨乐器，产生时代较早，形制有多种，如十六弦、二十五弦、五十弦等，外形与筝相似，是我国弦乐器的滥觞之一，具有独奏、琴瑟合奏等多种演奏形式，主要用于宫廷雅乐。瑟谱是了解与研究我国古代瑟艺的重要门径。目前存世瑟谱屈指可数，弥为珍贵。

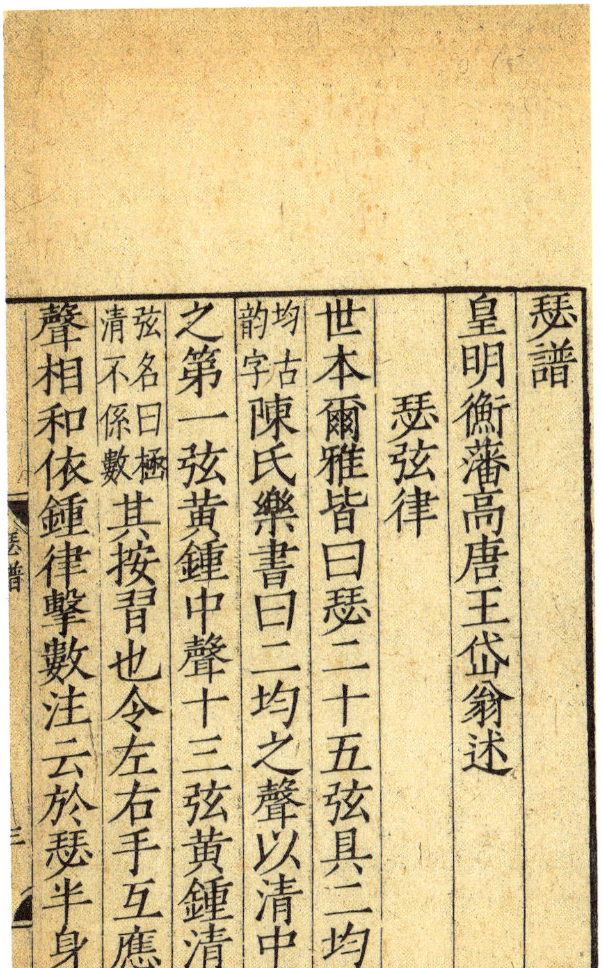
瑟譜
皇明衡藩高唐王岱翁述

瑟弦律
世本爾雅皆曰瑟二十五弦具二均之聲均古韵字陳氏樂書曰二均之聲以清中雙彈之第一弦黃鍾中聲十三弦黃鍾清聲除中弦名曰極清不係數其按習也令左右手互應清中聲相和依鍾律擊數注云於瑟半身設柱

图 1　卷端

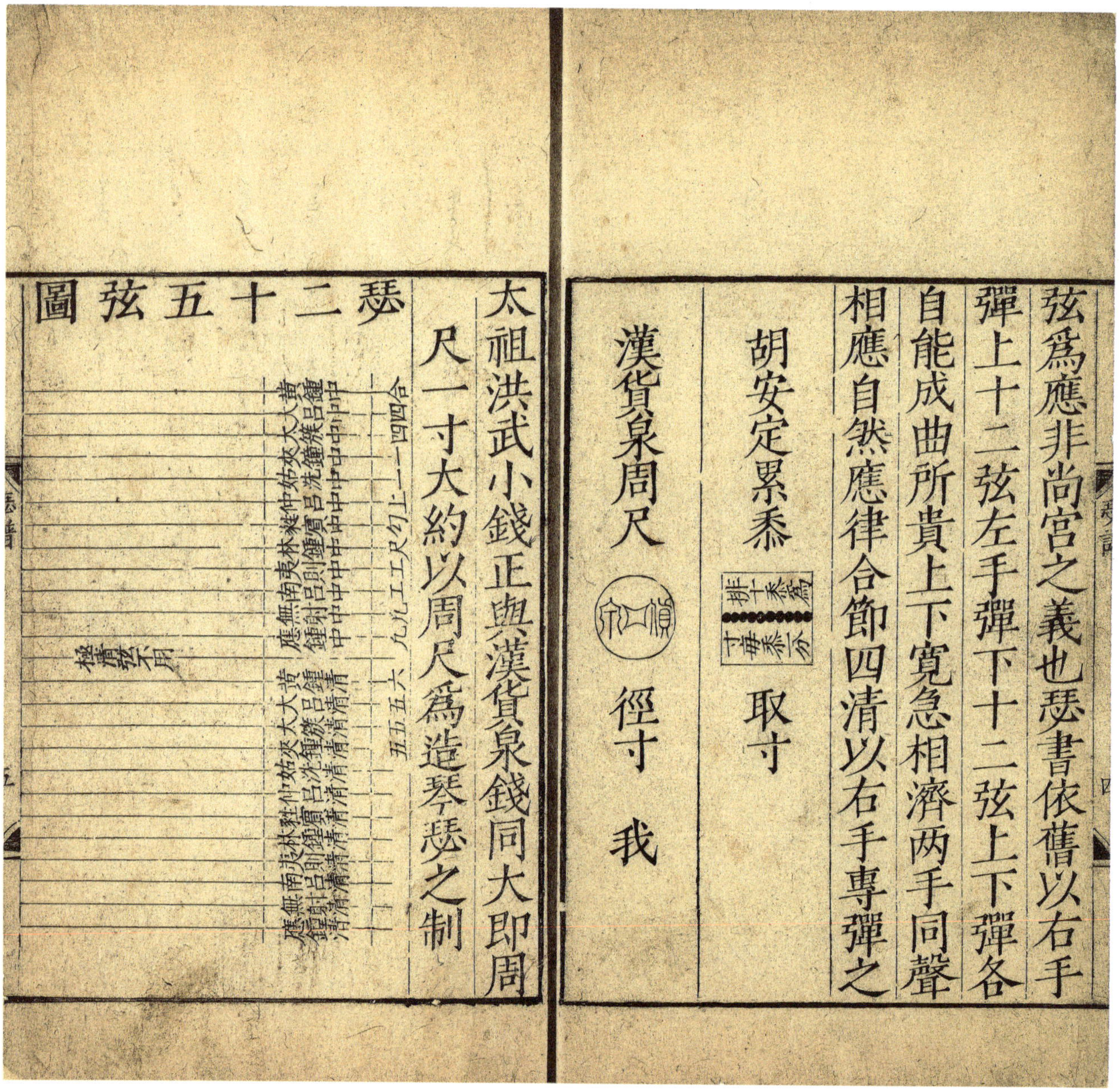
弦爲應非尚宮之義也瑟書依舊以右手
彈上十二弦左手彈下十二弦上下彈各
自能成曲所貴上下寬急相濟兩手同聲
相應自然應律合節四清以右手專彈之

胡安定累黍　取寸

漢貨泉周尺　徑寸　我

太祖洪武小錢正與漢貨泉錢同大即周
尺一寸大約以周尺爲造琴瑟之制

瑟二十五弦圖

图 2　瑟二十五弦图

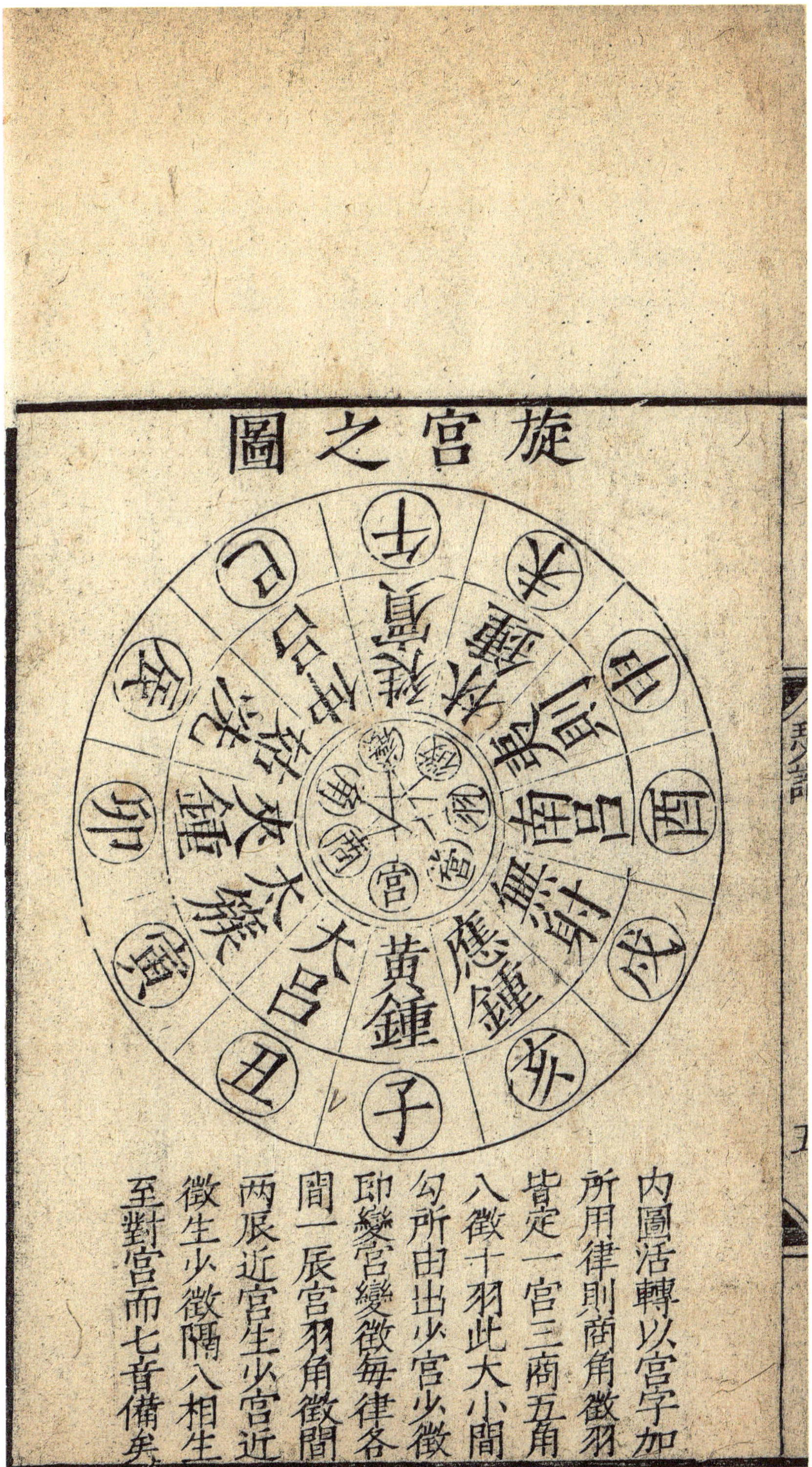

旋宮之圖

內圖活轉以宮字加所用律則商角徵羽皆定一宮三商五角八徵十羽此大小間勾所由出少宮少徵即變宮變徵每律各間一辰宮羽角徵間兩辰近宮生少宮近徵生少徵隔八相生至對宮而七音備矣

图 3　旋宫之图

新编目连救母劝善戏文三卷

（明）郑之珍撰　明万历十年（1582）新安郑氏高石山房刻本

十行二十四字，白口，四周单边。

郑之珍（1518—1595），字子玉、汝席，号高石山人，徽州祁门人。著有《五福记》等。

此戏本事源自佛教经典《佛说盂兰盆经》，讲述佛弟子目连虔心向佛，然其母刘青提却亵渎佛祖，被打入地狱，受尽折磨。目连到地狱见到母亲，无计可施，后向佛祖求救，终于救母出离地狱。唐代有《目连变文》，是目连故事中国化的开始。目连故事在中国民间流传广泛，影响很大。郑之珍对版本芜杂、内容纷繁的各种目连戏进行了整理改编，形成结构完整、形式规范的剧本。此剧共一百零二出，分上、中、下三卷。三本既可连演，也可单独演出。

郑氏改编本是唐代以来目连戏、目连故事及民间小戏的集大成者，面世之后，目连戏的搬演基本都以此为底本，在民间舞台上盛演不衰，对徽剧、川剧、汉剧、豫剧等各大剧种都产生过较大的影响。其中《下山》《思凡》等折子至今仍在一些地方戏舞台上演出。此本为万历十年作者郑之珍自刻本，系此剧最早版本。

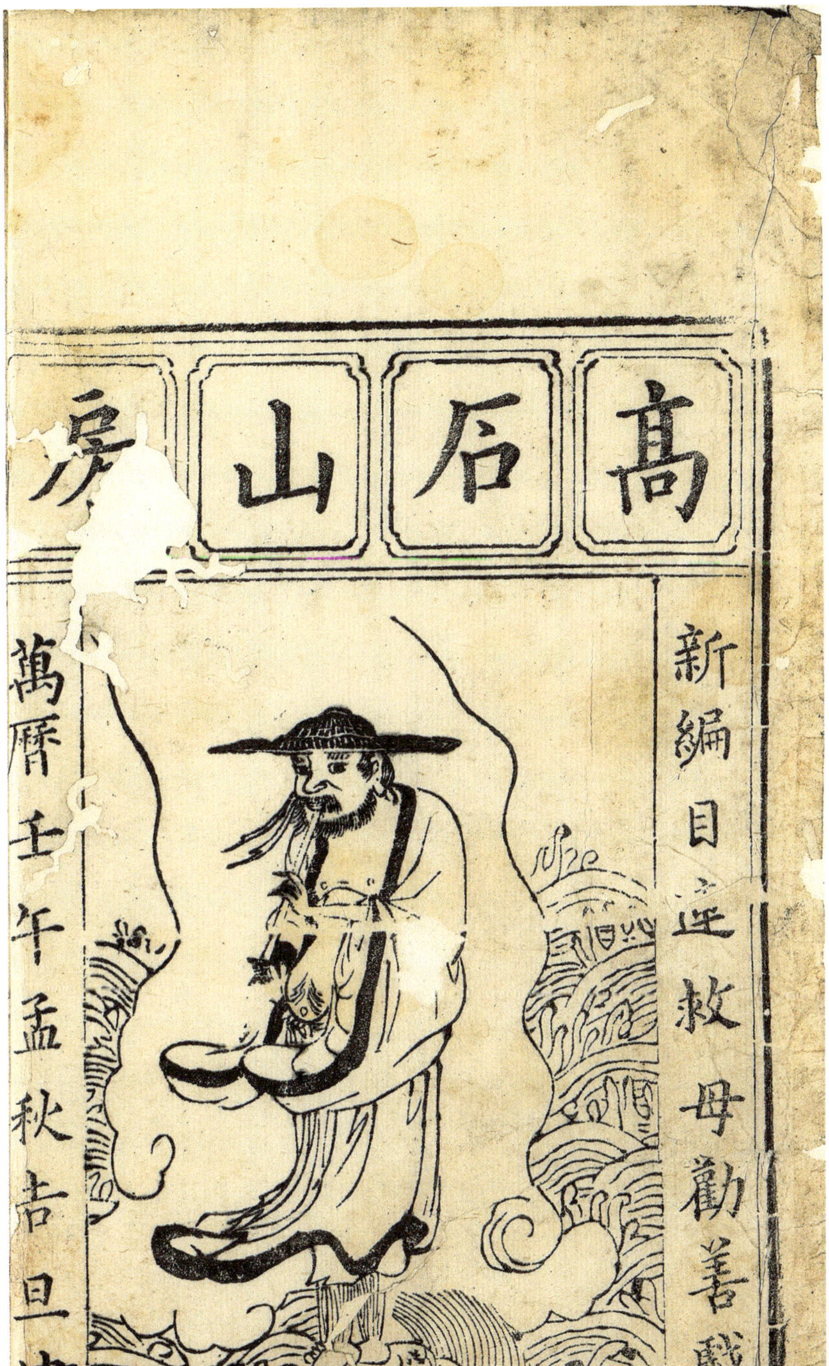

图 1　书名页

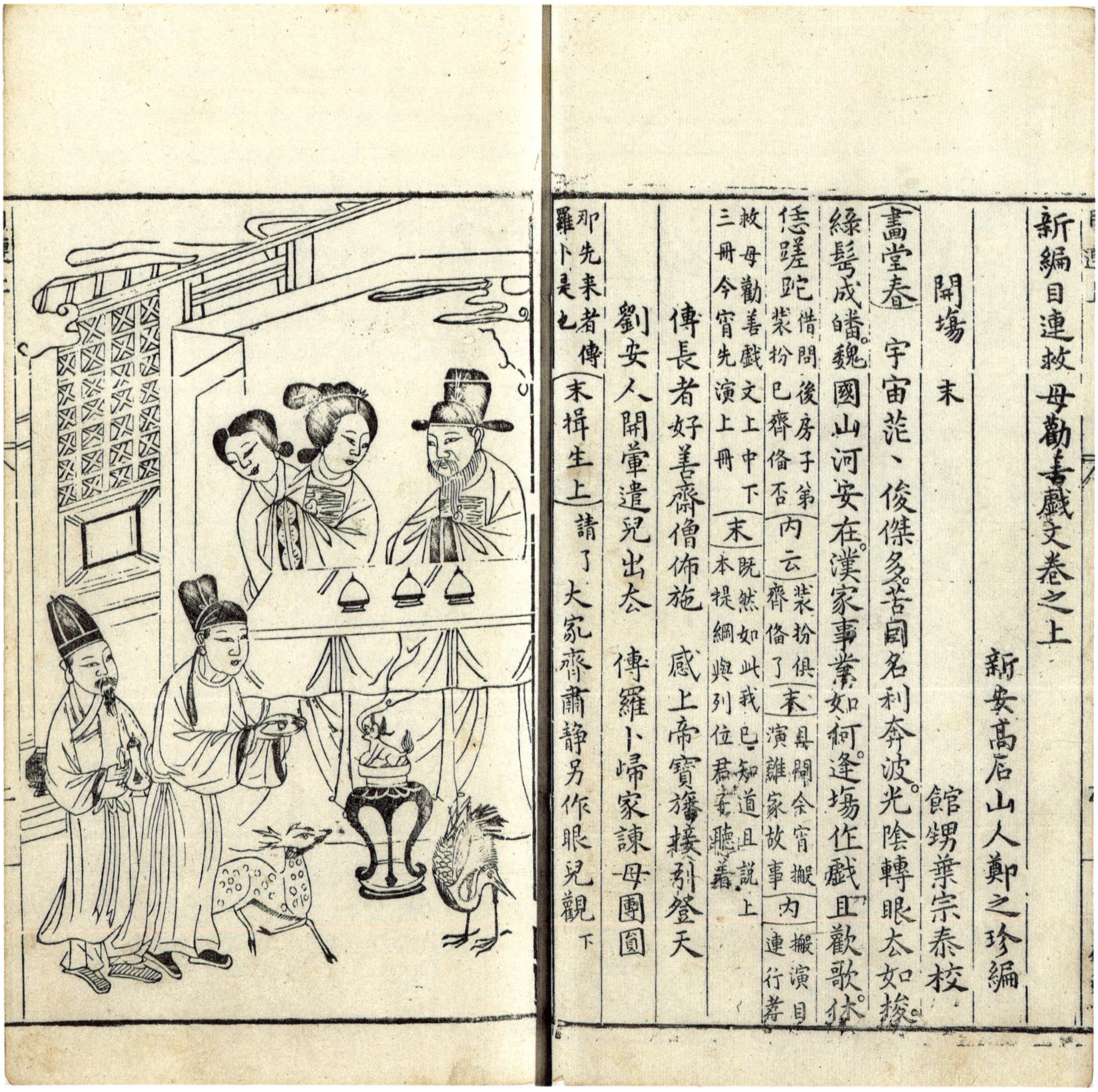

图 2　卷端及插图

目连救母出离地狱生天宝卷一卷

明抄本　彩绘本

十二行十六字。

撰者不详。其本事源自佛经《佛说盂兰盆经》。宝卷是一种说唱文学形式，由唐代佛家寺院中的“俗讲”演变而来。作者多为出家僧尼，早期内容主要是佛教故事，明清以后多取材于民间传说，通常用于宣讲因果报应、修道度世、惩恶扬善，具有较为浓厚的宗教色彩。在形式上，一般由若干形态相同的段落组成，每个段落由叙述性的散体文、诗赞、七字或十字的韵文组成，情节曲折，语言通俗，再加上说唱的形式，艺术感染力强，在民间有较大的影响。

此书是现存最早的以“宝卷”命名的宝卷。工笔小楷精抄，有八幅精美绘图，令人赏心悦目，是宝卷研究不可或缺的重要文献。曾为郑振铎收藏。

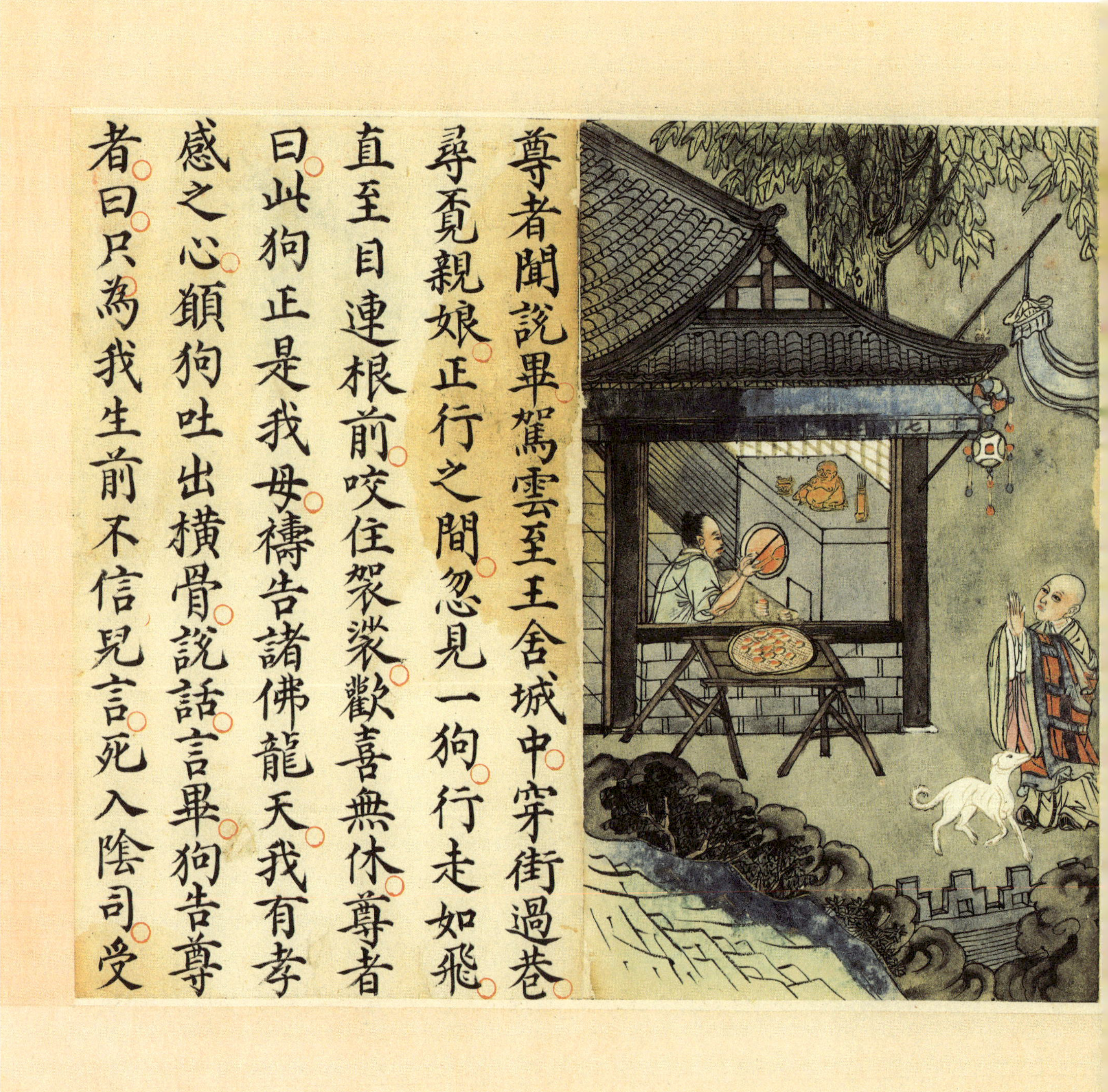
尊者聞説畢駕雲至王舍城中穿街過巷
尋覓親娘正行之間忽見一狗行走如飛
直至目連根前咬住袈裟歡喜無休尊者
曰此狗正是我母禱告諸佛龍天我有孝
感之心頓狗吐出横骨説話言畢狗告尊
者曰只為我生前不信見言死入陰司受

图 1　插图

图 2　插图

盂蘭大道場

三塗永息常時苦　六趣休隨汨沒因

恒沙含識悟真如　一切有情登彼岸

乃至虛空世界盡　衆生及業煩惱盡

如是四海廣無邊　願今回向亦如是

金字經

目連救母有功能騰空便駕五色雲五

色雲十王盡皆驚齊接引合掌當胸

見聖僧

自然善人好修行識破塵勞不為真不

為真靈山有世尊能權巧參破貪嗔

妄想心

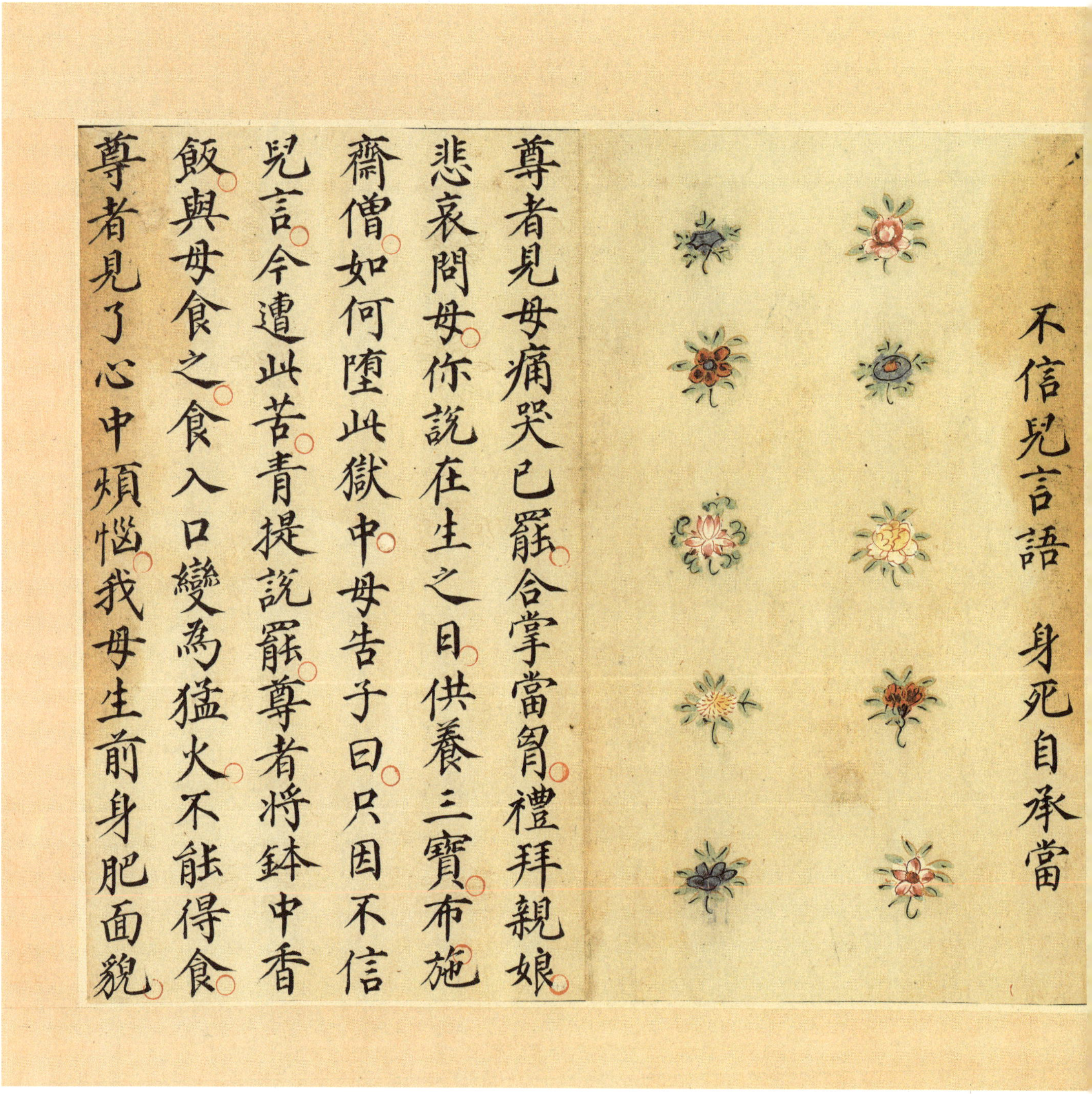
不信兒言語　身死自承當

尊者見母痛哭已罷合掌當胷禮拜親娘
悲哀問母你說在生之日供養三寶布施
齋僧如何墮此獄中母告子曰只因不信
兒言今遭此苦青提說罷尊者將鉢中香
飯與母食之食入口變為猛火不能得食
尊者見了心中煩惱我母生前身肥面貌

图3　正文

是師母目連見了忽然倒地多時甦醒扯
住親娘放聲大哭
汝道在生修善事
如何身死墮阿鼻
阿鼻牢前已見娘　目連苦痛斷肝腸
項帶沉枷腰掛鎖　鎗刀圍遶好恓惶
遍體通身都是火　眼中流血淚千行
尊者見娘身受苦　好似將刀割斷腸
牢前見母受苦恓惶高聲大叫娘遍身猛
火血淚千行生前作業宰殺猪羊毀謗
三寶造業自家當
目連見了娘　如刀割斷腸

南词叙录一卷

（明）徐渭撰　民国六年（1917）武进董康诵芬室刻本

十三行二十二字，黑口，左右双边。

徐渭（1521—1593），字文清，更字文长，号天池山人、青藤道人，山阴（今浙江绍兴）人。年二十为邑诸生，屡试不第。曾为闽浙总督胡宗宪幕府掌书记，参与抗倭斗争。于诗文、书画、戏曲无不精通，著有《徐文长全集》。《明史》卷二百八十八有传。

此书成于明嘉靖三十八年（1559），内容包括南戏源流、特色、格律及对剧作的品评、语言的注释等，并附南戏剧目。

南戏初称戏文，后为区别于元代兴起的北曲杂剧，称为“南曲戏文”，简称“南戏”，又称“温州杂剧”“永嘉杂剧”，一般认为是中国戏曲最早的成熟形式之一，为明清传奇及清中叶以降兴起的各种地方戏奠定了基础，在戏曲发展史上占有重要地位。南戏，北宋末年至明朝初年流行于中国南方，用韵以南方（江浙一带）语音为准，有平上去入四声，音乐上用五声音阶，声调柔缓婉转，以箫笛等伴奏，明代初期也用筝、琵琶等弦索乐器。但由于南戏来自民间，被视为“里巷之声”“村坊小伎”，不为文人学士所重视，故自元代至明清，研究者甚少。本书是我国古代戏曲史上唯一一部论述南戏的专著，其价值不言而喻。是书明清时一直以抄本流传，此为最早刻本。

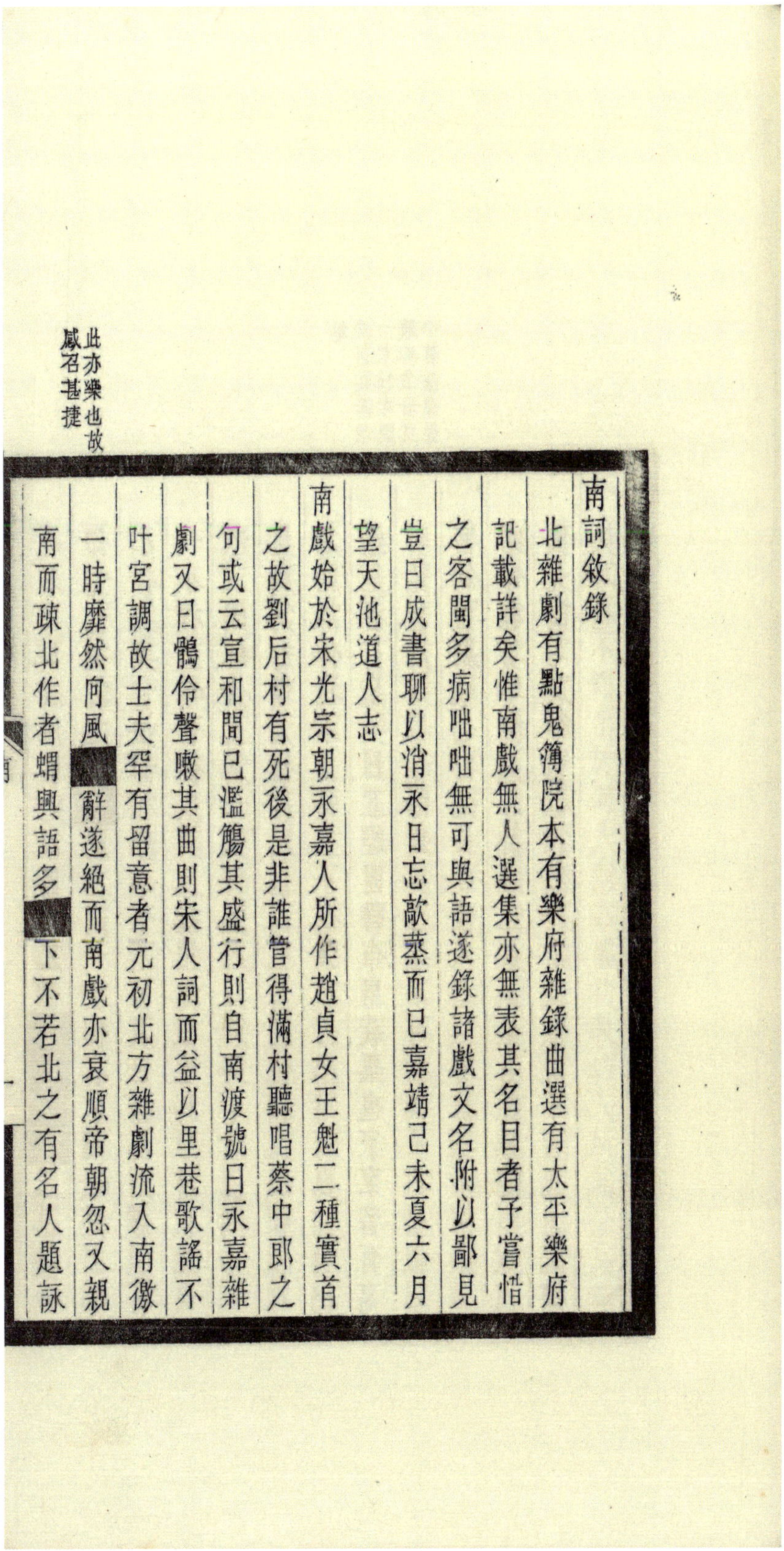

此亦樂也故感召甚捷

南詞敘錄

北雜劇有點鬼簿院本有樂府雜錄曲選有太平樂府記載詳矣惟南戲無人選集亦無表其名目者予甞惜之客閩多病咄咄無可與語遂錄諸戲文名附以鄙見豈曰成書聊以消永日忘歊蒸而已嘉靖己未夏六月望天池道人志

南戲始於宋光宗朝永嘉人所作趙貞女王魁二種實首之故劉后村有死後是非誰管得滿村聽唱蔡中郎之句或云宣和間已濫觴其盛行則自南渡號曰永嘉雜劇又曰鶻伶聲嗽其曲則宋人詞而益以里巷歌謠不叶宮調故士夫罕有留意者元初北方雜劇流入南徼一時靡然向風[redacted]辭遂絕而南戲亦衰順帝朝忽又親南而疎北作者蝟興語多[redacted]下不若北之有名人題詠

图 1　卷端

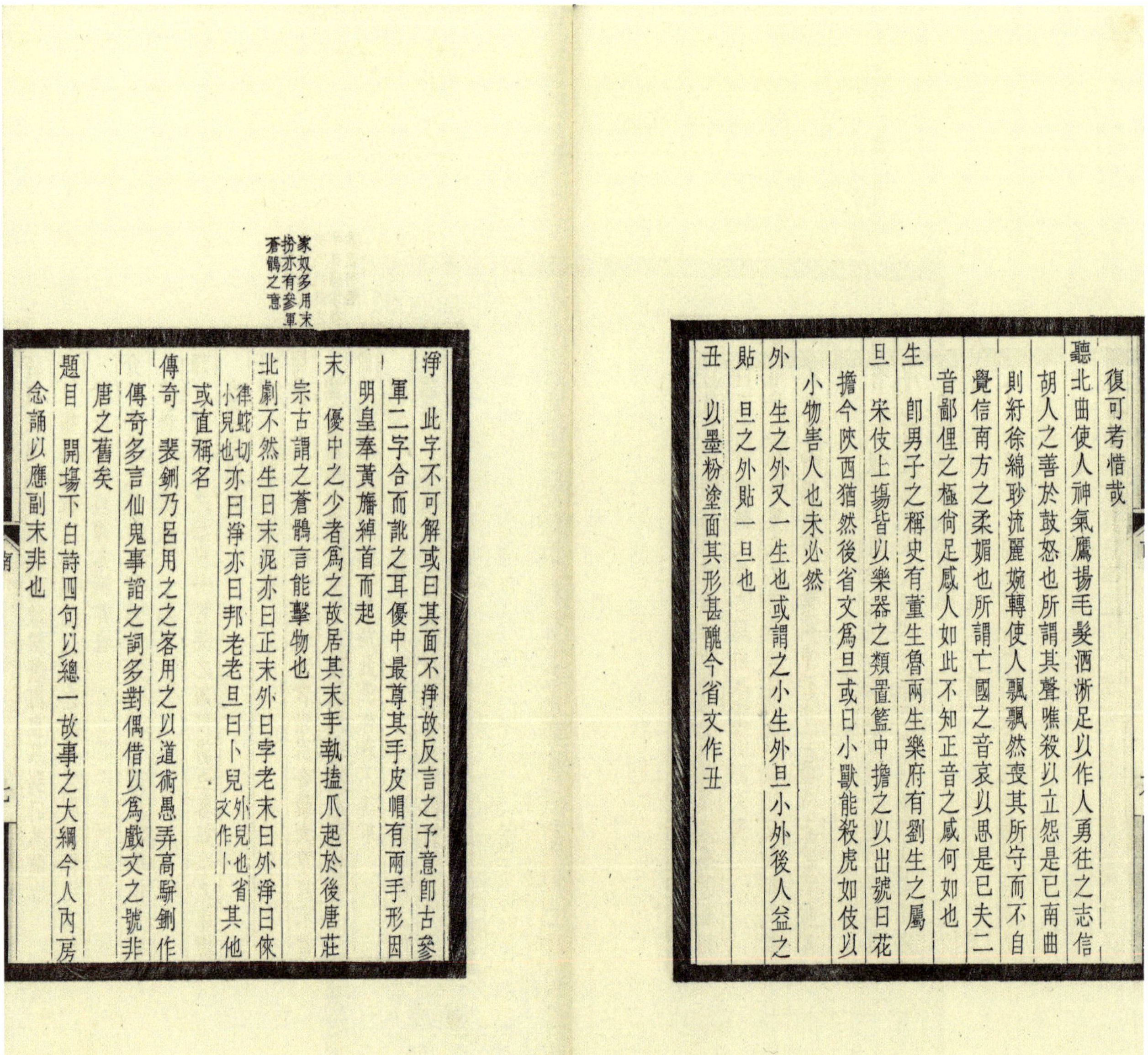

復可考惜哉
聽北曲使人神氣鷹揚毛髮洒淅足以作人勇往之志信胡人之善於鼓怒也所謂其聲噍殺以立怨是已南曲則紆徐綿眇流麗婉轉使人飄飄然喪其所守而不自覺信南方之柔媚也所謂亡國之音哀以思是已夫二音鄙俚之極尚足感人如此不知正音之感何如也
生　即男子之稱史有董生魯兩生樂府有劉生之屬
旦　宋伎上場皆以樂器之類置籃中擔之以出號曰花擔今陝西猶然後省文爲旦或曰小獸能殺虎如伎以小物害人也未必然
外　生之外又一生也或謂之小生外旦小外後人益之
貼　旦之外貼一旦也
丑　以墨粉塗面其形甚醜今省文作丑

家奴多用末扮亦有參軍蒼鶻之意
淨　此字不可解或曰其面不淨故反言之予意即古參軍二字合而訛之耳優中最尊其手皮帽有兩手形因明皇奉黃旛綽首而起
末　優中之少者爲之故居其末手執搕爪起於後唐莊宗古謂之蒼鶻言能擊物也
北劇不然生曰末泥亦曰正末外曰孛老末曰外淨曰倈律蛇切小兒也亦曰淨亦曰邦老老旦曰卜兒外兒也省文作卜其他或直稱名
傳奇　裴鉶乃呂用之之客用之以道術愚弄高駢鉶作傳奇多言仙鬼事諂之詞多對偶借以爲戲文之號非唐之舊矣
題目　開場下白詩四句以總一故事之大綱今人內房念誦以應副末非也

图2　术语

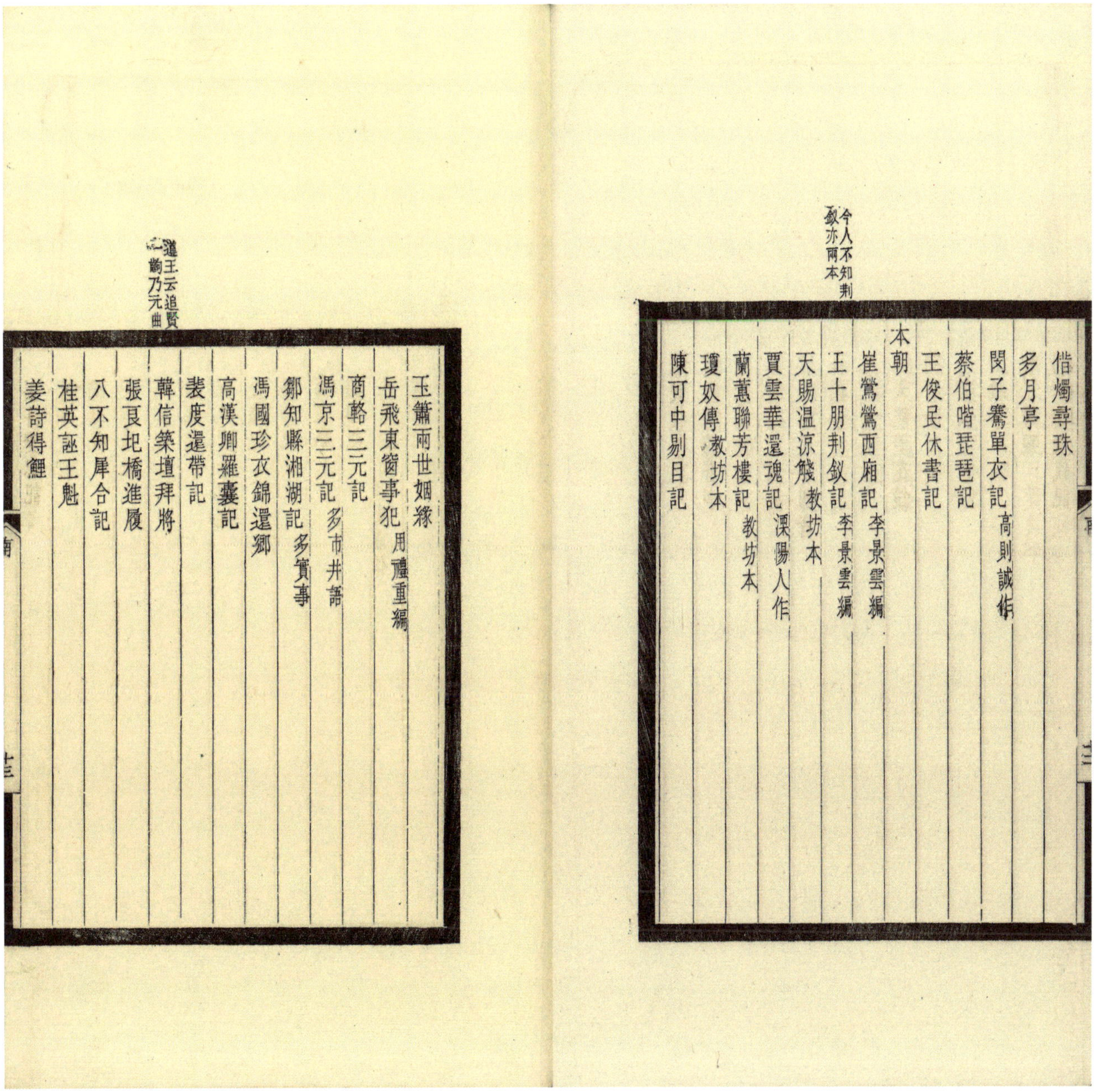

今人不知判叙亦兩本

借燭尋珠
多月亭
閔子騫單衣記 高則誠作
蔡伯喈琵琶記
王俊民休書記
本朝
崔鶯鶯西廂記 李景雲編
王十朋荊釵記 李景雲編
天賜温涼盞 教坊本
賈雲華還魂記 溧陽人作
蘭蕙聯芳樓記 教坊本
瓊奴傳 教坊本
陳可中剔目記

追王云追賢一齣乃元曲

玉簫兩世姻緣
岳飛東窗事犯 用禮重編
商輅三元記
馮京三元記 多市井語
鄭知縣湘湖記 多實事
馮國珍衣錦還鄉
高漢卿羅囊記
裴度還帶記
韓信築壇拜將
張良圯橋進履
八不知犀合記
桂英誣王魁
姜詩得鯉

图 3　剧目

四声猿四卷

（明）徐渭撰　明刻本

十行二十字，白口，四周单边。

是书由四个杂剧组成，《狂鼓史渔阳三弄》演祢衡击鼓骂曹；《玉禅师翠乡一梦》演月明和尚引度妓女柳翠的民间故事；《雌木兰替父从军》演花木兰代父出征，立功报国；《女状元辞凰得凤》写五代蜀中女子黄崇嘏女扮男装，考中状元，并在审理案件中表现出惊人才能的故事。

《四声猿》是中国戏曲史上较早的一部杂剧合集，取意于“盖猿丧子，啼四声而肠断，文人有感而发焉，皆不得意于时之所为也”，故总题“四声猿”。构思新颖，想象奇特，曲词热情奔放，纵横恣肆，洋溢着傲岸不羁、愤世疾俗的反抗精神。每剧视剧情长短而不同，多则五折，少则一折，不枝不蔓，极为精练。在音乐上或采用北曲大套，或南北曲兼用，生旦合唱，随意抒写，敢于突破元杂剧的窠臼。《四声猿》从题材、内容、体制乃至演出，都有所创新，独树一帜，被誉为“明曲之第一”（澄道人《四声猿引》），对明清杂剧创作有很大影响。

此本是明晚时期刻本，插图尤为精美，由徽派知名刻工黄伯符镌刻，刀法细腻，线条流畅，是徽州版画中的佼佼者。

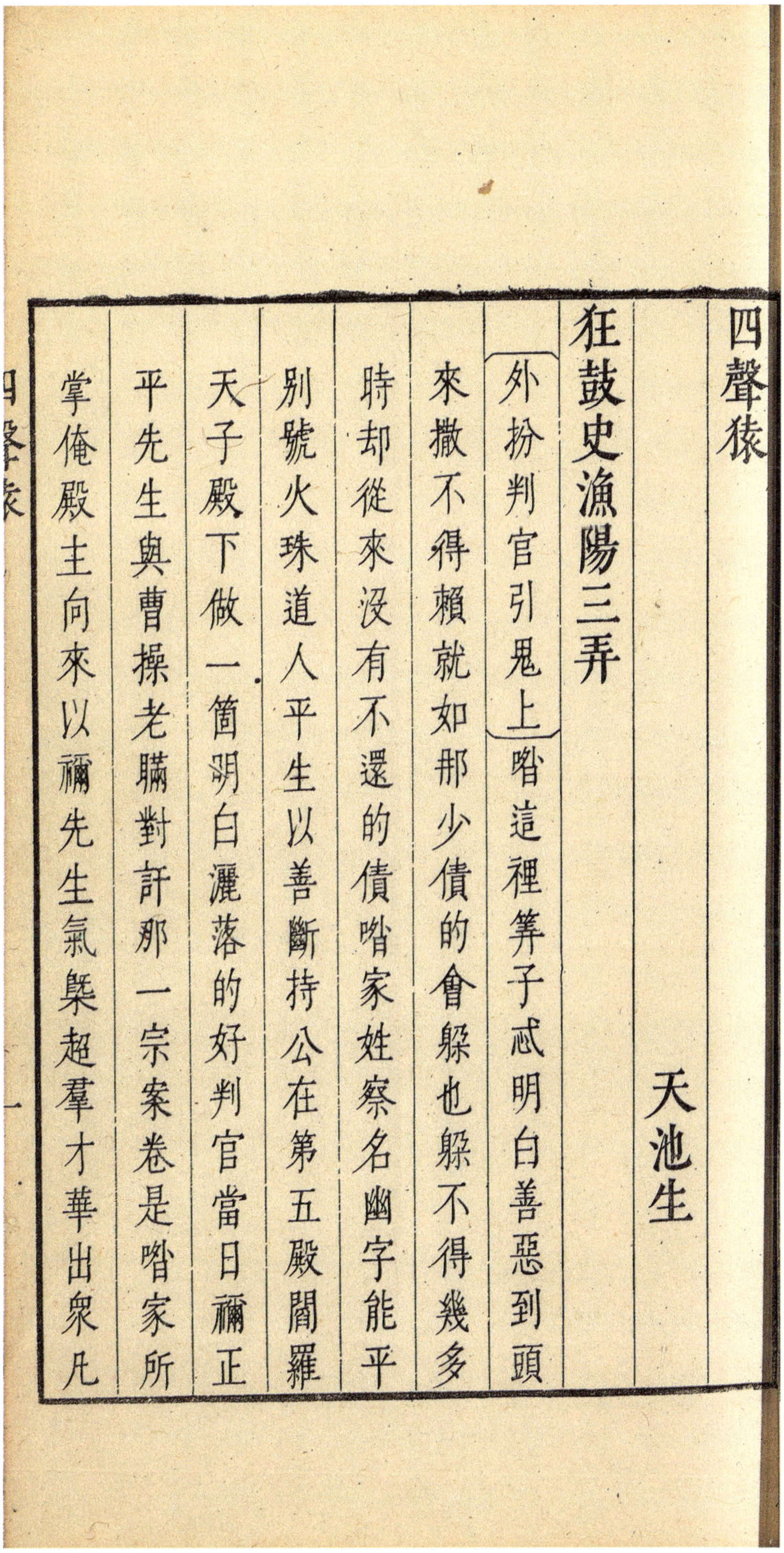

四聲猿

狂鼓史漁陽三弄

天池生

（外扮判官引鬼上）喒這裡筭子忒明白善惡到頭來撒不得賴就如那少債的會躲也躲不得幾多時却從來沒有不還的債喒家姓察名幽字能平别號火珠道人平生以善斷持公在第五殿閻羅天子殿下做一箇明白灑落的好判官當日禰正平先生與曹操老瞞對訐那一宗案卷是喒家所掌俺殿主向來以禰先生氣槩超羣才華出衆凡

四聲猿　一

图 1　狂鼓史渔阳三弄

图 2　狂鼓史渔阳三弄插图

浣纱记二卷

（明）梁辰鱼撰　明末毛氏汲古阁刻《绣刻演剧》本

九行十九字，白口，左右双边。

梁辰鱼（约 1521—1594），字伯龙，号少白，别号仇池外史，江苏昆山人。曾师从有“昆曲始祖”之称的魏良辅，主张用改革的昆山腔编写剧本，对昆剧的发展有巨大的贡献。

此剧以范蠡、西施为主人公，演述春秋时期吴越争雄的故事。越王勾践被迫对吴王夫差称臣，但他卧薪尝胆，伺机复仇。大臣范蠡举荐其未婚妻西施，对吴王使用美人计，二人以定情溪纱为信物惜别。夫差不听伍子胥劝诫，终因贪恋美色败于勾践。最终越王复国，范蠡与西施登舟远遁。

《浣纱记》不仅情节曲折动人，词曲也具有相当高的水平。全剧立足于实际舞台演出，从全局上进行谱曲布调，严格遵循昆曲唱腔“声则平上去入之婉协”的准则，根据人物性格适当选用北曲曲牌，使词、曲所表达的情感和风格达到高度统一。明嘉靖年间，魏良辅改革昆腔，建立起委婉细腻、流丽悠远的“水磨调”歌唱体系，但此时的昆腔仍主要用于清唱，直至《浣纱记》的出现，昆曲才逐渐走向“剧”化，并带动了昆曲和昆剧在大众中的发展，开启了昆曲繁荣兴旺的时代。

此本钤有“萧山西河王氏藏书”“允达别号敬斋”“长乐郑振铎西谛藏书”印，曾经王宗炎、郑振铎等人收藏。

图 1　书名页

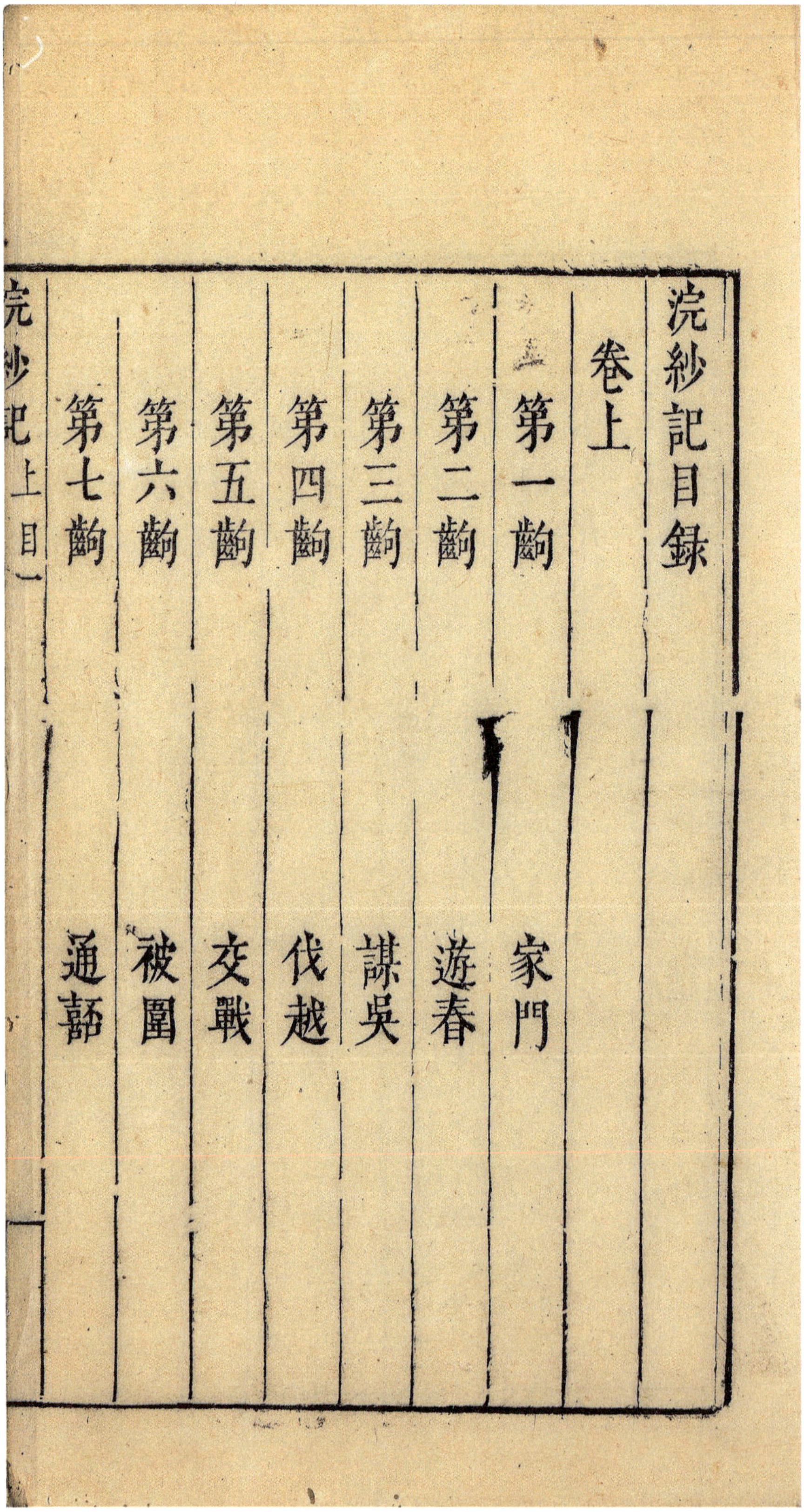
浣紗記目録

卷上

第一齣　家門

第二齣　遊春

第三齣　謀吳

第四齣　伐越

第五齣　交戰

第六齣　被圍

第七齣　通嚭

浣紗記　上　目一

图2　目录

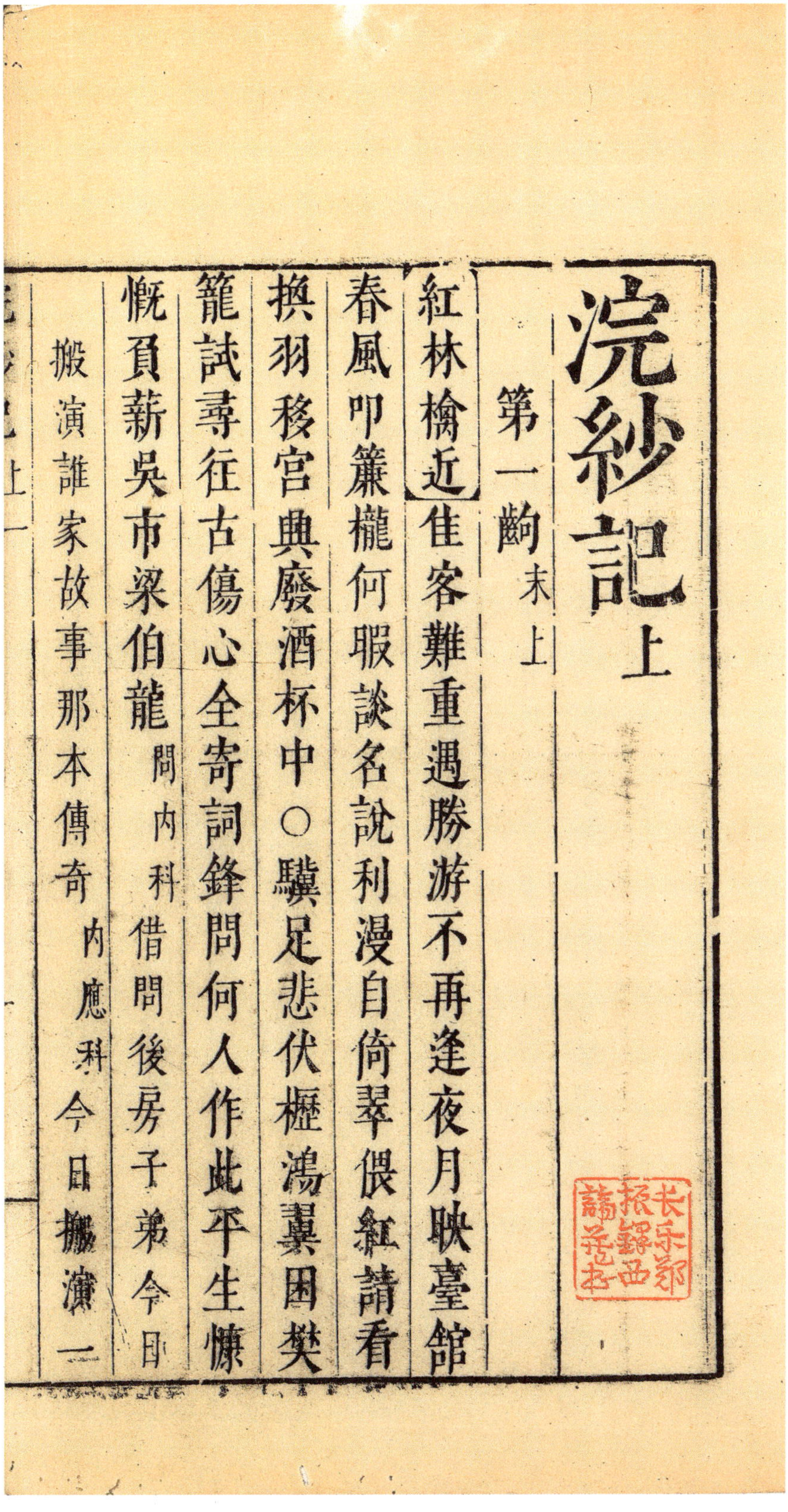

浣紗記上

第一齣　末上

紅林檎近　佳客難重遇勝游不再逢夜月映臺館春風叩簾櫳何暇談名說利漫自倚翠偎紅請看換羽移宮興廢酒杯中○驥足悲伏櫪鴻翼困樊籠試尋往古傷心全寄詞鋒問何人作此平生慷慨負薪吳市梁伯龍　問內科借問後房子弟今日搬演誰家故事那本傳奇　內應科今日搬演一

图3　卷端

乐律全书十五种四十八卷

（明）朱載堉撰　明万历郑藩刻本

十二行二十四或二十五字，小字双行同，黑口，四周双边。

朱载堉（1536—约 1610），字伯勤，号句曲山人、酒狂仙客，明仁宗第六代孙，郑藩恭王朱厚烷长子。精通音律乐谱，一生著述甚丰，有《瑟谱》《律吕正论》《嘉量算经》《醒世词》等。

此书是明代最著名的音乐论著。内容涉及音律、乐谱、舞蹈、历算等众多领域，融科学与艺术为一体，卷帙浩博。其中，《律学新说》与《律吕精义》在音乐史上贡献尤大，特别是后者，运用大量资料，以精确严密的方法阐述他所创造的《新法密律》（即“十二平均律”）。该创举彻底解决了历代众说纷纭的旋宫变调问题，在音律学上取得了划时代的成就，奠定了当代键盘乐器的数理基础，比欧洲的同样发明早半个世纪。

本书所收舞谱是流传至今数量最多、种类最丰富，且兼具深刻思想性的舞谱。其图示绘制精美，内容涉及乐舞的方方面面，如舞生的人数、服饰、乐器、舞蹈的步法等。此本为是书之原刻本。

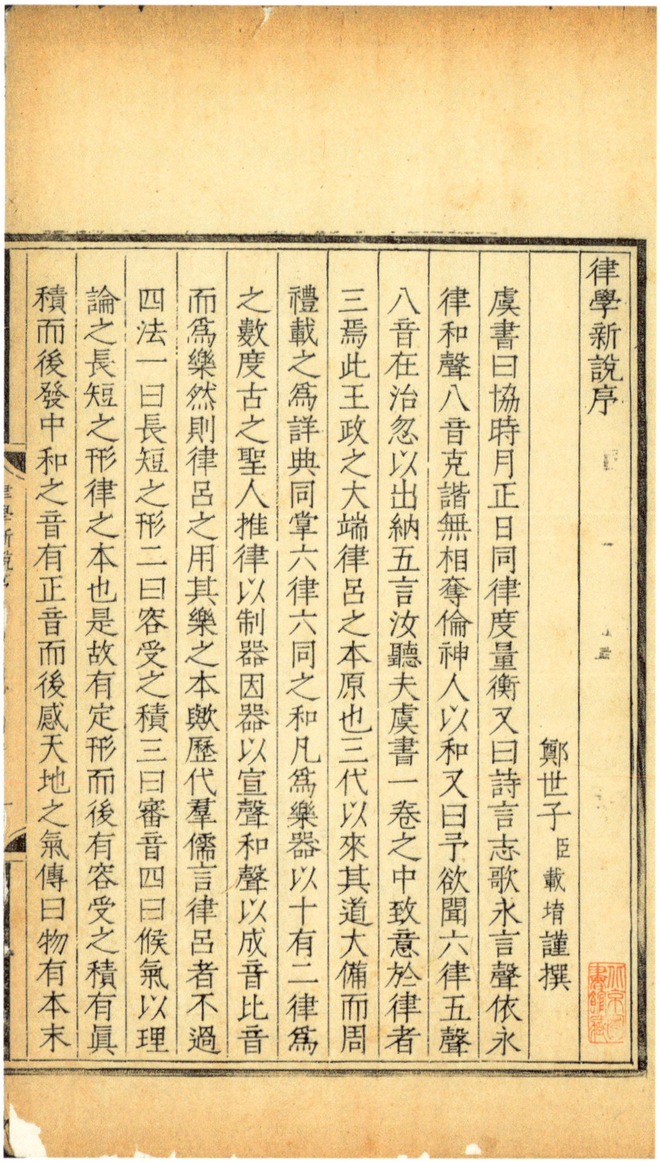
律學新説序
鄭世子臣載堉謹撰
虞書曰協時月正日同律度量衡又曰詩言志歌永言聲依永律和聲八音克諧無相奪倫神人以和又曰予欲聞六律五聲八音在治忽以出納五言汝聽夫虞書一卷之中致意於律者三焉此王政之大端律呂之本原也三代以來其道大備而周禮載之爲詳典同掌六律六同之和凡爲樂器以十有二律爲之數度古之聖人推律以制器因器以宣聲和聲以成音比音而爲樂然則律呂之用其樂之本歟歷代羣儒言律呂者不過四法一曰長短之形二曰容受之積三曰審音四曰候氣以理論之長短之形律之本也是故有定形而後有容受之積有眞積而後發中和之音有正音而後感天地之氣傳曰物有本末

图 1　律学新说序

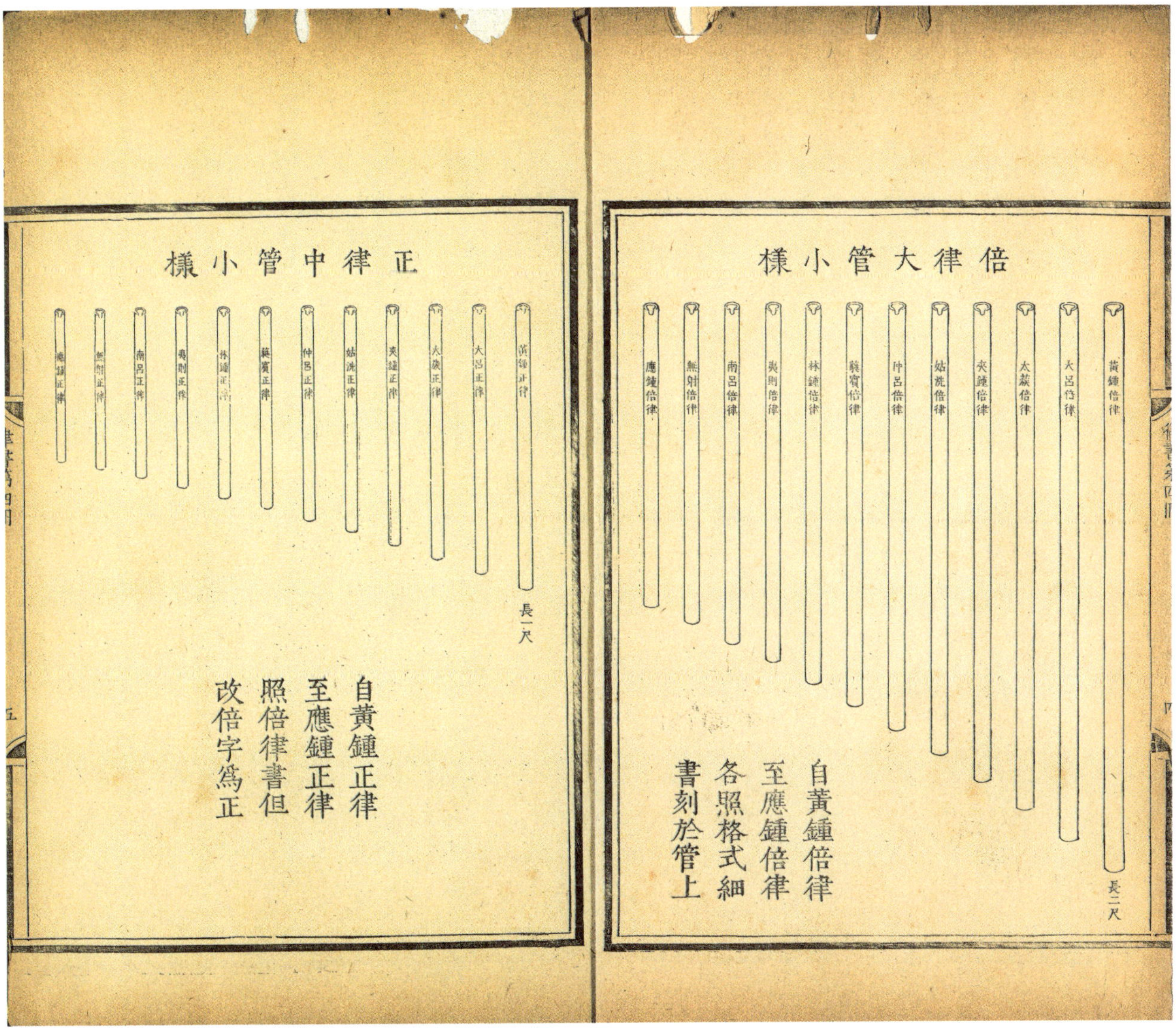
正律中管小樣
黃鍾正律
大呂正律
太蔟正律
夾鍾正律
姑洗正律
仲呂正律
蕤賓正律
林鍾正律
夷則正律
南呂正律
無射正律
應鍾正律
長一尺
自黃鍾正律
至應鍾正律
照倍律書但
改倍字爲正
倍律大管小樣
黃鍾倍律
大呂倍律
太蔟倍律
夾鍾倍律
姑洗倍律
仲呂倍律
蕤賓倍律
林鍾倍律
夷則倍律
南呂倍律
無射倍律
應鍾倍律
長二尺
自黃鍾倍律
至應鍾倍律
各照格式細
書刻於管上

图 2　律吕精义插图

图 3　灵星小舞谱

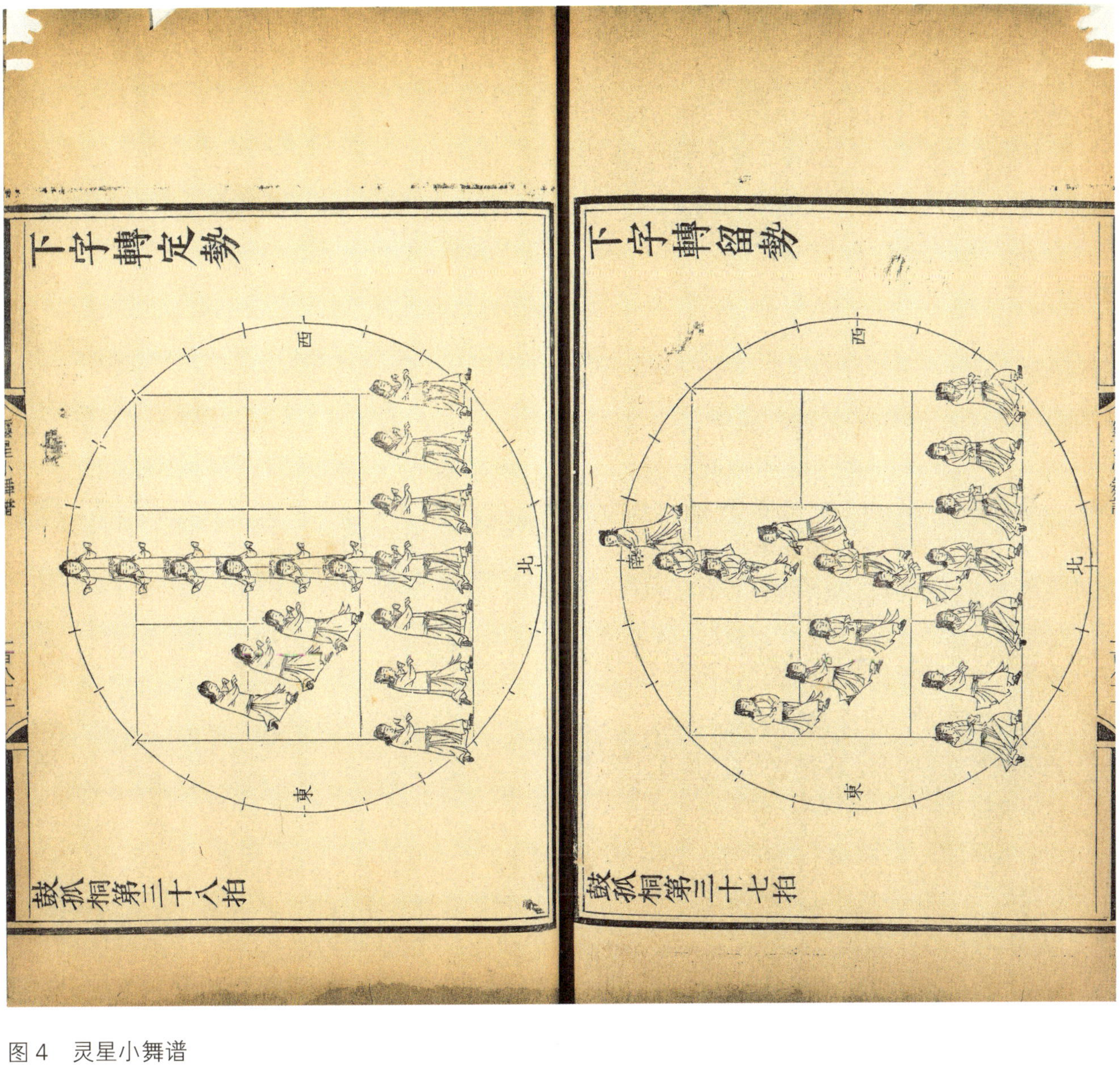

图 4　灵星小舞谱

昆仑奴一卷

（明）梅鼎祚撰　明万历四十三年（1615）刘云龙刻本

九行二十字，白口，四周单边。

梅鼎祚（1549—1615），字禹金，自号胜乐道人，宣城（今属安徽）人。与汪道昆、王世贞、汤显祖等诸名家相友善。编著有《鹿裘石室集》六十五卷、《汉魏八代诗乘》二十卷等。今存其所撰传奇《玉合记》《长命缕》二种及杂剧《昆仑奴》一种。

此剧全名为《昆仑奴剑侠成仙》，事本唐代裴铏的传奇小说《昆仑奴传》。“昆仑”是唐代对印度半岛南部及南洋群岛地区的泛称，也用以指该地居民，唐代豪门富户雇佣南海人为奴仆，称为“昆仑奴”。全剧四折，演博陵崔千牛携老仆昆仑奴拜访父挚郭子仪，郭府歌姬红绡与崔生互相爱慕，崔生因无法与红绡结合，相思不已。昆仑奴身怀异术，夜入郭府，偷出红绡，使之与崔生成婚。事后郭子仪派人缉捕昆仑奴，昆仑奴飞身离去。原来昆仑奴并非常人，而是谪仙。

此剧情节简洁洒脱，曲词通俗，极受明人推重，据说此剧曾经徐文长删润。祁彪佳《远山堂剧品》将其著录于《妙品》，评论说：“阅梅叔诸曲，便觉有一种妩媚之致。虽此剧经文长删润，十分洒脱，终是女郎之唱晓风残月耳。”此本卷首《昆仑奴传奇自题》署“万历甲申”，是其撰成之年。刘云龙任建宁知府时为之刻版行世，是今存最早的版本。钤有“吴登之印”。

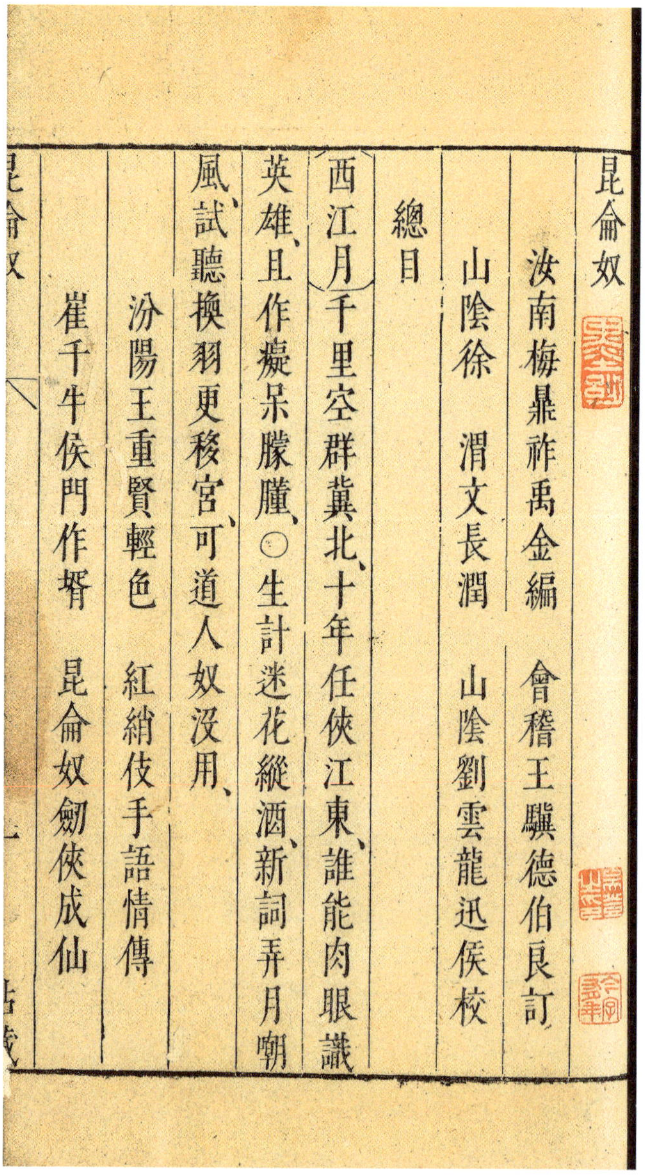
昆侖奴

汝南梅鼎祚禹金編　會稽王驥德伯良訂

山陰徐　渭文長潤　山陰劉雲龍迅侯校

總目

西江月　千里空群冀北、十年任俠江東、誰能肉眼識英雄、且作癡呆朦朧。○生計迷花縱酒、新詞弄月嘲風、試聽換羽更移宮、可道人奴沒用、

汾陽王重賢輕色　紅綃伎手語情傳

崔千牛俠門作婿　昆侖奴劍俠成仙

图 1　卷端

图 2　插图

新镌图像音注周羽教子寻亲记四卷

（明）王錂重订　明金陵唐氏富春堂刻本

十行二十一字，小字双行同，白口，四周花边。

王錂，字剑池，钱塘（今浙江杭州）人，生平事迹不详。著有传奇《春芜记》，改编剧有《彩楼记》。

此剧根据宋元戏文《教子寻亲》改编，全本三十四出。写儒生周羽因要出银免役，向富豪张敏借贷。张敏见羽妻郭氏貌美，欲强占，于是陷害周羽，发配外乡。郭氏子名瑞隆，长大后中进士，弃官寻亲，途中与父相遇。范仲淹查明张敏恶行，处其罪。周羽父子归，一家团圆。《曲海总目提要》云："此剧事虽不载史传，闻苏州平江路井栏，尚有知县周瑞隆之名，实有其人，非无据也。"

吕天成《曲品》列本剧为"能品"，认为"古本尽佳，今已两改。真情苦境，亦甚可观。"祁彪佳《远山堂曲品》亦列入"能品"，评曰："词之能动人者，惟在真切，故古本必直写苦境，偏于琐屑中传出苦情。如作《寻亲》者之手，断是《荆》《杀》一流人。惜两加改削，讹处遂多。"此剧写出真情苦境，曾轰动一时，祁彪佳《日记》有记崇祯五年（1632）观《教子》传奇事，《玉华堂日记》《万里圆》传奇、《鲒埼亭续集》也都记有演《寻亲》事。今昆曲舞台上仍能演《遣青》《杀德》《出罪》等十余出。地方戏中也有据此改编的剧目。此本钤有"霜厓眼福"印，原为吴梅旧藏。

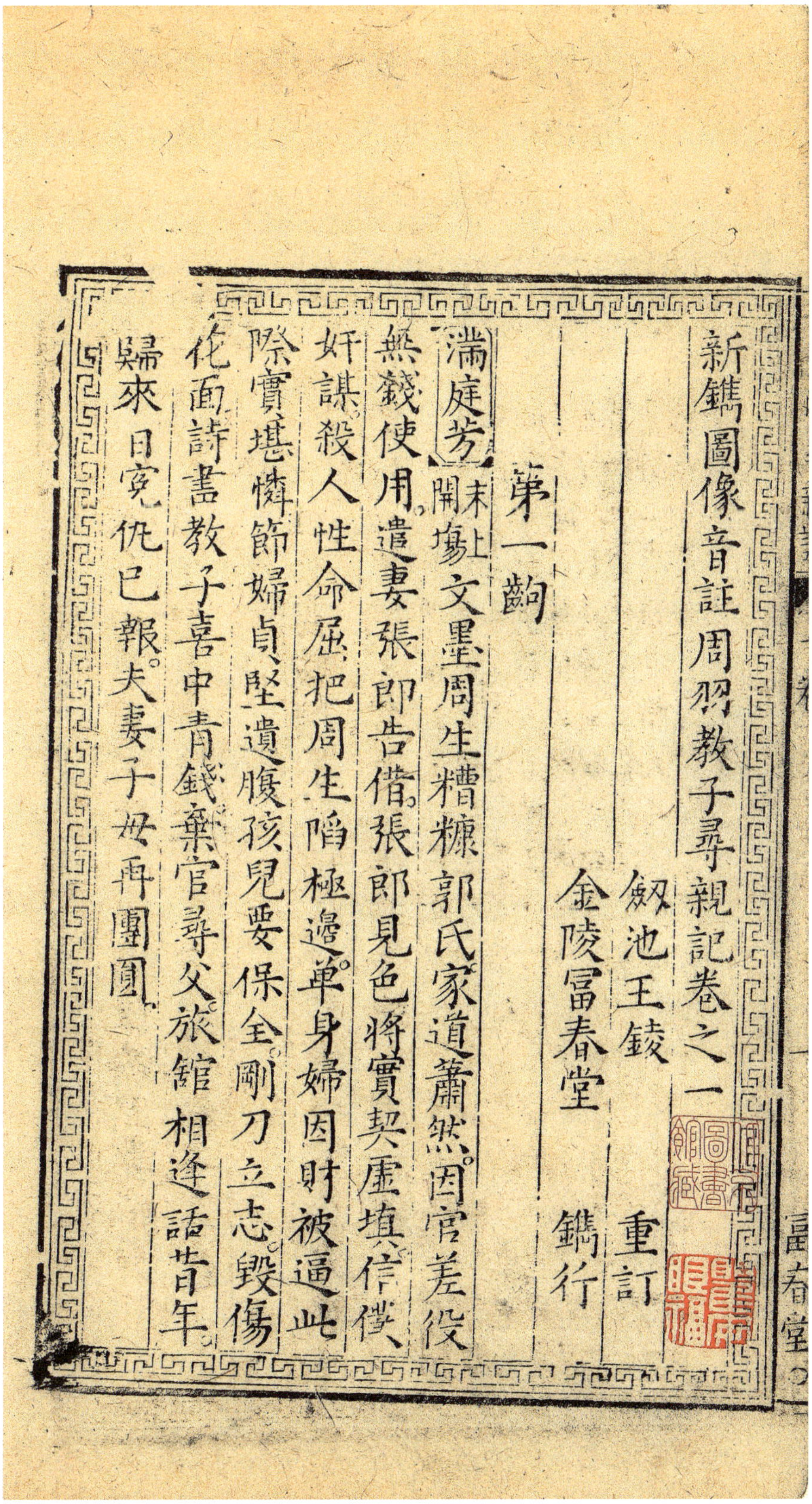
新鐫圖像音註周羽教子尋親記卷之一
劔池王錂　重訂
金陵富春堂　鐫行
第一齣
【滿庭芳】（末上）開場文墨周生糟糠郭氏家道蕭然。因官差役無錢使用遺妻張郎告借張郎見色將實契虛填信僕奸謀。殺人性命屈把周生陷極邊。單身婦因財被逼此際實堪憐節婦貞堅遺腹孩兒要保全。剛刀立志。毀傷花面詩書教子喜中青錢。棄官尋父。旅館相逢話昔年。歸來日冤仇已報。夫妻子母再團圓

图 1　卷端

图 2　插图

新刻全像高文举珍珠记二卷

明万历文林阁刻本

十一行二十字，小字双行同，白口，四周单边。

此剧一名《珍珠米糷记》，是从明初南戏《高文举》改编而来，又吸收了《琵琶记》《荆钗记》的一些情节，改编者不详。叙洛阳书生高文举家境贫困，因遭火灾而负欠官银。富翁王百万帮其还债，又将独女金真嫁给他。后文举进京赶考，夫妻将珍珠一剖为二，各执一半作为信物。文举得中状元，被温丞相强逼为婿。文举思念金真，寄信回家，被温小姐发现，将家信改作休书。金真收到休书，上京寻夫，到温家后，恰遇文举被召入内院。温小姐拷打金真，并罚作苦役。温家老奴同情金真，让她做米糷，把半颗珍珠藏在其中，送给文举吃。文举发现珍珠，安排金真越墙逃走，并去找包拯告状。包拯奏明皇上，主持正义，让二女共侍一夫，团圆结尾。

《珍珠记》是明传奇弋阳腔的早期剧目，唱词与唱腔带有很强的民间特色：唱词浅显俚俗，热闹有趣；唱腔多处使用滚唱的演唱方式，多采用五言或七言句作为唱词并采用相同的曲调，反复连唱，曲风节奏也比较明快。正因其具有浓烈的民间色彩，明清以来，许多地方剧种都保留了这个剧目。

本书为明金陵文林阁刻本，刊刻于万历年间，是流传至今唯一的《珍珠记》全本，有很高的文献价值。书中钤有“仰周所宝”“四明朱氏敝帚斋藏”“朱遂翔所见善本”等印，经清道咸间袁仰周、近代朱遂翔等人递藏。

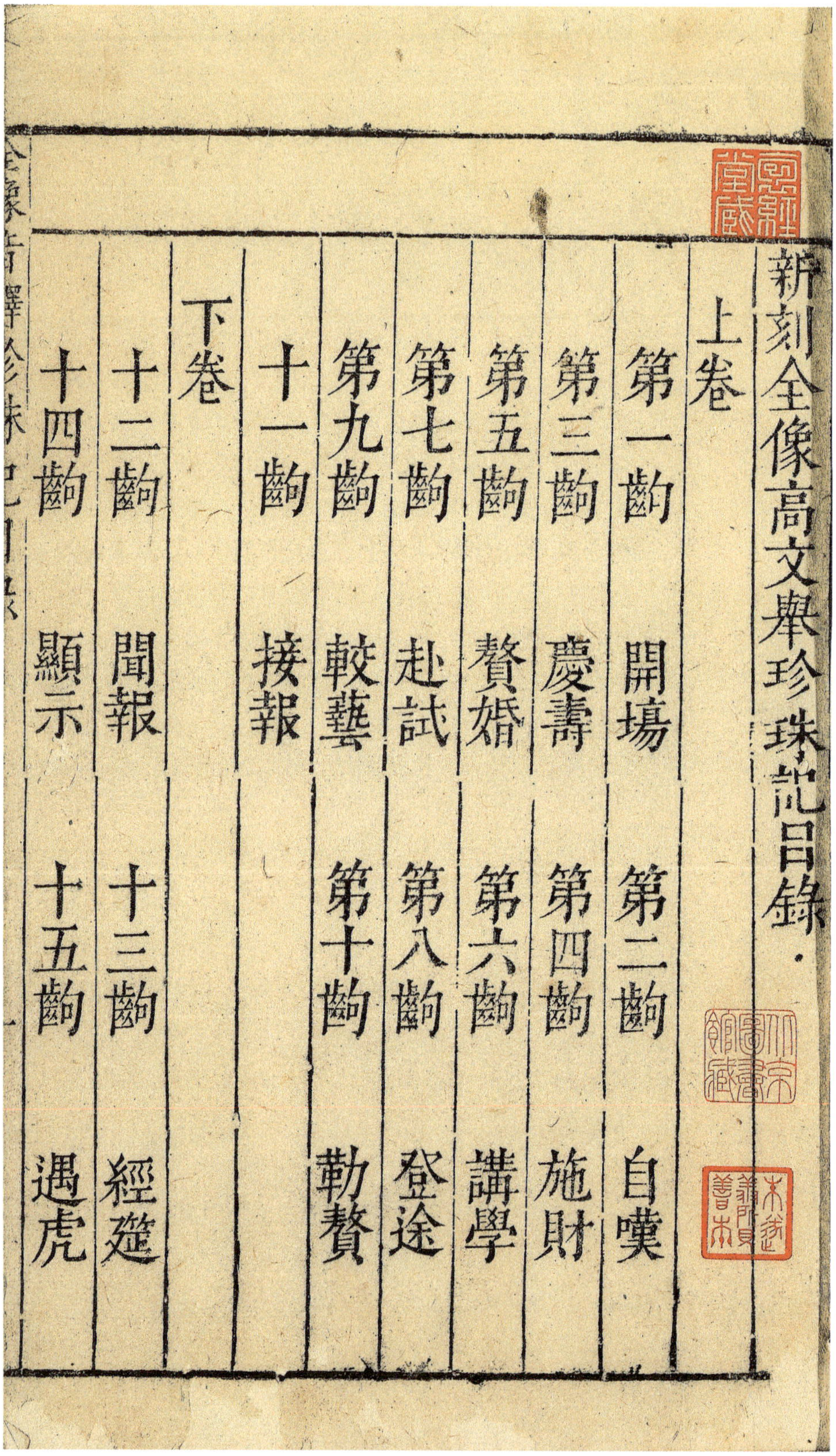

新刻全像高文舉珍珠記目錄

上卷

第一齣 開場　第二齣 自嘆

第三齣 慶壽　第四齣 施財

第五齣 贅婚　第六齣 講學

第七齣 赴試　第八齣 登途

第九齣 較藝　第十齣 勸贅

十一齣 接報

下卷

十二齣 聞報　十三齣 經筵

十四齣 顯示　十五齣 遇虎

图 1　目录

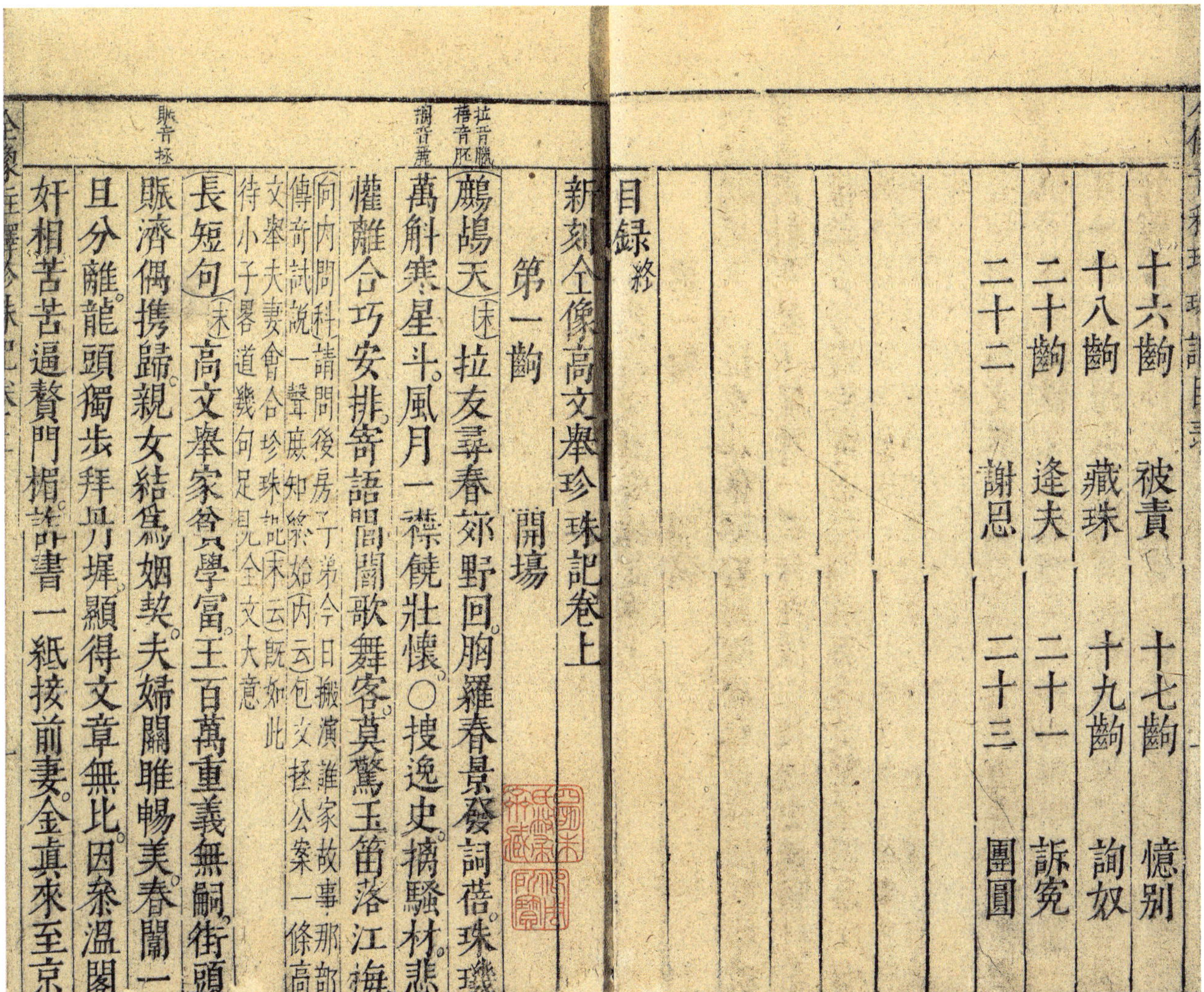
十六齣 被責 十七齣 憶別
十八齣 藏珠 十九齣 詢奴
二十齣 逢夫 二十一 訴究
二十二 謝恩 二十三 團圓
目録終

新刻全像高文舉珍珠記卷上
第一齣 開場
鷓鴣天（末）拉友尋春郊野回。朋羅春景發詞音。珠璣萬斛寒星斗。風月一襟餞壯懷。○捜逸史。摘騷材。悲懽離合巧安排。寄語閭閻歌舞客。莫驚玉笛落江梅。
（問內）問科請問後房子弟今日搬演誰家故事那部傳奇試説一聲庶知緣始（內云）包文拯公案一條高文舉夫妻會合珍珠記（末云）既如此待小子畧道幾句足見全文大意
長短句（末）高文舉家貧學富。王百萬重義無嗣。街頭賑濟偶携歸。親女結為姻契。夫婦關雎暢美。春闈一旦分離。龍頭獨步拜丹墀。顯得文章無比。因忝溫閣奸相苦苦逼贅門楣。詐書一紙接前妻。金真來至京

图 2 第一出

图3 绣像

绣襦记四卷

（明）薛近兖撰　明刻朱墨套印本

八行十八字，小字十七字，白口，四周单边。

薛近兖（生卒年不详），字百昌，一字信余，武进（今属江苏）人。万历二十三年（1595）进士，历官浙江、河南布政使。

此剧取材于唐代白行简的传奇小说《李娃传》，记叙郑元和与李亚仙的爱情故事。郑元和赴长安应试，与名妓李亚仙相恋，银钱散尽后被鸨母逐出，流落街头以唱挽歌为生。后被其父发现，其父怒其有辱家门，将其鞭打弃于荒郊，郑元和沦为乞丐。李亚仙离开郑元和后，拒客守贞。雪天里，二人相遇，亚仙以绣襦护郎。郑元和沉迷亚仙美貌，亚仙遂剔目劝学。后郑元和考中状元，李亚仙被封为汧国夫人，二人完婚。

据《李娃传》改编的剧本很多，此剧是同类题材的集大成者，尤其是李亚仙的形象趋于完美。曲词音律和谐，又多化用民间语言，自然流畅，“艳而不流于腻，质而不入于野”（郑振铎语）。此剧明清两代一直盛演不衰。是本插图精美，曾经袁仰周、周越然递藏。

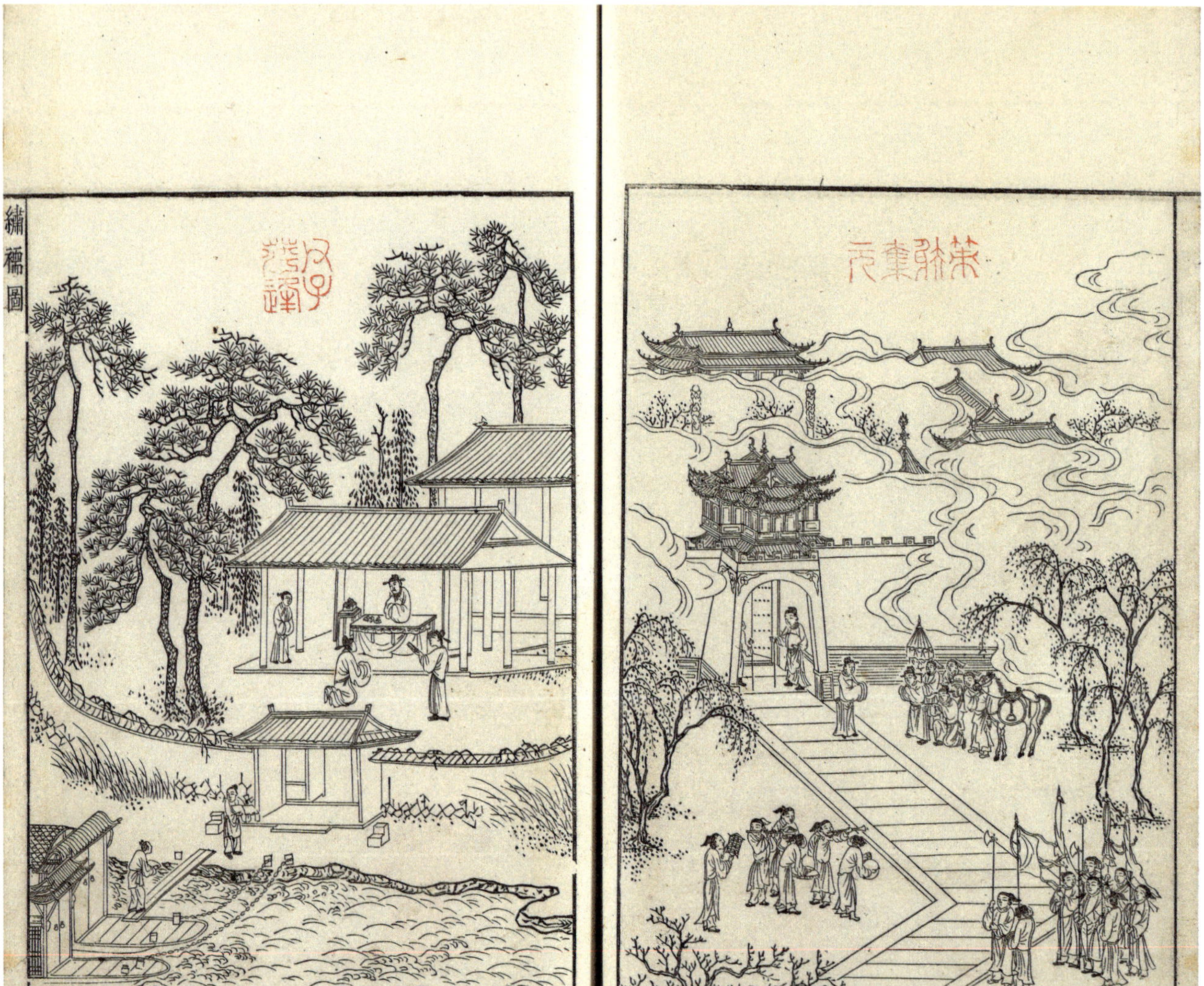

图 1　绣像

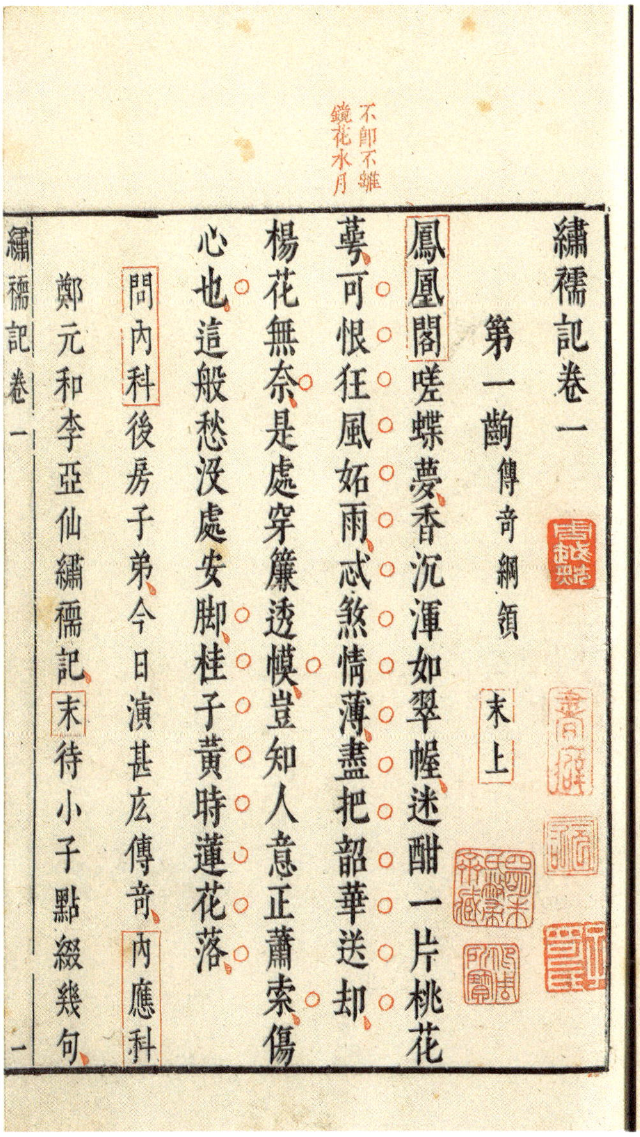

不即不離
鏡花水月

繡襦記卷一

第一齣 傳奇綱領 末上

鳳凰閣 嗟蝶夢香沉渾如翠幄迷酣一片桃花蕚可恨狂風妬雨忒煞情薄盡把韶華送却楊花無奈是處穿簾透幙豈知人意正蕭索傷心也這般愁沒處安脚桂子黄時蓮花落

問內科 後房子弟今日演甚麼傳奇 內應科 鄭元和李亞仙繡襦記 末 待小子點綴幾句

繡襦記卷一 一

图 2 第一出

鹦鹉洲二卷

（明）陈与郊撰　明万历四十五年（1617）家刻本

九行十八字，白口，四周单边。

陈与郊（1544—1611），字广野，号玉阳，亦署高漫卿、任诞轩等，浙江海宁人。著有《隅园集》《蘋川集》《詅痴符》、传奇四种（即《麒麟罽》《灵宝刀》《鹦鹉洲》《樱桃梦》）、杂剧五种等。

《鹦鹉洲》本事源自唐传奇小说《玉箫传》，叙韦皋与玉箫两世情缘。此剧中穿插了薛涛与元稹情事，情节较小说更加浪漫多姿。剧演韦皋与玉箫两情相悦，结百年之好。不久，朱泚叛乱，韦皋被召解救国难，一去七年杳无音讯。玉箫相思成疾，郁郁而亡。韦皋归来得知玉箫已逝，悲恸欲绝。十三年后，川东节度使卢八度将其养女送与韦皋祝寿，韦皋发现此女绝类玉箫，始信两世情缘。剧中玉箫曾因思念韦皋，到鹦鹉洲祝祷，故此剧名为《鹦鹉洲》。此剧辞藻绮丽，风格旖旎，适于舞台演出，是陈与郊戏曲作品的代表作。此刻本现存最早版本。

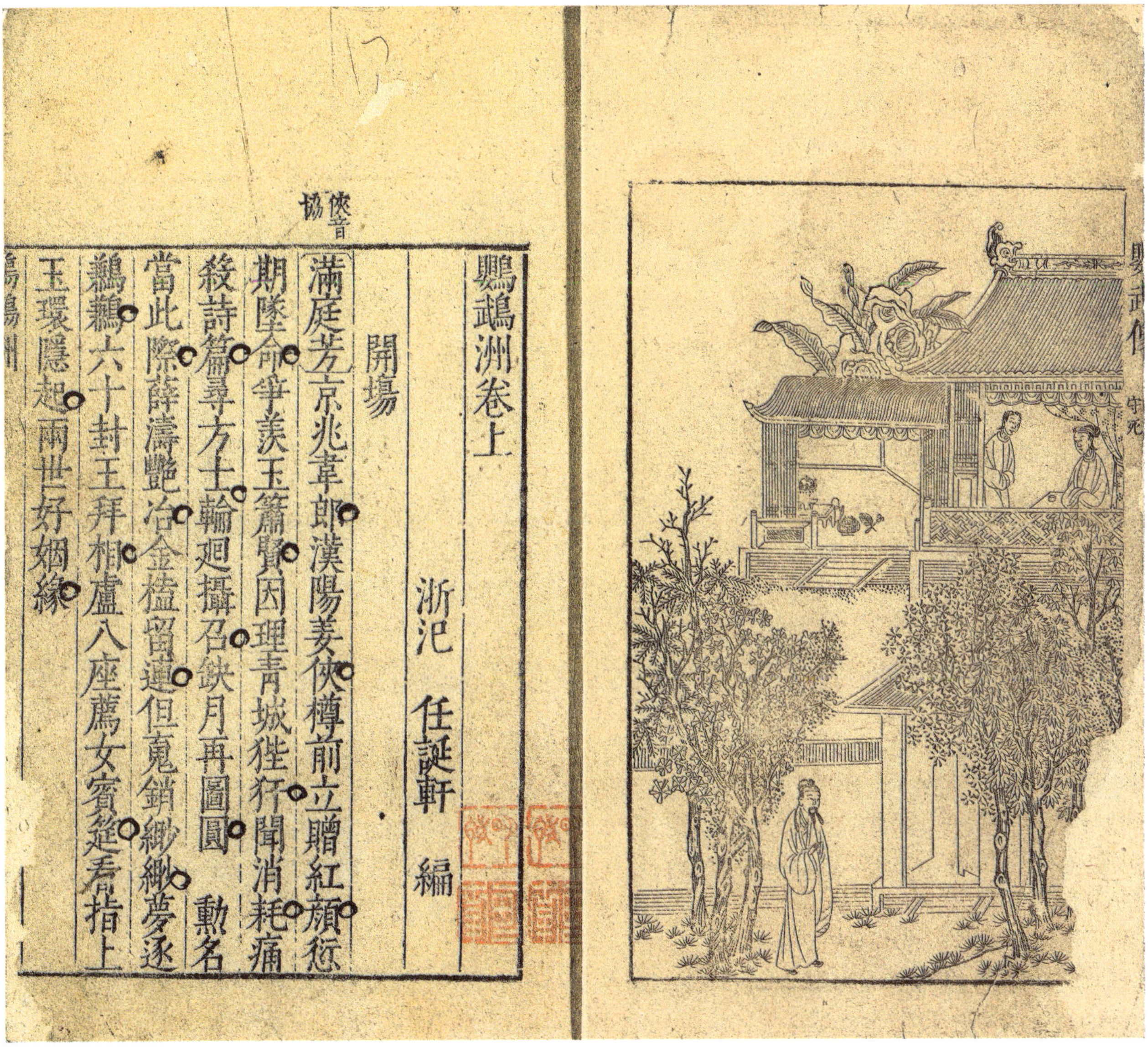

图 1　插图及卷端

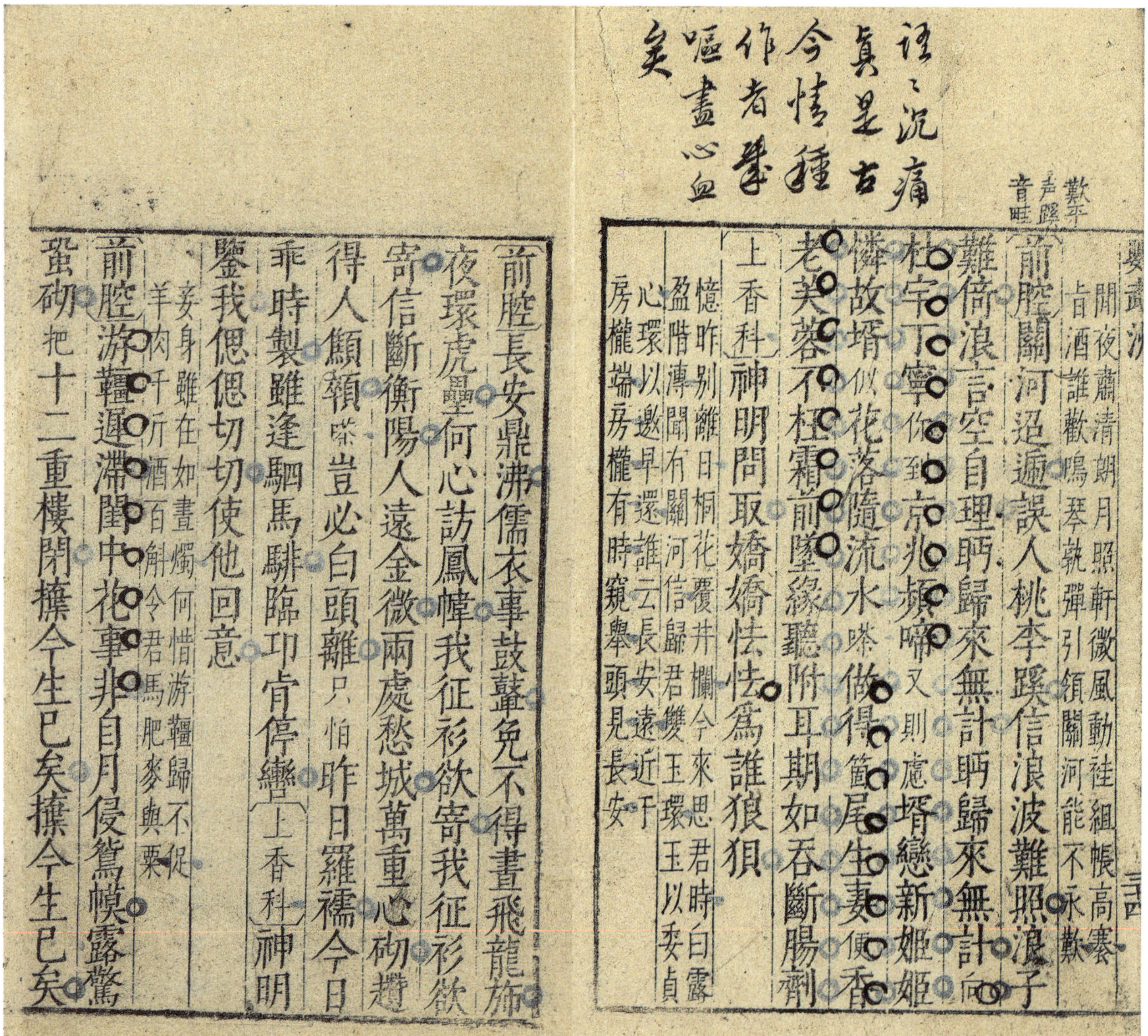
語語沉痛
真是古
今情種
作者筆
嘔盡心血
矣
聞夜肅清朗月照軒微風動往組帳高褰
旨酒誰歡鳴琴孰彈引領關河能不永歎
歎平声踐音畦
〔前腔〕關河迢遞誤人桃李蹊信浪波難照浪子
難倚浪言空自理聘歸來無計聘歸來無計向
杜宇下寧作到京兆頻啼又則慮婿戀新姬姬
憐故婿似花落隨流水嗏做得箇尾生妻便香
老芙蓉不極霜前墜緣聽附耳期如吞斷腸劑
〔上香科〕神明問取嬌嬌怯怯爲誰狼狽
憶昨別離日桐花覆井欄今來思君時白露
盈階溥聞有關河信歸君雙玉環玉以委貞
心環以邀早還誰云長安遠近下
房櫳端房櫳有時窺舉頭見長安
〔前腔〕長安鼎沸儒衣事鼓鼙免不得晝飛龍旆
夜環虎壘何心訪鳳幃我征衫欲寄我征衫欲
寄信斷衡陽人遠金微兩處愁城萬重心砌趲
得人顚頞嗏豈必白頭離只怕昨日羅襦今日
乖時製雖逢駟馬騑臨卬肯停轡〔上香科〕神明
鑒我偲偲切切使他回意
妾身雖在如晝燭何惜游轡歸不促
羊肉千斤酒百斛令君馬肥麥與粟
〔前腔〕游轡遲滯閨中花事非自月侵鴛幙露驚
蛩砌把十二重樓閑擲今生已矣擲今生已矣

图 2　评点

董解元西厢四卷

（明）汤显祖评　明刻套印本

八行十八字，小字双行同，白口，四周单边。

汤显祖（1550—1616），字义仍，号若士、海若，自署清远道人，晚年自号茧翁，江西临川人。一生致力于戏剧及诗词创作，传世的“玉茗堂四梦”，又名“临川四梦”（《紫钗记》《牡丹亭》《邯郸记》《南柯记》），以浓烈的浪漫主义色彩和“至情”的美学追求影响了其后几代戏曲家的创作。《明史》卷二百三十有传。

《西厢记》经金章宗时文士董解元据唐传奇扩充改编之后，故事情节更为纷繁复杂、异彩纷呈，流传很广，元明时期都有重编重刻。此本属于“校正《北西厢》”系列，不分卷，直接分为二十出，每出皆有出目。其最大的特点是有署名汤显祖的评点，共二百余则。虽然学界对其真伪颇有争议，但这些评点对《西厢记》在明代及后世的传播中起了重要的作用。

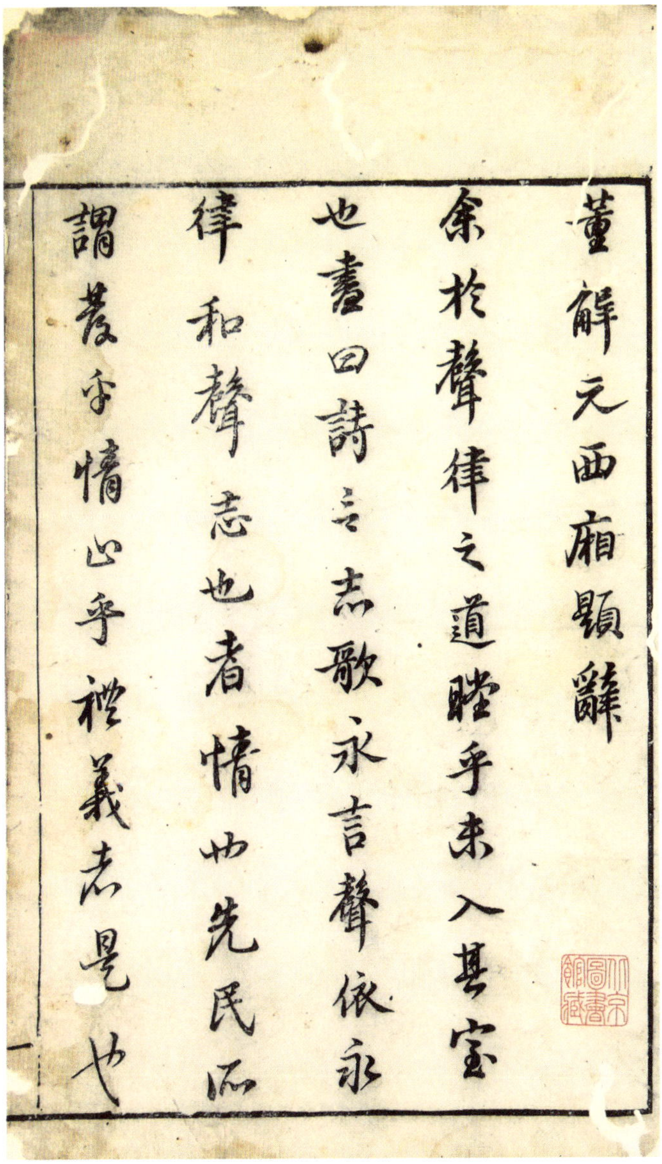
董解元西廂題辭
余於聲律之道瞠乎未入其室
也書曰詩言志歌永言聲依永
律和聲志也者情也先民所
謂發乎情止乎禮義者是也

图 1　题辞

图 2　插图

图3　插图

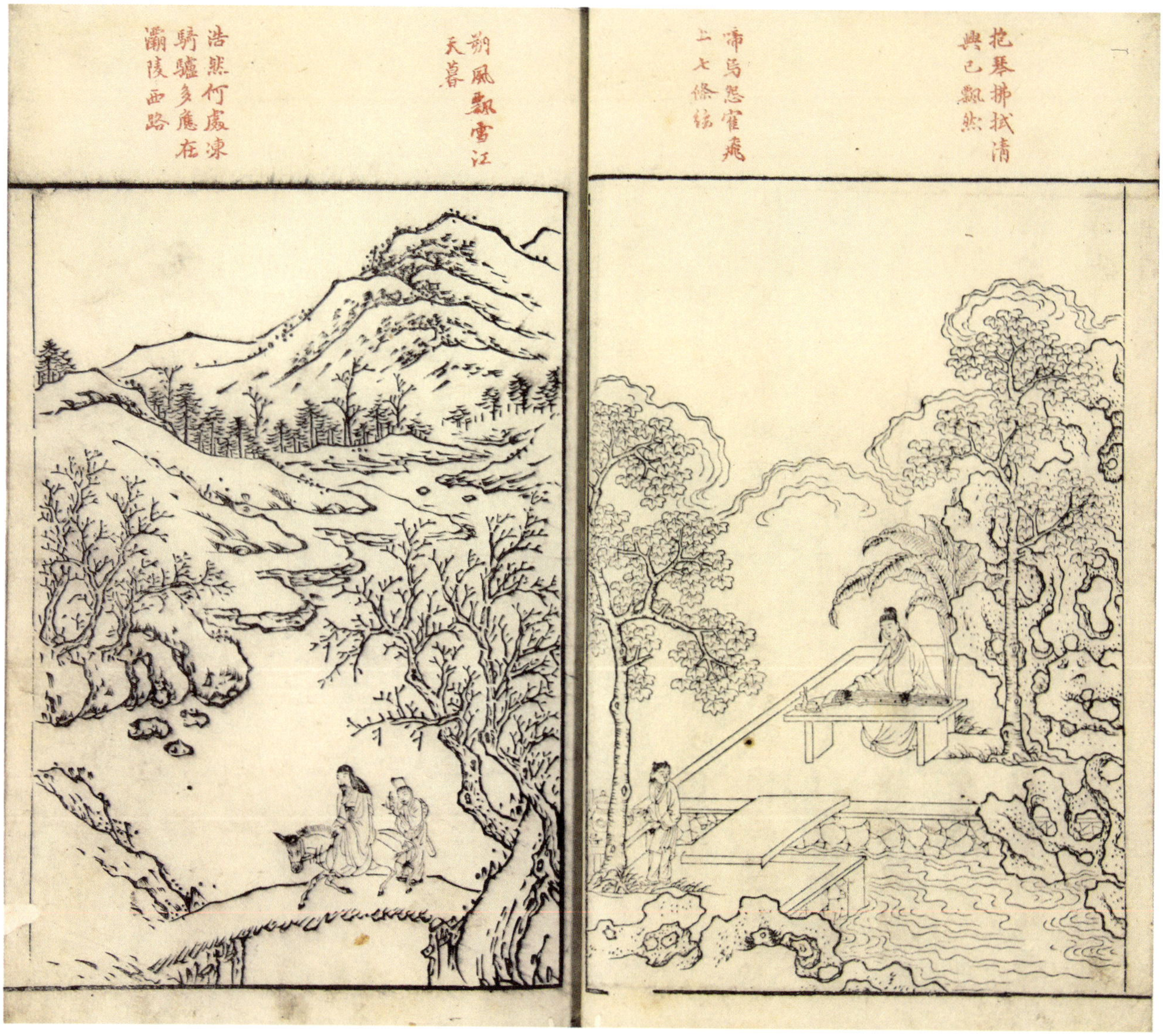

图 4　插图

牡丹亭还魂记二卷

（明）汤显祖撰　明万历刻本

十行二十二字，小字双行同，白口，四周单边。

《牡丹亭》剧演南安太守杜宝之女丽娘私出游园，触景生情，困乏后梦中与岭南书生柳梦梅幽会。醒后终日寻梦不得，抑郁而终。柳生进京赴试，借宿观中，在园内拾得丽娘画像，情有所钟，终于和丽娘鬼魂幽会。柳生情系丽娘，冒死掘墓开棺，丽娘起死回生，二人成婚，同往临安，柳梦梅中新科状元。杜宝升任宰相，拒不承认婚事。最终闹到金銮殿之上才得以解决，杜丽娘和柳梦梅二人终成眷属。

此剧取材于明代话本小说《杜丽娘慕色还魂》，故事深切动人，具有浪漫主义特色。语言华美，描写细腻，人物栩栩如生；且不拘于声律，曲调优美。原剧五十五出，由标目、言怀到肃苑、惊梦，到婚走、骇变，到最后的圆驾为止。舞台上常演的游园、惊梦、寻梦、还魂等几折，是明代南曲的代表作。后经昆剧改编成十二出的剧目，常演不衰，脍炙人口，被誉为“百戏之祖”。此本曾经于昌进、杨继振、赵钫等人递藏，钤印累累。

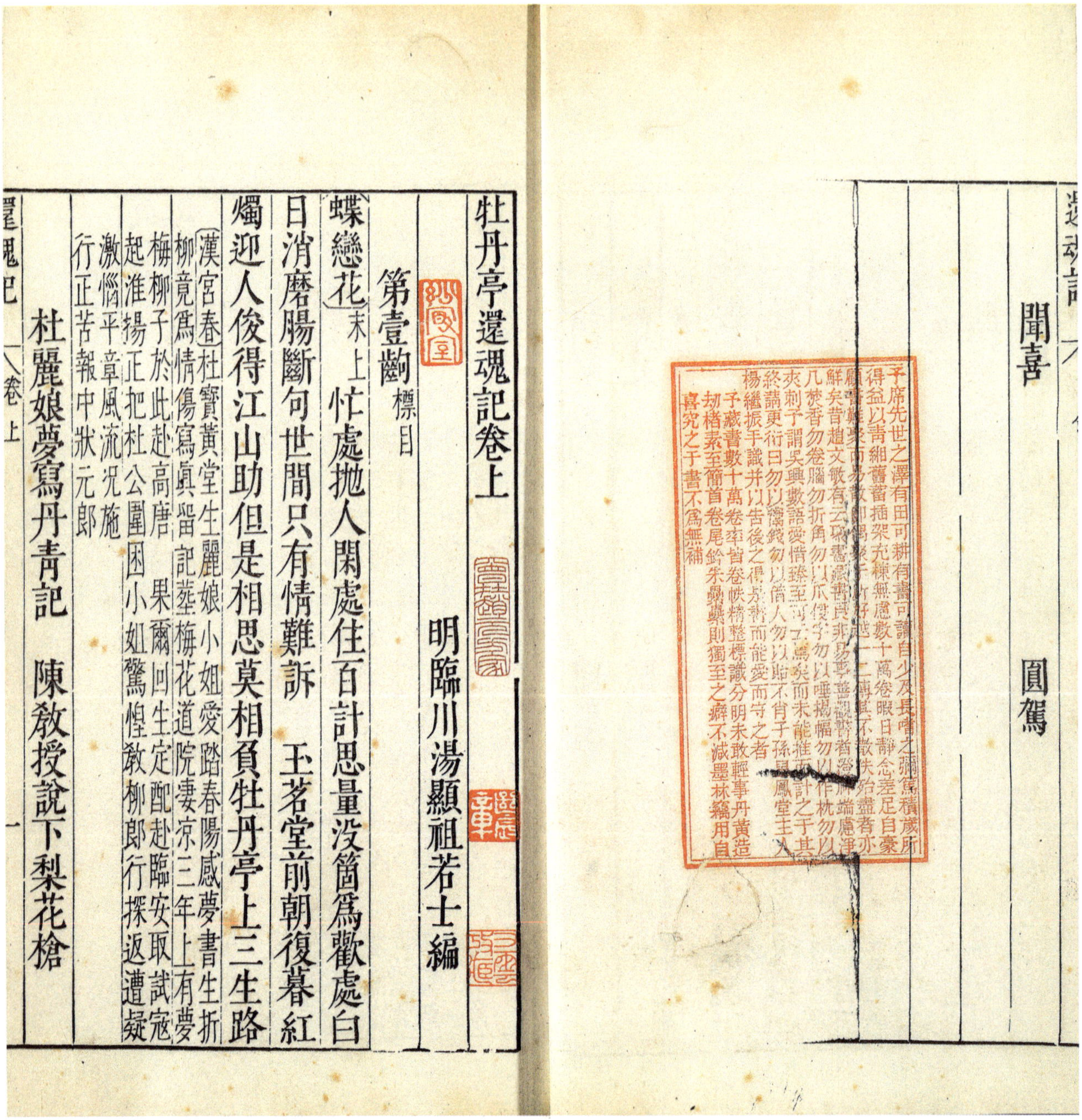
牡丹亭還魂記卷上

明臨川湯顯祖若士編

第壹齣 標目

蝶戀花 末上 忙處拋人閑處住百計思量沒箇爲歡處白日消磨腸斷句世間只有情難訴 玉茗堂前朝復暮紅燭迎人俊得江山助但是相思莫相負牡丹亭上三生路

漢宮春 杜寶黃堂生麗娘小姐愛踏春陽感夢書生折柳竟爲情傷寫眞留記葬梅花道院淒凉三年上有夢梅柳子於此赴高唐 果爾回生定配赴臨安取試寇起淮揚正把杜公圍困小姐驚惶教柳郎行探返遭疑激惱平章風流况施行正苦報中狀元郎

杜麗娘夢寫丹青記 陳教授說下梨花槍

還魂記 〈卷上 一

聞喜 圓駕

图 1 卷端

图 2　杜丽娘与柳梦梅梦中相会

汤玉茗牡丹亭记四卷

（明）汤显祖撰　（明）茅暎 臧懋循评　明刻套印本

九行十八字，白口，四周单边。

茅暎，字远士，名将茅元仪之弟。臧懋循（1550—1620），字晋叔，号顾渚山人。万历八年（1580）进士，授荆州府学教授，官至南京国子监博士，编有《元曲选》百卷，校勘精良。二人均为浙江人，与汤显祖相友善。

《牡丹亭》问世后，引起广泛关注，极为流行。沈德符《万历野获编·词曲·填词名手》云：“汤义仍《牡丹亭梦》一出，家传户诵，几令《西厢》减价。”明张弘毅刻本凡例云：“《牡丹亭》甫就本，而识者已口贵其纸，人人腾沸。”明末有多家批点本，对原作进行改编、评论，此茅、臧评本是此类版本中影响较大的一种。

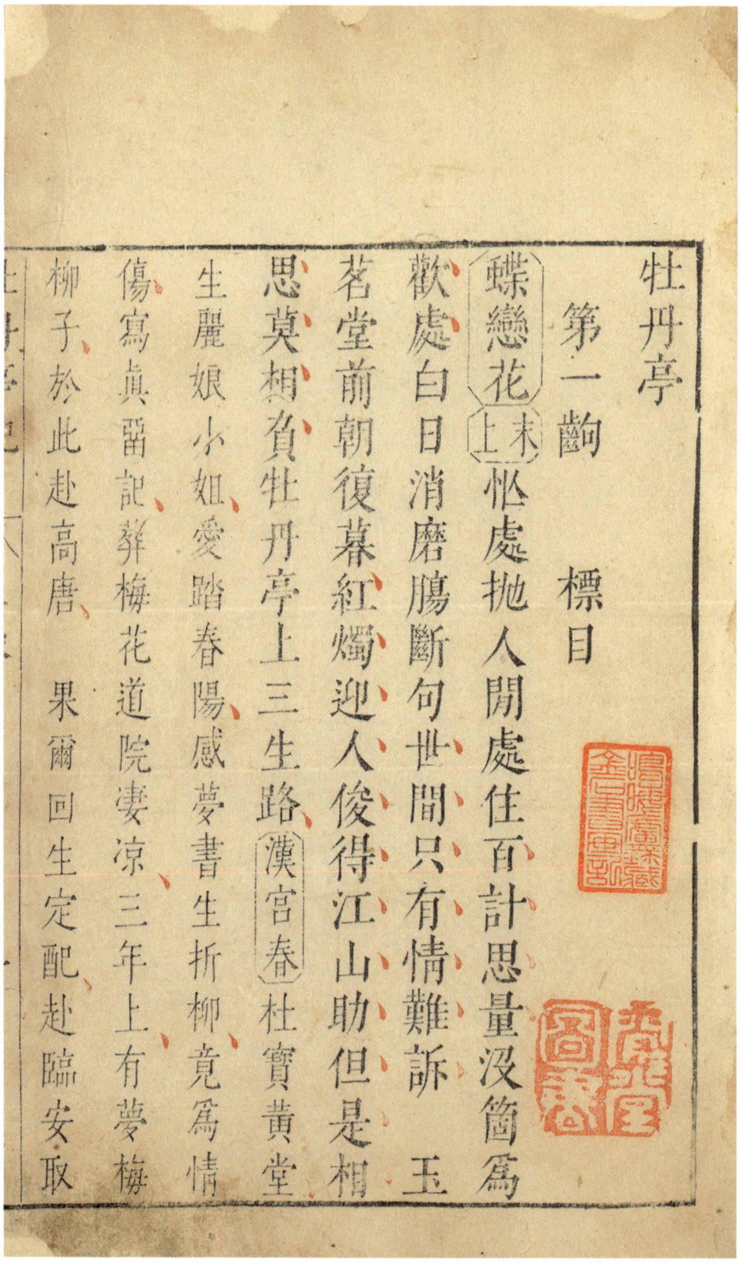
牡丹亭
第一齣　標目
【蝶戀花】（末上）忙處拋人閒處住百計思量沒箇爲
歡處白日消磨腸斷句世間只有情難訴　玉
茗堂前朝復暮紅燭迎人俊得江山助但是相
思莫相負牡丹亭上三生路【漢宮春】杜寶黃堂
生麗娘小姐愛踏春陽感夢書生折柳竟爲情
傷寫真留記葬梅花道院淒涼三年上有夢梅
柳子於此赴高唐　果爾回生定配赴臨安取

图1　第一出

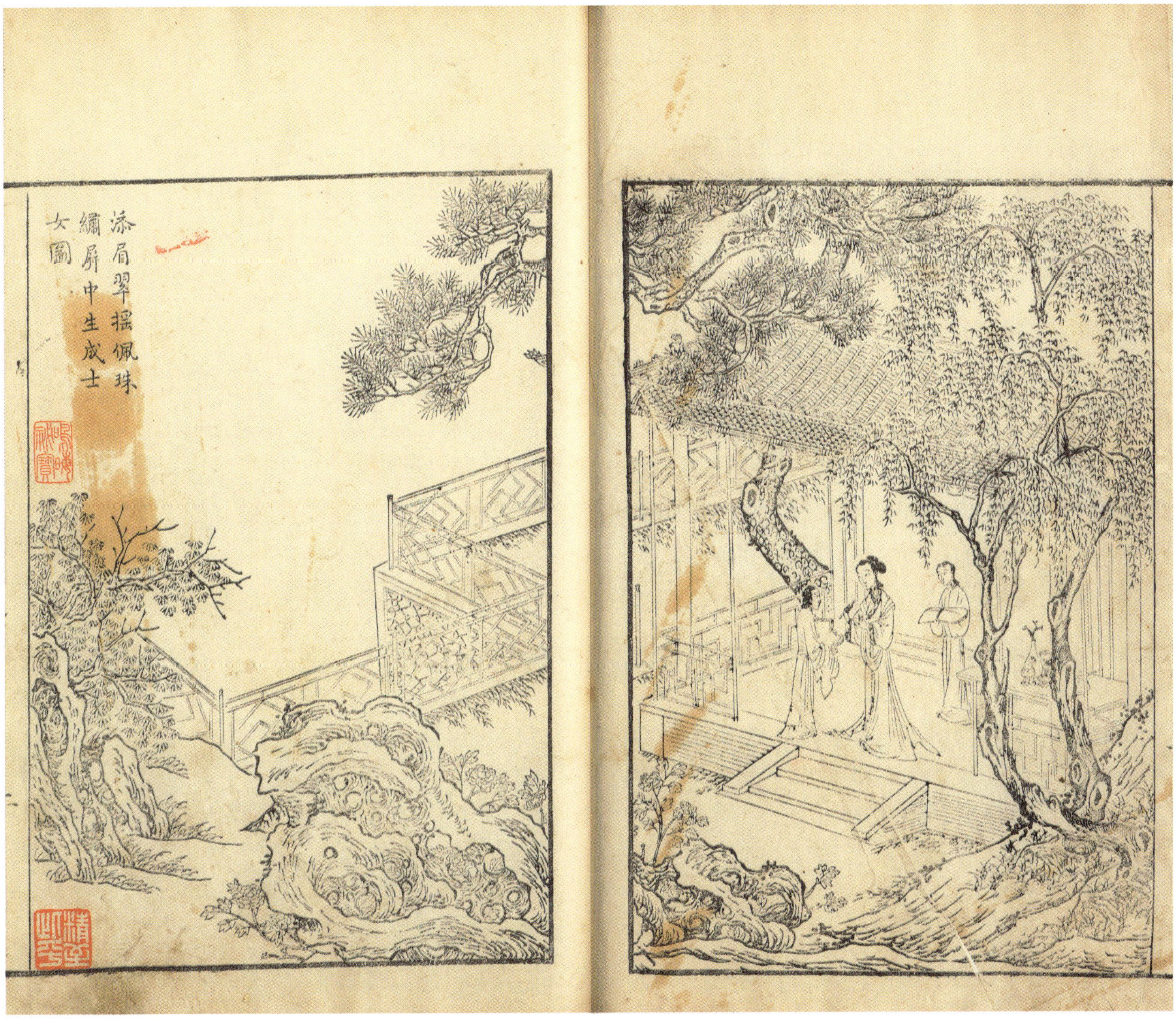

图 2　卷五　添眉翠摇佩珠绣屏中生成士女图

重校紫钗记二卷

（明）汤显祖撰　明万历三十年（1602）陈氏继志斋刻本

十行二十字，白口，四周单边。

本剧故事源出唐人蒋防的传奇小说《霍小玉传》，叙陇西才子李益与沦落烟花的霍王小女霍小玉的爱情悲剧。李益初与霍小玉两情相悦，后迫于家庭压力背约另娶，小玉忧愤至死，临终誓化厉鬼报复。其后李益果然婚姻不幸，娶妻多次均告离散。汤显祖早年据此创作了戏曲《紫箫记》，万历十五年复行改编，将李益的背约改成卢太尉暗中阻挠的结果，而李、霍二人忠于彼此的感情，在侠士黄衫客的帮助下，历经艰辛终成眷属。剧中以紫玉燕钗作为信物，穿插、连缀情节，成为李、霍二人坚贞不渝的见证，故名《紫钗记》。

明万历以来昆曲盛行，此剧当时即以昆曲演出。昆曲又称昆腔，发源于元末明初的苏州昆山一带，是中国传统戏曲最古老的剧种之一。昆曲的音乐属于联曲体结构，也就是“曲牌体”，以南曲为主，兼有北曲套数。伴奏乐器以曲笛为主，辅以笙、箫、唢呐、琵琶等。昆曲唱腔流丽悠远，表演缠绵柔美，歌唱与舞蹈身段巧妙结合，温婉细腻，缱绻妩媚，深受各阶层人士的喜爱。《紫钗记》作为著名的“临川四梦”之一，是昆曲舞台上盛演不衰的优秀作品。此本是现存最早的《紫钗记》版本，十分罕见。

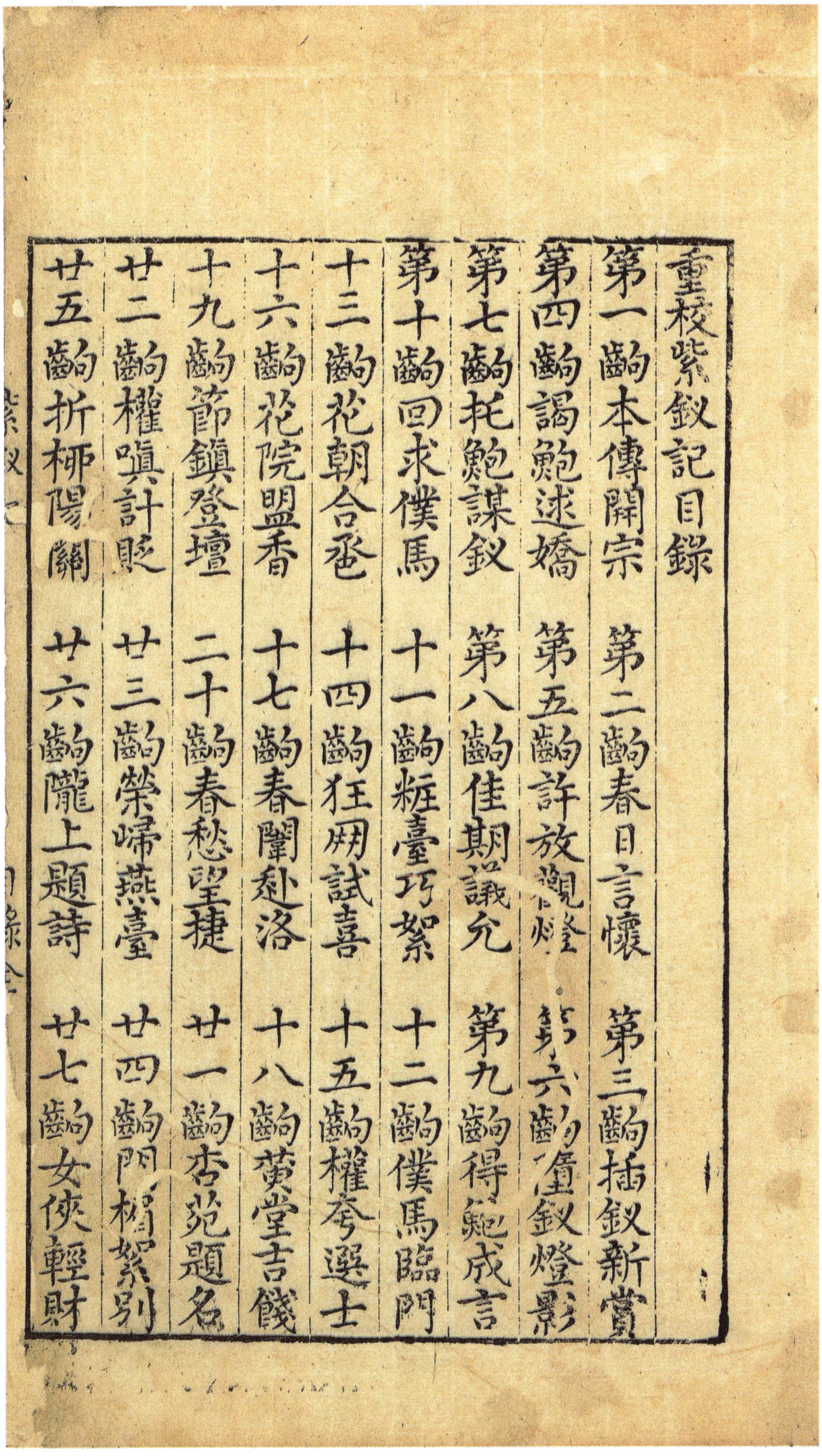

重校紫釵記目録

图1　目录

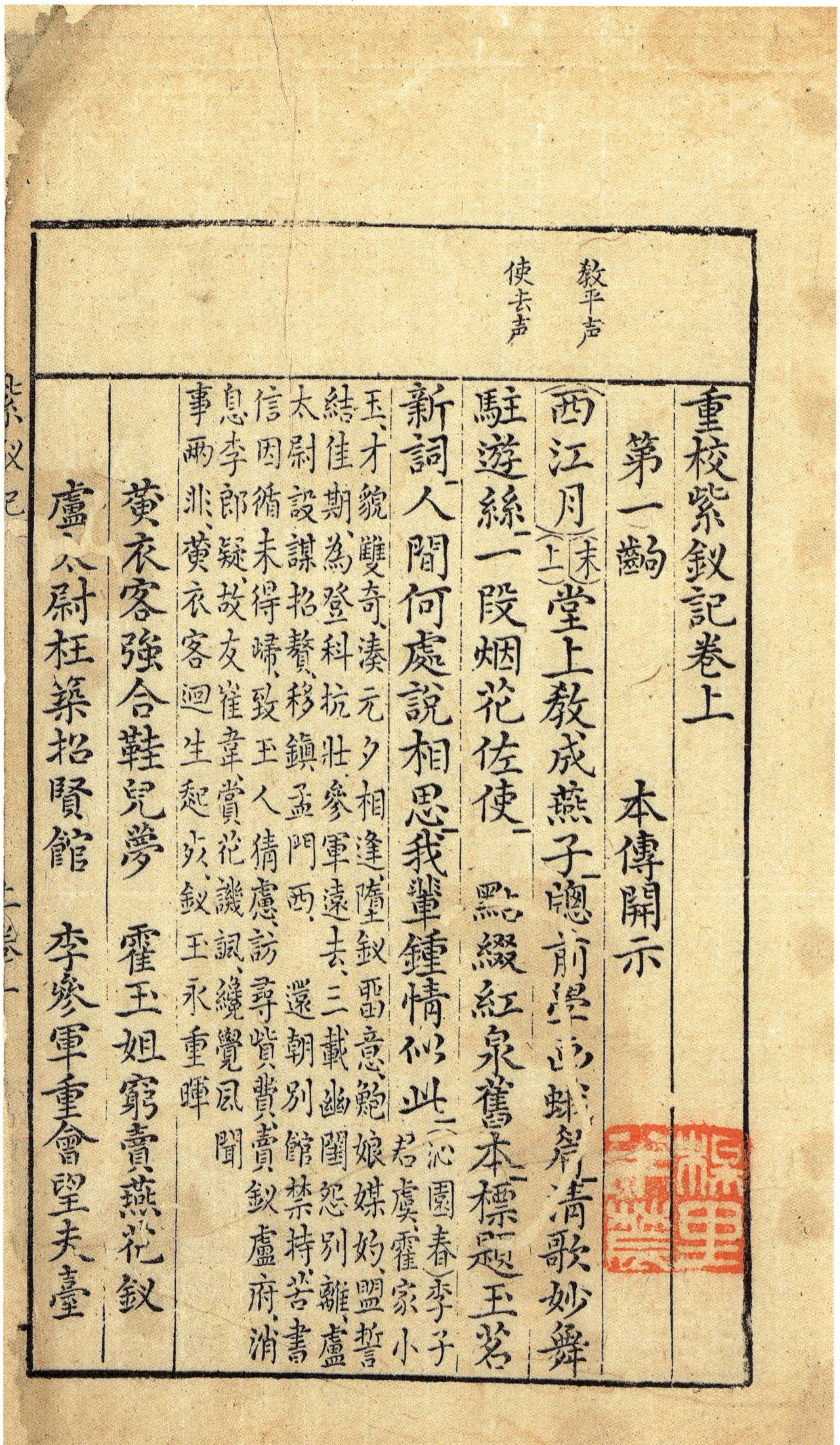

教平声
使去声

重校紫釵記卷上

第一齣　本傳開示

（西江月）（末）（上）堂上教成燕子，牕前學出蛾眉。清歌妙舞駐遊絲，一段烟花佐使。點綴紅泉舊本，標題玉茗新詞。人間何處說相思，我輩鍾情似此。（沁園春）李子君虞，霍家小玉，才貌雙奇，湊元夕相逢，墮釵留意，鮑娘媒妁，盟誓結佳期。為登科抗壯，參軍遠去，三載幽閨怨別離。盧太尉設謀招贅，移鎮孟門西。還朝別館禁持，苦書信因循未得歸，致玉人猜慮，訪尋貲費，賣釵盧府，消息李郎疑。故友崔韋，賞花譏諷，纔覺鳳閨事兩非。黃衣客迴生起死，釵玉永重暉。

黃衣客強合鞋兒夢　霍玉姐窮賣燕花釵
盧太尉枉築招賢館　李參軍重會望夫臺

图 2　卷端

图 3　插图

南柯梦二卷

（明）汤显祖撰　明万历刻本

十行二十字，小字双行同，白口，四周单边。

《南柯梦》一名《南柯记》，取材于唐李功佐传奇《南柯太守传》，叙东平游侠淳于棼与友人在槐树下豪饮，醉后梦入槐安国，被招赘为驸马，并任南柯太守之职。在任二十年，政绩卓著，后加官进爵，享尽荣华富贵。不久，邻国来犯，淳于棼带兵抵挡，打了败仗。公主也因病而亡。淳于棼失宠，加之权臣挑拨，被国王勒令回到人间。淳于棼从梦中醒来，发现槐安国不过是大槐树下的一个蚁穴，由此悟道。

此剧是明、清两代昆曲舞台上的优秀作品，王骥德在《曲律》中评价其为“圆熟之笔”，单从技巧看，应置于《还魂》（即《牡丹亭》）之上。

此本为目前所知《南柯记》最早的版本，有重要的文献价值。卷端钤“国桢之玺”，曾为谢国桢收藏。

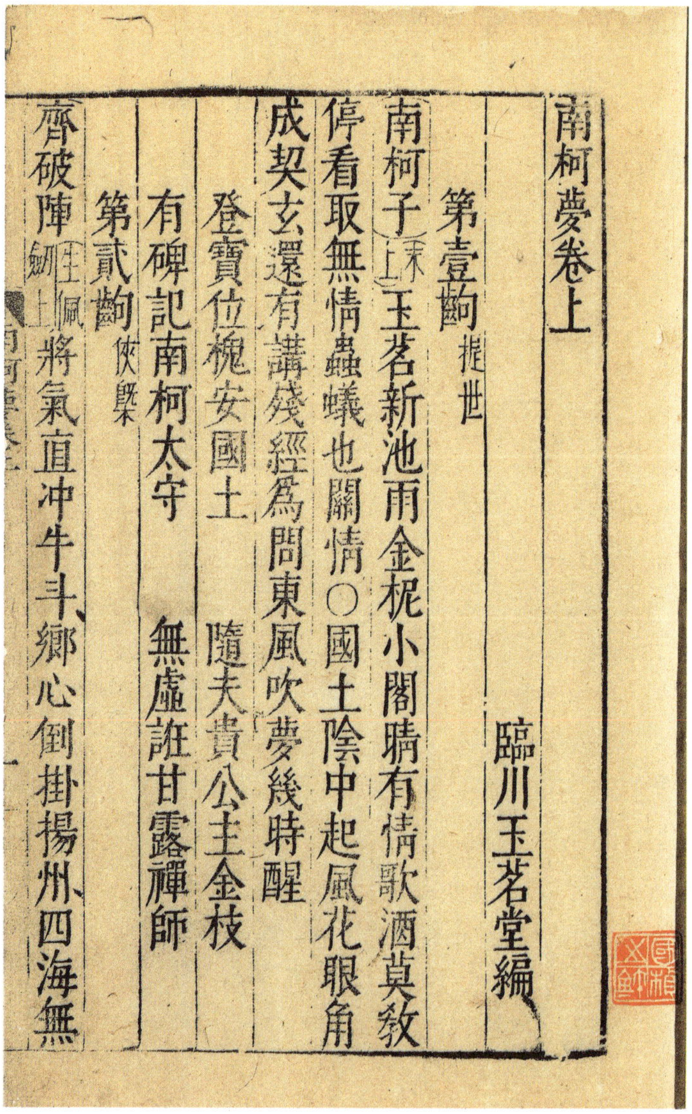
南柯夢卷上

臨川玉茗堂編

第壹齣 提世

南柯子〔末上〕玉茗新池雨金柅小閣晴有情歌酒莫教停看取無情蟲蟻也關情○國土陰中起風花眼角成契玄還有講殘經爲問東風吹夢幾時醒

登寶位槐安國土　隨夫貴公主金枝

有碑記南柯太守　無虛誑甘露禪師

第貳齣 俠槩

齊破陣〔生佩劍上〕將氣直冲牛斗鄉心倒掛揚州四海無

图1　卷端

图 2　插图

邯郸梦三卷

（明）汤显祖撰　明天启元年（1621）闵光瑜刻套印本

八行十八字，白口，四周单边。

汤显祖《邯郸梦记题词》中自述此剧本自“焦湖祝枕事”，即南朝刘义庆《幽明录》中《杨林》故事，然后人多以为其情节更接近唐沈既济《枕中记》。全剧共三十出，写吕洞宾欲度一人成仙，看中邯郸卢生，于是在一旅店与卢生攀谈。其时店小二正煮黄粱米饭。吕洞宾用一磁枕使卢生入梦，卢生在梦中与豪门之女联姻，借助妻子娘家的力量得中状元，后历经仕途坎坷，大起大落，享尽荣华富贵，尽拥美妾娇儿，晚年因纵欲过度病逝。一梦醒来，黄粱饭尚未做熟。卢生顿悟人生如梦，追随吕洞宾而去。

此本是考察汤显祖剧作的一个重要版本，书中的附加小字及眉批，反映出臧懋循改本的特点。

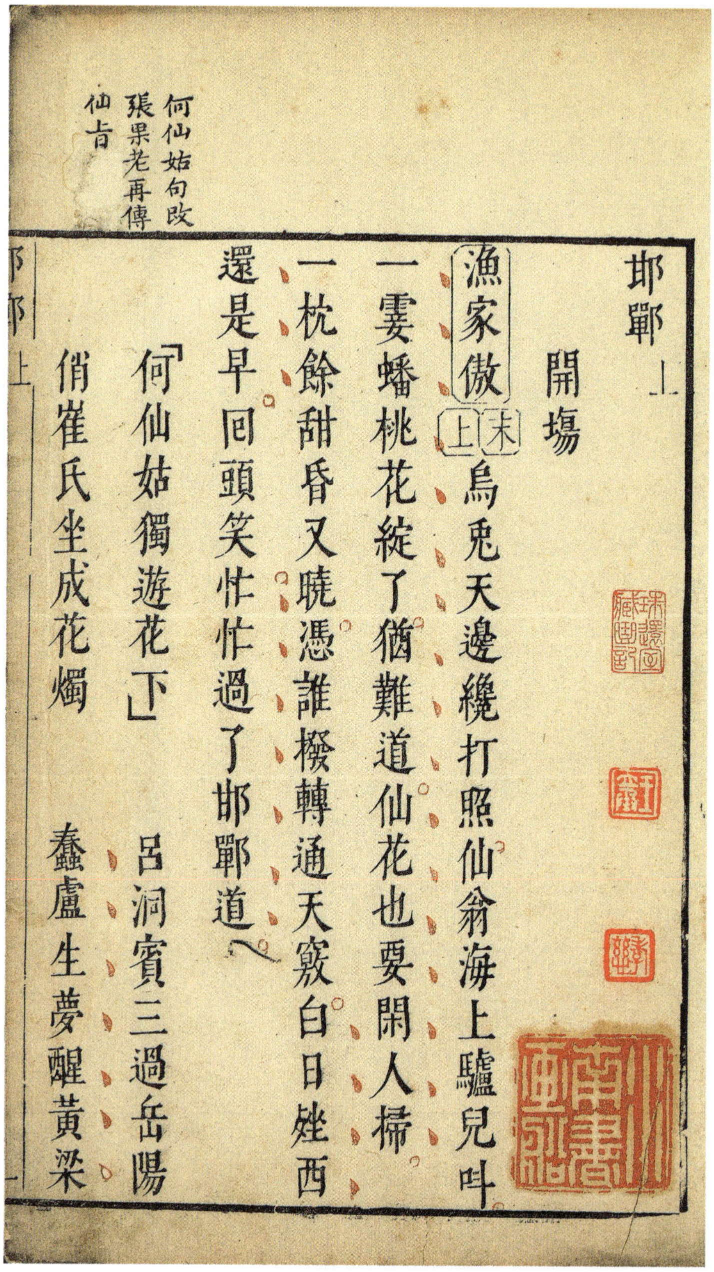
何仙姑句改張果老再傳仙旨

邯鄲　上

開塲

漁家傲（末上）烏兎天邊纔打照仙翁海上驢兒叫一霎蟠桃花綻了猶難道仙花也要閑人掃一枕餘甜昏又曉憑誰撥轉通天竅白日趖西還是早回頭笑忙忙過了邯鄲道

「何仙姑獨遊花下」　呂洞賓三過岳陽

俏崔氏坐成花燭　蠢盧生夢醒黃粱

图1　卷端

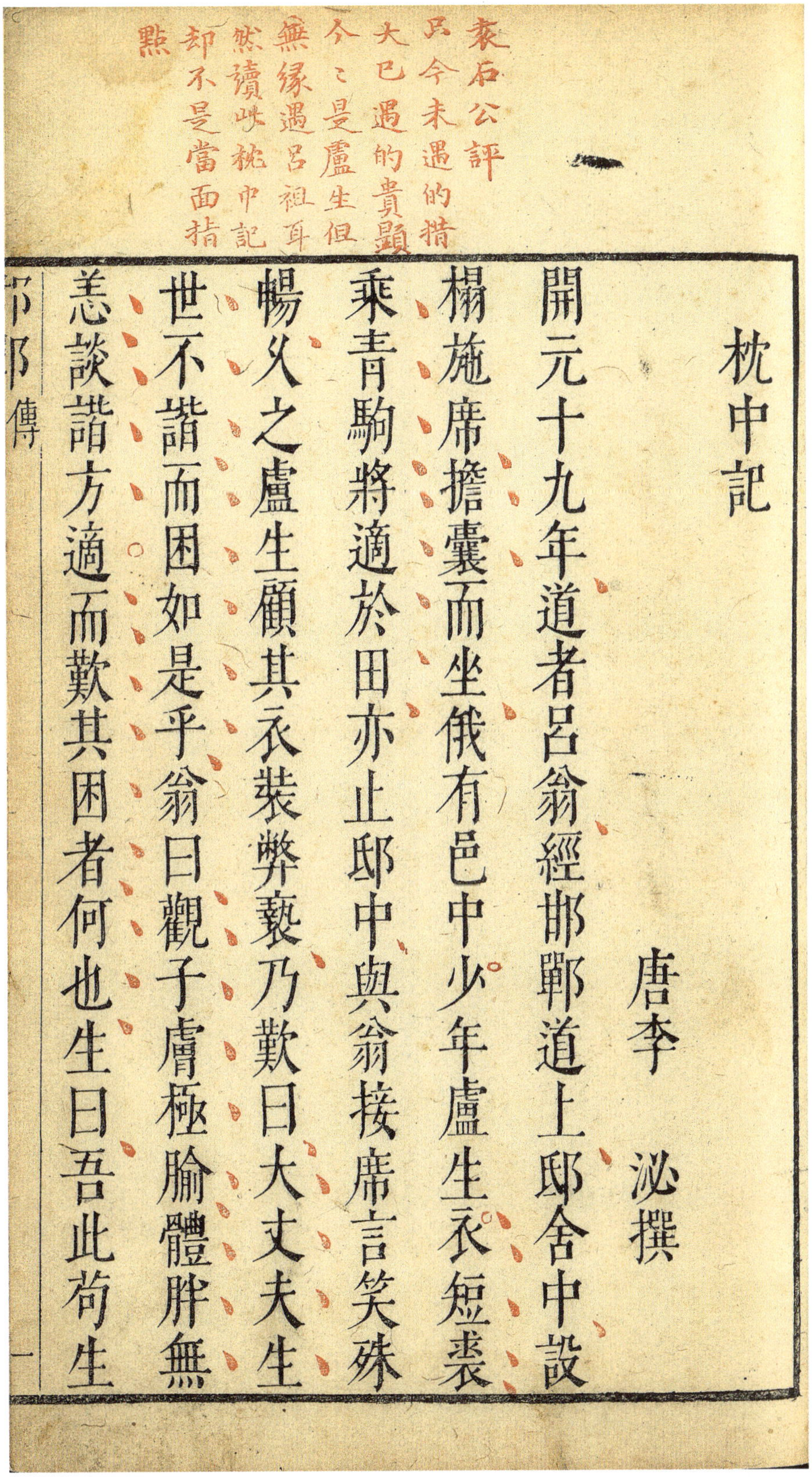

袁石公評
只今未遇的措大已遇的貴顯今之是盧生但無緣遇呂祖耳然讀此枕中記却不是當面指點

枕中記

唐李泌撰

開元十九年道者呂翁經邯鄲道上邸舍中設榻施席擔囊而坐俄有邑中少年盧生衣短裘乘青駒將適於田亦止邸中與翁接席言笑殊暢久之盧生顧其衣裝弊褻乃歎曰大丈夫生世不諧而困如是乎翁曰觀子膚極腴體胖無恙談諧方適而歎其困者何也生曰吾此苟生

邯鄲傳　一

图2　评点

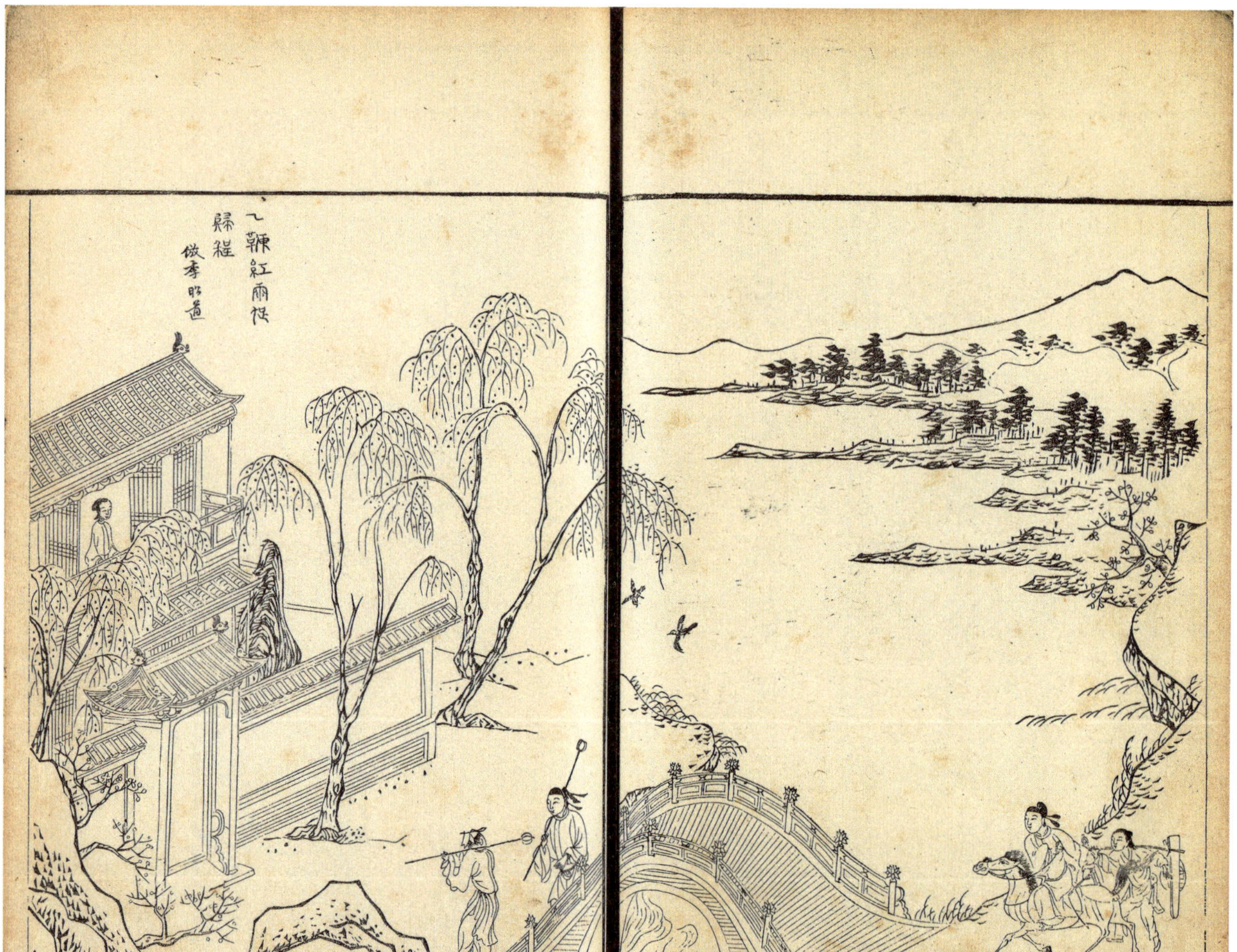

图3　插图

义侠记二卷

（明）沈璟撰　明末毛氏汲古阁刻《六十种曲》本

九行十九字，白口，左右双边。

沈璟（1553—1610），字伯英，晚字聃和，号宁庵，别号词隐，吴江（今属江苏）人。万历二年（1574）进士，曾任吏部验封司员外郎、光禄寺丞等职，时人因称“沈吏部”“沈光禄”。后因科场舞弊案受牵连，辞官回乡，乃潜心词曲，考订音律，在曲学研究方面颇有建树。

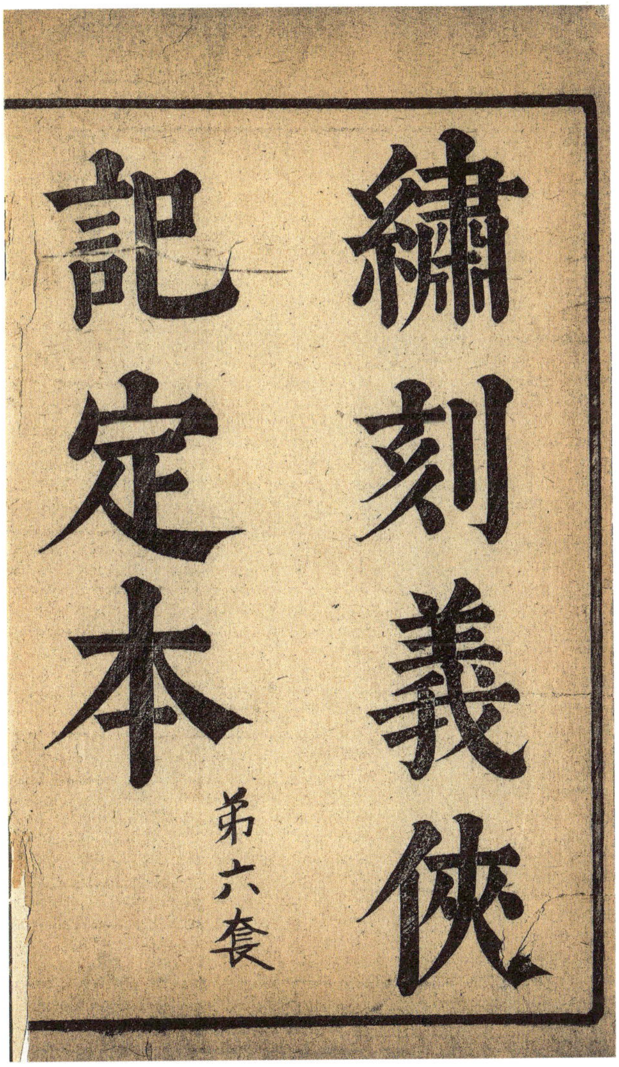

图1　书名页

此剧共三十六出，脱胎于《水浒传》第二十三至三十一回中的武松故事，包括景阳冈打虎、杀嫂报仇、血溅鸳鸯楼及投奔梁山等情节。此剧与《水浒传》最大的区别在于为武松设置了一位忠贞的妻子贾氏，她与武松自小结亲，但因武松漂泊江湖并未完婚，誓不改节，踏上寻找丈夫的路程，最后由孙二娘护送与武松团聚，共上梁山。贾氏寻夫与武松闯荡江湖二线并列发展，是《义侠记》对原著小说的精妙改编。在人物性格设计上，《义侠记》着重强调了武松的忠君，与《水浒传》中连皇帝封赏都不屑一顾的武二郎截然不同。

《义侠记》不仅故事情节吸引人，艺术表现上也十分成熟。剧中大量使用净、丑角戏，运用苏白增加调笑色彩，更加贴近平常百姓的审美趣味。吕天成《曲品》评此剧具有令观者“号呼流涕，搔首瞋目”的艺术感染力。沈璟一生著有传奇十七种，合称为“属玉堂传奇”，带动了明中后期传奇创作、演出的繁荣局面。

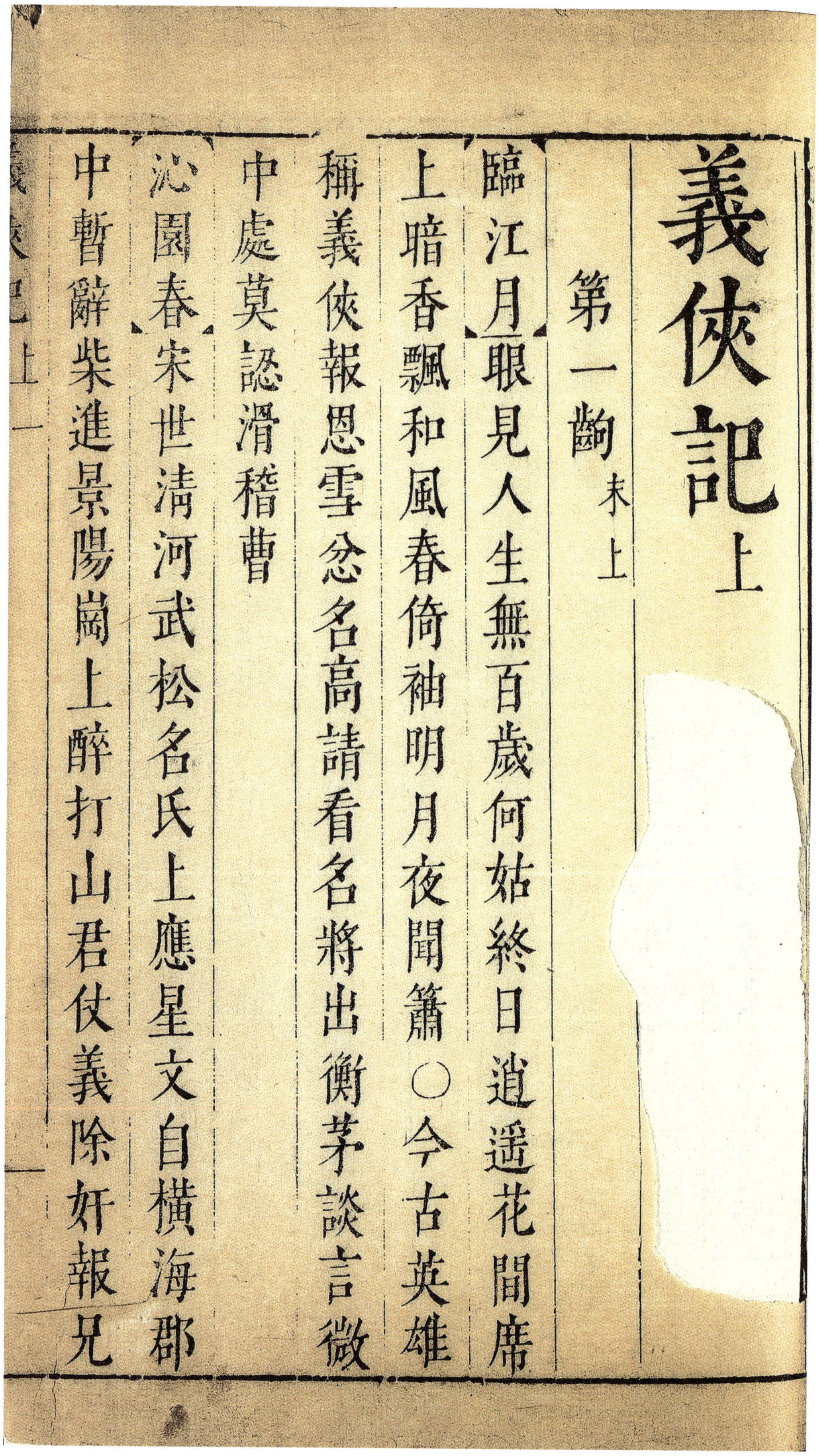

義俠記上

第一齣　末上

臨江月　眼見人生無百歲何姑終日逍遥花間席上暗香飄和風春倚袖明月夜聞簫○今古英雄稱義俠報恩雪忿名高請看名將出衡茅談言微中處莫謔滑稽曹

沁園春　宋世清河武松名氏上應星文自横海郡中暫辭柴進景陽崗上醉打山君仗義除奸報兄

義俠記上　一

图 2　卷端

三祝记二卷

（明）汪廷讷撰　明万历汪氏刻《环翠堂乐府》本　吴梅跋　姚华题诗

十行二十字，小字双行同，白口，四周单边。

汪廷讷（生卒年不详），字昌朝，号无如，别署坐隐先生、全一真人、清痴叟，安徽休宁人。师从戏曲家沈璟，诗赋、词曲皆工。喜藏书，好交游，著有《环翠堂乐府》，包括杂剧九种、传奇十六种。因家有环翠堂，故名。

此剧叙范仲淹故事，本事见《宋史·范仲淹传》。全本共三十六出，写范仲淹读书中举，被派往江淮放赈救灾，因得罪权贵被贬，继而率兵征讨赵元昊，因军功回朝封相。王安石变法，范仲淹愤而辞官。范仲淹有纯礼、纯仁二子。纯仁上书弹劾王安石，被逮入狱。司马光、纯礼努力营救，王安石终于罢相，众人向范仲淹夫妇祝寿。

所谓三祝，即祝颂多富、多寿、多子。《三祝记》自成书以来，虽在情节内容上有拖沓冗杂之嫌，但词语富赡，标举忠孝仁义，有益于风化，颇得士大夫的赏识。此本为《三祝记》最早的版本，经名家递藏，卷末有吴梅跋、姚华题诗，钤“潮州城南谢氏草堂藏”等印。

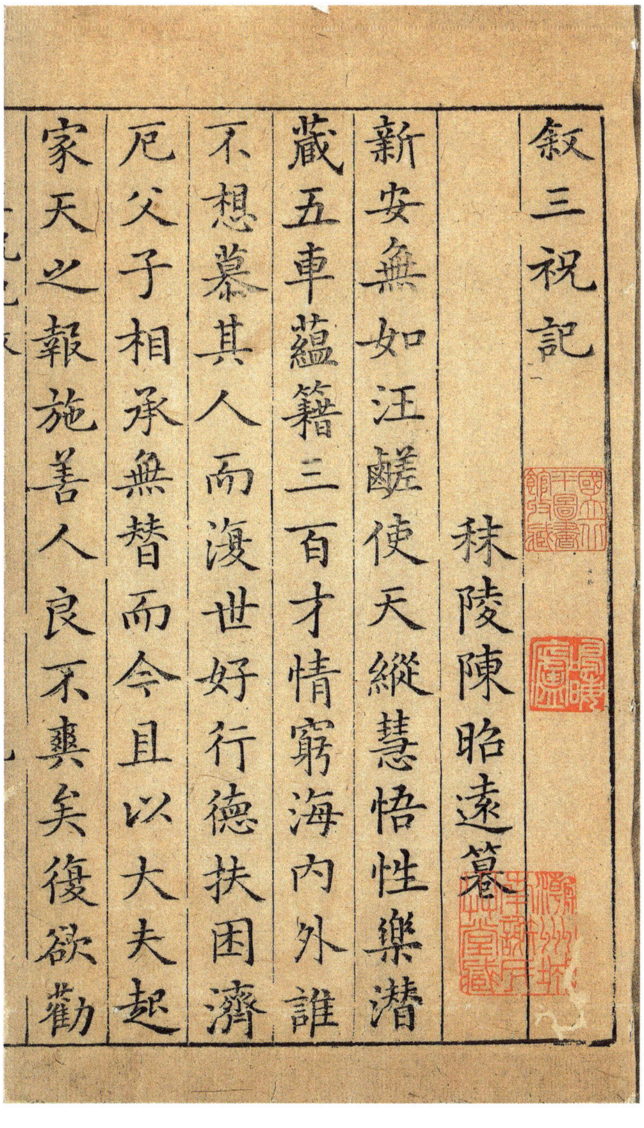
敘三祝記
秣陵陳昭遠篹
新安無如汪[illegible]使天縱慧悟性樂潛藏五車蘊籍三百才情窮海內外誰不想慕其人而溲世好行德扶困濟厄父子相承無替而今且以大夫起家天之報施善人良不爽矣復欲勸

图1　叙

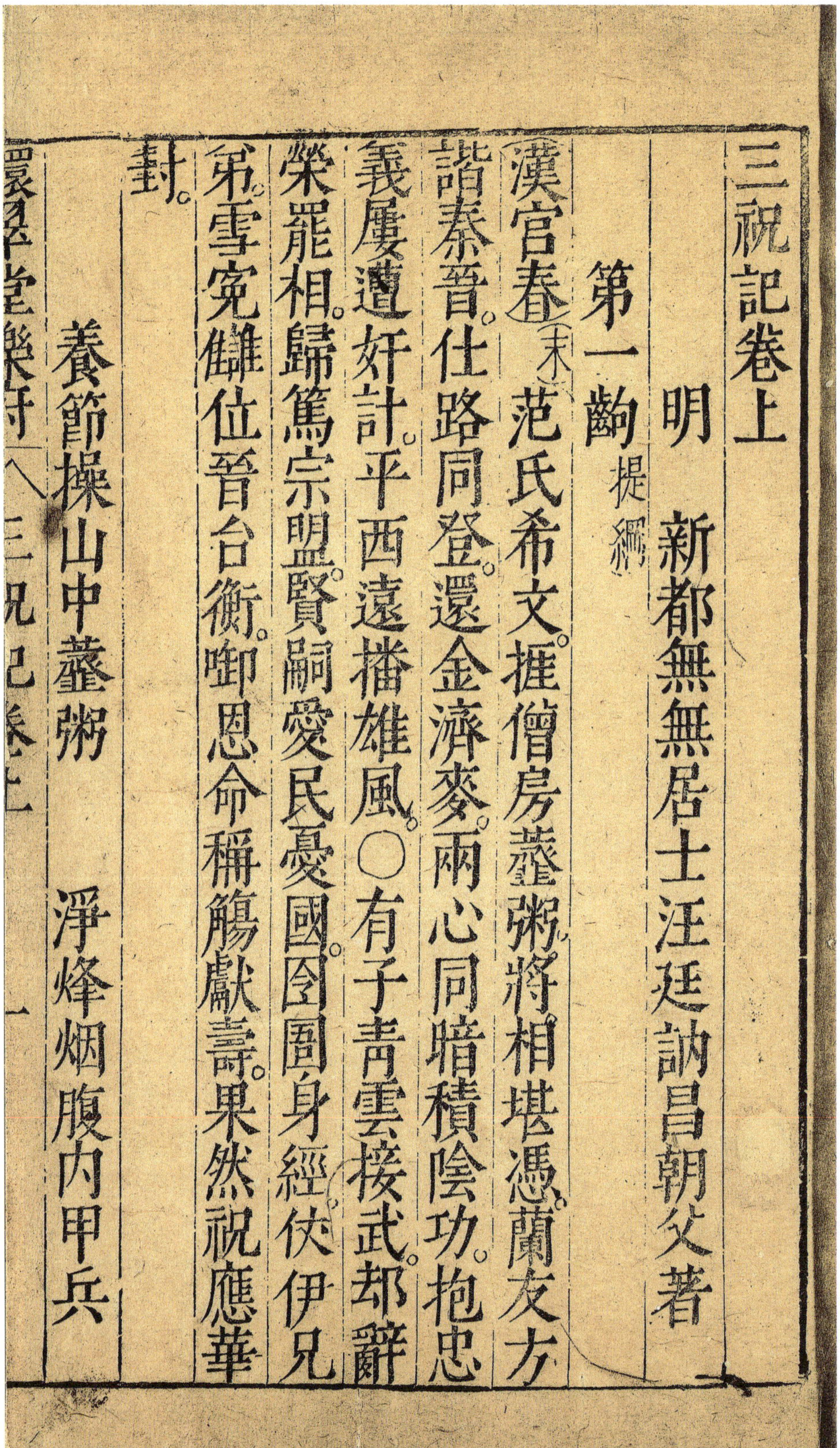

三祝記卷上
明　新都無無居士汪廷訥昌朝父著
第一齣　提綱
漢宮春（末）范氏希文捱僧房虀粥將相堪憑蘭友方
諧秦晉仕路同登還金濟麥兩心同暗積陰功抱忠
義屢遭奸計平西遠播雄風○有子青雲接武却辭
榮罷相歸篤宗盟賢嗣愛民憂國囹圄身經佚伊兄
弟雪冤讎位晉台衡御恩命稱觴獻壽果然祝應華
封
養節操山中虀粥　淨烽烟腹內甲兵
環翠堂樂府　三祝記卷上　一

图 2　卷端

图3　插图

琴书大全二十二卷

（明）蒋克谦撰　明刻本　存六卷（卷二、卷四至八）

十一行二十二字，黑口，四周单边。

蒋克谦（生卒年不详），字国光，南直隶徐州（今属江苏）人。善弹古琴，兼擅书法、绘画。据自序，其高祖为明正德皇后之父，从高祖开始便收集有关古琴的材料。正德末年，其祖父把所收材料编辑成书。嘉靖年间，其父又有增补。至万历间，蒋克谦再度整理，并请海内琴士共同校对，历时三年，终于完成，定名《琴书大全》，于万历十八年（1590）刊行。

是书前二十卷收录历代有关琴学著述，后二卷收琴曲六十二首。内容包括琴论、声律、琴制、琴式、琴徽、琴弦、指法、琴人、史料、诗赋、琴谱等，是现存收录古代琴学文献最多的一部类书。是书编辑体例严谨，引用文献大都注明出处，不少失传的琴学著述赖以保存。尤其是一些早已散佚的唐宋元琴书，如唐代陈拙《琴书》、李勉《琴徽字议》、王大力《琴声律图》，宋代田紫芝《太古遗音》、杨祖云《琴苑须知》，元陈敏子《琴律发微》等，都是音乐史、琴史研究的宝贵文献资料。此本为早期刻本，弥足珍贵。

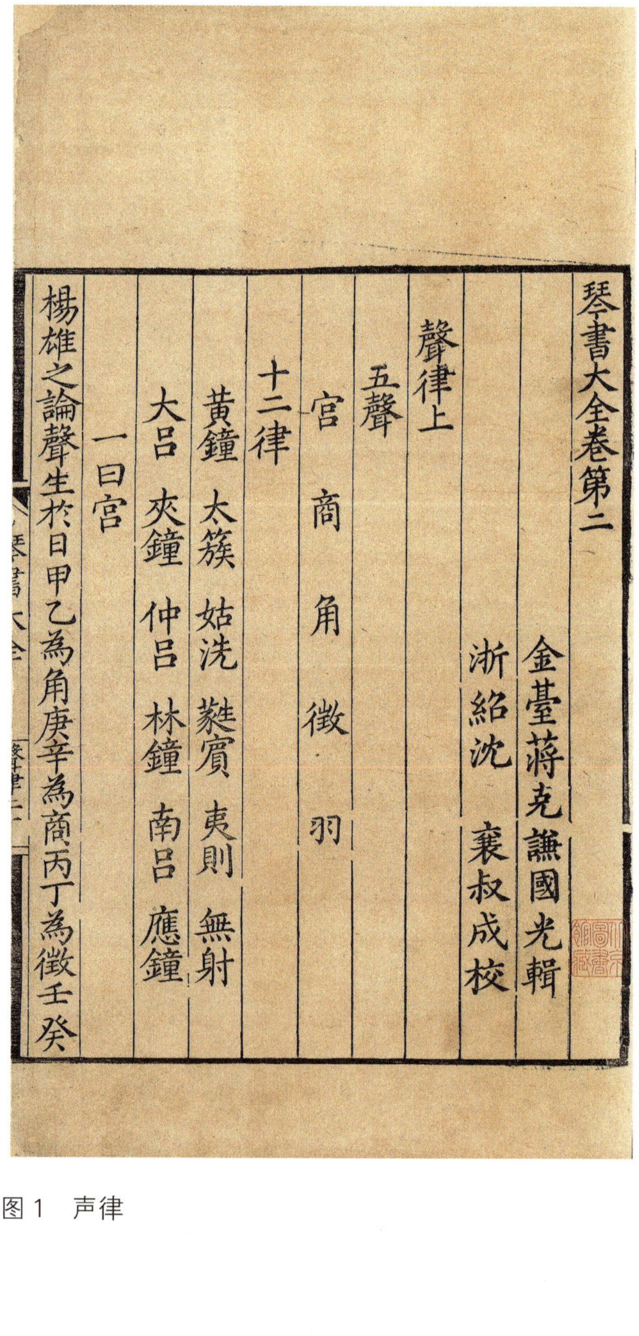
琴書大全卷第二
金臺蔣克謙國光輯
浙紹沈　襄叔成校
聲律上
五聲
宮　商　角　徵　羽
十二律
黃鐘　太簇　姑洗　蕤賓　夷則　無射
大呂　夾鐘　仲呂　林鐘　南呂　應鐘
一曰宮
楊雄之論聲生於日甲乙為角庚辛為商丙丁為徵壬癸

图1　声律

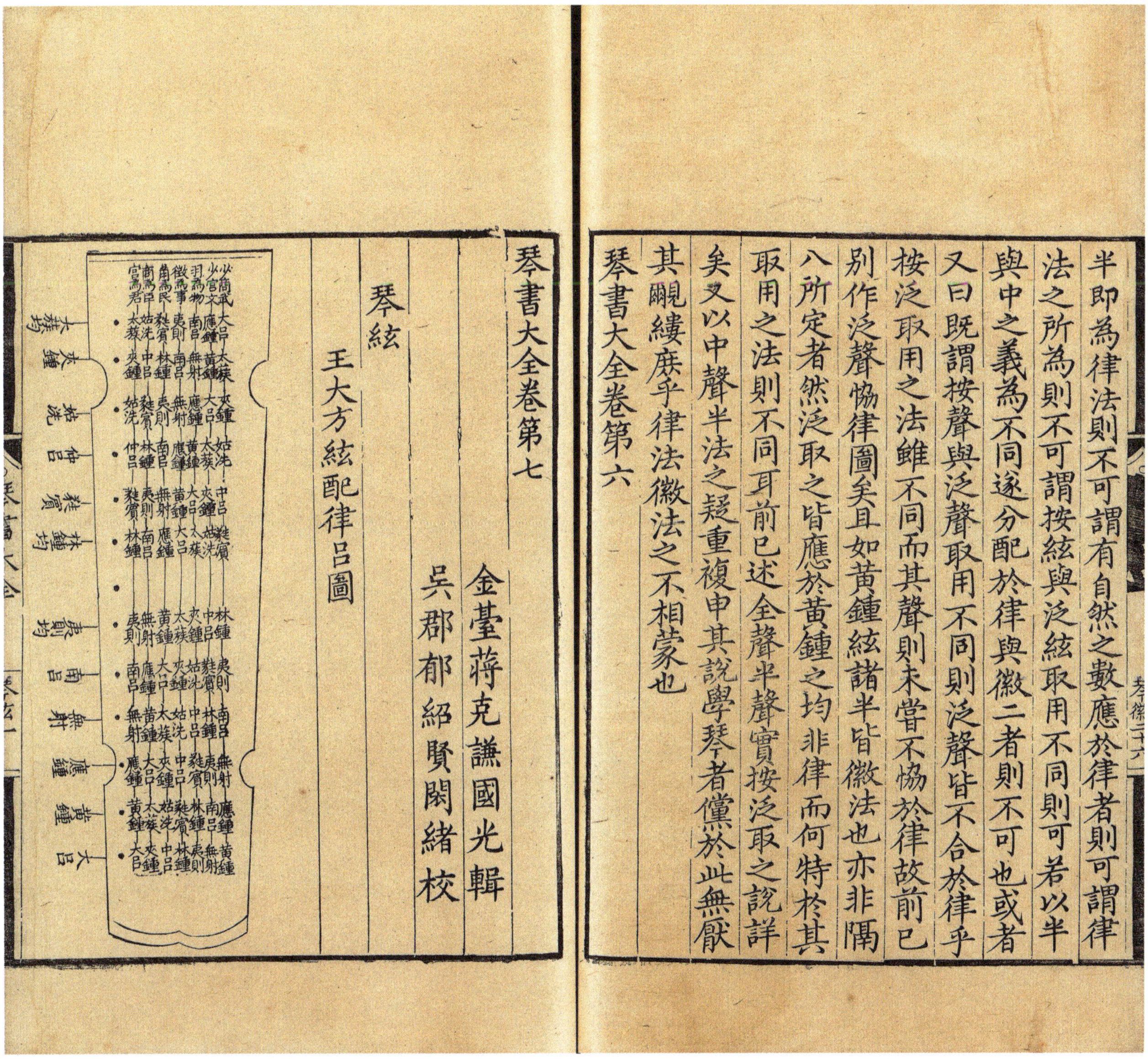
半即為律法則不可謂有自然之數應於律者則可謂律法之所為則不可謂按絃與泛絃取用不同則可若以半與中之義為不同遂分配於律與徽二者則不可也或者又曰既謂按聲與泛聲取用不同則泛聲皆不合於律乎按泛取用之法雖不同而其聲則未嘗不協於律故前已別作泛聲協律圖矣且如黃鍾絃諸半皆徽法也亦非隅八所定者然泛取之皆應於黃鍾之均非律而何特於其取用之法則不同耳前已述全聲半聲實按泛取之說詳矣又以中聲半法之疑重複申其說學琴者儻於此無厭其覶縷庶乎律法徽法之不相蒙也

琴書大全卷第六

琴書大全卷第七

金臺蔣克謙國光輯

吳郡郁紹賢閎緒校

琴絃

王大方絃配律呂圖

图 2　琴弦 王大方弦配律吕图

山歌十卷

（明）冯梦龙辑　明末刻本

八行二十一字，白口，左右双边。

冯梦龙（1574—1646），字犹龙，又字子犹，号墨憨斋主人、顾曲散人等，苏州（今属江苏）人。一生致力于小说、戏曲、民歌、笑话等通俗文学的创作、搜集与整理，编刊有著名的“三言”（《喻世明言》《警世通言》《醒世恒言》）、《古今谭概》《情史》等书。

此书是冯氏编纂的两部民歌集之一（另一部为《挂枝儿》），所录歌曲皆采自吴地。吴地民歌盛于六朝，以五言四句为主，后渐变为七言四句，兼有杂言，曲调错落，声韵俱佳。冯氏以一己之力，于民间广泛搜访吴地民歌，编成此书。其编纂颇具匠心，采录一依俗谈，用字用词皆为吴音吴语，保留纯正民间风貌，对冷僻的方言词语，则于眉批或评注中予以笺释，评点亦精当简赅。此书著录资料丰富，或考证作品源流，或指出诗歌关联，或评论俗曲时调，或交代诗歌背景、轶事，提供了大量民歌资料。

此本为明末写刻本，钤有“凌必选印”“云荪”“长乐郑振铎西谛藏书”等印，可知曾经凌必选、汪云荪、郑振铎递藏。

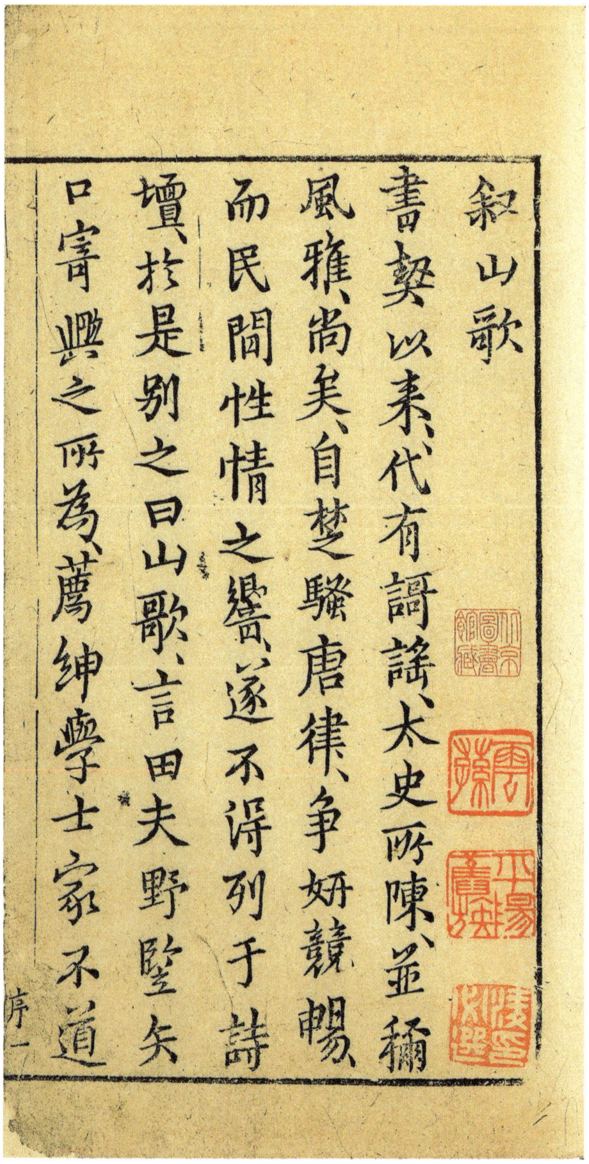
敘山歌
書契以來、代有謌謠、太史所陳、並稱
風雅、尚矣、自楚騷唐律、争妍競暢、
而民間性情之響、遂不得列于詩
壇、於是別之曰山歌、言田夫野豎矢
口寄興之所為、薦紳學士家不道
序一

图1　序

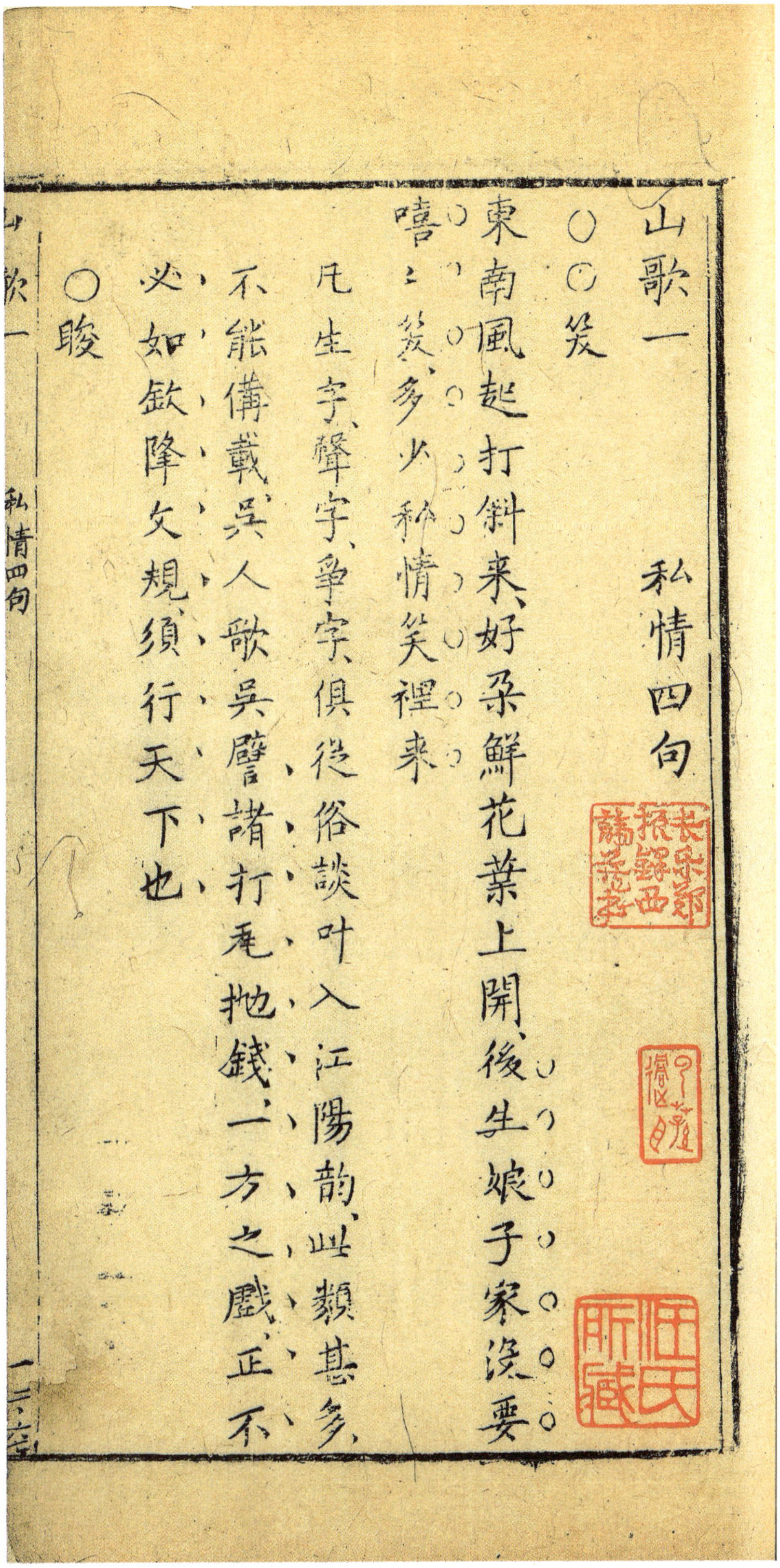
山歌一　私情四句

○○笑

東南風起打斜来、好朶鮮花葉上開、後生娘子家沒要嘻嘻笑、多少私情笑裡来

凡生字、聲字、爭字、俱從俗談叶入江陽韻、此類甚多、不能備載、呉人歌呉譬諸打瓦抛錢、一方之戲、正不必如欽降文規須行天下也

○睃

山歌一　私情四句　一

图 2　卷端

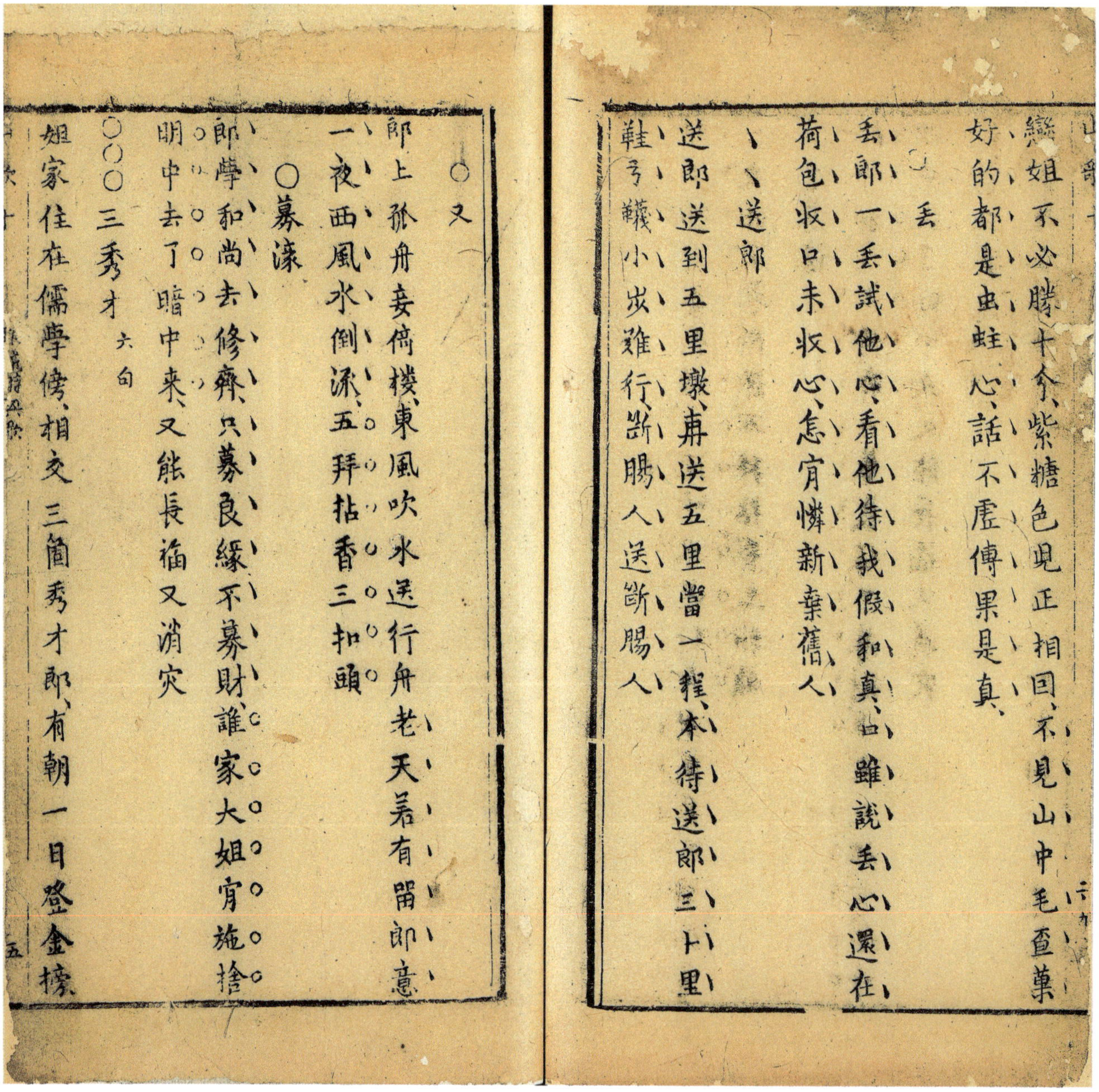
戀姐不必勝十个、紫糖色兒正相同、不見山中毛查菓
好的都是虫蛀心、話不虛傳果是真、
○丢
丢郎一丢試他心、看他待我假和真、口雖說丢心還在、
荷包收口未收心、怎肎憐新棄舊人、
送郎
送郎送到五里墩、再送五里當一程、本待送郎三十里、
鞋弓襪小步難行、斷腸人送斷腸人

○又
郎上孤舟妾倚樓、東風吹水送行舟、老天若有留郎意
一夜西風水倒流、五拜拈香三扣頭
○募緣
郎學和尚去修齋、只募良緣不募財、誰家大姐肎施捨
明中去了暗中來、又能長福又消災
○○○三秀才 六句
姐家住在儒學傍、相交三箇秀才郎、有朝一日登金榜

图 3　正文

曲律四卷

（明）王驥德撰　明天启四年（1624）毛以燧刻本

十行二十字，白口，四周单边。

是书是我国第一部比较全面、系统的戏曲理论专著，被公认为我国古代曲学理论的集大成之作，其内容涉及戏曲理论的各个重要方面，包括戏曲的源流发展、创作主旨、剧本结构、文辞声律、戏剧科白等，门类详备，并对戏剧作品和剧作家进行品评，议论、见解颇为独到，对后世的戏曲创作及戏曲理论具有非常深远的影响。吕天成《曲品》赞其“功令条教，胪列具备，真可谓起八代之衰，厥功伟矣”。

此天启四年刻本，为天启三年秋王骥德病重时，托友人毛以燧助刊，未及成而殁。首有冯梦龙叙、王骥德自序，末附毛以燧跋、王氏诀别诗及哭王伯良诗。此本系《曲律》最早版本，极为罕见。书中钤有“陈氏百联斋藏”“玉墙山房”“长乐郑振铎西谛藏书”等印，曾经陈渭泉、郑振铎收藏。

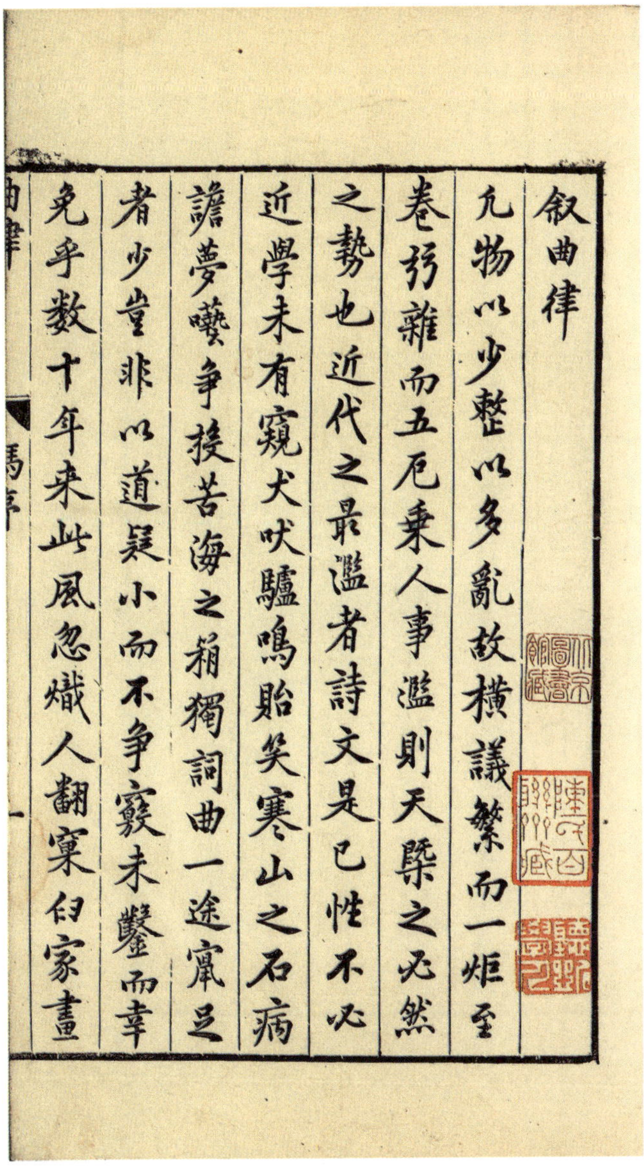
敍曲律
凡物以少整以多亂故横議繁而一炬至
卷紛雜而五厄乘人事濫則天槩之必然
之勢也近代之最濫者詩文是已性不必
近學未有窺犬吠驢鳴貽笑寒山之石病
諳夢囈爭援苦海之梢獨詞曲一途寓足
者少豈非以道疑小而不爭竅未鑿而幸
免乎数十年来此風忽熾人翻窠臼家畫
曲律　馮序　一

图 1　叙

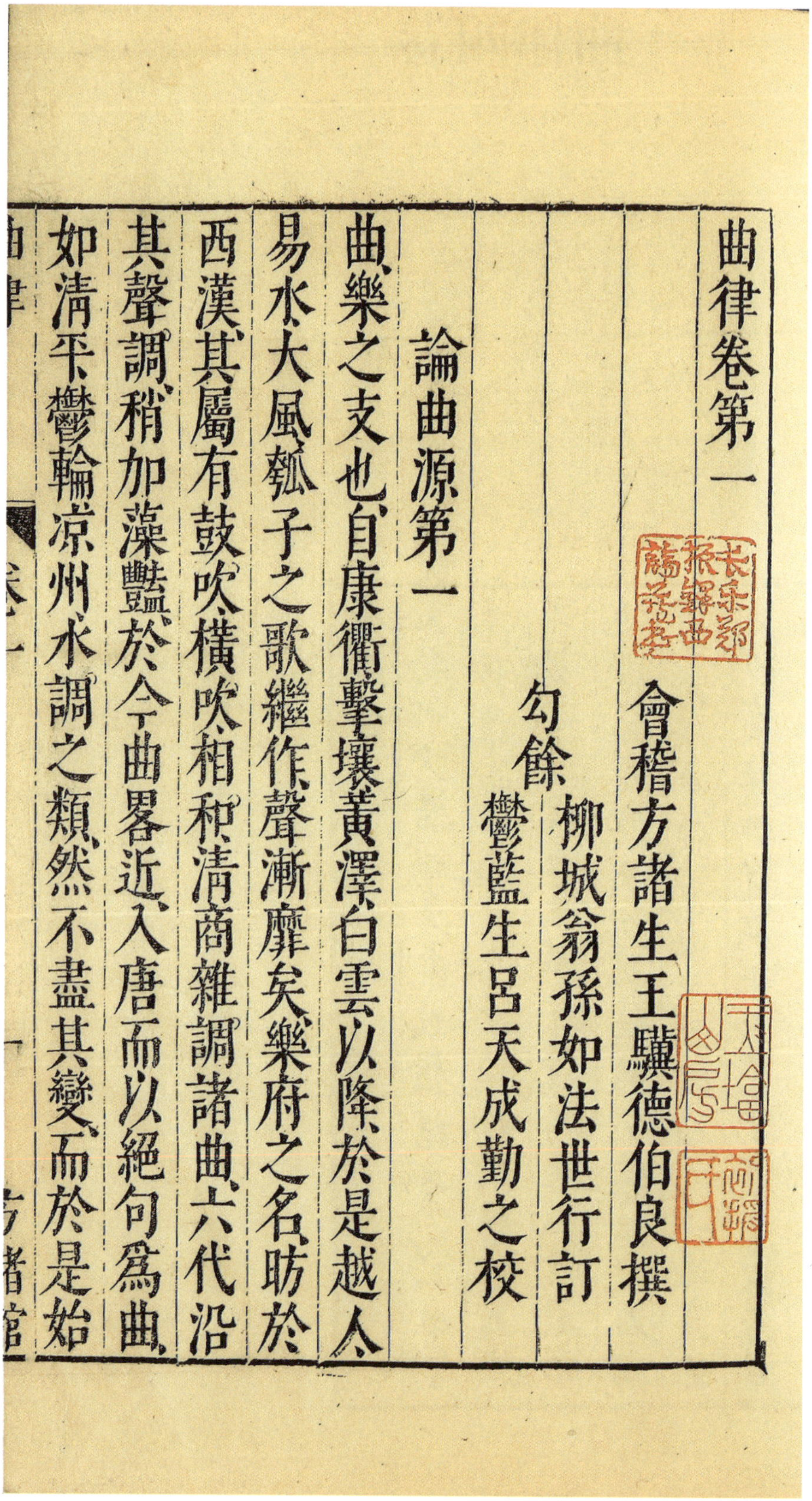

曲律卷第一

會稽方諸生王驥德伯良撰

柳城翁孫如法世行訂

勾餘鬱藍生呂天成勤之校

論曲源第一

曲樂之支也自康衢擊壤黃澤白雲以降於是越人易水大風瓠子之歌繼作聲漸靡矣樂府之名昉於西漢其屬有鼓吹横吹相和清商雜調諸曲六代沿其聲調稍加藻豔於今曲畧近入唐而以絕句爲曲如清平鬱輪凉州水調之類然不盡其變而於是始

曲律　卷一　一　方諸館

图2　卷端

松弦馆琴谱二卷

（明）严澂撰　清乾隆文津阁《四库全书》本

八行二十字不等，白口，四周双边。

严澂（1547—1625），字道澈，号天池，常熟（今属江苏）人。精古琴，结琴川琴社，集诸家琴师讲习，吸收京师琴家沈太韶之长，形成“虞山派”。著有《云松巢集》。

是书为“虞山派”最早成集并刊行的曲谱，初刊于明万历四十二年（1614），共收二十二曲，清顺治年间增补为二十八曲，皆仅有曲调，不录歌词，采用减字谱。曲目分别为洞天春晓、阳春、修禊吟、古交行、风雷引、桃源吟、清夜吟、中秋月、秋江夜泊、胶漆吟、静观吟、溪山秋月、苍梧怨、列子御风、良宵引、涂山、樵歌、渔歌、关雎、山居吟、渭滨吟、洞庭秋思、会同引、佩兰、汉宫秋、春晓吟、庄周梦蝶、神化引。现流行的“良宵引”一曲，首次见于此书。

严澂在卷前所附《琴川汇谱序》中专门论述了琴曲与歌词的关系，抨击了当时俗工在琴曲中滥配文词的不良风气，强调琴曲演奏的本色，主张恢复温雅平和、轻缓合节的雅乐。

“虞山派”因常熟有虞山而得名，当地又有河流名琴川，所以又称“常熟派”或“琴川派”。“虞山派”演奏风格简缓安静，讲求“清微淡远”，反对靡曼新声、促节繁响，能得中和之美。

此书为《四库全书》所收唯一的明代琴谱，在琴界有较大影响，现代仍在打谱演奏。此为文津阁《四库全书》原本，钤有“文津阁宝”“避暑山庄”印。

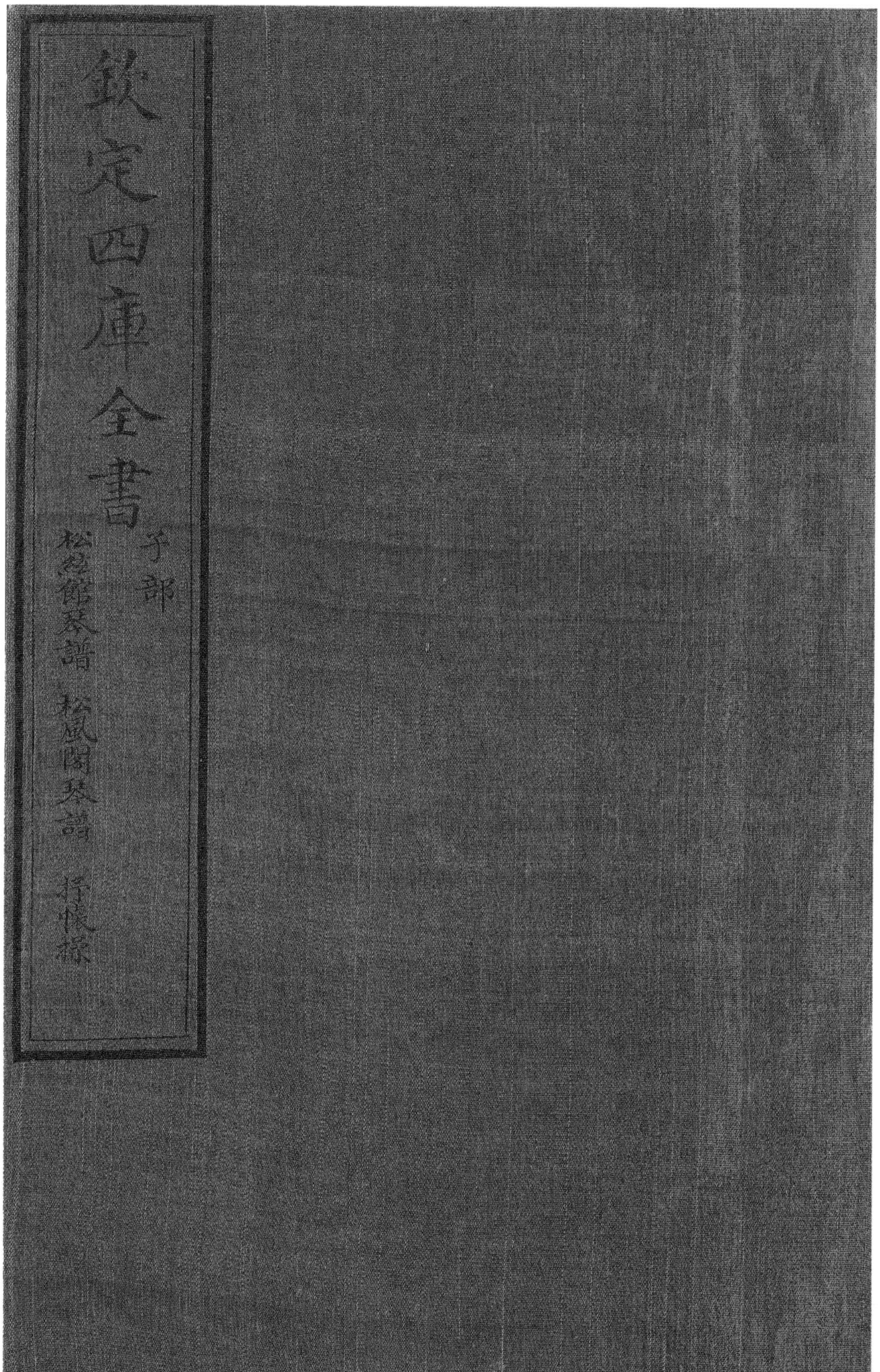

图 1　书衣

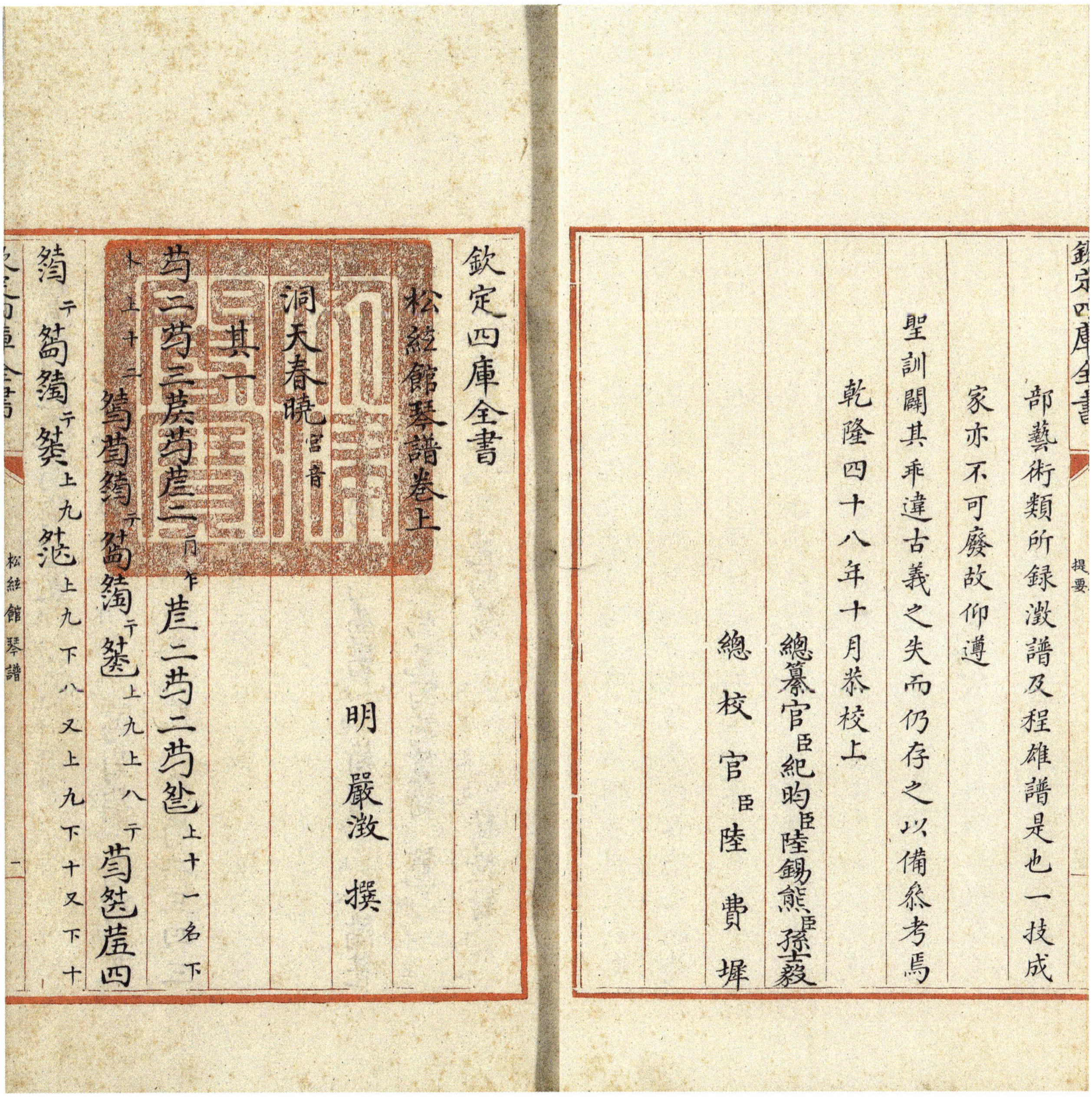
欽定四庫全書

提要

部藝術類所録澂譜及程雄譜是也一技成

家亦不可廢故仰遵

聖訓闢其乖違古義之失而仍存之以備參考焉

乾隆四十八年十月恭校上

總纂官臣紀昀臣陸錫熊臣孫士毅

總校官臣陸費墀

欽定四庫全書

松絃館琴譜卷上

明 嚴澂 撰

洞天春曉 宫音

其一

图 2　卷端

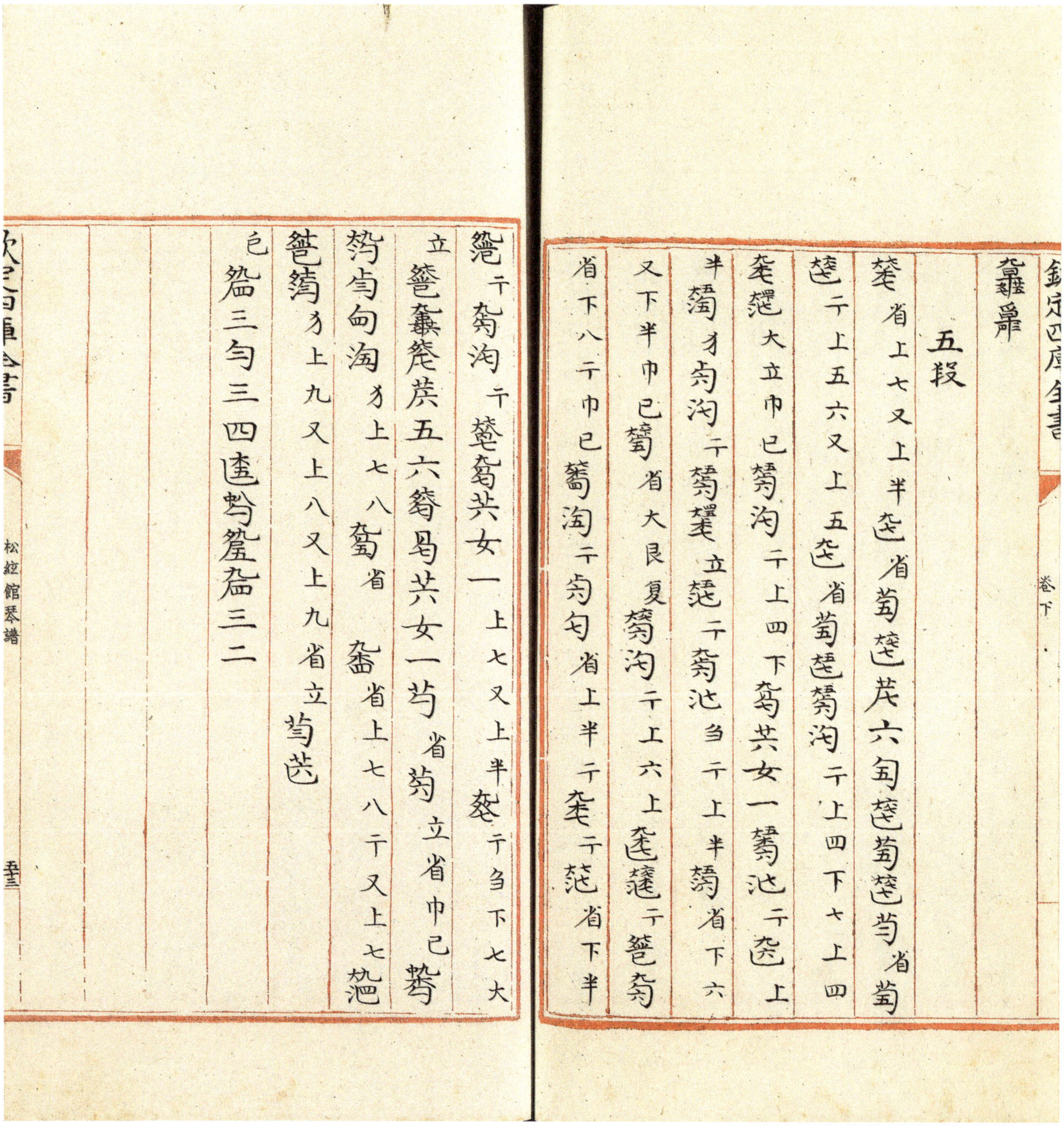

图 3　减字谱

大还阁琴谱六卷溪山琴况一卷

（清）徐䜣撰　清康熙重修刻本

十行二十四字，白口，四周双边。

徐䜣（约1593—1663），原名徐上瀛，号青山，因抗清未果隐居吴门，改名䜣，号石帆，太仓（今属江苏）人。与严澂同为陈爱桐再传弟子，古琴“虞山派”代表人物。博采众家之长，以“徐疾咸备”琴风补严澂之不足。

是书一名《青山琴谱》，成书于明崇祯十七年（1644），先有彭氏刻本，后经徐氏弟子夏溥校订，改定为今名，由蔡毓荣于清康熙十二年（1673）重修。此谱为“虞山派”重要传谱，全书收琴曲三十二首，与《松弦馆琴谱》同为“虞山派”重要著作。徐䜣主张琴曲快慢不可偏废，故增加了《松弦馆琴谱》未收录的《雉朝飞》《乌夜啼》《潇湘水云》等以快节奏见长的曲目。谱后还附有《万峰阁指法閟笺》和《溪山琴况》各一卷。《万峰阁指法閟笺》是对指法手势的详解。《溪山琴况》含短文二十四篇，以和、静、清、远等二十四字为纲，系统阐述琴曲弹奏要点和美学特征，是“虞山派”琴艺理论的精粹，为明清之际最重要的琴论著作。

此本即蔡毓荣重修刻本，与彭本相比，版刻殊佳。

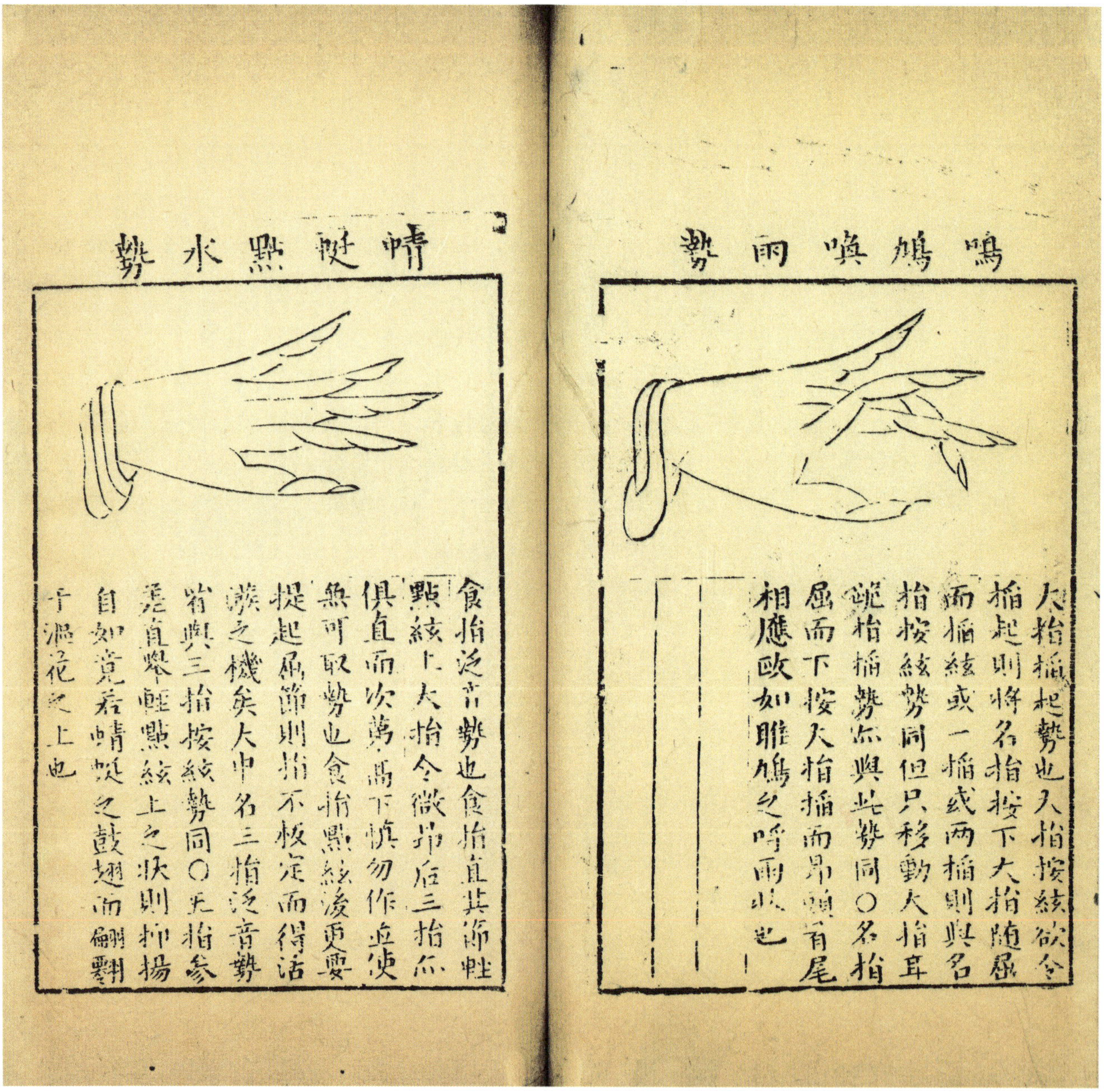

鳴鳩喚雨勢

大指搯起勢也大指按絃欲令指起則將名指按下大指隨屈而搯絃或一搯或兩搯則與名指按絃勢同但只移動大指耳號指搯勢亦與此勢同○名指屈而下按大指搯而昂與首尾相應歐如雎鳩之呼雨狀也

蜻蜓點水勢

食指泛音勢也食指直其節蚌點絃上大指令微昂后三指亦俱直而次第高下慎勿作点使無可取勢也食指點絃後更要提起屈節則指不板定而得活潑之機矣大中名三指泛音勢指與三指按絃勢同○大指參差直舉輕點絃上之狀則抑揚自如宛若蜻蜓之鼓翅而翩翻于泓花之上也

图 1　手势图

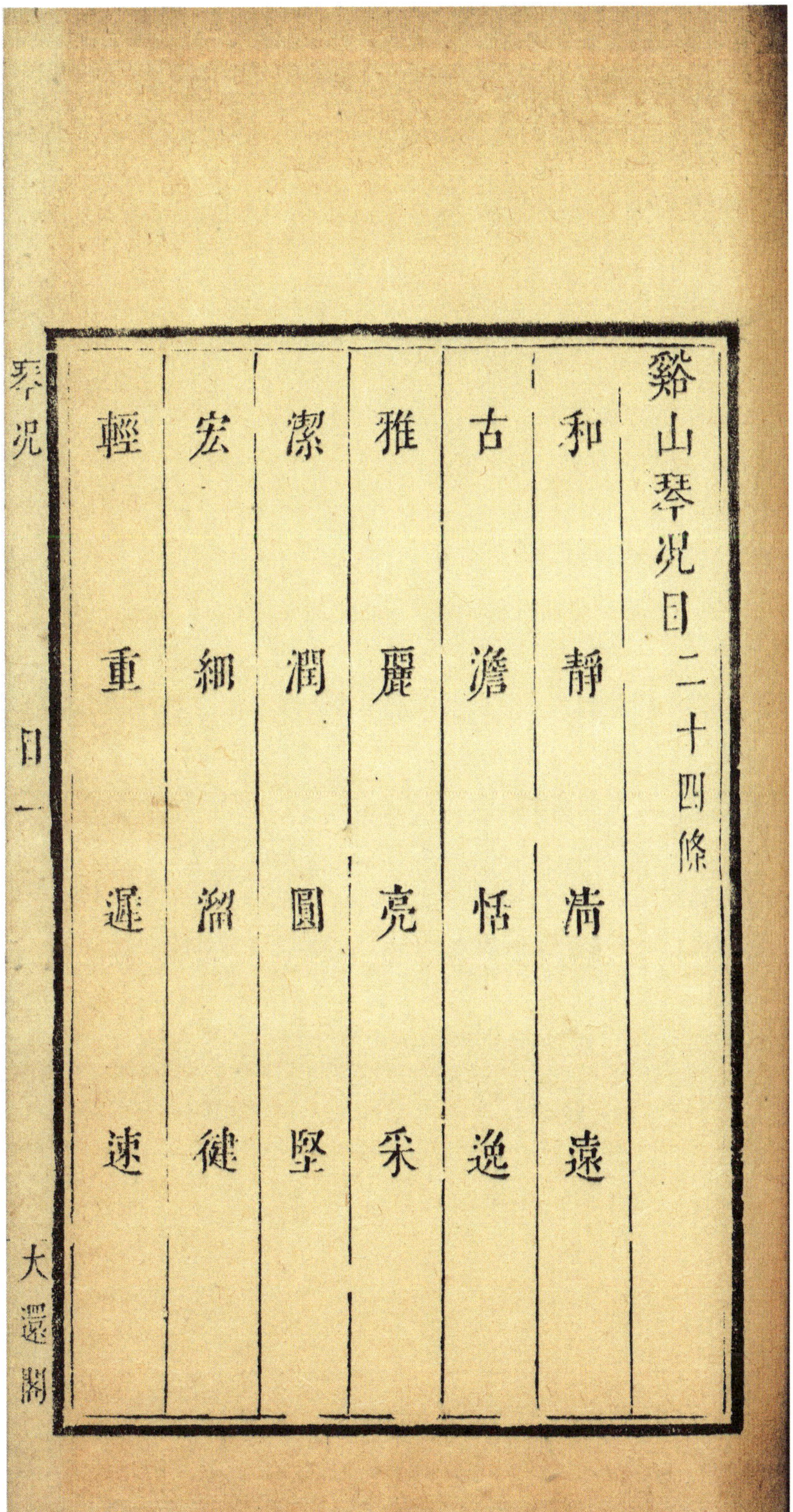

谿山琴況目二十四條

和 靜 清 遠

古 澹 恬 逸

雅 麗 亮 采

潔 潤 圓 堅

宏 細 溜 健

輕 重 遲 速

琴況 目一 大還閣

图 2　溪山琴况

琴谱合璧二种不分卷

（明）杨抡辑　明万历李嘉遇刻本

八行十六字，白口，四周双边。

杨抡（生卒年不详），字桐庵，号鹤浦，江宁（今江苏南京）人。明代金陵琴派的代表人物。金陵琴派亦称江派，形成于明后期，其特点是重视琴歌，琴曲较单纯，以配合演唱，多一字一声。

此书成书在明万历三十七年（1609）前后，包含《太古遗音》《伯牙心法》两种琴谱，均为减字谱。其中《太古遗音》收琴曲三十四首，均有歌词；《伯牙心法》收琴曲二十九首，有词琴曲八首。每首琴曲之前都有序言，介绍曲谱作者、流传源流、音韵要旨等。首卷中还收录上古琴论、指法捷要、上弦要法，绘制了指法图及伏羲、神农至刘伯温等人琴样，巨细靡遗，有俾于初学。

清代和素将《琴谱合璧》翻译成满文，收入《四库全书》，四库馆臣称誉杨抡的指法五十三式颇得师授，为当时曲谱之佳者。琴谱中陶潜《归去来辞》、韩愈《听颖师琴》诗、欧阳修《秋声赋》、苏轼《前赤壁赋》等，不增减一字，而使其声韵自合，亦颇可取。此本为是书早期刻本，有重要文献价值。

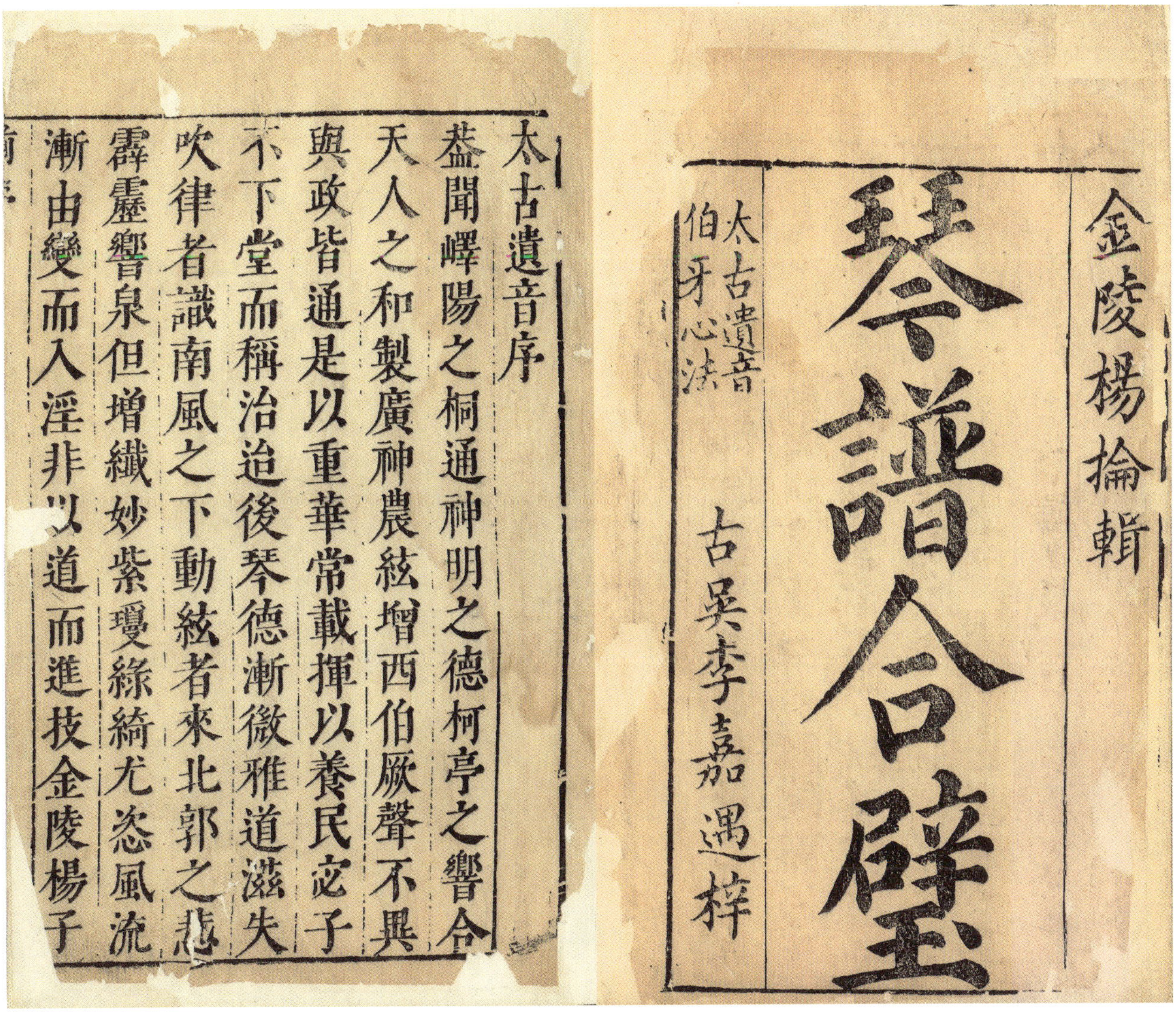

金陵楊掄輯

琴譜合璧

太古遺音
伯牙心法

古吳李嘉遇梓

太古遺音序

蓋聞嶧陽之桐通神明之德柯亭之響合
天人之和製廣神農絃增西伯厥聲不興
與政皆通是以重華常載揮以養民宓子
不下堂而稱治迨後琴德漸微雅道滋失
吹律者識南風之下動絃者來北郭之悲
霹靂響泉但增纖妙紫瓊綠綺尤恣風流
漸由變而入淫非以道而進技金陵楊子

图 1　太古遗音序

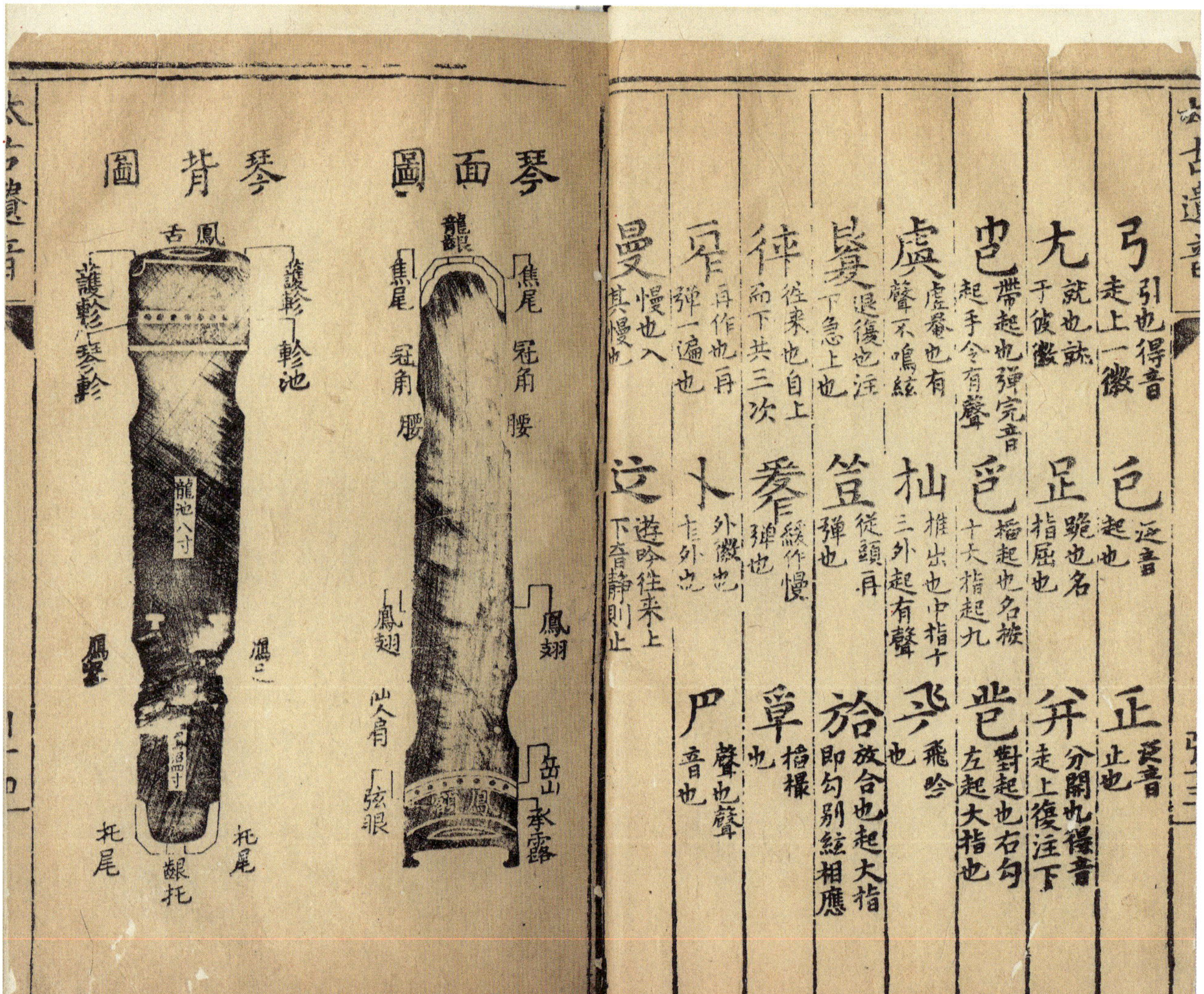

图2　指法

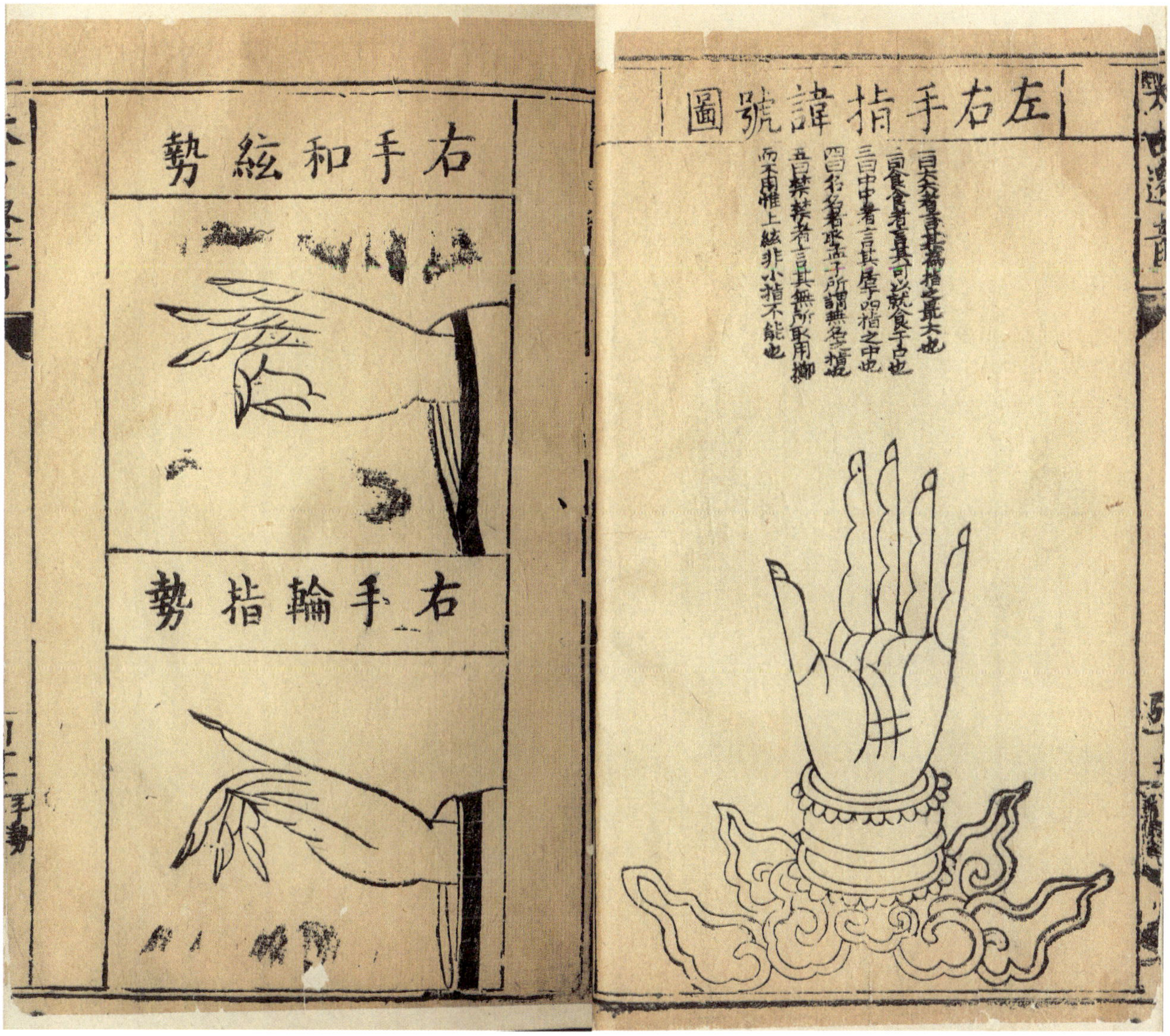

图 3 指法图

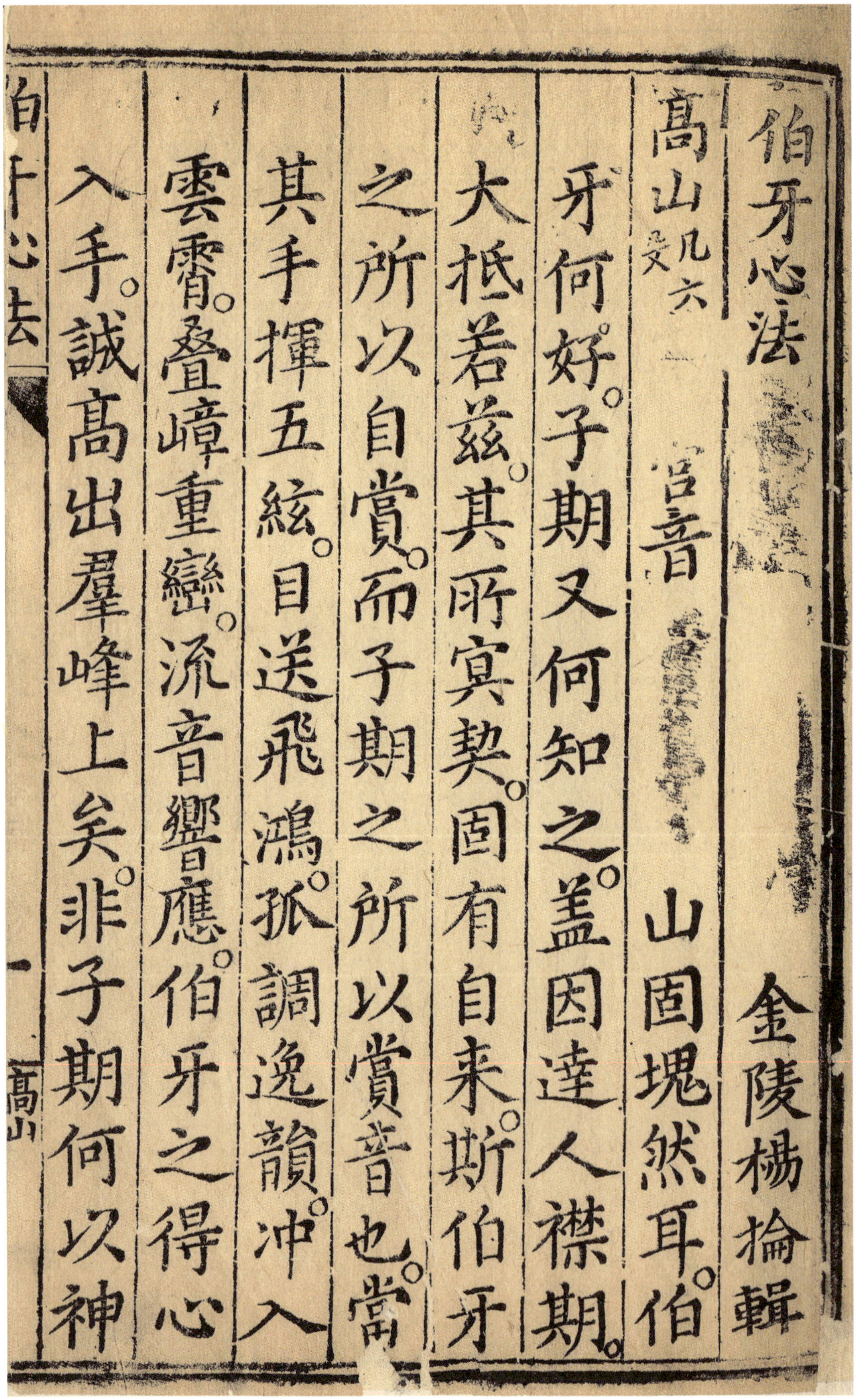

伯牙心法　　金陵楊掄輯

高山　几六　宫音

山固塊然耳。伯牙何好。子期又何知之。盖因達人襟期。大柢若兹。其所冥契。固有自来。斯伯牙之所以自賞。而子期之所以賞音也。當其手揮五絃。目送飛鴻。孤調逸韻。冲入雲霄。叠嶂重巒。流音響應。伯牙之得心入手。誠高出羣峰上矣。非子期何以神

伯牙心法　一　高山

图 4　伯牙心法

太霞新奏十四卷

题（明）香月居主人辑　明刻本

八行二十字，白口，左右双边。

香月居主人，即明代文学家、戏曲家冯梦龙。见“山歌”条。

此书是晚明一部重要的散曲集。选入者“大都名家新制”，故以“新奏”名。收曲数量众多，以宫调为序，前十二卷为套曲，计一百六十五套，杂犯曲、小令各一卷，凡一百五十四只。内附版画十六帧，雕镂细致，甚为精美。

是书选编多有独特之处，讲究格律、用韵，曲文篇后又多附评语，内容涉及作曲方法、曲坛掌故等，提出了不少有价值的理论，颇具实用性。

书衣有王孝慈题识，钤“王立承”“孝慈”“珠还室藏曲记”“鸣晦秘宝”印。旧经王孝慈所藏。

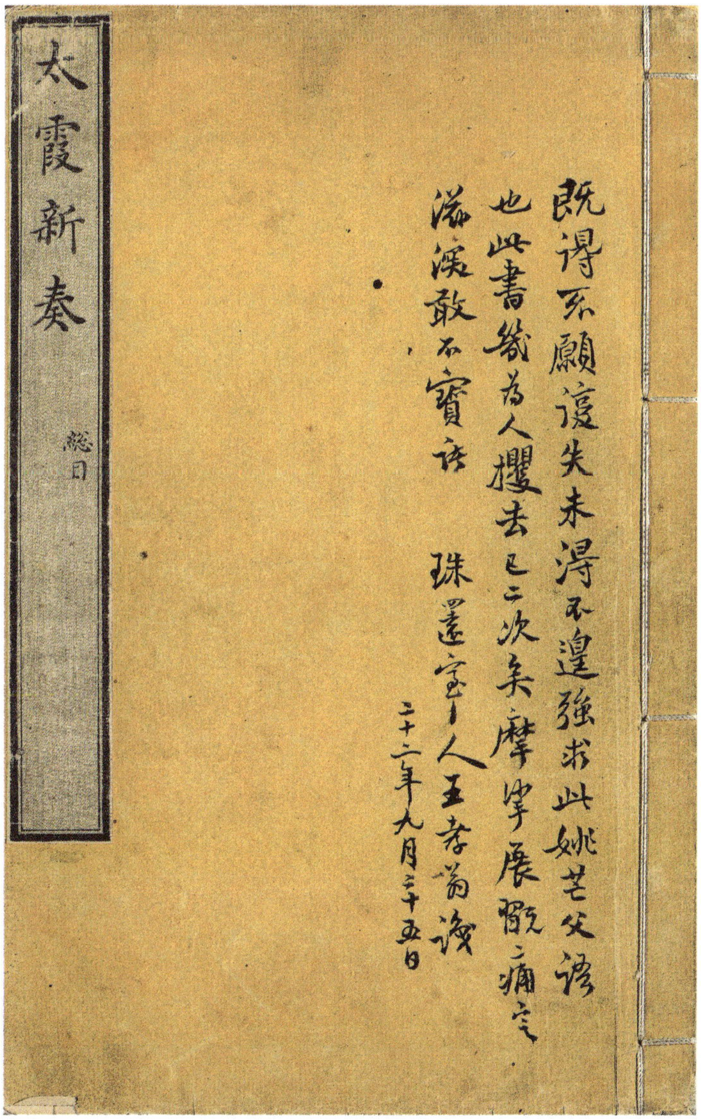

图1　书衣

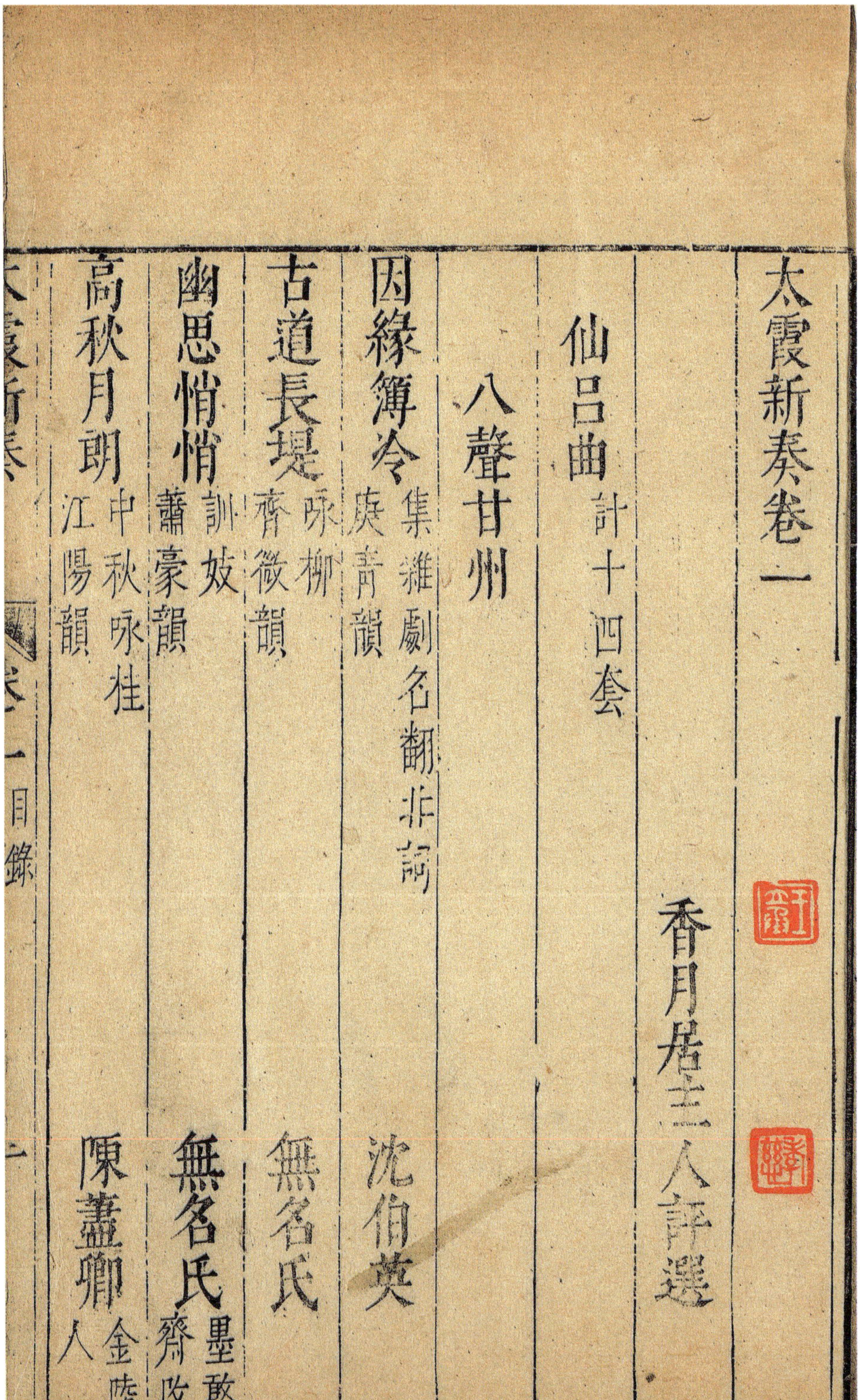
太霞新奏卷一

香月居主人評選

仙呂曲 計十四套

八聲甘州

因緣簿冷 集雜劇名翻非詞 庚青韻 沈伯英

古道長堤 詠柳 齊微韻 無名氏

幽思悄悄 訓妓 蕭豪韻 無名氏 墨憨齋改

高秋月朗 中秋詠桂 江陽韻 陳藎卿 金陵人

太霞新奏 卷一 目錄 二

图2　卷端

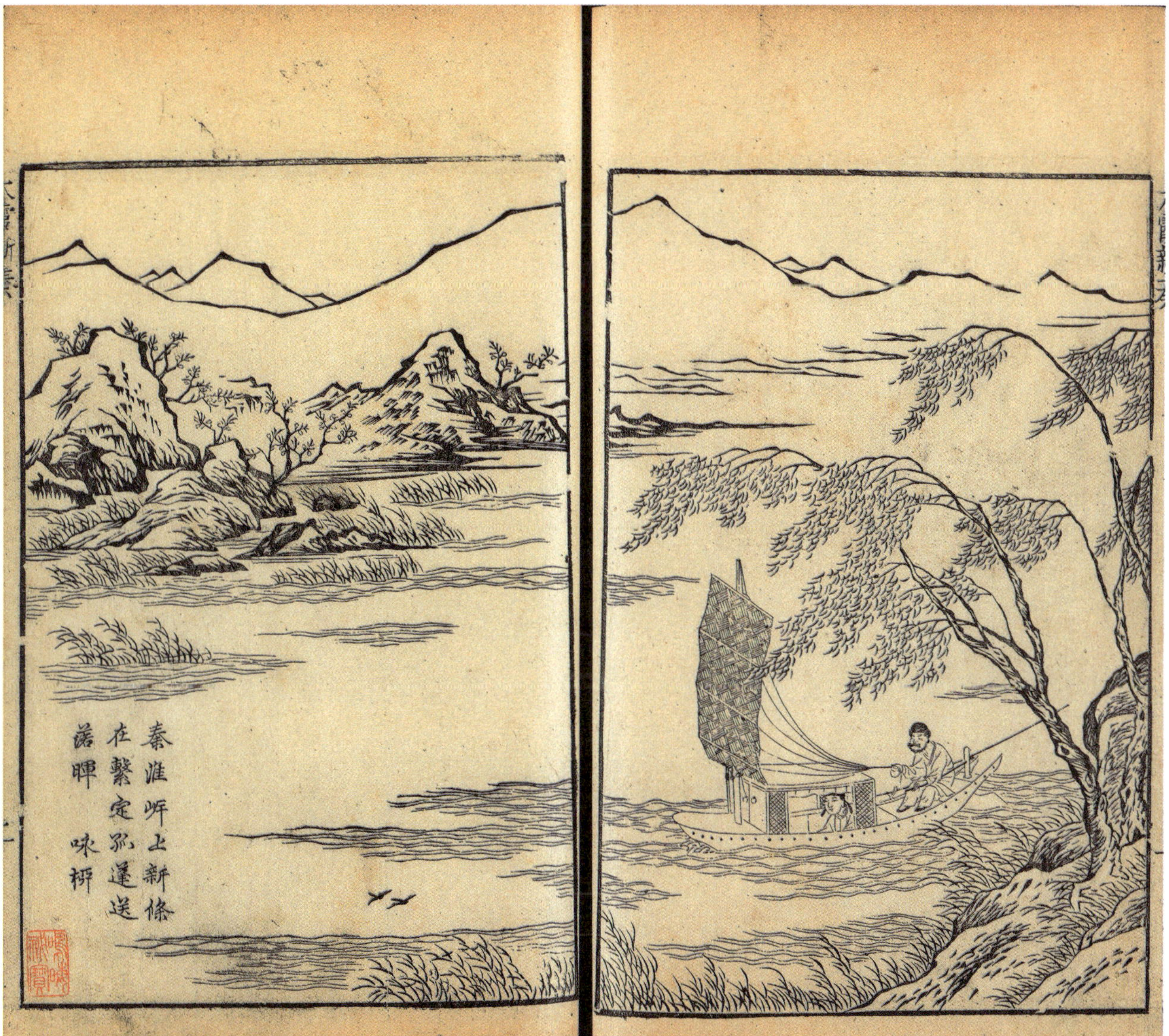

图 3　山像八景之咏柳

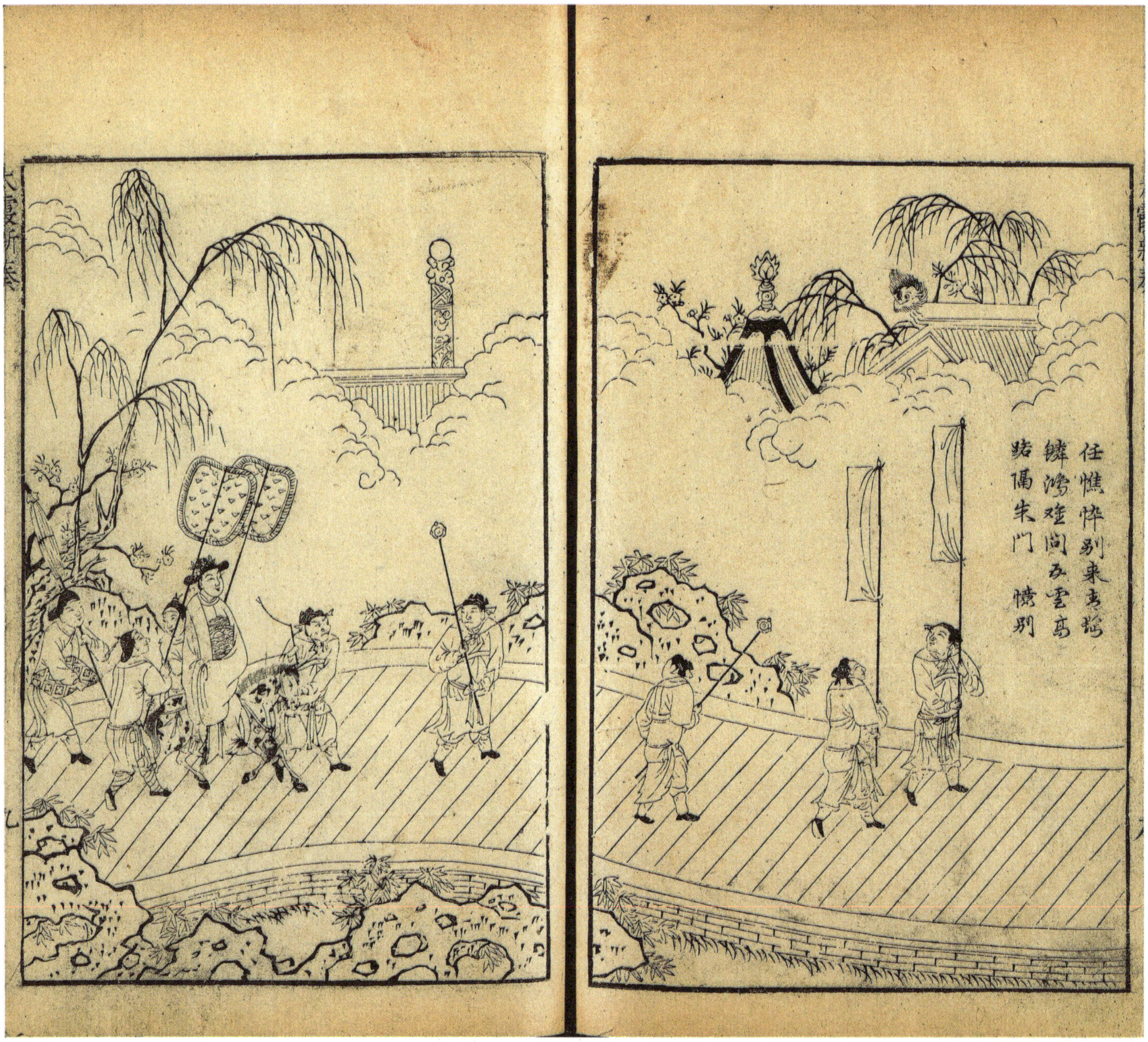

图 4　山像八景之忆别

远山堂曲品一卷

（明）祁彪佳撰　明稿本

九行二十字，蓝格，白口，四周单边。

祁彪佳（1602—1645），字虎子，又字幼文、宏吉，号世吉，别署远山堂主人，山阴（今浙江绍兴）人。出身书香世家，祁氏藏书楼名“淡生堂”，与天一阁齐名，所藏戏曲作品尤为丰富。精音律，善度曲，尝有家班，亲为排演。著有《远山堂剧品》《曲品》等。《明史》有传。

此书是在吕天成《曲品》基础上扩展而成，主要收录以南曲为主要唱腔的明代传奇。按妙、雅、逸、艳、能、具分为六类，另有杂调类收入弋阳诸腔。现仅存逸、艳、能、具四品、部分雅品残稿和杂调，共收录传奇剧目四百六十七种。每剧后均加短评，予以褒贬。

《远山堂曲品》收录传奇剧目丰富，尤其是保存了三百四十六种不为一般文人重视，但在民间舞台上极为活跃的所谓“杂调”剧目，弥足珍贵。此本为祁彪佳稿本，正文有祁彪佳蓝、墨笔修订的痕迹。有清祁晋批语。曾为黄裳收藏，钤“黄裳藏本”等印。

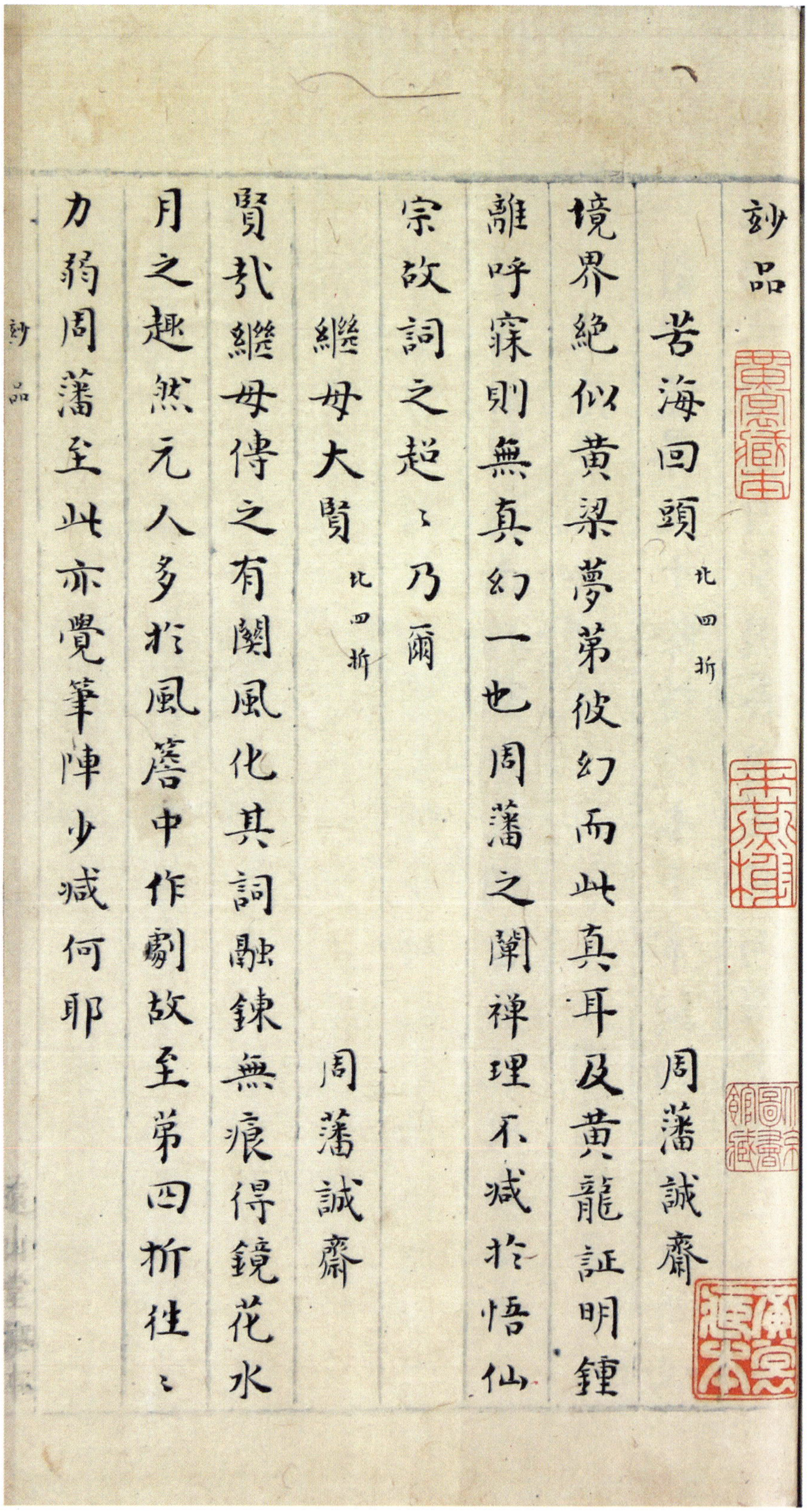

鈔品

苦海回頭 北四折 周藩誠齋

境界絶似黄粱夢第彼幻而此真耳及黄龍証明鍾離呼寐則無真幻一也周藩之闡禅理不減於悟仙宗故詞之超〻乃爾

繼母大賢 北四折 周藩誠齋

賢哉繼母傳之有關風化其詞融鍊無痕得鏡花水月之趣然元人多於風簷中作劇故至第四折往〻力弱周藩至此亦覺筆陣少減何耶

鈔品

图 1　卷端

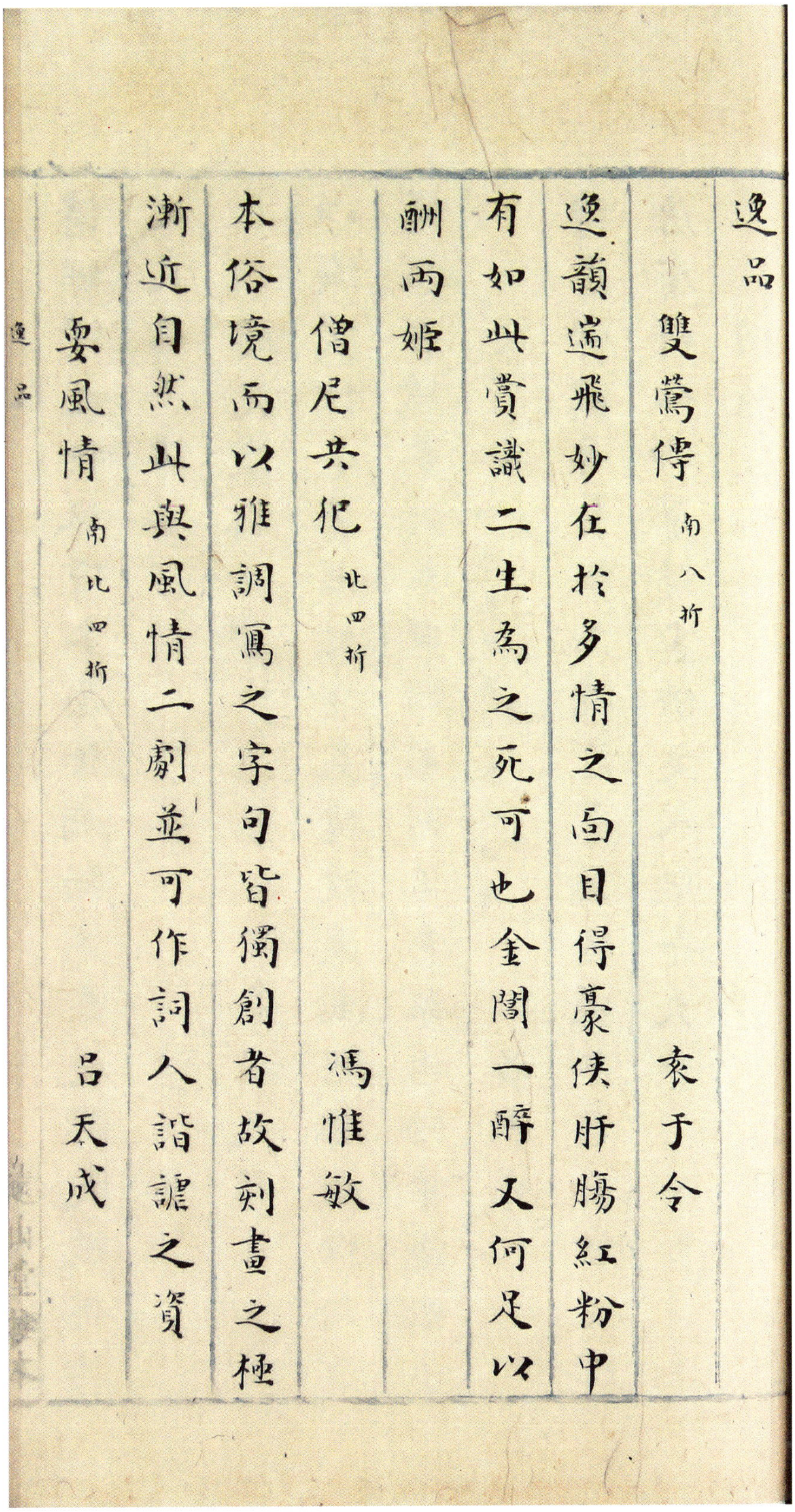

逸品

雙鶯傳 南八折 袁于令

逸韻遄飛妙在於多情之面目得豪俠肝腸紅粉中有如此賞識二生為之死可也金閶一醉又何足以酬兩姬

僧尼共犯 北四折 馮惟敏

本俗境而以雅調寫之字句皆獨創者故刻畫之極漸近自然此與風情二劇並可作詞人詼諧之資

要風情 南北四折 呂天成

逸品

图2 逸品

新刻文会堂琴谱六卷

（明）胡文焕撰　明万历二十五年（1597）胡氏文会堂刻本

十行二十字，白口，左右双边。

胡文焕（生卒年不详），字德甫，号全庵，别署全道人、抱琴居士、西湖醉渔，钱塘（今浙江杭州）人。明监生，曾署兴宁知县。学识渊博，致力于诗学、医学及古器物研究，著作有《诗学字类》《医学权舆》《古器统说》《群音类选》等数十种。又尝辑刻《格致丛书》，收典籍数百种，其中多珍贵秘本。

是书前三卷为论琴文字，后三卷收胡文焕“亲传之浙操”的六十九曲，其中十一首附歌词。胡氏认为把器乐曲填上文词是画蛇添足，也不赞成为所有作品都强行配上序曲“吟”。文会堂是胡文焕书坊名，所刻书甚多，大都手写上版，以《格致丛书》及此书最著名。

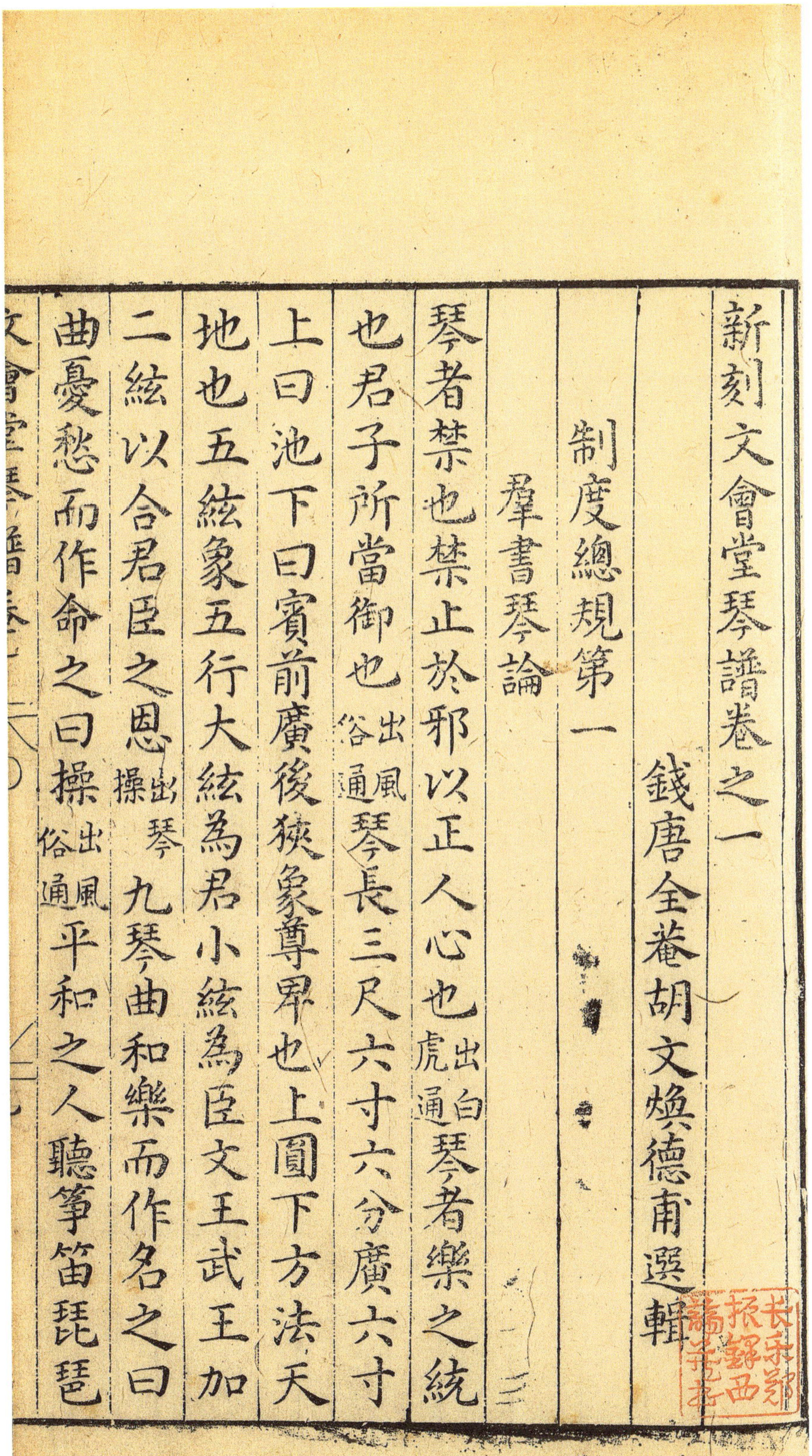
新刻文會堂琴譜卷之一
錢唐全菴胡文煥德甫選輯
制度總規第一
羣書琴論
琴者禁也禁止於邪以正人心也（出白虎通）琴者樂之統也君子所當御也（出風俗通）琴長三尺六寸六分廣六寸上曰池下曰賓前廣後狹象尊卑也上圓下方法天地也五絃象五行大絃為君小絃為臣文王武王加二絃以合君臣之恩（出琴操）九琴曲和樂而作名之曰曲憂愁而作命之曰操（出風俗通）平和之人聽箏笛琵琶

图 1　卷端

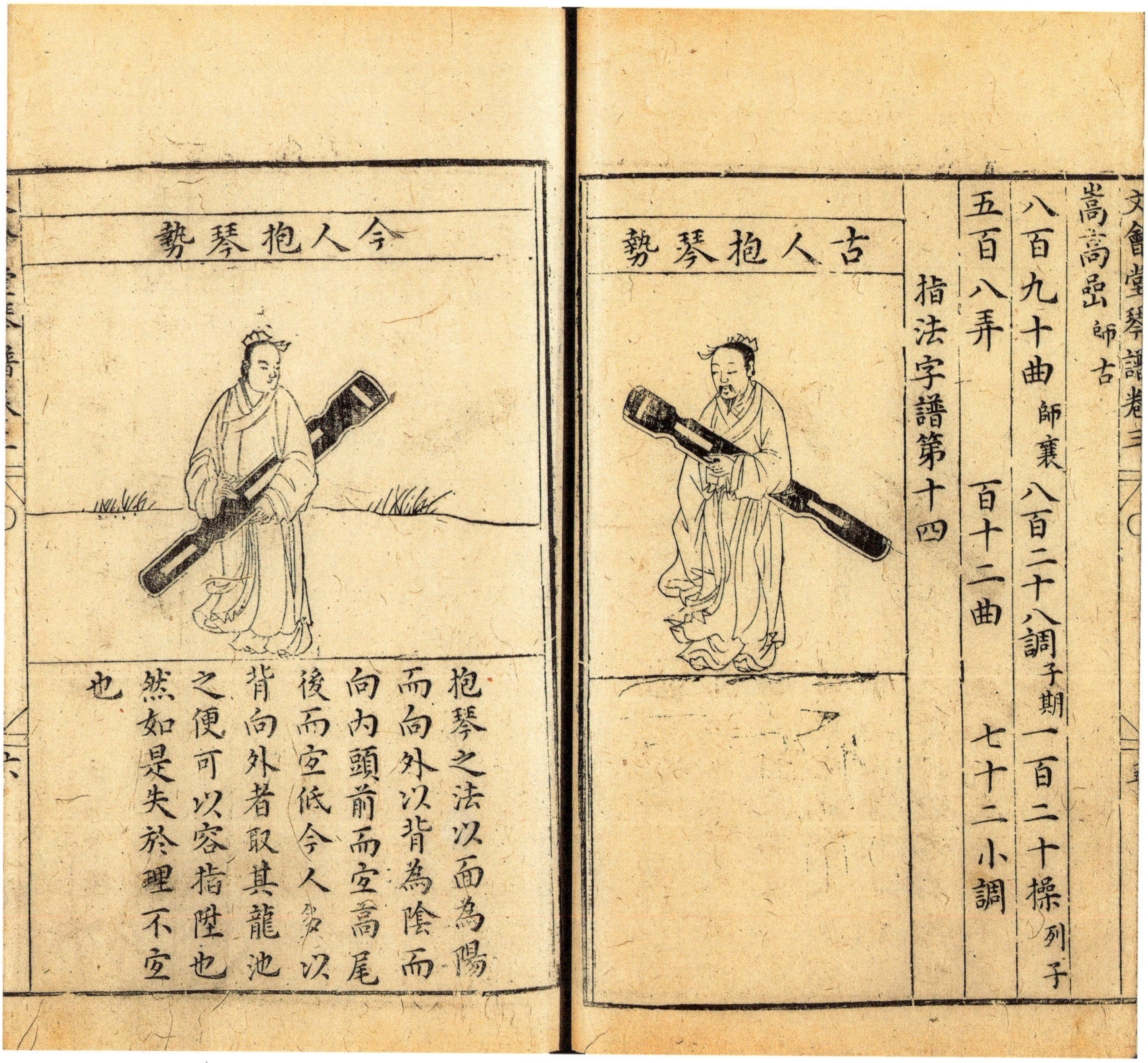
文會堂琴譜卷三
嵩高邑 師古
八百九十曲 師襄 八百二十八調 子期 一百二十操 列子
五百八弄 百十二曲 七十二小調
指法字譜第十四
古人抱琴勢
今人抱琴勢
抱琴之法以面為陽而向外以背為陰而向內頭前而宜高尾後而宜低今人多以背向外者取其龍池之便可以容指陞也然如是失於理不宜也

图 2　抱琴势

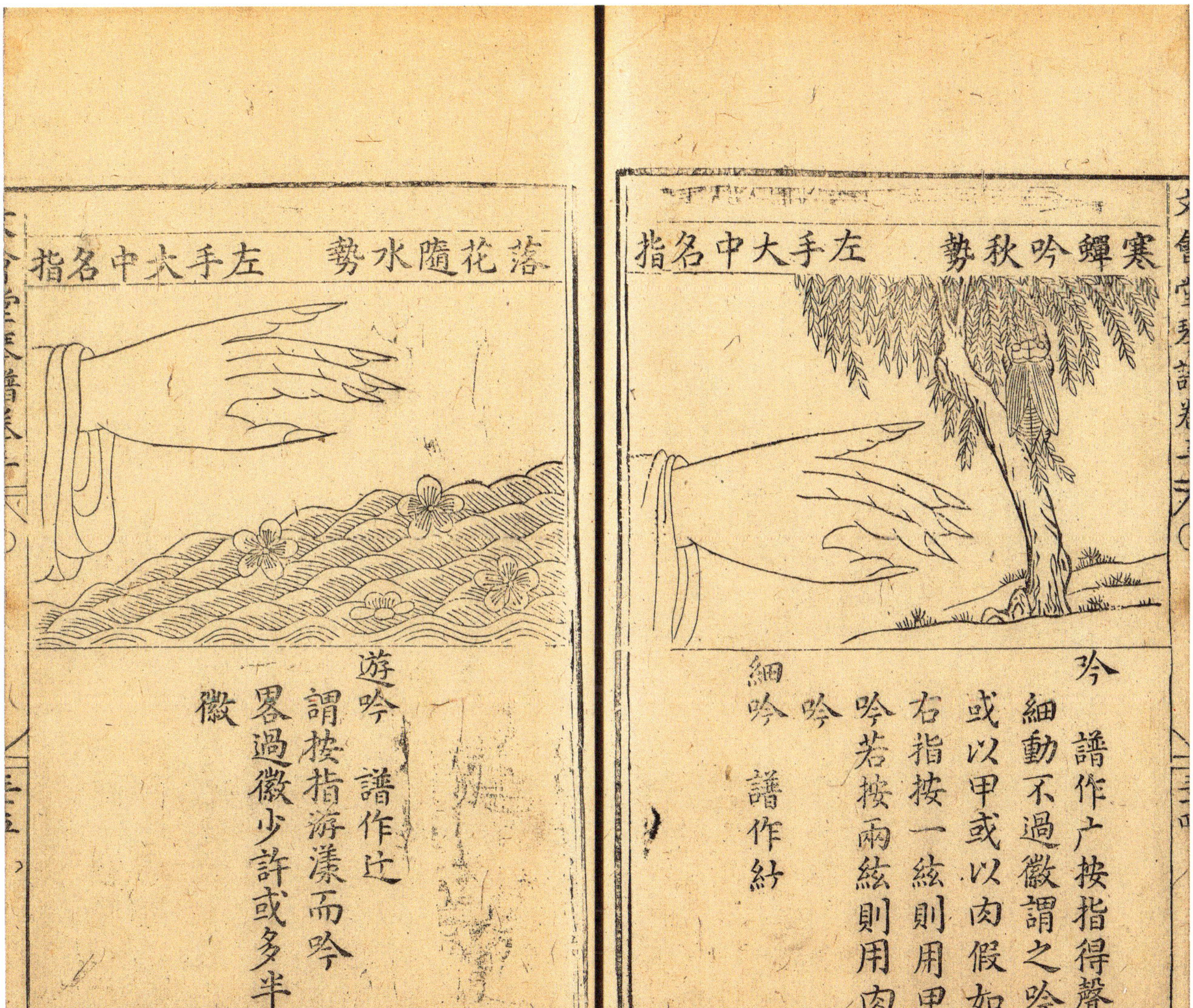
寒蟬吟秋勢
左手大中名指
吟　譜作广
按指得聲細動不過徽謂之吟或以甲或以肉假如右指按一絃則用甲吟若按兩絃則用肉吟
細吟　譜作紒
落花隨水勢
左手大中名指
遊吟　譜作辻
謂按指游漾而吟畧過徽少許或多半徽

图3　手势

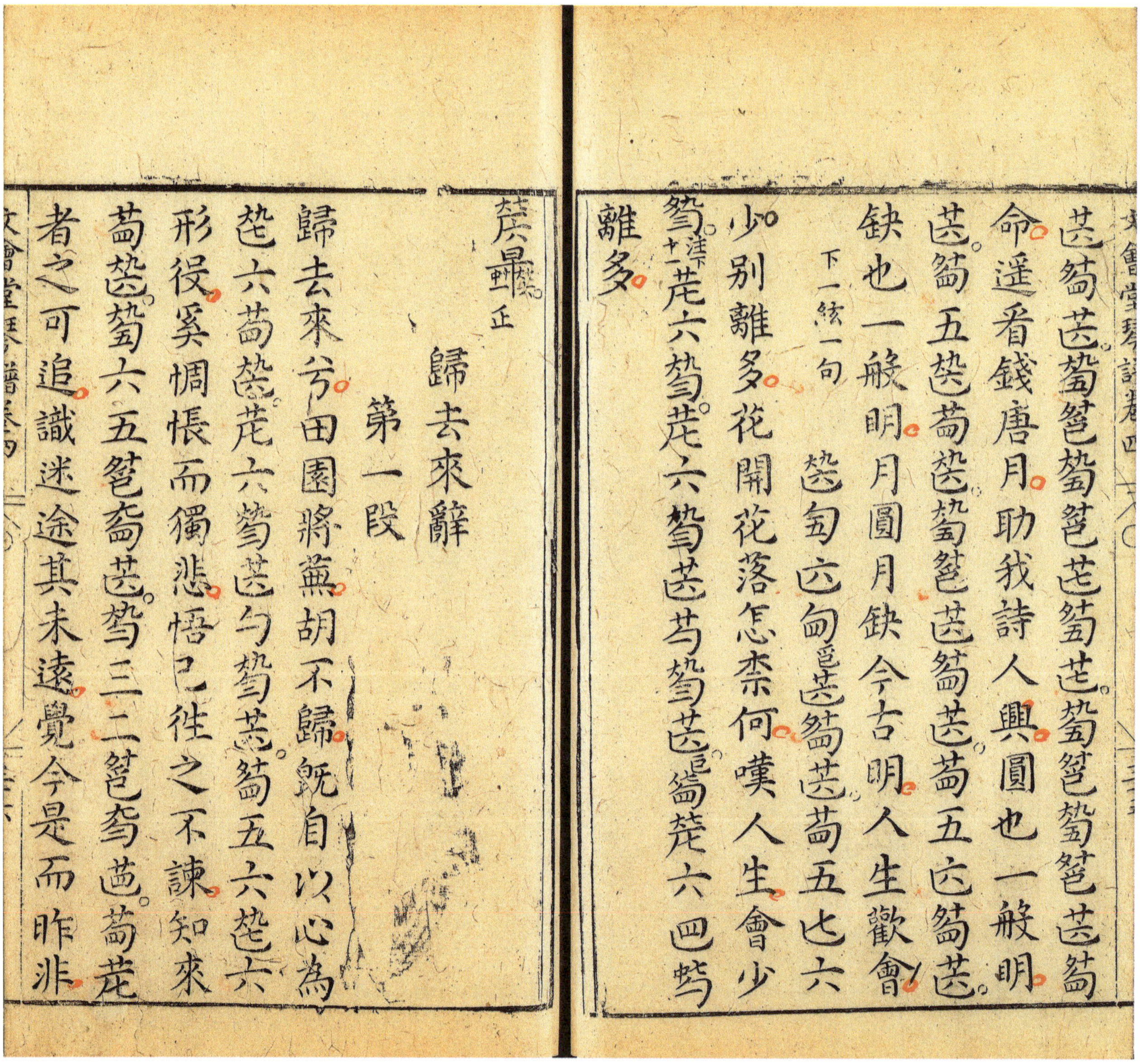

图 4　归去来辞

度曲须知二卷

（明）沈宠绥撰　清顺治六年（1649）刻本

八行二十二字，小字双行同，白口，四周单边。

沈宠绥（？—约1645），字君徵，号适轩主人，江苏吴江人。明代著名曲唱家和曲论家，著有《弦索辨讹》等。

是书二卷共二十六章，对南北曲声腔源流、北曲的演变、昆曲演唱技法等问题作了系统述论，对唱曲、度曲应遵循和使用的格律、技巧、方法亦有详细解说。指出南北曲四声、出字、收音、翻切等演唱技法问题，总结了南北曲的演唱方法，对当时唱曲者掌握正确的演唱方法具有指导作用。全书内容宏富、编排得体，实为古代唱论的高峰之作。傅惜华在《古典戏曲声乐论著丛编解题》中评此书："于南北戏曲声乐格律，条分缕析，议论翔实，殊多创获之见，洵为明代戏曲学中研究度曲理论唯一安备之专著。"清代李渔、徐大椿等学者，在词曲研习上均受其影响。

此本为清刻本，与《弦索辨讹》三卷合刻。书中钤有"无是楼""成都李氏收藏故籍"等印。

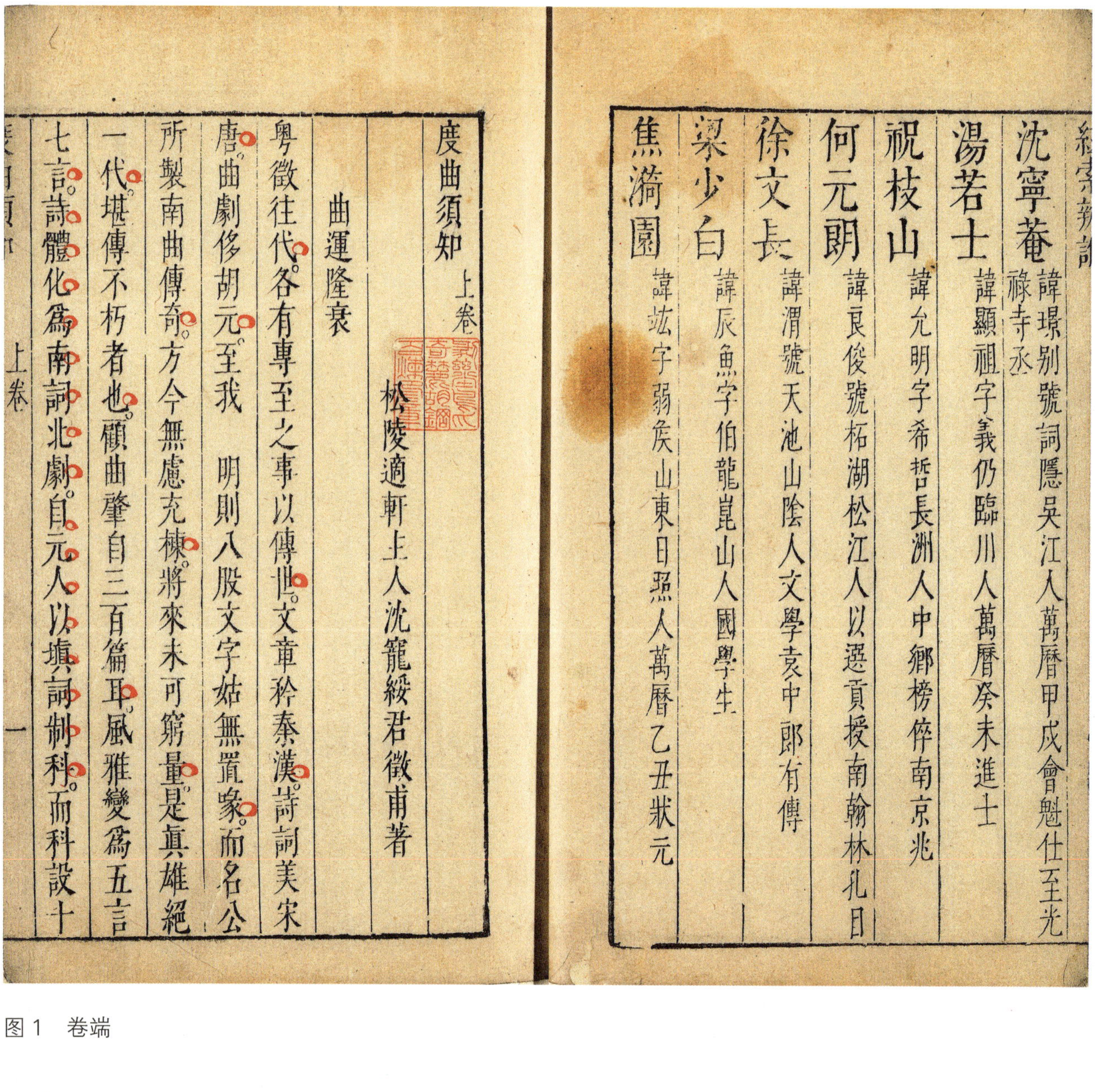

图 1　卷端

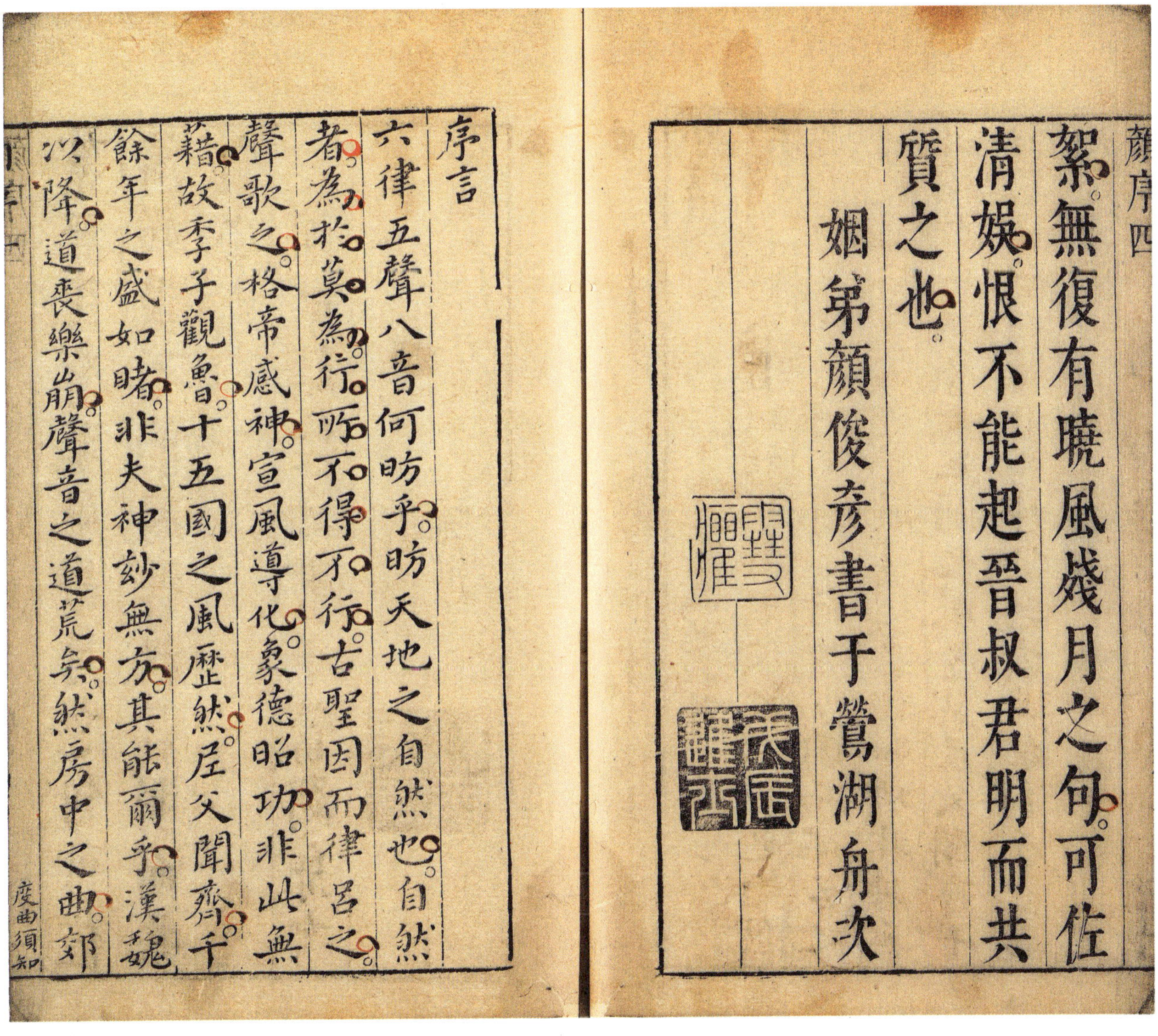

顏序四

絮無復有曉風殘月之句可佐清娱恨不能起晉叔君明而共質之也

姻弟顏俊彥書于鶯湖舟次

序言

六律五聲八音何昉乎昉天地之自然也自然者為於莫為行所不得不行古聖因而律呂之聲歌之格帝感神宣風導化象德昭功非此無藉故季子觀魯十五國之風歷然在父聞齊千餘年之盛如睹非夫神妙無方其能爾乎漢魏以降道喪樂崩聲音之道荒矣然房中之曲郊

度曲須知

图 2　沈宠绥自序

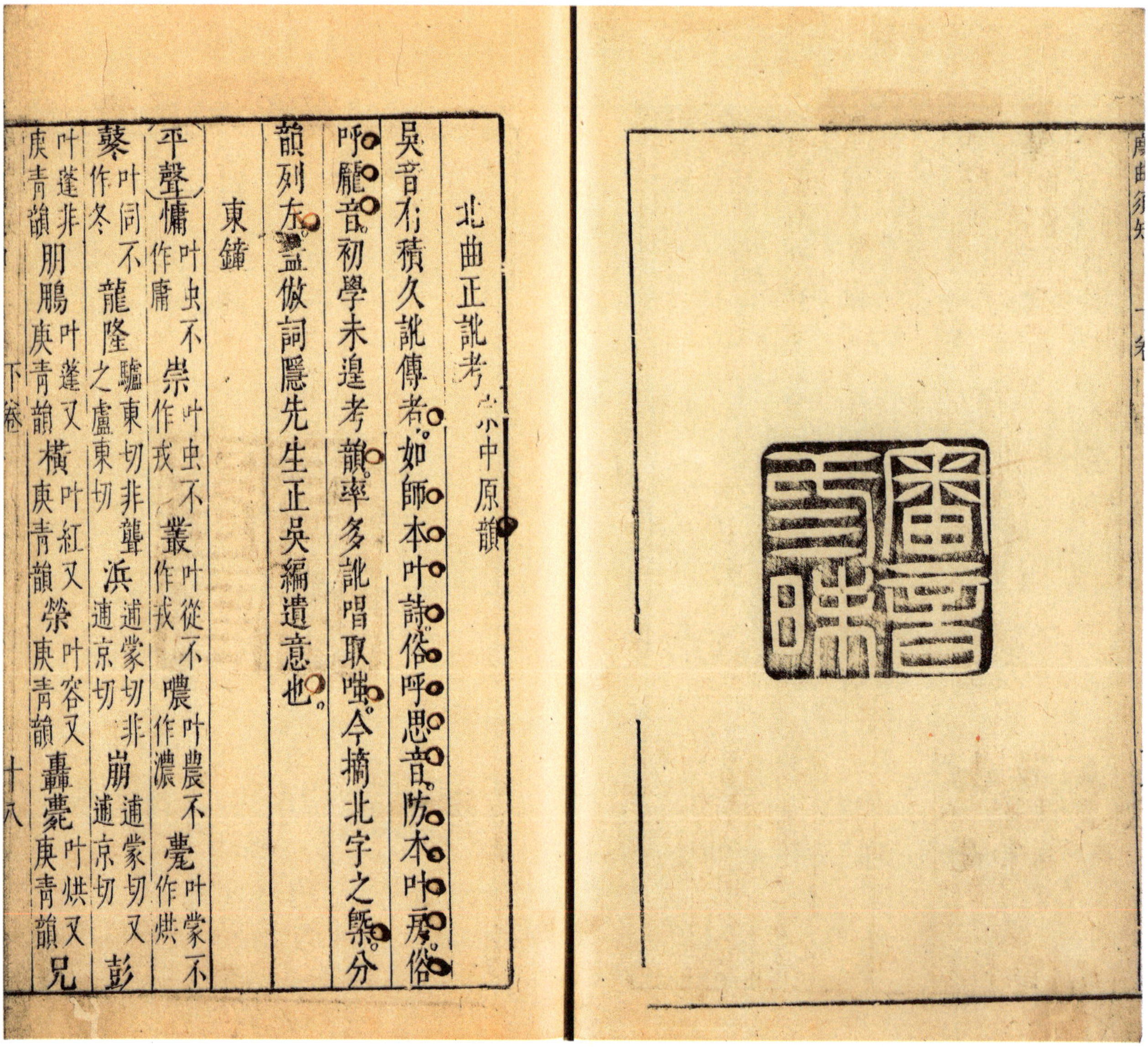

图3　正文

清代

五知斋琴谱八卷

（清）徐祺鉴定　（清）徐俊校正　（清）周鲁封汇纂　清刻本

八行十八字，白口，左右双边。

徐祺（生卒年不详），字大生，号古琅老人，清初扬州著名琴师。

此书是清初以来流传最广、影响最大的琴谱，广陵琴派五谱之一，代表了广陵琴派的最高水平。第一卷为琴学杂纂，涵盖琴论、琴律、琴制、琴规、指法、手势等各方面；第二至七卷为琴谱，收正、外调琴曲三十三首，以“虞山派”为主，兼有金陵、吴、蜀各派，以及融合各派风格萃成一谱之参合谱。诸琴曲按宫、商、角、徵、羽、商角音、外调转弦，分为七类，每类所收皆为名曲，如卷二宫音《洞天春晓》、卷四角音《箕山秋月》、卷五徵音《关雎》、卷七商音《庄周梦蝶》等。曲谱采用流行的减字谱，记谱细密，煞费苦心，谱边小注随处可见，或为各类演奏提示语，或指出谱中点睛之笔，又于各谱前标注琴曲流派，谱后附录歌词。

徐氏为编此琴谱，曾游历吴楚齐赵之地，遍访知音之士，精细推敲各派琴谱达三十年之久。书成之后未及付梓，五十四年后，其子徐俊得周鲁封之助，方刊刻行世。

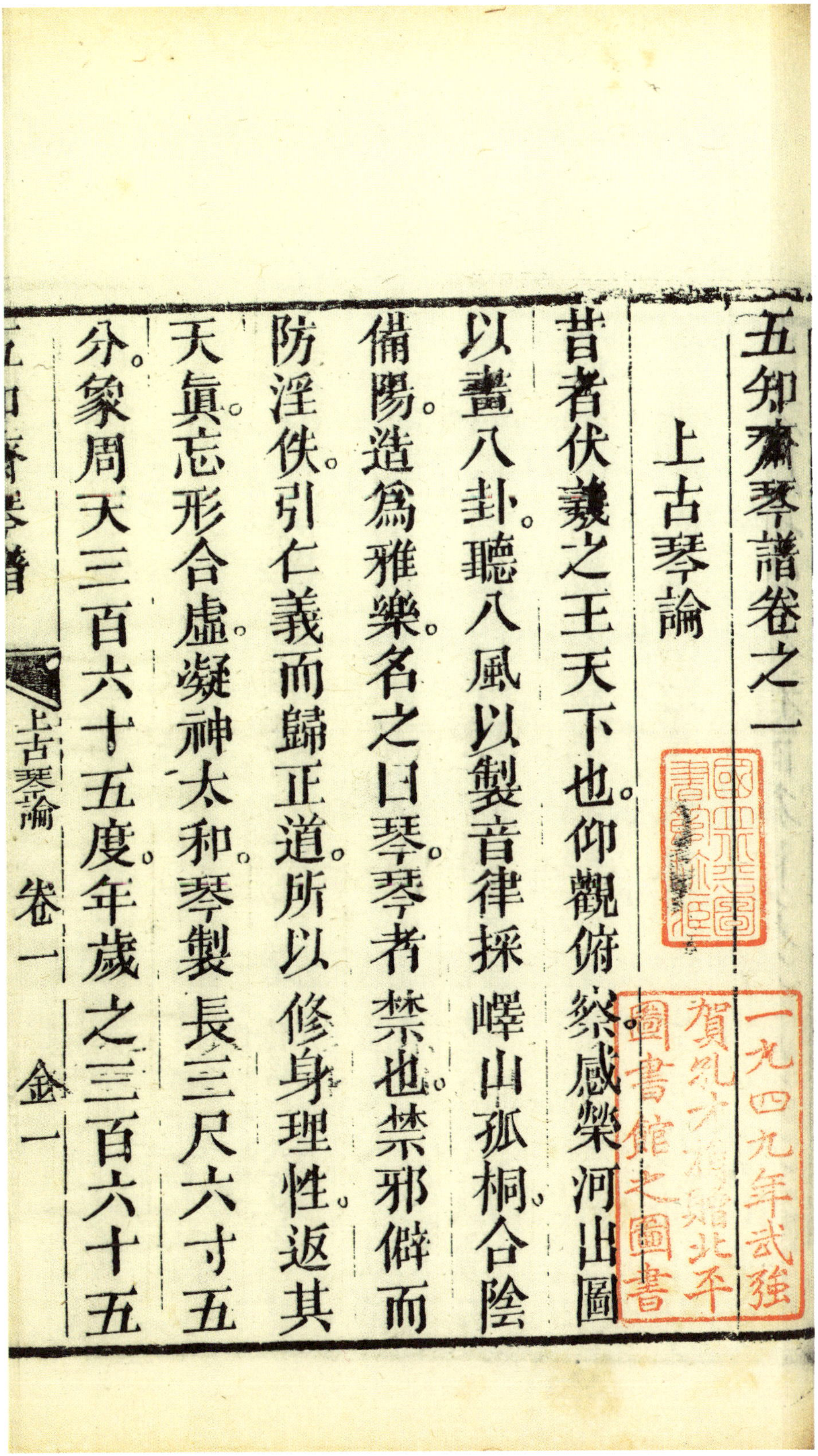
五知齋琴譜卷之一

上古琴論

昔者伏羲之王天下也。仰觀俯察。感榮河出圖以畫八卦。聽八風以製音律。採嶧山孤桐。合陰備陽。造爲雅樂。名之曰琴。琴者禁也。禁邪僻而防淫佚。引仁義而歸正道。所以修身理性。返其天眞。忘形合虛。凝神太和。琴製長三尺六寸五分。象周天三百六十五度。年歲之三百六十五

五知齋琴譜　上古琴論　卷一　金一

图1　卷端

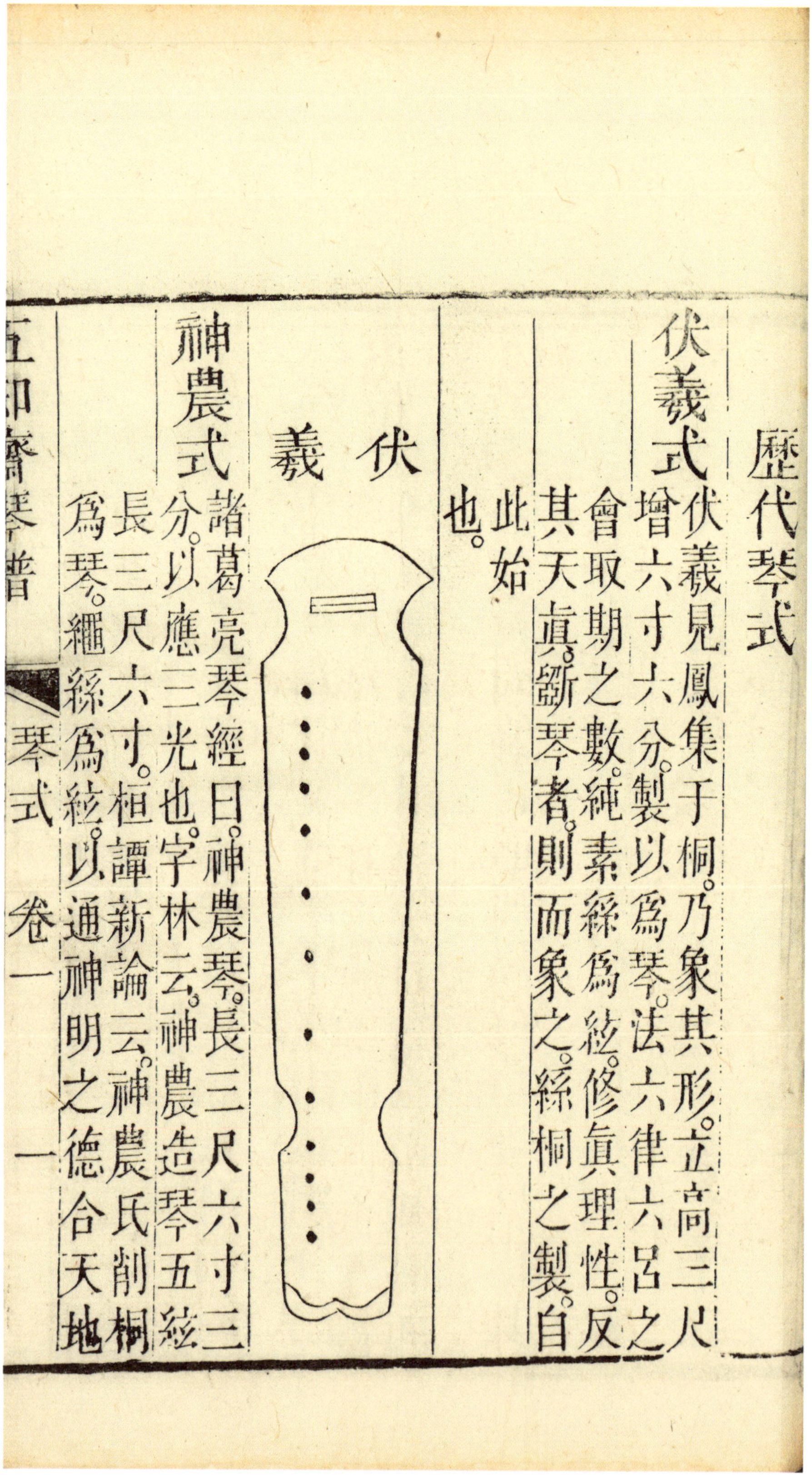

歷代琴式

伏羲式　伏羲見鳳集于桐。乃象其形。立高三尺增六寸六分。製以爲琴。法六律六呂之會取期之數。純素絲爲絃。修眞理性。反其天眞。斵琴者。則而象之。絲桐之製自此始也。

神農式　諸葛亮琴經曰。神農琴。長三尺六寸三分。以應三光也。字林云。神農造琴五絃長三尺六寸。桓譚新論云。神農氏削桐爲琴。繩絲爲絃。以通神明之德合天地

五知齋琴譜　琴式　卷一　一

图 2　插图

节节好音

清内府五色抄本　存八十六卷

八行二十一字，白口，四周双边。

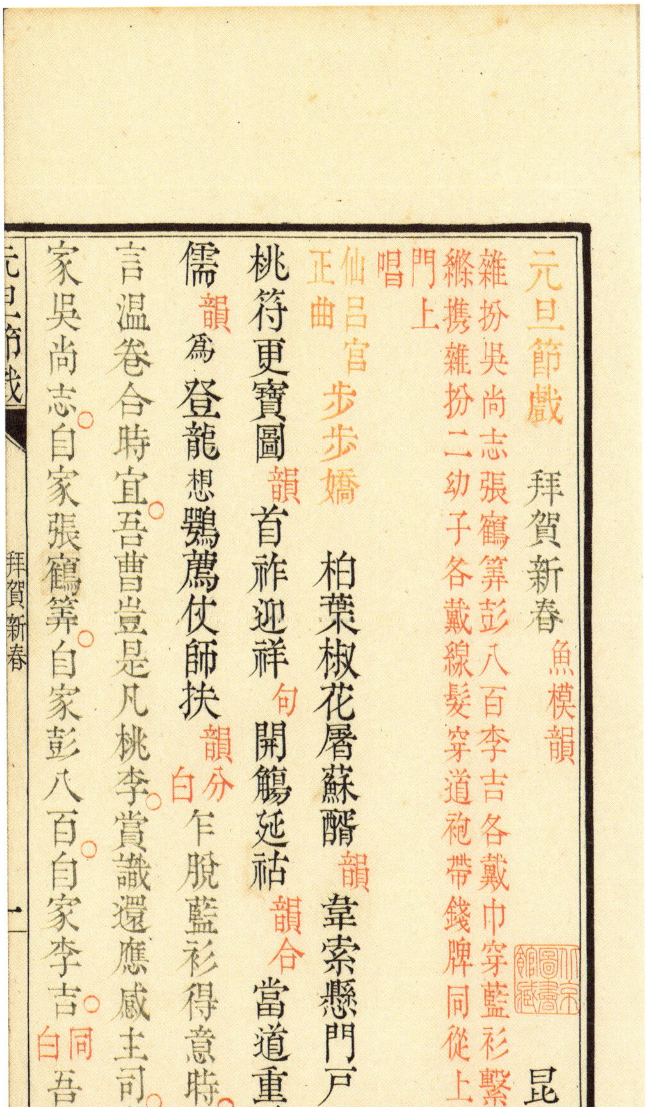
元旦節戲　拜賀新春　魚模韻　崑腔

雜扮吳尚志張鶴筭彭八百李吉各戴巾穿藍衫繫儒縧攜雜扮二幼子各戴線髮穿道袍帶錢牌同從上場門上　唱

仙呂宮正曲　步步嬌　柏葉椒花屠蘇酹韻韋索懸門戶韻桃符更寶圖韻首祚迎祥句開鶴延祜韻合當道重吾儒韻為登龍想鵷鷺仗師扶韻分白乍脫藍衫得意時共言溫卷合時宜吾曹豈是凡桃李賞識還應感主司自家吳尚志自家張鶴筭自家彭八百自家李吉同白吾等

元旦節戲　拜賀新春　一

图 1　元旦节戏　拜贺新春

是书为清内府承应戏曲集，内收元旦、上元、燕九、赏雪、祀皂、除夕等月令承应杂剧四十三种。全书纸本为白色，另用橙、绿、红、黑四色笔迹抄写：橙色为曲调，绿色为宾白，红色为科介，黑色为曲词。有些杂剧的后面还标注有“二刻五分”之类的表明戏曲长度的时间名词，为清代内府演剧独有。此五色抄本，十分稀见。

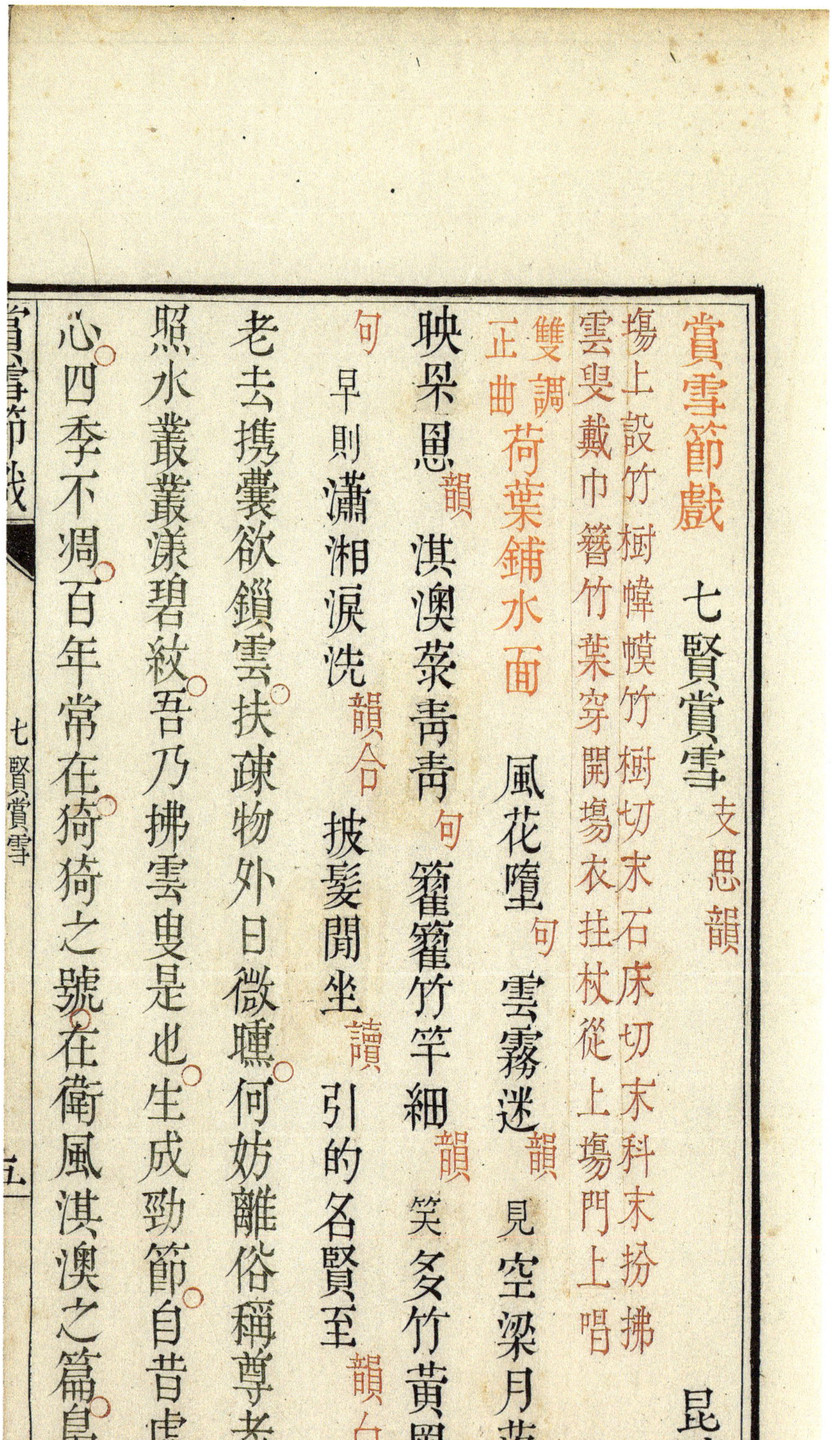

賞雪節戲　七賢賞雪　支思韻　崑腔

場上設竹樹幃幙竹樹切末石床切末科末扮拂雲叟戴巾簪竹葉穿開場衣拄杖從上場門上唱

雙調正曲　荷葉鋪水面　風花墮句　雲霧迷韻　見空梁月落映杲恩韻　淇澳菉青青句　篧篧竹竿細韻　笑夛竹黄岡句　早則瀟湘淚浣韻合　披髪閒坐讀　引的名賢至韻白

老去携囊欲鎖雲扶疎物外日徵曛何妨離俗稱尊者照水叢叢漾碧紋吾乃拂雲叟是也生成勁節自昔虛心四季不凋百年常在猗猗之號在衛風淇澳之篇梟

賞雪節戲　七賢賞雪　五

图 2　赏雪节戏　七贤赏雪

曲波园传奇二种四卷

题（清）若耶野老撰　清初徐氏曲波园刻本

九行二十字，白口，四周单边。

若耶野老为徐沁别号，徐沁（1626—1683），字冰浣，一字野公，余姚人。康熙十七年（1678）举荐博学宏词，辞不就。晚年退居会稽若耶溪，著书于秋水堂。著有《秋水堂稿》《越书小纂》《三晋纪行》《楚游录》《墨苑志》《谢皋羽年谱》及剧作《香草吟》等。

是书由《香草吟传奇》《载花舲传奇》二种合刻而成。《香草吟传奇》共三十二出，写晋宋时期，书生桑寄生与刘寄奴结为兄弟，助内史周盈笺注《本草纲目》，并与红娘子互相爱慕，历经战乱、误会等波折，终成眷属的故事。全剧以本草药名设角填词，语言流畅生动。《载花舲传奇》亦三十二出，写户部尚书之子荀咏与妓女王朝霞的曲折爱情故事。此本插图精美，为吴梅旧藏。

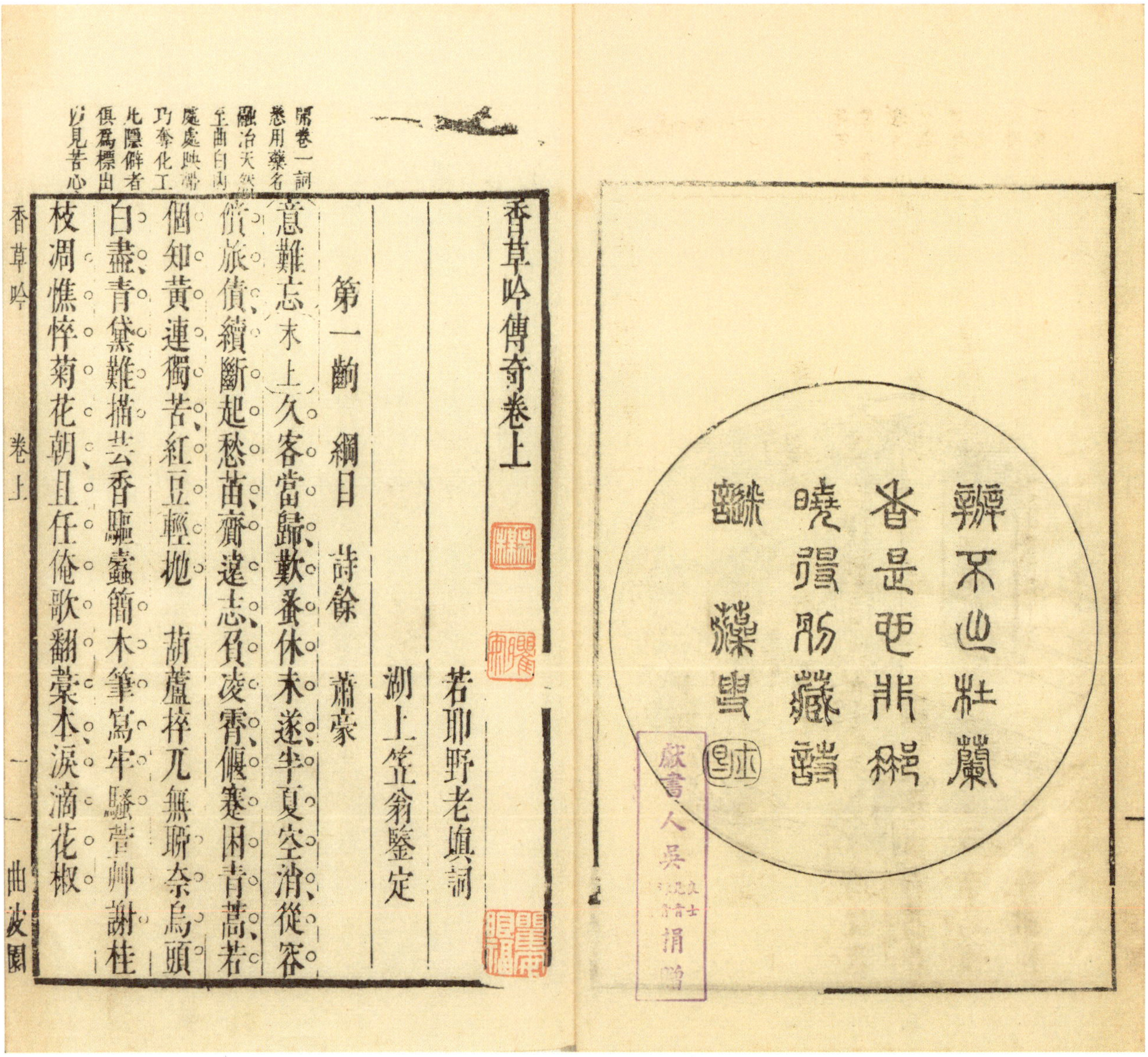

图 1　香草吟传奇卷上

图 2　香草吟传奇插图

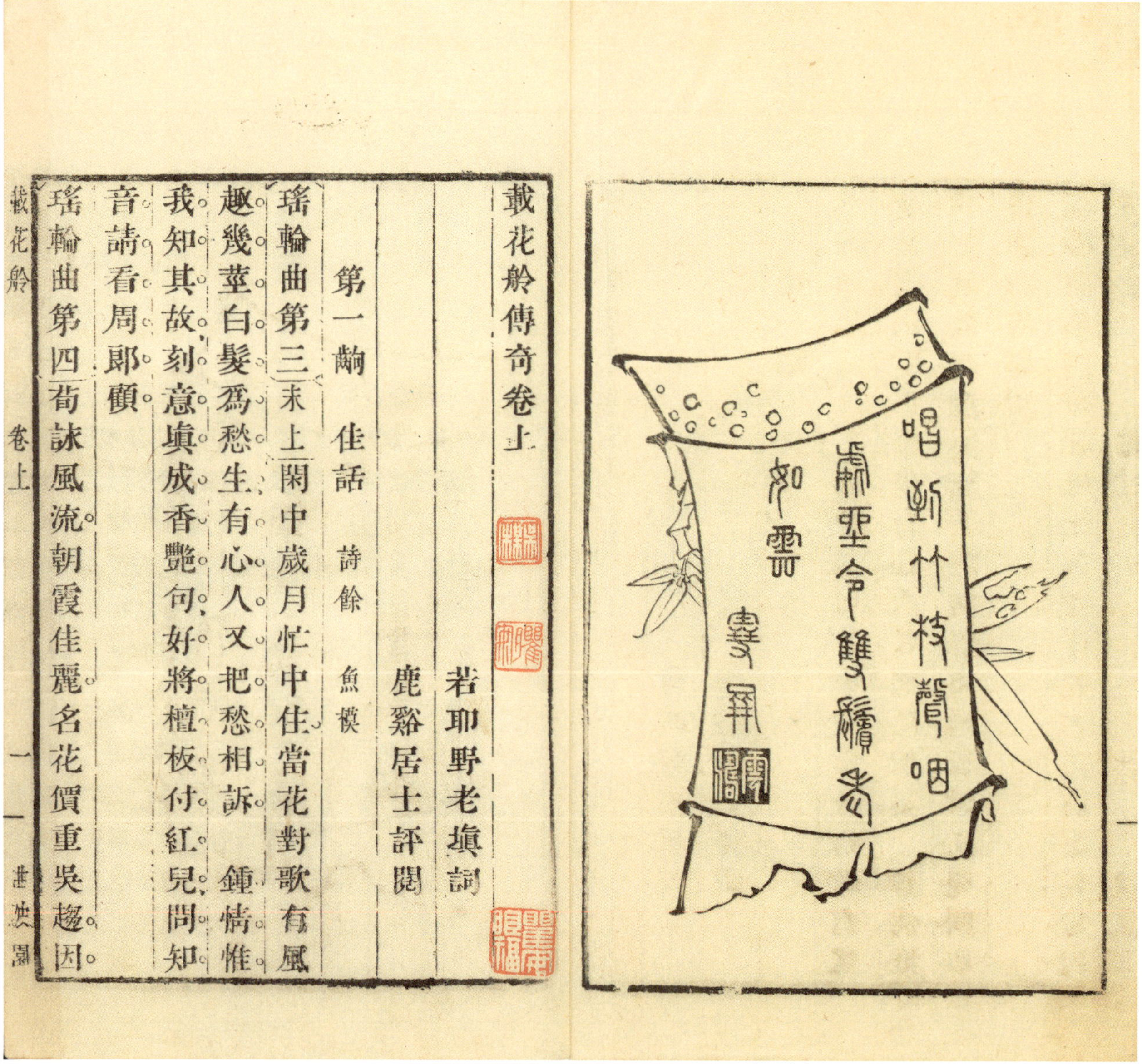
載花舲傳奇卷上
若耶野老塡詞
鹿谿居士評閱
第一齣 佳話 詩餘 魚模
瑤輪曲第三末上閑中歲月忙中住當花對歌有風趣幾莖白髮爲愁生有心人又把愁相訴 鍾情惟我知其故刻意塡成香艷句好將檀板付紅兒問知音請看周郎顧
瑤輪曲第四荀詠風流朝霞佳麗名花價重吳趨因
載花舲 卷上 一

图 3　载花舲传奇卷上

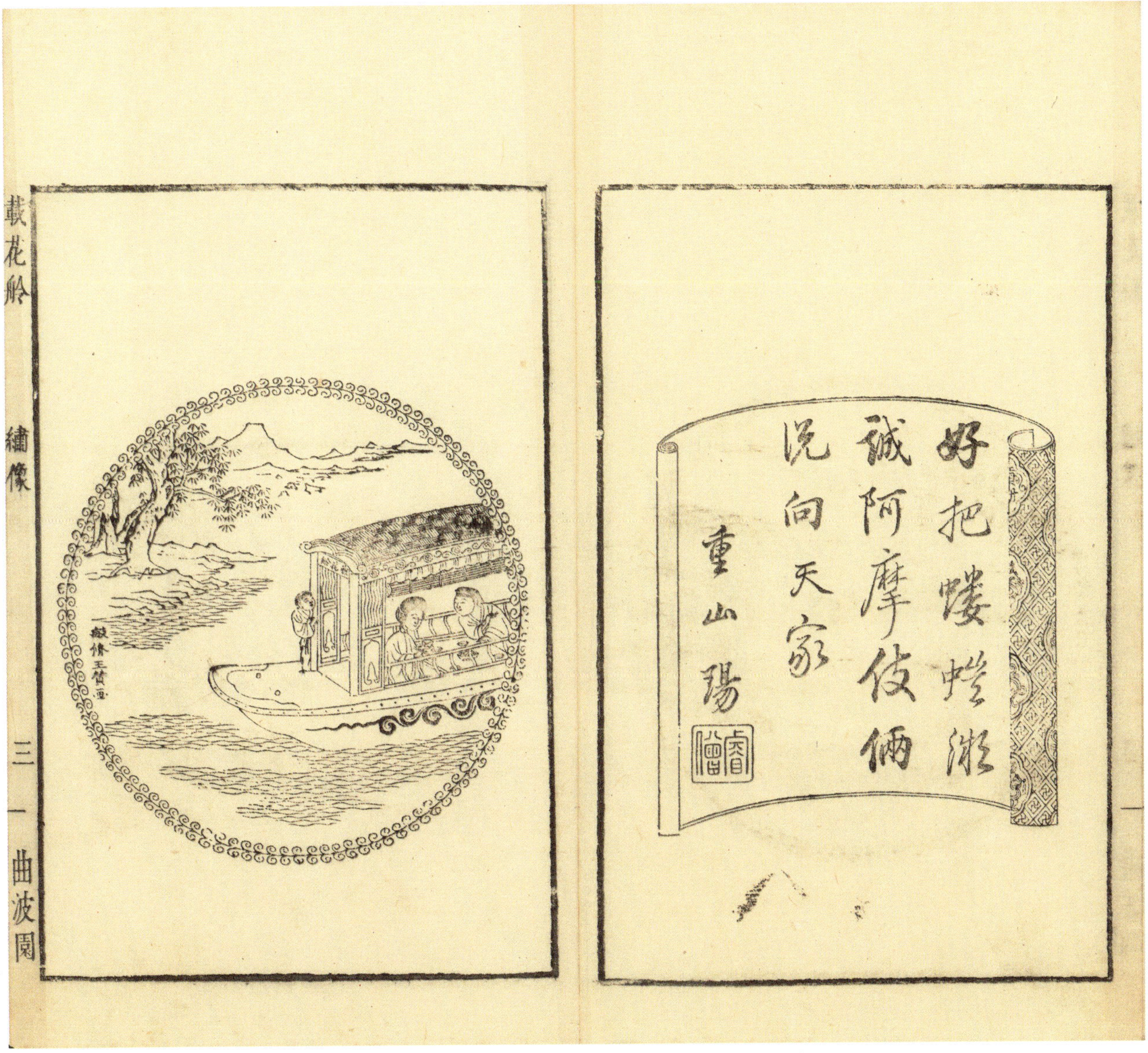

图 4　载花舲传奇插图

笠翁曲论三卷

（清）李渔撰　清刻本

九行二十字，白口，四周单边。

李渔（1611—1680），一字谪凡，号笠翁，亦号随庵主人、觉世稗官等，别署笠道人，作小说署觉世稗官，兰溪（今浙江金华）人。明末应乡试不中，入清后绝意仕途。一生著述颇丰，有《笠翁一家言全集》、戏曲集《笠翁十种曲》、话本小说《无声戏》《十二楼》及长篇小说《合锦回文传》等。

此书是明清之际著名的艺术论著，分词曲、演习、声容、居室、器玩、饮馔、种植、颐养八部，涉及园林山水、服饰美容、饮食养生等诸多方面。其中《词曲部》三卷、《演习部》二卷和《声容部》的部分内容，论及戏曲创作及演出，最为后人称道。此书在总结前人戏曲理论的基础上，结合自身艺术实践，全面系统地论述了戏曲表演从演员挑选、培养到剧本构思、写作以及导演方法、舞台效果等各方面问题，屡发新见，具有很强的实践指导性，使中国古典戏曲理论研究的水平达到了新的高度，对后世的戏曲理论研究、戏曲表演都产生了巨大影响。

是书最早为康熙刻本，此本原题“闲情偶寄十四卷”，实为清人赤田氏摘取《闲情偶寄》之《词曲部》三卷命名为《笠翁曲论》，别出单行之本。

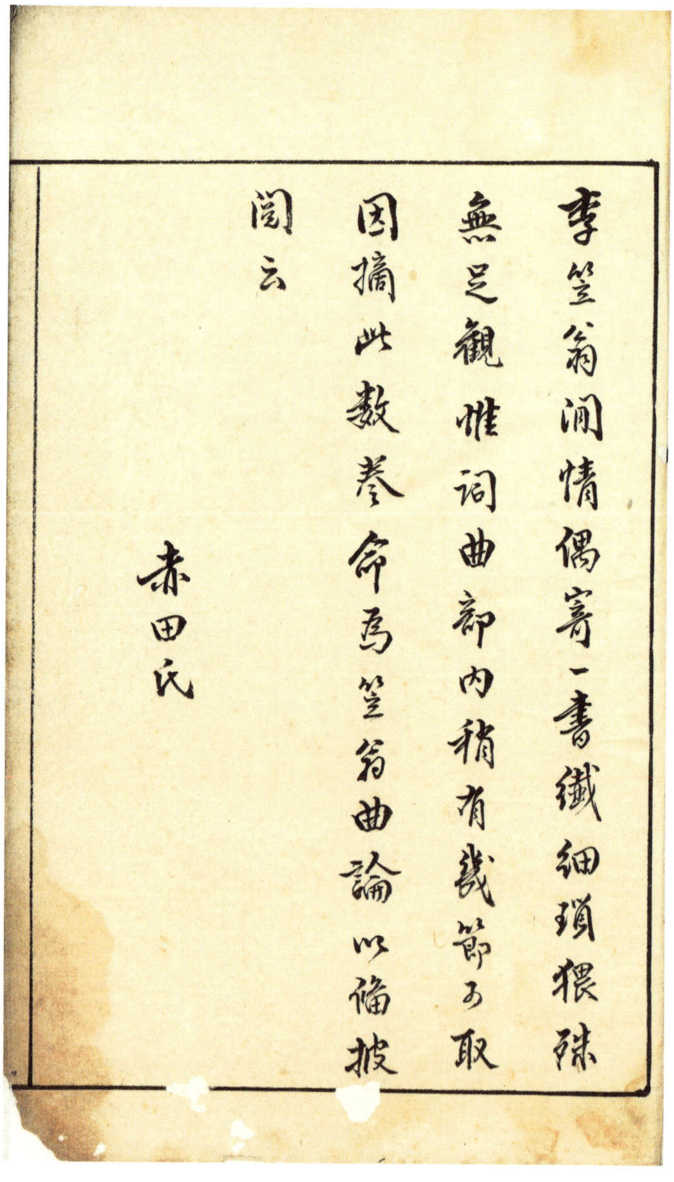
李笠翁閒情偶寄一書纖細瑣猥殊
無足觀惟詞曲部内稍有幾節可取
因摘此數卷命爲笠翁曲論以備披
閲云　赤田氏

图 1　题词

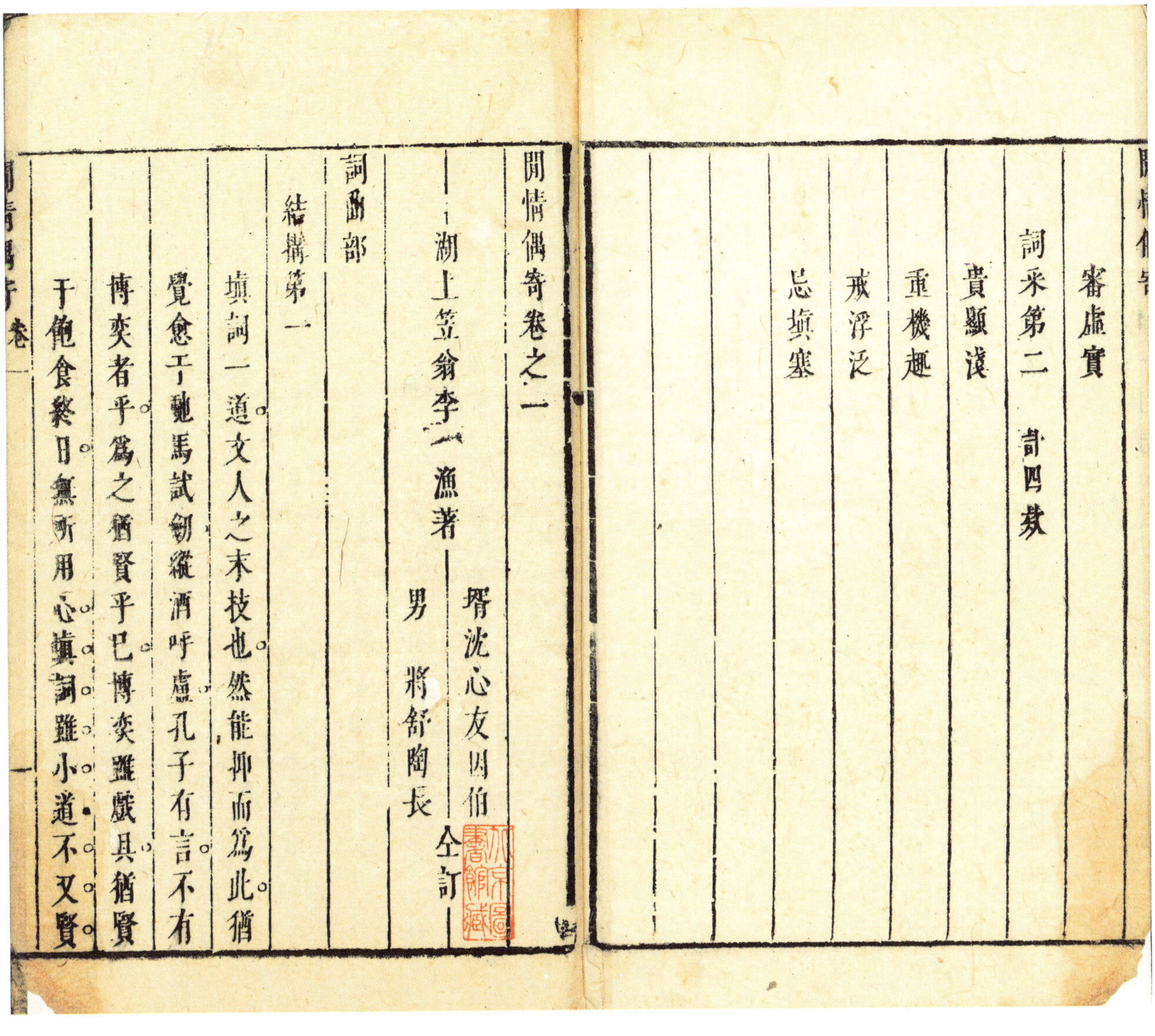

图 2　闲情偶寄卷端

笠翁传奇十种二十卷

（清）李渔撰　清刻本

九行十八字，白口，左右双边。

此书是李渔创作的传奇剧本合集，包括《怜香伴》《风筝误》《意中缘》《蜃中楼》《凰求凤》《奈何天》《比目鱼》《玉搔头》《巧团圆》《慎鸾交》十种传奇，其中以《风筝误》最为盛行。各剧均为描写婚恋故事的喜剧、闹剧，戏剧性极强。剧情构思新奇，结构巧妙，不落前人陈套。曲辞流畅，宾白朗朗上口。吴梅曾评之云：“科白之清脆，排场之变幻，人情世态，摹写无遗，此则翁独有千古耳。”此本为是书最早刊本，有极高的版本价值。其后各种版本多更名为《笠翁十种曲》。

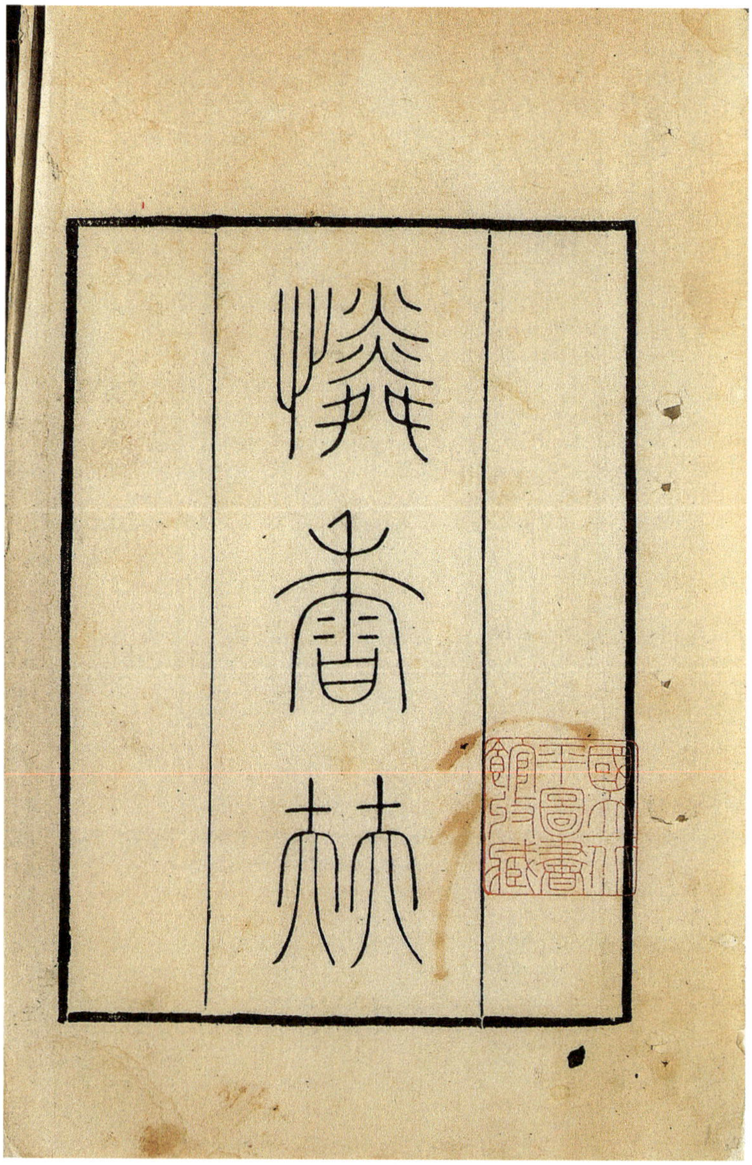

图 1　怜香伴书名页

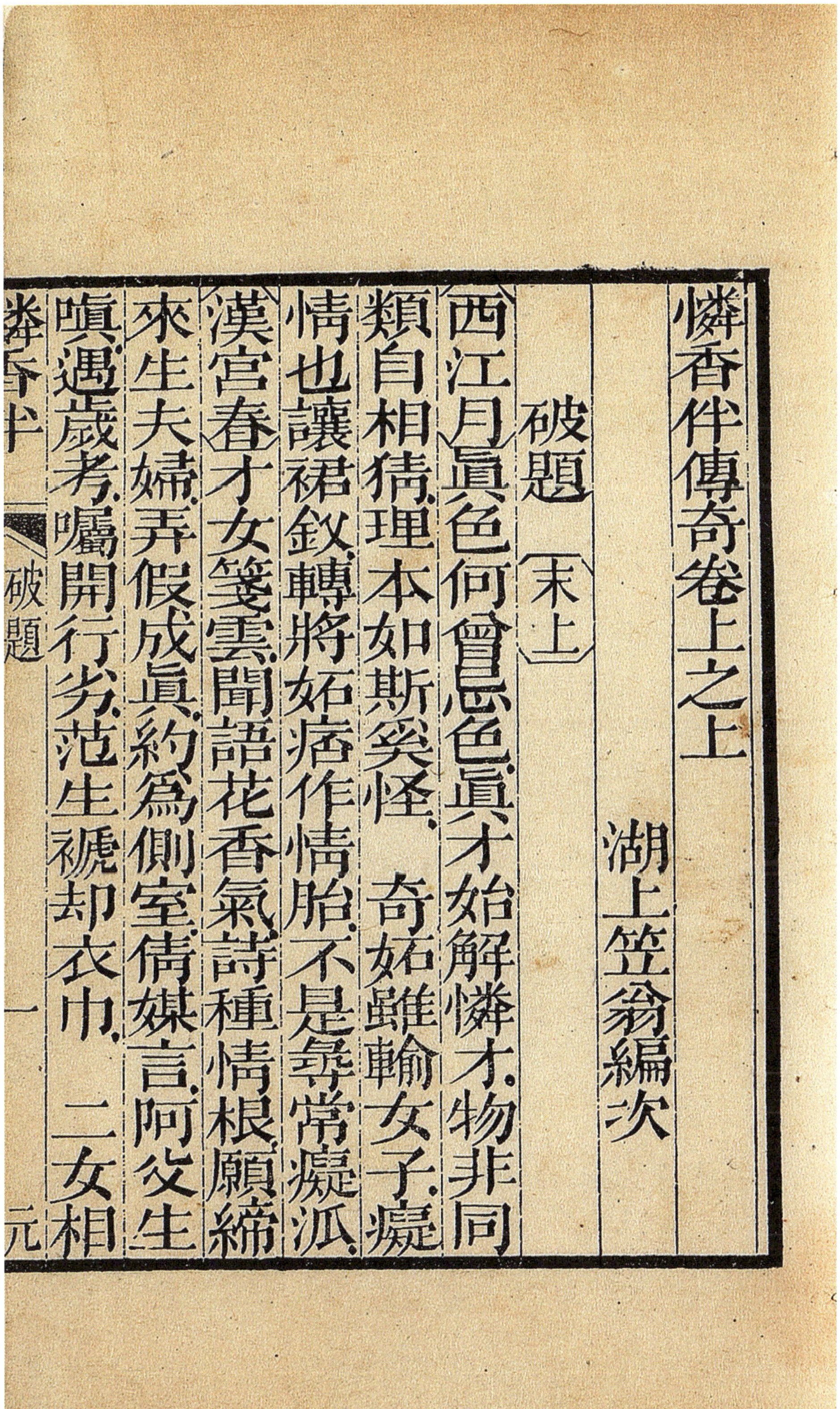

憐香伴傳奇卷上之上

湖上笠翁編次

破題　（末上）

西江月　眞色何曾忌色、眞才始解憐才、物非同類自相猜、理本如斯奚怪、　奇妒雖輸女子、癡情也讓裙釵、轉將妒痞作情胎、不是尋常癡派、

漢宮春　才女箋雲聞語、花香氣詩種情根、願締來生夫婦、弄假成眞、約爲側室、倩媒言阿父生嗔、遇歲考、囑開行劣、范生褫却衣巾、　二女相

憐香伴　破題　一　元

图 2　怜香伴卷端

一笠庵新编一捧雪传奇二卷

（清）李玉撰　清初刻本

九行二十字，白口，左右双边。

李玉（1610—约1671），字玄玉，号苏门啸侣，又号一笠庵主人，江苏吴县人。作品有《一笠庵四种曲》（即《一捧雪》《人兽关》《永团圆》《占花魁》），又有《清忠谱》《眉山秀》《两须眉》《太平钱》《千钟禄》等，编订有《北词广正谱》。

此为《一笠庵四种曲》之一，全剧共三十出。讲述明末宰相之子钱塘人莫怀古家藏俗呼“一捧雪”的宝杯盘龙和玉杯被当朝权贵严世藩看中，欲据为己有，莫怀古献假杯，却酒醉被朋友汤勤得知，密告严世藩。严得宝不成，罗织罪名欲杀莫怀古，派兵追至蓟州，令总镇戚继光将其就地斩首。戚欲救而无计，莫家奴仆莫诚以及小妾雪艳娘牺牲自己，忠心救主，终使莫家冤案得以昭雪。此剧在揭露社会丑陋黑暗的同时，热烈赞颂了莫诚、雪艳娘的义勇和忠诚，具有一定的社会意义。此本钤有“长乐郑振铎西谛藏书”印。

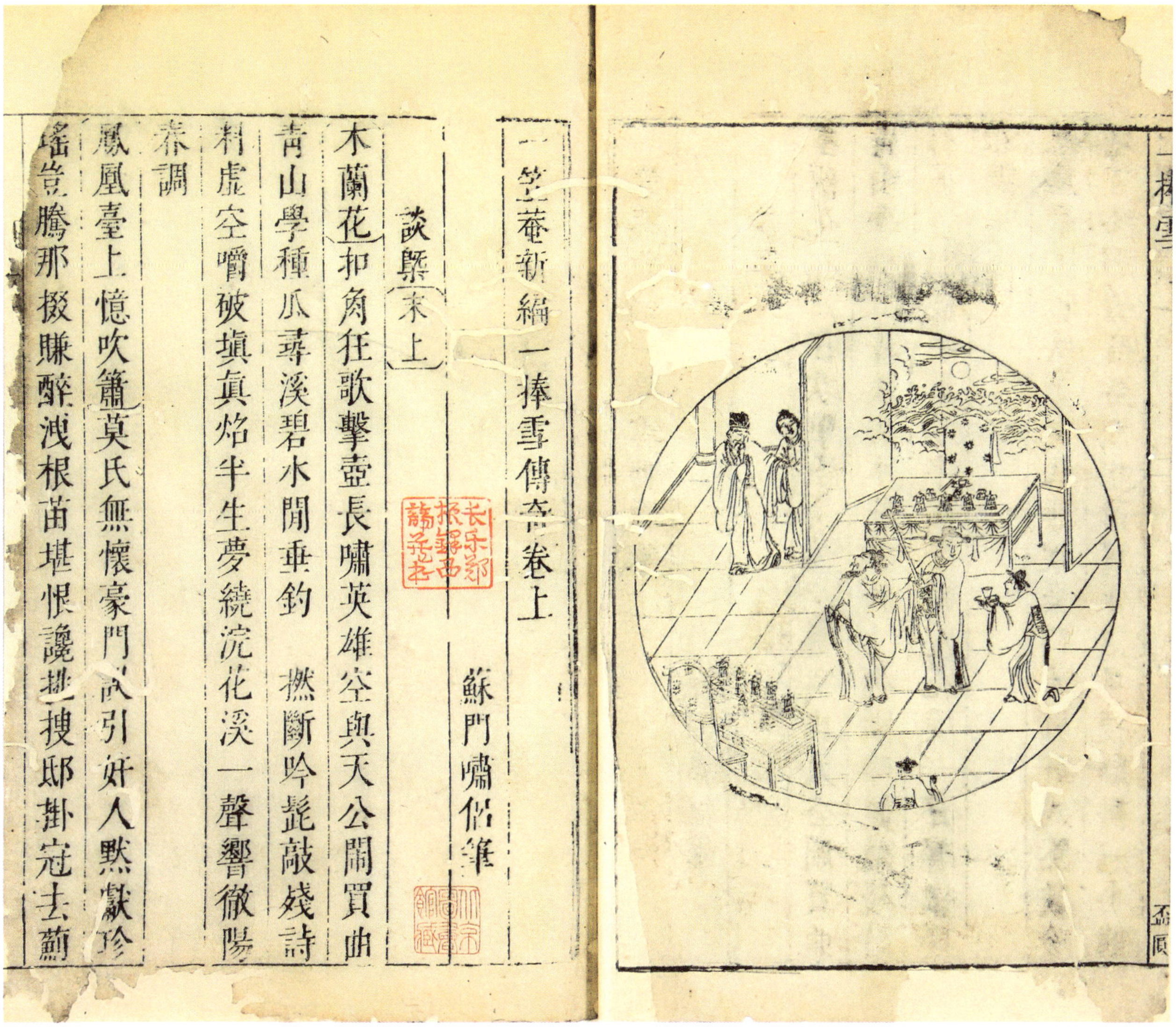
一笠菴新編一捧雪傳奇卷上
蘇門嘯侶筆
談槩 末上
木蘭花 扣角狂歌擊壺長嘯英雄空與天公鬧買曲
青山學種瓜尋溪碧水閒垂釣 撚斷吟髭敲殘詩
料虛空嚼破填眞焰半生夢繞浣花溪一聲響徹陽
春調
鳳凰臺上憶吹簫 莫氏無懷豪門畝引奸人黙獻珍
瑤豈騰那掇賺醉溲根苗堪恨讒扯搜邸掛冠去薊

图 1　卷端

图 2　插图

长生殿传奇二卷

（清）洪昇撰　清康熙刻本

十行二十字，黑口，四周单边。

洪昇（1645—1704），字昉思，号稗畦，钱塘（今杭州）人。康熙七年（1668）入国子监为监生，康熙二十八年八月，因在“国恤”之际搬演《长生殿》，被劾入狱，革去国子监生的学籍。其著作今存《长生殿》传奇与《四婵娟》杂剧。

是剧共五十出，演绎唐明皇与杨贵妃的爱情故事。洪昇自序谓主旨是要写“情”，所谓“借太真外传谱新词，情而已”。除表现李、杨之间生死不渝的爱情之外，也反映了“古今来逞侈心而穷人欲，祸败随之”的“乐极哀来”的历史教训，借以“垂戒来世”。剧中对杨玉环着墨最多，对人物心理活动的描写极为生动。梁廷枏评此剧“为千百年来曲中巨擘，以绝好题目，作绝大文章，学人才人一齐俯首。自有此曲，毋论《惊鸿》《彩毫》空惭形秽，即白仁甫《秋夜梧桐雨》亦不能稳占元人词坛一席矣。”（《藤花亭曲话》卷三）此本为吴梅旧藏，有吴氏朱笔圈点。

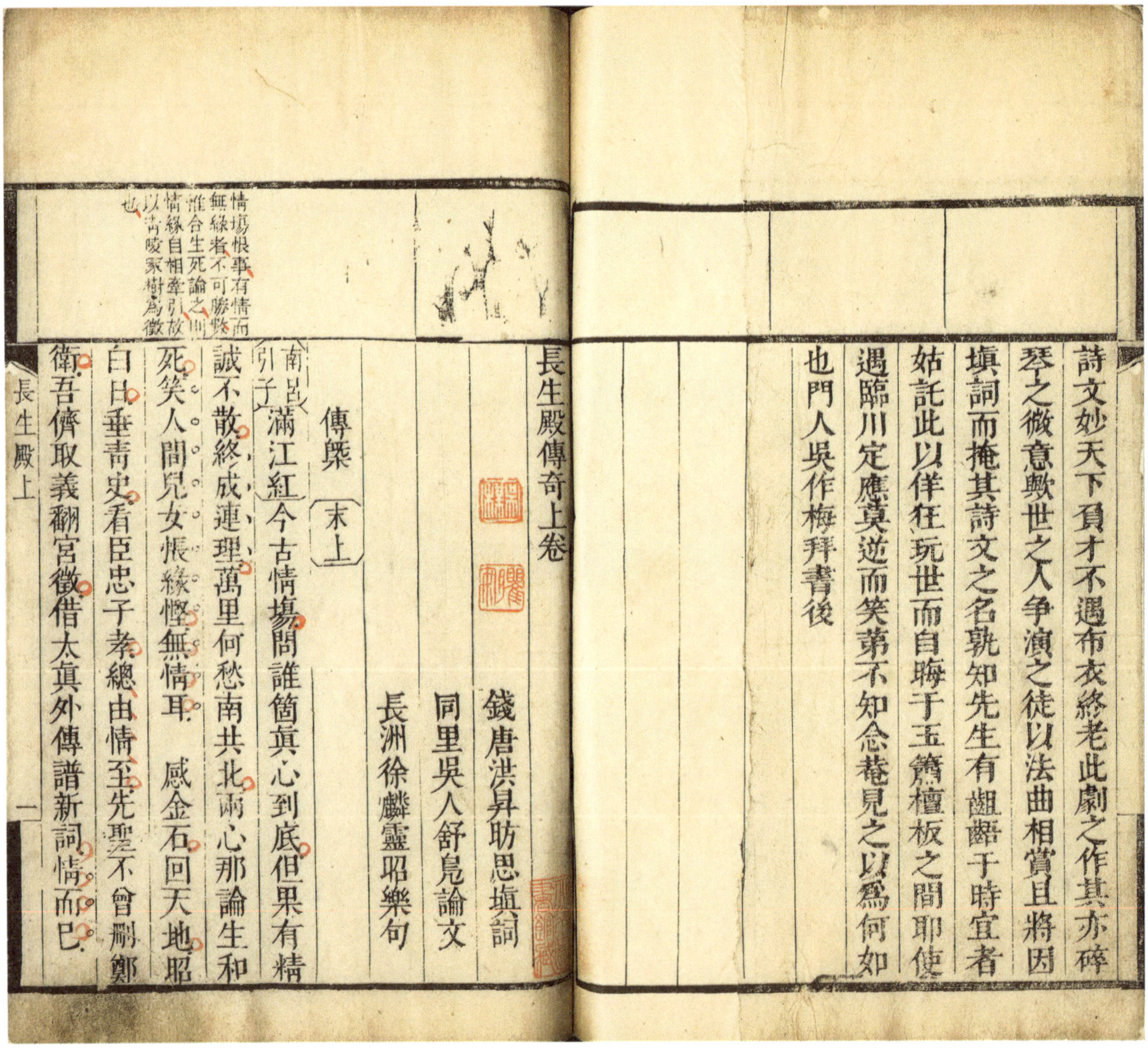
詩文妙天下負才不遇布衣終老此劇之作其亦碎琴之微意歟世之人爭演之徒以法曲相賞且將因填詞而掩其詩文之名孰知先生有齟齬于時宜者姑託此以佯狂玩世而自晦于玉簫檀板之間耶使遇臨川定應莫逆而笑第不知念菴見之以爲何如也門人吳作梅拜書後
長生殿傳奇上卷
錢唐洪昇昉思塡詞
同里吳人舒鳧論文
長洲徐麟靈昭樂句
傳槩
末上
南呂引子
滿江紅今古情塲問誰箇眞心到底但果有精誠不散終成連理萬里何愁南共北兩心那論生和死笑人間兒女悵緣慳無情耳　感金石回天地昭白日垂青史看臣忠子孝總由情至先聖不曾刪鄭衛吾儕取義翻宮徵借太眞外傳譜新詞情而已
長生殿上
一

图　卷端

桃花扇传奇二卷

（清）孔尚任撰　清康熙刻本

十行二十字，白口，四周单边。

孔尚任（1648—1718），字聘之，号东塘，曲阜人。康熙二十三年（1684）破格任用为国子监博士。著有诗文集《湖海集》《长留集》等。

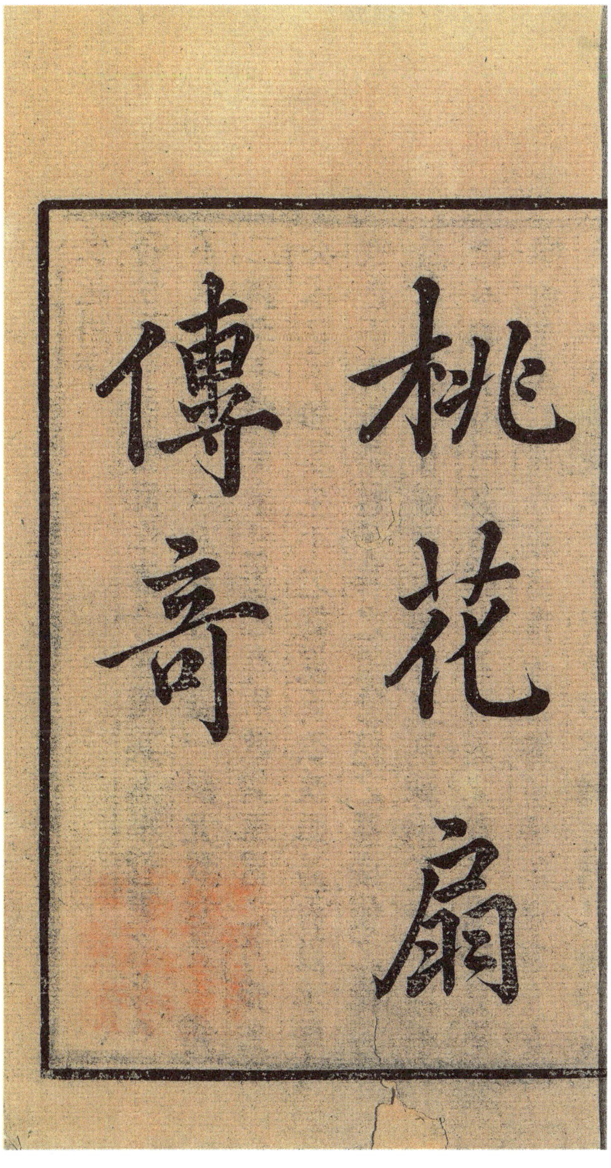

图 1　书名页

此剧四十出，加“试一出·先声”“闰二十出·闲话”“加二十一出·孤吟”“续四十出·余韵”，实为四十四出。以复社文人侯方域与秦淮名妓李香君的爱情故事为线索，生动再现了南明小朝廷的亡败始末，可谓“借离合之情，写兴亡之感”。塑造了妓女李香君、艺人柳敬亭、苏昆生等明辨是非、品格高尚的下层人物形象，与马士英、阮大铖等人的结党营私、倒行逆施形成鲜明对比。梁廷枏评云：“《桃花扇》笔意疏爽，写南朝人物，字字绘水绘声。至文词之妙，其艳处似临风桃蕊，其哀处似着雨梨花，固是一时杰构。”（《藤花亭曲话》卷三）

《桃花扇》传世版本众多，此本为刊行较早者。钤有“长乐郑振铎西谛藏书”“东越沈氏子牧珍藏书画印章”印。

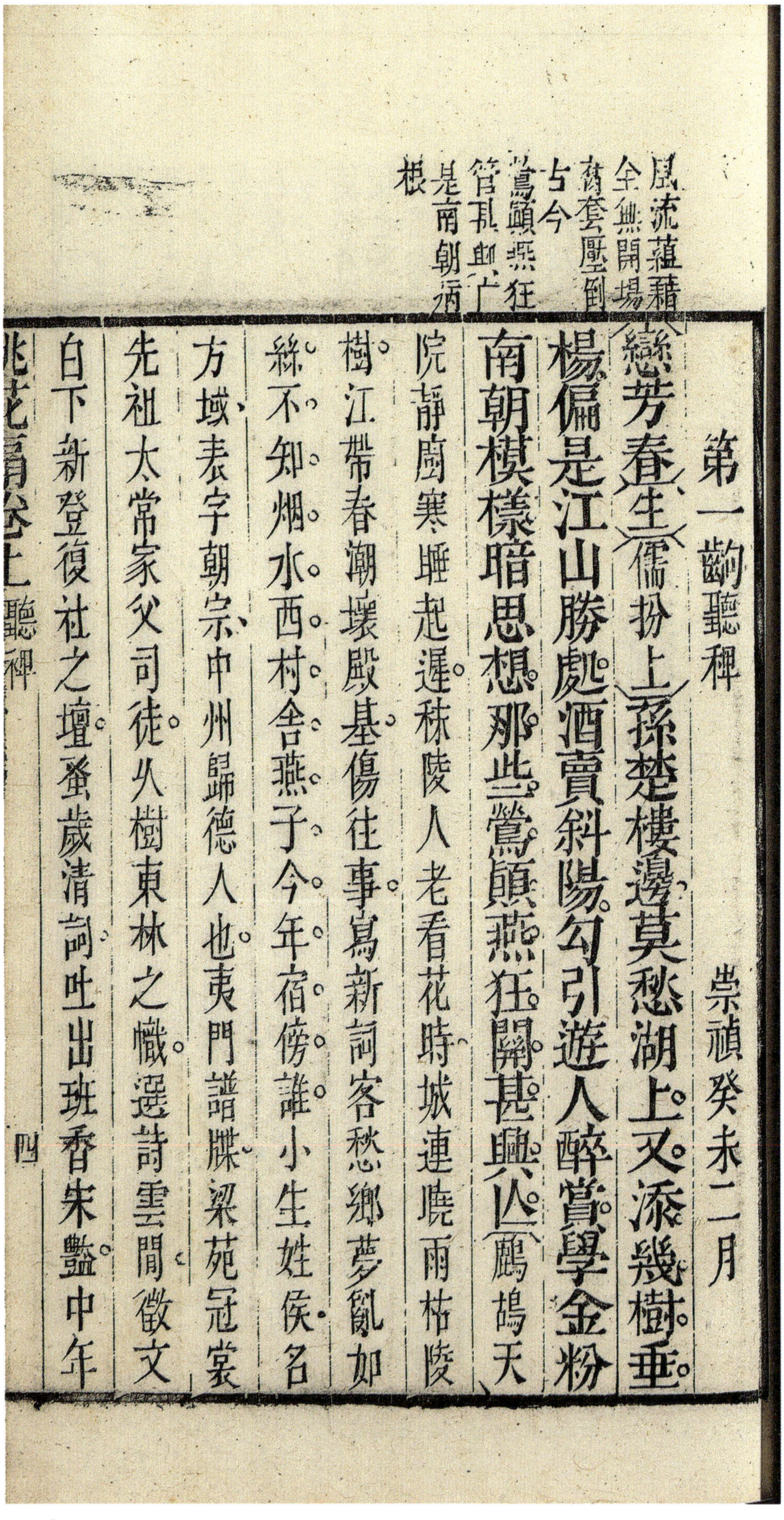

風流蘊藉全無開場舊套壓倒古今

鶯顛燕狂管取興亡是南朝禍根

第一齣聽稗　崇禎癸未二月

【戀芳春】（生儒扮上）孫楚樓邊莫愁湖上又添幾樹垂楊偏是江山勝處酒賣斜陽勾引遊人醉賞學金粉南朝模樣暗思想那些鶯顛燕狂關甚興亡【鷓鴣天】院靜廚寒睡起遲秣陵人老看花時城連曉雨枯陵樹江帶春潮壞殿基傷往事寫新詞客愁鄉夢亂如絲不知烟水西村舍燕子今年宿傍誰小生姓侯名方域表字朝宗中州歸德人也夷門譜牒梁苑冠裳先祖太常家父司徒久樹東林之幟選詩雲間徵文白下新登復社之壇蚤歲清詞吐出班香宋豔中年

桃花扇卷上　聽稗　四

图 2　卷端

大成乐律全书

（清）孔贞瑄撰　清刻本

十一行二十二字，白口，左右双边。

孔贞瑄（生卒年不详），字璧六，号历洲，晚号聊叟，山东曲阜人。顺治十七年（1660）举人，曾任大姚知县。潜心经史，尤精算学、韵学。著有《聊园文集》《泰山纪胜》等。

此书是孔贞瑄于泰安学正任内编撰的。时宫梦仁任学使，命孔贞瑄重修礼乐。“乐成奏于庙，一时称盛，遂编缵缉成书，刊布四方。”之后孔贞瑄在大姚又新订一编，晚年将书授予其侄孔尚先，刻印成书。书中辨郑世子“瑟以合宫命之别于旋宫”之说有五不可通，颇多订正。附有《操缦新说》《先儒要旨》等文，瑟谱《客窗夜话》一篇。

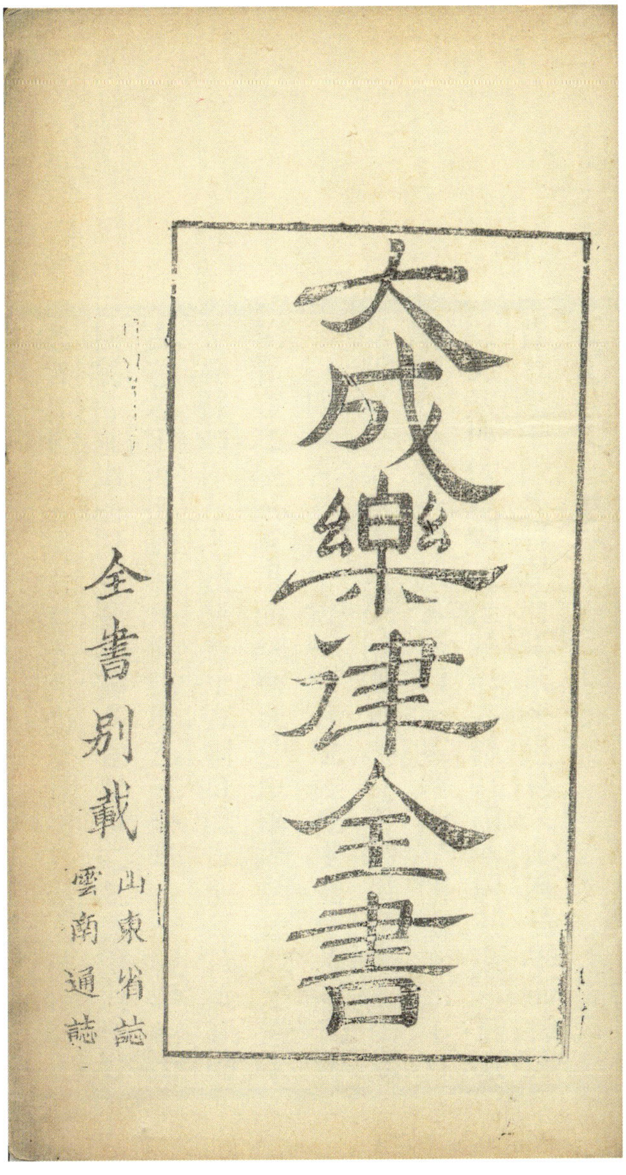

图 1　书名页

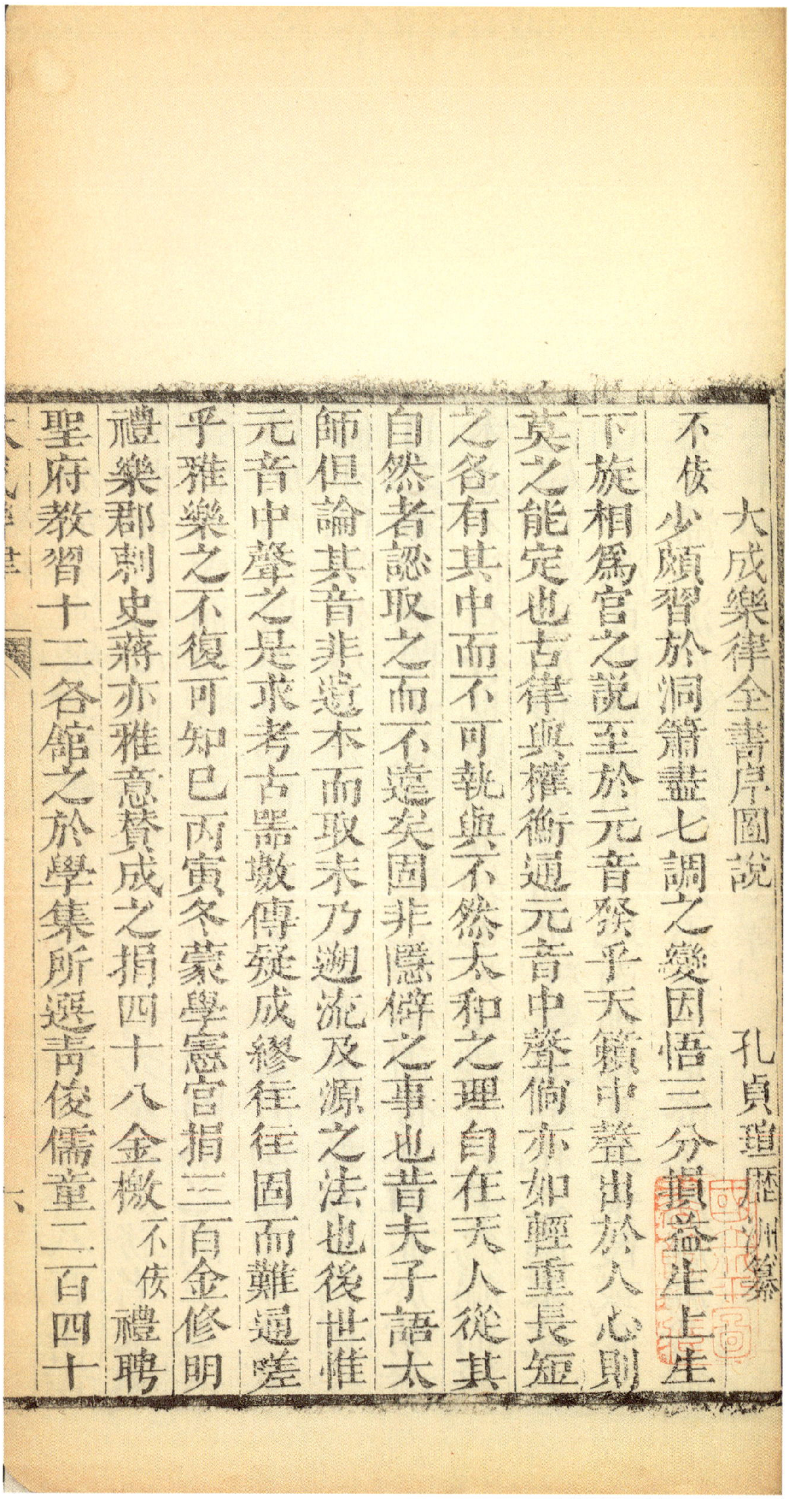

大成樂律全書序圖說

孔貞瑄歷洲纂

不佞少頗習於洞簫盡七調之變因悟三分損益生上生下旋相爲宫之説至於元音發乎天籟中聲出於人心則莫之能定也古律與權衡通元音中聲倘亦如輕重長短之名有其中而不可執與不然太和之理自在天人從其自然者認取之而不遠矣固非隱僻之事也昔夫子語太師但論其音非遺本而取末乃遡流及源之法也後世惟元音中聲之是求考古器徵傳疑成繆往往固而難通嗟乎雅樂之不復可知已丙寅冬蒙學憲宫捐三百金修明禮樂郡刺史蔣亦雅意贊成之捐四十八金檄不佞禮聘聖府教習十二名籍之於學集所選青俊儒童二百四十

图 2　卷端

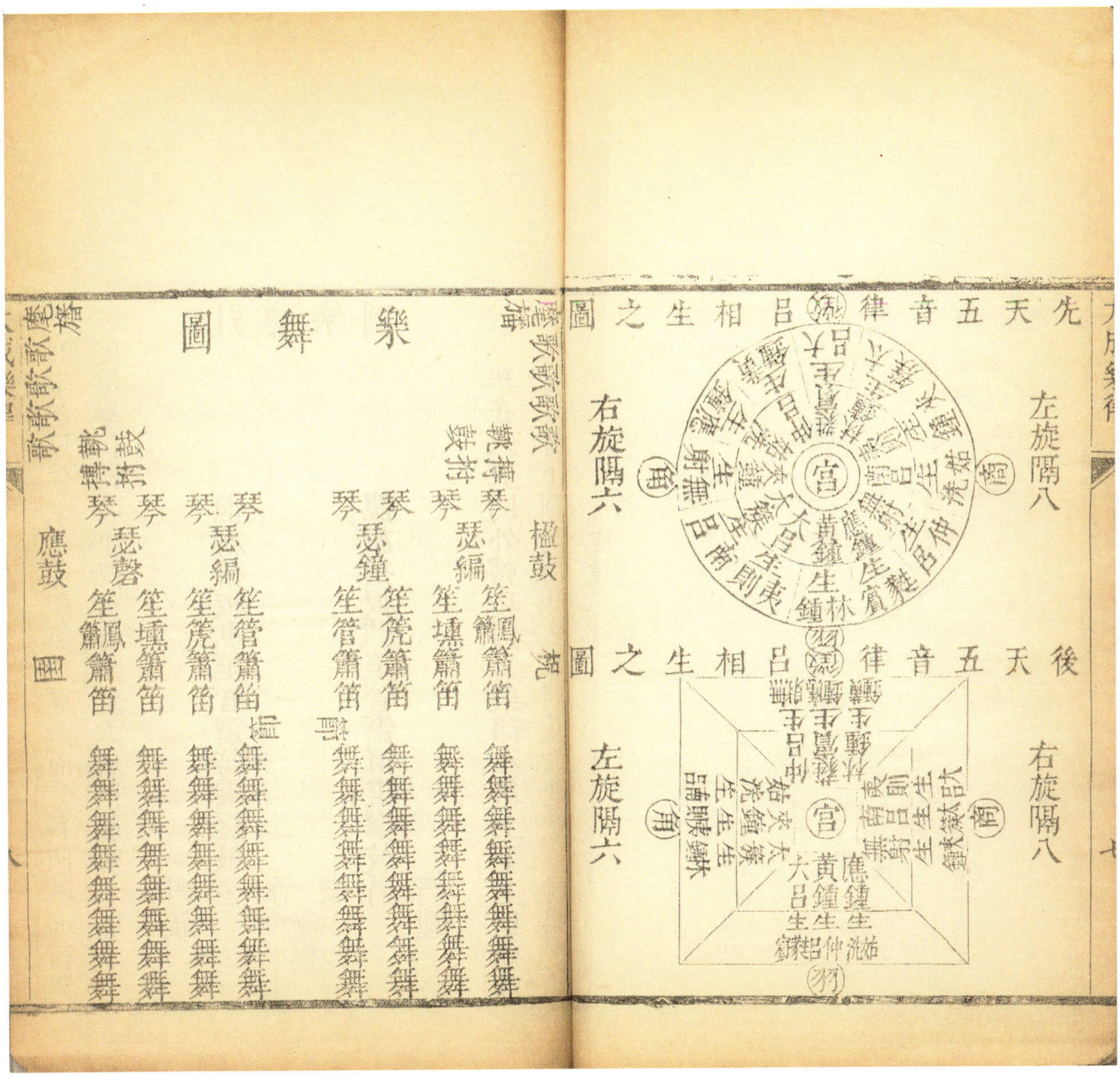

图 3　礼乐配图

御制律吕正义上编二卷下编二卷续编一卷

（清）爱新觉罗·玄烨敕撰　清康熙内府刻本

九行二十字，小字双行四十字，白口，四周双边。

此书是康熙五十六年（1717）李光地、魏廷珍、梅瑴城、王兰成等奉敕编修，次年书成。上编卷一题“正律审音”，涉及“黄钟为万事根本”“定黄钟纵长体积面幂周径”“审定十二律吕五声二变”等十二个乐律问题；卷二题“旋宫起调”，讲“明管音旋音全半应声之不同”“定丝乐弦音清浊二均之度分”“弦音旋宫转调”等六个乐律问题。下编题“和声定乐”，说明排箫、笛、笙等十四种乐器的形制及其发音特点。续编一卷，题“均协度曲”，论及西洋音乐理论，介绍西洋音乐概念，包括五线谱的编制、用法及音阶唱名等内容，主要为康熙朝意大利籍宫廷音乐教师德里格所作。

书中阐述了康熙帝在乐律上所主张的十四律，乾隆时所编《钦定诗经乐谱全书》是迄今唯一一部配有乐谱的《诗经》学著作，即实践了十四律的律制原则。续编所引入的西洋乐理，为研究清代中西方音乐的交流提供了宝贵材料。此本为是书最初刊本。

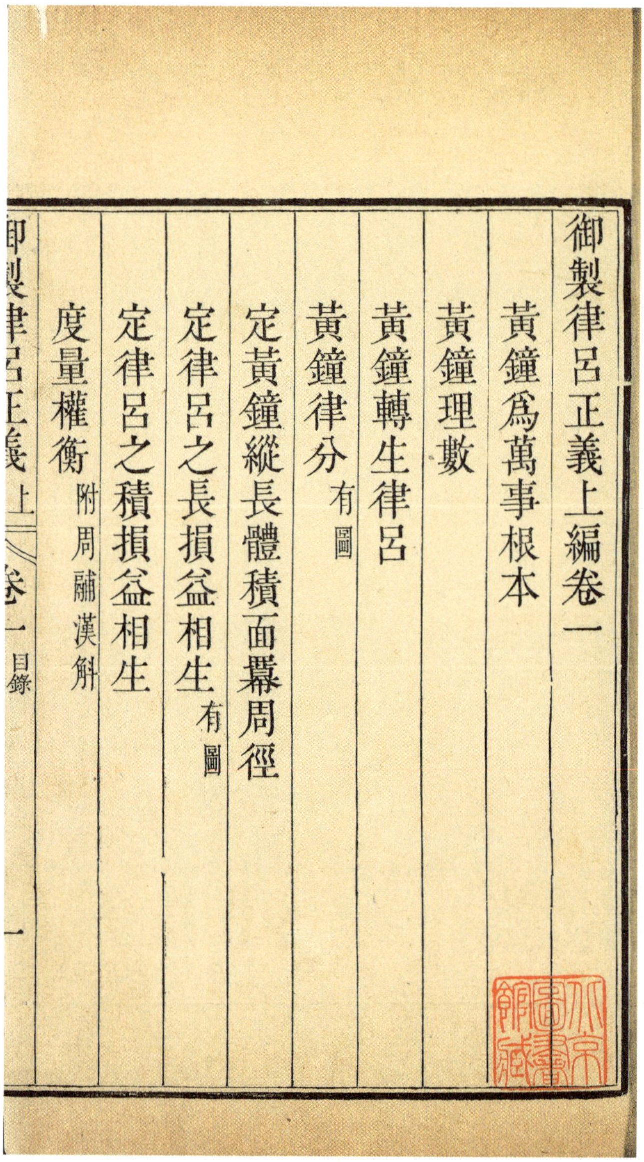

御製律呂正義上編卷一
黃鐘爲萬事根本
黃鐘理數
黃鐘轉生律呂
黃鐘律分 有圖
定黃鐘縱長體積面冪周徑
定律呂之長損益相生 有圖
定律呂之積損益相生
度量權衡 附周鬴漢斛

御製律呂正義 上 卷一 目錄 一

图1　卷端

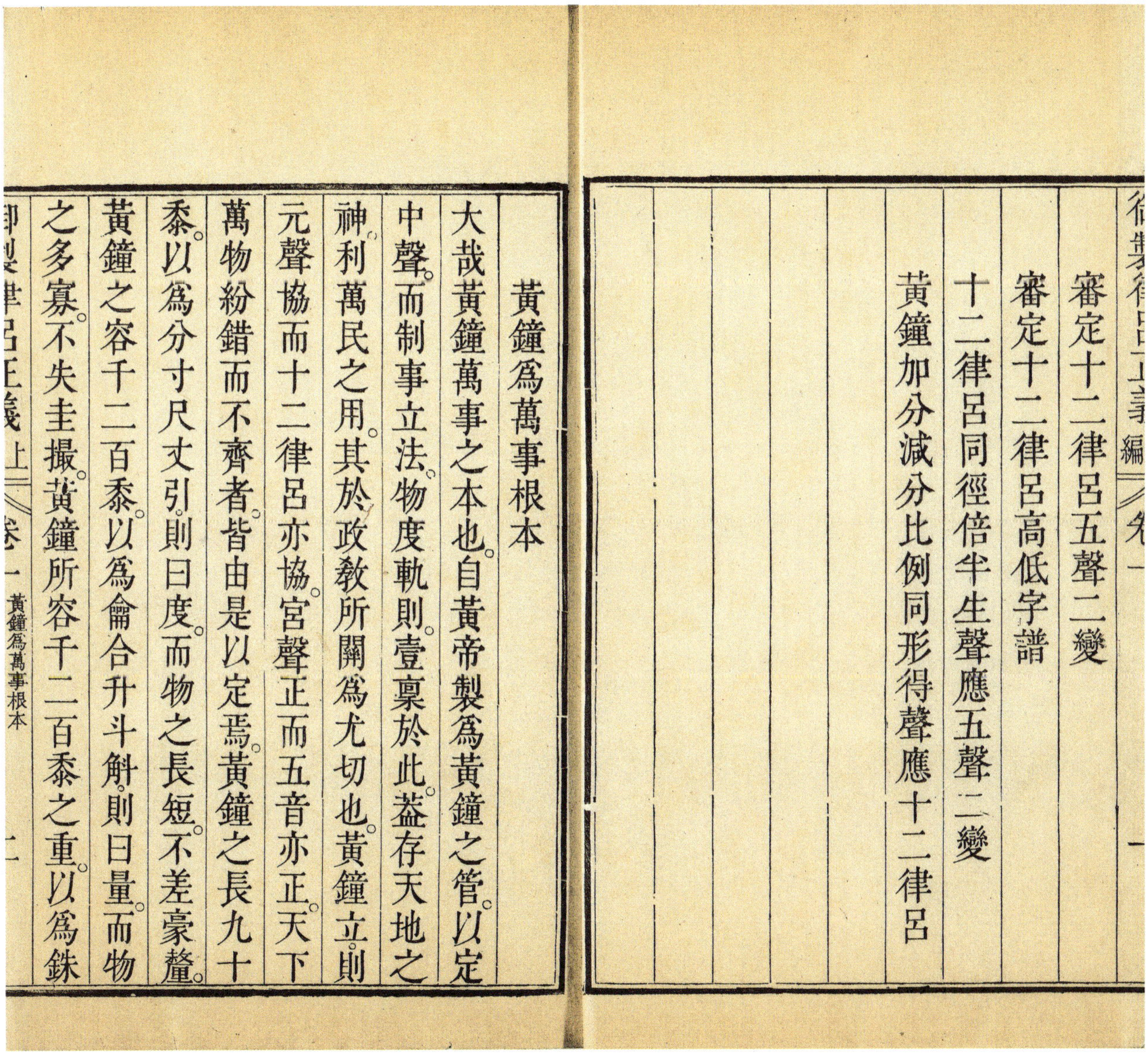
御製律呂正義上編　卷一　一

審定十二律呂五聲二變

審定十二律呂高低字譜

十二律呂同徑倍半生聲應五聲二變

黃鐘加分減分比例同形得聲應十二律呂

黃鐘爲萬事根本

大哉黃鐘萬事之本也自黃帝製爲黃鐘之管以定中聲而制事立法物度軌則壹稟於此葢存天地之神利萬民之用其於政教所關爲尤切也黃鐘立則元聲協而十二律呂亦協宮聲正而五音亦正天下萬物紛錯而不齊者皆由是以定焉黃鐘之長九十黍以爲分寸尺丈引則曰度而物之長短不差豪釐黃鐘之容千二百黍以爲龠合升斗斛則曰量而物之多寡不失圭撮黃鐘所容千二百黍之重以爲銖

御製律呂正義上編　卷一　黃鐘爲萬事根本　二

图2　正文

御制律吕正义后编一百二十八卷

（清）允禄 （清）张照等纂修 （清）德保续修 清乾隆武英殿刻套印本

十行二十一字，白口，四周双边。

允禄（1695—1767），号爱月主人，康熙帝第十六子，袭庄亲王爵。博综典籍，精通乐理。张照（1691—1745），字得天，娄县人，官至刑部尚书，卒谥“文敏”。曾编撰《劝善金科》《昭代箫韶》等宫廷戏曲剧本。《清史稿》卷三百零四有传。德保（1719—1789），字仲容，一字润亭，号定圃，索绰络氏，满洲正白旗人，乾隆二年（1737）进士，官至礼部尚书，卒谥“文庄”，纂有《音韵述微》等。

是书编成于乾隆十一年，前一百二十卷为允禄、张照等纂修，内容为祭祀乐、朝会乐、宴飨乐、乐制考、乐章考等十类有关清代宫廷典礼音乐的著述。后八卷为德保等续修，主要为祭祀乐、朝会乐、宴飨乐、导迎乐、行幸乐五类音乐的歌谱、乐谱。此书继承了《律吕正义》所定的法礼基础，详细叙述各类宫廷音乐在用乐、调谱、节拍等方面的法则，对各种宫廷音乐场合的舞蹈、乐队配置、乐工等都有详细记载。

此书将清代宫廷音乐的发展推向极致，不仅对宫廷音乐作了深入研究，还对历代乐书理论进行了细致梳理，确立了诸多乐理上的规则，陈万鼐先生在《清史乐制之研究》中认为这是“断代而兼及通论的音乐史”。书中保存的清代满、藏、维吾尔、蒙古、朝鲜等民族的乐曲及乐器图，为研究少数民族的音乐历史提供了珍贵的史料。此本为武英殿刻套印本，制作精良。

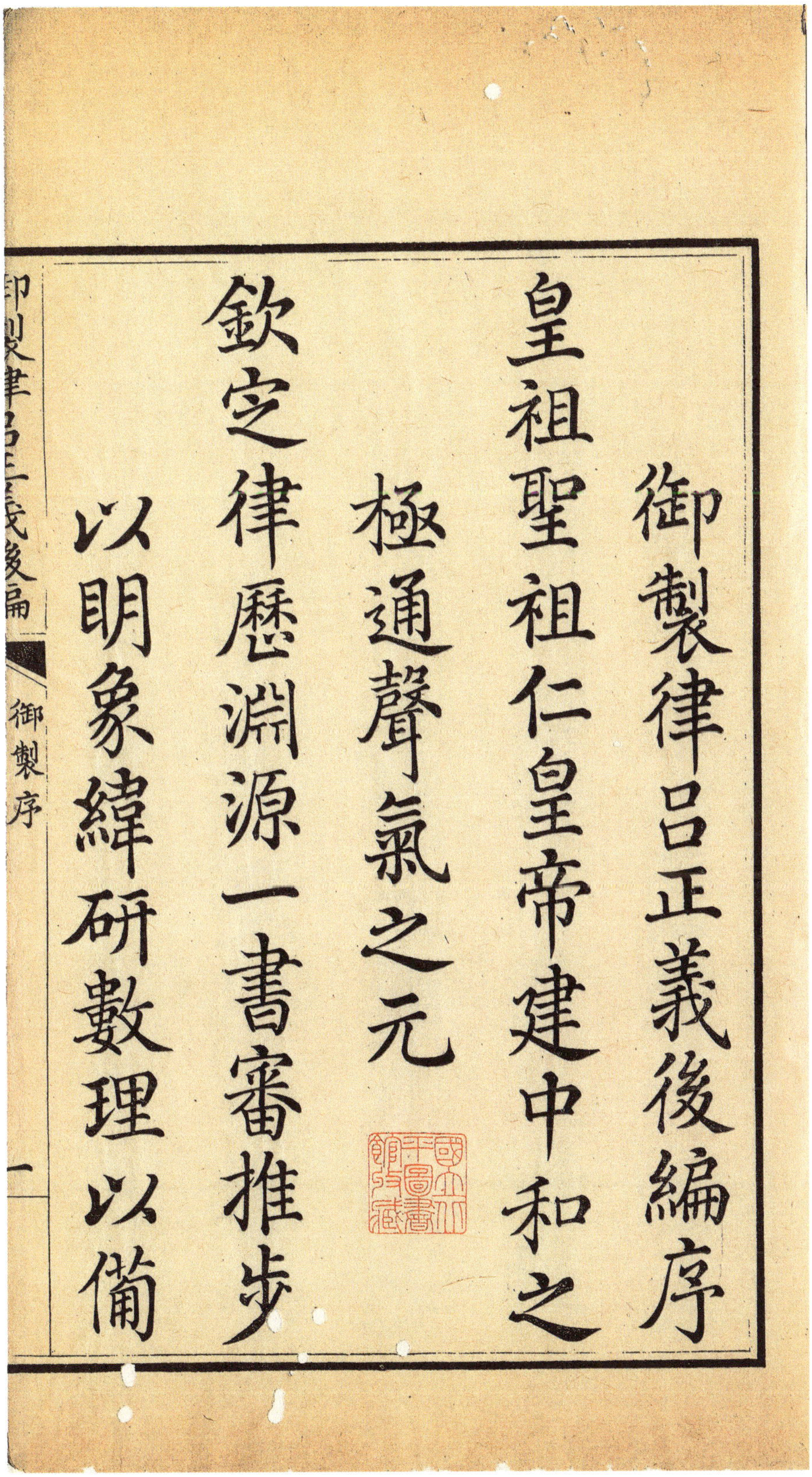
御製律呂正義後編序
皇祖聖祖仁皇帝建中和之
極通聲氣之元
欽定律歷淵源一書審推步
以明象緯研數理以備

御製律呂正義後編　御製序　一

图 1　御制序

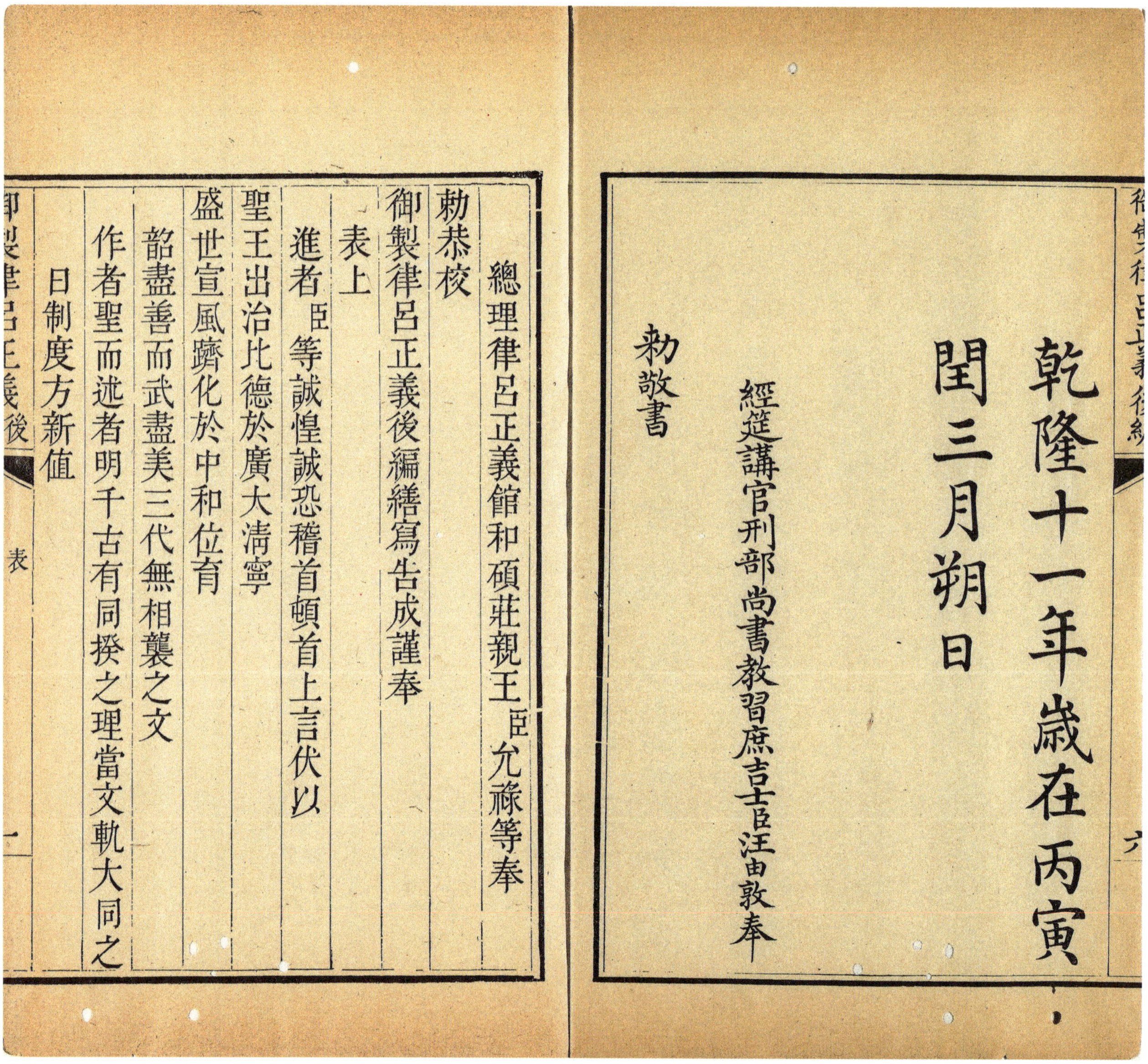

御製律呂正義後編 六

乾隆十一年歲在丙寅
閏三月朔日
經筵講官刑部尚書教習庶吉士臣汪由敦奉
勅敬書

總理律呂正義館和碩莊親王臣允祿等奉
勅恭校
御製律呂正義後編繕寫告成謹奉
表上
進者臣等誠惶誠恐稽首頓首上言伏以
聖王出治比德於廣大淸寧
盛世宣風躋化於中和位育
韶盡善而武盡美三代無相襲之文
作者聖而述者明千古有同揆之理當文軌大同之
日制度方新值

御製律呂正義後編 表 一

图 2　进书表

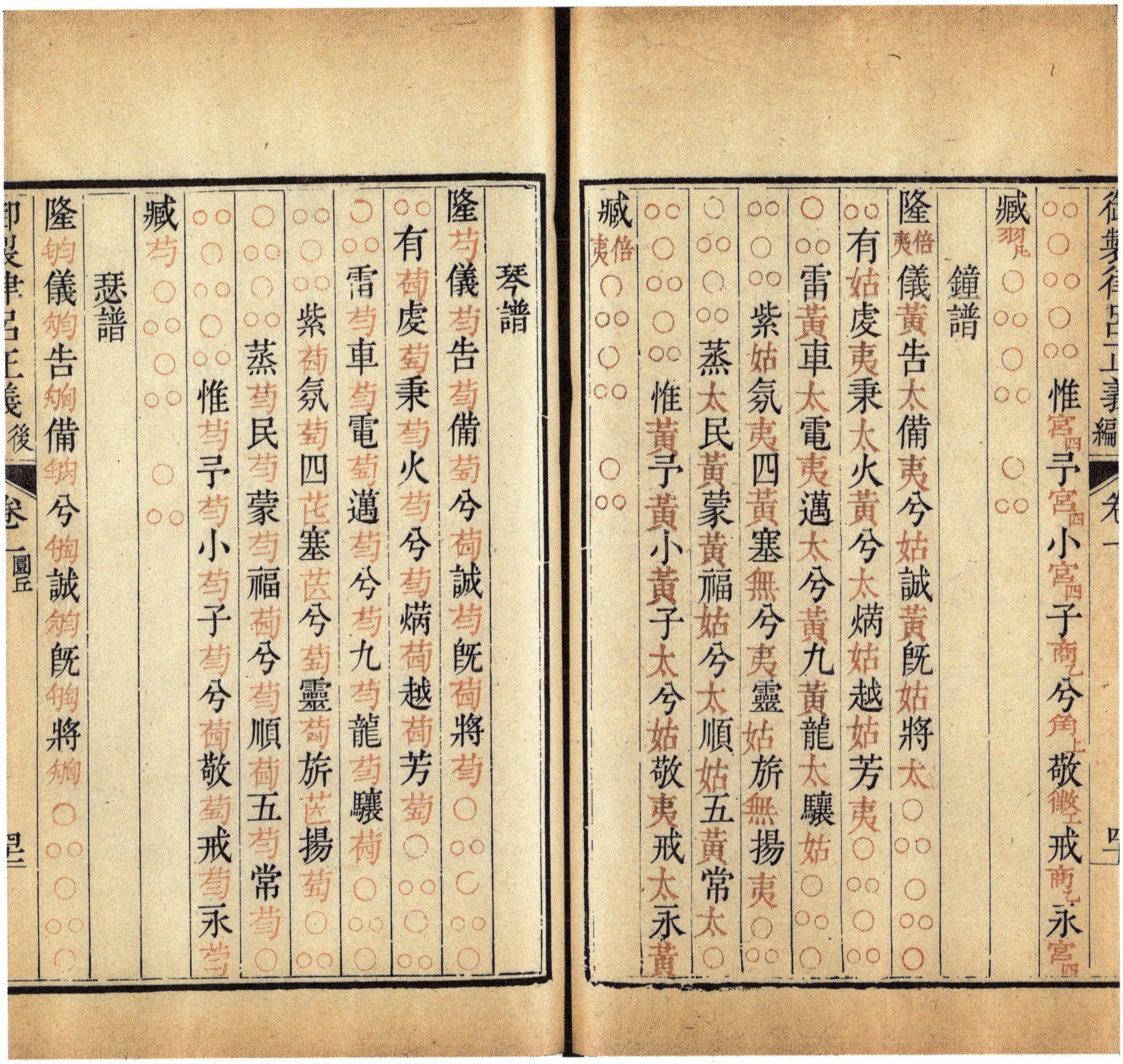

图 3　正文

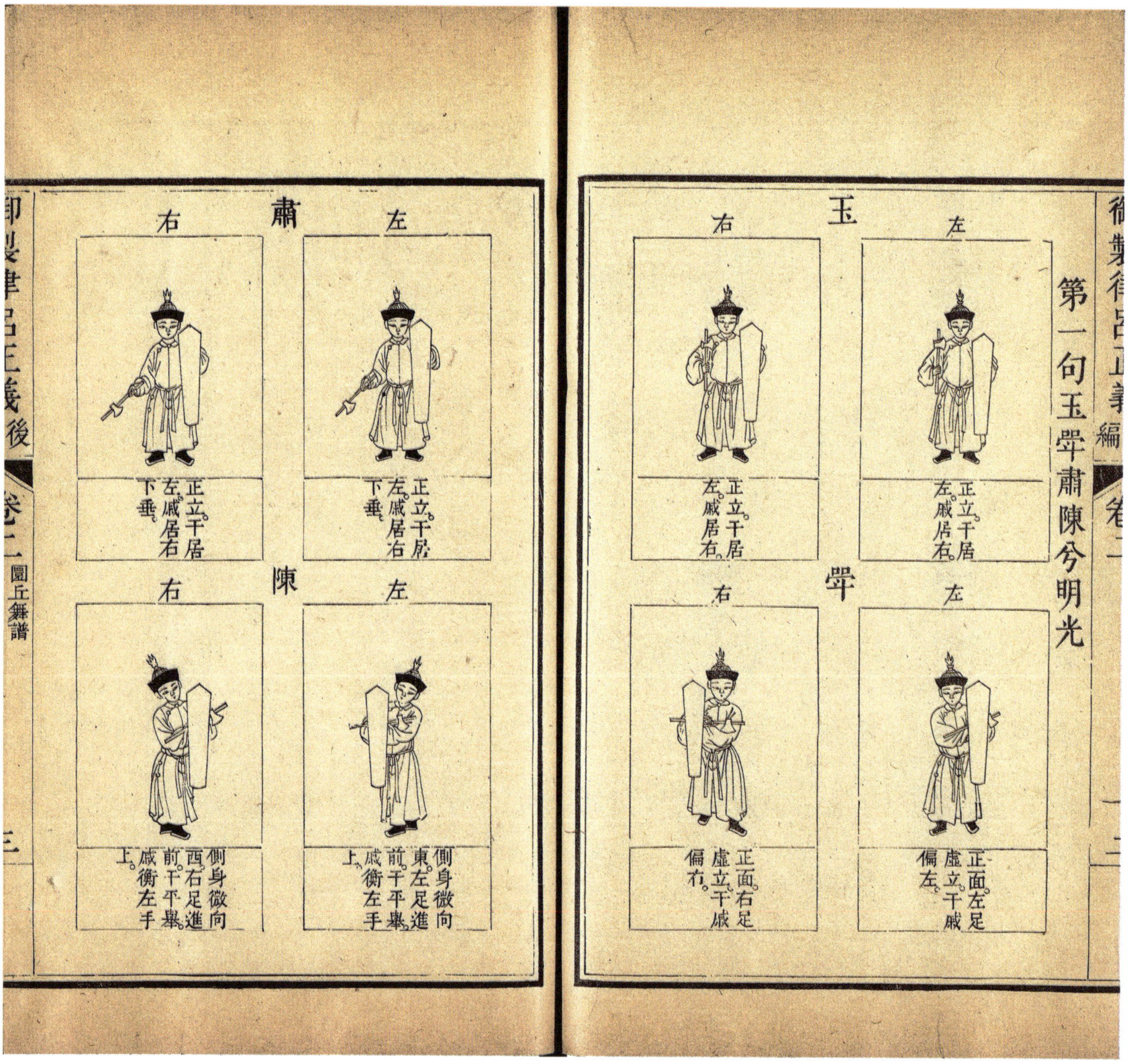

图4　正文

新定九宫大成南北词宫谱八十一卷闰集一卷总目三卷

（清）周祥钰等辑　清乾隆十一年（1746）武英殿刻朱墨套印本

七行十六字，白口，四周双边。

周祥钰（生卒年不详），江苏常熟人。曾参与编写《忠义璇图》《鼎峙春秋》两部宫廷大戏。清乾隆六年诏开“律吕正义馆”，以庄亲王允禄总其事，翌年，《律吕正义》编成，允禄又命周祥钰、徐兴华等人自内府、民间广泛搜罗各类词曲，耗时五年，辑录订定，终成词乐巨著，名之《新定九宫大成南北词宫谱》。

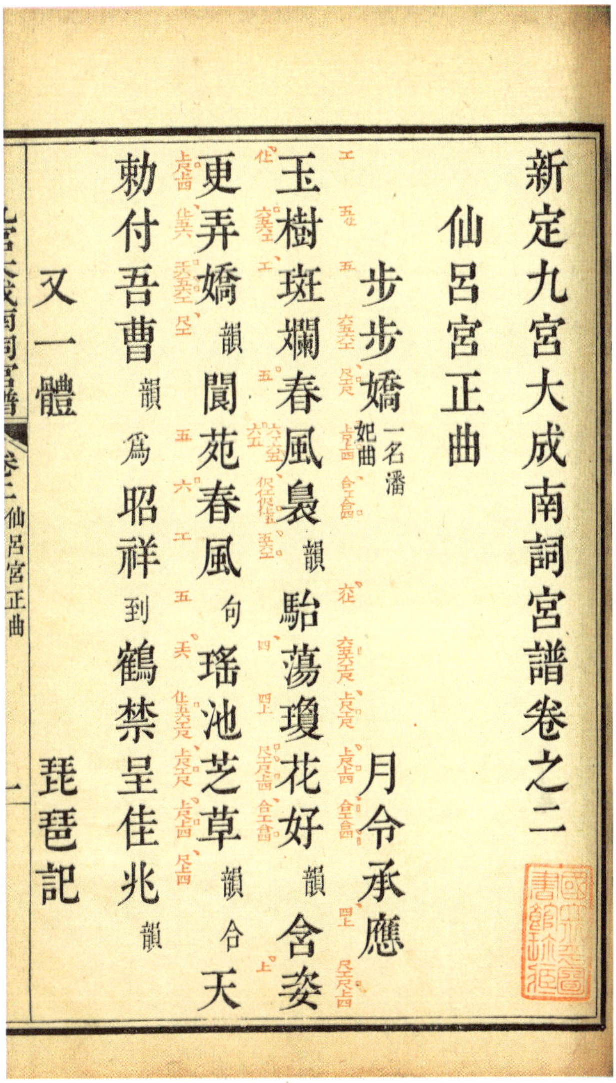

图　卷端

此书是现今规模最大的南北曲曲谱总汇，上自唐宋大曲、宋元南戏，下至元明杂剧、明清传奇，涵盖了上千年的南北曲曲谱。依引曲、正曲、集曲、套曲等分类，包括南曲五十一卷，北曲三十卷，闰一卷，共收录南曲、北曲、南北曲合套、南北曲变体四千四百余支（套）。曲式自《月令承应》《元人百种》《雍熙乐府》《北宫词纪》及诸谱传奇中选择，各体各式，依次备列，分别正字、衬字，注明工尺、板眼，厘正句段、韵格，内容丰富，形式完备，是中国古代音乐的集大成之作，许多珍贵的古谱赖之得以保存。

此本为清乾隆内府所刊，以朱墨两色套印，曲辞墨色，工尺、板眼朱色，开本阔大，行格舒朗，刻印精整悦目。

太古传宗琵琶调西厢记曲谱二卷

（清）汤斯质撰　清乾隆十四年（1749）刻本

七行字不等，白口，四周双边。

汤斯质（生卒年不详），字彬和，江苏人。自称“少而从事顾曲，晚益留心宫调”，是清代文人音乐家。

此书是《太古传宗》乐谱的三部分之一，另两部分别是《太古传宗琵琶调宫词》《弦索调时剧新谱》。《太古传宗》是以琵琶为伴奏的清唱曲谱集，乾隆十四年刊印，汤斯质序云：“闲窗论次，偶及西厢一剧，由来脍炙人口，惜乎为好奇者删改殊乖。近得《弦索辨讹》一书，何不与《六才子外书》合参，使其字不厌衬，句不犯格，音必求其协律，调不可以溷腔。因复相参核，谱成全书，汇为两帙。”是其撰书原由。

其中唱词部分来自《六幻西厢》，但为了适应音乐旋律的需求，唱词较之文学本有较大改动。乐曲部分，也并不都是“时下元音”的收集，也有部分曲牌音乐被改动或自编。对研究元、明北曲音乐有参考价值。

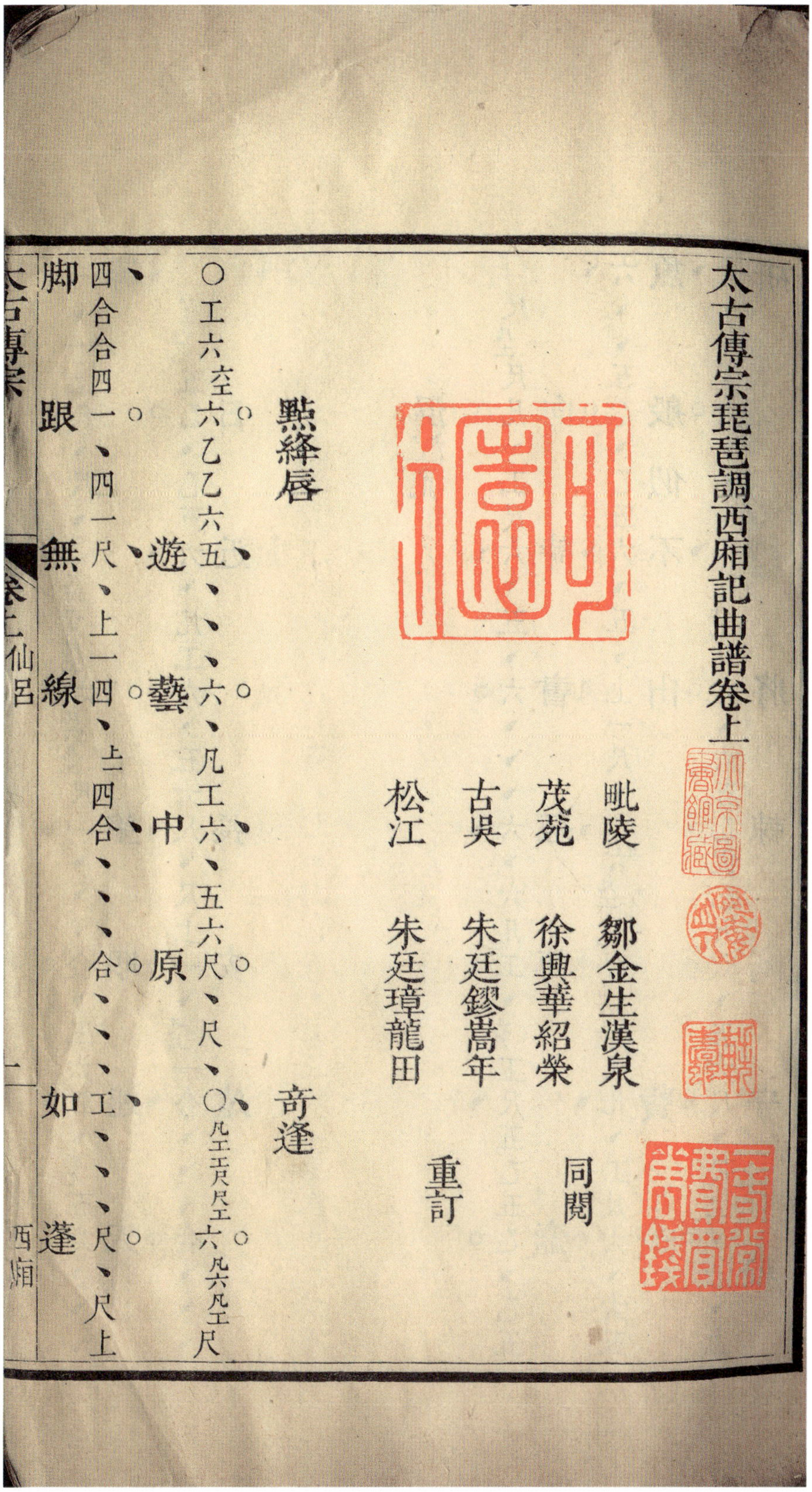
太古傳宗琵琶調西廂記曲譜卷上

毗陵　鄒金生漢泉

茂苑　徐興華紹榮　同閱

古吳　朱廷鏐嵩年

松江　朱廷璋龍田　重訂

點絳唇　　奇逢

工六𠆩六乙乙六五、、、、六、凡工六、五六尺、尺、凡工工尺尺工六凡六凡工尺

遊　藝　中　原

四合合四一、四一尺、上一四、上四合、、、合、、、工、、、尺、尺上

脚　跟　無　線　如　蓬

太古傳宗　卷上　仙呂　一　西廂

图1　卷上卷端

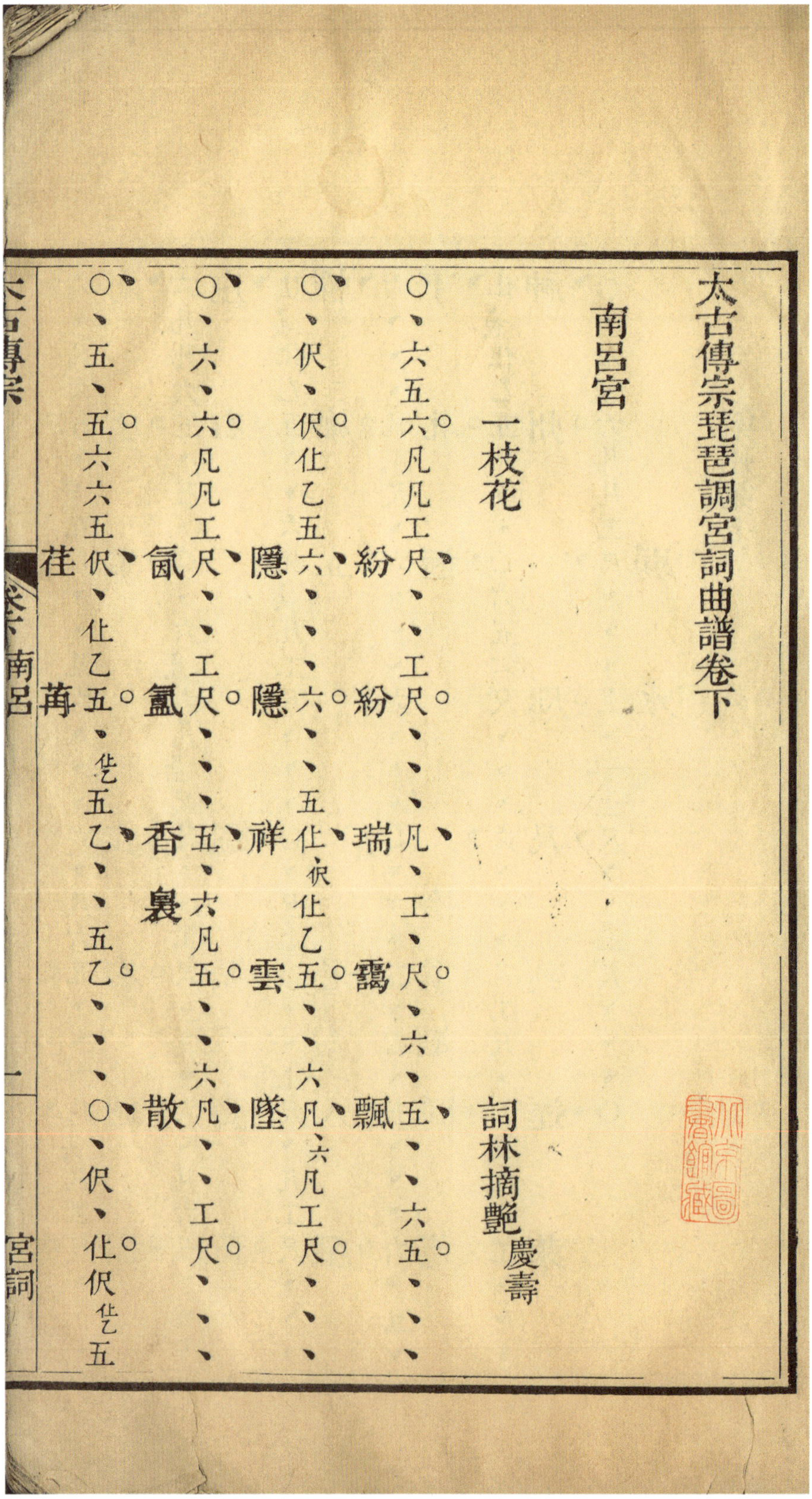

图 2　卷下卷端

劝善金科十本二十卷首一卷

（清）张照撰　清乾隆内府五色套印本

八行二十二字，白口，四周双边。

张照（1691—1745），字得天，一字长卿，号泾南，娄县（今属上海）人。康熙四十八年（1709）进士，历任翰林院检讨、刑部尚书等职，卒谥“文敏”。能诗善文，于音乐、绘画、书法皆有造诣，撰有《升平宝筏》《九九大庆》《月令承应》等宫廷戏曲剧本。《清史稿》卷三百零四有传。

《劝善金科》作为清代宫廷大戏之一，共十本，二百四十出，于岁暮演出。凡例谓其源出于《目连记》，有关目连救母故事的戏文在此之前亦有诸多民间传本，如明郑之珍《目连救母劝善戏文》等。此改编本与民间演出本旨趣截然不同，意在谈忠说孝，惩戒人心。其中层出不穷的神佛鬼魅情节正好配合腊月里驱鬼除疫、逐阴迎阳的年俗。

此书以红、蓝、绿、黄、黑五色套印而成。戏目采用单行大绿字，宫调用双行小绿字，曲牌名用单行大黄字，科文与服色以小红字旁写，曲文用单行大黑字，韵白则以小黑字旁写。曲文中每读、每韵、每叠、每格等皆以小蓝字旁注以区别。南腔、北调则一一圈出。此书曾为张师亮所藏，卷端钤“笃素堂张晓渔校藏图籍之章”印。

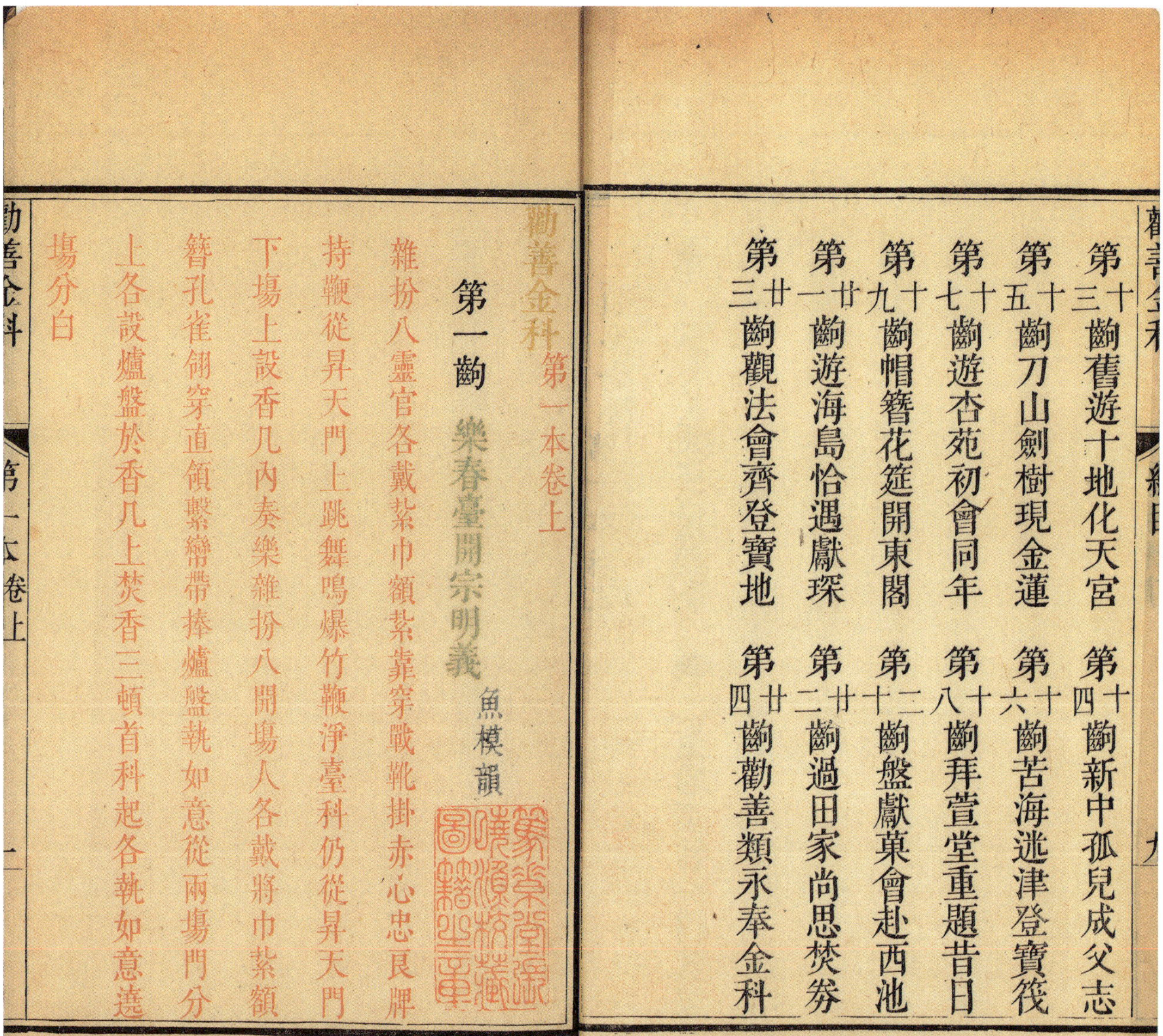

图　卷端

昭代箫韶二十卷

（清）张照撰　清乾隆内府刻套印本

八行二十二字，白口，四周双边。

此剧源于小说《北宋志传》，写名将杨继业全家尽忠报国的故事。剧情交织着宋朝内部朝臣忠奸之争和宋辽南北战事纷争，剧中人物最终以忠褒孝奖，妄诛奸除而收场，以南北和好结束。结尾剧情设置一反历代杨家将故事传统，反映了乾隆皇帝欲扬善惩恶，实现民族融合的治世意图。此剧共有十三种角色，五百多位人物出场，设计使用了四百多种款式的服装，充分体现了清宫大戏的庞大规模，成为清代宫廷连台戏的代表。

张照按乾隆帝的要求编此“歌舞太平之雅乐”，对后世戏曲创作产生了重要影响。根据演出的需要，此剧又有嘉庆内府本，光绪年间升平署皮黄本、本家皮黄本等不同版本。此本为该剧最早刻本，曾为郑振铎旧藏。

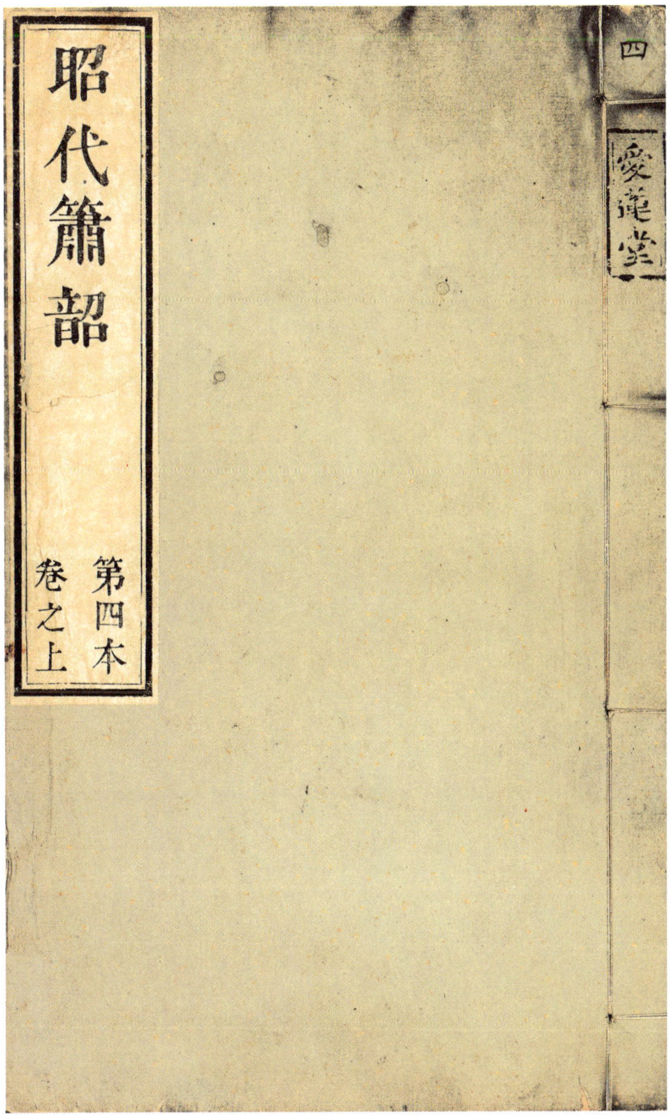

图 1　书衣

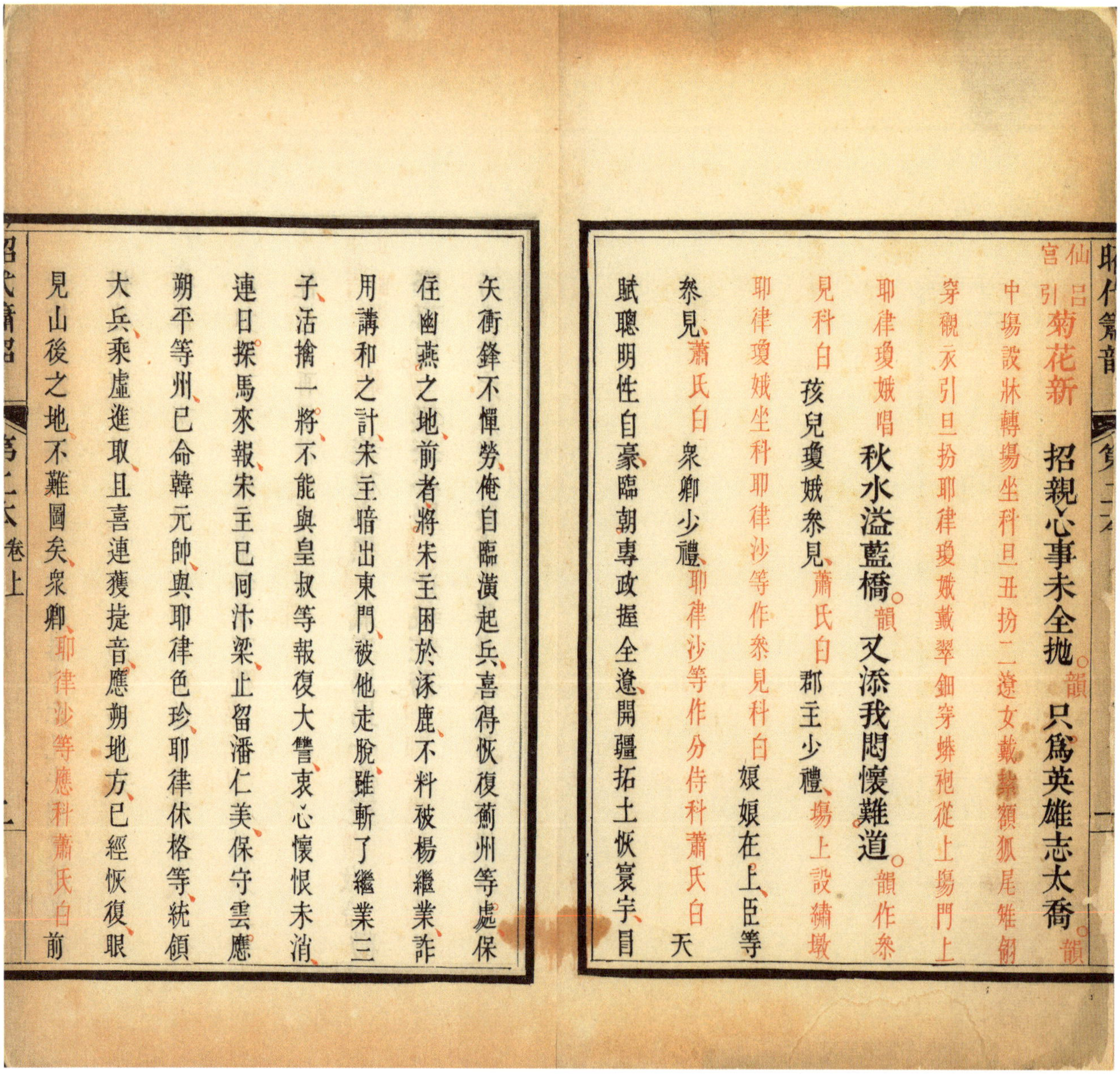

仙呂宮引 菊花新 招親心事未全拋。韻 只爲英雄志太喬。韻
中場設牀轉場坐科旦丑扮二遼女戴紥額狐尾雉翎
穿襯衣引旦扮耶律瓊娥戴翠鈿穿蟒袍從上場門上
耶律瓊娥唱 秋水溢藍橋。韻 又添我悶懷難道。韻作叅
見科白 孩兒瓊娥叅見蕭氏白 郡主少禮 場上設繡墩
耶律瓊娥坐科耶律沙等作叅見科白 娘娘在上臣等
叅見 蕭氏白 衆卿少禮 耶律沙等作分侍科蕭氏白 天
賦聰明性自豪臨朝專政握全遼開疆拓土恢寰宇目

矢衝鋒不憚勞俺自臨潢起兵喜得恢復薊州等處保
任幽燕之地前者將宋主困於涿鹿不料被楊繼業詐
用講和之計宋主暗出東門被他走脫雖斬了繼業三
子活擒一將不能與皇叔等報復大讐衷心懷恨未消
連日探馬來報宋主已回汴梁止留潘仁美保守雲應
朔平等州已命韓元帥與耶律色珍耶律休格等統領
大兵乘虛進取且喜連獲捷音應朔地方已經恢復眼
見山後之地不難圖矣衆卿 耶律沙等應科蕭氏白 前

图 2　正文

钦定诗经乐谱全书三十卷乐律正俗一卷

（清）爱新觉罗·弘历敕撰　清乾隆武英殿木活字印本

九行二十一字，白口，四周单边。

是书乾隆五十三年（1788）五月敕撰，编纂者有永瑢、邹奕孝、吴儆、谢墉、玉保等，翌年四月完稿。

《诗经》是我国最早的一部诗歌总集，一般认为《诗经》中的作品最初都是用来演奏的，只是没有乐谱流传。此书遵循“一字一音”的谱乐规则，沿用康熙《律吕正义》中制定的十四律，用工尺与宫商并用的方法记谱。演奏时以编钟作领奏，以箫定调，根据需要使用钟、埙、篪等乐器，分列箫、笛、钟、琴、瑟五种谱，为《诗经》全部三百零五篇诗歌谱曲，另增入御制补笙诗六首，共计一千五百五十五谱。所附《乐律正俗》一卷，实为对明朱载堉《诗经》谱乐作品《乡饮食乐谱》在乐调上的匡正。

此书是迄今唯一一部全部配有乐谱的《诗经》，书中记载的谱乐方法、记谱形式、乐器使用等，有助于了解清代宫廷音乐的特点。

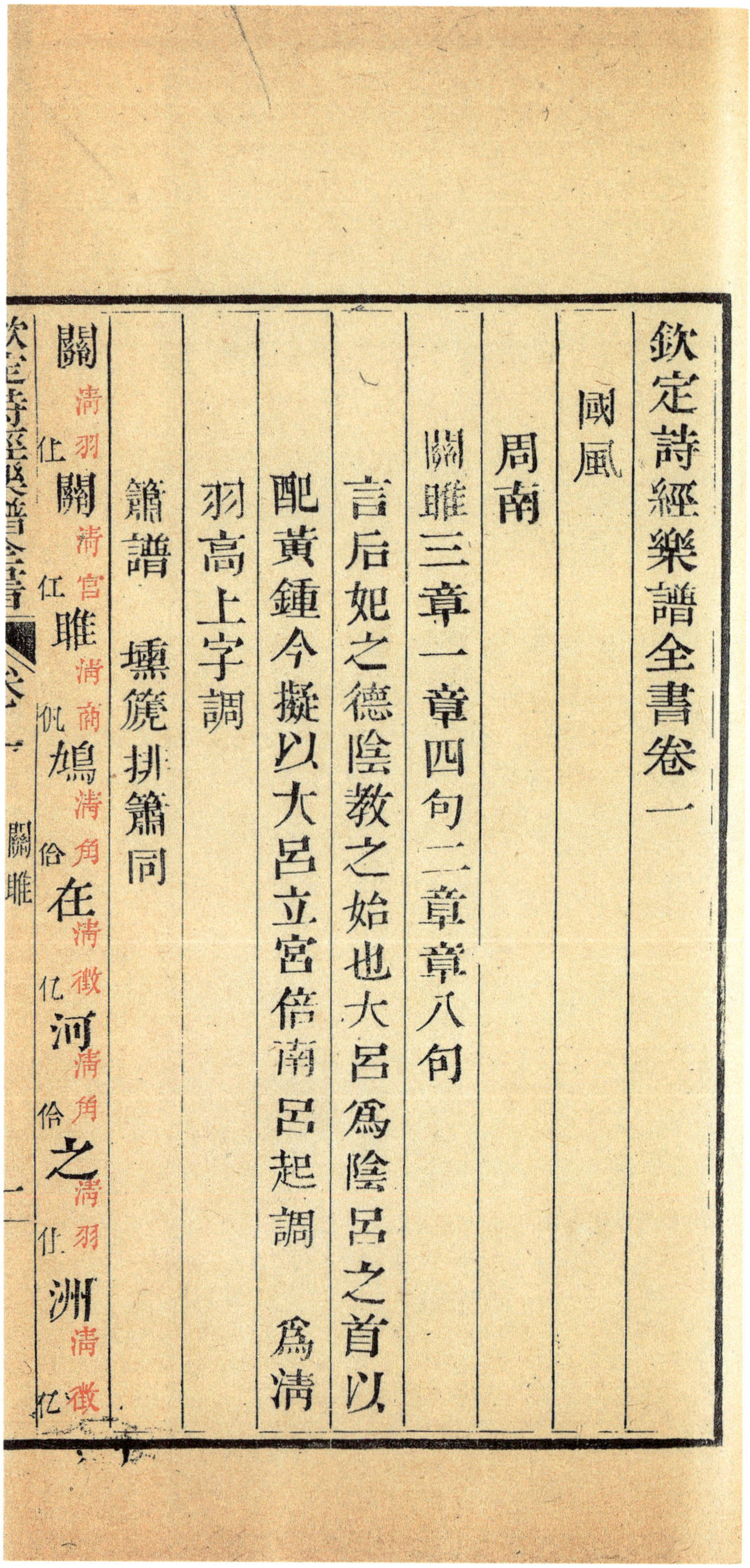

欽定詩經樂譜全書卷一

國風

周南

關雎三章一章四句二章章八句

言后妃之德陰教之始也大呂爲陰呂之首以配黃鍾今擬以大呂立宮倍南呂起調　爲清羽高上字調

簫譜　壎篪排簫同

關清羽 關清宮 雎清商 鳩清角 在清徵 河清角 之清羽 洲清徵

欽定詩經樂譜全書　卷一　關雎　一

图 1　卷端

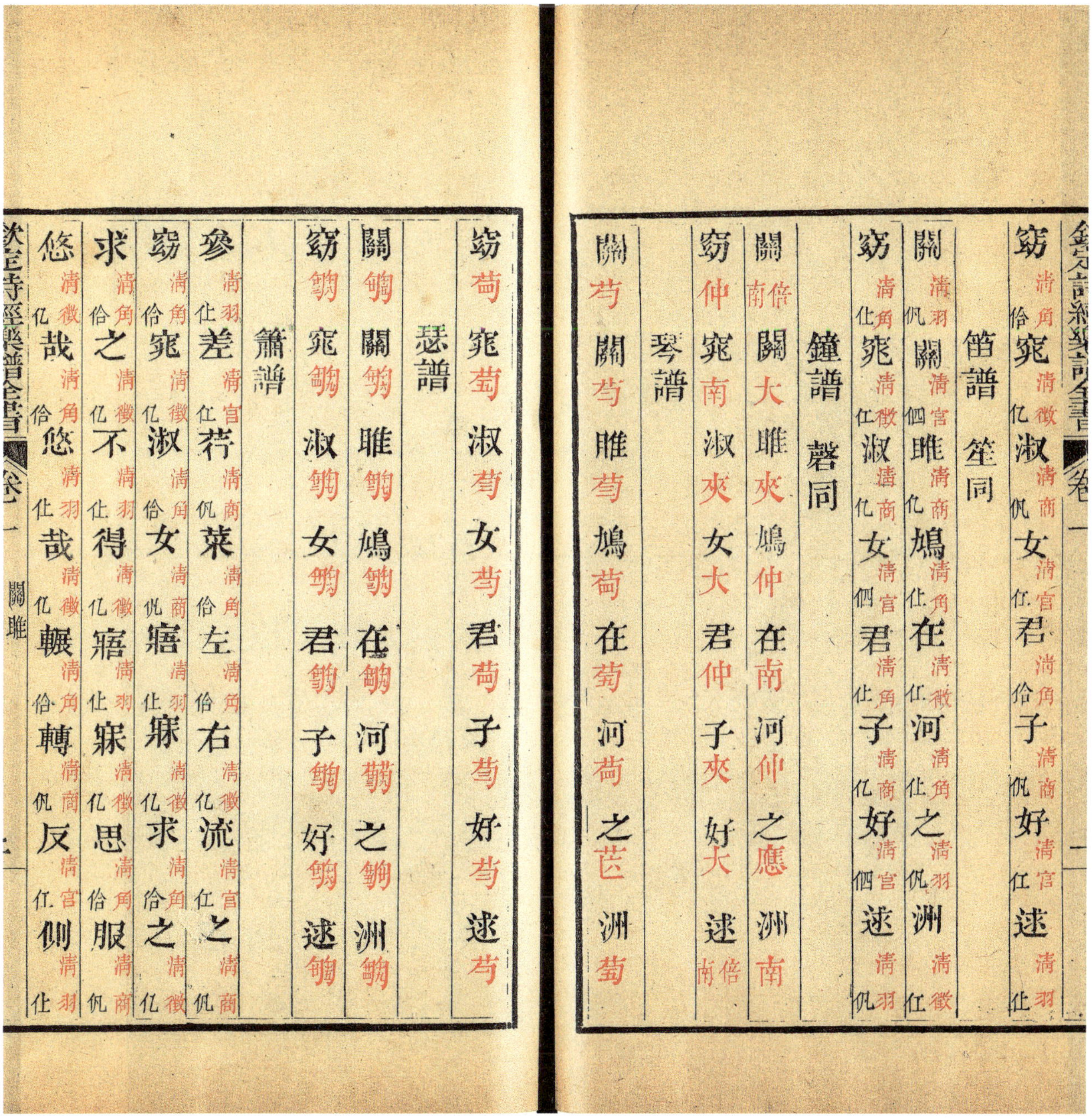

图 2　正文

黄钟通韵二卷附黄钟通韵琴图补遗一卷

（清）都四德撰　清乾隆刻本

九行二十字，白口，四周双边。

都四德（生卒年不详），字乾文，号秋庄，满洲镶红旗人，自署长白山人。致力于乐律、音韵研究。

是书共十篇，上卷七篇，包括五音位次、六律、七均等内容。下卷三篇，探讨循环为宫、声字、律数等问题。后附《琴图补遗》一卷。书中将乐律和语音融汇在一起进行讨论，使“音”“律”相结合。都氏深知音有清浊之分，字有次第之辨，门类繁多，难以切指，故尝试用满文来解决此问题，这种研究音律的方法在音乐史上产生了重要影响。该书韵图中所反映的发音特征也为我们研究清代语音提供了宝贵的资料。

此本为四库进呈本，有翰林院印，内封有朱文“乾隆三十八年四月翰林院笔帖式都保交出家藏黄钟通韵壹部计书贰本”戳记。

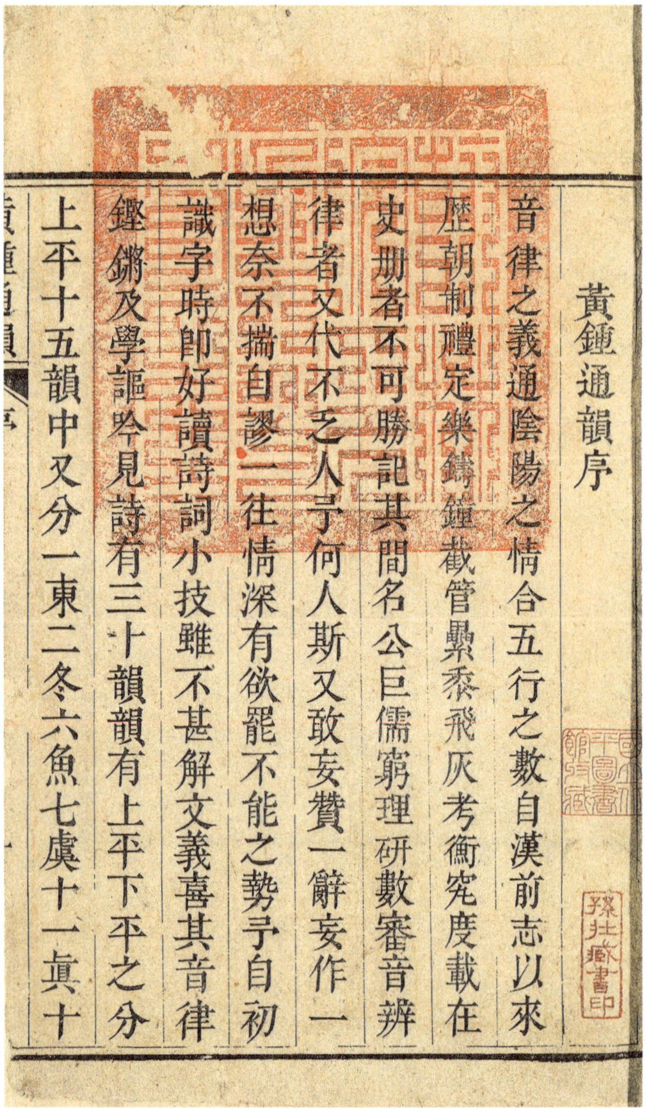
黃鍾通韻序
音律之義通陰陽之情合五行之數自漢前志以來
歷朝制禮定樂鑄鍾截管累黍飛灰考衡究度載在
史册者不可勝記其間名公巨儒窮理研數審音辨
律者又代不乏人予何人斯又敢妄贅一辭妄作一
想奈不揣自謬一往情深有欲罷不能之勢予自初
識字時即好讀詩詞小技雖不甚解文義喜其音律
鏗鏘及學謳吟見詩有三十韻韻有上平下平之分
上平十五韻中又分一東二冬六魚七虞十一真十

图1　序

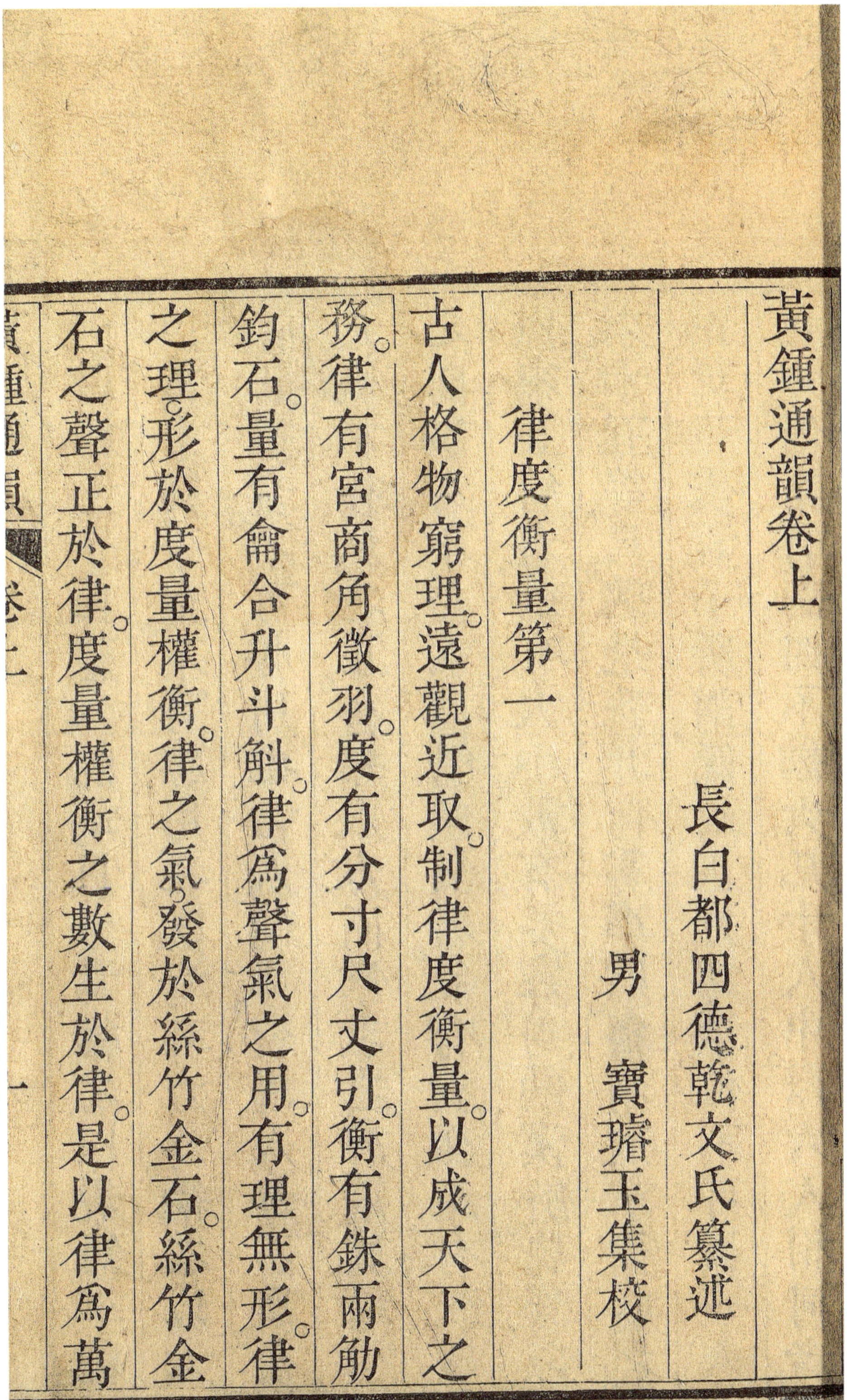

黃鍾通韻卷上

長白都四德乾文氏纂述

男 寶璿玉集校

律度衡量第一

古人格物窮理遠觀近取制律度衡量以成天下之務律有宮商角徵羽度有分寸尺丈引衡有銖兩觔鈞石量有龠合升斗斛律爲聲氣之用有理無形律之理形於度量權衡律之氣發於絲竹金石絲竹金石之聲正於律度量權衡之數生於律是以律爲萬

黃鍾通韻 卷上 一

图 2 卷端

牡丹亭曲谱二卷

（清）冯起凤定　清乾隆刻本

七行十四字，白口，左右双边。

冯起凤（生卒年不详），字云章，吴县（今苏州市）人。曾勘定《吟香堂曲谱》，计《牡丹亭》上下两卷，《长生殿》上下两卷，共四册。各有平江石韫玉题序。其子懋才于清乾隆五十四年（1789）刊印。

此书即是乾隆五十四年版《吟香堂曲谱》前两册。石韫玉序谓：“然而年来舞榭歌台，工同曲异，而卒无人引其商而刻其羽，致使燕筑赵瑟妙处不传，亦词人之恨事也。今云章冯丈，取临川旧本，详注宫商，点定节拍。”其中“工同曲异”一句，可见当时牡丹亭并无统一曲谱。冯起凤以文人度曲，从清唱角度出发，虽在音乐格律上略有不合之处，但却是最早，也最完整收录汤显祖原著五十五出的足本。其后三年，刊刻于乾隆五十七年的叶堂《纳书楹曲谱》本，由于清廷忌讳的原因，删去了《虏谍》一出，对于《围释》一出也多有删改。叶本虽流传甚广，但终非全本，其历史与艺术研究价值不如冯本。

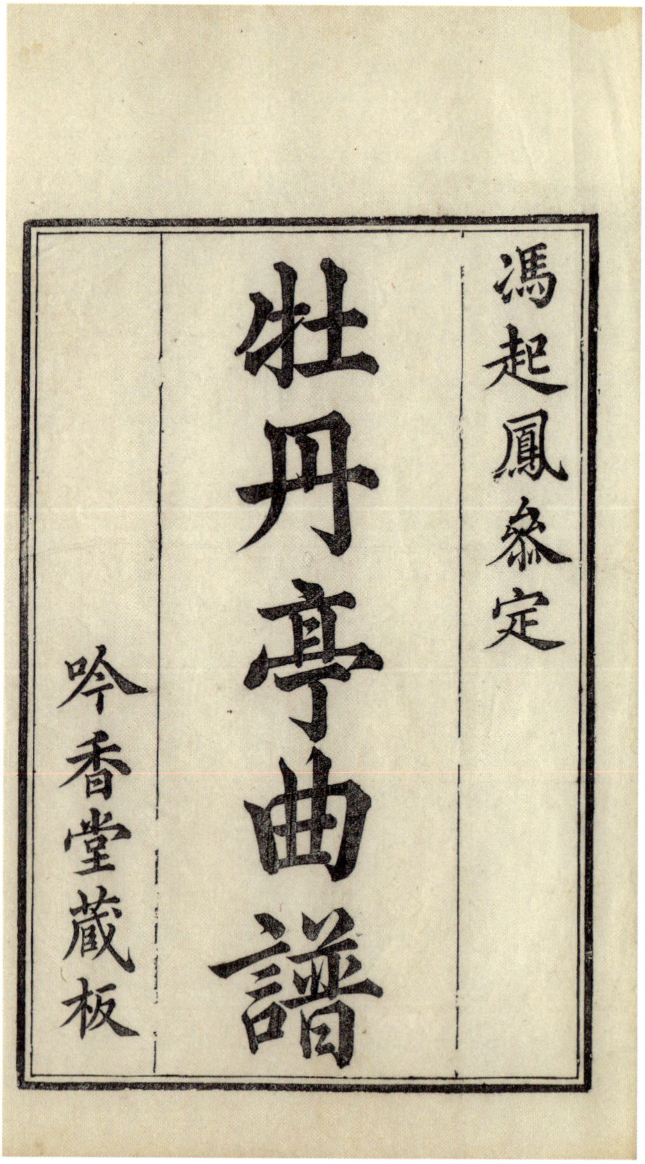

图 1　书名页

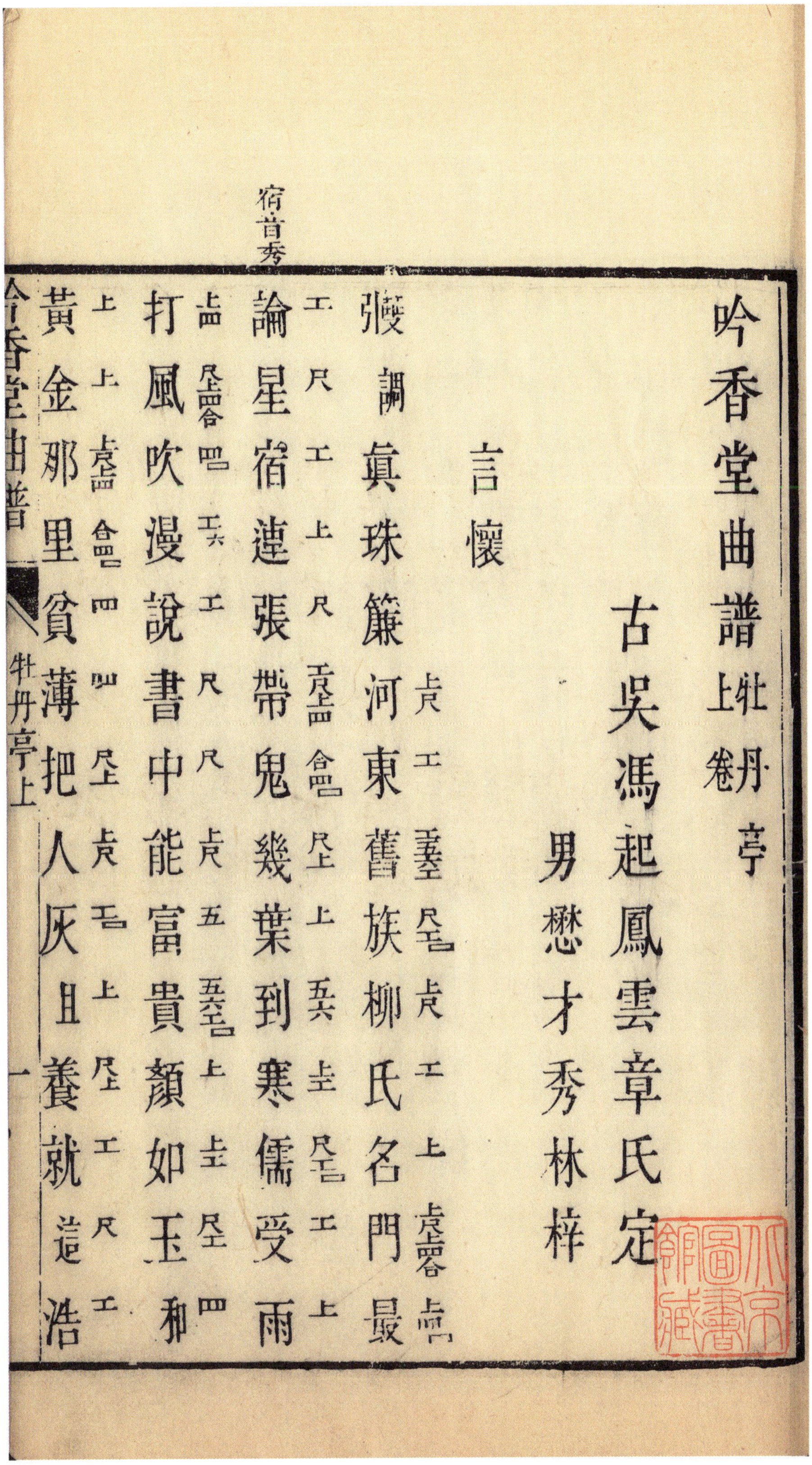
吟香堂曲譜上卷 牡丹亭

古吳馮起鳳雲章氏定

男懋才秀林梓

言懷

雙調 真珠簾 河東舊族柳氏名門最

宿首秀

論星宿連張帶鬼幾葉到寒儒受雨

打風吹漫說書中能富貴顏如玉和

黃金那里貧薄把人灰且養就浩

吟香堂曲譜 一 牡丹亭上 一

图 2 卷端

剧说六卷

（清）焦循撰　清稿本

十一行二十四字。

焦循（1763—1820），字理堂，一字里堂，扬州人。嘉庆六年（1801）举人，翌年应礼部试不第，遂绝意仕途。精于经史、历算、声音、训诂诸学。著有《孟子正义》《雕菰楼易学三书》《雕菰楼集》等。

此书是分类辑录前人论曲、剧之语而成。卷一考证戏剧成熟之前出现的各种戏剧形态；卷二至卷五对戏曲剧目逐一考据分析；卷六考察戏曲演出情况及评点。焦循在书中推崇“本色”论，认为戏曲语言应当“家常自然”，通俗易晓，且应在戏曲情节、演出等方面有所体现。对戏曲题材选择、结局设置的理论探讨，体现出悲剧美学倾向。在戏曲本事考证、角色与情节的探源等诸多问题上，也多有开拓，是戏曲批评史上的重要著作。成书于嘉庆十年，至民国六年（1917）辑入董康《读曲丛刊》始刊行，此为焦循稿本，钤有“里堂”“焦循手录”二印。

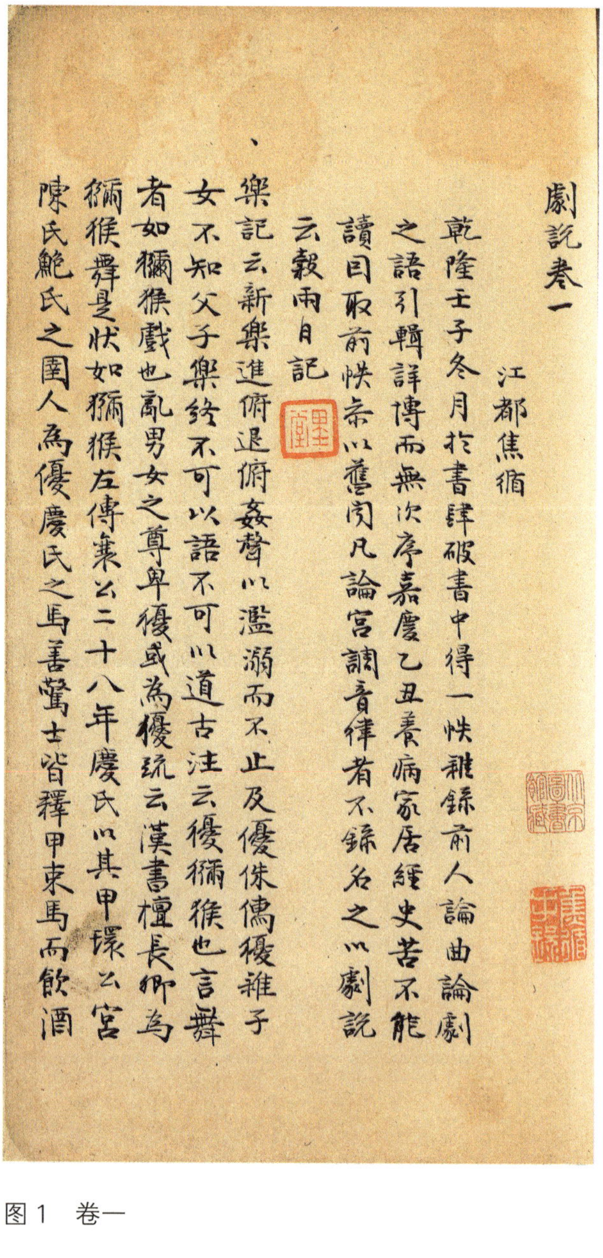
劇說卷一
江都焦循
乾隆壬子冬月於書肆破書中得一帙雜錄前人論曲論劇之語引輯詳博而無次序嘉慶乙丑養病家居經史苦不能讀因取前帙參以舊聞凡論宮調音律者不錄名之以劇說云穀雨日記
樂記云新樂進俯退俯姦聲以濫溺而不止及優侏儒獶雜子女不知父子樂終不可以語不可以道古注云獶獼猴也言舞者如獼猴戲也亂男女之尊卑獶或為優疏云漢書檀長卿為獼猴舞是狀如獼猴左傳襄公二十八年慶氏以其甲環公宮陳氏鮑氏之圉人為優慶氏之馬善驚士皆釋甲束馬而飲酒

图1　卷一

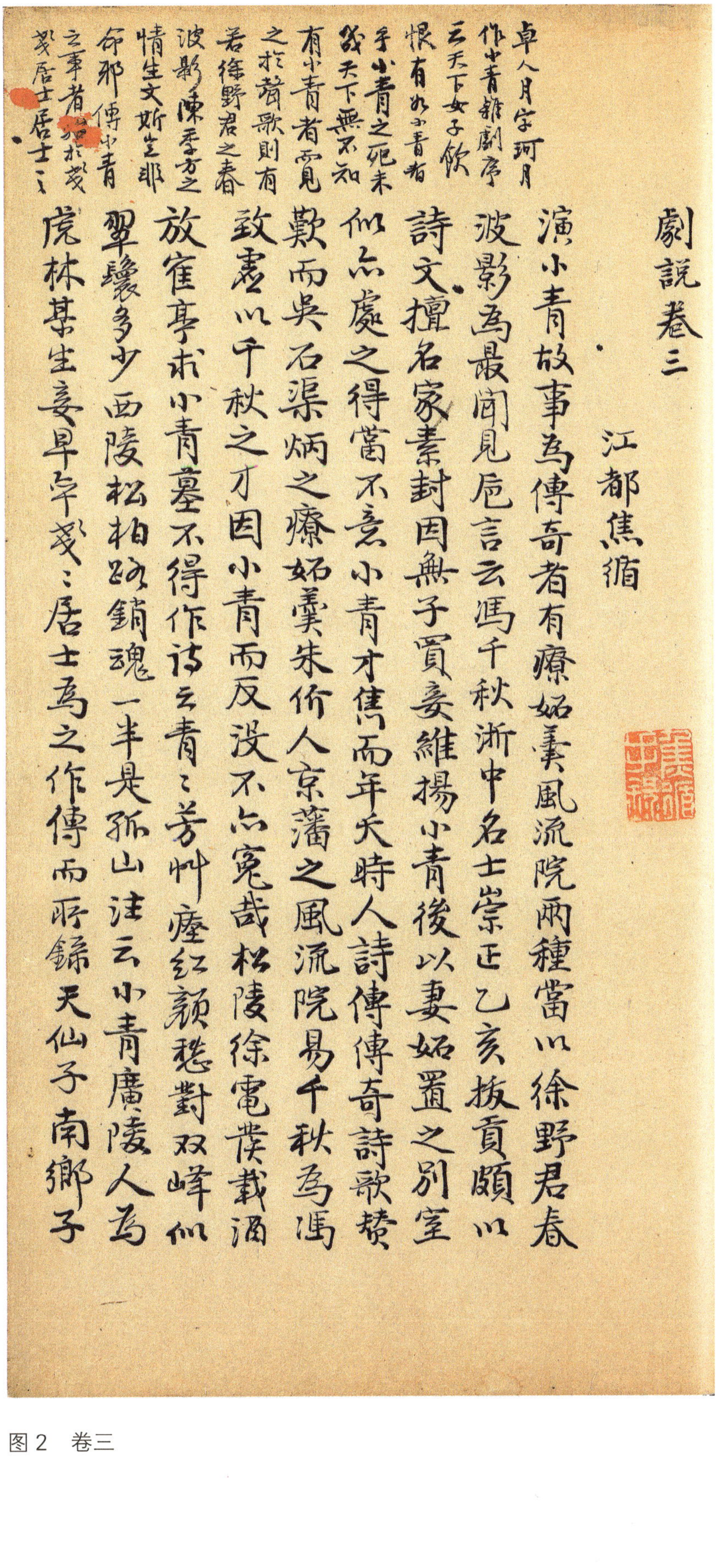

卓人月字珂月作小青雜劇序云天下女子飲恨有如小青者乎小青之死未幾天下無不知有小青者覓之於詩歌則有若徐野君之春波影陳季方之情生文始生非命耶傳小青之事者始於戔戔居士居士

劇說卷三

江都焦循

演小青故事為傳奇者有療妒羹風流院兩種當以徐野君春波影為最閒見卮言云馮千秋浙中名士崇正乙亥拔貢頗以詩文擅名家素封因無子買妾維揚小青後以妻妒置之別室似亦處之得當不意小青才雋而年夭時人詩傳傳奇詩歌贊歎而吳石渠炳之療妒羹朱价人京藩之風流院易千秋為馮致虛以千秋之才因小青而反沒不亦冤哉松陵徐電發載酒放崔亭求小青墓不得作詩云青青芳草瘞紅顏憔對双峰似翠鬟多少西陵松柏路銷魂一半是孤山注云小青廣陵人為虎林某生妾早卒戔戔居士為之作傳而所錄天仙子南鄉子

图2　卷三

律吕新论二卷

（清）江永撰　清道光二十四年（1844）金山钱氏刻《守山阁丛书》本

十一行二十三字，小字双行同，黑口，左右双边。

江永（1681—1762），字慎修，号慎斋，婺源（今属江西）人。博古通今，擅长考据，精于三礼，著有《古韵标准》《律吕阐微》等书。

此书分上下两卷，上卷首论宋蔡元定《律吕新书》，次论五声、黄钟之宫、黄钟之长，又论黄钟之积、十一律、三分损益、二变声、变律。下卷论琴、四清声、旋宫、乐调、造律、候气、律吕、琴音。是书之名“新论”，创新之处有二：其一认为定律应征之以管与弦，二者缺一不可。江氏考察古人皆以管定律，至汉代京房，始以弦为本，创十二律，均十二律为六十律，又生三百六十律，而宋蔡氏仅以管定律，造成管乐与弦乐用律不一。其二受《汉书·律历志》启发，提出“律生于历”，律与历皆由算积，由此方可得律之根本，精细推求律度之制。江氏精于算数，故长于计算律度，每有创见，如“定黄钟之宫”条，据蔡邕《月令章句》以校《吕氏春秋》之讹，并纠汉志之误；又如“辨损益相生”条，认为“均匀截管，则不致往而不返”，皆能发前人之所未发，成一家之言。

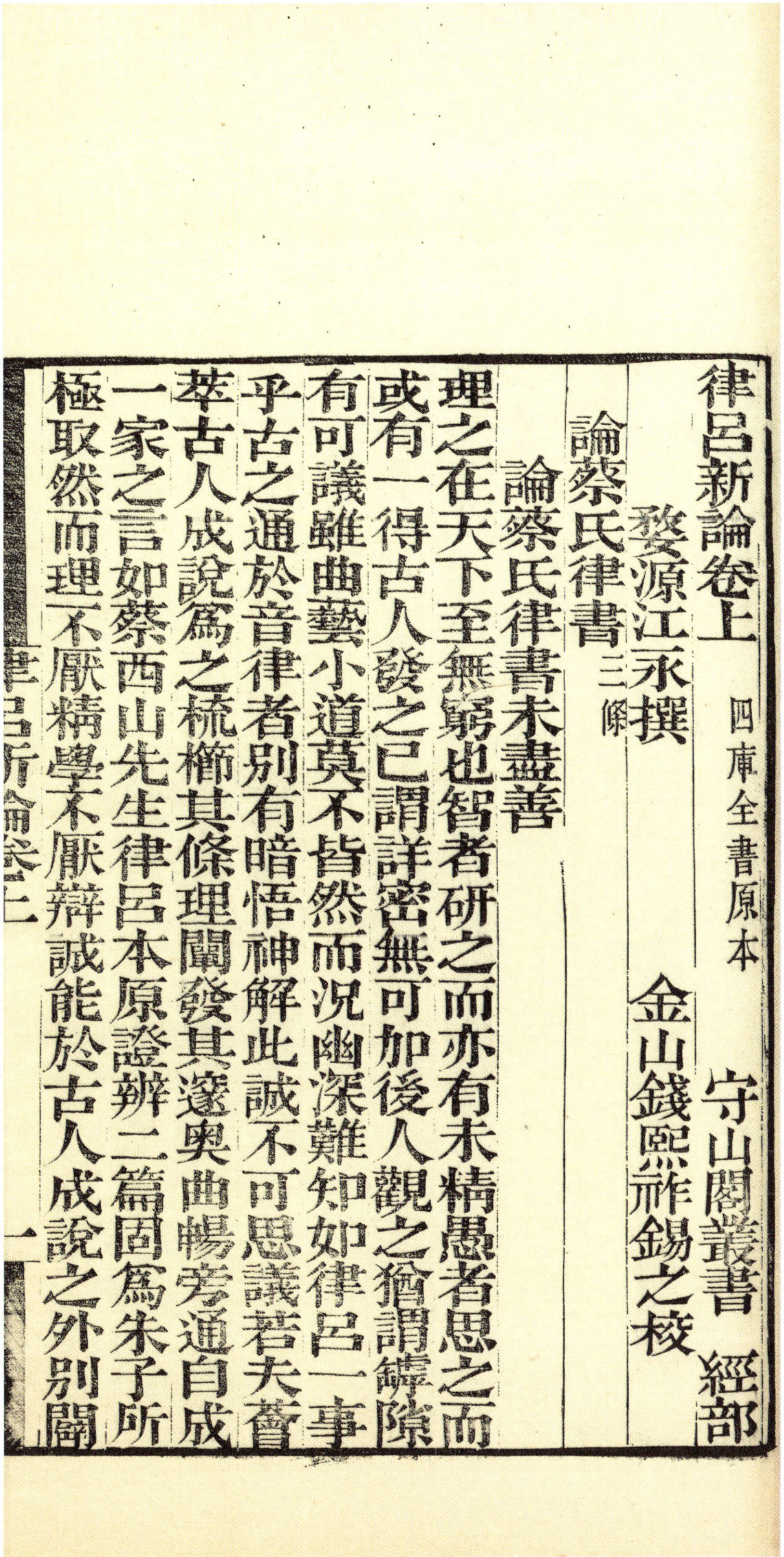
律吕新論卷上　　四庫全書原本　　守山閣叢書　經部

婺源江永撰　　金山錢熙祚錫之校

論蔡氏律書　三條

論蔡氏律書未盡善

理之在天下至無窮也智者研之而亦有未精愚者思之而或有一得古人發之已謂詳密無可加後人觀之猶謂罅隙有可議雖曲藝小道莫不皆然而况幽深難知如律吕一事乎古之通於音律者別有暗悟神解此誠不可思議若夫薈萃古人成說爲之梳櫛其條理闡發其邃奥曲暢旁通自成一家之言如蔡西山先生律吕本原證辨二篇固爲朱子所極取然而理不厭精學不厭辯誠能於古人成說之外別闢

律吕新論卷上　一

图　卷端

红楼梦散套十六卷

题（清）荆石山民撰　清嘉庆蟾波阁刻本　吴梅跋

八行十九字，白口，左右双边。

荆石山民为吴镐别号。吴镐（生卒年不详），江苏太仓人，主要活动于嘉庆年间。著有《荆石山房诗文集》等。

此剧情节取材于《红楼梦》小说，为“红楼”戏中流传较广的作品，共十六折，前八折出自前八十回，九至十五折出自高鹗续写的后四十回，最后一折《觉梦》为作者杜撰。每折内容独立，写黛玉者尤多。虽名为散套，但宾白俱全，体制更接近杂剧。听涛居士在《红楼梦散套序》中谓此剧“选辞造语，悉从清远道人（汤显祖）《四梦》打勘出来，益复谐音协律，窈缈铿锵，故得案头俊俏，场上当行，兼而有之。”梁廷枏《藤花亭曲话》亦云：“其曲情亦凄婉动人，非深于《四梦》者不能也。”此本钤有“康伯珍藏”“胡氏豫波家藏图书”印，书末有吴梅跋语。

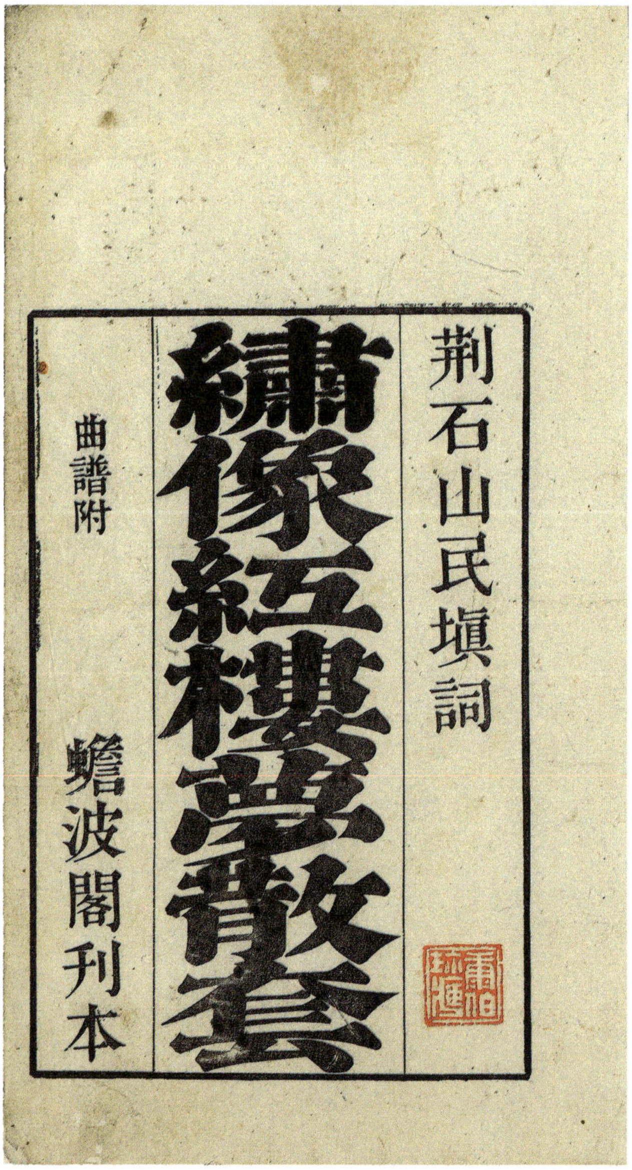

图 1　书名页

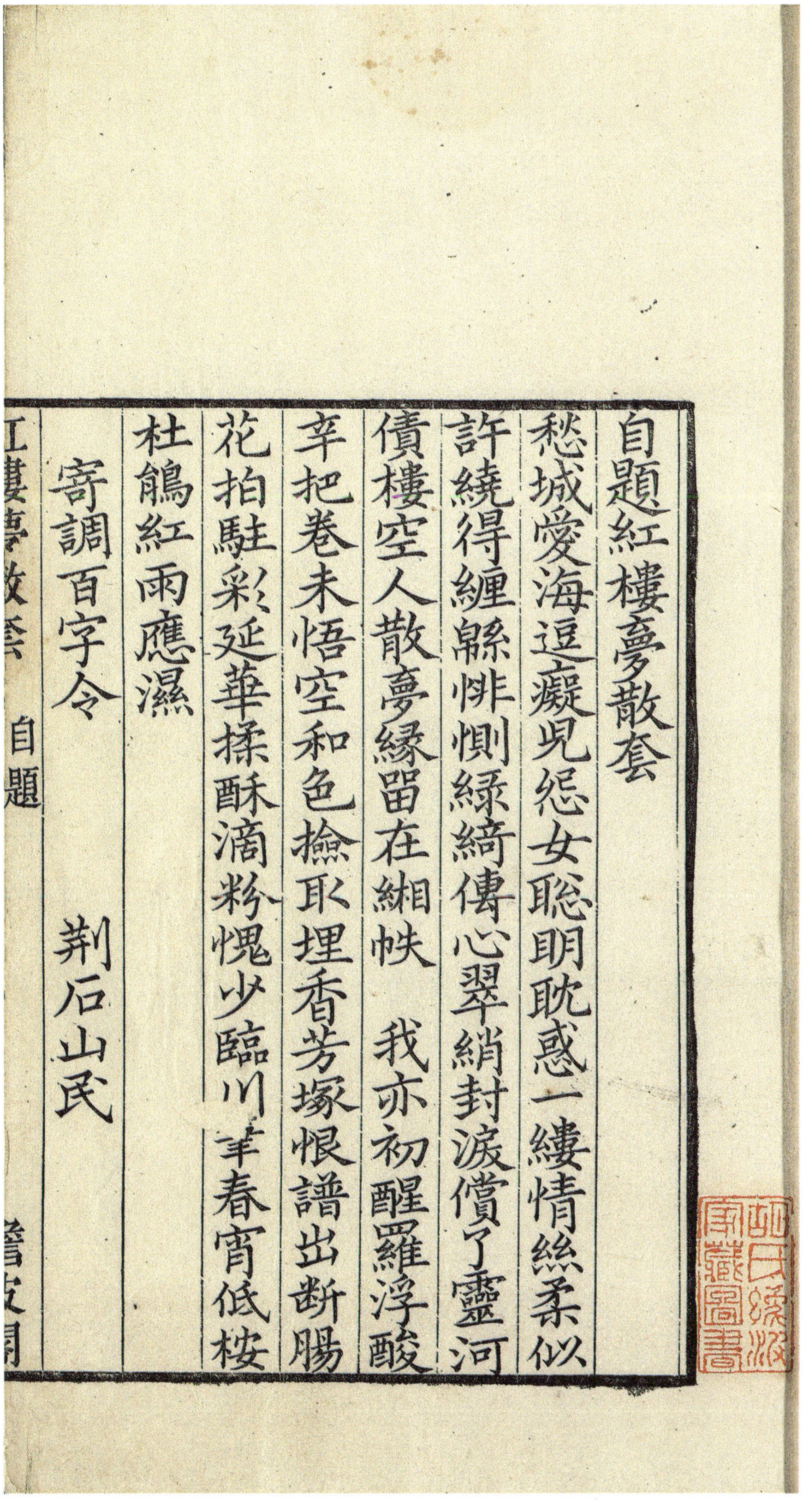
自題紅樓夢散套
愁城愛海逗癡兒怨女聰明耽惑一縷情絲柔似
許繞得纏綿悱惻綠綺傳心翠綃封淚償了靈河
債樓空人散夢緣留在緗帙　我亦初醒羅浮酸
辛把卷未悟空和色撿取埋香芳塚恨譜出斷腸
花拍駐彩延華揉酥滴粉愧少臨川筆春宵低椄
杜鵑紅雨應濕
寄調百字令　　荊石山民
紅樓夢散套　自題

图 2　题辞

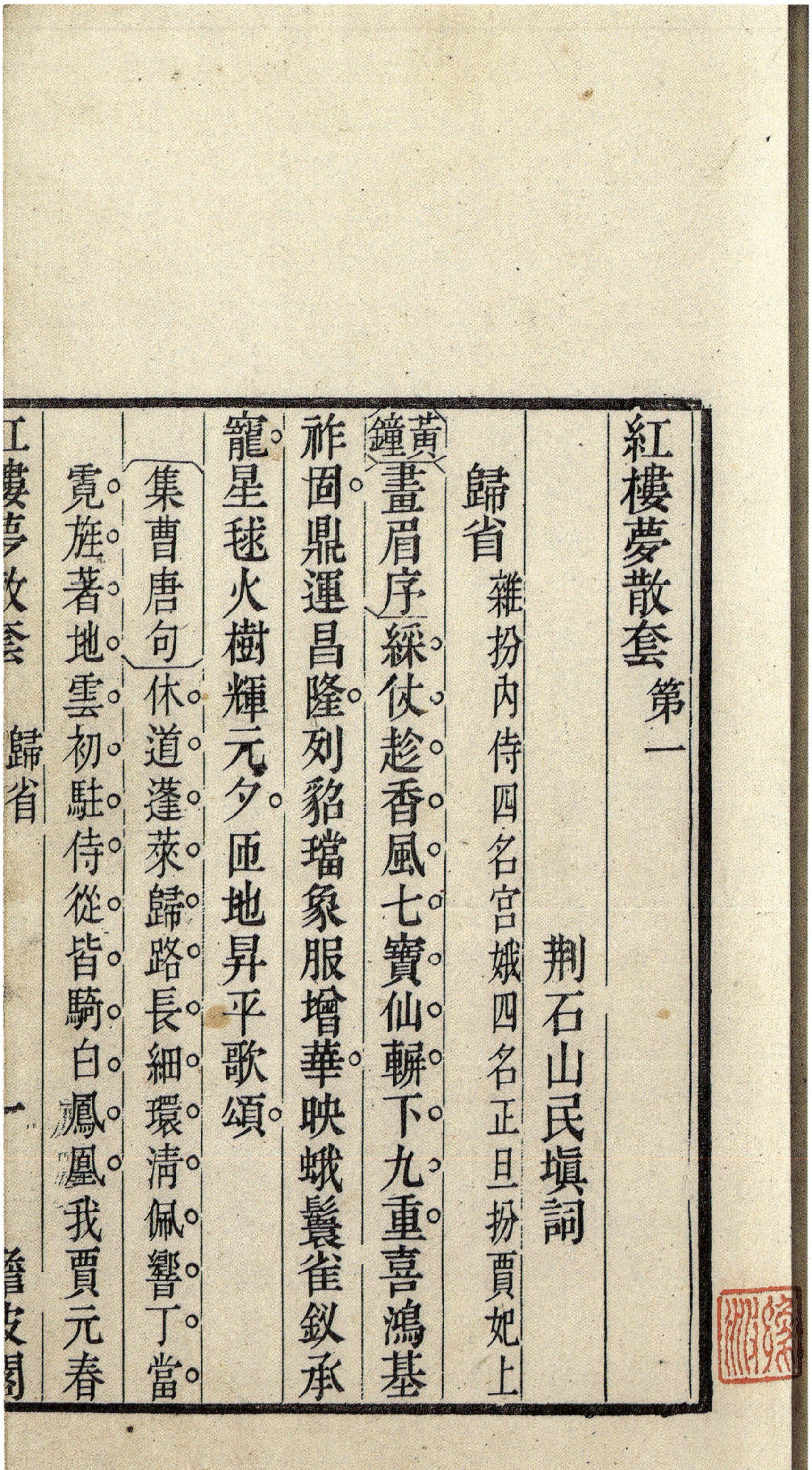

紅樓夢散套　第一

荆石山民塡詞

歸省　雜扮內侍四名宮娥四名正旦扮賈妃上

【黃鐘】【畫眉序】綵仗趁香風七寶仙軿下九重喜鴻基祚固鼎運昌隆列貂璫象服增華映蛾鬟雀釵承寵星毬火樹輝元夕匝地昇平歌頌

【集曹唐句】休道蓬萊歸路長細環淸佩響丁當霓旌著地雲初駐侍從皆騎白鳳凰我賈元春

紅樓夢散套　歸省　一　蟾波閣

图 3　卷端

图 4　葬花

礼器乐器全图

清刻本

白口，左右双边。

礼器是先秦时期举行祭祀等礼典时使用的器具。西周以后，礼器成为政治等级的重要标志，所谓“明贵贱，辨等列”“器以藏礼”（《左传》）。乐器也是礼乐制度的重要表征。在礼乐器的长期使用中，逐渐形成较完整系统的组合形式和制度。

西周早期，礼器由重酒体制向重食体制转变，“鼎”成为其形象代表；西周中后期，以钟磬为代表的雅乐体制发展成熟；春秋战国时期，雅乐体制衰落，新声崛起，钮钟、竽瑟等民间乐器繁盛起来。

此书撰者不详，序中提倡以雅乐助益政教，而不使俗乐杂作。首页为礼器总图殿内陈设图，后附有详细的礼器乐器图，每一张图上除绘制精致的器物外，还对器物的材质、形制和用途都进了行言简意赅的说明。如云雷尊图：“古陶器，后世范金为之，两傍有耳，画云雷于腹，取其奋豫云，取其濡泽，上施盖形，肖荷叶之覆者，通高九寸九分，口径四寸五分，腹径六寸三分，深八寸四分，用贮初献酒。”有助于了解礼乐器的沿革和制式、用途及礼乐制度的深层次文化内涵。此本为郑振铎旧藏。

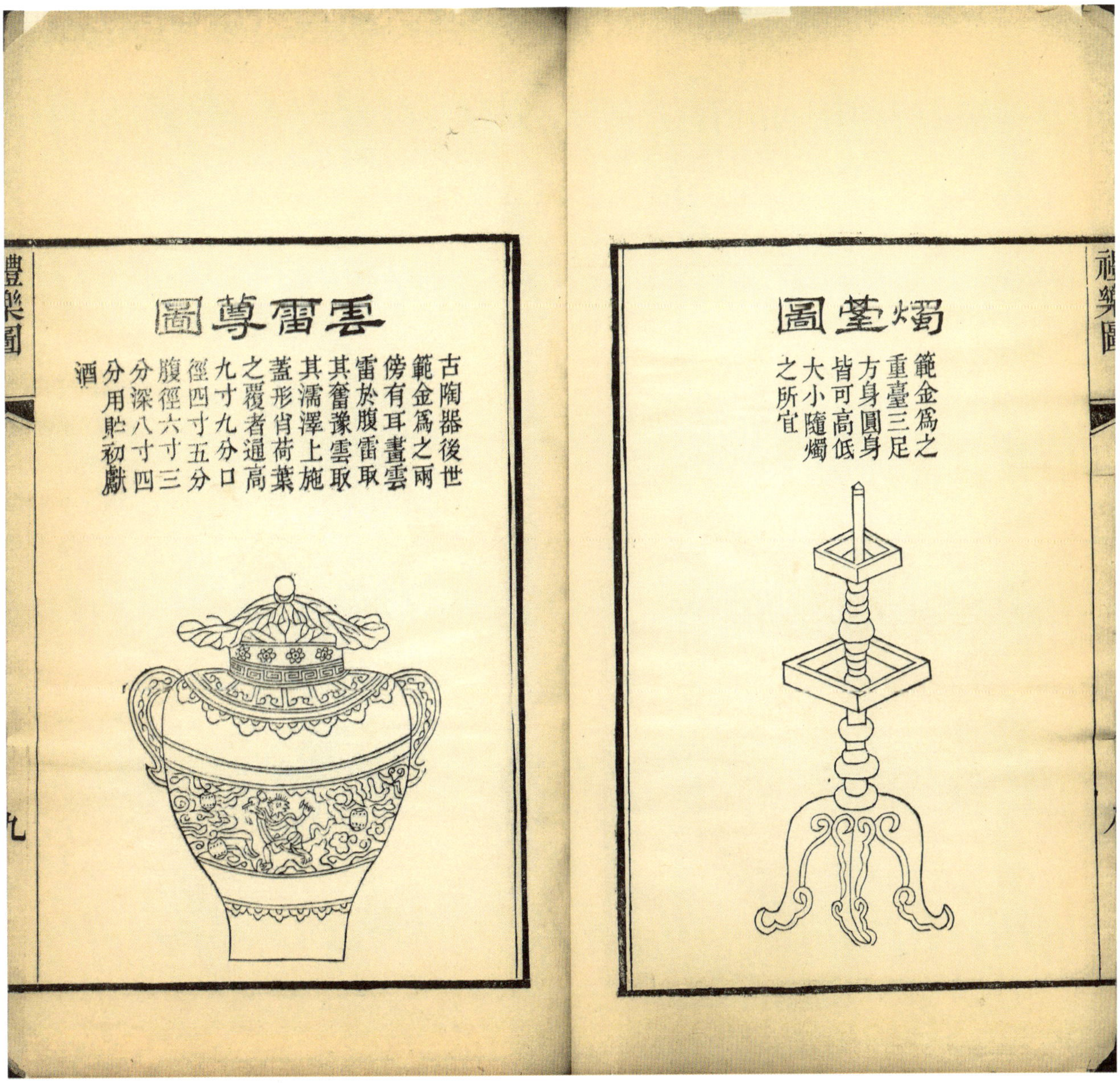

禮樂圖

雲雷尊圖

古陶器後世範金爲之兩傍有耳畫雲雷於腹雷取其奮豫雲取其濡澤上施蓋形肖荷葉之覆者通高九寸九分口徑四寸五分腹徑六寸三分深八寸四分用貯初獻酒

燭臺圖

範金爲之重臺三足方身圓身皆可高低大小隨燭之所宜

禮樂圖

图　礼器图

阳关三叠

（清）俞宗撰　清乾隆桐园草堂刻本

六行十二字，白口，四周双边。

俞宗（生卒年不详），字青萼，安徽歙县人。师从山阴胡纯庵学琴。

《阳关三叠》，又名《阳关曲》《渭城曲》，取材自王维的七言绝句《送元二使安西》："渭城朝雨浥轻尘，客舍青青柳色新。劝君更尽一杯酒，西出阳关无故人。"唐代被编成琴歌，歌曲分三段，叠唱原诗外，加入由原诗诗意所发展的若干词句，广为传唱。因其中"西出阳关无故人"一句反复吟唱三遍而得名。其曲谱至宋代失传。现存最早版本见于明弘治四年（1491）龚经所编《浙音释字琴谱》，残存八段，只第一段为王维原诗。嘉靖九年（1530）版《发明琴谱》亦载此琴歌。

此书是收集此曲谱最完整的一种。桐园草堂把琴曲逐一刻成单行本，以利教学之用。这种单行谱有利于整理研究我国传统音乐遗产以及了解传统琴曲和音乐理论，是极具文献价值的宝贵资料。

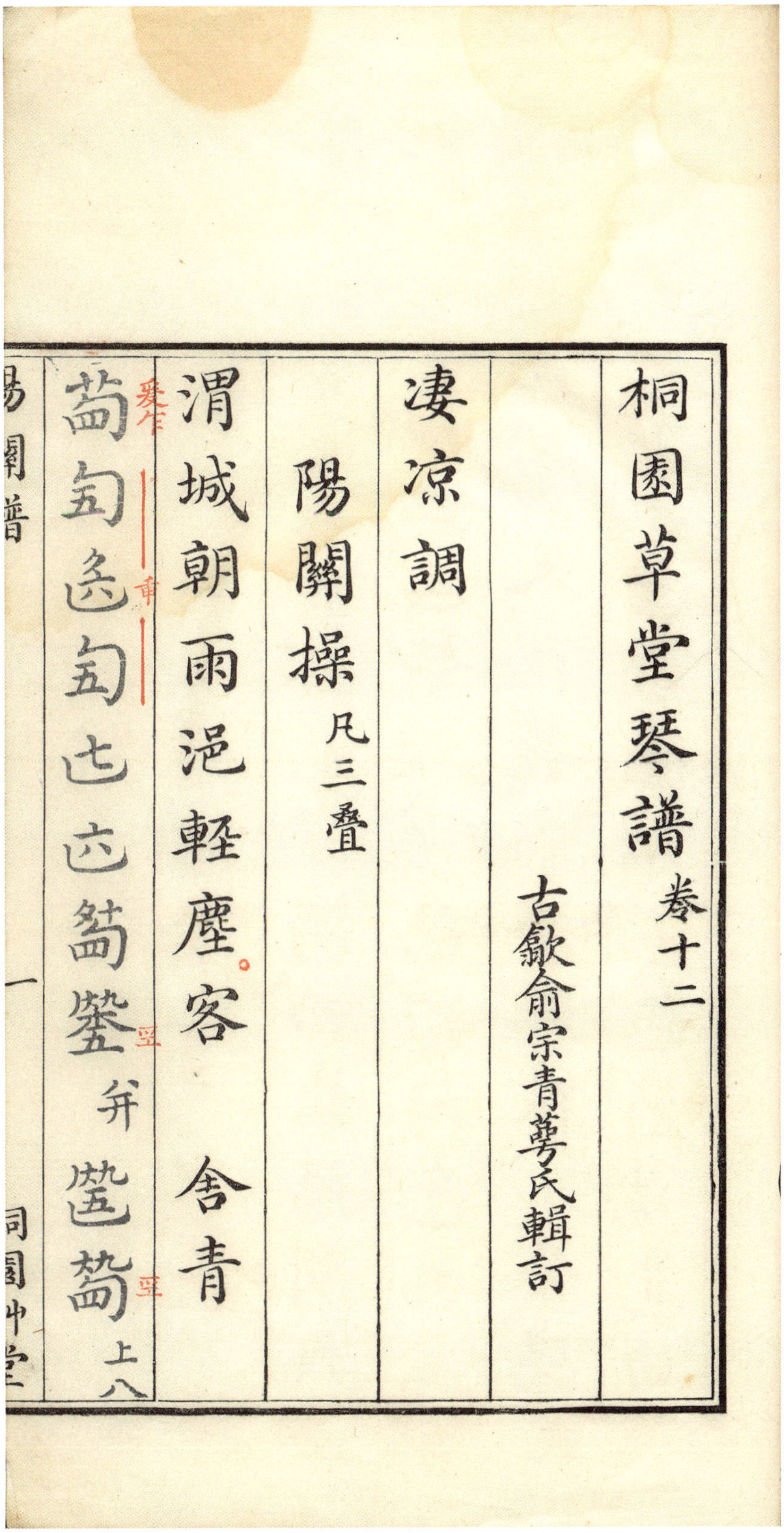

图　桐园草堂琴谱

扬州画舫录十八卷

（清）李斗撰　清乾隆六十年（1795）刻本

十行二十一字、二十四字或八行十九字，白口，左右双边。

李斗（1749—1817），字北有，号艾塘，别署画舫中人，江苏仪征人。博学多才，熟悉音律、填曲、剧本结构、舞台排场乃至表演，著有传奇《岁星记》《奇酸记》，又有《艾塘曲录》《艾塘乐府》等，著作合编为《永报堂集》三十三卷。

李斗中年以后退居扬州，记录自乾隆二十九年至六十年这三十年间所见所闻，上至贤士大夫流风余韵，下至琐细猥亵之事，诙谐俚俗之谈，删繁去重，汇成一编而成此书。内容虽驳杂，但体例清晰，“仿《水经注》之例，分其地而载之”，其卷五《新城北录下》、卷九《小秦淮录》与卷十一《虹桥录下》详细叙述了当时戏曲班社、演员、歌妓，以及花雅之争、扬州地方曲艺等情况，是研究清中期戏曲音乐的重要材料。

所谓花雅之争，雅指昆腔，花指昆腔之外的“杂调”。自明万历以来，昆腔一直占据着主流地位，延续至清乾隆时期，花部诸腔以其鲜明的舞台风格，逐渐获得民间青睐，出现了花部声腔与昆腔雅部争胜的局面，此书对此过程多有记载。对于“设局改戏”这一专制王朝钳制戏曲发展的大事件，书中亦有详细说明。此本为初刻本。

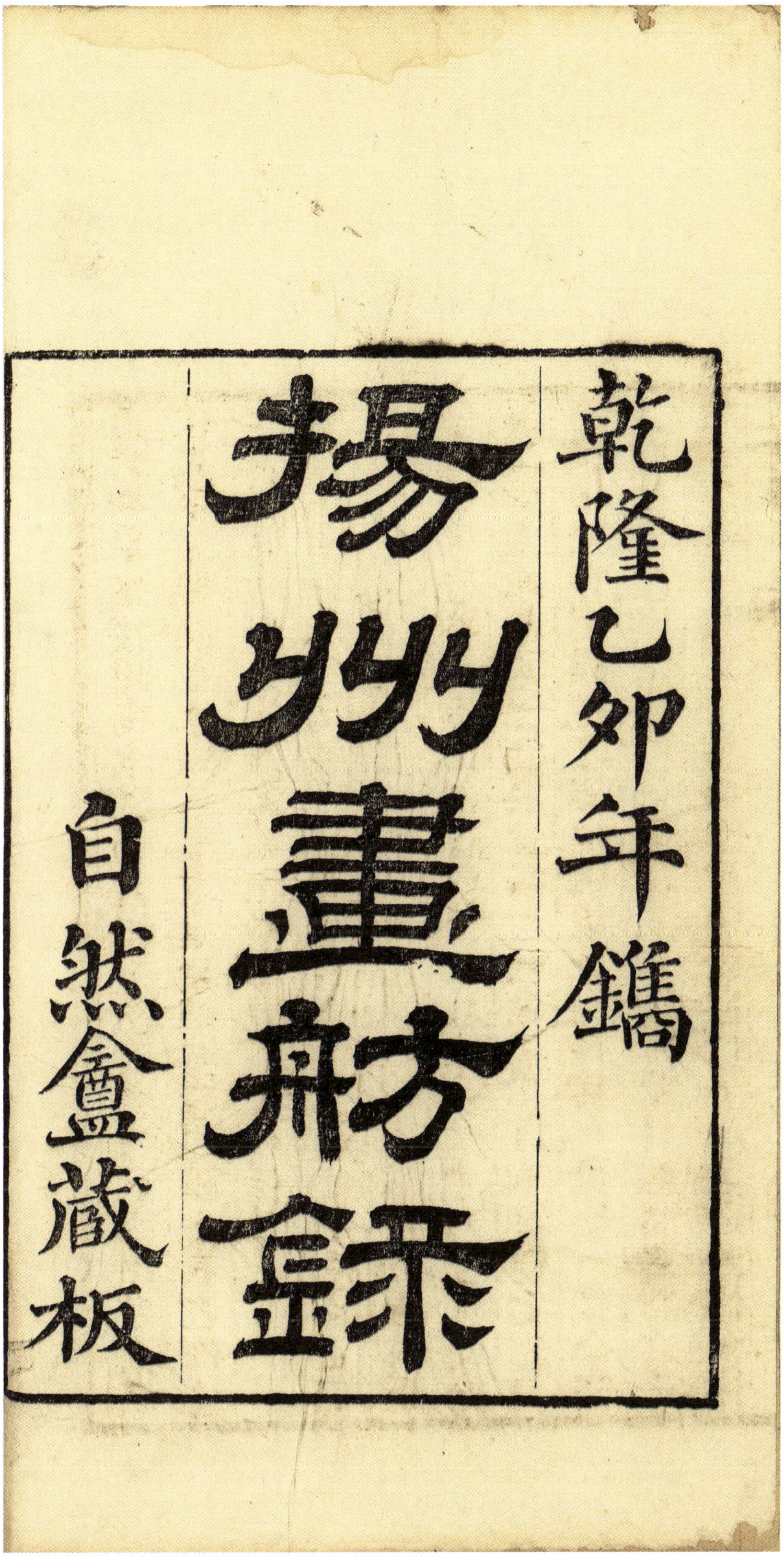

图 1　书名页

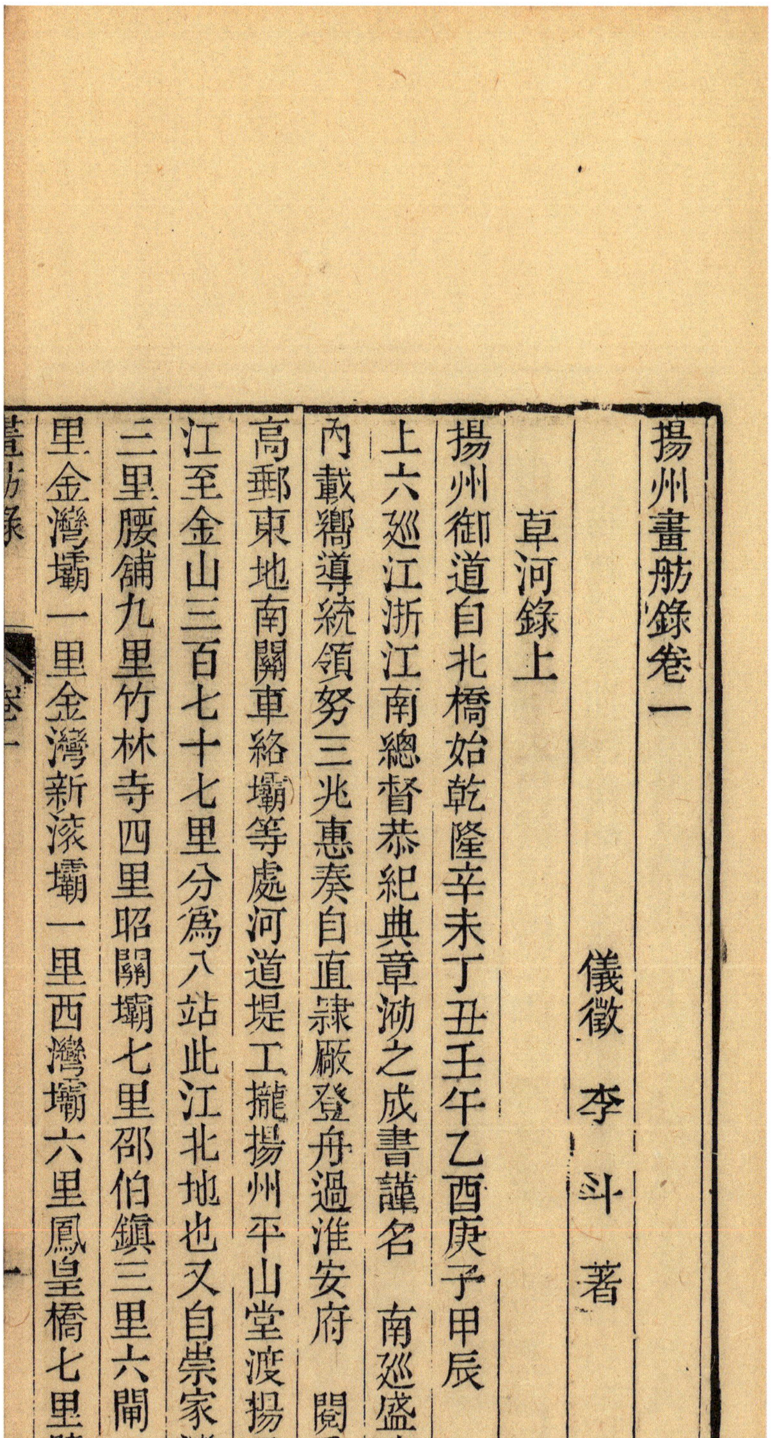

揚州畫舫錄卷一

儀徵　李　斗　著

草河錄上

揚州御道自北橋始乾隆辛未丁丑壬午乙酉庚子甲辰上六廵江浙江南總督恭紀典章泐之成書謹名　南廵盛典內載嚮導統領努三兆惠奏自直隸廠登舟過淮安府　閱看高郵東地南關車絡壩等處河道堤工攏揚州平山堂渡揚子江至金山三百七十七里分爲八站此江北地也又自祟家灣三里腰舖九里竹林寺四里昭關壩七里邵伯鎮三里六閘二里金灣壩一里金灣新滚壩一里西灣壩六里鳳皇橋七里壁

畫舫錄　卷一　一

图 2　卷端

图 3　插图

古今乐律工尺图

（清）陈懋龄撰　清刻本

行字不等，白口，左右双边。

陈懋龄（生卒年不详），江苏上元人。乾隆五十七年（1792）贡生。撰有《经书算学天文考》《钟山忆》等。

中国古代乐律发展至周代产生了七声音阶和十二律吕。“宫商角徵羽”被称为五音，后加入“变宫”“变徵”。以五音分别作为主音，可形成不同的调式。十二律吕则用于确定音高，即黄钟、大吕、太簇、夹钟、姑洗、仲吕、蕤宾、林钟、夷则、南吕、无射、应钟。各音的音高决定了整个乐曲的调高，再与调式结合即为宫调。

此书收录了若干诗谱、乐谱工尺图以及零散的乐书佚文。如“无射清商之调越调”中的《诗经·国风·关雎》工尺图，歌词居中，右边注调式，左边注工尺。越调，即采用七声雅乐音阶中商音为主音、无射律为宫音的无射清商调式。又如“梁武帝十二通定式”，梁武帝曾自制四件名为“通”的音器，每通施用三弦。该工尺图上标明黄钟弦九尺，大吕八尺四寸四分，一直至第十二通黄钟清四尺五寸，中间逐一递减。书中保存了部分古代宫廷与民间音乐的乐律工尺资料，对研究古代乐律有一定参考价值。此本曾为音乐教育家柯政和收藏。

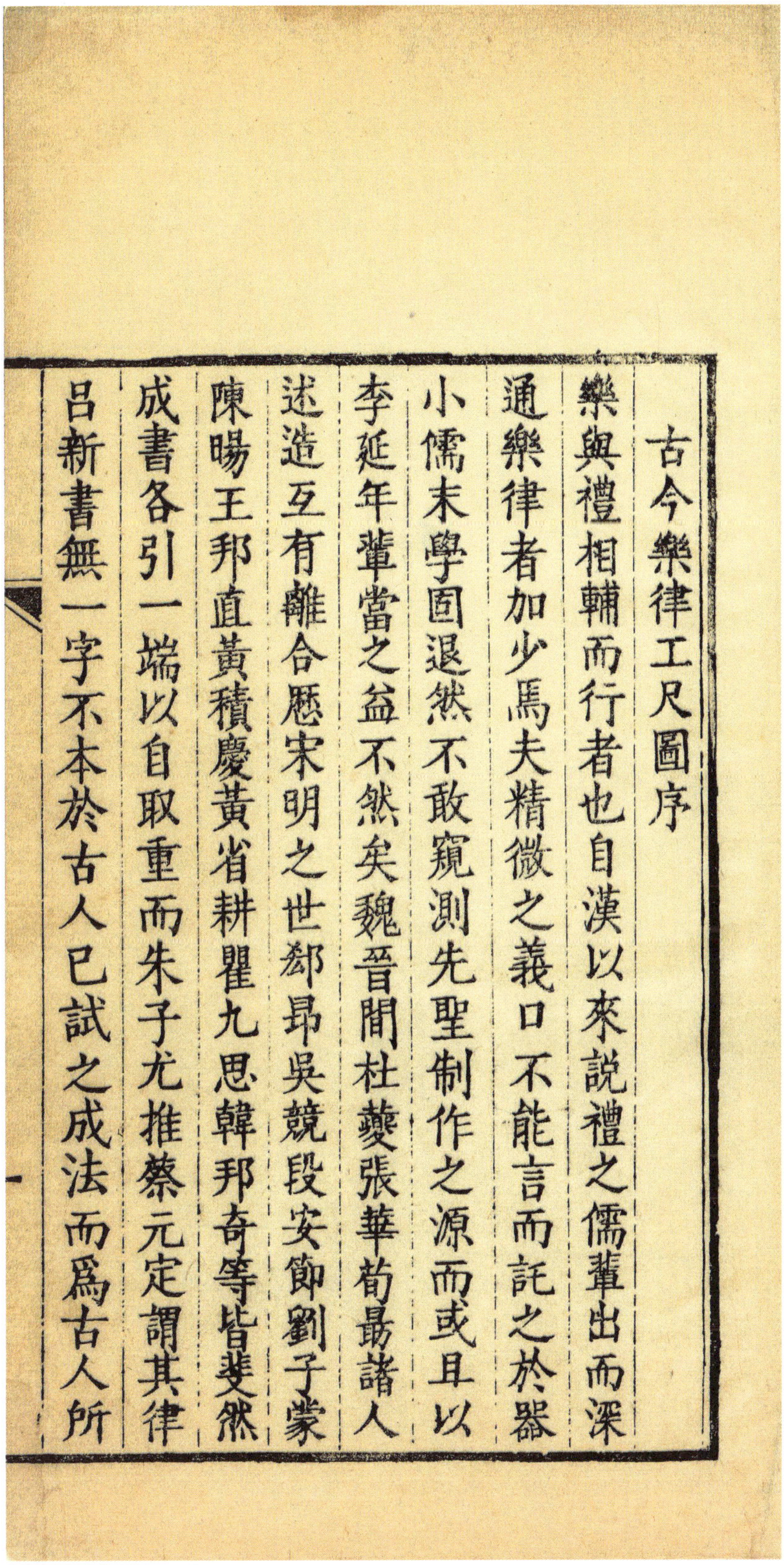

古今樂律工尺圖序

樂與禮相輔而行者也自漢以來說禮之儒輩出而深通樂律者加少焉夫精微之義口不能言而託之於器小儒末學固退然不敢窺測先聖制作之源而或耳以李延年輩當之益不然矣魏晉閒杜夔張華荀朂諸人述造互有離合歷宋明之世鄒昂吳兢段安節劉子蒙陳暘王邦直黃積慶黃省耕瞿九思韓邦奇等皆斐然成書各引一端以自取重而朱子尤推蔡元定謂其律呂新書無一字不本於古人已試之成法而爲古人所

图1　序

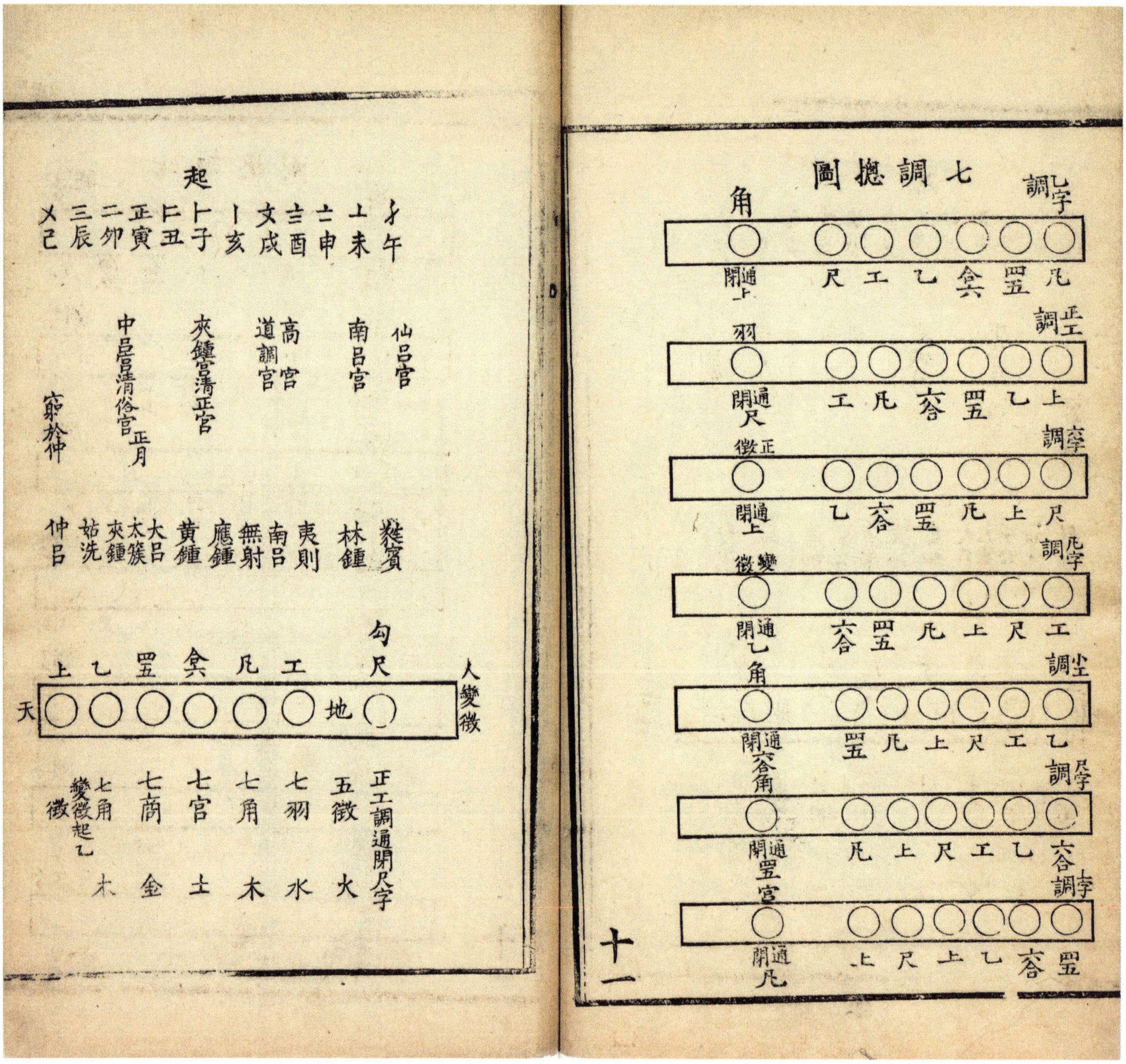

图 2　七调总图

燕乐考原六卷

（清）凌廷堪撰　清嘉庆十六年（1811）张其锦刻本

十行二十一字，小字双行同，白口，左右双边。

凌廷堪（1757—1809），字次仲，安徽歙县人。乾隆五十五年（1790）进士。朴学名家，尤精礼学，著有《校礼堂文集》《礼经释例》《梅边吹笛谱》等书。

燕乐为朝廷燕飨所用仪式音乐，唐代燕乐采用二十八调，由于时移世易，至清时，燕乐所用音阶、宫调、乐器等已难于查辨。此书在总结前人认识的基础上，重新梳理了燕乐理论。全书分为总论、宫声七调、商声七调、角声七调、羽声七调及后论各部分。凌氏认为隋郑译提出的八十四调理论和宋蔡元定提出六十调理论皆“繁复不可用”，并与当时的工尺七调相悖，缺乏实践意义。批判前人从笛入手探求燕乐二十八调为非，认为“燕乐不用忝律，以琵琶弦协之：琵琶四弦，故燕乐四均；一均七调，故二十八调”，指出燕乐二十八调之四宫是源于琵琶之四弦，由浊至清依次以宫商角羽排列。凌氏博采文献中所录燕乐二十八调曲名，并按所用之调予以分类。后论附有各时期《燕乐二十八调表》。

是书始作于嘉庆九年（1804），至十四年凌氏去世之前，仍订补不辍，翌年由其弟子张其锦付梓行世。

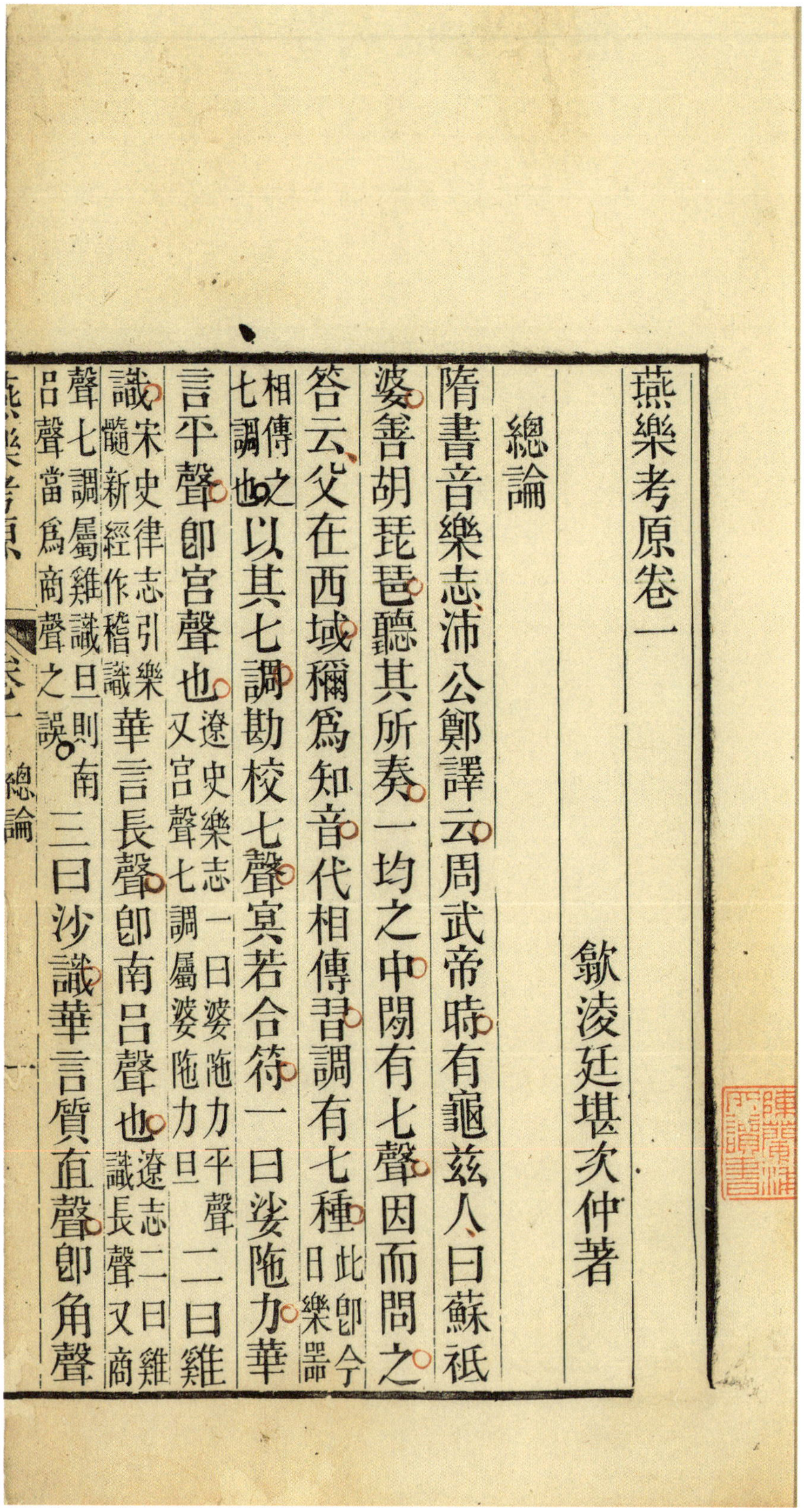

燕樂考原卷一

歙淩廷堪次仲著

總論

隋書音樂志沛公鄭譯云周武帝時有龜茲人曰蘇祇婆善胡琵琶聽其所奏一均之中閒有七聲因而問之答云父在西域稱爲知音代相傳習調有七種此卽今日樂器相傳之七調也以其七調勘校七聲冥若合符一曰娑陁力華言平聲卽宮聲也遼史樂志一曰娑陁力平聲又宮聲七調屬娑陁力旦二曰雞識宋史律志引樂髓新經作稽識華言長聲卽南呂聲也遼志二曰雞識長聲又商聲七調屬雞識旦則南呂聲當爲商聲之誤三曰沙識華言質直聲卽角聲

燕樂考原　卷一　總論　一

图 1　卷端

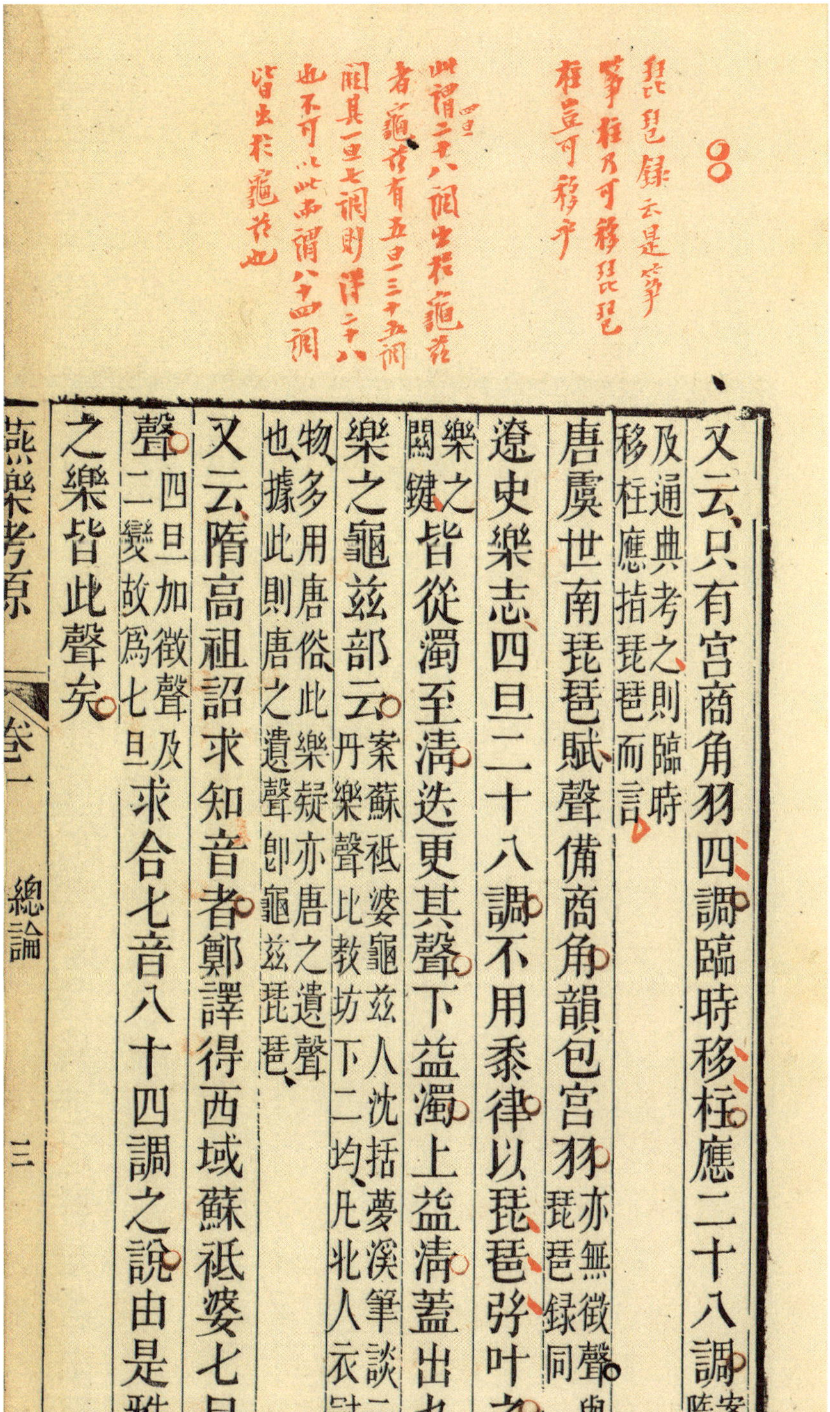
琵琶錄云是箏
箏柱乃可移琵琶
柱豈可移乎

四旦
此謂二十八調出於龜茲
者龜茲有五旦三十五調
闕其一旦七調則僅二十八
也不可以此而謂八十四調
皆出於龜茲也

又云只有宮商角羽四調臨時移柱應二十八調案以隋志及通典考之則臨時移柱應指琵琶而言
唐虞世南琵琶賦聲備商角韻包宮羽亦無徵聲與琵琶錄同
遼史樂志四旦二十八調不用黍律以琵琶弦叶之此燕樂之闕鍵皆從濁至淸迭更其聲下益濁上益淸蓋出九部樂之龜茲部云案蘇祇婆龜茲人沈括夢溪筆談云契丹樂聲比教坊下二均凡北人衣冠文物多用唐俗此樂疑亦唐之遺聲也據此則唐之遺聲即龜茲琵琶
又云隋高祖詔求知音者鄭譯得西域蘇祇婆七旦之聲四旦加徵聲及二變故爲七旦求合七音八十四調之說由是雅俗之樂皆此聲矣

燕樂考原　卷一　總論　三

图 2　陈澧批校

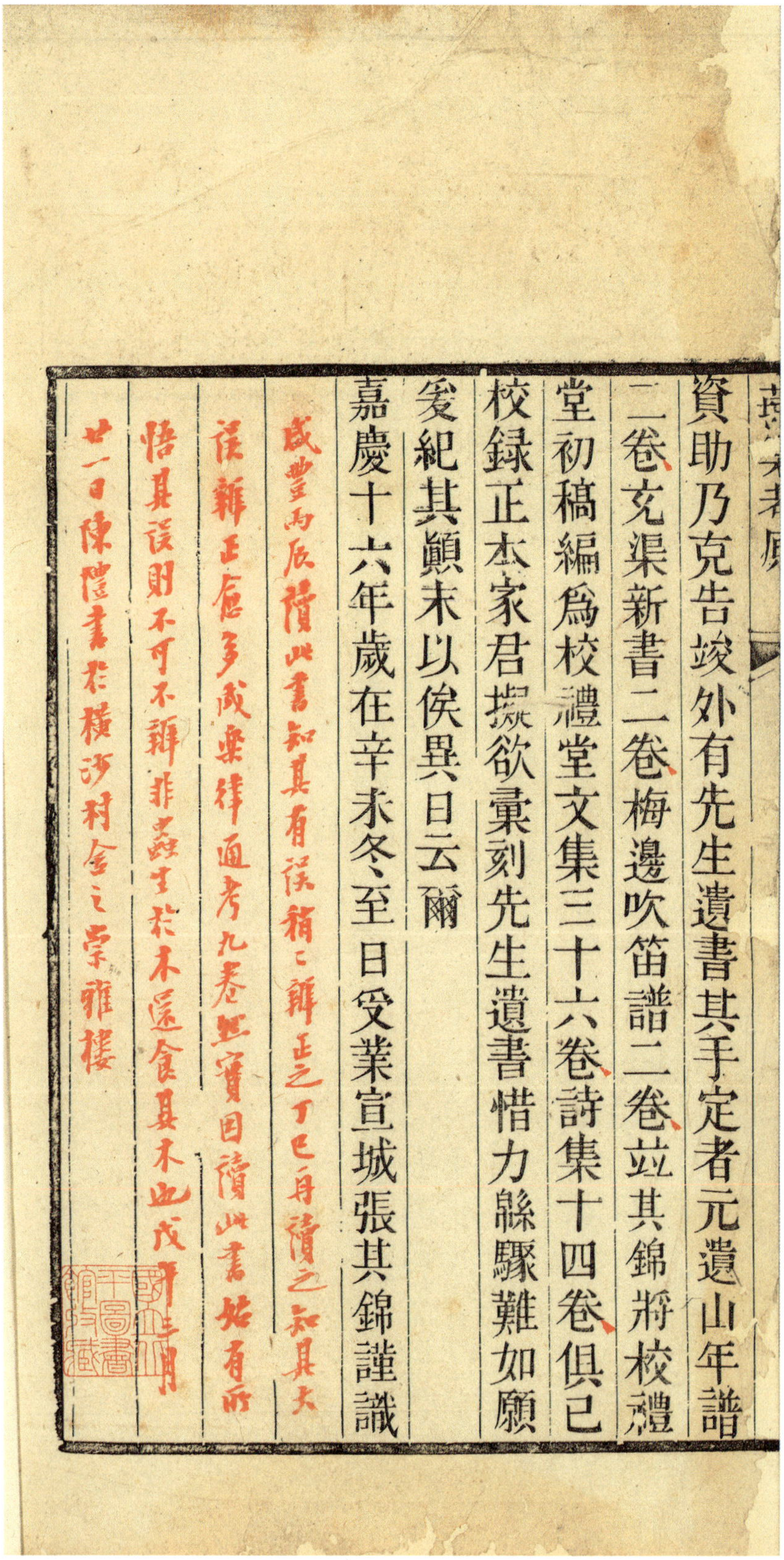
資助乃克告竣外有先生遺書其手定者元遺山年譜
二卷元渠新書二卷梅邊吹笛譜二卷並其錦將校禮
堂初稿編爲校禮堂文集三十六卷詩集十四卷俱已
校録正本家君擬欲彙刻先生遺書惜力絀驟難如願
爰紀其顛末以俟異日云爾
嘉慶十六年歲在辛未冬至日受業宣城張其錦謹識

咸豐丙辰讀此書知其有誤稍稍辨正之丁巳再讀之知其大
誤辨正愈多成樂律通考九卷然實因讀此書始有所
悟其誤則不可不辨非蠹生於木還食其木也戊午十月
廿一日陳澧書於橫沙村舍之崇雅樓

图 3　陈澧跋

琵琶谱三卷

（清）王君锡 （清）陈牧夫传谱 （清）华文彬等校订 清嘉庆二十四年（1819）刻本

行字不一，白口，左右双边。

琵琶艺术发展至清代已具有成熟的表演形式，形成了北派、南派、无锡派等诸多派别。北派代表王君锡（生卒年不详），直隶人。南派代表陈牧夫，与王君锡并称乾隆时期琵琶南北二巨子。华文彬（1784—1859），字伯雅，号秋苹，为无锡派代表人物，曾在王氏、陈氏门下学习南北琵琶谱曲，校订刊行《琵琶谱》三卷，其中上卷为王君锡所传，中、下两卷为陈牧夫所传。

是书共收曲六十八首。上卷“燕京正声”，刊北派西板十二首；中卷“武林逸韵”，刊南派西板四十九首；下卷刊南派名曲五首。大曲《十面埋伏》为北派所传名曲，演绎刘项争霸故事。全曲分为三大部分：第一部分由“开门放炮”“吹打”“点将”“排阵”四部组成，着重渲染垓下之战风雨欲来的战前准备。第二部分由“埋伏”“小战”“呐喊”“大战”组成，为全曲高潮，生动地表达了两军对垒，战马奔腾的厮杀场面。第三部分由“败阵”“乌江”“争功”“凯歌”“回营”组成，描绘战后情况，突出了对战败者的惋惜与同情。全曲情节紧凑，跌宕起伏，极富艺术感染力。

此书是我国历史上第一部正式刊刻出版的琵琶谱曲集，汇集南北秘本真传曲谱，打破了琵琶戏曲艺术在传承上的保守性。华氏在参订过程中，对传谱做了匡谬正讹的细致修补，留下了一份规范的音乐史料。他在凡例中概括出的“文板宜文，武板宜武，大曲宜宽紧相间”的规则，奠定了后世琵琶乐谱的分类基础，为我国古典音乐艺术的发展做出了重要贡献。

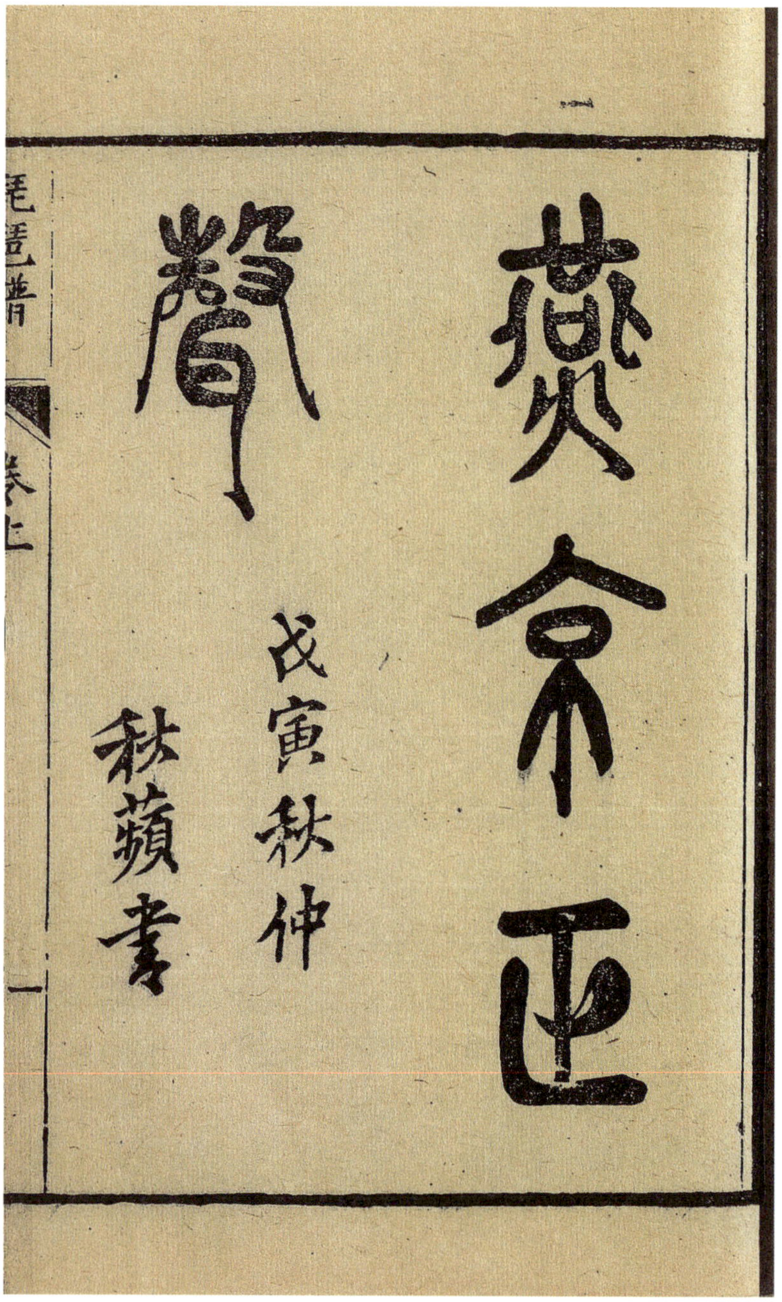

图 1　题名

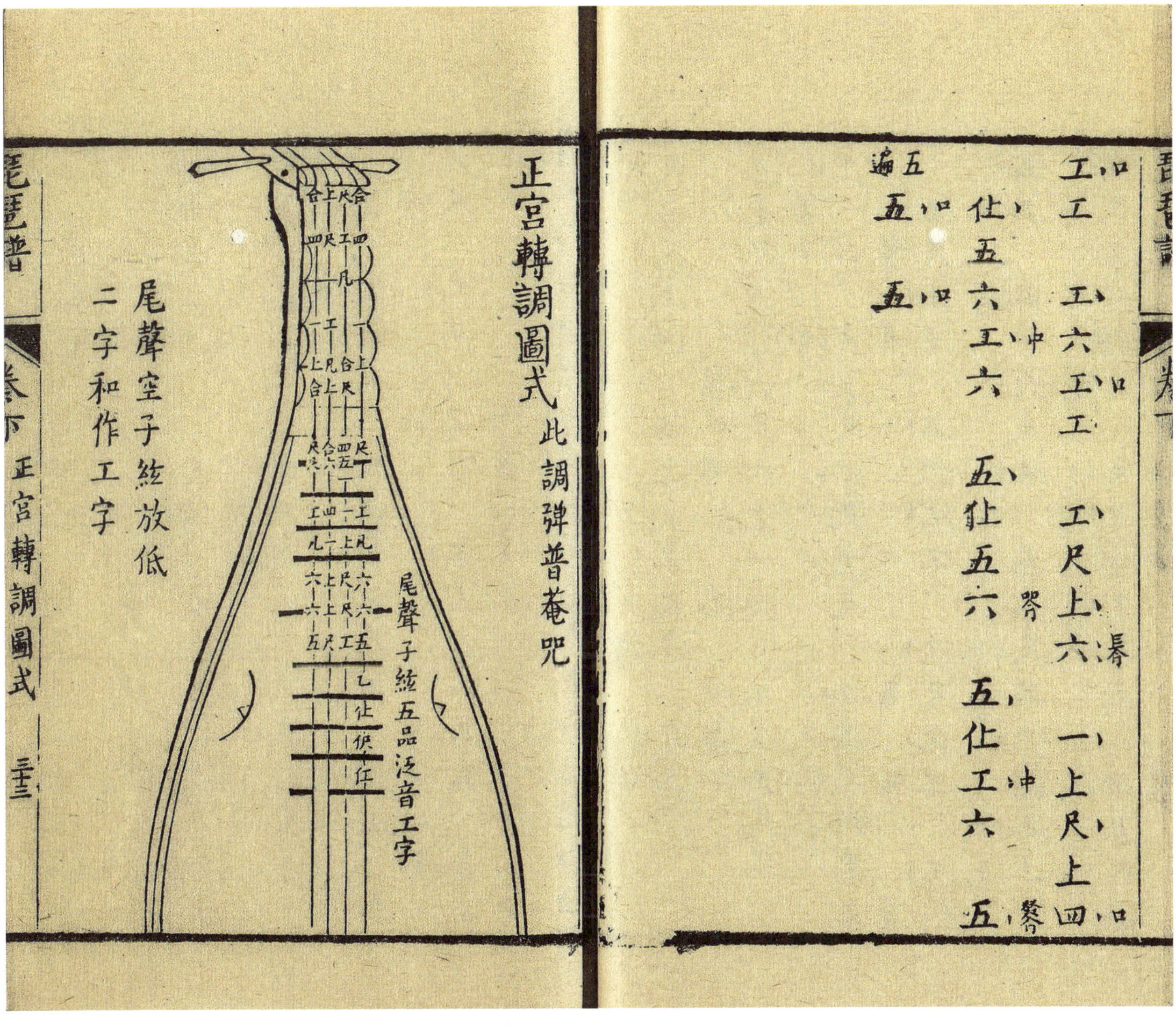

图 2　插图

操缦安弦法不分卷

（清）萧立礼编辑　清嘉庆萧立礼抄本

九行，行字不等。

萧立礼（生卒年不详），字用和，一字履中，下相（今江苏宿迁）人。传有琴曲《平沙落雁》的分段解题。

此书现仅存十一叶。卷首有清嘉庆十八年（1813）沈明烺书《琴说》。后为萧立礼嘉庆十二年编辑抄写的《琴学须知句解》，包含“琴之象形”“指下十诀”“琴形图解”“琴有廿疵”“琴有十四宜弹十四不宜弹”“左指像形”“右指像形”“琴有五变”“周东冈先生弹琴诀”“弹琴十诫”“八不祥”若干部分，其中“八不祥”只存一行，后缺。此书是为学琴入门者编撰，条理清晰，内容翔实，依次分析指法，阐明琴理，描画琴形，标示琴身各处名称，又详细说明模拟“仙翁”之音来安弦调音的方法，现代古琴教材和此书内容仍大体相类。

此书在介绍弹琴技法的同时，强调弹琴之风雅，注重弹琴时机、环境以及弹琴者的仪表、道德、胸怀、学问，追求“法不在手而在心、乐不在声而在道、真不在音而在趣”的高妙境界，带有浓厚的文人意趣。此本书法、绘图皆极为精美，弥足珍贵。钤“用和”“萧立礼印”等印。

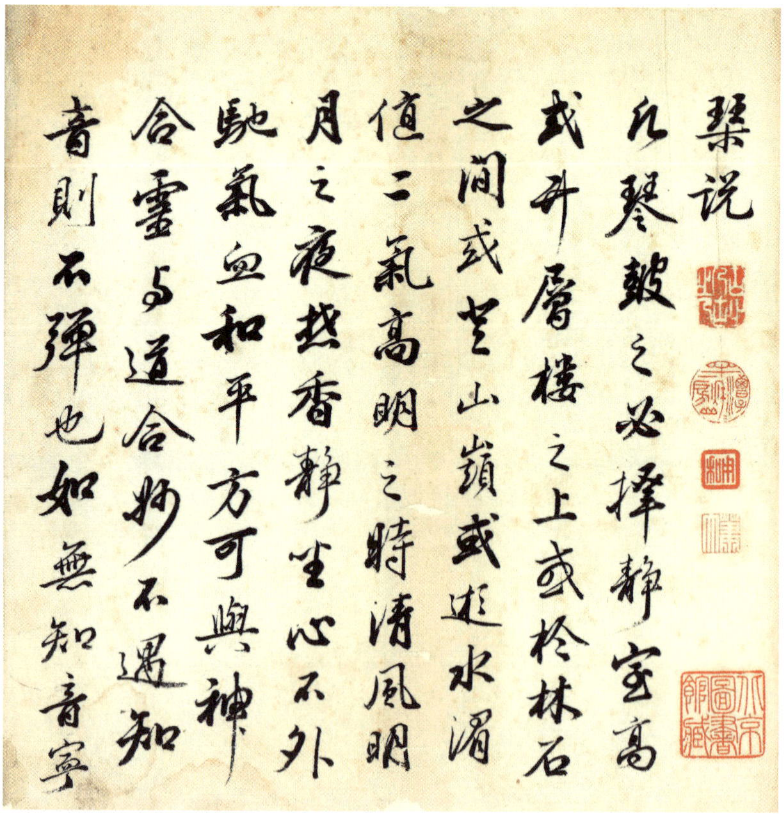
琴說
凡琴鼓之必擇靜室高
或升層樓之上或於林石
之間或登山巔或遊水湄
值二氣高明之時清風明
月之夜焚香靜坐心不外
馳氣血和平方可與神
合靈與道合妙不遇知
音則不彈也如無知音寧

图 1　琴说

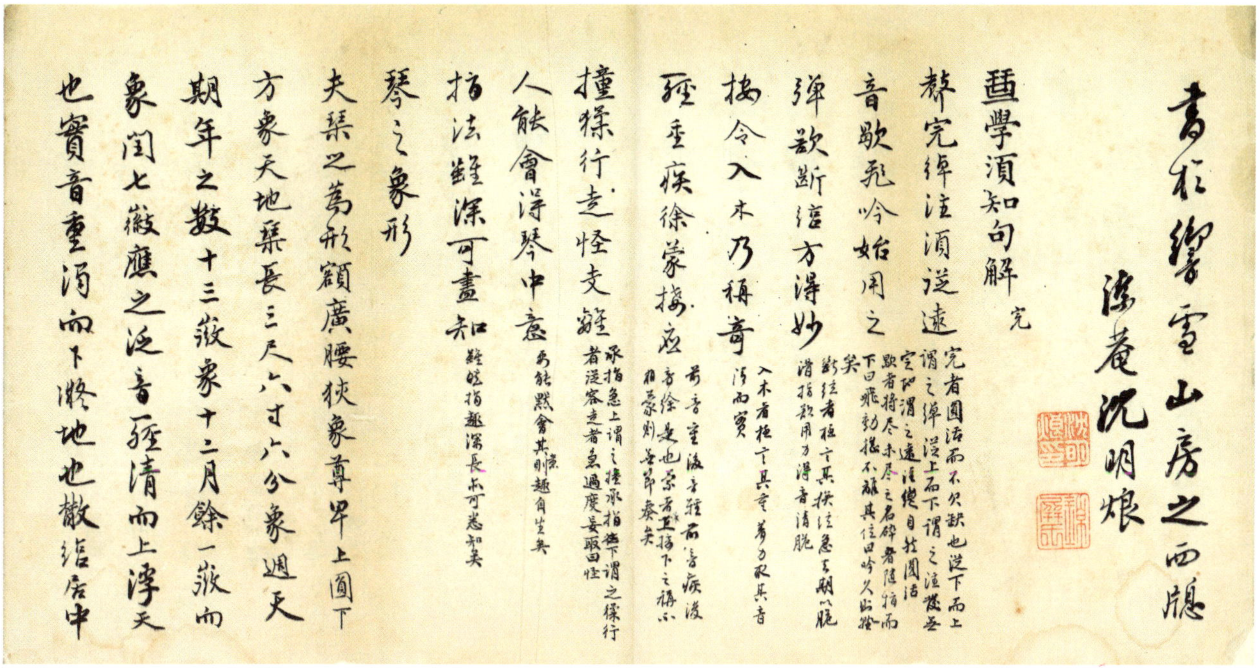
青松響雪山房之西牕
琴學須知句解 完
静完綽注須從遠
音歇飛吟始用之
彈歇斷猶方得妙
掐令入木乃稱奇
輕重疾徐蒙掐應
撞猱行走怪支離
人能會得琴中意
指法雖深可盡知
琴之象形
夫琴之為形額廣腰狹象尊卑上圓下
方象天地琴長三尺六寸六分象週天
期年之數十三徽象十二月餘一徽而
象閏七徽應之泛音輕清而上浮天
也實音重濁而下濟地也散絃居中

图 2　琴学须知句解

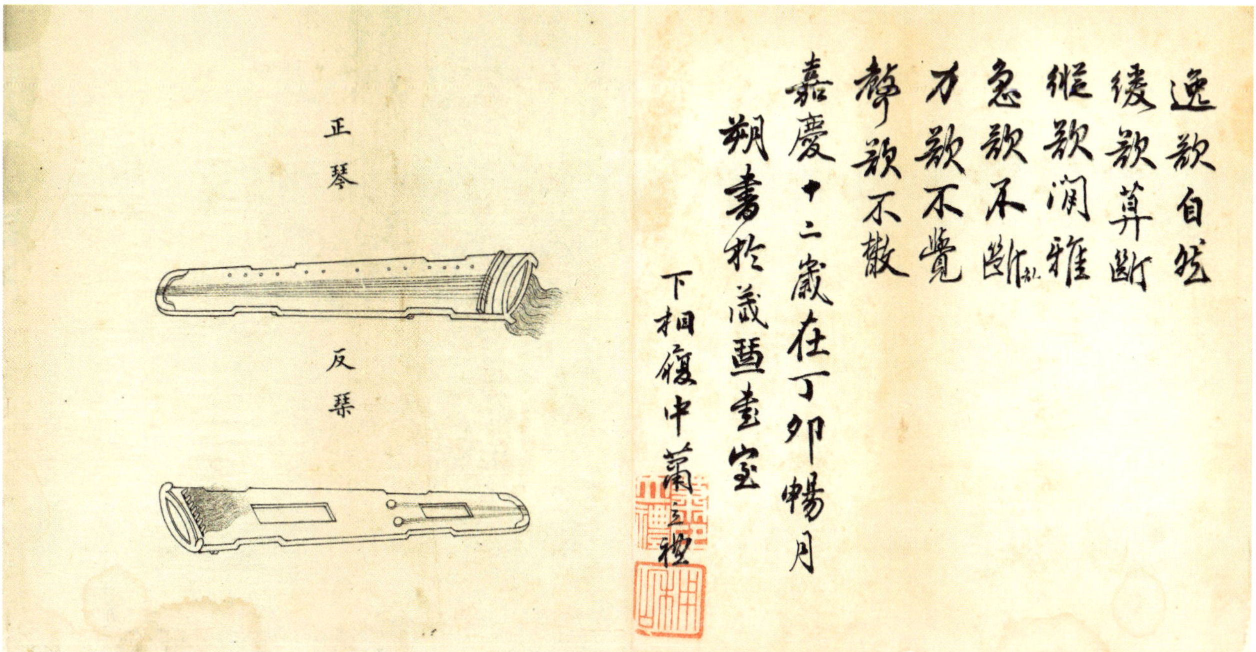

逸歇自然
緩歇算斷
縱歇潤雅
急歇不斷
力歇不覺
静歇不散
嘉慶十二歲在丁卯暢月
朔書於箴琴室

图 3　古琴图解

小慧集十二卷

（清）贮香主人辑　清道光元年（1821）郧东贮香楼刻本

行款不一。

贮香主人，原名万后君，生平不详。辑著有《小慧集》《续小慧集》《贮香小品》等。

是书所辑录的学科门类众多，内容丰富，包括戏曲、诗歌、酒令、棋艺、牌诀、兵诀等，堪称社会生活百科知识集锦，旨在为读者“增加小智慧”。

俗曲，又称“俚曲”“小曲”“时调”“小调杂曲”等，指明清时期流行于乡野坊间的各种民间歌曲。俗曲主要用于清唱，内容包括各地的风土人情、故事传说，各种离情别绪、爱恋相思等等。在韵律体式方面，俗曲不及南北曲严格规范，但内容通俗，曲调上口，易于流传。

卷十二中的“小调谱”收录了箫卿主人小调谱七首：《纱窗调》《绣荷花》《叹五更》《红绣鞋》《杨柳青》《凄凉调》《鲜花调》，采用斜行工尺“蓑衣谱”式记写。这些曲谱是研究明清民间音乐（民歌、说唱等）的珍贵资料。尤其是《鲜花调》，即具有世界声誉的中国民歌《茉莉花》的早期版本，备受音乐界关注。

此本为《小慧集》最早的版本，巾箱小本，便于携带，存世稀少，十分珍贵。

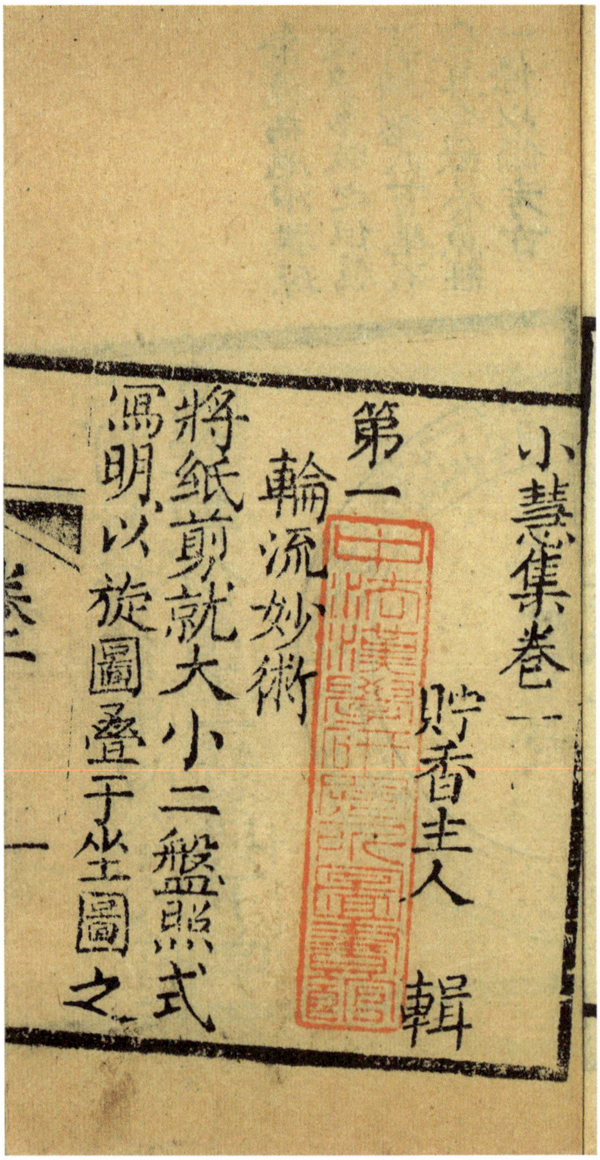

图1　卷端

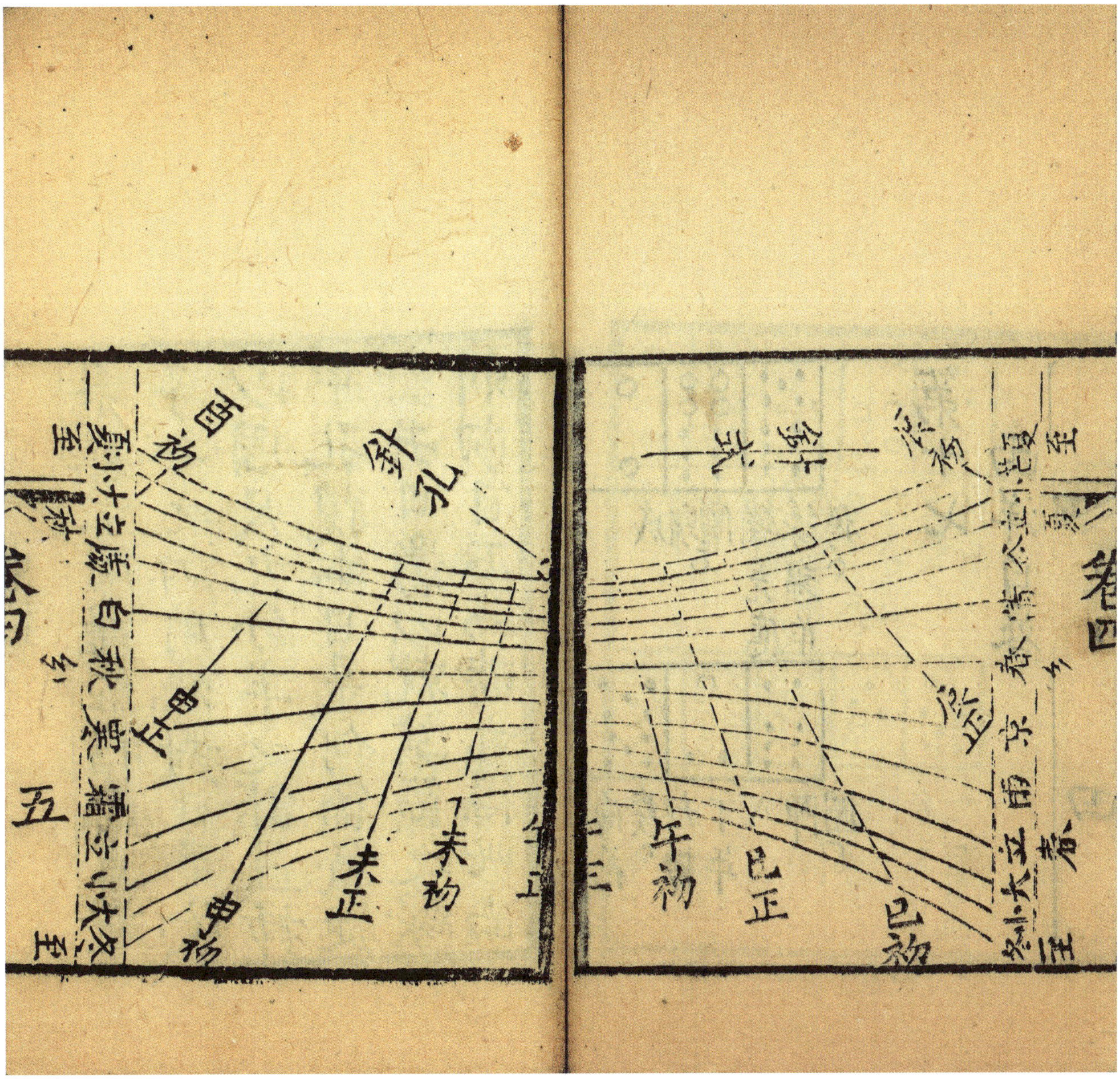

图 2　插图

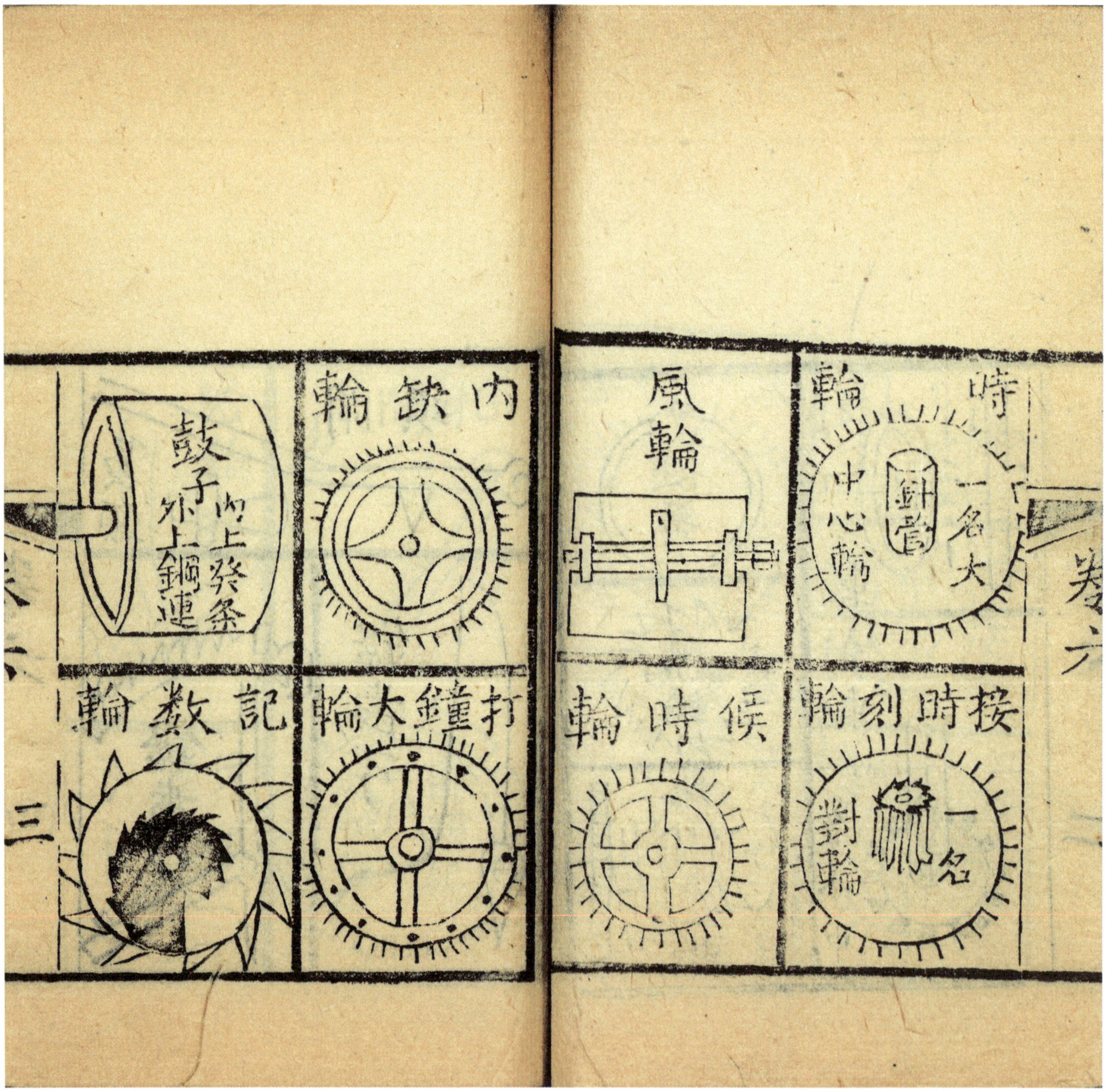

图3　插图

升平署脸谱不分卷

清彩色绘本

此书为清代宫中戏曲演出的扮相资料，即《庆赏升平》戏曲脸谱彩绘图册，通篇为神态各异的人物扮相，为宫廷画师所作。

升平署成立于清道光七年（1827），其前身为康熙年间所设宫廷戏曲管理机构南府，主要负责宫廷戏曲演出及剧本的编写。戏曲的演出离不开人物的扮相，升平署人物脸谱展现出各式活灵活现的人物造型，颇受人瞩目。此本收《普天乐》二十三幅、《千秋岭》六幅、《蔡天化》十二幅、《反西凉》十幅、《泗州城》十二幅、《太平桥》八幅、《空城计》十幅、《玉玲珑》六幅、《落马湖》十幅，共九种剧目，九十七种扮相。

图1　状元

《升平署脸谱》戏曲人物扮相属于“乱弹”剧种，即京剧的前身。在每种剧目之下有一行小字“穿戴脸儿俱照此样”，标明了此书的实际功用。此书彩色绘制，人物刻画得极其生动传神，精细亮丽，实为慈禧太后等人玩赏之物。该书为研究京剧发展，尤其是为京剧早期行头、脸谱的演变，提供了宝贵的艺术史料。

此本为经折装，每开后面均钤朱文“姚殿洵”印。

图 2　孙悟空

图 3　公主

白雪遗音四卷

（清）华广生辑　清道光八年（1828）玉庆堂刊本

十行二十字，白口，四周单边。

华广生（生卒年不详），字春田，山东历城人。主要活跃于清乾隆、嘉庆时期，致力于清代时调小曲的搜集与整理。

《白雪遗音》辑于清嘉庆九年（1804），广采清代中期时调小曲汇编而成，共分四卷，依曲调分类编排，卷一收《马头调》二百一十一首，《岭儿调》三十四首；卷二收《马头调》三百零三首，《满江红》并岔曲及湖广调二十一首，《银钮丝》并岔曲及湖广调八首；卷三收《九连环》一首，《小郎儿》四首，《剪靛花》三十五首，《七香车》一首，《起字呀呀哟》三十四首，《八角鼓》四十九首，《南词》一百零六首；卷四收《南词》二十一首，《玉蜻蜓》九节，共计八百三十七首。内容"或从诸传奇中拆出，或撰自名公巨卿，逮诸骚客，下至衢巷之语，市井之谣，靡不毕具"，主要包括：风情类小曲、故事类小曲、世情类小曲、文字游戏类小曲、针砭时弊类小曲及歌功颂德和应制之作。

是书所收曲词语言多生动活泼，情节亦转折有趣，以一种别样的形式反映了民众的苦难和呼声、抗争和追求。书中收录的时调小曲对研究清代的曲艺史及探讨单弦八角鼓、时调小曲、弹词等曲种的演变与发展有重要的参考价值，亦为了解清代世俗生活及江浙、京津等地的俗曲艺术提供了珍贵的资料。

此本曾为郑振铎旧藏，钤"长乐郑振铎西谛藏书"印。

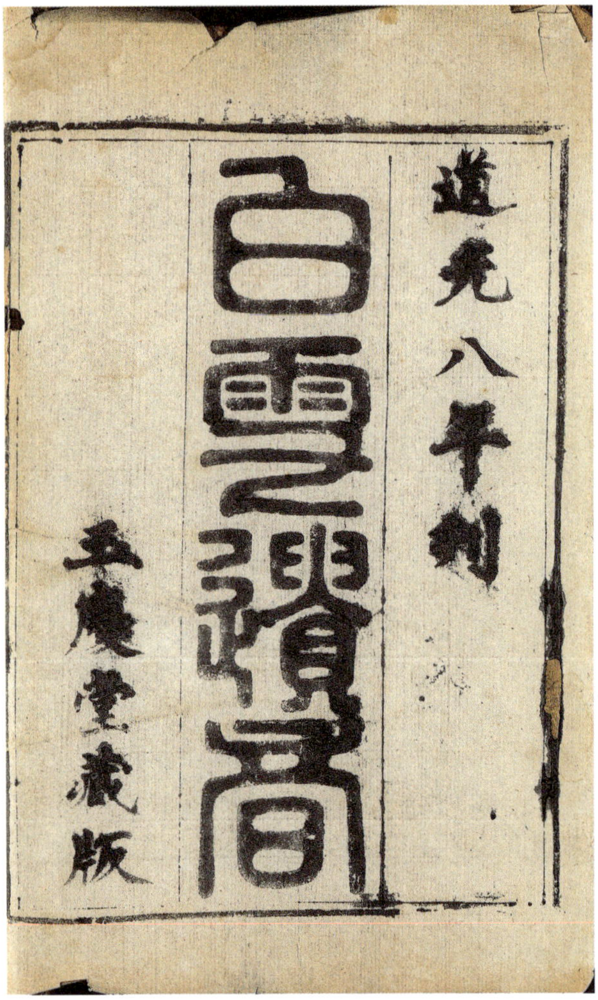
道光八年刊
白雪遺音
玉慶堂藏版

图 1　书名页

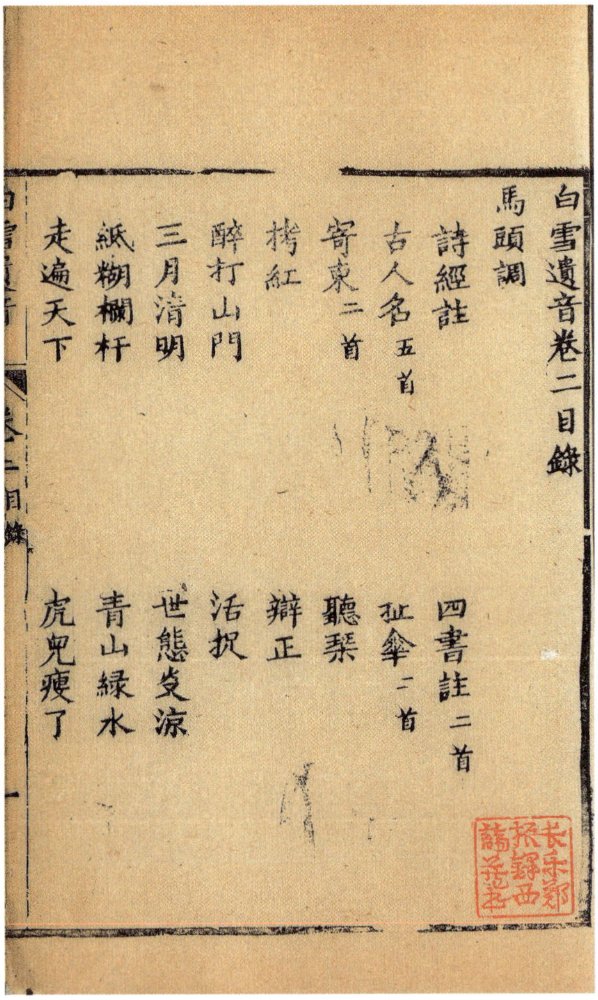
白雪遺音卷二目錄
馬頭調
詩經註　四書註二首
古人名五首　扯傘二首
寄東二首　聽琴
拷紅　辯正
醉打山門　活捉
三月清明　世態炎涼
紙糊欄杆　青山綠水
走遍天下　虎兒瘦了

图 2　目录

昆曲工尺谱

题（清）醉六山房主人辑　清道光抄本

四行十字。

醉六山房主人名何庆澜，字漪泉。道光十五年（1835）举人。纂有《灵石县志》。

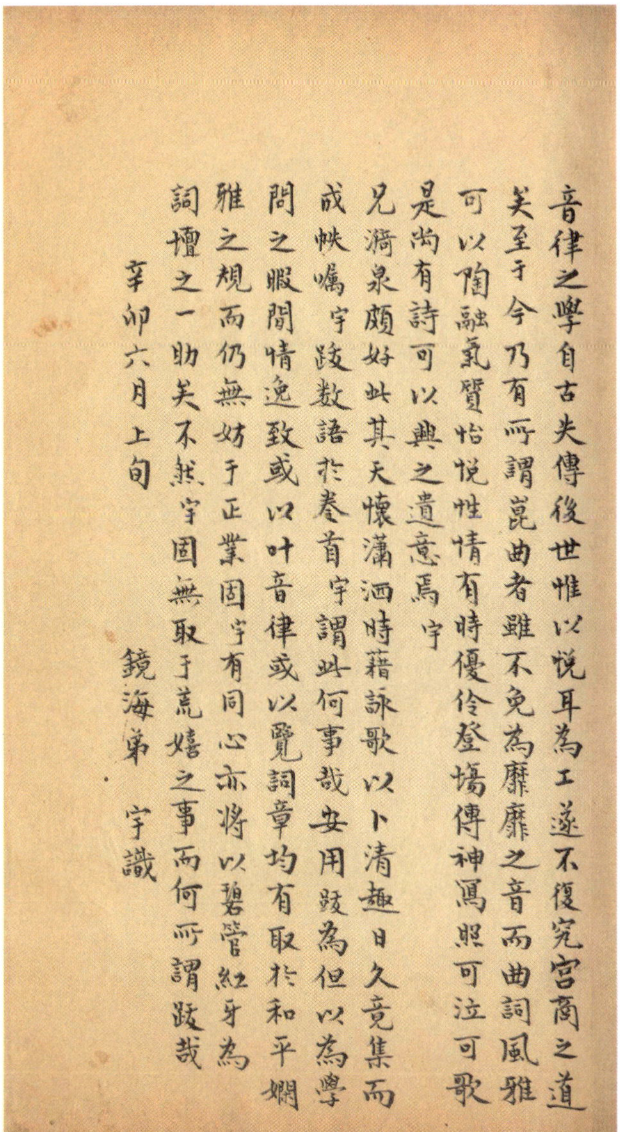
音律之學自古失傳後世惟以悅耳為工遂不復究宮商之道
矣至于今乃有所謂崑曲者雖不免為靡靡之音而曲詞風雅
可以陶融氣質怡悅性情有時優伶登場傳神寫照可泣可歌
是尚有詩可以興之遺意焉字
兄漪泉頗好此其天懷瀟洒時藉詠歌以卜清趣日久竟集而
成帙囑字跋数語於卷首字謂此何事哉安用跋為但以為學
問之暇閒情逸致或以叶音律或以覽詞章均有取於和平嫺
雅之規而仍無妨于正業固字有同心亦將以碧管紅牙為
詞壇之一助矣不然字固無取于荒嬉之事而何所謂跋哉
辛卯六月上旬
鏡海弟　字識

图1　序

此书一至四册收录《赐福》《折柳》等十六出折子戏，五至八册收录《山门》《拾金》等三十二出折子戏。全书录唱词，注工尺、朱笔板眼，蓑衣式记谱。所收录的南北曲或文雅、柔娟，或豪迈、悲壮，内容生动，风格多样。首篇是充满酬神色彩的传统骨子老戏《赐福》；其后《折柳》《阳关》叙述霍小玉于灞桥为李益饯行，在三军催迫下无奈分别，曲文典雅清丽、缠绵悱恻；亦有《山门》中鲁智深大醉后模仿寺中十八罗汉造型，寄托一腔抱负，展现出昆曲武戏的豪迈情怀。全书选段颇为用心。

工尺谱为中国特有的传统音乐记谱方法，是使用最为普遍且刊印出版乐谱数量最多的记谱法。明清时期，逐渐形成和完善。近代以来，随着五线谱、简谱传入中国，这一古老的记谱方法逐渐被取代。不过时至今日，工尺谱在继承我国的音乐传统，整理研究民族音乐遗产、学习民间音乐等方面，仍有特殊的意义。

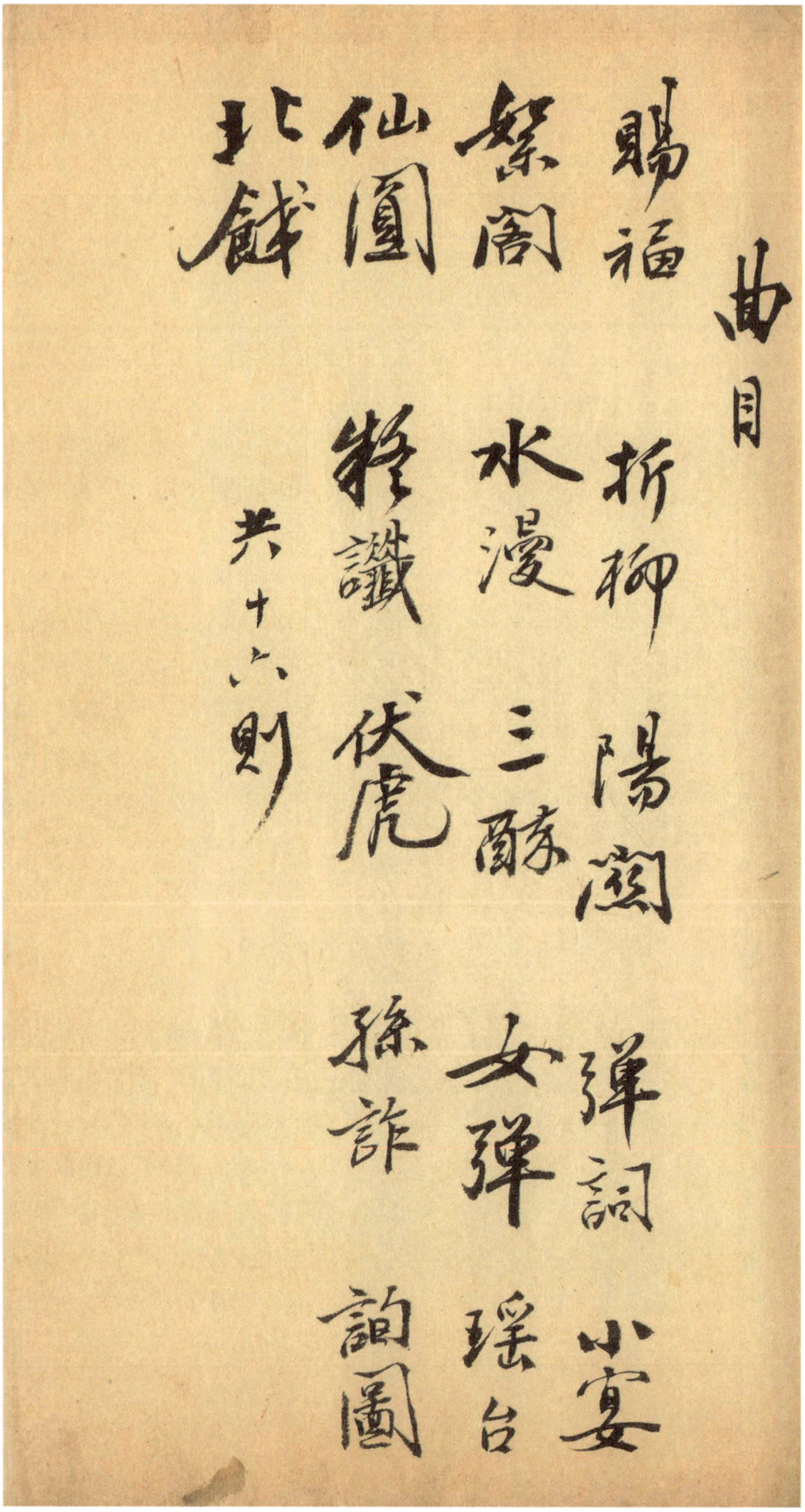
曲目
賜福 折柳 陽關 彈詞 小宴
絮閣 水漫 三醉 女彈 瑶台
仙圓 將讖 伏虎 孫詐 詢圖
北餞 共十六則

图 2　目录

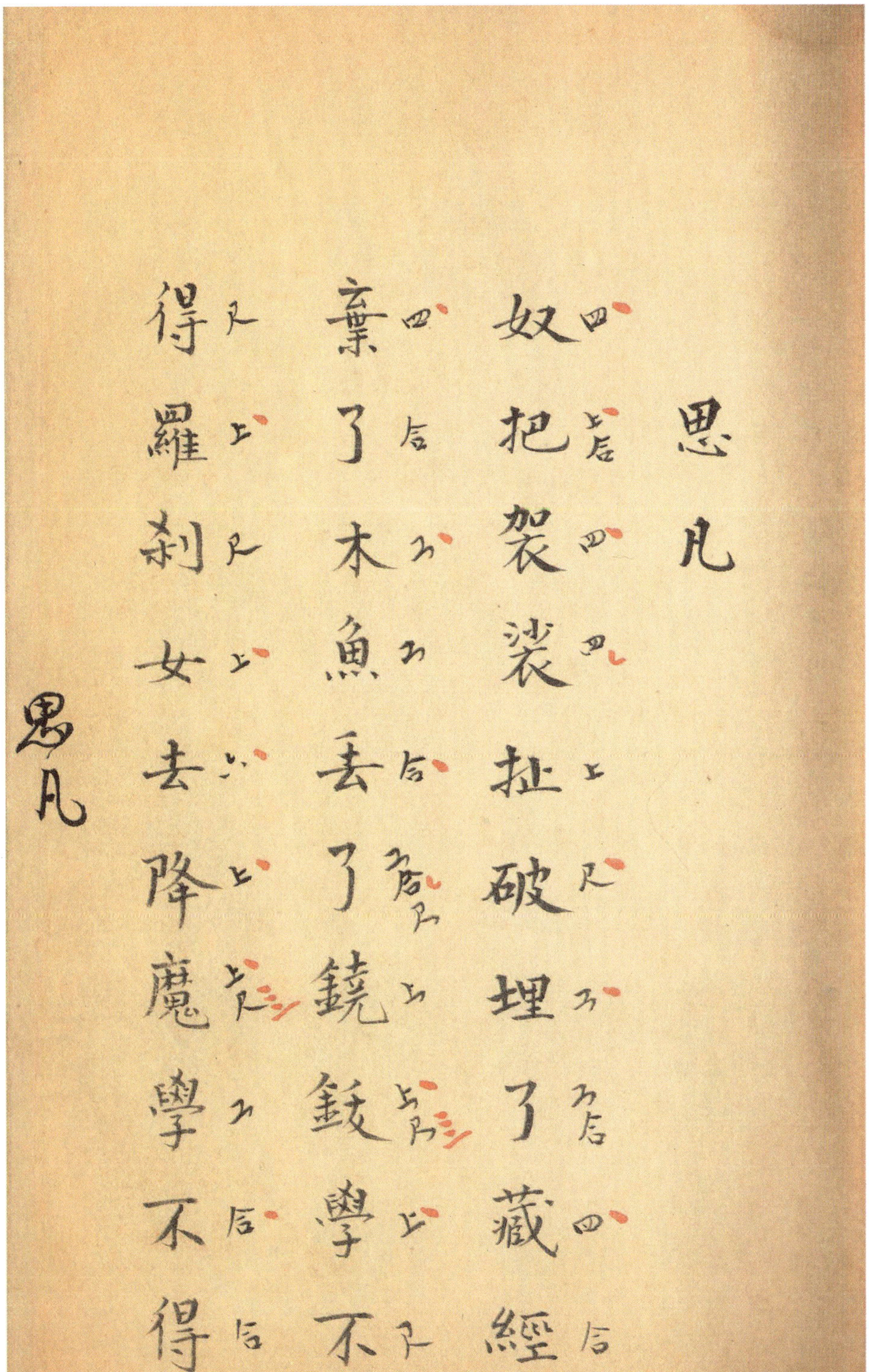

图 3　思凡唱词

今乐考证十卷

（清）姚燮撰　民国二十五年（1936）国立北京大学出版组影印本

姚燮（1805—1864），字梅伯，号复庄、野桥，又号大梅山民、复道人，浙江镇海人。才华横溢，诗词曲文、绘画无不精工。经史、小说研究亦颇有成就。著述丰富，撰有诗词文集《复庄诗问》《疏影楼词》、传奇《香山愿》《退红衫》《梅心雪》以及《今乐府选》等。

此书包括《缘起》《宋剧》《元杂剧》《明杂剧》《国朝杂剧》《金元院本》《明院本》等部分，既有戏曲源流、演出术语、脚色起源等理论研究考证，也有剧作、作者、剧评等资料的汇辑整理。凡著录自宋元至清咸丰以前戏曲作家五百余人，戏曲作品两千余种，并附各代集评。数量之庞大，收罗之详尽，前所未有。集评主要是辑录历代曲评家对作者、作品乃至戏曲理论的阐释论说，姚氏亦时有按语，钩沉索遗，纠讹补缺，在作家考证、作品归属、剧目勘定等方面不乏真知灼见。此书视野开阔，内容宏富，初步构筑了中国戏曲史研究的框架，是一部戏曲史的集大成之作，深受近现代戏曲学界推崇。

此书原为宁波旧书肆大酉山房主人林集虚所藏稿本。1932年，为学者马隅卿购得，马氏去世后，藏书遗赠北京大学，后影印出版。钤有“林集虚之印”“鄞马廉字隅卿所藏图书”印。

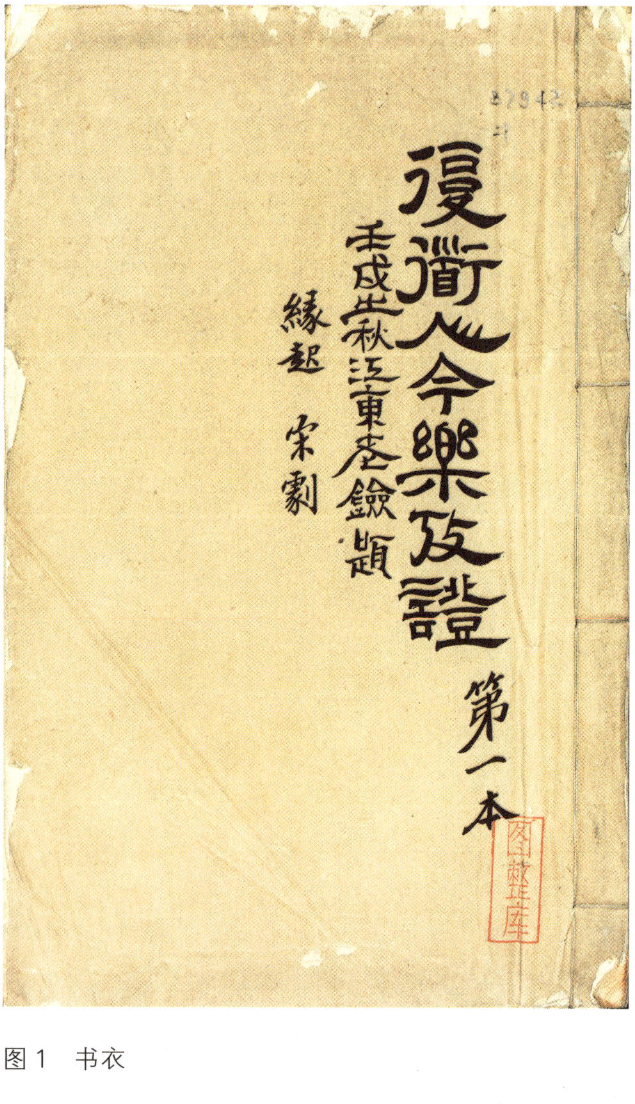

图1　书衣

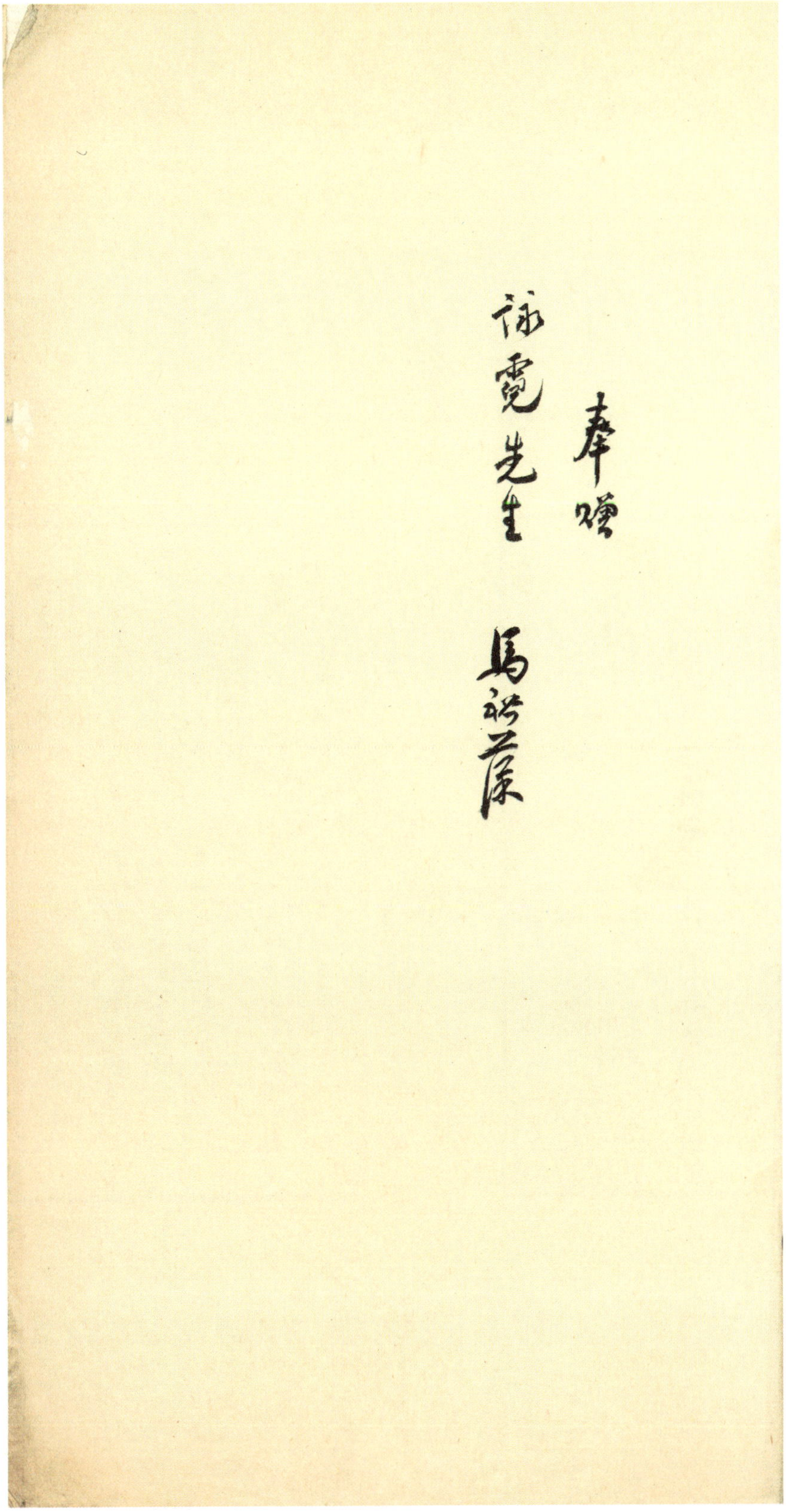

图 2　题赠

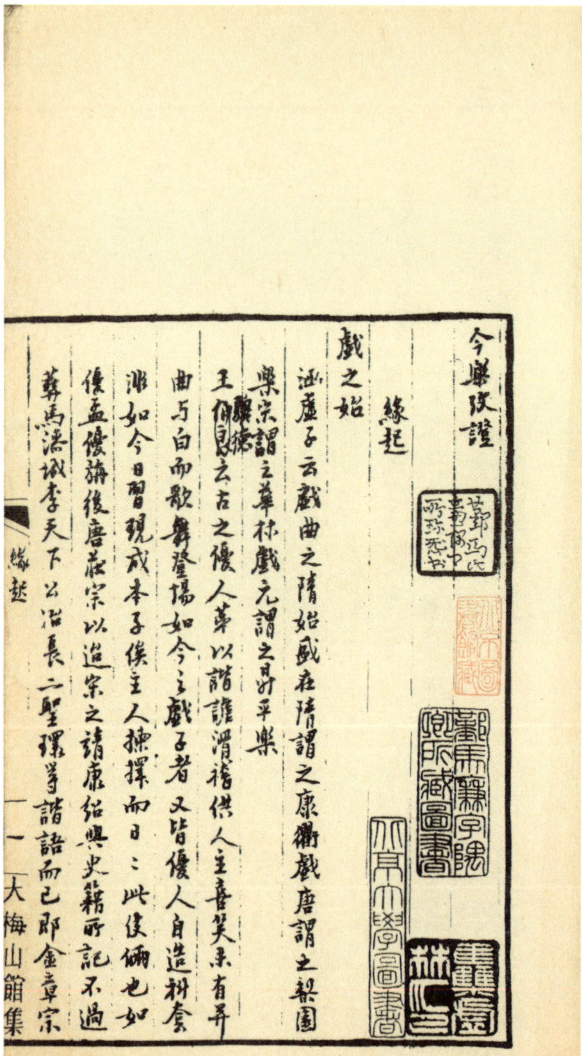

今樂考證

緣起

戲之始

涵虛子云戲曲之隋始戲在隋謂之康衢戲唐謂之梨園樂宋謂之華林戲元謂之昇平樂

王[illegible]云古之優人其以諧謔滑稽供人主喜笑未有弄曲與白而歌舞登場如今之戲子者又皆優人自造科套非如今日習現成本子俟主人揀擇而日日此伎倆也如優孟優旃後唐莊宗以迄宋之靖康紹興史籍所記不過葬馬漆城李天下公冶長二聖環等諧語而已即金章宗

緣起　一　大梅山館集

图 3　卷端

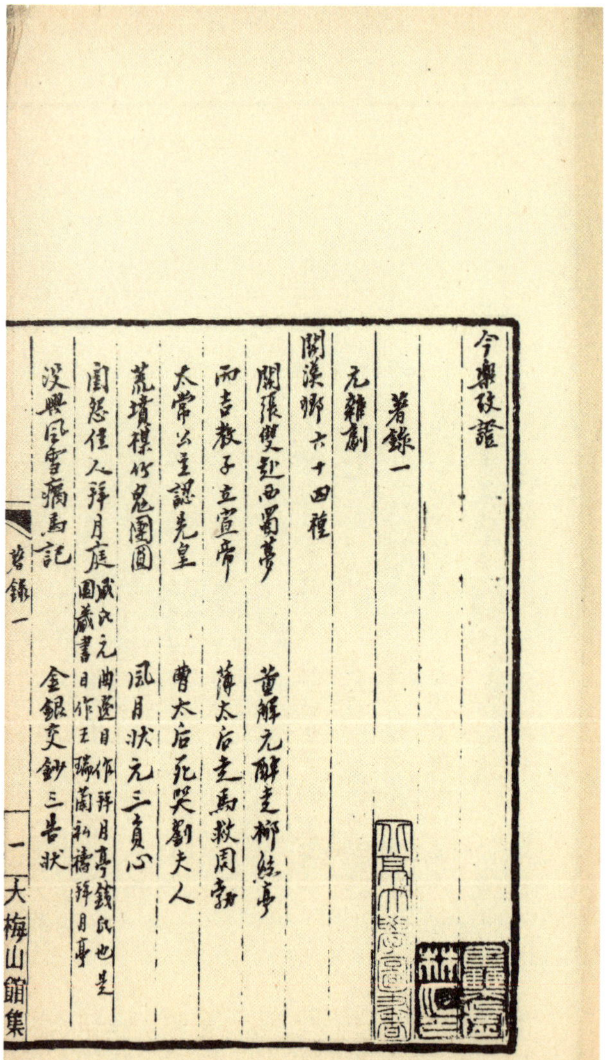

今樂考證

著錄一

元雜劇

關漢卿　六十四種

關張雙赴西蜀夢　　董解元醉走柳絲亭

丙吉教子立宣帝　　薄太后走馬救周勃

太常公主認先皇　　曹太后死哭劉夫人

荒墳樸作鬼團圓　　風月狀元三負心

閨怨佳人拜月亭（錢氏也是園藏書目作王瑞蘭私禱拜月亭）

没興風雪瘸馬記　　金銀交鈔三告狀

著錄一　一　大梅山館集

图 4　正文

纳书楹曲谱

（清）叶堂订谱　清刻本

六行十八字，白口，四周双边。

叶堂（生卒年不详），字广明，又字广平，号怀庭，长洲（今江苏吴县）人。活动于雍正、乾隆时期。精于度曲，开创昆曲“叶派唱法”，为海内唱曲者所宗。“叶派唱法”自清至民国传承有自，绵延不绝，从钮匪石到俞振飞、周传瑛，代有昆曲大家。叶堂晚年集毕生所长，整理订定《纳书楹曲谱》，为昆曲度曲者之准绳。

此书是民间刻印的第一部昆曲曲谱，包括正集四卷、续集四卷、外集二卷、补遗集四卷，《西厢记》全谱二卷，《临川四梦》八卷，共二十四卷。除《西厢》《四梦》外，收录戏曲、散曲共三百余套。不记道白，详注工尺、板眼，字音、腔格都考订精严，属昆曲清唱工尺谱。在中国音乐史上，《纳书楹曲谱》是工尺谱发展的一个高峰，被度曲家奉为“今乐之津梁”。

中国古曲谱一向少有记录、传承，全本戏曲曲谱流传下来的更为稀少，此本《四梦》中的《南柯记全谱》和《邯郸记全谱》两种，弥足珍贵。

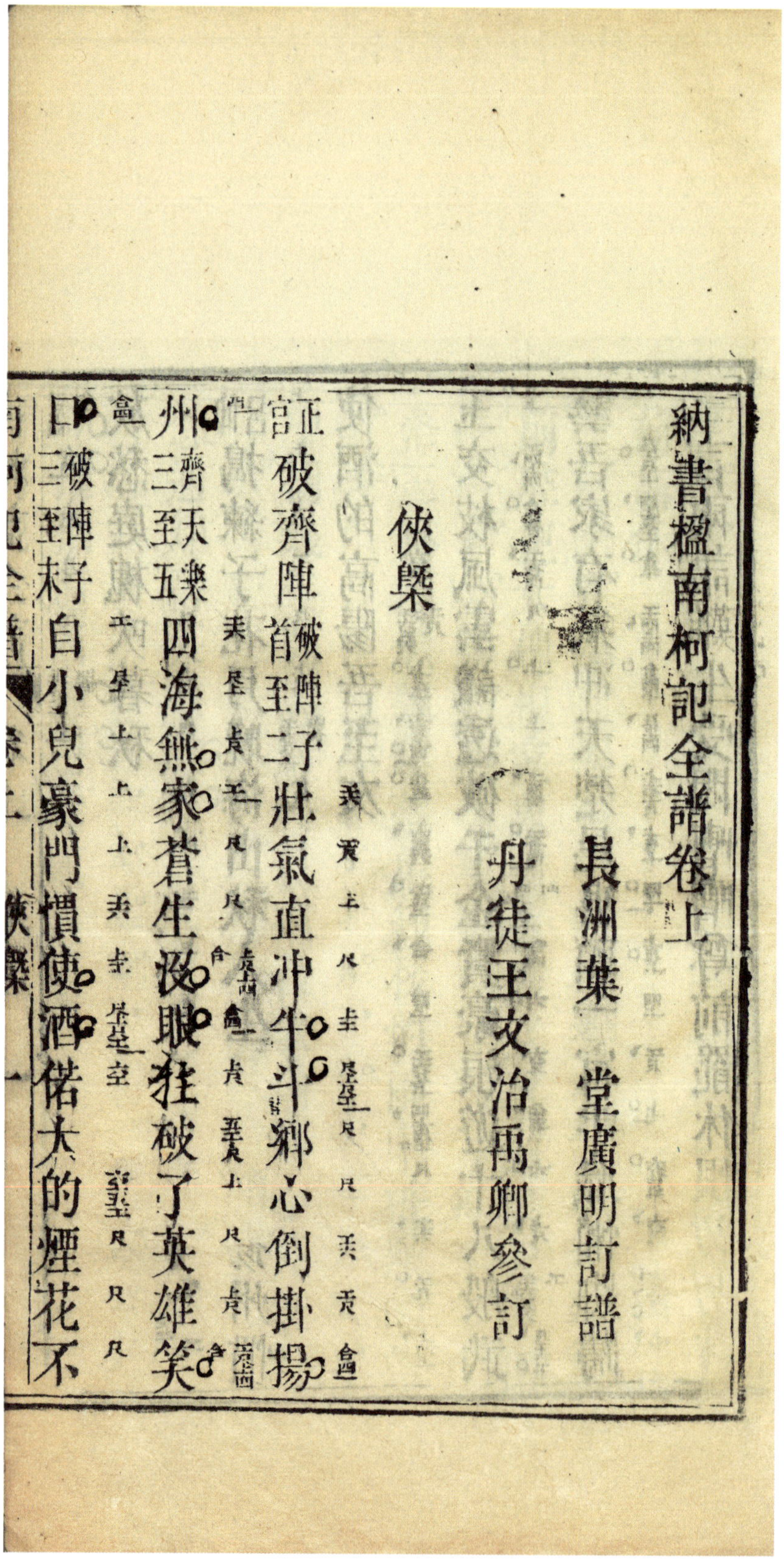
納書楹南柯記全譜卷上

長洲葉　堂廣明訂譜

丹徒王文治禹卿參訂

俠槩

正宮引　破齊陣　破陣子首至二　壯氣直冲牛斗鄉心倒掛揚州　齊天樂三至五　四海無家蒼生沒眼狂破了英雄笑口　破陣子三至末　自小兒豪門慣使酒偌大的煙花不

南柯記全譜　卷上　俠槩　一

图 1　卷端

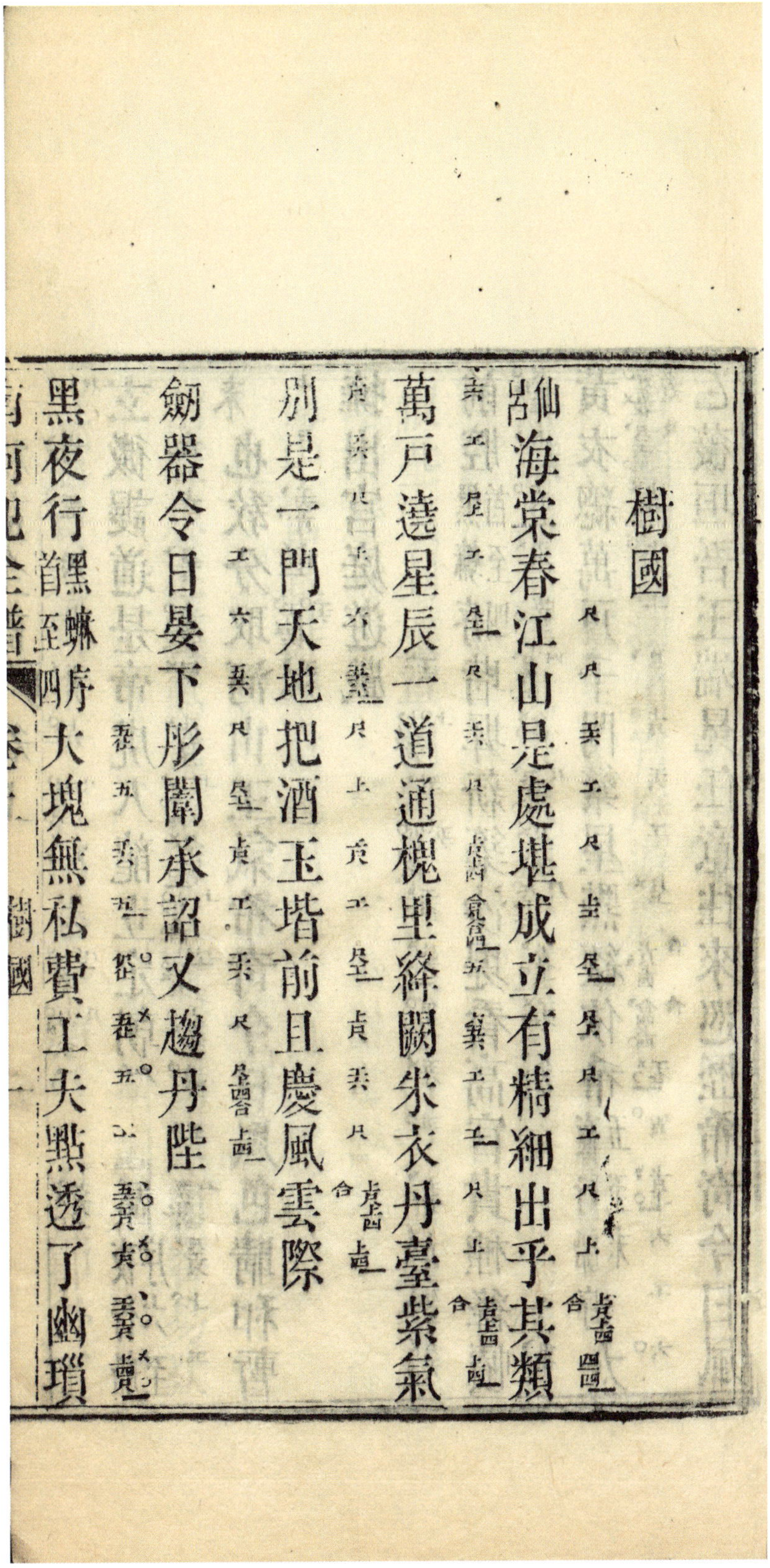
樹國

仙呂 海棠春 江山是處堪成立有精細出乎其類

萬戶遶星辰一道通槐里絳闕朱衣丹臺紫氣

別是一門天地把酒玉堦前且慶風雲際

劍器令 日晏下彤闈承詔又趨丹陛

黑夜行 黑麻序 首至四 大塊無私費工夫點透了幽瑣

全譜 卷 樹國 一

图2　正文

琴学入门二卷

（清）張鶴撰　清同治六年（1867）刻本

行字不等，白口，四周单边。

张鹤（生卒年不详），字静薌，自称上海邑庙玉清宫道人，又称野鹤道人。书斋名心向往斋，曾编校《神仙列传》行于世。

张氏受著名琴家祝凤喈影响编著此书，作为琴学门径。首卷《琴学备要》，为学琴纲领，又依祝凤喈所编《与古斋琴谱》中的绘图与图注，绘制指法、字母各谱，以便初学者着手实践；卷二编选二十曲，分为五调，别以五音，其中《风云际会》《渔樵问答》《平沙落雁》《石上流泉》《阳关三叠》《古琴吟》六曲得自祝凤喈家传秘谱，其他诸曲亦出自名家曲谱。是书编次论叙充分考虑了初学者的特点，各曲谱皆用减字谱记录，部分曲谱在减字谱一侧另加工尺谱，使曲谱标注更为精确。各谱之后皆有评语，或为祝凤喈论次，或为张鹤心得，有助于初学者领会琴曲意蕴。此本为张鹤心向往斋家刻本，流传甚广，颇受好评。

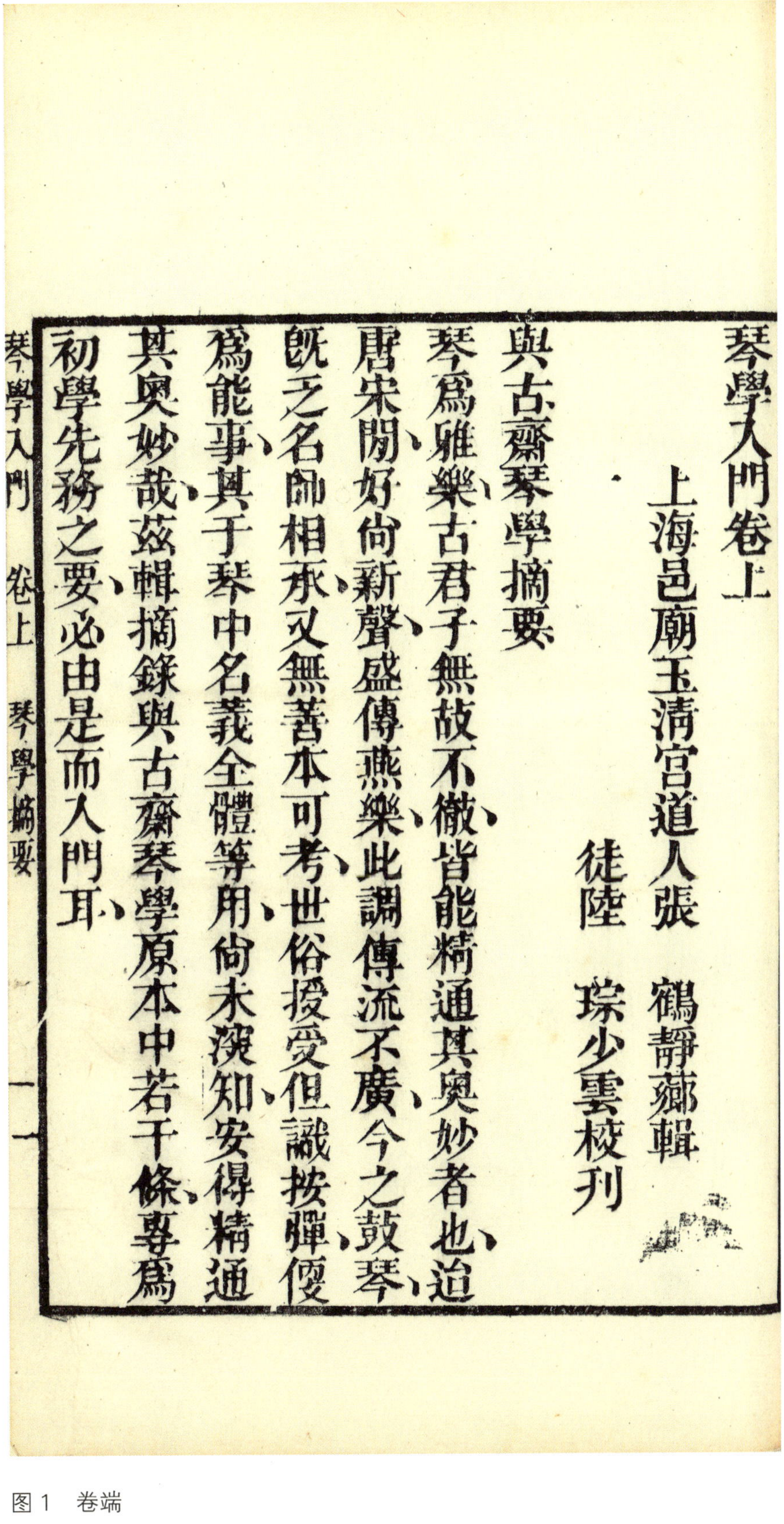

琴學入門卷上

上海邑廟玉清宮道人張　鶴靜薌輯

徒陸　琮少雲校刊

與古齋琴學摘要

琴爲雅樂古君子無故不徹皆能精通其奧妙者也迨唐宋間好尚新聲盛傳燕樂此調傳流不廣今之鼓琴旣乏名師相承又無善本可考世俗授受但識按彈便爲能事其于琴中名義全體等用尙未深知安得精通其奧妙哉茲輯摘錄與古齋琴學原本中若干條彙爲初學先務之要必由是而入門耳

琴學入門　卷上　琴學摘要　一

图1　卷端

琴體統稱

琴面圓而覆者爲上、琴底窪而仰者爲下、琴首俯而廣者爲前、琴尾殺而狹者爲後、其兩邊則斜而直者爲左右矣、

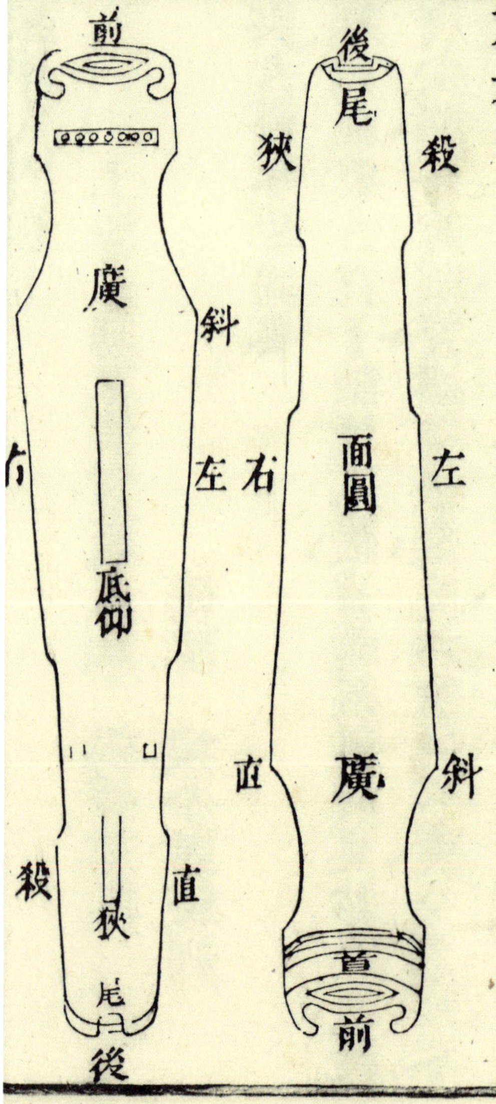

图 2　插图

图 3　插图

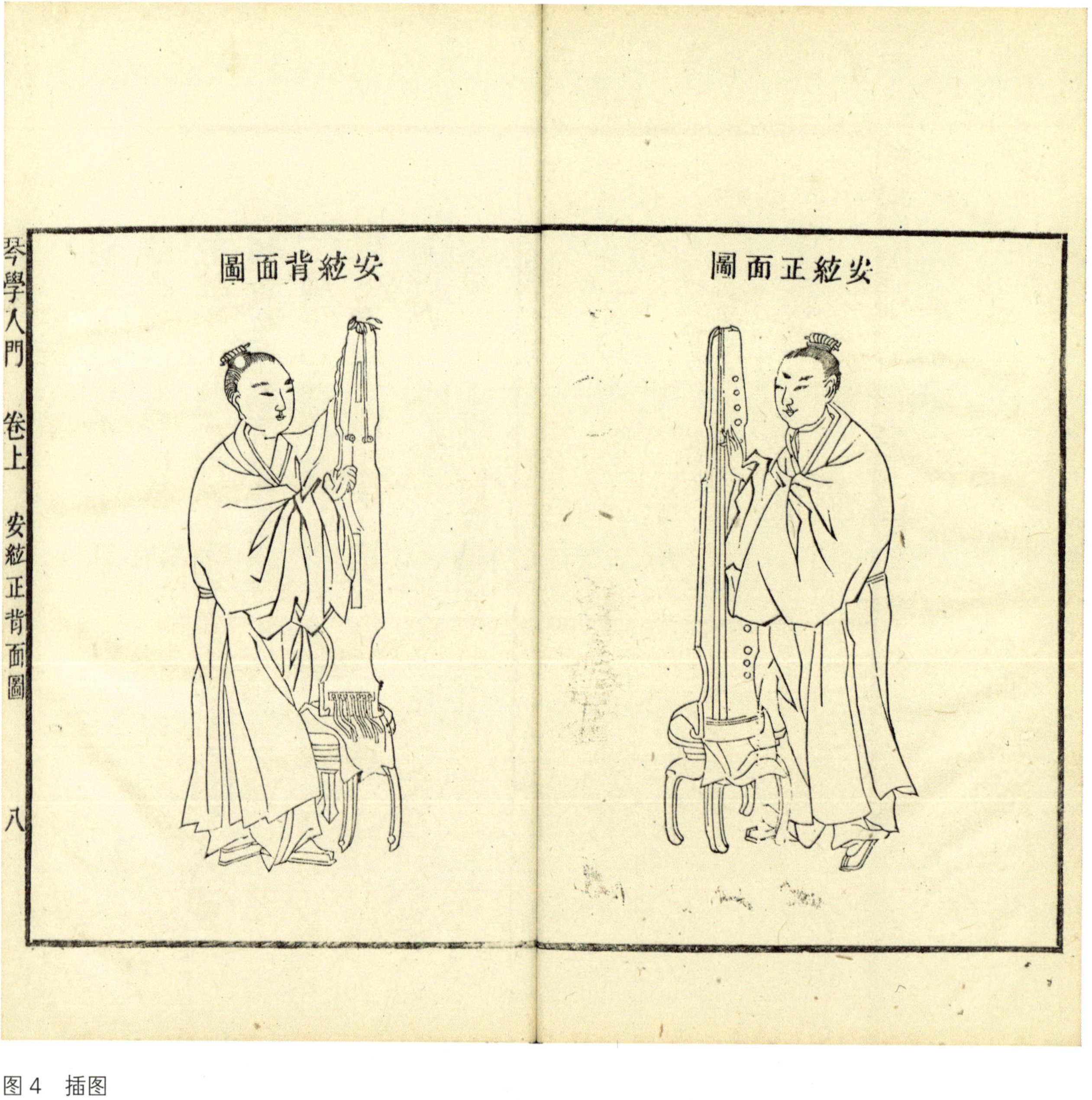

图 4　插图

南北十三套大曲琵琶谱二卷

（清）李芳园传谱　吴梦飞校正　民国三年（1914）抄本

十二行，红格。

李芳园（约1850—1901），平湖派琵琶艺术家。吴梦飞（1892—1962），安徽人，擅长弹奏琵琶、七弦琴，1952年获江苏省文艺会演器乐第二名，后被中央音乐学院聘为琴师。

此书于清光绪二十一年（1895）编著出版。收录文曲六首：《平沙落雁》《浔阳月夜》《陈隋古音》《塞上曲》《青莲乐府》《霓裳曲》；武曲五首：《满将军令》《郁轮袍》《淮阴平楚》《海青拿鹤》《汉将军令》；大曲二首：《阳春古曲》《普庵咒》。平湖派在弹奏文曲时，要求婉约轻扬，柔腕轻拨，如珠落玉盘般奏出舒展徐缓的旋律，并有余音缭绕之感。武曲演奏则追求表现雄健豪宕势不可挡的气概，讲究抑扬顿挫、刚柔相济的处理。

此书收录广泛，也包含其他各琵琶主要流派及名家的乐谱，如北派王君锡的《十面埋伏》，南派陈牧夫的《海青拿鹤》《月儿高》《霸王卸甲》等。曲目包罗南北，在技法上也是结合各家之长，对琵琶艺术的传承与传播，起到了重要作用。

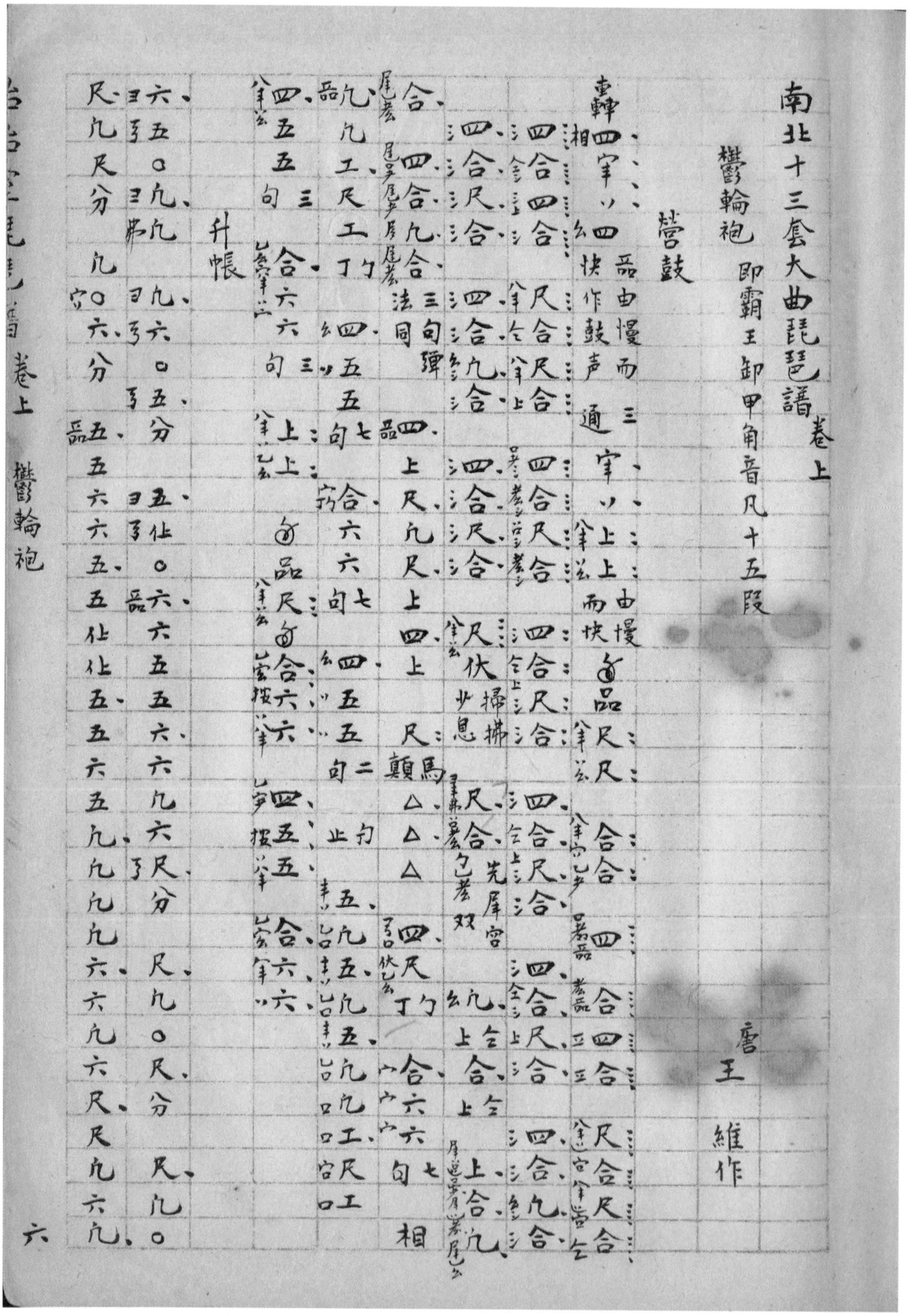
南北十三套大曲琵琶譜 卷上
鬱輪袍 即霸王卸甲角音凡十五段
營鼓
唐 王維 作
升帳
南北十三套大曲琵琶譜 卷上 鬱輪袍
六

图 卷端

昆曲工尺谱

清末抄本

昆曲是我国最古老的剧种之一，其记谱法在明清时代已趋于成熟，工尺曲谱广泛使用。工尺谱因用工、尺等字记写唱名而得名。上承唐代的燕乐半字谱和宋代的俗字谱，结合昆曲水磨调的特点，与笛子、檀板、堂鼓等民族乐器的指法和宫调系统紧密相连，形成中国特有的一种传统记谱法。

此本是曲家手抄整理的昆曲曲谱，抄写者不详。采用了流行的侧式工尺谱记录，唱词按照从右向左、从上向下径直书写，谱字和板眼倾斜记写在每个唱词之后。谱中收录有《烂柯山·痴梦》《邯郸梦·出梦》《牡丹亭·惊梦》《琵琶记·吃糠》等经典曲目。抄写工整，每折均不记科白，只留唱词，而唱词部分工谱板眼俱全，并有部分红笔校改的痕迹，殊为难得。

《烂柯山·痴梦》为昆剧传统剧目，也叫《夜梦冠带》，源出于传奇剧本《烂柯山》。《烂柯山》为明末清初人所作，全剧已佚，仅存零出。写汉代朱买臣妻崔氏嫌夫贫穷而改嫁，后朱买臣得官，崔氏闻悉追悔，梦见朱买臣遣人送来凤冠霞帔，正自欣悦，而后夫持斧赶来，崔氏惊醒后，举目四顾，破壁残灯依旧，伤感不已。此书抄录了大量昆曲传统经典剧目工尺谱，有重要文献价值。

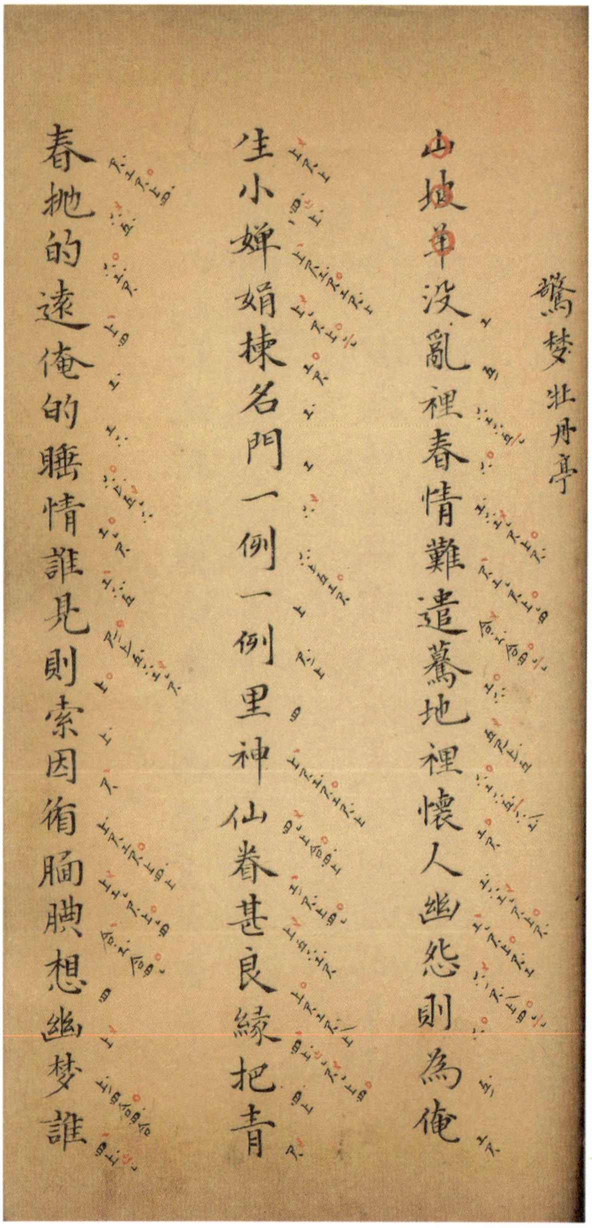

图 1　牡丹亭 惊梦

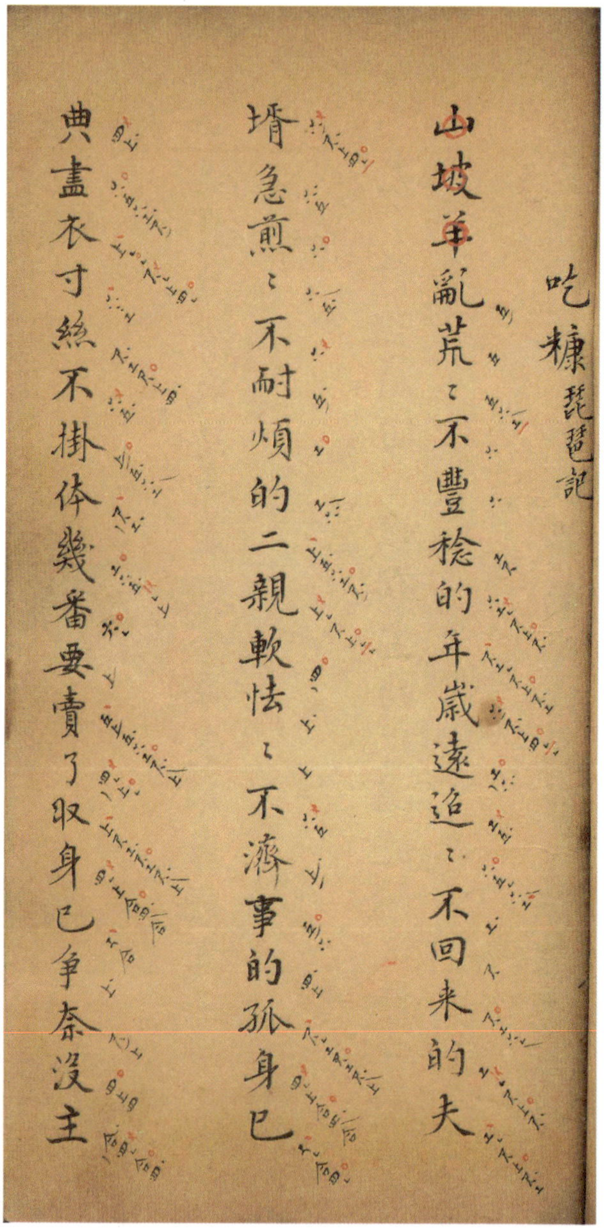

图 2　琵琶记 吃糠

曲录六卷

王国维撰　郑振铎校补　清宣统元年（1909）沈宗畸刻《晨风阁丛书》本

十一行二十一字，黑口，四周单边。

王国维（1877—1927），字静安，号观堂，浙江海宁人。在文学、史学、哲学、古文字学、戏曲研究等领域均有卓著成就。撰有《宋元戏曲史》《录曲余谈》等八部中国戏曲史研究著作，在中国戏曲史研究领域有重要地位。

王国维于1908年正式开始搜集、整理戏曲文献。他“痛往籍之日丧，惧来者之无征，是用博稽故简，撰为总目”，从宋元明清学人笔记、文集中搜集了二百多位作者的三千余种戏曲名目及大量的戏剧剧本，成《曲录》六卷。

此书对我国古代戏曲文献进行了清晰的梳理，编定出了当时条件下比较完整的戏剧总目。依类编排历代戏剧作者的评传，细致分析宫调、曲谱、词曲关系等乐理问题，为后世戏曲研究指引了方向，对古代音乐文献的保存作出了重要贡献。此本前两卷遗失，经郑振铎朱批校补，后有向达、马廉墨笔题记，具有重要资料价值。

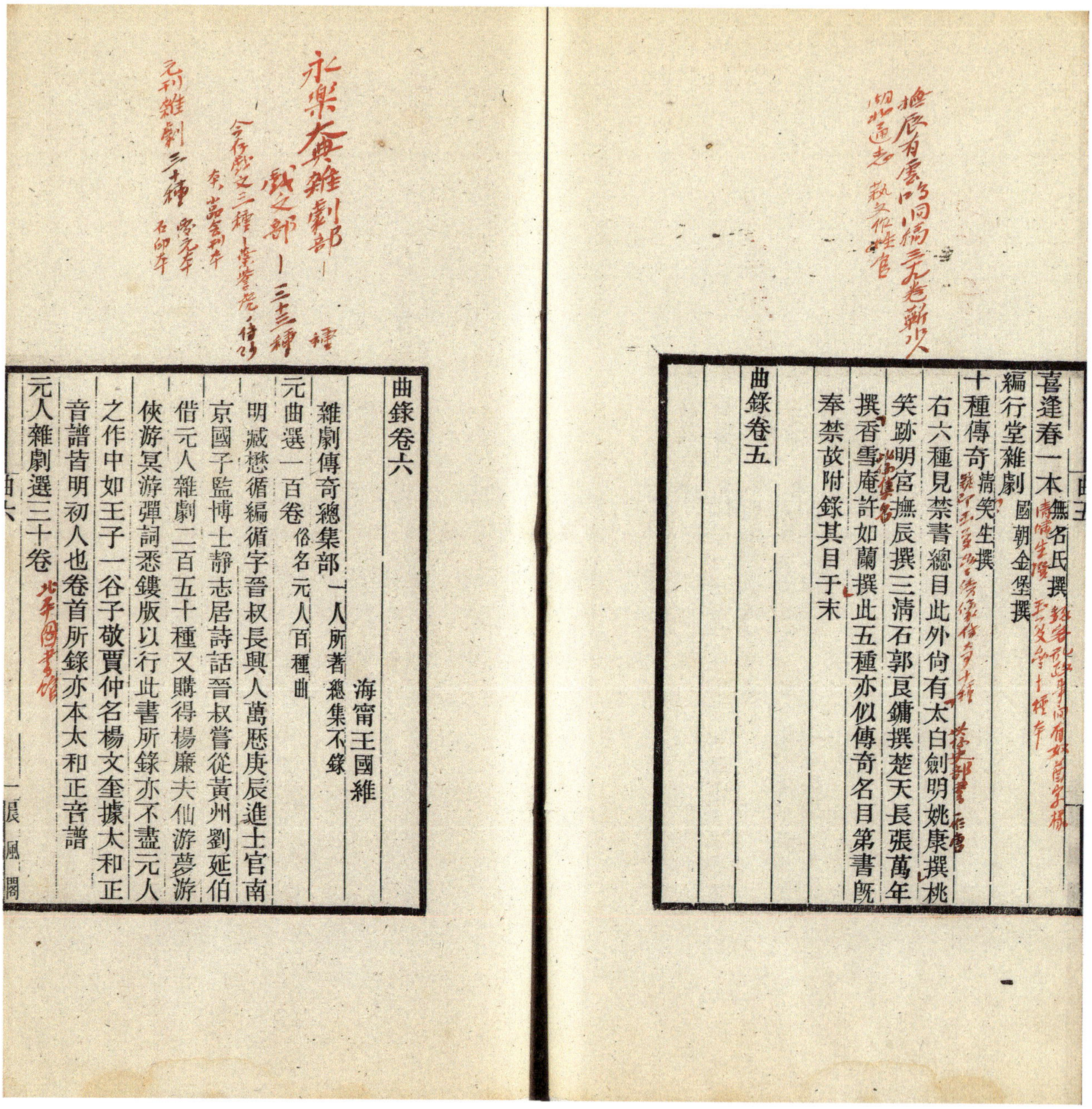
喜逢春一本 無名氏撰

編行堂雜劇 國朝金堡撰

十種傳奇 清笑生撰

右六種見禁書總目此外尚有太白劍明姚康撰桃笑跡明宮撫辰撰三清石郭艮鏞撰楚天長張萬年撰香雪庵許如蘭撰此五種亦似傳奇名目第書既奉禁故附錄其目于末

曲錄卷五

曲錄卷六

海甯王國維

雜劇傳奇總集部 一人所著總集不錄

元曲選一百卷 俗名元人百種曲

明臧懋循編循字晉叔長興人萬歷庚辰進士官南京國子監博士靜志居詩話晉叔嘗從黃州劉延伯借元人雜劇二百五十種又購得楊廉夫仙游夢游俠游冥游彈詞悉鏤版以行此書所錄亦不盡元人之作中如王子一谷子敬賈仲名楊文奎據太和正音譜皆明初人也卷首所錄亦本太和正音譜

元人雜劇選三十卷

图 正文及批注

民国时期

梅蘭芳歌曲譜

浣華

散曲杂剧工尺谱

清末民初抄本

编抄者不详。收录《煎茶》《假诏》等六十四出折子戏，涉及《明珠记》《西游记》等剧目，以及《烹茶》《闺思》等十余出散曲和时剧。

工尺谱常用上、尺、工、凡、六、五、乙依次记写七声，节奏符号称为板眼，记号有“、”“×”“·”“○”“∟”“△”等。

此书注唱词，记工尺、板眼，竖式记谱。剧目丰富、题材多样，如《明珠记·煎茶》中，王仙客未婚妻刘无双被征入宫，一次众宫女去皇陵祭扫途中，王仙客乔装为煎茶女子打探消息，两人终于得以相会。此剧以煎茶和吃茶为发展线索，结构严密，描写细腻动人。又如《西游记》的《饯行》《胖姑》《定心》《揭钵》《女国》五出，内容与小说相近，情节曲折离奇，人物形象生动丰满，具有较高的文学价值。书内有王嘉会剧情注解、舞台提示、反切注音等朱笔眉批、夹批，钤有“王嘉会”“金子文”等印。

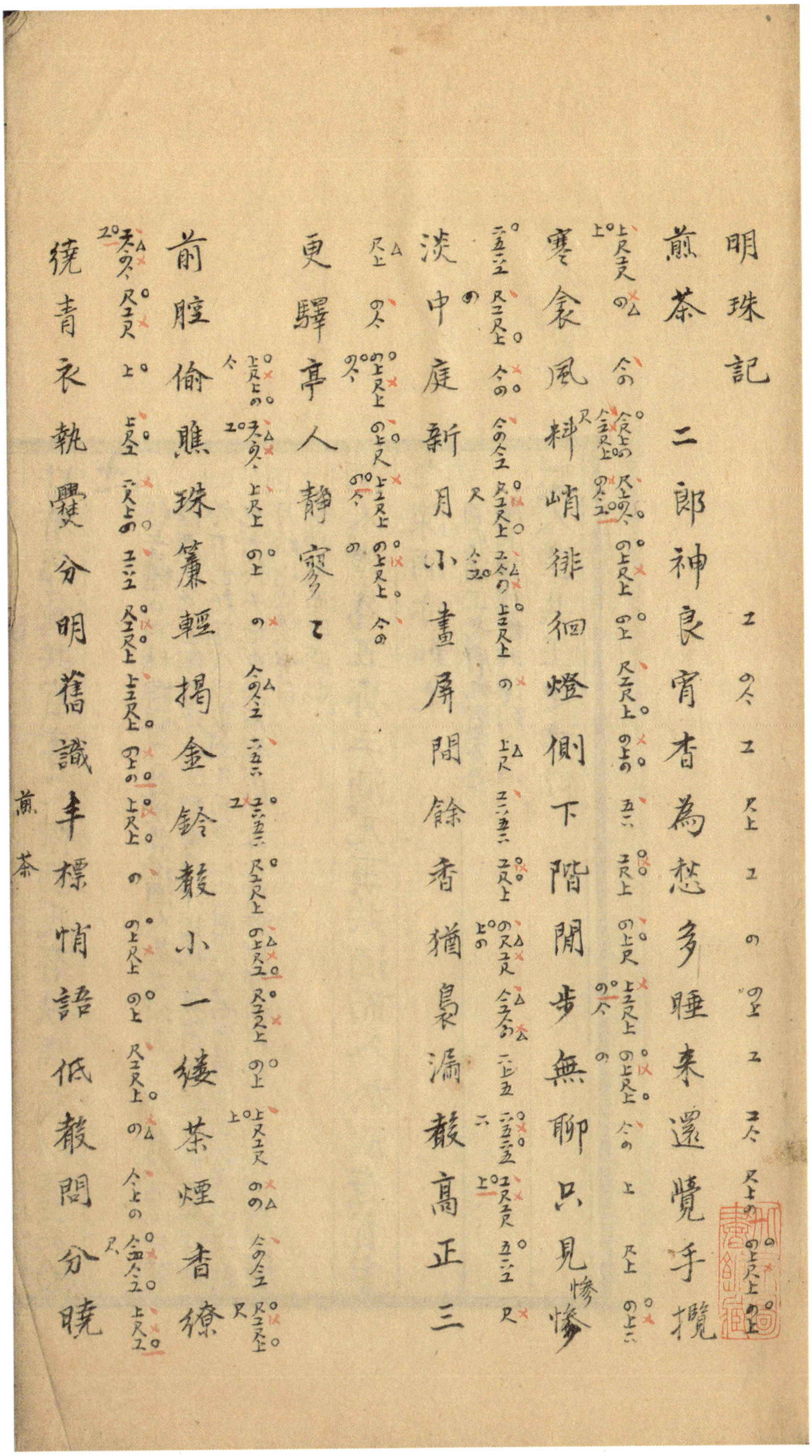

明珠記

煎茶　二郎神良宵杳為愁多睡來還覺手攬

寒衾風料峭徘徊燈側下階閒步無聊只見慘

淡中庭新月小畫屏間餘香猶裊漏鼓高正三

更驛亭人靜寥〻

前腔偷瞧珠簾輕揭金鈴鼓小一縷茶煙杳繚

繞青衣執爨分明舊識手標悄語低鼓問分曉

煎茶

图　明珠记唱词

西皮二簧

许笑厂撰　民国石印本

许笑厂，生卒年不详，生平待考。

本书封面上副标题为元板工尺谱，书中依次介绍了初学胡琴练习法、西皮工尺字之位置、二黄工尺字之位置、西皮指按字法说明、工尺字之高低音说明、简谱字与工尺字之字音对照等，并记录了《汾河湾》《武家坡》等戏的工尺谱。此书工尺谱保持了传统写法，由右而左作直行书写。

《汾河湾》又名《打雁进窑》，四喜班老本，京剧名戏。谭鑫培、梅兰芳等都擅演此剧。剧情基本上依据《征东全传》第四十一回。唐初名将薛仁贵投军后，妻子柳迎春生子薛丁山。丁山长大后因家贫而每日打雁养亲。一日，薛仁贵富贵还乡，行至汾河湾，遇到丁山打雁，薛仁贵赞叹丁山箭法精熟，突有猛虎窜出，薛仁贵误射杀薛丁山，仓皇逃到寒窑，与柳迎春相会。得知所有真相后，夫妻悲伤不已，奔向汾河湾。

西皮二簧，又称皮簧（黄），是西皮、二簧两种腔调的合称，是京剧的主要唱腔。西皮起源于秦腔，一般较为高亢刚劲、活泼明快；二簧由吹腔、高拨子演变而成，属于抒情腔调，节奏平和深沉，唱腔舒缓流畅。西皮及二簧的各种板式，都是以原板为基础演变发展而成。

此书不仅保存了一些传统京剧的西皮二簧工尺谱，而且引进当时流行的简谱加以对照说明，对于皮簧工尺谱的推广有一定的积极作用。

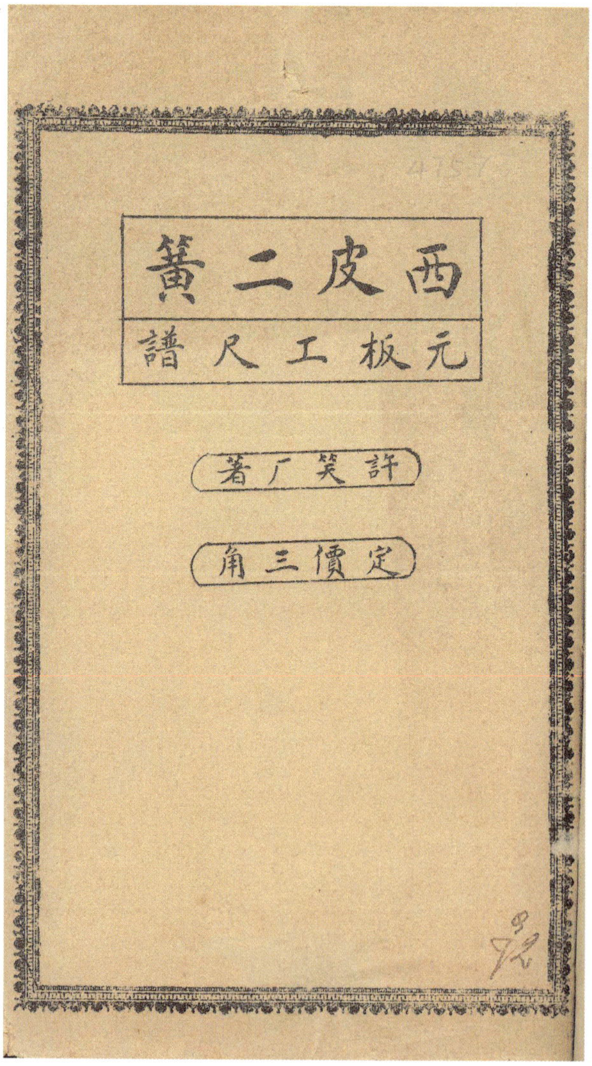

图1　书衣

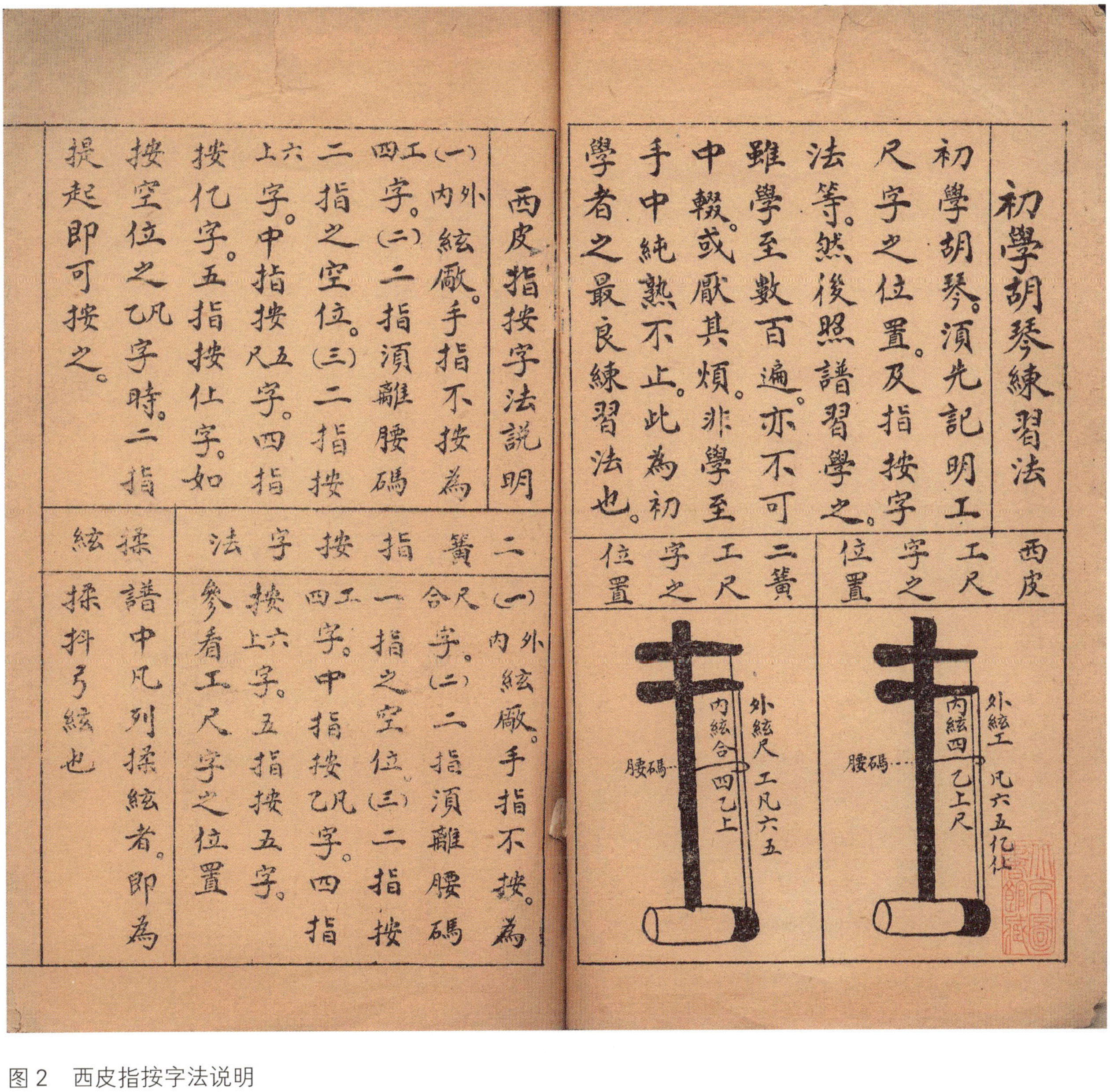

初學胡琴練習法

初學胡琴。須先記明工尺字之位置。及指按字法等。然後照譜習學之。雖學至數百遍。亦不可中輟。或厭其煩。非學至手中純熟不止。此為初學者之最良練習法也。

西皮工尺字之位置

二簧工尺字之位置

西皮指按字法說明

(一)外內絃厰。手指不按為四工字。(二)二指須離腰碼二指之空位。(三)二指按上六字。中指按尺五字。四指按亿字。五指按仕字。如按空位之乙凡字時。二指提起即可按之。

二簧指按字法

(一)外內絃厰。手指不按。為合尺字。(二)二指須離腰碼一指之空位。(三)二指按四工字。中指按乙凡字。四指按上六字。五指按五字。參看工尺字之位置

揉絃

譜中凡列揉絃者。即為揉抖弓絃也

图 2　西皮指按字法说明

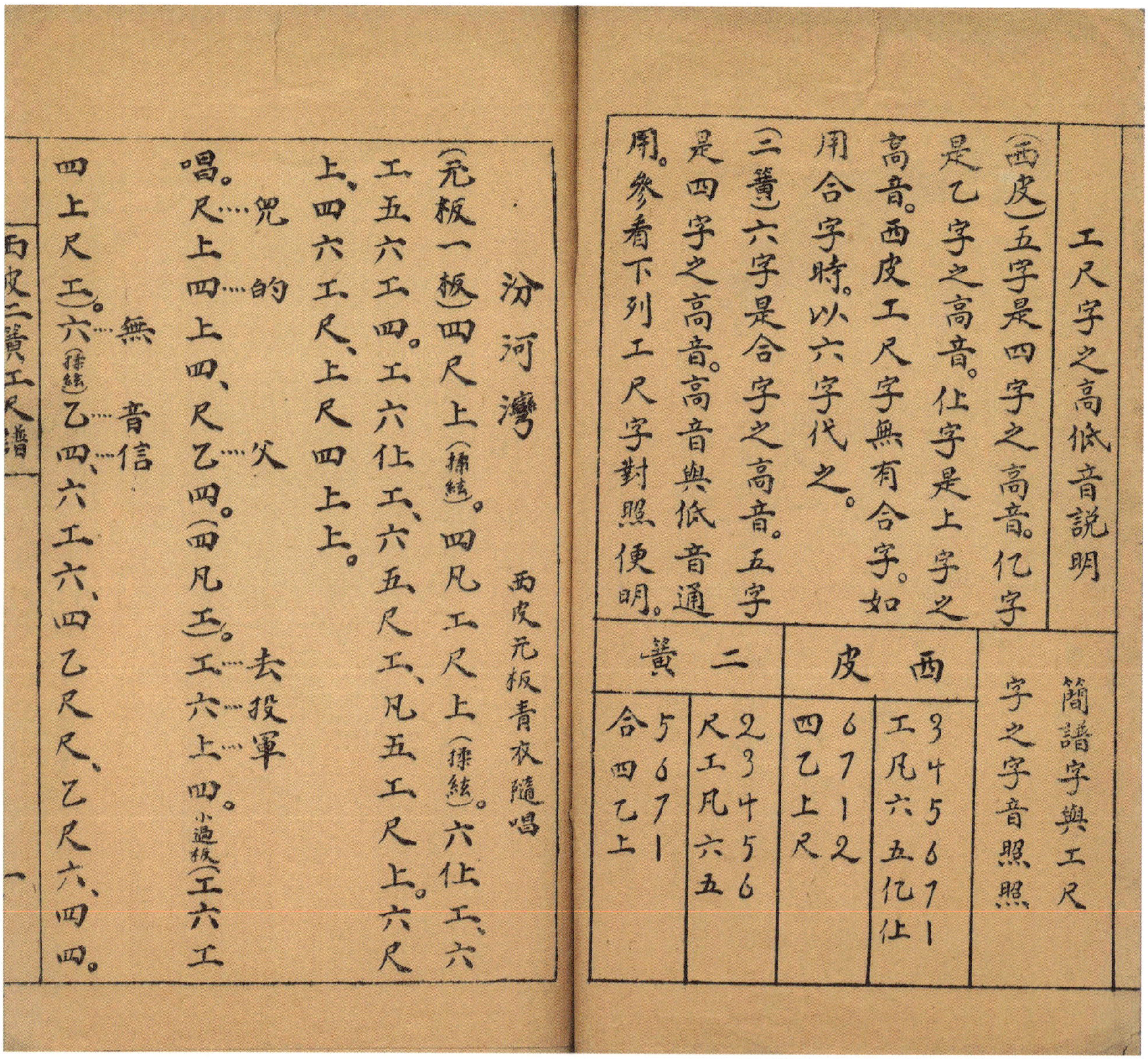

工尺字之高低音說明

（西皮）五字是四字之高音。亿字是乙字之高音。仕字是上字之高音。西皮工尺字無有合字。如用合字時。以六字代之。（二簧）六字是合字之高音。五字是四字之高音。高音與低音通用。參看下列工尺字對照便明。

簡譜字與工尺字之字音照照	西皮		二簧	
簡譜	3 4 5 6 7 1	6 7 1 2	2 3 4 5 6	5 6 7 1
工尺	工 凡 六 五 亿 仕	四 乙 上 尺	尺 工 凡 六 五	合 四 乙 上

汾河灣

西皮元板青衣隨唱

（元板一板）四尺上（揉絃）。四凡工尺上（揉絃）。六仕工、六工五六工四。工六仕工、六五尺工、凡五工尺上。六尺上、四六工尺、上尺四上上。

唱。尺……兒上四……的上四、尺乙四……父。（四凡工）。工……去六……投上四……軍。小過板（工六工四上尺工）。六……無（揉絃）乙……音四、信六工六、四乙尺尺、乙尺六、四四。

西皮二簧工尺譜 一

图 3　汾河湾元板工尺谱

弦子月调

民国会友堂抄本

弦子即三弦，起源秦代名为“弦鼗”的古老弹弦乐器，唐代称为“秦汉子”，为与“琵琶”相区别，始称“三弦”，主要作为歌舞和俗乐的伴奏乐器，并出现了专门的传习机构。宋以后三弦形制逐步定型成熟。明代著名戏曲音乐家张野塘对三弦进行重要改革，定名“弦子”，产生南北三弦，出现三弦乐谱。万历年间，三弦传播至琉球、日本。清代随着戏曲艺术繁荣，三弦在曲谱、定弦法、演奏技法、乐器改革等方面均获发展。其独特音质极富音乐表现力，在众多民族乐器中非常突出。

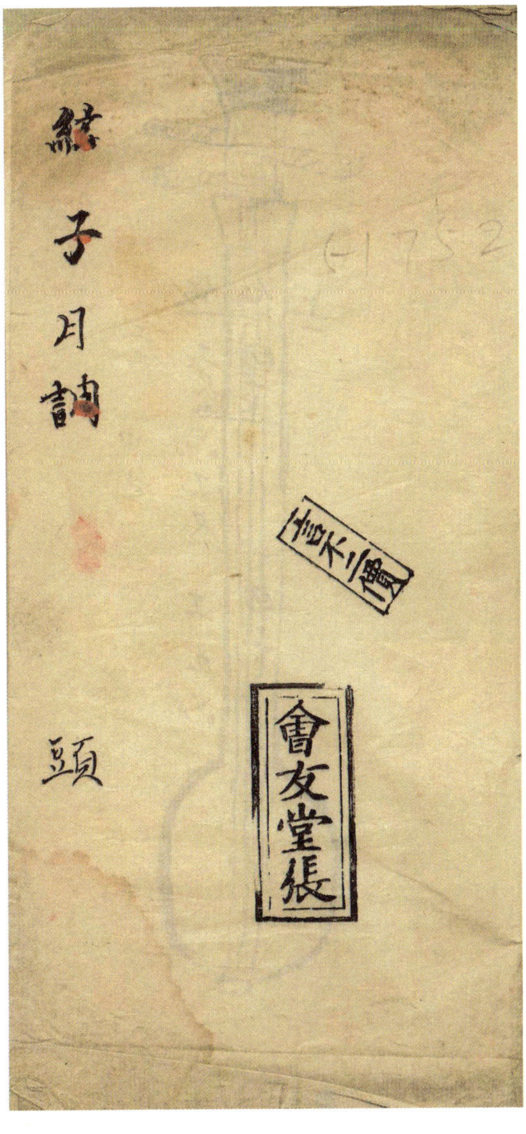

图1　内封

三弦的构造比较简单，可分为琴头、琴杆和琴鼓三部分，由琴头、弦轴、山口、琴杆、鼓框、皮膜、琴马和琴弦等组成。二弦柄很长，音箱方圆形，两面皮，弦三根，侧抱于怀演奏。音量较大，音色浑厚、豪放，变化幅度较大。三弦分高音小三弦、中音小三弦和低音大三弦三种。北方各种大鼓、单弦等曲艺，多用大三弦伴奏；南方的弹词类曲艺、昆曲等剧种和丝竹类器乐合奏，多用中音小三弦；河南豫剧多用高音小三弦伴奏。北三弦又称大三弦、大鼓三弦、京三弦，一般长122厘米。南三弦则称为小三弦、曲弦、南弦子，一般长95厘米。

本书图文并茂，详细图解了三弦工尺字的位置，并著录了《弦子月调》的工尺谱。

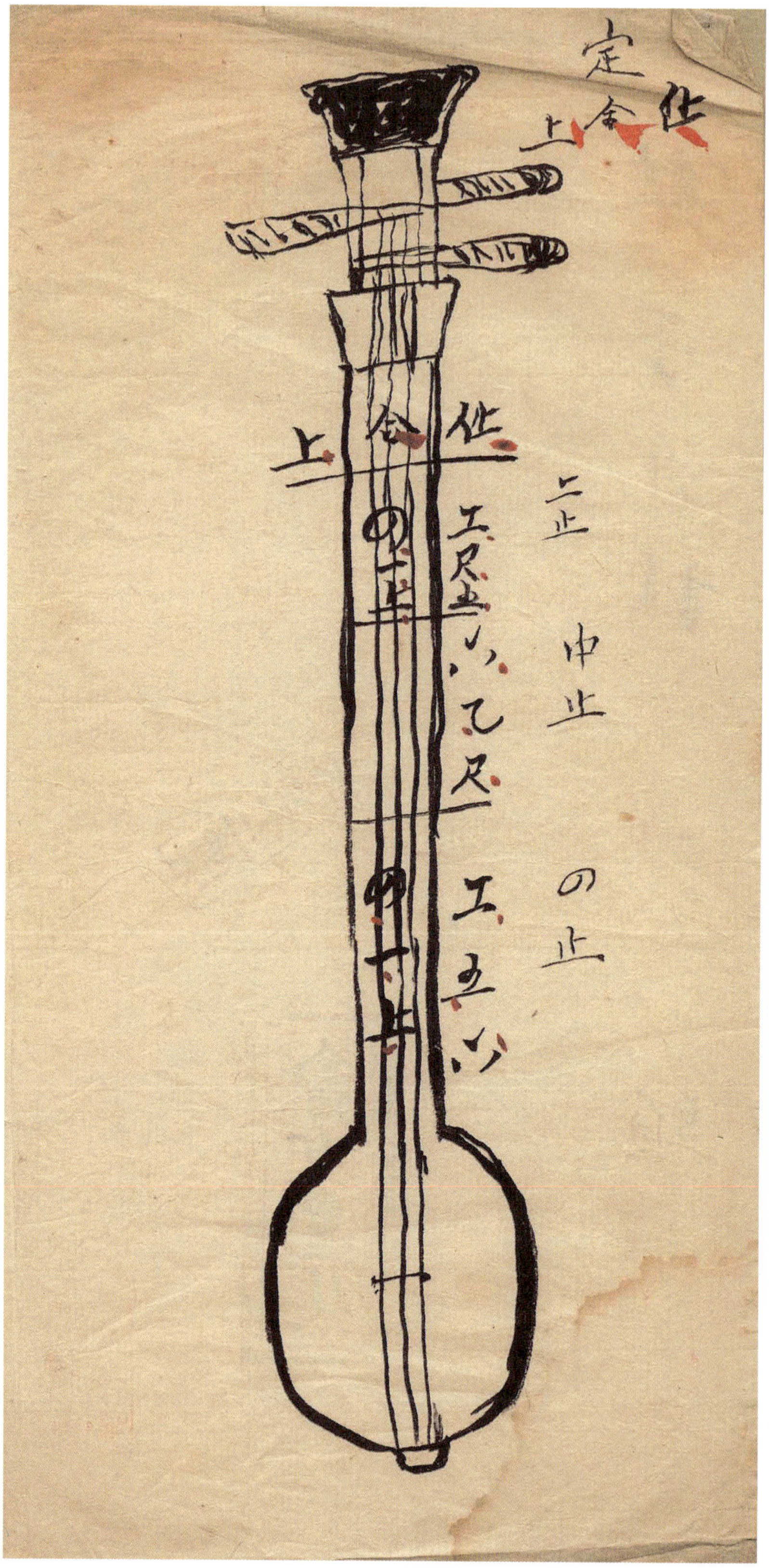

图 2　弦子指法图

小放牛笛箫合谱

民国朱墨抄本

抄写者不详。

《小放牛》原是一首著名的河北民间小调。河北地理位置优越，交通便利，文化交流密切，为民间歌舞、小调产生与流传提供了优越的条件。《小放牛》属小调体裁的儿童民歌。这类体裁，音乐纯真，节奏较简单，音域不宽，旋律流畅；唱词多为逗趣数数或咏颂历史人物。

《小放牛》描写了村姑向牧童问路，牧童故意为难考问她的对歌情景。由四个乐句组成，音律流畅、节奏轻快，内容包含着神话、典故和传说，以口语化语言表达，具有浓厚的田园风格和生活气息，深受广大群众的喜爱，代代相传。

笛和箫作为单管吹奏乐器，至少可以追溯到远古的骨笛，距今已有八九千年的历史。笛是一种横吹的竹制单管乐器，常见的形制有曲笛和梆笛。曲笛音色清新柔和、圆润悠扬，擅长演奏优美抒情的乐曲。梆笛音色高昂激越，擅长演奏热烈欢快的乐曲。箫是一种竖吹的竹制单管按孔乐器。早在汉代陶俑中即已出现，唐宋时期的尺八、箫管和竖笛是现代洞箫的前身。洞箫全长70—80厘米，音色悠扬、深沉。作为我国乐器体系的一个种类，笛箫合奏，相得益彰，委婉动听，更能表达出乐曲的深远意境。

本书为《小放牛》的笛箫合谱的工尺谱。绘有笛箫的示意图，标注了工尺的位置，方便演奏。同时记录了乐谱与唱词，十分难得，是珍贵的文献资料。

图 1　书衣

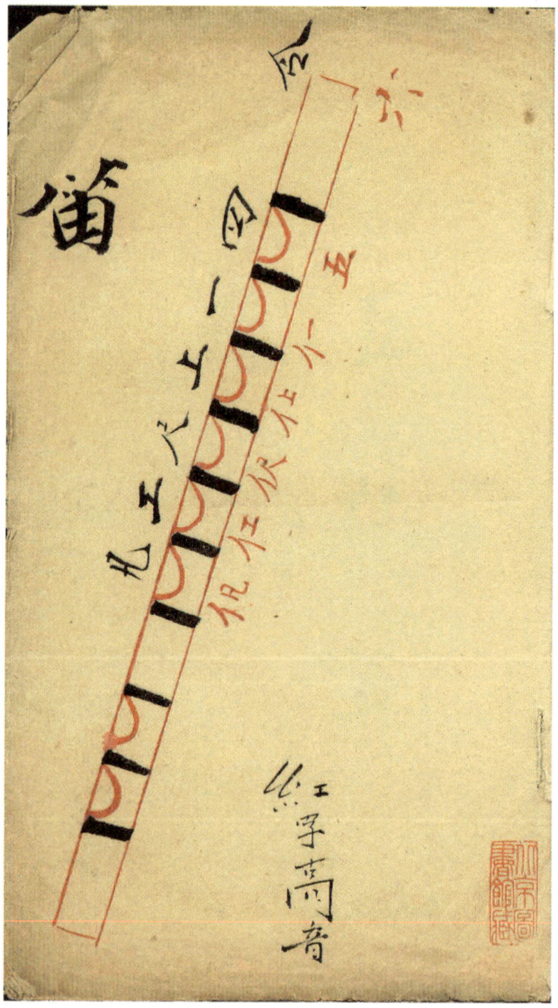

图 2　笛指法图

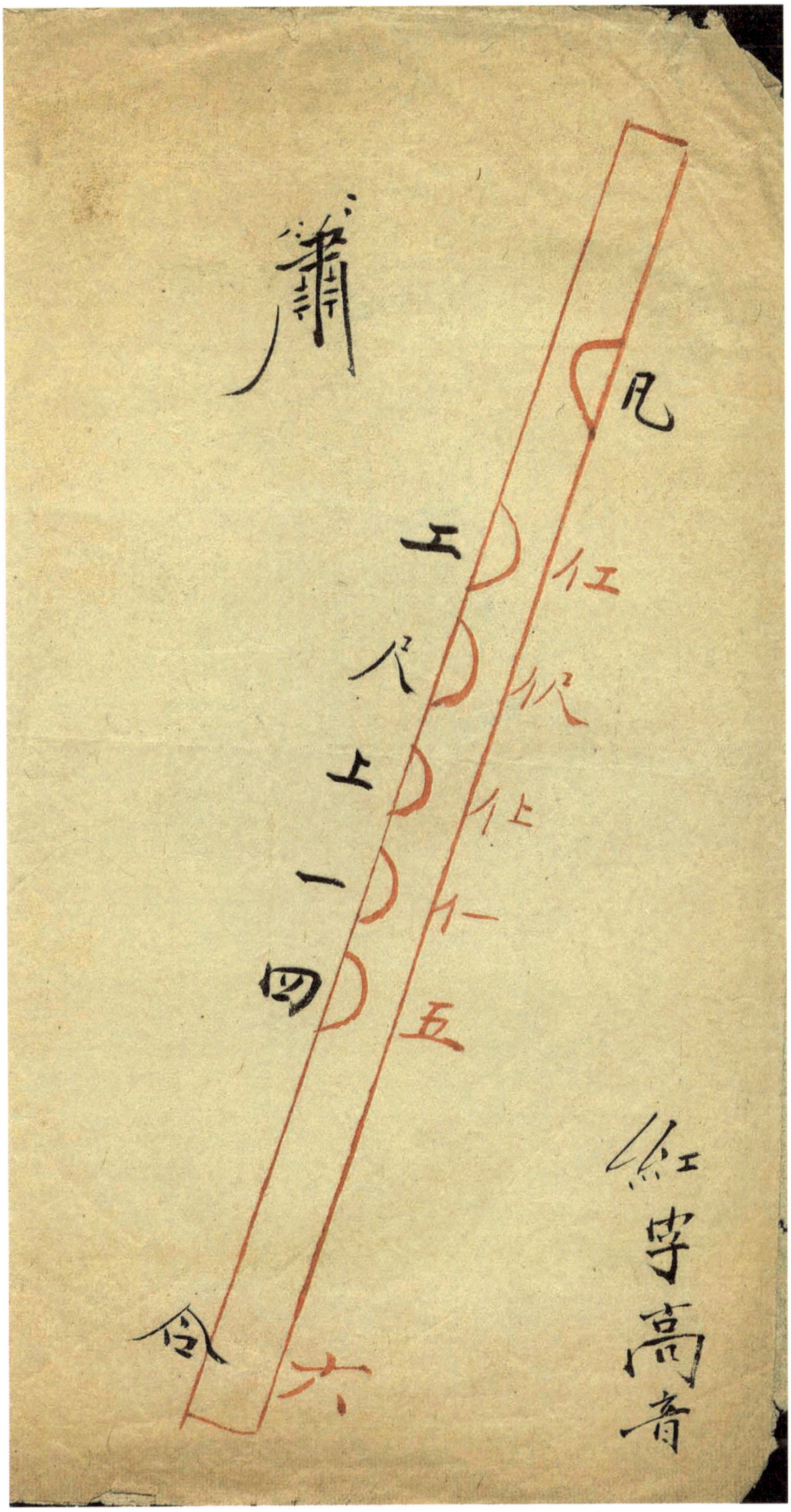

图 3　萧指法图

二胡练习谱

刘天华编　陈振铎选　民国河北省立女子师范学院石印本

刘天华（1895—1932），作曲家、民族乐器演奏家、音乐教育家，江苏江阴人。一生致力于改进国乐，音乐创作成就主要在民族器乐曲方面，创作二胡独奏曲十首，对二胡的发展起了重要的推动作用。

陈振铎（1904—1999），字宣文，号晨明，山东淄博人。音乐教育家、演奏家、作曲家。曾在北平大学师从刘天华学习二胡。

二胡是我国一种古老的民族拉弦乐器，由隋唐时期北方少数民族奚族的胡琴发展而来。明代胡琴的形制与现在的二胡已非常相似。明清时期，胡琴根据不同地域及风格需要，逐渐演变成不同的类型，其中流传最广、使用最多的就是二胡，民间称为南胡、二弦、嗡子和胡胡。胡琴长期被视为粗鄙的乐器，不能登大雅之堂。由于其制作简便、成本低廉、方便易携等特性，在民间得到广泛流传，但主要作为一种伴奏乐器，演奏技法比较单一，表现力和感染力有限，作品题材和数量极为匮乏。

20 世纪初，刘天华秉承中西合璧的理念，借鉴小提琴、琵琶、古琴等乐器的演奏手法和技巧，对二胡进行改革创新，丰富了二胡的表现力，创作出不同风格的二胡曲谱，使其登上独奏舞台，并纳入到专业音乐教学之中。

此书即为刘天华所创作的适宜二胡入门者学习的教材，由陈振铎选辑编入，内有四十七首二胡练习曲。这些练习曲旋律流畅，富有民族风格，符合我国传统审美习惯，有利于对学生进行民族音乐情感的培养。此书改革中国民族器乐传承中师傅带徒弟口传心授的方式，借鉴西洋乐器的教学方法，以练习曲形式进行循序渐进的基础训练，为二胡教学正规化、系统化、科学化打下了坚实的基础。虽然由于刘天华英年早逝，其练习曲的创作仅停留在初步探讨阶段，但《二胡练习谱》在二十世纪前期二胡练习曲创作的初始时期占据重要地位。刘天华为二胡创造的一套中西合璧的演奏专用符号大部分一直沿用至今。《二胡练习谱》在二胡教育发展史上具有重要的文献价值和地位。

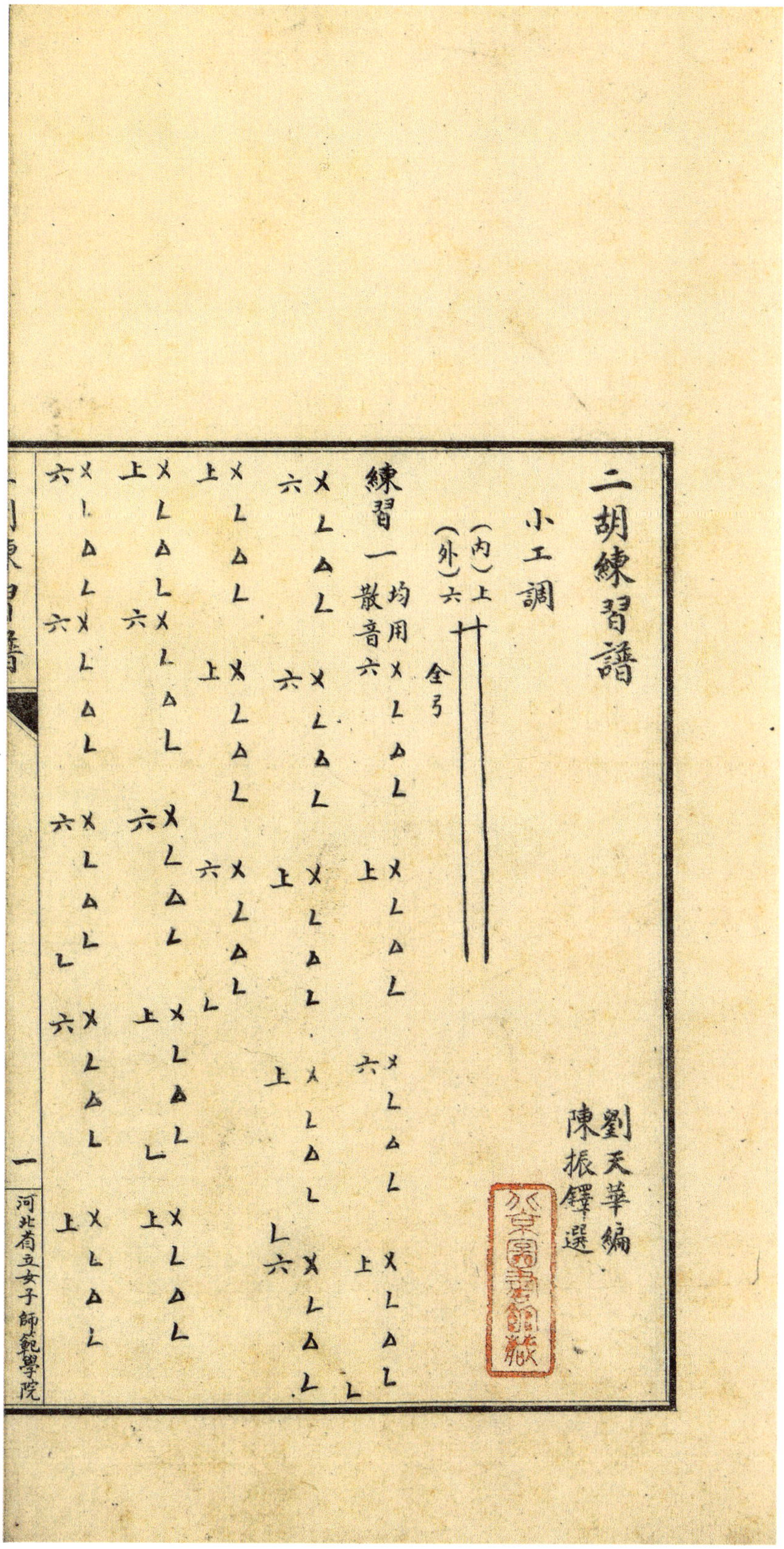
二胡練習譜

小工調

(內)上 (外)六

練習一 散音六 均用全弓

劉天華編
陳振鐸選

二胡練習譜 一 河北省立女子師範學院

图 卷端

京调胡琴工尺秘诀附笛箫合谱

齐嘉笨选辑　民国十四年（1925）中华印刷局铅印本

齐嘉笨又名齐家本，生卒年不详，河北河间人。曾编有《文明大鼓书词》《最新箫笛合谱》《京调胡琴工尺秘诀续编》等书。

京调胡琴简称京胡，是清代“胡琴”的一个分支，南北音乐风格交汇的产物。清乾隆五十五年（1790）“四大徽班”进京拉开京剧孕育形成的序幕，胡琴也开始确立在伴奏乐队中的“主奏地位”，几经形制和风格上的变化，最终形成京胡。京胡在形制上以南方胡琴（汉调泛胡琴）为基础，而在音色、风格上却向北方胡琴靠近，整体呈现出“明亮轻快、刚柔相济”的特色。

在京剧艺术中，京胡伴奏与唱腔演唱融为一体，是京剧绚丽多姿的音乐艺术的重要组成部分，京胡伴奏艺术水平高低影响演唱的成败。因而通过对京胡工尺谱的研究，有利于了解京胡伴奏自身规律以及京剧表演、演唱风格。

此书介绍了初学二簧、二簧正板、二簧元板、西皮正板、西皮元板等工尺谱的方法，绘制了胡琴把式的二簧西皮定弦图，记录了《太平年》《放风筝》《小放牛》等传统曲目箫笛合谱的工尺谱。对推动和普及京调胡琴的工尺演奏方法、传承传统音乐有一定贡献。

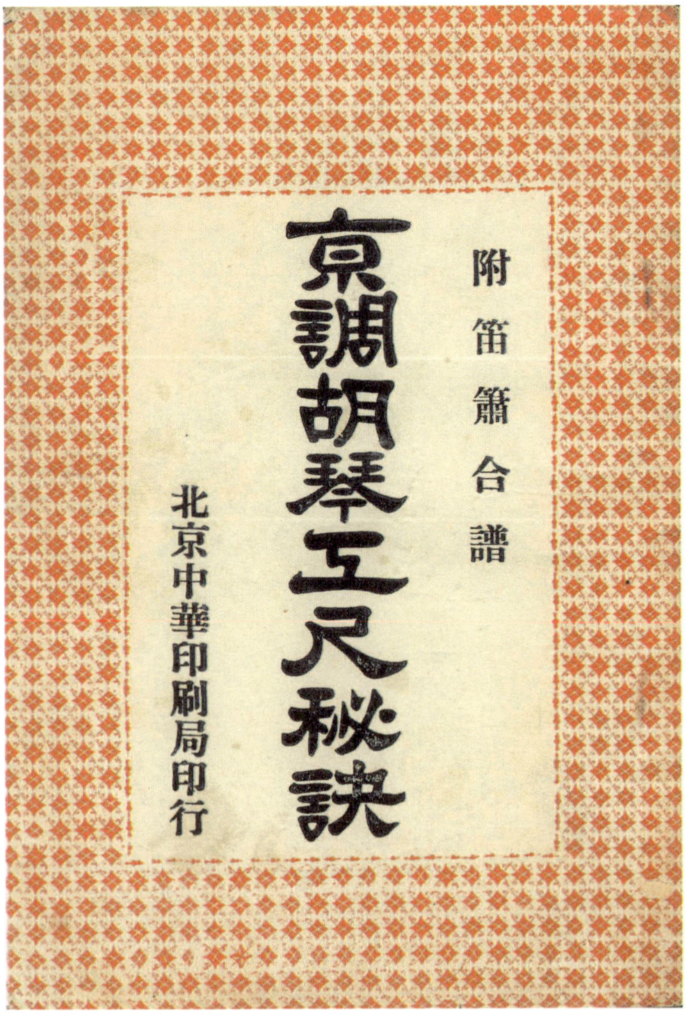

图1　书衣

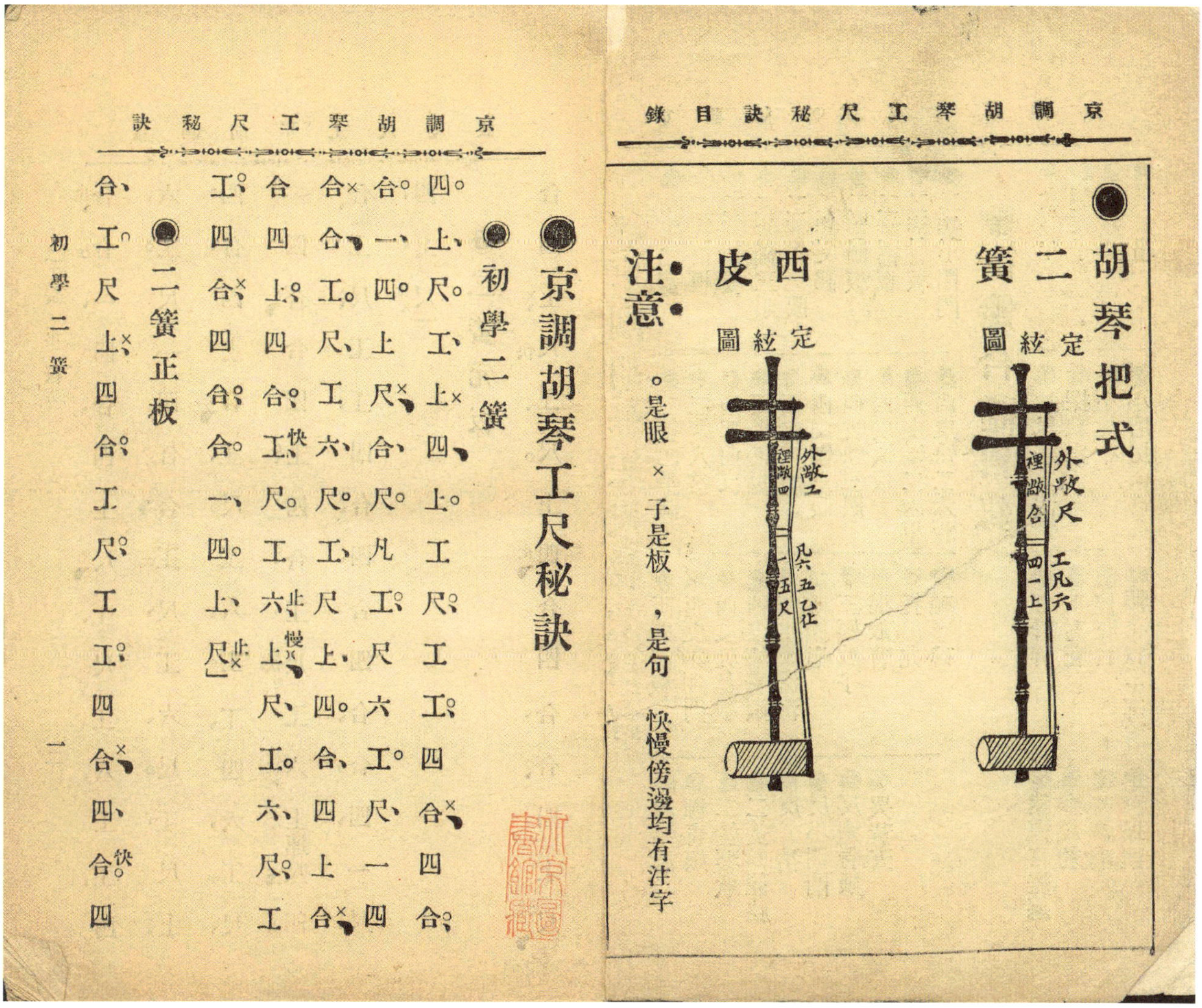

京調胡琴工尺秘訣目錄

胡琴把式

二簧定絃圖

外敲尺
裡敲合
工凡六
四一上

西皮定絃圖

外敲工
裡敲四
凡六五乙仩
一五尺

注意

○是眼 ×子是板 ，是句 快慢傍邊均有注字

京調胡琴工尺秘訣

京調胡琴工尺秘訣

初學二簧

四○ 上、 尺○ 工、 上× 四、 上○ 工 尺○ 工 工○ 四 合×、 四 合○

合○ 一、 四○ 上 尺×、 合、 尺○ 凡 工○ 尺 六 工○ 尺、 一 四

合× 合、 工○ 尺、 工 六、 尺○ 工、 尺 上、 四○ 合、 四 上 合×、

合 四 上○ 四 合○ 工快、 尺○ 工 六止 上慢×、 尺、 工○ 六、 尺○ 工

工○ 四 合×、 四 合○ 合○ 一、 四○ 上、 尺止×」

二簧正板

合、 工○ 尺 上×、 四 合○ 工 尺○ 工 工○ 四 合×、 四、 合快○ 四

初學二簧 一

图 2 正文

梅兰芳歌曲谱

刘天华记谱　齐如山 徐兰园 马宝明参订　民国十九年（1930）石印本

十行二十四字，白口，四周双边。

梅兰芳（1894—1961），字畹华，别署缀玉轩主人，艺名兰芳，祖籍江苏泰州，生于北京梨园世家。著名京剧表演艺术家，“四大名旦”之首，“梅派”艺术创始人。代表剧目有京剧《贵妃醉酒》《霸王别姬》等，昆曲有《游园惊梦》《断桥》等。著有《梅兰芳舞台生活四十年》，演出剧目编为《梅兰芳演出剧本选集》。

齐如山（1875—1962），河北高阳人。戏曲理论家。早年留学欧洲，学习考察欧洲戏剧。归国后致力于戏曲改良，长期与李世戡等为梅兰芳编排戏曲，曾协助策划梅兰芳数次出国演出。1931 年与梅兰芳、余叔岩等人组成北平国剧学会，建立国剧传习所，从事戏曲教育。戏曲著作有《中国剧之组织》《京剧之变迁》《梅兰芳艺术之一斑》等三十余种。并编刊《国剧画报》《戏剧丛刊》，搜集了许多珍贵戏曲史料。

徐兰园（1892—1977），京剧琴师，曾被梨园界誉为“胡琴圣手”。一生主要为谭鑫培、梅兰芳两位京剧艺术大师操琴。

马宝明，生卒年不详。昆剧演员出身，长期担任梅兰芳“承华社”的专用笛师。

1929 年冬，梅兰芳应邀赴美演出之前，为使西方听众更好理解和接受中国京剧，有谱可循，齐如山特邀通晓中西音乐的刘天华把将要演出的京昆唱段谱成世界通行的五线谱。由梅兰芳说唱腔，齐如山抄唱词，徐兰园、马宝明谱出各戏唱腔工尺谱的初稿，刘天华翻作五线谱。历时数月而成此书。

此书中英文同册，从左至右翻为中文版式，从右至左翻为英文版式，工尺谱附在中文版凡例之后，五线谱则与英文版内容编辑在一起。中文版目录后列有梅兰芳、齐如山、刘天华等主创人员的照片。附刘半农、齐如山、梅兰芳等人撰写的五篇序言，分别从不同的角度评价了此书，阐释了各自的音乐观点。谱中收录了京剧及昆曲十八出九十四个唱段，其中京剧五十三段，昆曲四十一段，含梅兰芳的代表作《贵妃醉酒》《天女散花》《霸王别姬》《嫦娥奔月》《木兰从军》和《洛神》等。

此书以五线谱和刘天华改革的新式工尺谱两种谱式记写，开创了用科学记谱法记录整理戏曲音乐的先河，对日后民族民间音乐及戏曲音乐科学记谱法的运用与推广，产生了深远影响。同时曲谱记录展示梅派唱腔的精华，对保存和发扬梅派艺术也有积极意义。是中国戏剧史上一部具有里程碑意义的著作，兼具艺术价值和文献价值。此本是刘天华赠送北平图书馆的1930年初版初印本，有梅兰芳、刘天华钤印。

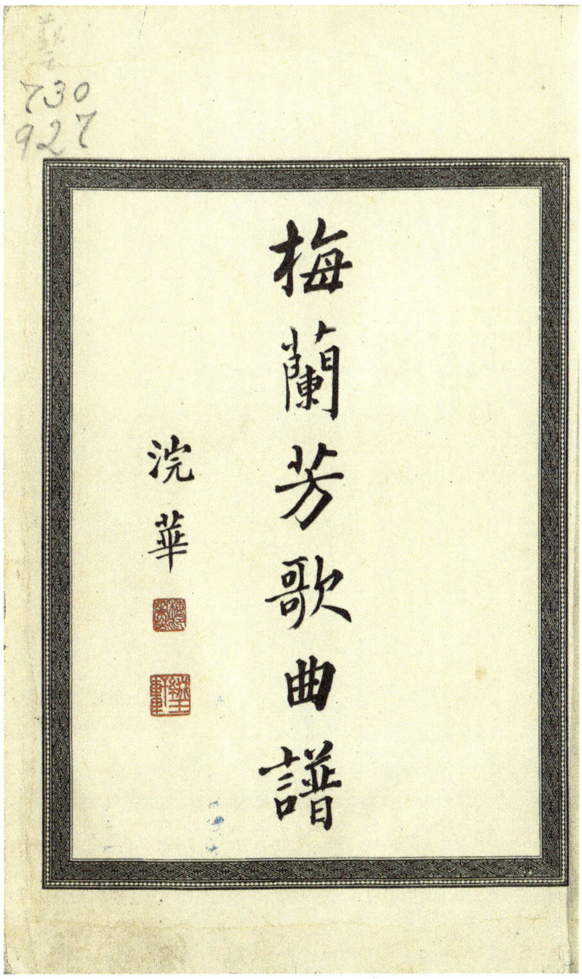

图1　中文版书名页

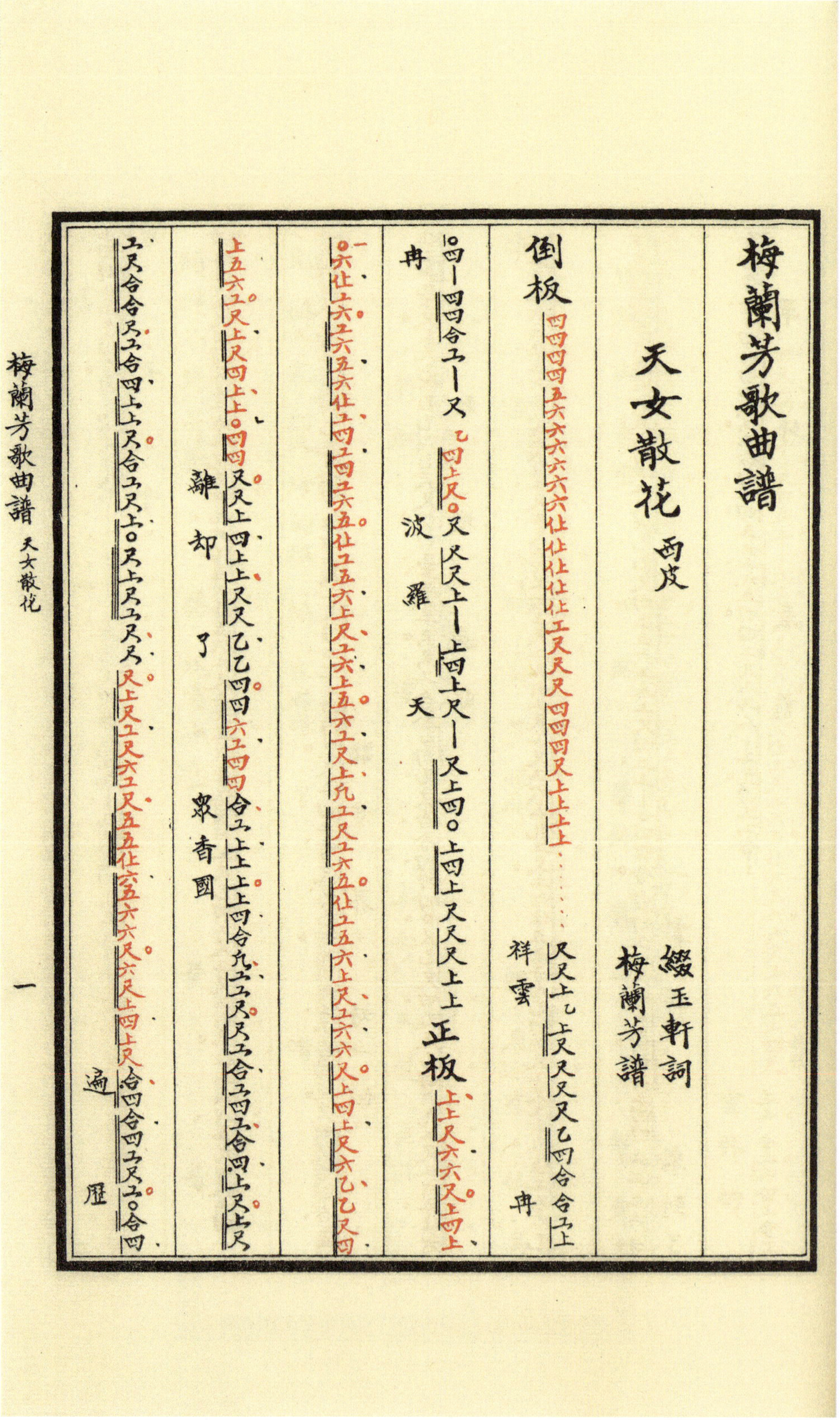

图 2 中文版天女散花西皮

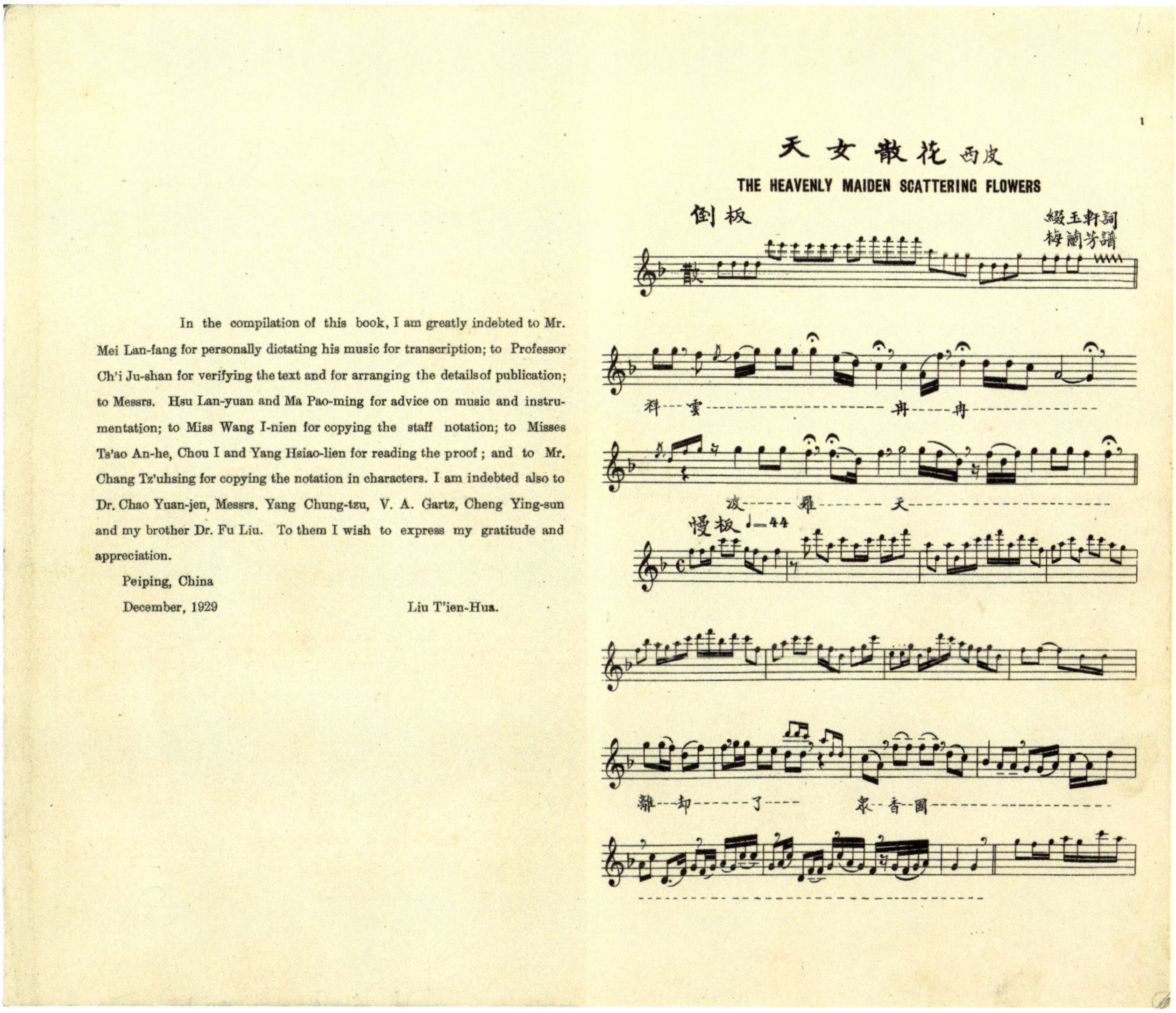

In the compilation of this book, I am greatly indebted to Mr. Mei Lan-fang for personally dictating his music for transcription; to Professor Ch'i Ju-shan for verifying the text and for arranging the details of publication; to Messrs. Hsu Lan-yuan and Ma Pao-ming for advice on music and instrumentation; to Miss Wang I-nien for copying the staff notation; to Misses Ts'ao An-he, Chou I and Yang Hsiao-lien for reading the proof; and to Mr. Chang Tz'uhsing for copying the notation in characters. I am indebted also to Dr. Chao Yuan-jen, Messrs. Yang Chung-tzu, V. A. Gartz, Cheng Ying-sun and my brother Dr. Fu Liu. To them I wish to express my gratitude and appreciation.

Peiping, China

December, 1929 Liu T'ien-Hua.

图3 英文版天女散花西皮